광고창작
솔루션,
만세3창

광고창작 솔루션,
만세3창

2020년 3월 10일 초판 인쇄
2020년 3월 20일 초판 발행

지은이 오창일 | **펴낸이** 이찬규 | **펴낸곳** 북코리아
등록번호 제03-01240호 | **전화** 02-704-7840 | **팩스** 02-704-7848
이메일 sunhaksa@korea.com | **홈페이지** www.북코리아.kr
주소 13209 경기도 성남시 중원구 사기막골로 45번길 14 우림2차 A동 1007호
ISBN 978-89-6324-691-8 93300

값 22,000원

*이 연구(책)는 서울예술대학교의 2019학년도 연구과제 지원금으로 제작되었습니다.
*본서의 무단복제를 금하며, 잘못된 책은 구입처에서 바꾸어 드립니다.

광고창작

솔루션,

만세3창

創窓槍 만인의 세상살이에
필요한 3가지 창

오창일 지음

서문

"만세, 만세, 만세"

　매년 광복절 등 국경일의 기념식이 끝날 때, 이렇게 만세 3창을 다 함께 외친다. 사회자가 "만세"를 선창하면 참석자는 모두 두 손을 머리 위로 올리며 "만세" 하고 3번을 제창한다. 회사나 조직의 창립기념식에서도 가끔 "만세, 만세, 만세"를 부르짖는 소리가 들린다. 이 '만세 3창'을 외치는 이유는 무엇일까? 여러 가지 이유가 있겠지만, 새로운 도약이 필요할 때나 조직 구성원의 단결이 요구될 때 상기된 표정으로 함성을 지른다. 무언가 전환점에서 의지를 불태우거나, 결전을 앞두고 임전무퇴의 새로운 각오를 다짐할 때나, 위기를 극복하자는 결의로 우리는 '만세'를 '3창'한다.

　그런데 '만세'3창과 만세'3창'을 구별해서 다른 의미를 주고 싶었다. 먼저 '만세'에 방점을 찍는 '만세'3창은 '만세'가 그만큼 어렵다는 뜻을 포함하고 있다고 본다. 조직과 구성원 모두가 만년세세 동안 만수무강해야 한다는 전제가 있다. 인간수명은 100세가 기준이다. 건강하게 활동할 수 있는 경제연령을 감안하면 더욱 어렵다. 기업이나 조직이 100주년을 넘기기가 여간 어려운 게 아니다. 세계 굴지의 기업 가운데 100년을 넘긴 장수기업은 손꼽을 수 있다. 우리 속언에 '부자 3대' 가기 어렵다고 한다. 거의 100년의 시간이 주는 무게가 압도하는 듯하다. 아무튼 세상이 공평하다고 말하기도 하지만, 그것보다는 기업이나 조직이 100년을 유지하기가 드물다는 뜻일 것이다. 그만큼 간절하기에 구성원 모두의 소망을 담아 '만만세세' 건승하기를 바라는 희원이 담겨 있다고 본다.

　또한 세상살이를 열심히 하면 좋은 성과가 언젠가는 온다고 해석해야 할 것이다. 세상살이에서 변하지 않는 것이 없다 보니 생존전략을 잘 짜야 하고, 앞서가기 위해서는 끊임없는 노력을 경주하지 않으면 안 되기 때문이다. 세상에 변하지 않는 사실이 하나 있다면, 그것은 '세상은 항상 변한다'는 것이라고 한다. 오늘이 지나면 내일이 오고, 봄이 가면 여름이 온다. 태어나서 어른이 되고 생로병사의 일생은 인류의 숙명이다. 지역개발정책으로 공장이 들어서면 일자리 따라 인구집중이 생기고, 시골이 도시가 되고 도시가 사람을 끌어 모으고 새로운 이웃을 만든다. 그 이웃이 어느 날 이사를 가면 새로운 이웃이 사촌이 된다. 매년 계절 따라 되풀이되는 방송국의 프로그램 개편도 그렇고, 기업의 신입사원 채용에서부터 퇴직사원의 용퇴도 그렇다. 회자정리(會者定離)가 일상 곳곳에 그대로 녹아있다.

생태계의 순환체계가 우주만물의 경지에서 일상 개인의 생존까지 한 묶음으로 엮어져 시스템으로 작동하고 있는 셈이다. 하나의 질서로서 자리 잡고 있는 자연시스템 안에서 우리는 그 질서 속에서 각각 역할을 부여받고 진화와 발전의 시공간을 엮어가는 게 아닌가 생각해본다. 미디어 예술이든 공연예술이든 거시적인 '생의 한 가운데'에서 대중과 호흡하고 공감하는 계기를 만들어야 할 것이다.

영역지식의 힘이 있어야 생산되는 창의적 아이디어

또 하나의 만세 '3창'은 '3창'에 방점을 찍어본 것이다. 최근엔 아날로그에서 디지털 시대로 급변했다. 모든 사고방식과 사회 작동체계가 달라졌다. 이런 메가트렌드(megatrend)를 타지 못하면 '갈라파고스 신드롬'처럼 소외되고 적자생존이 불가피해졌다. 영원한 기업도 없고 영원한 개인도 없는 생태계에서 우리 인간은 역사의식을 갖고 방관자가 아니고 적극 참여자로서 세상을 새롭게 열어보자는 주체적인 존재로 살아가야 할 것이다. 이런 능동형 인간으로서 살아가기 위해서는 '시대의 지식과 경험을 이해하는 경쟁력'이 있어야 할 것이다. '어쩌다 어른'이 아니라 '치밀한 지식인'이 되어야 한다.

아날로그와 디지털의 인간사회는 둘이 명확히 구분되지만, 21세기 디지털 시대인 현대사회는 아날로그형 인간과 디지털형 인간이 공존하고 있다. 아날로그 시대를 살아본 사람과 살아보지 않은 사람의 공존이다. 세계관, 가치관, 생활방식 등 거의 모든 분야에서 '세대 단절'을 보이고 있다. 디지털 사회를 중심으로 본다면, 인간은 급속한 변화의 물결 때문에 2010년 전후로 디지털 이민자(digital immigrant)와 디지털 원주민(digital native)으로 구분되기도 한다.

예를 들면, 요즘 신세대는 그들의 생활에서 게임이 차지하는 비중이 아주 커졌다. 게임 세상과 실제 세상의 구분이 모호해질 때까지 재미가 있어야 하고, 5초 내에 승부를 걸어야 하며, 재빠른 커뮤니케이션 수단으로 모바일 폰의 작은 문자판을 종횡무진 고속 운전할 수 있는 '엄지족'이 되어야 한다. '빛의 속도'로 움직이는 세상에서 살아남을 수 있는 수단이 무엇인지를 터득하면서 커왔다고 본다. 이런 혼재된 인간형이 세상살이를 하기에 서로를 이해 못 하는 행동이나 사고방식의 '소통 절벽'을

광고창작 솔루션, 만세3창

보여주고 있다.

한 편의 S-OIL 광고사례를 보자. 가정의 달 5월을 맞아 방영한 TV광고 '채우세요' 편이다. 대화 단절의 시대에 살고 있는 가족들이 S-OIL을 가득 채우고 행복을 찾아 여행을 떠난다는 이야기를 담고 있다. 식탁에 앉은 가족의 식사시간인데, 대화가 전혀 없는 가운데 핸드폰에만 집중하는 아들에게 아빠는 "핸드폰 그만하지!"라고 잔소리를 던진다. 못들은 척 아들은 핸드폰 문자를 보낸다. 대화가 아닌 "왜요?" 하는 메신저 응답이다. 올드미디어 세대와 뉴미디어 세대의 차이라고나 할까? '소통 방법의 차이' 정도가 아니라 '소통 자체의 단절'이면 큰일이지 않을까 걱정이다.

이는 세상살이의 한 편린을 보여주고 있다. 나는 이런 광고 크리에이티브 작업과 교수경력을 가진 경험으로 세상과 소통하고 소비자(생활자)들과 호흡을 나누면서 커뮤니케이션 연구를 해본 결론을 정리하면 무엇일까를 생각해봤다.

자기계발서에서부터 전공서적에 이르기까지 빅 데이터 분석이 동원되어야 할 정도가 되지 않았는가? 너무 많은 정보의 홍수를 '데이터 스모그(data smog)'라고 쓰기도 한다. 요즘 유행어로서 'TMI(Too Much Information)'이다. 그래도 우리는 세상을 살아가기 위해 공부하고 응용하고 성과를 창출하면서 시공간에 업적을 만들고 있다. 우리 시대를 살아가는 생활인으로서 만세 동안 힘을 쓸 수 있는 경쟁력을 가져야 한다면 어떤 것이 있을까? 생활신조가 될 수도 있고 가치관이랄 수도 있겠고 처세술일 수도 있을 것이고, 개인 창작의 경우 창작방법론도 될 수 있을 것이다. 그 관련 자료를 수집하고 통찰력으로 목차를 구성하며, 창작실습해보는 과정을 가지려고 한다.

이런 개별성을 완수할 수 있는 기본기는 역시 '박학다식'으로 대변되는 '지식 저장고'이고, '질문과 토론'을 주도하는 문제해결형 인재일 것이다. 개인적으로 세상을 살아가는데 마음속에 생활 지침이나 가이드라인을 갖고 일한다면 더욱 좋지 않을까? 생활이 창작이고 창작이 생활인 장르 경계 파괴 시대의 작은 융합사고로 말한다면 한마디로 '만세 3창'이다. '만세'와 '3창'의 이슈 통합이고 아이디어 발상의 재해석이다.

'만인이 세상살이 하는 데 필요한 3가지의 창이 있다'는 뜻이다. 그래서 각 어절의 첫 자를 따서 '만세 3창'이다. 만세 3창은 '비롯할 창(創)', '문 창(窓)', '창(무기) 창(槍)'이다. 새로운 것을 만들고 기획하는 창(創)을 바탕으로, 문(窓)을 열 듯 세상을 향해 열린 마음을 갖고, 자신만의 경쟁력이나 문제해결력이라고 할 수 있는 무기(槍)를 가지려고 노력해야 한다는 뜻이다. 이런 기본 영역지식의 힘이 있어야 예술적 아이디어도 시대정신에 선도할 수 있게 될 것이라고 생각한다.

'세상의 문제'가 아니라, '세상살이 하는 인간의 문제'

최근에 불거진 '인문학의 위기'에 대해 말이 많은데 식자층은 '인문학자의 위기'라고 비판하고 있다. 그동안 인문학은 학과 통폐합의 대상이고, 연구지원에서 홀대를 받았으며, 가치를 폄훼당하고 비인기 전공이라는 수모를 겪고 있다. 사실 오래전부터 인문학은 고유 역할을 수행해왔지만, 인문학자의 연구 역량이나 대중소통이 다소 미흡했고, 물질적 성과주의와 경쟁우위 확보를 우선시하는 사회 패러다임 때문에 인문학의 부재와 실종으로 치부되었을 뿐이었다.

이런 사회현상이 '인문학의 위기'로 확산되어 논란이 생긴 것이라고 말할 수 있다. 이런 논란은 상호작용하고 있고 링크되어있으며 연계될 수밖에 없는 세상사를 해결할 '통합적 관점'이 부각된 결과가 아닌가 생각해본다. 그래서 요즘 이 문제를 제기하고 통찰력을 찾는 인문학의 가치와 의미를 재발견한 것이라고 생각한다.

장하준 교수는 《경제학 강의》에서 경제학은 보통 사람이 알고 있듯이 숫자 중심의 경제만 다루는 것이 아니라 '인생, 세상 그리고 모든 것'을 연구한다고 했다. 케인스도 바람직한 경제학자상에 대해 말한 적이 있다. 조윤제는 경제학자는 어느 정도는 수학자이면서 역사학자이고 정치행정가이며 철학자이기도 해야 한다는 것이다. 개별적인 것을 일반화해 사고하고, 추상적인 것과 구체적인 것을 동일한 사고의 틀 속에서 다룰 수 있어야 하며, 현재를 과거의 경험에 비춰 그리고 미래를 내다보며 연구해야 한다는 것이다. 인간의 본성이나 제도의 일부라도 관심에서 벗어나도록 해서는 안 된다는 뜻이다. 전공의 범위가 어디까지냐 하는 문제제기라고 볼 수 있겠다.

일상사에서도 한 가지를 통하면 열 가지를 통할 수 있다고 말하지 않는가? 우리가 '사고의 확장과 통합'을 거론할 때 빌려 쓸 만한 관점이라고 생각한다. 다양한 관점과 주제를 중심으로 정의 내릴 수도 있겠지만, 방법론적으로도 다양한 대안들과 시각과 해결책이 생산될 수 있다고 본다. '아는 만큼 보이고 아는 만큼 사랑하게 된다'는 말은 문제해결책을 찾기 위한 정언명제라고 할 수 있다.

그렇다면 논란의 핵심은 '인문학의 위기'가 아니라 '인문학자의 위기'인 것처럼, '세상의 문제'가 아니라, '세상살이 하는 인간의 문제'라고 치환하면 지나친 비약일까? 사람이 세상을 보는 가치관과 태도 변화가 더 중요하다는 의미라고 본다. 세상의 흐름을 거역하지 않고 더 나은 발전을 꿈꾸는 사람의 상상력이 중요한 게 아닌가 생각한다. 사람은 상상을 통해 바로 현실을 바꿀 수는 없지만, '꿈을 생각'하게 만든다. 꿈은 사람을 변화시키고 세상을 변화시킬 수 있다. 결국 '사람이 먼저다'라는 슬로건이 떠오른다.

광고정책 솔루션, 민세3점

아이디어 발상의 영역지식의 창고

사람이 먼저 세상을 바꾸고 세상이 사람을 바꾸는 순환 시스템 속에서 만인은 살아간다. 우리 시대를 살아가는 사람들이 '3창'을 갖고 공부하고 생각하고 일하고 성과를 낼 수 있길 기대한다는 의도를 '열린 마음'으로 수용해주면 좋겠다. '3창'을 가지고 자신의 능력과 경쟁력을 기르면 우리 사회 전체의 경쟁력이 높아지는 '창(槍)의 효과'가 나타날 것이다. 지구촌 글로벌 시대에 개인은 모두가 프로페셔널이 되고, 세상살이 하는 우리 모두의 역할과 책무가 크게 확장 · 심화된다면 인류사회의 문제 해결력 향상에도 작은 기여를 할 수 있을 것이라고 생각한다.

특히 이 책은 기본적으로 예술발상의 영역지식(domain knowledge)과 주제분야 지식(subject area knowledge)이 됨은 물론이고, 카피라이팅론이나 크리에이티브 분석론 같은 전공강의의 선수과목으로 활용할 수 있을 것이다. 세상살이의 주요 이슈로 논의할 수 있는 토론주제나 자료목록이나 관점으로서 기본지식을 전할 수도 있어서, 효과적이고 필수적인 저술(책)이 될 것이라고 생각한다.

이제 '만세3창'을 만인의 세상살이에 필요한 기본 덕목으로 공유하고 후학들에게 전하고 싶은 개인적인 소망과 욕심을 담아내고자 한다. 이 책 '만세 3창'이 세상살이에 하나의 빛이 되고, 이 책을 만난 오늘이 '생활의 광복절', '창작의 광복절'이 되길 바란다. 여러 가지 미흡하지만 일단 '탈고의 만세'를 부르고 추가 수정 · 보완하리라 자위하면서 독자와 만나게 될 것이다.

'광고 너머'의 '창의력'을

광고기획과 광고창작 실습을 해온 나의 경험으로 볼 때, 대략 뉴 밀레니엄 시기 전후로 우리의 사회 · 문화 · 교육환경은 급변했다. 소비자(생활자)의 사고나 행동은 문자 그대로 '복잡적응계(complex adaptive system)' 같은 세상살이라고 할 수 있다.

사회 문제는 하나의 선형적 인과관계로 파악되지 않는다. 다차원적인 융합적 관점으로 '3창'을 가지고 분석해야만 창의적인 해결책(creative solution)을 찾을 수 있다고 생각한다. 광고가 만들어내는 크리에이티브는 아날로그 시대의 발상법이 아니라, 문제를 해결하는 솔루션 관점에서 핵심 개념을 개발하고 적용하는 창작방법론으로 확장되어야 할 것이다.

이른바 '광고 너머(beyond advertising)' '창의력(creativity)'이다. 그래서 《만세 3창》은 다양한 광고창작 교과목의 통합을 고려하려는 의도와 문제의 소재지를 사회 전체로 확장하는 혁신을 이루어야 할 것이라는 의지를 담고 있다고 할 것이다.

광고인의 눈으로 보면 '만세 3창'은 기획(planning)과 의뢰인(client)과 표현(creative)의 문제를 해결하기 위한 솔루션이라고 할 수 있다. 광고전략 수립에서 표현 제작까지 창의적 해결책을 제안하기 위해서 필요한 요소이다.

창(創)은 콘셉트를 개발하고 창(窓)은 의뢰인과 소비자의 욕구와 소통하며, 아이디어를 담아 광고물을 만들어내는 과정이라고 할 수 있다. 창(槍)은 프로페셔널로서 전문성을 갖고 세상과 경쟁하고자 웅지를 품은 인재의 무기에 해당한다고 할 수 있다.

한 분야를 통하면 다른 분야도 해법은 똑같다고 하지 않는가? 초보 의사는 한 가지 병도 10가지 약을 쓰지만, 프로 의사는 10가지 병도 한 가지 약을 쓴다고 하지 않는가. 이런 광고적 해법을 적용하여 정치적 · 경제적 · 사회문화적 갈등을 창의적으로 해결할 수 있는 지침을 구할 수 있겠다는 것이다. 광고회사의 역할도 미시적으로 브랜드를 위한 '창의력 공급자'에서 거시적으로 사회문제 해결을 위한 '솔루션 제안자'로 바뀌었기 때문이다. 그래서 그동안 여러 저서에서 밝힌 내용과 이론은 물론 인접 학문에서 논의된 다양한 연구결과와 시각을 가져오고 차용했다.

'창, 창, 창'

이제 모임의 사회자가 '만세 3창'을 선창하면, 참여자는 "창, 창, 창"을 연호해야 한다. 비록 '단순화의 오류'나 세태를 따라 한다는 비난도 받을 수 있겠지만, 광고적으로 간결하게 방법론적으로 알기 쉽게 핵심단어(key word)로 전하고자 한 의도라고 보면 좋겠다. 광고창작은 하나의 기억요소를 만들어야 하고 소비자(생활자)의 회상률이 높게 나타나야 하는 크리에이티브이기 때문이다. 다만 '세 가지 창'은 개념적으로 남아있으면 안 된다.

그래서 이 책은 세상사 문제를 해결하는 아이디어 발상의 방법론을 고민하고 필요한 지식과 능력을 계발할 수 있는 수단이 무엇인지를 말할 수 있으면 좋겠다. 특히 예술 지망생이 시대와 사회를 읽으면서 '사회학적 상상력'을 발휘하고, 그 속에서 인간이 무엇을 실천하고 무엇을 알아야 하는지를 함께 생각해보는 공론장이 되었으면 좋겠다. 더불어 예술적 창의성을 제고하고 세상살이 하는 데 필요한 실용주의의 관점이 되는 책이길 기대한다.

실용적으로 이 책의 출판이유는 우리 사회가 창의력을 화두로 제시하고 있는데, 원론적인 이야기보다는 '구체적인 방법론'을 공유하고 싶기 때문이다. '고기를 주지 않고, 낚시하는 법을 가르쳐 주는 게 중요하다'는 논지다. 또한 '꿩 잡는 게 매다' 라는 성과주의이다. 검색엔진의 발달로 일부 지식은 구글링으로 알 수도 있겠지만, 강의하면서 느낀 점이나 관련 이론을 암묵지(노하우)로 정리한 것이다.

책의 내용은 광고 수업(카피라이팅론, 광고분석론, 설득커뮤니케이션론, 브랜드스토리텔링론 등)과 연관해서 창의력과 기획력을 키우기 위한 3가지 필수 덕목을 '3창'으로 작성했다. 3가지 덕목을 일반화하여 '만인의 세상살이에 필요한 3가지 창'이다. 주로 광고 이야기를 하면서, 크리에이티브로 확장하고 창의적인 문제해결력을 함양할 수 있게 하고, 실전에서 활용가치가 있는 내용으로 연계시켜 보강했다. 3개의 '창'과 각 5개 주제어로, 15주 강의가 가능하도록 정리했다. 필요시 분석사례를 추가하고 이미 발표되었던 자료도 일부 활용하고 체계화하여 '종합 창의력 참고도서'가 되도록 준비했다. 1차 목표고객은 대학생이고, 2차 고객은 일반인이나 젊은 친구들(취업준비생)이라고 생각한다. '헬조선'과 어려운 취업전선에서 '지옥같은 도전'(헬린지; hell+challenge)을 겪고 있는 예비직장인도 일독하면 창의력 함양에 많은 도움이 될 것이다. 원고량이 좀 많은 것은 단점이겠지만, 자료 찾는 시간이나마 줄이고 일독한다면 기획과 경쟁력 향상에 매진할 수 있는 기회를 가질 수 있으라는 마음도 있었다. 아무쪼록 자유주의적 개입처럼 '넛지 효과(Nudge effect)'를 얻을 수 있길 기대한다.

2020년 2월
서울예술대학교 안산캠퍼스에서
오창일

차례

| I | 창 | 創 |

3장
근원사고, insight
74

4장
미디어 리터러시, Media Literacy
94

5장
콘셉트 추출능력
121

ADS INSIGHT
광고와 창의성
139

Ⅱ 창 窗

ADS INSIGHT
광고와 성취
285

광고창작 솔루션, 만세3창

12장
융합과 협업
348

ADS INSIGHT
광고와 거울
423

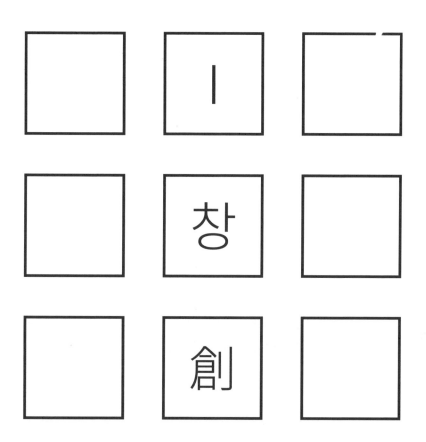

ㅣ

창

創

창(創)의 사전적 의미는 '비롯하다, 시작하다'이다. 무엇을 처음 해보는 것이고 첫머리에서 시작한다는 의미다. 기획이고 전략이고 구체적으로는 살아있는 아이디어 창출이라고 할 수 있다. 사람으로 치면 머리(두뇌)에 해당한다. 이것은 마치 제약회사에서 10여 년간 신약개발에 투자하여 '퀀텀 프로젝트'를 지향하는 것에 비유할 수 있다.

이 창(創)은 창조, 창의력, 창발성, 창작 등 우리 사회에서 가장 많이 회자되는 말이기도 하다. 기획시대의 핵심역량이고 그랜드 디자인(grand design)이나 청사진(master plan)을 설계하는 능력이라고 할 수 있다. 소위 큰 그림(big picture)을 그리는 것으로 미래전략과 비전을 담고 있어야 한다. 또한 창(創)은 남다른 아이디어가 되어야 한다. 해결해야 할 문제와 관련성이 있어야 한다. 구체적으로 실행할 수 있어야 한다. 큰 생각(big creativity)을 다듬고 다음 단계(one more step)가 무엇인지를 고민하는 것이다. 서울공대백서에 나와 있듯이 '야구에서 번트로 1루 진출에 안주하지 말고 홈런을 치려는 의지'가 중요하다. 특히 논문을 위한 논문을 쓰는 연구실적 쌓기의 상아탑 관성을 반성하고, 산학협력과 인력양성의 두 마리 토끼를 잡는 성과를 내는 것과 같다. 양적 평가보다는 질적 평가를, 논문 피인용지수의 질적 평가보다는 특허와 산학협력평가지수를 개발해야 한다.

이 창(創)을 잘하기 위해서 연습하거나 준비해야 할 일이 무엇일까? 가장 잘 나가는 글로벌 선도기업 구글은 창의력을 어떻게 말하고 있을까? 창의력이란 남과는 다른 아이디어를 말한다. 다른 아이디어는 '다른 방식으로 보기(ways of seeing)'에서 시작된다. 선생님이 아이들에게 스케치북에 고래를 그리게 한 뒤, "자, 그림의 제목을 달아볼까요?" 했다. 이때 아이들이 전부 똑같이 '고래'라고 적는데 한 아이만 '고래 등은 물총'이라고 제목을 지어 보인다. 아이의 신선한 대답이 화제를 일으켰던 웅진 싱크빅의 학습지 광고다. 창의력이란 '고래등은 물총이다'와 같은 발상이다. 남들과는 색다르게 생각하는 것이고 엉뚱하면서도 기발한 아이디어를 말한다.

창의력이 분명 다른 사람들의 생각과는 뭔가 다른 면을 보여야 하지만 단순히 다르기만 하면 안 된다. 터무니없이 엉뚱하고 괴상한 것은 아니다. 독특하면서도 유용해야 하고 의미 있는 해결책이어야 한다. 다른 사람의 생각을 모방하거나 암기해서 나오는 것이 아니라, 독창적이어야 한다. 독창적이란 것은 세상에 없는 무엇이어야 한다는 것이다. 흔히 하늘 아래 새로운 것은 없다고 하지만, 그 한계를 벗어나겠다는 의지가 필요하다. 유(有)에서 유(有)를 창조한다고 안주해서는 안 된다.

무(無)에서 유(有)를 창조한다는 도전이 필요하다.

그러나 창의력이란 지능지수(IQ)가 높다고 해서 반드시 쉽게 발휘되는 것은 아니다. 우수한 두뇌의 소유자라고 해도 융통성이 부족하고 고지식하여 창의력을 발휘하지 못하는 경우를 잘 알고 있다. 반대로 아인슈타인은 학교 선생님이 아무 것도 이루어낼 수 없는 '게으름뱅이'라고 할 정도였고, 어휘학습 능력도 형편없었지만 특유의 창의력으로 많은 과학 발견을 했다고 한다.

더구나 인간은 다중지능을 갖고 있어 어느 지능이 독창적인 창의력에 기여할지 모른다. 미국의 하버드 대학교 교수인 가드너(Gardner, Howard)가 1983년에 출판한 그의 저서 《마음의 틀》(Frames of mind)에서 제시한 '다중지능이론(multiple intelligences theory)'을 주목할 필요가 있다. 이 이론에서는 기존의 지능이론과는 달리 인간의 지능은 서로 독립적이며 다른 여러 종류의 능력으로 구성되어있다고 본다. 따라서 다중지능이론이란 각 개인이 특정 분야의 개념과 기능을 어떻게 배우고, 활용하며, 발전시켜나가는가 하는 특정 분야에서의 '문제해결 능력' 또는 '가치 있는 결과를 생산하는 능력'으로서 한 개인이 속한 문화권에서 가치 있다고 인정하는 분야의 재능을 말한다. 가드너는 인간의 지적 활동을 서로 독립적인 아홉 개의 분야로 나누어 각 분야에 대응하는 아홉 가지 지능을 제시하고 있다. 아홉 가지 지능에는 언어지능, 논리-수학적 지능, 공간지능, 신체-운동적 지능, 음악지능, 개인 간 지능, 개인 내 지능, 자연주의적 지능 및 실존지능이 포함된다(《교육심리학 용어사전》). 인간의 지능은 이런 다중지능들이 서로 충돌하고 연계되면서 상승하는 과정에서 생산된다고 봐야 할 것이다.

그래서 창의력은 유창성 · 유연성 · 정교성 · 독창성의 4가지로 구성되어있다고 한다. 좋은 아이디어를 재빨리 많이 생각해내는 유창성, 어떤 문제에 부딪치면 다양한 각도에서 조명해보고 보다 나은 방법들을 찾아내는 유연성, 사고방식이나 아이디어를 구체적으로 발전시키는 정교성, 다른 사람이 생각하지 못하는 독특한 것을 생각해내는 독창성이다. 이 중에서 한 가지만 유별나게 잘하는 것보다는 골고루 잘 발달되었을 때 창의력이 높아진다고 할 수 있다.

1장
지적 호기심,
why

"나는 특별한 재능이 없습니다. 열렬한 호기심이 있을 뿐입니다."

– 아인슈타인

호기심은 모든 질문에 답하는 만능열쇠(master key)다. 왕성한 **지적 호기심**이야말로 세상을 바꿀 수 있는 비밀번호이고 재능이고 축복이다.

안데르센 동화《벌거벗은 임금님》은 지금도 살아있는 우화로 잘 알려져 있다. 사기꾼 재봉사가 임금님을 찾아와 세상에서 가장 멋진 옷을 지어주겠다고 제안한다. 그러나 옷이 완성된 날 임금의 눈에는 아무것도 보이지 않는다. 사기꾼은 말한다. "이 옷은 어리석은 사람에게는 보이지 않는다"라고. 이 말에 임금은 있지도 않은 옷을 입는다. 신하들도 멋진 옷이라고 칭찬한다. 거리 행진 중인 임금의 행차를 보고 한 아이가 "임금님은 벌거벗었다"고 외친다. 그제야 임금은 속았다는 사실을 깨닫게 된다. 사리판단을 할 때는 다른 사람이 어떻게 생각할까에 대한 두려움이 없어야만 객관화가 가능하다는 의미라고 하겠다. 시장에서는 '군중보다도 어린 아이의 목소리에 귀를 기울여야 한다'는 교훈을 주고 있다.

세상에 관한 모든 지식은 처음에는 **관찰**을 통해 습득된다. 보고, 듣고, 만지고, 냄새 맡고, 맛을 보고, 몸으로 느끼는 것들 말이다. 이런 느낌과 감각을 다시 불러내거나 어떤 심상으로 만들어 머릿속에 떠올리는 능력이 바로 형상화다. 실제로 과학자나 화가, 음악가들은 그들이 실제로 보지 못한 것을 마음의 눈으로 보고, 아직 세상에 나온 적이 없는 노래나 음악을 들을 수 있으며, 한 번도 만진 적이 없는 어떤 것들의 질감을 느낄 수 있다(《생각의 탄생》).

호기심(好奇心, curiosity)은 어떤 것의 존재나 이유에 대해 궁금해하고, 알려고 하며, 숙고하는 태도나 성향 또는 항상 생동감 있게 주변의 사물에 대해 의문을 갖고 끊임없이 질문을 제기하는 태도나 성향을 말한다. 호기심이 있는 사람은 주변의 현상에 대해서 '저게 뭐지?', '왜 그럴까?' 또는 '무슨 일일까?' 하는 질문을 의식적으로 제기하고, 그 질문에 대한 답을 찾으려고 한다. 호기심은 자발적으로 지식을 습득하고, 사고하고, 행동하는 데 많은 영향을 미친다(《교육심리학용어사전》). 청소년이 성범죄를 저지르거나 담배를 피우는 것도 흔히 '호기심' 때문이라는 말을 자주 듣는다. 사람은 궁금증이 생기거나 해보지 않은 일이 있으면 본능적으로 지적인 욕구가 생기고 체험해보고 싶은 충동을 가지고 있는 것 같다. '판도라 상자'가 닫혀 있으니까 열고 싶은 것이다. 감추려고 하면 더 빼앗고 싶은 욕망이 생긴다. '하늘이 왜 파랄까?' 하는 의문은 자연스럽게 나온다. 여행을 떠나는 것도 미지의 세계에 대한 동경과 함께 새로운 지역에 대한 지식을 얻고 싶기 때문이다.

1969년 7월 아폴로 11호가 달 표면에 착륙하여 닐 암스트롱이 남긴 명 인터뷰를 기억할 것이다. "한 인간에게는 작은 발자국이지만 인류에게는 커다란 진보다." 이는 인류의 꿈을 현실로 만든 쾌거였다. 이렇게 미국이 주도한 우주선의 이름이 무엇인지 알고 있는가? 눈에 띄는 이름은 1973년에 최초로 목성 탐사에 성공한 '개척자(pioneer)', 2009년에 발사한 화성 과학 실험에선 호기심(curiosity) 등이다. 중국의 달 탐사선은 '창어(嫦娥)'다. 창어는 달에 산다는 선녀요, 달의 다른 이름이라고 한다. 선도자 정신이고 신세계에 대한 동경이다. 미지의 우주에 대한 궁금증과 호기심을 해소하기 위해 탐사선 '보이저(Voyager)호는 머나먼 우주항해를 떠나는 것이다. 이런 정신적 갈증은 무엇으로도 채워지지 않는 고귀한 인간성이다.

이런 호기심은 어른처럼 사회적 학습을 통해 많이 배운 사람에게는 쉽게 발휘되지 않는다. 어린 아이처럼 '생각의 감옥'에 갇혀 있지 않아야 호기심은 쉽게 발동된다. 그래서 어린 아이들은 '호기심 천국'이라고 불린다. 무엇이든지 '왜(why)?'라고 묻는다. '무엇(what)?'에 대해 묻는다. '어떻게(how)?'에 대해 궁금해한다.

다양한 호기심으로 알게 된 사실들의 인과관계나 상관관계를 조각 지식으로 방치하는 게 아니라, 창조를 위해서는 다양한 사실들을 체계로 파악할 필요가 있다. 그래서 호기심은 '지적 호기심'이 되어야 한다. 지적 호기심은 지식이나 지성에 관한 것 가운데 새롭고 신기한 것을 좋아하거나 모르는 것을 알고 싶어 하는 마음이다.

먼저 창의력을 향상시키려면 많이 알고 있어야 한다. 지적 호기심은 다다익선이다. '아는 만큼 보인다'고 하듯이 발상의 원천자료가 있어야 그 자료들을 충돌시키고 연계시켜 상승효과를 내게 할 수 있기 때문이다. 회오리 돌풍처럼 상승효과가 크기 위해서는 '지적 호기심'이 있어야 한다. 지적 호기심은 탐욕스러울 정도로 왕성한 식성(識性)이 요구된다. 앎으로써 얻게 되는 희열이나 새로운 것을 발견했을 때 획득되는 환희 같은 것이다. 지적 호기심은 내면적 동기욕구가 강해야만 생활 속에서 자연스럽게 이루어진다. 오지랖 넓은 사람을 뒷담화로 뭐라고 탓해서는 안 된다. 다양한 분야에 대한 지식은 창의성의 범위를 넓혀주는 원천자료이기에 영역지식(domain knowledge)의 넓이와 연계되어있다. 흔히 광고인은 한 분야에 대해 깊게 알기보다는 넓게 배우고 많은 지식을 가져야 한다는 논리와 같다. 바로 지적 호기심은 박학다식(博學多識)에서 시작된다. 건물을 높이 지으려면 땅을 깊게 파고, 넓게 파야 하는 것과 같다. 미적분 같은 난해한 문제를 풀기 위해서는 인접학문의 성과를 받아들여야 한다. 광고인이 다양한 분야를 학습하듯이 창의력을 높이고자 하는 사람은 많이 알아야 한다. 복잡한 수학문제를 풀듯이 역동적으로 움직이는 고난도의 지적 두뇌게임이다.

구글에는 다른 기업들에서 찾아볼 수 없는 특이한 직함이 많다고 한다. 그중 하나가 '혁신-창의성 총괄'이다. 이 조직을 이끌고 있는 프레드릭 G. 페르트는 창의력 계발을 위한 실천방안으로 어린아이처럼 살아갈 것을 강조했다. 구글의 '10배 싱킹(10x thinking)'을 촉진하는 팀을 이끌고, 서비스나 제품에 대해 10%의 개선이 아닌 10배의 개선을 원하는 구글의 철학을 실천으로 옮기는 조직이다. 페르트 총괄은 '서울디지털포럼(SDF) 2015'에서 '구글에서 배운 몇 가지 통찰이 있다면 아이와 같은 행동을 장려하고 장난스러움을 격려하면 창의성이 발휘된다는 점'이라고 말했다. 마치 달에 우주선을 처음 쏘아 올렸을 때처럼 기존에 없던 혁신적인 문제에 도전한다고 해서 '문샷 싱킹(moonshot thinking)'으로 불리기도 한다.

게임업계의 3대 천왕 가운데 하나인 엔씨소프트의 최고경영자 김택진의 직함은 'CCO(Chief Creative Officer)'이기에 최고 창의성 책임자가 되는 것이다.

창의성의 원천인 호기심은 어린이처럼 때 묻지 않은 동심이 무심코 던지는 질문에서 시작된다. '내 생각이 모자란 것은 아니겠지' 하는 창피함이나 두려움에 갇혀 있으면 호기심이나 질문이 생기지 않는다. 거침없이 궁금증을 풀어버리려는 마음에서 묻는 데서 호기심은 가치가 있다. 질문의 내용이나 의문의 수준에 대해 스스로 평가하지 않아야 좋은 호기심이라고 할 수 있다. 특히 그동안 배운 지식을 가지고 생각나는 대로 던져야 할 궁금증을 체로 거르는 필터링 과정을 거치면 안 된다.

어린이 관점으로 생각하고, 추상을 구상으로 전환하며, 생활 속의 관찰자 시점을 활용하면 다양한 유연사고가 가능하다.

예를 들면, '얼음이 녹으면 (?)이 될까요?'에서 '물'이라는 답은 지식 중심이다. '봄'이라고 하면 훨씬 감성적이다. '사랑'이라고 하면 보통 사람의 관습을 뛰어넘는 발상이라고 할 수 있다.

에너지 없이 가는 것은 무엇인가? 하고 물었을 때, '에너지'라는 단어에 휘말리면 대답으로 먼저 기계공학적 발상을 하게 된다. 그런데 '힘없이 그냥 가는 것'을 떠올리게 되면 '세월'을 연상할 수 있다. 바로 유연사고가 발동된 것이다. 하늘/땅, 천재/바보, 남자/여자의 대비처럼 대립되는 단어를 말하도록 반대 연상시킬 때, '보통'의 반대말은 '특별'이 아니라 '곱배기'가 된다. 중국요리 식당에서 나누는 말이기 때문이다.

작문 숙제로 선생님이 낸 문제다. '(　)라면 (　)겠다.' 보통 사람은 이 괄호를 채우기 위해 먼저 명사를 떠올릴 것이다. 조사로 이어지지 않고 어미로 잘 연결되지 않는다. (　) 하나에 한 자씩만 들어갈 것이라는 고정관념에서 벗어나야 한다. 언어사용에서 유연성이 발휘되어야 한다. 모범답안은 '(내가 투명인간이)라면 (여탕에 가)겠다', '(그냥 가)라면 (용서를 빌)겠다', '(내가 부자)라면 외제차를 (사)겠다' 등등이다. 좀 더 의외적이고 유연한 학생은 '(컵)라면 (맛있)겠다', '(이 브랜드)라면 (광고해보)겠다'라고 답한다. 다양한 품사나 구절로 답하면 어휘의 확장성이 풍부해지는데, 억지로 기존 고정관념으로 한 단어를 선택해서 만들면 문장이 되지 않는다. 사고의 틀(frame)을 벗어나려는 의지가 중요하다.

KBS의 프로그램인 〈대한외국인〉에서는 주한 외국인에게 한글 초성만 알려주고, 완전한 단어나 문장을 맞추게 하는 게임을 진행한다.

'ㅇㄴㅁㅇㄱㄱ'

홈쇼핑에서 주로 사용한다는 단서만 주는데도 금방 정답을 말하기가 쉽지 않다. 생활 속에서 흔히 볼 수 있는 프로그램이고 자주 들을 수 있는 쇼호스트의 말인데 막상 답을 맞히기가 어렵다. 평소에 흘려 듣지 않고 젊은 세대들이 사용하는 언어축약 놀이 같은 SNS 세상사에 관심을 가졌을 때 들리는 멘트이기 때문이다. 정답은 '오늘만 이 가격'이다.

이런 '호기심 작동 기법'을 생활 속에서 언제 어디서나 **활성화**하고 **내면화**할 필요가 있다. 이렇게 호기심을 체화하고 습관화하기 위한 방법들은 다음과 같다. 체계적인 '연상사고 시험'을 위한 다양한 예행연습이다.

- 여자의 날개, 천사의 날개 같이 '( )의 날개'를 만들기
- 길거리 포스터나 간판 제목을 다른 단어로 바꿔서 새롭게 만들기
- 인쇄(신문, 잡지) 광고 헤드라인의 단어를 교체해서 새롭게 만들기
- TV CM의 오디오를 끄고, 멘트를 써보기
- 10,000원으로 할 수 있는 일을 10개 이상 말하기
- '빨간색'을 들었을 때 떠오르는 사람(사물, 인물, 단어, 도시)을 써보기
- 동그라미로 할 수 있는 10가지 이야기하기

    삼성그룹의 입사시험은 직무적성검사(GSAT)부터 시작된다. GSAT는 언어논리(30문항 25분), 수리논리(20문항 30분), 추리논리(30문항 30분), 시각적 사고(30문항 30분) 4개 부문이라고 한다. 그리고 광고회사 제일기획의 경우 임원 면접, 직무역량 면접, 창의성 면접 등 3단계 면접이 추가로 진행된다.

    제일기획의 광고직 GSAT 기획부문 주관식 문제는 '카페 창업 차별화 전략', '브랜드로 예능 프로그램 짜기'가 나왔으며, 창의 문제는 '펜 vs 연필을 대비되게 그리시오', "칼(劍)' 또는 '우정'에 관한 문화역사적 사실을 10개씩 쓰시오'가 출제됐다고 한다. 인공지능(AI)과 연계된 머신러닝(기계학습)과 딥러닝(스스로 학습하는 AI), 블록체인 등 4차 산업 관련 문항들도 출제됐다. 이 밖에 유튜버와 브이로그(일상을 찍은 동영상 콘텐츠) 등도 문제로 나왔다. 또한, '24시간 영업', '영화 보는 도중 휴대폰 사용금지', '더치페이', '먹을 만큼만 덜어가세요' 등 우리 주변에서 흔히 볼 수 있는 문구에 대한 '카피 바꿔 쓰기' 문제도 나왔다. 2018년엔 '민들레꽃으로 만든 수분크림의 이름을 짓고 이 제품의 홍보캠페인 안을 만들어보라', '자율주행 기술을 도입한 자동차 브랜드를 만들고 홍보전략을 세워보라' 등의 문제가 나온 것으로 알려졌다. 이와 함께 "틀림'과 '다름'을 그림으로 그려보라'는 문제가 출제되기도 했다. 광고직군의 취업준비생이라면 익숙한 질문이라고도 할 수 있다.

    현대차는 역사에세이 문제는 홍선대원군의 쇄국정책을 놓고 1번에서 응시자의 관점에서 평가하고, 2번에서 현재 보호무역 기조 속에서 자동차산업 경쟁력 강화방안과 관련해 시사하는 바를 자유롭게 서술하도록 했다. LG그룹은 언어영역에서 토마스 홉스, 존 로크 등 17~18세기 철학자들의 근대국가 수립에 기반이 된 핵심이론, 존 롤스의 정의론을 묻는 문제가 출제됐다. 2017년 하반기부터 '상식과목'이 사라졌지만, 폭넓은 상식을 가져야만 풀기 쉬운 문제들이라고 하겠다. 지원분야의 영역지식(domain knowledge)이 문제해결의 열쇠라고 하겠다. 이런 질문과

대답을 되풀이하면서 유연사고의 기법을 정교화 할 줄 알아야 할 것이다.

한국의 대학 강의에서는 '질문 있습니까?'라는 교수의 말은 "수업 끝났다"는 뜻이고, 학생들은 가방을 싸기 시작한다고 한다. 수업 종료 시간이 다 돼서 누군가가 교수에게 질문하면 "쟤 때문에 늦어 마친다"며 짜증 내는 학생도 있다. 미국의 대학에서는 '질문 있습니까?'라는 말은 수업을 끝내는 말이 아니고, '수업의 클라이맥스가 시작되는 말'이라고 한다.

수강생이 궁금한 것이 있지만 질문하지 않은 이유 중 가장 많이 답한 것은 "궁금한 것을 질문으로 표현하기 쉽지 않다"(84회)였다. "수강생이 많아 용기가 나지 않는다"(54회)라는 응답도 많았다. "주변 학생들이 '수업 진행에 방해를 받는다' 등 뭐라고 할 것 같다"고 주변의 시선을 의식해 응답한 것도 51회나 됐다. 비슷한 빈도로 "다 아는 내용을 나만 모르고 질문한 것일까 봐 걱정된다"(50회)라는 응답도 있었다고 한다.

용기가 나지 않는다는 것은 혹시 내 질문에 대해 다른 사람이 뭐라고 하지 않을까, 이 질문이 적절한 것일까 염려하는 마음에서 나오는 것이다. 주변 시선이 의식된다는 말과 일맥상통한다. 주변의 시선을 의식하는 이유는 내가 혹시 잘못해 손가락질 받지 않을까 걱정되는 마음 때문이다. 기타 응답 중에는 "내 질문으로 수업 분위기가 흐트러질 것 같아서"라는 응답이 있었는데, 질문을 던지더라도 정해진 방향과 결론에서 어긋나면 안 된다는 강박관념을 표현해주는 말이다. 대답은 질문자의 예상 답안과 일치해야 한다는 눈치 보기와 비슷하다.

아는 내용을 또 질문하면 안 될 것 같다는 말도 마찬가지다. 적절한 질문, 적절하지 못한 질문이 따로 있고 적절한 질문만을 해야 한다는 사회적 분위기가 오히려 질문을 막는 꼴이 됐다.

강의실에서는 학생이, 기자회견장에서는 기자가 질문하는 것도 배워야 할 수 있다. 의심이 있어야 하고 비판정신이 있어야 질문도 있다. 연설 내용에 의문을 품지 않았으면 팩트 체크가 되지 않는다. 강의내용에 의문을 품지 않으니 궁금한 것도 없다. 질문에 익숙하지 못한 학생이나 기자는 의사표현을 못해서가 아니라 질문할 내용이 없었기 때문이라는 증언이 많다. 세계의 대통령이라고 할 수 있는 미국 대통령 오바마가 기자회견에서 기자들에게 질문하라고 했는데도 한국기자들은 한 사람도 질문을 하지 않아 화제가 된 적도 있다. 듣고 읽는 것에 '합리적 의심'을 하지 않고 '지적 호기심'을 발동시키지 않기 때문에 질문할 내용도 없었다고 할 수 있다.

규모가 작은 중소기업부터 국가권력의 핵심 청와대까지 '받아쓰기'만 하는 모습은 쉽게 찾아볼 수 있다. 민의(民意)를 모아 선출된 대통령이 주재하는 국무회의에서도 국무위원들은 묵묵히 대통령의 말을 받아 적기만 했다. 우리는 국제회의에 참석하면 토론 없는 '3S행동'을 한다고 전한다. 소리 없이 방긋이 웃거나(Smile), 졸린 척하거나(Sleepy), 아는 척 고개만 끄덕이며 침묵한다(Silent)고 한다. 영어 공포증이나 콤플렉스를 탓할 게 아니다. 토론을 경험하면서 추상적인 생각을 명확하게 밝히고 개념화하는 데 익숙하지 않기 때문이라고 설명한다.

질문이 없는 한국사회를 어떻게 봐야 할까. 대통령부터 대기업 회장까지 창의성을 강조한다. 창의성은 의심과 질문을 먹고 크는 열매와 같다. 과학자 알베르트 아인슈타인의 말을 인용해본다.

"아인슈타인은 문제를 만들어내는 것은 해결하는 것보다 근본적인 일이라고 했다. 문제를 만들 줄 모르는 사회의 발전동력은 결국 떨어지기 마련이다."

"모든 진보는 의심하는 것에서부터 시작한다. 질문이 꼭 필요한 이유다."

-《주간조선》

"좋은 아이디어를 얻는 방법은 많은 아이디어를 만들어보는 것이다. 크리에이티브 과정은 아마도 '시행착오(trial and error)'의 그 이상도 이하도 아니다. 가만히 앉아서 생각이나 아이디어가 나오기를 기다리지 마라."

광고 크리에이터는 지적 호기심(curiosity)이 충만한 '박박사(薄博士)'가 되어야 한다. '넓게 얇게 많이' 알아야 한다. 어떤 제품을 판매하게 된 배경과 기술이 바탕에 깔린 상품미학, 웰빙(well being) 욕구, 사고방식, 사회의식, 소비자 감성 등과 연결시킬 수 있어야 한다. 그 사회 속에서 살아가는 사람들의 이야기들을 찾아내고 그 소비자들을 어떻게 만날까, 그들에게 무엇을 전해줄까를 떠올려봐야 한다. 마음속에 꿈꾸는 이상향은 무엇인지, '술 마시고 노래하고 춤을 추는' 이유가 무엇인지 알아야 한다.

인간은 끊임없이 욕구를 채우려고 한다. 차츰차츰 더 높은 수준의 욕구를 얻고 싶어 한다. 이런 마슬로우(Maslow, Abraham)의 욕구 5단계론이 무슨 의미가 있는지를 공부해야 한다. 최종 단계의 자아실현 욕구인 자원봉사를 하러 갔다 오면 전혀 새 사람으로 태어난다고 한다. 자아실현 요구가 이루어졌을 때 고객은 전혀 색다른 체험을 하게 된다는 것이다. 그래서 크리에이터는 **심리학자**가 되어야 하고 사회학적 낭만주의자가 되어야 하고 **마케팅** 상상력을 가져야 한다. 광고인은 걸어다니는 잡학사전(雜學辭典)이 되어야 하는 이유이다. 광고는 대중의 욕구와 필요(public wants and needs)를 메시지로 반영하고 유희적 본능을 충족시키는 커뮤니케이션이기 때문이다. 빠른 산업화와 도시화로 인해 각박해진 대중사회는 구성원의 심리 형성과 밀접한 관계가 있기 때문이다.

또한 정보화 사회로 진행되어 생활문화가 크게 달라지면서 긴 '디지털 유목민(digital nomad)'의 인간심리는 크리에이터가 풀어야 할 또 하나의 과제이다. 그러므로 전통사회 질서가 붕괴되면서 생긴 틈 사이에서 '자유인'에의 꿈과 사랑과 이상을 노래해야 한다. 과거에 대한 노스탤지어, 소외감, 무력증, 불안을 위로할 수 있고 미래에 대한 기대와 호기심을 가치 있게 그려내야 한다. 가치 동반자(value partner)로서 무엇을 줄 수 있을까를 생각해야 할 것이다. 그래서 맥심 커피는 이렇게 카피를 쓰고 있다. '보이지 않는 것'이 보이고, 눈 앞에 와 있어 잡을 수 있다는 '구체성'이다. 행글라이더를 타고 푸른 하늘을 날면서 외치는 해방감이다.

"자유가 보인다~"

객관적 상관물의 발견

수년 전 TV 장수 프로그램 가운데 〈호기심 천국〉(SBS)이나 〈전파견문록〉(MBC)에서도 순수 동심의 꼬마가 힌트를 말하면, 단어를 추측해내는 놀이도 시사하는 바가 크다. 유치원생 어린이가 '동심의 눈'으로 본 연상 단어 찾기 게임이다.

어린이가 '( )' 속에 있는 단어를 보고 연상되는 구체적인 사건이나 암시나 에피소드를 들려주면, 거꾸로 출연진들이 '( )' 속 단어를 맞히는 게임이다. 어린이들이 떠올리는 생활 속의 일이나 사건들이 참 참신하고 시각이 새롭다. 어른들이 상상도 못할 일들이 그 천진난만한 동심의 세계에는 살아 움직이고 있다는 것을 알 수 있다. 이런 프로그램이 발상 훈련에 도움이 되는 이유는 자명하다. 구체적인 사건이나 암시는 상품의 특장점이고 제품의 이미지라고 생각할 때 연상되는 이미지라고 할 수 있기 때문이다. 그 상품이 뭐냐고 하면 바로 '( )' 속의 사물(단어)이라고 할 수 있다. 어쨌든 발상은 아무런 통제가 없는 상태에서 자연발생적으로 터져 나오는 단어나 사물을 가공하면 되기도 하기 때문이다.

　다음의 몇 가지 사례를 살펴보자. 사례를 보고 브레인에 작은 충격을 주자. 왼쪽에 있는 단어는 모범답안이고 오른쪽에 있는 문장은 힌트다. 단어의 사전적 의미를 맞히는 게 아니라 비유법이고 생활 에피소드로 연상하게 하는 프로그램이다. 그 안에는 '관찰과 호기심 천국'이 가득하다.

- (일기예보): 손가락으로 막 움직여요. 음악만 들어도 딱 알아요. 전화로 확인할 수도 있어요. 신문에서도 확인할 수 있어요.

- (불꽃놀이): 예쁜 그림 한번 그려보고 죽어요. 죽는데 다 좋아해요.

- (낚시): 들어올리기 힘들면 힘들수록 더 좋아요. (빈손으로 오면 엄마가 싫어해요)

- (별): 시골에는 많이 사는데 서울에는 잘 안 살아요. (시골 우물에서 많이 볼 수 있어요), (충성), (스타)

- (낙하산): 한번 꺼내면 다시 넣기가 힘들어요. 어린이날에 아주 좋아요. (나는 안 해봤는데 촬영하면 해볼 수 있어요), (회사에서 가끔 나타나요)

- (체중계): 마음에 들면 계속 바라보는 거예요. 어떤 사람은 얘를 보면 슬퍼져요. 얘도 힘들어해요.

- (비둘기): 항상 과자를 흘리나 안 흘리나 보고 있어요. (아홉이 생각나요), (남북평화가 생각나요), (산에도 있고 집에도 있어요)

- (우정): 차에 친구가 안 탔을 때 안 탔다고 소리쳐요. 시험 칠 때 자주 만나요.

- (노래방): 계속 앉아있으면 바보 같아요. 계속 서 있으면 앉으라고 해요. 남은 시간이 별로 없다고 재촉해요. 손사래 치며 양보하는 사람이 많아요. 리모컨이 제대로 작동 안 될 때도 있어요.

- (싱글벙글): 기분이 되게 좋은데 소리는 안 나요. 로또 당첨되면 이걸 해요. 상 받고도 이걸 해요.

- (실망): 생일, 어린이날, 크리스마스 때 아주 많아요. 소풍 때도 가끔 그래요. 다른 사람이 자꾸 그러면 나쁜 사람이에요. 성적표 받고도 가끔 그래요.

- (방귀): 친한 사람한테만 들려줘요. 상대방의 눈빛만 봐도 알 수 있어요. 병원에서는 이걸 상당히 좋아해요.

- (장례식장): 육개장 먹고 울거나 떠들다가 오는 곳이에요. 컬러가 흑백이에요.

　너무 많이 교육받고 너무 많이 억압받은 기성세대는 너무 많은 것을 생각하기에 아이디어가 떠오르지 않는다. 혹시 잘못 대답하면 창피당하지 않을까. 무식하다는 소리 듣지 않을까. 사회적 지위나 어휘실력을 망가뜨리는 구설수에 오르지 않을까. 그러니 알려준 단서를 듣고도 쉽게 단어를 연상할 수가 없다. 겉으로 '본 그대로, 사실 그대로' 즉물적(卽物的)으로 말하면 된다. 속으로 말하는 바가 이것이 겠지라고 생각할 필요가 없다는 것이다. 보이지 않는 아니 스스로 만든 '아이디어의 감옥'에서 탈출해야 한다. 〈빠삐용〉의 환희와 〈혹성 탈출〉의 감동을 생각하면 된다. '알라딘의 소원성취'처럼 크리에이티브의 절정에 올랐을 때나 솔루션을 찾았을 때의 정복감을 경험해보지 않았는가? 과감하게 가면을 벗어던져야 한다. 아이디어 발상의 창(創)은 '미션 임파셔블(mission impossible)'이 아니다.

몇 가지 힌트를 주고 정답을 맞히게 하면 '객관적 상관물' 발견이다. 객관적 상관물은 주관적이지 않으면서 제시된 단어(사물)를 떠올리게 하는 구체적인 생활경험이다. 정답을 못 맞힐 때 주는 힌트도 생활 속의 에피소드라고 할 수 있다. 힌트는 광고창작 방법론과도 통한다. 상품의 특장점이 연상되도록 유도하는 장치나 연결고리(link)가 광고이기 때문이다. 숨겨진 정답은 고객이 떠올리는 브랜드의 객관적 상관물(語, 像)로서 카피(語)나 아트(像)가 될 것이다.

이 단어 연상 게임에서 중요한 점은 '(　)' 속의 단어(사물)가 보통명사도 있지만, 추상명사도 있다는 것이다. 보통 추상명사는 구체적인 사물로 대체하거나 이미지를 연상하기가 어렵다. 그렇지만 동심의 눈은 모든 것을 아주 쉬운 생활 속의 사건(episode)이나 사물(object)로 단순화시키고 의미를 연결시키고 있다는 것이다. 이것은 '발상과 표현'에서 중요한 단서가 된다. 역으로 하면 '객관적 상관물 발견'이다.

모든 사물에 대해 의문을 갖는다. 동심의 세계로 회귀해야 한다. TV 프로그램 〈전파견문록〉은 바로 동심의 순수 호기심으로 관찰해야 풀 수 있는 문제들이다. "아이들은 물음표를 좋아하고 어른들은 마침표를 좋아한다"고 한다. 어른은 너무 많이 생각하고, 너무 많은 상처가 있고, 지나친 지식과 경계와 규칙, 가설과 선입견에 속박되어있고 수갑 채워진 바보 같다.

그러나 어린이는 순진하고 자유롭고 자신이 무엇을 할 수 없고 해서는 안 되는지 모른다. 세상을 실제 그대로 보지만, 가르쳐준 대로 보지 않는다. 당연하게 생각하는 것에도 의구심(호기심)을 갖는다. "엄마, 보험이 뭐야?", "하늘이 왜 파란가?", "왜 나이키를 신는가?" 하는 의문이 절로 나온다. 창(創)을 위한 발상엔 이런 순수 동심의 시각이 필요하다.

어린 꼬마가 진료를 받다가 호기심 가득한 얼굴로 의사가 진단하기 위해 쓰는 청진기에 대해 묻는다. "이걸로 들으면 병을 알아요?" 그냥 진찰하기 위해 쓰는 기기라고만 생각하면 지나치는 질문이다. 어린 꼬마가 보기에는 신기하지 않았겠는가. 거룩한 의사가 경험과 지식과 통찰력을 바탕으로 치료할 줄 알았을 것이다. 그런데 청진기를 귀에 꽂고 심장박동 소리를 듣는 것으로 진료하는 걸 보니 '그것이 알고 싶다'가 되는 것이다. 이런 호기심에서 문제를 발견하고 해결책을 찾기 시작하는 것이다.

사실 의문과 질문엔 정답이 숨어있다고 한다. 성공은 작은 질문에서 시작된다. 모범답안은 질문에 숨어있다는 '질문의 7가지 힘'이 있다. 질문은 생각을 해야 나오기에 '생각의 힘'과 같다고 할 수 있다.

① 질문을 하면 답이 나온다: 질문은 문제와 해결책을 동시에 생각하게 한다.

② 질문은 생각을 자극한다: 개선점은 무엇이지? 생각이 생각을 낳는다.

③ 질문을 하면 정보를 가져다 준다: 좋은 질문은 좋은 정보를 이끈다.

④ 질문을 하면 통제가 된다: 질문은 먼저 사고와 논리를 생각하게 한다.

⑤ 질문은 마음을 열게 한다: 질문은 교감과 커뮤니케이션을 하게 만든다.

⑥ 질문은 귀를 기울이게 한다: 질문은 모범답안을 기대하게 되고 경청하게 된다.

⑦ 질문은 스스로를 설득시킨다: 질문은 공론장에 참여하게 한다. 참견이 아니다.

우리는 다짐해야 한다. 우리 마음 속에 있는 어린아이(동심)를 끌어내보자. 규율을 깨자. 비논리적이고 바보가 되자. 이런 생각 저런 생각 하며 자유로워지자. 엉뚱한 연상을 해보자. 천진난만한 어린이가 되자. 햄릿이 되었다가 돈키호테가 되자. 금성인이 되었다가 화성인이 되자.

소설가 스티븐 킹도 《유혹하는 글쓰기》(on writing)에서 아이디어의 보고나 소설의 보고나 베스트셀러가 묻힌 보물섬은 없다고 했다. '허공에서 느닷없이 나타난다'고 했다. 이 느닷없는(unexpectedness) 출현은 사전에 작가의 두뇌 속에서 경험과 지식이 무의식중에 단계별로 중앙전산처리 되어 **숙성**되었기 때문이다. 경험과 지식의 수많은 순열과 조합으로 '경우의 수'가 만들어지면 전에는 아무 상관도 없던 두 가지 일이 연결된다. 이 연결이 전혀 새로운 무엇인가를 만들어내는 아이디어다. 광고 크리에이티브의 정의로 알려진 '**낡은 것의 새로운 결합**'이다. 그러므로 작가(creator)가 해야 할 일은 아이디어를 찾아내는 것이 아니고, 막상 아이디어가 떠올랐을 때 그것이 좋은 아이디어라는 것을 알아차리는 것이라고 할 수 있다.

그리고 헝그리 정신이다. 히딩크 감독은 16강 진출이 확정된 뒤에 8강 진출을 위한 '승리가 고프다'고 했다. 스티브 잡스는 'Stay hungry'를 강조했다. 다음 목표를 향한 끊임없는 욕구가 분출할 때 크리에이티브의 씨앗은 함께 태동한다. 강한 성취동기를 스스로 만들어야 한다. 박항서 감독도 베트남에 갈 때는 배수진을 쳤다고 한다. 결국 자신과의 싸움이 될 수도 있다. '나는 최선을(best) 다했다'는 말은 적당주의자의 변명이다. 더 좋은 것을(better) 향한 중단 없는 전진과 질주가 아이디어 창출의 필요충분조건이다. '좋은 것도 더 좋게 만들 수 있다'(SKT)는 것이 'T' 광고의 슬로건이었다. 크리에이티브에서만큼은 비교급(better)이 최상급(best)보다 낫다는 사실을 꼭 명심해야 할 것이다.

발상의 기초는 다독, 다작, 다관, 다상량이다

많이 쓰고 많이 읽고 많이 생각해야 아이디어가 나온다. 그리고 광고 발상은 신의 창조가 아니라 모방이다. 절묘한 모방이다. 크리에이터는 창조가 아니라, 발견하는 사람이다. 1인칭의 나, 2인칭의 너, 3인칭의 우수마발 모든 삼라만상의 오브제를 프로젝트(제품)에 적확하게 연결시키는 다리(架橋)가 크리에이티브다. 그 설계 감독이 크리에이티브 디렉터다. 다리는 일종의 객관적 상관물의 발견으로 연결된다. 광고주라는 견우와 소비자라는 직녀가 일년내내 만날 수 있게 해야 한다. 누구나 인정하고 연상할 수 있는 메시지나 이미지여야 한다. 광고는 혼자만의 고독한 게임이 아니라 집단창작이다. 소비자가 즐기는 엔터테인먼트가 광고 크리에이티브이기 때문이다.

그래서 크리에이터는 사랑에 빠져봐야 하고, 탐험에 미쳐봐야 한다. 삼청동 한옥집에서 히말라야 트래킹까지 알고 느껴야 한다. '사용자 경험'을 함으로써 감각적으로나 시대의 이슈나 화제로 연결시키면 성공확률이 높다.

다독(多讀), 다작(多作), 다관(多觀), 다상량(多商量)은 생각만큼 어렵지 않다. 하루 30분이면 1년에 180시간, 한 권 읽는 데 10시간이면 1년에 18권, 어림잡아 평생 1,000권을 읽을 수 있다. 1,000권의 독서량은 책 10권을 쓸 수 있는 이야깃거리를 가질 수 있다고 한다. 카피를 쓰는 언어의 연금술사인 카피라이터는 물론이고 일반 보통 사람들도 '시간 나면 책 읽는 게 아니라, 시간 내서 책 읽어야' 한다. 카피라이터는 끊임없이 배우고 공부하며 새로운 꿈과 비전을 추구해야 하고 '아이디어의 수도꼭지'를 갖고 있어야 하는데 그 에너지가 바로 독서에서 나온다는 것이다. 사회생활을 하는 일반인이라면 자신의 생각을 표현하고 설득하기 위해 글쓰기(writing)를 해야만 한다. 자기소개서를 쓸 때 독서의 힘을 알 수 있다. 집에서도 할 수 있는 학습기기 광고 브랜드는 '홈런(Home Learn)'이다. 독서광들은 다음과 같이 말한다.

> "책을 두 권 읽은 사람이 책을 한 권 읽은 사람을 지배한다."
>
> – 링컨

> "우리는 책을 통해 인생이라는 전쟁터에서 사용할 탄약을 확보할 수 있다."
>
> – 루즈벨트

> "독서는 완성된 사람을, 담론은 재치있는 사람을, 필기는 정확한 사람을 만든다."
>
> – F. 베이컨

> "독서는 평생의 나를 지탱해 준 에너지원이었다. 책은 인간과 자연, 삶의 조화와 자연스러움을 가르쳐준 스승이었다. 책은 내 앞을 밝히는 등불이었다. 내 삶의 숱한 길 위에는 영원한 조력자인 숱한 책들이 동행하였다."
>
> – 배상면 국순당 회장

"하루 30분 독서하면 평생 1,000권을 읽습니다(실용적인 독서 캠페인의 카피)."
1년이면 약 180시간의 독서가 가능하다. 책 한 권을 읽는 데 9시간이라면 1년에 20권을 읽을 수 있다. 평생 50년을 잡으면 꼭 1,000권이 된다. 보통 책 100권을 읽으면 책 1권을 쓸 수 있는 안목이 생긴다고 한다. 평생 자신의 저서를 10권 가질 수 있다. 도전해볼 만한 '하루 30분 독서'가 아닌가?
"단 하루라도 책을 읽지 않으면 입에 가시가 돋는다." 안중근 의사의 명구이다. 책을 읽고 메모하고 아이디어를 얻고 마음에 쌓아두는 것이 얼마나 중요한 일인가에 대해서는 두 말 할 필요도 없다. '아는 만큼 보이는 것처럼, 아는 만큼 발상할 수 있다'는 것을 알아야 할 것이다. 읽고 쓰고 생각해야 한다고 했다. '서삼독(書三讀)'이란 말도 있다. 첫 번째는 책(글) 그 자체를 읽고, 두 번째는 저자와 읽고, 세 번째는 자신과 읽는다는 것이다. 주체적인 정독을 주장하는 명언이다.

여기에 더하여 영상 자료를 많이 봐야 할 것이다. 비주얼 커뮤니케이션이 효과적일 때가 많다. 영화나 연극을 자주 관람해야 키 비주얼(key visual) 찾는 데 좋다. 그것은 도덕적이고 지적인 건강을 유지하는 일이다. 농협 광고처럼 쌀이 몸의 힘(battery)이라면 독서는 정신의 힘이다. 뽀빠이가 재충전할 수 있는 '시금치'라고 할 수 있다. 다다익선(多多益善)의 언어유희로 **다독다독(多讀多讀)**이라는 신조어를 만들고 싶다. '**독(讀)**한 녀석'이라는 한성대학교의 광고 카피도 '이중의미'로 사용하여 매력적이고 유효하다. '독서 중독자'라는 뜻과 대학생활을 독(毒)하게 열심히 독서하는 학생을 신입생으로 뽑겠다는 학교의 의지를 읽을 수 있어서 좋다.

독서는 세상과 통하는 일이며, 미래와 지속적인 관계를 맺으며 살아가는 길이기도 하다. 인생(카피라이터)의 길은 42.195킬로미터의 마라톤이다. 100미터 단거리 경주가 아니다. 평생직장은 없어졌지만 평생직업은 있다. 글쓰기는 지혜와 성실과 연필만 있으면 할 수 있는 고부가가치 창출 실습이다. 단기적인 성공을 거두는 개인이나 조직은 쉽게 찾아볼 수 있지만 그것을 장기적으로 유지하는 개인과 조직은 많지 않다. 책 속의 자양분만큼 몸과 마음에 좋은 고단백 저칼로리는 없을 것이다. '힘 좋고 오래 가는 배터리'를 만들어주는 영양식품이다. 이런 영속성과 에너지를 만드는 요소 중의 하나가 바로 독서이다. 최근 방송에서도 '책 읽어드립니다'(tvN) 같은 독서 프로그램이 인기를 얻고 있다. 그렇기 때문에 세상살이에서 잘 나가려면 카피라이터처럼 독서량이 많아야 할 뿐만 아니라 독서의 중요성을 잘 알고 실천해야 한다. '앞서가는 리더(leader)는 책 읽는 리더(reader)'라고 하지 않는가? 경전과 고전과 삼국지는 재미와 사색과 지혜를 담고 있어서 영원한 스테디셀러로 자리 잡고 있다. 그래서 전하는 말이 있다.

"한 번도 읽지 않은 사람이 있지만, 한 번만 읽은 사람은 없다."

'검색'이 많아질수록 '사색'은 적어진다

고전과 베스트셀러는 반드시 읽어야 하는 책이다. 월급의 2%는 반드시 사야할 책의 목록을 채우는 데 써야 할 것이다. 광고주나 동료들은 카피라이터가 읽는 책을 보면서 안심하게 되고 카피의 품질을 신뢰하게 된다. 세상살이에 나오는 사건에 대한 검색 후에는 사색이 이루어져야 한다. 현대인이 검색시간만큼 사색시간을 가지는지 궁금하다. 카피라이터가 생각하고 추구하는 가치와 철학을 이해할 수 있게 되어 인간관계까지 좋아진다. 구차하게 이 광고카피가 좋다 나쁘다 잔소리 들을 일이 없다. 지루하게 카피 내용을 설명할 필요가 없어진다. 카피의 배경과 내용에 대한 사전학습 효과가 있어 이심전심으로 알아차리기 때문이다. 우리 일반인은 '대화의 품격'을 위해서라도 매일 읽어야 할 것이다. "하루라도 책을 읽지 않으면 입에 가시가 돋는다"(안중근)는 인생 명언을 기억하지 않는가? "가난한 사람은 **독서로 부자가 되고, 부자는 독서로 귀하게 된다**"(왕안석)고도 했다.

독서란 수많은 지혜의 창고요 아이디어의 보고다. 글(카피)을 잘 쓰는 방법 가운데 하나로 독서가 있다. 독서를 하다 보면 상품 기획에 대한 아이디어를 얻을 수 있고, 꽉 막힌 길에서 '돌발 해법'을 얻을 수도 있다. 오직 체험해본 사람끼리만 통하는 환희가 아닐까. 디지털 시대와 지식정보사회에서도 학습조직은 필수다. 개인이나 조직이나 공부하고 그 내용을 토론하면서 커뮤니케이션하다 보면 활성화되지 않을 수 없다. 경영자를 위한 독서모임(MBS: Management Book Society)을 이끌고 있다는 조동성 교수는 경영자의 책 읽기에 대해 이렇게 말했었다.

> "우리 삶을 자동차에 비유한다면, 지혜는 자동차가 바른 길로 가게 해주는 운전대이고, 지식은 자동차 엔진을 움직이는 데 필요한 연료입니다. 운전대와 연료가 없는 자동차를 생각할 수 없듯이 지혜와 지식이 없는 최고경영자에게 기업의 운명을 맡길 수는 없는 것 아니겠습니까?"

독서를 하지 않고 창의적인 글쓰기를 하려는 것은 연목구어(緣木求魚)다. 어떻게 나무에서 생선을 얻을 수 있겠는가. 독서의 중요성은 알겠는데 시간이 없어 책을 읽지 못한다는 사람은 **동기유발**(empowerment)이 없기 때문이다. 자신의 일상 습관에 작은 변화를 주고, 자기만의 시간과 자기만의 성찰의 기회를 확보하면 된다.

> "사람이 책을 만들고, 책이 사람을 만든다."
>
> – 교보문고

교보문고의 위 슬로건처럼 두 핵심단어를 활용하여 잠깐 연상사고를 작동시켜 본다.

신(神)이 사람을 만들고, 사람이 신(神)을 만들었다.

책을 읽으면 '검색'만 하는 사람이 아니라, '사색'을 하는 사람이 된다.

문예창작도 마찬가지겠지만, 비즈니스 창작이라고 할 수 있는 카피라이터도 열심히 쓴다고 되는 것이 아니다. 목표고객을 찾기 위해 방향을 잡는 기술자요 콘셉트(concept)를 설정하는 재능이요 컨셉추얼리스트이다. '책 속에 길이 있다'는 경구를 깨달아야 할 것이다. 시간이 없다는 것은 핑계다. 시간이 있어 책을 읽는 것이 아니라, 책을 읽기 위해 시간을 확보해야만 하는 것이다. 카피 완성을 한 시간 늦추더라도 독서 한 시간을 늦추지 마라. 보통 사회인도 똑같다고 생각한다. "하버드 졸업장보다 소중한 것이 독서하는 습관이다"라고 빌 게이츠는 말했다. 현대 디지털 기술사회임에도 불구하고, '아날로그의 반란'(책)은 큰 의미를 잃지 않고 있다. '우직한 독서 습관'이 우리의 미래를 활짝 열어줄 것이라고 확신한다. 남이 보기엔 어리석은 일처럼 보이지만, 한 가지 일을 끝까지 밀고 나가면 언젠가는 목표를 달성할 수 있다는 뜻으로, '우공이 산을 옮긴다'는 우공이산(愚公移山)이 생각나지 않는가? 불가능을 가능하게 만드는 것도 '공든 탑'을 세우는 것도 성실한 습관에서 시작된다는 뜻이다. 2011년 10월 스티브 잡스의 스탠포드대학교 졸업식 연설의 일부다. 창(創)을 위한 기본 격문처럼 느껴진다.

"여러분의 시간은 제한되어있습니다.

그러니 다른 사람의 삶을 살진 마십시오.

다른 사람의 사고로 만들어낸 결과물에 의해 살아가는 도그마에 빠지지 마십시오.

다른 의견들이 내는 소음으로 여러분 내면이 목소리를 지우지 마세요.

가장 중요한 것은, 여러분의 내면의 소리와 직관을 따르는 용기를 가지라는 겁니다.

여러분의 내면과 직관은 이미 여러분이 진정 무엇이 되고 싶어 하는지 알고 있습니다.

그 외의 모든 것들은 부차적인 것들입니다. 특히 창조하려는 사람에게는.

'항상 갈구하고, 항상 우직하라(Stay hungry, Stay foolish).'

2장
창조적 파괴

조르바의 자유정신

'나는 아무것도 바라지 않는다.

나는 아무것도 두려워하지 않는다.

나는 자유다.'

인기 명작 〈그리스인 조르바〉(Zorba the Greek)의 작가 카잔차키스(Nikos Kazantzakis)가 살아있을 때 미리 써놓았다는 묘비명이다. 주인공 조르바는 실제 인물로 알려져 있다. 카잔차키스의 분신이요 페르소나처럼 묘사되어 있다. 여행과 꿈이야말로 삶을 풍요롭게 해준다고 믿고 작가는 전 유럽을 순례하면서 수많은 육체의 쾌락여정을 즐긴다. 여행을 하면서 자신의 본질을 바꾸는 '삶의 혁명'을 꿈꾼다. 일상을 거부하고 욕망을 억누르는 수도승이 고행을 통해서 천국에 이르는 것은 거짓 수도승이 할 짓이라고 생각한다. 반미치광이 수도승이 고행을 통해 날개를 얻었다고 믿고 수도원 앞의 낭떠러지 아래로 몸을 던진 현장을 목격하게 되었기 때문이다. 세상살이와 수도승의 생활을 대비하면서 육체와 영혼의 이분법에 회의를 가진다. 욕망을 악마와 동일시하는 영혼주의자와는 반대로 파계승 같은 쾌락지상주의자로 작가 자신의 정체성을 추구하게 된다. 철학자 베르그송의 영향을 받고 '생의 의지'를 불태우며 기독교와 인연을 끊게 된다. 신이 어떤 목적에 따라 인간존재를 창조한 것이 아니라, 인간이 생의 도약대로 삼기 위해 신을 창조한 것이라는 확신이다. 이런 정신은 하나의 '위대한 거절(great refusal)'이다. 보통사람들은 욕망을 억제하고, 격정적인 삶보다는 종교적인 삶을 추구하고 이성적인 생활을 지향한다. 육체가 명령하는 대로 행하는 현실적인 쾌락주의자가 '거룩하게 성인(聖人)되기'는 어렵다. 인간이 대응하기에는 무거운 억압이고 '숨 막힘'일 수밖에 없다. 그래서 도발적인 조르바가 거부하는 것이다. '포도즙이 포도주가 되고, 사랑이 되고 성체(聖體)가 된다는 인생관'이다. 물리적인 변화가 아니라 화학적인 변화

인 '메토이소노(聖化)'이며 '거룩하게 되기'이다.(이윤기) '쾌락의 육체'가 '구원의 성
체'가 되는 역설적인 대반전의 인간관이다. '가장 육체적인 것이 가장 영혼적인 것'
인 셈이다. 수도승이나 이성적 보스의 사고를 초월하는 '생(生)의 도약'이다. 유럽
의 세계대전 전후의 혼란스런 시대상황과 정치 문화적 탄압이라는 피할 수 없는
배경이 있다고 한다. 하지만 작가의 원형이 '신성모독성'을 지닌 '호쾌한 기인'이었
기 때문이라고 본다. 노벨문학상 수상 좌절이나 로마 가톨릭 교황청으로부터 파문
을 당하면서도, 수많은 여성편력을 할 때 하나님이 인간을 사랑하는 분이라고 깨
닫게 되었다는 자유분방함이다. 조르바가 나(보스)와 처음 만난 뒤 노동자(현장감
독)로 채용되고, 크레타 섬의 갈탄광산으로 동행하게 되면서 나눈 대화다. '산토르'
라는 전통악기를 휴대하고 다니며 연주도 하는 자유인 조르바가 말한다.

> '처음부터 분명히 말해 놓겠는데, 마음이 내켜야 해요. 분명히 해둡시다. 나한테
> 윽박지르면 그때는 끝장이에요. 결국 당신은 내가 인간이라는 걸 인정해야 된다 이
> 겁니다'. 나(보스)가 말한다. '인간이란 무슨 뜻이지요?' 이에 조르바는 단호히 대답
> 한다. '자유라는 거지'

기분 내키면 악기를 치겠다고 한다. '산토르는 짐승이오. 짐승에겐 자유가 있
어야 한다. 백정의 춤, 크레타 전사의 춤, 소아시아 해안지방의 춤도 출 수 있다고
한다'. 디오니소스(Dionysos)적인 춤과 음악의 신처럼 몸의 축제인 댄스를 추겠다
는 예술적 상상력의 소유자다. 원초적으로 조르바는 자유인이다. 조르바는 빡빡한
이성적 생활로는 인생의 본질을 향유할 수 없다고 생각한다. 보통사람이 자유분방
하게 사는 것을 보기는 어렵다. 그렇기에 조르바의 자유분방함은 아주 '낯설게' 보
인다. 그러나 이 '낯설게 하기'가 크리에이티브다. 조르바가 '제멋대로' 산 것처럼
보이는데 '제 멋대로' 산 것처럼 보이는 역설과 초월을 배워야 할 것이다. 광고 크
리에이터가 만인의 세상살이에서 크리에이티브(창.創)를 생산하기 위해서 가져야
할 기본덕목이 '자유정신'이다. 일단 '위대한 거절'을 향해 '몸' 가는 대로 '마음' 가
는 대로 '두려움 없는 소녀(fearless girl)'처럼 당당하게 가야 한다.

당신들의 천국

이 소설은 한센 병 환자의 진료를 위해 집단수용 해놓은 소록도에서 병원 원

장과 환자 간의 갈등을 그린 '우화적인 이야기'로 스테디셀러(steady seller)이다. '지배하는 원장'과 '지배받는 원생' 사이에서 보건과장이 원장을 의심하고 비판하는 인물로 나온다.

> "이 섬에 삶을 의지하고 있는 사람들은 누구나 환자로서의 남다른 처지와 인간으로서의 보편적인 존재조건들을 두 겹으로 동시에 살아나가고 있는 셈이지요." 병원 원장의 아량과 관용의 한계 안에서 스스로 그와 맞서기를 꺼려하는 것 또한 당연히 '힘의 이치'인 것이다. '다스림을 받는 자'보다 '다스리는 자'의 힘 쪽에 가까이 있는 것이 자신을 위해 유리하다는 지극히 이기적인 '힘의 철학'을 배우게 된다. 평의회는 '다스림을 받는 자'의 편에서 서서히 '다스리는 자'의 편으로 다가가기 시작했고, 마침내 그 다스리는 자를 위해 스스로 그의 동상을 세웠던 것이다. 보다 결정적인 배반은 평의회 쪽에서 먼저 감행된 것이었다.

원장은 병원과 섬 전체를 통치하는 '절대 지배자'이다. 그래서 절대 지도자의 '일방적인 동상'은 비록 선한 의지에서 나왔다고 하더라도 피지배자의 '자율적인 동상'과는 대립이 생길 수밖에 없다. 지배자는 명예욕과 과시욕을 숨긴 채 '자신의 동상'을 세우려는 권위주의자다. 전임 원장도 그랬기 때문이다. '동상 욕구'가 지나치면 광기가 나타나고 대립구조가 심해지면 공론장(public sphere)도 만들기 어려워진다.

> "누구든지 이곳에만 오면 주 원장의 '동상'을 새로 세우고 싶어 했습니다."
> "그래서 끝끝내 그의 가슴속에 숨겨져 있을지도 모르는 그의 동상을 고집할 수 없게 해줘야 한다."
>
> – 이청준, 《당신들의 천국》

소설 《당신들의 천국》의 내용을 인용한 것은 지배자의 내면에 있는 '자신의 동상'이 현대사회의 우상화와 관련되어 있지 않나 하는 생각 때문이다. '자신의 동상'은 우리 사회를 지배하고 있는 이데올로기로서, 사상과 정서를 통제할 수 있는 패러다임(paradigm)이다. 그 패러다임을 누가 정하고 누가 따르느냐 하는 것이 문제다. 원장은 질서 유지권과 위반자 처벌권을 가진 빅 브라더(big brother) 같은 '권력'이다. 그래서 통치원칙인 '동상'은 피지배자의 창의성과 비판정신을 억압한다. 피지배자는 스스로 한계를 지우며 질서에 순응하면서 '자발적 노예'가 되기 쉽고 '이기적인 힘의 철학'을 받아들이게 만든다. 그래서 세상살이에서는 '다스리는 자'의 동상은 '다스림 받는 자'가 스스로 세워주기에 '우상'이 된다. 우상은 만인의 외부에 있지 않고 만인의 내부에 있는 것이다.

이런 이유로 동상은 수용의 대상이 아니고 파괴의 대상이 되어야 한다. 그 동상이 '절대 지배자'가 되었든 '역할 모델'(role model)이 되었든 '멘토'가 되었든 비슷하다. '절대지존'은 없고 '상대지존'만 있을 뿐이라는 생각을 가져야 할 것이다. 이런 알력과 대결은 '삶의 현장'이고 사회 축소판이다. 문제를 발견했으면 해답(solution)을 제시해야 한다. 우상은 원장뿐만 아니라 만인의 '내부'에 권위주의자의 복종심으로 숨어있다. 기존의 지배 이데올로기(원장)에 굴복하거나 순응하거나 자기검열을 한다면 '동상의 파괴'는 없을 것이고 창의적인 대안도 없을 것이다. '다양성'을 인정하고 '차이'를 찾아내는 광고 창의성의 관점에서 보면 '우상의 파괴'야말로 기존질서와 고정관념을 타파하는 핵심과제가 된다. 또한 '창의사회(creative society)'도 다양성과 차이의 인정에서 만들어진다. 다양성과 차이는 '진정성 있는 자아정체성'을 가진 사람에게서 나올 것이다. 그래서 보건과장 같이 지배 이데올로기에 순응하지 않고 비판적인 지식인이 광고인이 되어야 할 것이다. 세상살이에서 창의성(創意性)을 발상하기 위해서도 그렇다. 다음은 현대카드 TV CM '멘토' 편의 카피이다.

우리가 멘토라 부르는 그들, 그들의 멘토는 누구였을까?
"멍청한 자식, 진실이야말로 최고의 사진이야…."
종군기자였던 로버트 카파에게
사진의 의미를 가르쳐준 멘토
"내 만화는 흔해빠진 아류일 뿐이에요."
아톰의 원작자 데즈카 오사무가 좌절할 때마다
그를 일으켜 세워준 멘토
"건축물은 생명을 가진 나무처럼 스스로 뻗어가야 해."
건축학교 열등생 가우디에게
끝없이 영감을 불어넣어준 멘토
"맙소사! 여자니까, 로맨스 소설이나 쓰라고?"
출판사들의 퇴짜에도 아가사 크리스티를

믿어준 단 하나의 멘토

우리가 멘토라 부르는 그들에게도 멘토는 있었다.

그들의 멘토는 바로 그들 자신.

누구의 인생도 카피하지 마라, 스스로 멘토가 되라.

Make your rule

(자막) 현대카드

　

현대카드 광고의 주제는 'Make your rule'이다. 외부에서 정해준 규칙(rule)은 '합리적 의심'을 해보고 자신만의 규칙을 만들어야 한다는 것이다. 내 자신에게 맞춤형으로 입을 수 있는 규칙은 나만이 만들 수 있다는 관점이다. 의사결정이나 사리판단의 주체는 '나'이기에 누구에게 맞출 필요가 없다. '나'는 지문도 다르고, 홍채도 다르고, 얼굴도 다르다. 창의성의 만발을 기대하는 또 하나의 기본덕목이다.

이렇게 만들어진 규칙(make your rule)은 객관화하기 위해 다시 깨뜨려야 한다. 규칙은 파괴될 운명인 것처럼 파괴되고, 파괴된 규칙은 다시 만들어지는 연계 순환 과정을 무한으로 되풀이해야 진정한 패러다임이 될 것이다. 그래서 현대캐피탈의 TV CM '옆길로 새(Make break make)' 편의 가사(copy)를 살펴보자. 2분 동영상으로 제작되었다.

　

(징글) 오를레이~

I'm MC, 옆길로 새

Everybody put your wings up

친구 따라 강남 갔으면, 서커스 앵무새

방앗간이 싫어졌다면 미라클 참새

내 날개는 요새 한계 없이 나네

필에 취한 날개는 바람 못지않네

내 삶의 방식은 에드워드 8세

죽어도 싫은 말 새장에 갇힌 신세

같은 길로 달려봤자 거기서 거길세

옆길에서 만나 황새 부순 뱁새

내 스타일은 언제나 우세보단 열세

누가 뭐라 해도 후회 절대

절대 안 세

뻔한 길로 가지 말고 옆길로 새

Get Live Get Wild Get Live Get Wild

한 번쯤은 옆길로 새 같이 새

뻔한 인생 옆길로 새 같이 새

가던 길을 한번 부수면 같이 새

Different 오늘 만세

I make break make

한 번쯤은 옆길로 새 같이 새

뻔한 인생 옆길로 새 같이 새

가던 길을 한번 부수면 같이 새

Different 오늘 만세

옆길에서 뒷길까지 fiesta 하

이 거리의 옷매무새는

너무나도 뻔해

머리부터 발끝까지 유행이야 올해

난 싫지 허세 무시하지 대세

눈에 띄는 날개가 남게 되지 후세

내 삶의 목표는 영웅이야 난세

세상 모두 쫓아가도 쫓지 않아 절대

틈새를 노려 무는 한 마리의 늑대

뻔한 길은 싫어 길 만들지 모세

한 번쯤은 옆길로 새 같이 새

뻔한 인생 옆길로 새 같이 새

가던 길을 한번 부수면 같이 새

Different 오늘 만세

I make break make

한 번쯤은 옆길로 새 같이 새

뻔한 인생 옆길로 새 같이 새
가던 길을 한번 부수면 같이 새
Different 오늘 만세
I make break make

오 생각을 벗어나 옆길 샐래
무서워도 두려워도 새고 말래
우 이제는 달라지려고 해
옆길 샐래 이봐 세뇨르 같이 샐래

나나나나나 나나나 나나나나나나나 나나나나 나나나나
어디로든 한 번쯤은 옆길로 새
뻔한 길로 가지 말고 옆길로 새

나나나나나 나나나 나나나나나나나 나나나나 나나나나
어디로든 한 번쯤은 옆길로 새
뻔한 길로 가지 말고 옆길로 새
(자막) 현대캐피탈
(Make By Dora music)

'새'의 각운과 함께 '뻔한 길'을 반복하는 앵무새의 이중성을 잘 표현하고 있고 빠른 리듬으로 시청각을 잡는 몰입효과를 보여주고 있다. 우상화된 "세상 모두 쫓아가도 쫓지 않아 절대"이기에, 나만의 방식을 만든다. 그리고 나서 "한 번쯤은 옆길로 새, 같이 새"이다. 자신이 만든 길에 대해 성찰하고 이탈을 준비한다. "가던 길을 한번 부수면 같이 새" 하면서 다시 창의적인 길을 만드는 길에 동행한다. "뻔한 길로 가지 말고 옆길로 새"는 규칙(rule)을 파괴하면서 차별화된 사상과 정서의 의미를 확인한다. 주제는 'I make break make(규칙을 만들고 부수고 다시 만들어라)'이다.

맬린다 케이츠도 세상살이의 변화를 꿈꾸며 재단을 통해 실천하고 있다.

"전통·관습·금기로 여겨져 절대 건드리면 안 된다고 위협받던 것들을 부술 때 세상은 변화한다. 벽이 곧 문이다."

사회환경에 맞추기 위해 자기 기만의 행동을 하지 않는다는 것이다. 자기 방식으로 자신의 재능을, 가치를, 의견을 표현하고 자존감을 희생하지 않겠다는 뜻이다. 그런 '자기효능감(self efficiency)'을 훼손하지 않기 위해서 "뻔한 인생 옆길로 새"가 되는 것이다.

방법론적으로 모든 것을 의심하라

가톨릭 교단에서의 시성(諡聖) 절차에는 16세기부터 400여 년간 이어져온 '악마의 변호인(devil's advocate)' 제도가 있다. 성인 후보자를 옹호하는 '신(神)의 변호인'에 맞서 후보자를 집요하게 검증하고 청문하는 임무를 맡는다. 의도적으로 '반대를 위한 반대'를 일삼고 반대논리를 펼침으로써 오류나 오판을 예방하자는 취지였다고 한다. 집단사고의 함정에 빠지지 않고 선입견이나 편견 및 고정관념을 깨고 '합리적 의심(reasonable suspicion)'을 통해 오류 없는 성인을 추대하고자 했다.

합리적 의심이란 특정화된 감이나 불특정한 의심이 아닌 구체적이고 명확한 사실에 기반한 의심을 말하며 미국 형사소송법상 기준이다. 몸수색이나 교통경찰이 자동차를 멈추어 조사하는 것은 영장 없이 합리적 의심이 있으면 가능하다. 경찰관직무집행법상, 불심검문은 경찰관의 합리적 의심을 전제로, 피검문자를 정지시켜 질문함으로써, 불심점을 해소하는 것을 내용으로 한다.

합리적 의심은 법관의 **자유심증주의**에 의한 의심을 말한다. 즉, 기존에 나타난 직·간접의 증거와 양립할 수 없는(반대되는) 사실이 드러난 경우 이에 대해 가지는 '왜?'라는 의문이 바로 합리적 의심인 것이다.

이는 데카르트의 '**방법적 회의(疑心)**'와 이어진다. 탈무드에서의 100% 찬성은 부결이라는 원칙과도 통한다. 방법적 회의란 데카르트가 의심스럽고 불확실한 인식을 제거하고 확실한 인식만을 확보하기 위해 기존의 인식에 대해 의도적으로 제기하는 의심을 말한다. 당신이 정말 진리를 추구하는 구도자라면, 적어도 인생에서 한 번은 모든 것을 '**방법론적으로**' 의심해야 한다(René Descartes). 방법적 회의란, 내가 믿고 있는 진리를 더 확실하게 믿기 위해서 의심하는 것이다. 내 의심도 견뎌내지 못하는 진리라면, 그것을 진리라고 말하기 어렵기 때문이다(박지웅). 그래서 '의심스러운 것들을 틀린 것으로 간주해야 한다'고 말한다.

의심할 땐 의심해야 한다, 의심이 안심이다

광고조사를 해보면 겉마음과 속마음이 다른 경우를 자주 본다. 최근 빅데이터에서도 나오지만 조사결과의 해석 문제가 중요한 이유라고 하겠다. 설문지에 쓰는 대답과 마음속에 담고 있는 대답은 다르다는 것이다. 프로이트의 쾌락원칙과 현실원칙의 이중성이라고 할 수 있다. 자아는 본능(id)과 초자아(super ego)의 사이에서 샌드위치처럼 겹쌓여있어 사회문화적 맥락에 따라 행동하거나 사고하기 때문일 것이다. 그래서 일관된 정답이 없고 "그때그때 달라요" 하게 된다.

사회문화적 맥락은 사회문화적인 지식을 가리킨다. 사회문화적 지식은 하나의 사회집단이 구성한 집단적인 지식이나 그 사회에 소속되어있거나 집단 속으로 동화되어가는 과정에 있는 개인들의 지식 등과 같은 것을 말한다.

일찍이 사회학자 마르쿠제는 '일차원적 인간'에서 진실한 욕구(true needs)와 거짓된 욕구(false needs)를 구별했다. 광고는 이 거짓된 욕구의 범주에 속한다. 왜냐하면 광고에 맞추어 소비하고 행동하고자 하기 때문이다. '조작된 신화'나 '지배 이데올로기의 억압'에 맞춰 살아가는 현대인의 무비판적 사고를 질타한 말이라고 생각한다. 이런 난해한 문제를 풀어야 하는 광고 크리에이터의 해법을 알면 창의력 향상에 도움이 클 것이다.

광고 크리에이터는 데카르트(Decart, R.)의 '방법론적 회의'를 내면화하고 있다. 광고는 결코 현상유지를 옹호하는 이데올로기가 아니다. 물질적 풍요사회일수록 비판정신과 부정 사고가 필요하기 때문이다. 더구나 생활자는 기성관념과 행동방식을 그대로 받아들이지 않고 끊임없이 새 것을 즐기고 낯선 것을 찾아 방황하기 때문이다. 비록 거짓된 욕구에 휩쓸려 허위의식 속에 살 때도 있지만 의식의 한편에선 진실한 욕구를 갈구하고 있다. 철저한 자기부정과 철학적 사유를 통해 거듭나려는 의식을 고객은 추구한다. 편견과 고정관념에서 벗어날 때의 기쁨은 그 무엇과도 바꿀 수 없는 인간만의 특권일지도 모른다. 이 새로움과 창조적 파괴를 창출하기 위해서 방법론적 회의가 필요하다.

방법론적 회의는 일단 '의심하기'이다. 첫째, 인간의 감각을 의심해야 한다. '척 보면 압니다'가 아니다. '따져봐야 한다'이다. 광고주 마인드인지, 생활자 편익인지, 그냥 제품 특징인지는 그 누구도 모른다. 오직 방법론적 회의를 통해서나 밝힐 수 있다. 둘째, 의심할 수 없는 수학의 진리까지 의심해야 한다. '콩으로 메주를 쑨다'고 하더라도 의심해보라는 것이다. '해가 동쪽에서 뜬다'고 하더라도 한 번쯤 '서쪽인데'를 되뇔 수 있어야 한다. 이렇게 회의할수록 진실은 더욱 확실해지는 매력이 있다. 주관성의 한계를 벗어나야 이길 수 있는 광고 크리에이터 자신과의 전쟁이기 때문일 것이다. 더욱 탄탄한 논리와 빅 아이디어 창출에 이바지한다.

특히 오리엔테이션에서 광고주의 제품 자랑을 절대로 믿어서는 안 된다. 일방적 과시욕이거나 '오만과 편견'일 경우가 많기 때문이다. 그래서 객관적 시각을 갖기 위해 사실과 진실을 구별할 줄 알아야 한다. 광고주가 정답이라고 하는 것과 생활자가 정답이라고 하는 것은 다를 수 있다. 어떤 면에서는 의도적으로 달라야 한다. 인간의 감각을 의심하라. 감각만큼 순간적인 게 있겠는가? 겉으로 드러난 이야기는 속에 담긴 의미를 나타내지 못한다고 생각해야 한다. 강렬한 첫인상과는 다르다. 나아가서 수학의 진리까지 의심해야 한다. 이렇게 끝까지 의심하고 회의하면서 새로운 뭔가를 발견해내는 지혜는 '위대한 거부(great refusal)'다. 그때 좋은 크리에이티브(Good Creative) 가운데에서 군계일학의 위대한 크리에이티브 '그레이티브(Great Creative)'가 탄생하는 순간이 나온다.

위대한 거부는 자기 사랑에 빠진 처녀의 아집이 아니다. 멋진 남자를 찾아 오늘도 결혼중개 정보업체를 드나드는 여자다. 좀 더 강한 장점을 가진 남자(특징)를 소유하기 위한 열정이다. 위대한 거부는 열기 가득한 제작회의나 리뷰 시간에 콘셉트와 아이디어의 생존경쟁을 시킨다. 엄정한 CD(Creative Director)라면 개인 취향이나 주관적인 의견은 과감하게 도태시킨다. 과거에 봤던 것이나 외국에서 사용되었던 퇴물은 매장된다. 의심하기를 통해 콘셉트와 아이디어의 부침은 하루에도 수십 번씩 일어난다. 표현 전략안이 언제든지 버려질 수 있고 고쳐질 수 있다는 생각은 그만큼 전략안과 떨어져서 관조하게 만든다.

이 관조는 감정이입(感情移入)이나 공감만이 아니다. 오히려 거리감이고 사색을 요구하는 이화효과(異化效果)의 세계다. 색다르게 보이는 효과는 '멀어짐으로써 가까워지는 이중성'을 갖고 있다. '인식 → 의심 → 초월 → 파괴 → 창조'의 선순환 메커니즘을 만끽해야 한다.

조금은 비약일지 모르지만, 법정의 《인연 이야기》 가운데 이런 담론이 나온다.

> "우리가 산속으로 들어가 수도를 하는 것은 사람을 피하기 위해서가 아니라, 사람을 발견하는 방법을 배우기 위해서다. 우리가 사람을 떠나는 것은 그들과 관계를 끊기 위해서가 아니라, 그들을 위해 최선을 다할 수 있는 그 길을 찾아내기 위해서다."

광고주의 주장을 의심하는 것은 그 자체를 불신하는 것이 아니라, 좀 더 객관적인 진실을 규명하여 고객의 공감을 얻고자 하는 것이다. 광고주 이야기에서 멀리 떠나고자 하는 것은 '비판적 거리'를 두고 최선의 크리에이티브를, 아니 '더 좋은 크리에이티브'를 제시할 수 있는 기회를 만들고자 하는 것이다. 사실 광고주의 신상품 개발 연구원만큼 자기 제품에 대한 애착이 강한 사람은 없을 것이다. 연구원이 오리엔테이션에서 경쟁사를 조목조목 꼬집는 이론과 논리는 정연하다. 나중에 신제품 개발 드라마를 들려주면 광고회사의 크리에이터들은 감동받는다. 숱한 시험과 실패 끝에 생산된 제품은 단순한 제품이 아니다. 피와 살을 나눈 가족이다.

이런 감정이입과 공감이 클수록 그것을 대중에게 커뮤니케이션 하고 표현하는 크리에이터는 냉정해져야 한다. "뭐 그리 대단하다고?", "경쟁사는 더 좋아 보이던데", "고객은 별로 관심 없을 걸?" 이런 식이어야 한다. 내색하지는 않겠지만 연구원이 눈치 채지 못하게 냉소적이어야 한다. 처음에는 '왜 그랬을까?' 하는 의심을 하는 게 싱싱한 발상의 비법이다. 발상은 이런 비판적 거리에서 나오기 때문이다. 발상이 획기적이어야 '코페르니쿠스적 대전환'이라는 말을 들을 수 있기 때문이다. 사회생활에서도 마찬가지라고 생각한다. 주택거래에서 중개사의 말이나 비타민 약효를 설명할 때나 진짜와 가짜는 물론이고 과장과 허위의 차이를 잘 구별해야 하는 것이다.

그리고 나서 카피라이터나 CD는 거꾸로 한 가지씩 우수한 점을 발견해내고 누구나 인정할 수 있는 경쟁력 있는 특징을 추출해내는 것이다. 연구원보다 더 제품을 자랑스럽게 생각하고 지상 최고의 브랜드라는 자부심을 가지게 된다. 그 제품의 전도사가 되어 주위에 입소문 마케팅까지 도맡아야 한다. 광고란 가능한 한 예쁘게 꾸미려는 '행복의식'이면서 '제도화된 비속화'라는 불명예를 떨쳐버려야 한다. 광고 크리에이터는 자신을 향해 늘 깨어있는 파수꾼이 되어야 한다. 길들여진 카피나 눈에 익은 비주얼에 대해 반항하고 거절하는 게이트키퍼(gate keeper)가 되어야 한다. 냉정한 시각으로 때로는 크리에이티브를 지키는 '방어하는 수문장'이고 때로는 '공격하는 선봉장'이다. 그래서 일차원적 크리에이티브를 뛰어넘는 설득자가 되어야 한다. 또한 제품의 드라마를 다시 쓰는 것이다.

신 5대 우상론(경험주의자 '베이컨의 4대 우상론+1')

베이컨은 관찰이나 실험에 바탕을 두지 않은 일반적인 명제를 '우상(偶像, idor)'으로 지목했다. 우상은 참된 지식에 접근하는 길을 가로막고 있는 편견이자

선입견이다. 특히 창의성을 촉발하는 데 걸림돌이 되고 발상의 전환을 짓누르는 유리천장이다. 그가 말하는 우상은 잘 알려져 있듯이 네 가지다.

종족의 우상(*idola tribus*)은 인류라는 종(種)의 본성에 뿌리박고 있는 우상이다. 자연을 사람에 비기어 생각하는 것, 즉 의인화시켜 설명하려는 경향이 대표적이다. 새의 입장에서는 그저 지저귈 뿐이고 나비의 입장에서는 자신의 날개를 펄럭였을 뿐인데, 사람들은 새가 노래하고 나비가 춤춘다고 말하는 것이다.

동굴의 우상(*idola specus*)은 개인의 특성, 성질, 습관, 교육, 직업 등에서 비롯된다. 한 사람이 자기만의 동굴 안에 갇혀 진리를 제대로 보지 못하는 것이다. '우물 안의 개구리'가 되는 사고다.

시장의 우상(*idola fori*)은 언어의 부당한 사용에서 생긴다. 예컨대, 존재하지 않는 것에 대해서도 그것을 지칭하는 말이 만들어져 마치 존재하는 것처럼 생각하곤 한다. 천사와 악마 같은 것이다.

극장의 우상(*idola theatri*)은 권위나 전통을 맹목적으로 신뢰하고 그것에 의지하는 데서 생긴다. 그럴듯하게 꾸며지고 전승되어온 가치나 철학, 전통, 학설들을 의심하지 않고 믿으려는 우상을 말한다.

여기에 '화폐의 우상'을 더해야 할 것이다. 현대사회에서는 만물의 척도가 화폐이기 때문이다. 화폐는 자본의 교환가치이다. 현대인의 물신주의이고 조직의 성과지상주의를 나타낸다. 끊임없이 경쟁하는 이유는 화폐를 얻기 위한 것이다. 실질가치가 아니라 명목가치를 중시하기에 사용가치는 소외되고 교환가치가 우선하게 된다. 특히 상징가치와 기호가치가 개인 신분과 취향을 반영한다고 보기에 인간의 가치관은 왜곡되어 나타난다.

이런 5대 우상은 죄수를 감시하는 원형감옥 탑 파놉티콘(panopticon)을 연상시킨다. '발상을 감시하는 우상'의 존재로 창의성은 원천적으로 억압받게 되는 것이다.

> "건물의 높은 중앙 감시탑에서, 자신을 드러내지 않는 감독관은 마치 유령처럼 군림한다. 이 유령은 필요할 때 곧바로 자신이 존재한다는 증거를 드러낼 수 있다."
> – 〈파놉티콘〉

그래서 미국의 생물학자 아지트 바르키와 대니 브라워는 '현실 부정'의 관념에 주목하고, **부정본능**을 인류발전 원동력으로 분석한다. 인간은 왜 부정정신을 가져야 아이디어가 나올까? 인간의 지적 능력과 다른 동물의 지적 능력의 근원적인 차이점으로 본 것이다. 사실 현실 부정의 관념이란 철학적이고 존재론적인 사고에 바탕을 둔 '죽음에 대한 공포'로부터 비롯된다고 했다. 필멸성을 깨달으면서도 이를 부정하려는 인간의 마음은 역설적이다. 죽을 수밖에 없는 존재적 조건 위에서 영원을 지향하기 때문이라고 한다.

라쇼몽 효과, 기억의 주관성

아내를 데리고 숲을 지나던 한 사무라이가 산적에게 살해당한다. 무슨 영문인지 현장에 있던 당사자들은 모두가 다른 진술을 한다. 미궁에 빠진 살인사건은 결국 현장을 목격한 나무꾼의 진술에 의해 그들 모두가 '거짓말'을 했다는 것이 드러난다. 심지어 무당이 어렵사리 불러낸 살해당한 사무라이의 원귀(寃鬼)마저 거짓을 말한다. 우리네 '전설의 고향'에서는 적어도 원님 앞에 나타난 원귀들은 절대 거짓을 고하지는 않는데 일본은 원귀들까지 거짓말을 하는 모양이다.

수많은 연구에 따르면 인간의 거짓말은 본능이라고 한다. 죽어서도 변치 않는 본능이다. 한평생 살아가면서 거짓말 한두 번 안 하고 사는 사람이 과연 있을까. 만약 그렇다고 하는 사람이 있다면 그는 분명 '거짓'을 말하고 있는 대단한 '거짓말쟁이'임에 틀림없다.

영화 〈라쇼몽〉은 인간이 자기자신을 속여 가면서까지 빠지는 '거짓'의 함정을 그린다. 이 영화에서 유래된 '라쇼몽 효과(rashomon effect)'는 이후 학술용어로 철학·해석학·심리학 등 학문의 영역에서 진지하게 다뤄진다. 라쇼몽 효과는 동일한 사건에 대해 각자의 기억이 엇갈리면서도 각각 개연성을 갖게 되는 '기억의 주관성'에 관한 이론을 말한다.

'라쇼몽 효과'란 하나의 복잡하거나 애매한 상황을 이해하는 데 요구되는 '인식의 틀'이나 '사고와 아는 것' 그리고 '기억의 틀'을 말한다. 우리의 인식이나 기억은 자신이 설정해놓은 '틀(frame)' 밖의 모든 정보는 의식적이든 무의식적이든 누락시켜버린다. 그렇게 우리는 필요에 따라 스스로를 속이며 살아가는 기묘한 존재들이다. '기억의 주관성'을 이르는 말이기도 하다.

나폴레옹은 "역사란 사람들이 동의한 거짓말의 집합체(History is a set of lies agreed upon)"라고 정의한다. 아마 히틀러의 조롱처럼 "큰 거짓말을 하고 그것을 집요하게 되풀이하면 결국 모든 사람들이 그것을 믿게(If you tell a big enough lie and tell it frequently enough, it will be believed)"되기 때문인 모양이다.

오늘 신문 지면을 통해 접하는 수많은 대형 사건들의 재판 결과는 과연 라쇼몽 효과에서 완전히 자유로운 것들일까. 왠지 썩 미덥지 못하다.

창조적 파괴

헤르만 헤세(Hesse, Hermann)는 소설《데미안》(*Demian*, 1919)을 통해 모든 사람들에게 자신이 더욱 성장하기 위해서는 현실과 이상 속에서 끊임없이 투쟁해야 발전한다고 말한다. '정반합의 관념철학'답다. 다음은 데미안의 최고의 명언이다.

> "새는 알에서 나오려고 투쟁한다. 알은 세계이다. 태어나려고 하는 자는 한 세계를 깨뜨리지 않으면 안 된다."

작가는 자신만의 틀을 깨고 새로운 세계로 나가려면 자신이 마음 속에 만들어 놓은 틀을 깨지 않고서는 결코 전진할 수 없음을 말하고 있다. 〈동물의 왕국〉에서 익히 봤던 상황이다. 새가 푸른 하늘을 맘껏 날 수 있게 되기까지 알을 깨고 나오는 최초의 투쟁에서부터 둥지에서 쉴 새 없이 해야 했던 날갯짓, 높은 나무 위에서 떨어지는 두려움을 극복해야만 창공을 날 수 있는 특권을 누리게 된다. 내 속에서 솟아 나오려는 것, 바로 그것을 나는 살아보려 했다. 왜 그것이 그토록 어려웠을까.

《데미안》의 첫 구절의 철학적인 성찰은 작품에 계속 이어진다. 이 작품은 나로부터 시작하여 나를 향하는, 한 존재의 치열한 성장의 기록이다. 진정한 자아의 삶에 대한 추구의 과정이 성찰적으로 또 상징적으로 그려져 있다. 이를 통하여 헤세는 "한 사람 한 사람의 삶은 자기자신에게로 이르는 길"이며 누구나 나름으로 목표를 향하여 노력하는 소중한 존재임을 상기시킨다. 문학평론가들의 이런 작품해설은 '진정한 자아'와 '삶의 추구'라는 단어에 귀착된다고 본다. '추구'는 '과정'이기도 하다.

창의성이란 반짝하면서 돌발적으로 생성되는 게 아니라, 끊임없는 '숙성의 과정'에서 나온다는 것을 강조하고 있는 것 같다.

'창조적 파괴(creative destruction)'란 경제학자 조지프 슘페터가 기술의 발달에 경제가 얼마나 잘 적응해나가는지를 설명하기 위해 제시했던 개념이다. 슘페터는 자본주의의 역동성을 가져오는 가장 큰 요인으로 창조적 혁신을 주창했으며,

특히 경제발전 과정에서 기업가의 창조적 파괴 행위를 강조했다. 1912년에 발표한 《경제발전론》에서 슘페터는 이윤은 혁신적인 기업가의 '창조적 파괴행위'로 인한 생산요소의 새로운 결합에서 파생되며, 이윤이란 바로 창조적 파괴행위를 성공적으로 이끈 기업가의 혁신에 대한 대가라는 것이다. 이후 다른 기업인에 의해 이것이 모방되면서 자연스럽게 이윤이 소멸되고, 새로운 혁신적 기업가의 출현으로 다시 사회적 이윤이 생성된다고 본다. 다시 말해 창조적 파괴는 기술혁신으로 낡은 것을 파괴·도태시키고 새로운 것을 창조하고 변혁을 일으키는 과정이라는 것이다. 경제학자 슘페터가 기술 발달에 경제가 얼마나 잘 적응해나가는지를 설명하기 위해 제시한 개념이다(《한경 경제용어사전》). 슘페터의 '창조적 파괴'는 100년 전에 나온 용어지만 디지털 기술 발전 속도가 만든 사물인터넷(IoT) 시대인 21세기에도 적용되는 이론이라고 할 수 있다.

창조적 파괴란 광고카피 'make-break-make'의 순환논리와도 상통함을 알 수 있다.

콜럼버스의 달걀과 '고르디우스 매듭'의 재해석

신대륙 발견에 성공하고 돌아온 콜럼버스는 날마다 축하 잔치에 초대받았다. 콜럼버스의 명성이 높아지자, 시기하고 질투하는 사람들이 잔치에 참석했을 때 일어난 에피소드이다.

한 사람이 "대서양을 서쪽으로 자꾸 가서 새 섬을 발견한 것이 그렇게 대단한 공로일까? 당신이 아니더라도 누구나 할 수 있는 일이 아닐까?" 하고 탐험을 폄하했다.

화가 난 콜럼버스는 탁자 위에 놓은 달걀을 집어 들고는 외쳤다.

"이 달걀을 탁자 위에 세울 수 있느냐?"

사람들은 콜럼버스의 말을 듣고 모두 세워 봤지만, 누구도 성공하지 못했다.

"내가 해보겠다"라고 콜럼버스가 말했다.

콜럼버스가 달걀 끝을 탁자에 톡톡 쳤고, 달걀 껍질이 깨졌다. 그는 깨진 쪽이 밑으로 가게 해서 세웠다. 달걀은 꼼짝도 안하고 서 있었다.

"이렇게 세우는 것은 남이 하고 난 다음에는 쉽게 보인다. 그러나 처음으로 하기는 쉽지 않다. 누구나 처음 탐험하는 게 어려울 뿐이다."

그 후 아무도 콜럼버스를 우습게 보지 않았다고 전한다.

기원전 800년, 소아시아의 한 수도(지금의 터키 지역)인 프리지아에 평범한 농부로 태어난 고르디우스(Gordius)는 농사일을 했는데, 이륜마차를 타고 오는 첫 번째 사람이 나라를 구하고 왕이 될 것이라는 신탁(神託)이 내려졌다. 고르디우스가 이륜마차를 타고 나타나자 왕으로 추대되었다. 신탁을 통해 왕이 된 고르디우스는 신들에게 특별한 헌신을 할 결심을 하고 신전(神殿) 안에 그의 마차를 갖다놓고 제우스 신께 바쳤다. 그리고 그는 아무도 그 마차를 사용할 수 없게 하려고 몇 가닥의 밧줄을 가져와 그 밧줄 끝을 덮어 가리는 복잡한 장식매듭과 함께 마차의 가로대와 나무로 된 차축을 함께 묶었다. 그런데 신전의 여사제가 그 마차를 보자 또 다른 예언을 했다. "고르디우스의 매듭(Gordian knot)을 푸는 자가 아시아 전역을 통치하는 지배자가 되리라."

그 후, 아시아의 통치자가 되기를 열망하는 사람들이 그 '매듭 풀기'를 시도했지만 아무도 풀지 못했다. 마지막으로 기원전 334년 마케도니아의 젊은 왕 알렉산더 대왕이 원정길에 이곳에 들러 매듭을 풀려다가 실패하자 칼로 잘라버렸다. 신탁대로 알렉산더 대왕은 아시아의 지배자가 되었으나, 칼에 잘린 매듭이 여러 조각으로 나뉜 것처럼 그가 정복한 땅도 4개 지역으로 나뉘었고, 인도 원정에 실패한 후 33세의 젊은 나이에 죽었다고 한다.

알렉산더 대왕은 예언을 단순하게 파악한 것이다. 신탁은 '풀다(untie)'라는 단어를 쓴 것이 아니라 '해결(undo)'이라는 단어를 사용했으며, 알렉산더 대왕은 매듭을 풀려고 한 것이 아니라 단칼에 해결하겠다는 창조적 방법을 선택한 것이다. 여기에서 '고르디우스의 매듭'은 아무리 애를 써도 해결하기 어려운 문제를 의미하거나 알렉산더 대왕이 칼로 매듭을 잘라버린 것처럼 대담한 행동으로 복잡한 문제를 간단히 해결한다는 의미로 쓰이게 되었다.

동양에도 '쾌도난마(快刀亂麻)'라는 고사성어가 있다. '날랜 칼로 복잡하게 헝클어진 삼(실 뭉치)을 베다'라는 뜻인데, 곧 어지럽게 뒤얽힌 일이나 정황(情況)을 '신속 정확'하게 해결하는 것을 뜻한다. 중국 남북조(南北朝)시대 북제(北齊)의 창시자 고환(高歡)은 아들들의 재주를 시험해보고 싶어 아들들에게 '뒤얽힌 삼실 한 뭉치'씩을 나눠주고 풀어보라고 했다. 한 올 한 올 뽑느라 진땀을 흘리고 있었는데 양(洋)이라는 아들은 달랐다. 그는 잘 드는 칼 한 자루를 들고 와서는 헝클어진 삼실을 싹둑 잘라버리고 끝낸 것이다.

'창조적 파괴'로 흔히 인용되는 역사적 사실과 신화 이야기다. 이는 '결과 중심주의'로 '과정 중심주의'를 폄하하는 행동이라고도 볼 수 있다. '꿩 잡는 게 매다'라는 속담처럼 사고과정을 통해서 아이디어가 숙성되거나 발상의 전환을 이끌어내는 집중력을 간과하는 사례로 고착되는 듯하다. 발효과정이 없다면 깊은 맛이 날 수 없을 것이다. 이혼재판에서도 '숙려기간'이 있다. 이혼이라는 결과를 낳기 전에 그 뒤를 생각해볼 시간을 벌어야 한다는 과정 중시라고 하겠다. 광고회사 TBWA의 기업 정책은 'beyond disruption(파괴를 넘어서)'이다. 현상을 타파한 이후에 무엇을 할 것인가에 관한 전략을 제시하겠다는 의지라고 하겠다. 지속 가능성을 염두에 둔 과정 중시 사고이고 모험에 대한 안전장치를 준비하는 치밀성을 강조하고 있다. '공부는 망치로 한다'는 니체의 말과 같이 갇혀있는 인식을 깨뜨리고, '생각의 감옥' 탈출을 과감하게 시도하는 것도 필요하지만 정교하게 다듬는 '시간의 축적'도 중요하다는 것이다. 콜럼버스가 달걀을 깨지 않고 세울 수 있는 방법은 없었을까? 있다면 어떠한 방법이 있을까? 패자부활전을 치르기가 어려운 세상살이에서는 더욱 세상사를 만만하게 보지 않는 정교함이 있어야 하기 때문이다.

'다르게 생각하기'를 넘어 '혁신적으로 생각하기'

애플 컴퓨터의 기업광고처럼 다르게 생각하기(think different) 정도로는 크리에이티브에서 승리할 수 없다고 본다. 토마스 쿤처럼 패러다임을 전환시킬 수 있는 '혁명적 사고(think revolution)'가 필요하다. 세상에 관련성이 없는 사물과 인간이 어디 있겠는가. 특히 네트워킹 사회요, 온 지구인이 '6 링크(link)'되어있다는 시대에 무관련성은 없다는 확신이 있어야 할 것이다. 이제 무관련성이 관련성이다. 성의 해방이 일상화되었다. 인터넷 시대에 경계의 파괴는 필연적이다. 사이보그의 탄생은 인간의 한계가 어디까지인지를 보장하지 못한다. 의학기술은 신의 영역에 도전하고 있다. 미세 로봇이 병원균과 싸우는 시대가 열리고 있다고 한다. 감히 꿈도 꿀 수 없었던 경지에 와 있다. 광고회사는 물론 일반기업의 조직에서도 벌써 경계파괴 현상이 일상화되었다고 한다. 누가 먼저 '혁신적인 리더십'을 주도하느냐가 중요하다. 누구의 아이디어가 더 혁명적인가가 가치판단의 기준이 되고 있다. 이제 눈으로 보는 세상은 의미가 없다. 어쩌면 감각의 한계로 모든 사물은 허위가 될지도 모른다. 시지각으로 얻은 정보는 거짓이 되거나 시뮬라시옹(simulation; 가상현실)이 될 수 있을 뿐이다. 세상은 변화와 혁신의 시대다. 이런 시대에 고객은 어떤 크리에이티브를 기다리겠는가. 어떤 창의성으로 승부해야 할 것인가?

패션 전문잡지에 따르면, '인사이드 아웃(inside out)'이 있다. 인사이드 아웃은

'속을 뒤집다'의 뜻으로, 안쪽을 노출시킨 옷이 유행하고 있다. 꿰맨 자국이 밖으로 나와서 포켓은 안에 붙게 된다. 겉과 속을 뒤집어 입게 하여 감춰진 안팎의 아름다움을 표현한 것이다. 한마디로 180도 정반대 혁신사고를 일상의 패션으로 창조한 '관점전환'이다. 혁신을 넘어 혁명이라고 하겠다. 혁명적일수록 창(創)은 창(創)다워 진다.

니체의 통찰

21세기 세속화 시대는 허무주의가 시대정신이 되어있다. 신이 죽은 시대에 인간은 어떻게 살아야 하는가 하는 질문에 대답할 수 있어야 할 것이다. 지금까지의 진리도 하나의 해석이듯, 신도 하나의 해석이고 관점일 뿐이다. 토마스 쿤의 과학혁명의 구조가 이어진다. 그 시대에 가장 많은 사람의 동의하에 승인된 정상과학은 과학혁명에 의해 대체될 수밖에 없을 것이다. 아무도 생각하지 못했던 돌연변이도 언제든지 생길 수 있다는 사례를 알고 있지 않은가. 블랙 스완(black swan)이라는 예측 불가능성을 현실에서 확인하게 되는 시대에 살고 있는 셈이다. 신이 예정한 정해진 숙명은 없다. 예정조화설보다는 진실성과 의미부여가 중요하다. 살신성인(殺身成仁) 아니고 **살신성인(殺神成人)**이다(이진우). 인간정신을 우선하는 초인사상이다. '시시포스의 신화'처럼 운명에 의해 끝없이 바위를 산 위로 올리고 땅 아래로 내려야 하지만 인간정신의 승리를 위해 자신을 극복하는 과정을 찬양하는 것이다. 자유로운 가치를 위한 의지, 자유정신과 부정정신으로 '새로운 창의성을 위한 자유'가 요구된다.

파괴적 혁신(disruptive innovation)을 위한 의지는 낙타와 사자를 넘어선 어린아이의 인식과정이라고 했다. 상징과 은유를 통한 삶의 예술화를 지향하고 실험적이지만 위험한 삶이지만 '주권적 개인'으로 살아야 한다. '있는 그대로의 나 자신(I am as I am)'의 긍정이다. 이런 삶의 의지 속에서 **권력에의 의지**를 발견한다(이진우).

삶의 의지, 나는 그곳에서 항상 권력에의 의지를 발견한다. 욕망과 충동과 소유와 생존과 삶의 의지는 내면에서 우러나오는 의지이다. 주인도덕으로 노예도덕을 극복하고 '**초인(overman)**'이 되어야 한다. 마지막 인간(the last man)에 머물러서는 안 된다.

주인정신과 하인정신을 대비하는 것과 비슷하다고 하겠다. 직장인으로서 조직의 부속품으로 사는 미생(未生)으로 살 것인가 아니면 기업가정신을 발휘하여 창업하고 미생(美生)으로 살 것인가의 선택은 자신의 의지와 깊은 관계가 있다. 이런 의지는 세속화 시대에 살지만 새로운 변화를 추구하는 '권력에의 의지'와 다름이 아닐 것이다. 우리는 끊임없이 반복되는 인생과 역사에서 수많은 사례를 겪었고 앞으로도 충분히 예상되는 삶의 궤적을 추정할 수 있을 것이다. 이른바 **심리적 시네마**(mental cinema)라고 구체적인 과정이 머릿속에 그려지는 경험을 하게 된다.

이렇게 끊임없는 반복 속에서도 지속적인 변화를 수행하는 인간의 본질은 분자생물학에서도 증명되고 있다. 후쿠호카 신이치의《동적평형》에서 규명한 통찰은 생명이 무엇인가라는 명제에 파괴적 혁신을 들려주고 있다. 그동안 인간의 생명은 수많은 부품으로 구성된 조립식 기계라고 알려져 왔다. 그러나 신체의 모든 분자는 빠른 속도로 분해되며, 음식의 형태로 섭취된 분자로 대체된다는 것이다. 신체의 모든 조직과 세포의 내부는 이런 상황으로 항상 변화하며 새로워진다는 주장이다. 예를 들면 머리카락이 길게 자라면 잘라주는데 바로 새로운 머리카락이 만들어지는 것과 같다. 그러므로 생명이란 동적인 평형상태에 있는 시스템으로 봤다. 살아있다는 것은 '정지'가 아니라 '지속적인 변화'다. 옛것이 사라지고 새것이 대체하는 변화이다. 살아있다는 것은 과거의 연장이 아니라, 미래의 등장이다. 올드(old)가 가고 뉴(new)가 와야 한다는 것이다. 생물학적으로 인간은 동일성을 가질 수 없게 된 셈이다. 생활적으로도 일신일신우일신(日新日新又日新)이고 '**법고창신**(法古創新)'이 되어야 함을 알 수 있다.

니체가 말했다. 신이 없는 세상은 끊임없이 변화한다. 같은 시냇물에 두 번 발을 담글 수는 없다. 변화 그 자체가 진리다. 스스로 실험할 수 있는 자가 주체성을 갖고 실험성을 살아야 한다. 삶은 끊임없는 생성과정의 정당화다. 길들여지거나 사육당하지 않고 스스로 주도적으로 학습하고 개척하는 능동적 인간이 되어야 할 것이다. 유목민(nomad)처럼 자기 성곽을 짓지 않고 신세계로 이동하는 인간이다. 모험과 도전으로 **역동적인**(dynamic) 생을 살아가는 인간이다. 드라마 〈나의 나라〉에 나오는 명구가 있다. '서 있으면 땅이지만, 걸으면 길이 된다'는 것이다. 물론 시대정신을 잘 반영하고 그 시대의 문제를 해결할 수 있는 콘셉트가 살아있어야 하겠지만 자기 파괴와 현실 파괴를 통한 혁신으로 새로운 가치를 창조하는 개척자다. 현대 경영학에서 말하는 **선도자**(first mover)가 되어 신시장을 개척하고 새로운 카테고리를 생성하는 과정을 만들어가야 할 것이다.

허무주의의 극단형식에서 '무(無)여 영원하라'. 영원한 반복이고 목적도 의미도 없다는 세계관에서 그 자체가 삶이다. 신이 없는 세상에 삶을 긍정하라. 니체는 인간의 두려움과 불안이 신이나 도덕규범에 의지한다고 해서 사라지지 않는다는 사실을 날카롭게 통찰한다. 신이나 도덕규범에 대한 의지는 사람들을 억압하는 기제로 작용하는데, 사람들은 행여나 신과 도덕의 명령을 어길까 봐 불안에 떨며 죄책감에 사로잡히게 된다. 특히 신과 도덕에 대한 무조건적 믿음은 육체와 대립되는 순수한 정신을 상정함으로써 육체의 자연스러운 본능과 충동을 억압한다.

병든 인간의 영혼을 근본적으로 치유하는 유일한 길은 존재하지도 않는 '신과 도덕의 근원'에 대한 믿음을 거부하는 것이다. '걱정을 해서 걱정이 없어지면 걱정이 없겠네'와도 통한다고 할 수 있다. 유일무이한 도덕규범이 존재하지 않으므로 사람들을 얽어매는 양심의 가책도 허위일 뿐이라는 것이 니체의 주장이다. 베이컨의 '시장의 우상'을 파괴하는 것이라고 볼 수 있을 것이다. 서구 사회를 지배해온 기독교의 신과 절대적 도덕규범이 자본주의의 물신 숭배로 대체되는 현실을 통찰한 결과다. 따라서 니체의 자본주의 비판은 수천 년 동안 지속된 도덕적 편견에 대한 비판과 일맥상통하는 것이다.

짜라투스트라는 군중을 향해 이렇게 말했다. "나는 그대들에게 초인(超人)을 가르치노라. 인간은 극복되어야 할 그 무엇이다. 그대들은 인간을 극복하기 위해 무엇을 했는가? 지금까지 모든 존재자는 자신을 넘어서는 무엇을 창조해왔다. 그런데 그대들은, 이 위대한 조수(潮水)의 썰물이 되어 인간을 넘어서기보다는 오히려 동물로 되돌아가기를 바라는가?" 초인은 비관적이고 노예적인 기독교적 세계관에서 벗어나 영원회귀 사상을 받아들여 이를 다시 인간세계에 실현시킬 미래의 인간을 의미하는 것으로 해석하고 있다.

두산그룹의 기업광고 '사람이 미래다'는 재음미해볼 일이다. '자기가 갖고 있지 않는 다른 사람의 능력을 부러워하지 말라'는 카피이다. 꿈을 실현하기 위한 도전의식을 저버리고 권력에의 의지에 소극적으로 대처하고 청년들의 고통을 해결하는 의지를 강조하지 않고 미봉책을 받아들이게 하는 현실도피주의를 조장하는 의미로 오해되지 않게 실천계획을 담아야 할 것이다.

신과 도덕규범, 자본주의 사회를 모두 극복한 새로운 인간은 어떠한 모습일까? 신이나 도덕규범에 의지하지 않고 이성의 능력을 믿으면서도 이성의 한계를 인정하고 충동과 욕망의 자연스러움을 부정하지 않는 인간, 자신에 대한 긍지와 자부심과 용기를 가지면서도 다른 사람들을 간섭하지 않으며 다른 사람들의 건전한 접근을 허용하는 인간, 신에 의지해 자신의 행복조차 외부로부터 주어지기를 희망하며 사는 기독교인과 대비되는 인간을 니체는 새로운 인간상으로 제시한다. 이렇듯 정신뿐 아니라 육체도 함께 건강한 인간상, 정신에 의한 육체의 억압을 허용하지 않는 새로운 인간상은 '위버멘쉬 사상'의 서광을 비추고 있는 셈이다. 디지털 시대의 자본주의 논리인 '승자독식'을 현실적으로 인정하고 '아무도 2등은 기억하지 않는다'고 선언하는 게 합리적이지 않을까?

많은 사람들이 신을 믿지 않게 된 오늘날에도 여전히 피안의 신이나 전통적 도덕규범에 의지해 행복을 추구하는 나약한 현대인에게 진지한 성찰의 기회를 제공할 것이다.

"철학은 시대를 개념으로 포착하는 것이다(헤겔)." 고로 시대정신(zeitgeist)이 중요하다. 신의 적이고 신을 소환하는 자가 '악마의 변호인'이 되어야 한다. 이런 19세기의 분위기를 반영한 3 대 철학자가 있다. 칼 마르크스는 유물론으로 생산관계를 중시했다. 프로이트는 무의식의 본능을 중시했다. 니체는 권력에의 의지를 강조했다고 하는 귀결점에 동의하고 싶다.

피츠제럴드의 《위대한 개츠비》에서 '위대함'이란 꿈과 사랑과 환상을 간직하고 그것을 성취하기 위하여 온갖 희생을 무릅쓴다는 점이다. 비록 밀주 판매와 부정과 도박과 증권투기로 이루어내는 미국식 자본주의의 '성공과 출세의 탑'일지언정 부조리하고 무의미한 삶을 정화해내는 '권력에의 의지'를 보여주고 있다. 이런 권력이 주는 달콤함이 세속적이고 천민적이지만, 인간이 주체로서 자신의 꿈과 의지를 실현해나가는 낭만적 환상을 통하여 삶의 비극적 의미를 극복하려고 노력한 태도와 과정이 중요함을 읽을 수 있다. '개츠비적(Gatsbyesque)'이라는 신조어가 만들어져 사전에 등재되어 있다는 것은 세상살이에서 '권력에의 의지'가 불가피하다는 것을 방증하는 것은 아닐까. '권력에의 의지'는 개인이 가지고 있는 낭만적 생의 의지와 경이감을 획득하기 위해 노력하는 능력이라고 본다. 이 능력은 일상적 경험이나 욕구를 초인의 우월성을 통해 실현하고 쟁취하는 과정에서 발휘되는 탁월한 재능을 가리키는 말이라고 하겠다. 어떤 측면에서 재능은 누구나 가지고 있는 본능의 하나이기에 보편성을 가진다고 본다.

《위대한 개츠비》에서 빛 바랜 미국의 꿈을 나타내는 자동차 정비소 근처에는 안과의사가 세워놓은 광고탑이 있다. 이 광고탑은 고대시대의 전통적인 신(神)의 자리를 대신하고 있다. 광고업종이 안과이기에 '눈(eyes)'은 상징성이 있어 보인다. 내려다보면서 감시하고 있다는 신(神)의 위치라고 한다. 그래서 비유적으로 광고탑은 현대인들은 전통적인 종교를 밀어내고 바로 그 자리에 자본주의와 상업주의가 새로운 신(神)의 역할을 한다는 것을 증언하기 위해 세워놓은 것이라고 할 수 있다. 그래서 맹목적인 신은 죽었고 교조적인 이데올로기도 죽었고 대세를 따르는 허위의식도 죽었다.

운명을 사랑하면 춤을 출 수 있다. 이는 운명을 자유로운 영혼으로 생각하고 사랑하라는 뜻일 것이다. '나는 춤을 출 수 있는 신만 사랑한다.' 댄싱 가드(dancing God)는 굴레를 벗어난 몸의 예술이고 끊임없이 변화하는 예술이고 억압에서 풀려난 예술이다. 그리고 무거운 짐이 되어버린 생의 엄숙함이 눌러 내리는 '중력'을 극복하는 게 예술이다. 몸이 죽으면 영혼이 죽는다. 허무주의와 세속화 시대에 예술로서의 삶을 실천하고 만들라고 하면서 '짜라투스트라는 이렇게 말했다'. 삶은 자신만의 의미를 창조하는 것이고, 삶은 오직 예술을 통해서만 인간의 자유정신이 구원된다는 것이다.

그러나 "신은 죽었다"라는 니체의 말을 인간이 지향해야 할 모든 가치 기준을 해체하려는 허무주의 철학으로 이해하는 것은 위험할 것이다. 이러한 어려움 역시 니체 철학에 대한 무지와 선입견에서 비롯된 것이라 할 수 있다. 플라톤 이후 수천 년 동안 유럽을 지배한 서구 철학과 기독교의 도덕적 편견에 대한 니체의 비판이 본격적으로 시작된 《아침놀》(니체전집 10)에서 우리는 '계몽주의자' 니체를 만나게 된다. 이성과 도덕규범을 신성시한 계몽주의를 '계몽'하는 니체의 작업은 도덕규범에 대한 비판뿐 아니라 도덕의 기원과 도덕교육, 자본주의 사회에 대한 근본적인 통찰을 넘나들며 건강한 인간의 모습을 제시하는 데까지 나아간다(이진우).

오이디푸스의 운명론과 결정론을 극복하고 프로메테우스적인 인간이 되라. 인간에게 불을 선물한 프로메테우스는 제우스 신(神)을 속인 계략으로 인해, 독수리에게 심장을 영원히 쪼이게 되는 고통을 감내해야만 했다. 그래도 인간의 욕구를 채워주는 주체적인 판단을 했기에 'change the rules'이라는 규범파괴를 통한 새로운 패러다임의 성과를 낼 수 있었다고 본다. 종교적 예정조화설을 이겨내고 자유의지로 세상을 살아가야 한다는 것을 행동으로 보여주었다고 해석할 수 있을 것이다.

이런 종교적·철학적 거대담론과 화두를 빌려, 우리 인간들은 물론이고 광고 크리에이터들은 인간과 사회와 시대를 통찰하는 능력을 배양하고 창작인으로서의 존재이유를 다시 한 번 점검해보는 것이다. 무엇을 창작하는지를 묻기 전에, '왜 창작하는지?', '창의성은 무엇인지?'의 근원질문을 시도하는 것이다. 만인이 세상살이에서 더 좋은 창의성에의 의지를 불태우기 위해서다. 시인 이갑수가 말했다.

"'신은 망했다.' 인간은 도시를 만들었다. 그리고 개인은 자유를 만들었다. 사람은 다시 태어났다. 영혼도 다시 살아났다."

- 이갑수

상상력(imagination)은 '상상'에서 비롯되었다고 한다. 실제로 경험하지 않은 현상이나 사물에 대하여 마음속으로 그려 보는 심리다. 외부 자극에 의하지 않고 기억된 생각이나 새로운 심상을 떠올리는 일이다. '재생적 상상'과 '창조적 상상'이 있는 셈이다. 고대 중국의 황하 유역인 허난성 근처에는 따뜻하여 코끼리가 많이 서식했는데, 이 지역이 추워지면서 코끼리가 죽거나 남쪽으로 이동하여 없어지게 되었다. 그 이후 남은 뼈(상아)만으로 코끼리의 덩치나 모양을 상상한다고 해서 생긴 말이다. 그래서 상상은 코끼리를 생각하는 것이다. 코끼리 '상(象)'에 사람 인(人)을 회의하여 '형상 상(像)'이 되었다고 전해진다.

상상력의 종류는 첫째, 시각적 상상력이다. 'visual imagination'으로 눈에 보이지 않는 것을 눈에 보이게 하는 것이다. 둘째, 비유(analogy)다. 잘 모르는 것을 잘 알려진 것을 이용해서 이해시키고 빗대는 것이다. 셋째, 일종의 연관성 모색이다. 한 분야의 여러 요소를 타 분야의 요소들과 결합시켜보는 것이다. 4차 산업혁명 시대의 통합적 인재상으로 '4C'를 말할 때도 창의성이 포함된다. 창의성(Creativity), 비판적 사고(Critical thinking), 소통력(Communication), 협업력(Collaboration)이다. 이때 상상력이라고 하지 않고 창의력(創意力)이라고 하는 이유가 있다. 창의력이라는 단어에는 '뜻 의(意)'가 들어있다. 의(意)는 생각이다. 의는 '의도된 생각'이라고 하겠다. 목적성을 가지고 계획되고 계산된 목표치를 가지고 있다. '아무거나 생각'하는 상상력과는 다르다. 고객(client)의 문제를 해결한다는 의무조항이다.

새로운 예술형식(new form art)을 추구하는 예술가 정신

형식(New form)과 내용(New content)은 예술사조에서 우리가 교훈으로 얻을 수 있는 가치임을 확인할 수 있다. 서양미술 사조를 일별해보면 관점과 기법과 주체의 차이를 명확히 알 수 있다. 근대미술사는 고전적이고 이상적인 아름다움을 찾는 고전주의, 고전주의에 대한 반동으로 형식이나 구성미보다는 극적이고 격렬한 움직임을 그린 낭만주의, 자연풍물을 시적으로 그려낸 자연주의, 작가의 감성을 배제하고 대상을 있는 그대로 표현한 사실주의, 물체의 고유성을 부정하고 광선에 따른 순간의 색채와 형태와 인상을 포착하는 **인상주의**, 작가의 강한 개성을 솔직하게 표현한 **후기 인상주의**로 진화하고 있다. 이런 근대예술이 현대예술로 다시한 번 진화하게 된다. 프랑스를 중심으로 강렬한 주관과 감동을 원색적인 색채와 대담한 변형과 자유롭고 거친 터치로 표현하는 **야수파**, 대상을 여러 가지 시점에서 분해하고 단순화하여 재구성함으로써 평면 화폭에 입체를 탑재한 **입체파**, 독일을 중심으로 대상의 묘사보다 작가의 주관적인 내면의 의지나 감성을 약동하는 선과 형태로 변형하여 표현한 **표현주의**, 인간의 무의식 속에 내재한 비합리적인 감정과 잠재의식과 환상과 공상을 새로운 기법으로 표출하여 현실을 ≥ 월하려는 **초현실주의**, 현실적인 대상의 구체적인 재현보다는 선, 형, 색채 등의 순수한 조형요소만으로 작가의 감성을 표현한 **추상주의** 등이다. **현대미술**에서는 현대인의 실존사상과 사회상과 기존 장르의 경계를 파괴하는 새로운 혁신을 보여주고 있다. 팝아트에 오면 미술인지 조각인지 설치인지 영상인지 행위인지 개념 자체의 혼재와 변형으로 새로운 관점을 보여주고 있다. 예술이란 아름다운 것이거나 감성의 표현이아니라 고정관념을 파괴하는 의식혁명을 주문하고 있는 것 같다.

갤러리와 평론가와 수집가(collector)의 삼위일체가 제안하는 **주문형 사고혁명** 같기도 하다. 따라서 예술가 정신도 감상자가 갈등하고 있는 문제를 새로운 사고방식으로 다르게 보는 방식으로 해결해주는 것으로 바뀐 것이다. 대상의 아름다움이나 주제나 기법의 혁신이 아니라, 창작과정 그 자체를 중시하는 예술관이 설득력을 얻고 있는 셈이다. 제프 쿤스나 데미안 허스트의 팝아트는 예술에서 아름다움과 추함의 미적 판단력 비판이 중요한 게 아니라, 현대인의 감상 포인트를 사고혁신에 두고 있어 **개념미술**의 확산을 도모하고 있다고 본다. 표현매체도 물감에한정되지 않고 세상의 모든 사물(object)과 기술(technology)과 주제의 영역을 초월한 작품으로 '미술을 넘어(beyond art)' 신세계를 펼쳐 보이고 있다. 살아있는 상어와 나비를 사용한 작품들이 예술인지 실험인지, 혹은 이념 강요인지 판단하기가소박하지 않고 이해하기 어렵다. 다만 고정관념과 편견에 '**망치효과**' 같은 의외성과 낯섦의 충격은 살아있다고 할 수 있을 것이다.

헤르만 헤세는 마르크스와 자신을 비교하면서 말했다. "마르크스와 나 사이의 차이점은, 마르크스는 세계를 변화시키려 했는데, 나는 개별 인간을 변화시키려 했다. 즉 마르크스는 대중을 향하고, 나는 개인을 향했다." 이런 측면에서 정치가 직접적으로 세상을 바꾸려고 한다면 예술은 간접적으로 세상을 바꾸려고 할 것이다. 그 구성원인 개인을 바꿀 수 있기 때문이다. 또한 헤세는 세계의 경의는 예술의 새로운 형상 속에서 '재배치'되고, '재발견'되며, '재경험'된다고 했다. 이를 창의성과 연계해서 보면 세상을 '재해석'하여 대중에게 공론의 장으로 이끄는 역할을 하지 않을까 생각한다. '재해석'은 '성찰의 시간'을 필요로 하고, 오랜 '축적의 시간'을 바탕으로 해야 제대로 할 수 있을 것이다. 만인의 세상살이를 이루는 조각 조각, 하나 하나를 소중히 하면서 그 의미를 되새김할 때 만들어지는 것이기 때문이다.

이런 재해석과 성찰의 시간을 만들어주는 게 바로 예술이다. 특히 고전 명작들은 개별 인생의 단편들이 에피소드나 경험을 스토리텔링으로 창안하여 개인의 생활 속에 삽입하거나 재배치해준다. 이 스토리를 듣고 읽는 개별 인간은 마치 자신의 스토리인 양 재발견하고 반성하고 각성하면서 인생의 의미를 재발견하게 된다. 이런 과정에서 인간은 세상살이에 대해 과거를 후회하거나 미래를 성찰하거나 현실을 '재해석'하고 심리적으로 정화효과(cartharsis)를 얻게 된다고 한다. 이때 구조적으로 '반전의 미학'을 가미하면 정화효과는 더 강화될 것이다. 셰익스피어의 4대 비극을 보면 《오셀로》의 아내의 사랑과 불신, 《리어왕》에서 세 딸의 배반, 《맥베스》의 권력욕 등이 한 개인의 에피소드에서 모든 인간이 갖고 있는 욕망의 보편성을 민낯처럼 보여주어 공감을 획득하고 있지 않은가. 괴테는 《파우스트》에서 인간의 이중성을 파헤치고 메피스토펠레스의 악마성에 도전하고 지성(logos)과 사랑(eros)에 대해 자신을 실험하지만 함몰되지 않고 끊임없이 도전하는 인간성을 찬미하고 있다고 본다. 그래서 '나는 온 세상을 두루 달리며, 내 삶의 의미를 추구했다. 부지런한 자에게 세상은 침묵하지 않는 법'이라고 표현했다. 예술가 정신은 기획자나 창작자가 창(創)을 잘 하기 위해 가져야 할 기본이다.

현대예술의 혁신과 하이 콘셉트라는 개념

현대미술의 계기는 20세기 초 '사진'의 등장이었다고 전한다. 물론 미술이 정교한 사진과 다른 일종의 '손맛'을 낼 수는 있겠지만, 그것을 예술 본연의 기능이라고 하기엔 너무도 협소하다. 그러다 보니 실제를 '재현'하는 역할에서 벗어나서 미술만이 할 수 있는 일을 찾아 나선 게 바로 현대미술의 시작이라고 볼 수 있다.

현대미술 작가들은 작품 속에 자기가 생각해낸 개념이나 철학을 담기 시작했다. 재현은 개념을 표현하는 부차적인 작업으로 생각했다는 것이다. 작가들은 작품을 만드는 장인이 아니라 작품을 구상하고 기획하는 설계자에 더 가까워졌다. 작품의 외형보다 '아이디어'가 중요해진 것이다.

미래학자인 대니얼 핑크가 《새로운 미래가 온다》라는 저서에서 "미래는 디자인, 조화, 공감, 놀이, 스토리, 의미가 중요시되는 하이 콘셉트 시대일 것"이라고 예측하면서 유명해졌다. 전통적인 예술관과는 거리가 먼 디지털 시대의 예술관이라고 하겠다.

하이 콘셉트(high concept)라는 개념이 있다. 하이 콘셉트 영화의 시나리오는 '~한다면'이라는 한 문장으로 요약할 수 있는 전형적인 내러티브를 가지고 있다. 이를테면 스티븐 스필버그의 〈쥐라기 공원〉(1993)은 '만약 공룡을 복제할 수 있다면?'이라는 하이 콘셉트 아이디어를 바탕으로 한 영화이다. 스티븐 스필버그는 25단어 이내로 전달할 수 있는 이야기가 좋은 영화의 조건 중 하나라고 말하기도 했다고 한다. 그러나 친숙한 이야기를 콘셉트로 잡는 대신에 변형과 첨가를 거쳐 신선하게 느껴지도록 만들어야 한다. 구체적인 줄거리나 디테일한 내용에서는 시의적절한 소재나 대중의 관심사를 반영하고 기획에 잘 맞는 스타를 캐스팅한다(《네이버 지식백과》). 복잡다단한 현대 디지털사회에서 '예술이 무엇을 말해야 하는가'를 웅변하고 있는 사례라고 하겠다.

이렇게 개념미술가들은 예술의 본질은 '개념(concept)'에 있다고 봤다. 즉 예술가의 창조적 발상이 실행(창작)이나 결과(작품)보다 더 중요하다는 것이다. 이 경우 미술은 문학에 가까워진다. 개념미술의 논리를 엄격히 적용하면, 작품은 미술관에 전시할 것이 아니라 잡지에 기고하는 게 나을 것이다. 미니멀리스트들은 팔릴 수 없는 작품을 만들기를 원했다. 여기서 그들의 아방가르드 정신을 엿볼 수 있다. 우리 사회가 가야 할 길의 하나라고 생각해야 할 것이다.

현대미술사에서 배우는 주요 관점은 다음과 같다. 기존 트렌드나 고정관념과 경향성을 뒤집기 한 시각이다. 천재 예술가들의 크리에이티브 전쟁이었다고 본다.

첫째, 피카소가 주창한 입체파이다. 2차원 평면에서 3차원의 입체로의 관점의 전환이었다. 천년을 이어온 전통 원근법에 의문을 제기하며 평면에 사물의 실체를 온전히 재현하려는 사조이다. 눈에 보이는 측면만 묘사하는 게 아니라 눈에 보이지 않는 뒷면까지 재현해야 사물의 실상을 파악할 수 있다는 논리이다. 둘째, 액팅 페인팅(acting painting)이다. 잭슨 폴록에 의해 실행된 새로운 미술사조다. 미술은 평면인 사각 캔버스에 물감과 붓으로 그리는 예술이라는 고정 틀을 깬 셈이다. 화가가 행위자(performer)로서 작품을 창작하고, 창작과정까지도 작품의 일부로 생각하게 만든 혁신이다. 셋째, 개념예술이다. 사건이나 사물엔 존재로서의 의미가 있을 것이고, 그 의미가 무엇인지를 개념으로 정의할 수 있어야 할 것이다. 아니면 혁신하기 위한 새로운 개념을 창안하거나 숨어있는 의미를 개념(단어)으로 규정할 수 있어야 한다. 그래야만 문제를 푸는 해결책이 명확해질 수 있다는 뜻이다. 마르셀 뒤샹의 〈샘〉이 주는 물신주의 비판이나, 베이컨의 '기관 없는 신체'처럼 현대인이 겪는 의식의 혼재나 유목성 등으로 관객의 공감을 유발하고 있다. **넷째, 추상표현주의이다.** 잘 알려진 마크 로스코(Mark Rosko)가 대표적이다. 말년에 우울증과 자살충동으로 시달렸다는 번뇌를 미니멀리즘다운 간결성으로 표현했다고 한다. 우리나라의 이우환 화백도 철과 돌의 대립구조로 절제된 현대인의 이분법 사고를 묘사했다고 보고 있다. **다섯째, 미디어 아트이다.** 창시자인 백남준이 대표작가이다. 첨단 과학기술의 도입 없이는 복잡한 현대사회를 분명히 재현할 수 없으며 현대인의 고뇌를 표현할 수 없다는 논리였다고 생각한다.

사회 문화를 반영하는 미술사에서 배우는 '비판적 시각'은 예술적 감성으로 승화되고 창의력이라는 새로운 세상을 펼쳐 보여주고 있다. 세상살이엔 초월적인 '신의 한 수'가 흔하지 않다. 신통방통하게 신의 묘수나 두루두루 통할 수 있는 만능열쇠 같은 커뮤니케이션은 없다고 본다. 이런 소통의 달인이라고 할 신의 소통력(meta communication)을 지향하면서 문제해결의 새 지평을 넓혀야 할 것이다. 그 출발선에 만세3창의 창의성이 대기하고 있을 뿐이다.

파르헤시아

파르헤시아(parrhesia)는 프랑스 철학자 미셸 푸코가 그의 책 《두려움 없는 발언》(*Fearless Speech*)에서 말한 '자유 발언(free speech)'이라는 뜻이다. '두려움 없이 진실 말하기', '모든 것을 말할 수 있는 권리', '있는 그대로의(unvarnished) 진실을 말하는 것' 같은 것이다. 자신이 진실이라고 믿는 것을 처벌이나 후환을 두려워하지 않고 솔직하게 말하는 행위이다. 고대 아테네에서는 민주시민의 특권이고 의무였다고 한다.

전체주의 독재사회에서 자신의 의견이나 발언이 감시받을 때는 자기절제나 자발적 검열을 하게 된다. 진실에 대한 증언은 불가능하게 된다. 어떤 사람이 이 말을 하면 목숨을 잃을 지도 모르는 위험한 상황을 감수해야 한다면, 그 위험한 상황은 하고 싶은 말을 할 수 있는 욕망을 억누르게 한다. 그런 '위험'이 완전히 사라진 이상적 발언 공간이 바로 파르헤시아다. 이런 자유 발언은 사회 모든 공간과 영역에서 보장되어야 한다. 황제 앞에서든 신(神) 앞에서든 '담대한 진정성'으로 '대담한 저항'으로 죽음을 초월하고, 마녀사냥에 대한 '두려움 없이' 말할 수 있어야 한다. 더구나 과시욕이나 이기심에서 나오는 것이 아니기에 '영혼이 깃든 멘트'를 날릴 수 있게 된다. 특히 정치·경제·사회·종교 영역은 물론, 예술창작 공간에서는 과도하다고 할 정도로 보장되고 장려되어야 할 것이다. '벌거벗은 임금님'이나 허위의식이 없는 '어린아이의 질문'이 자연스럽게 받아들여져야 한다.

예를 들면 봉산탈춤에서의 양반 비판과 판소리에서의 거친 음담패설과 육두문자도 허용되어야 사회는 건전성을 유지할 수 있을 것이다. 발언을 둘러싼 시시비비로 공포와 두려움의 역사가 예상된다면 진정한 파르헤시아가 아닐 것이다. 이런 파르헤시아를 통해 고정관념과 편견을 파괴하고 혁신을 이루어야 우리 일상에서의 발언 환경이 개선될 수 있기 때문이다. 우리의 생각과 발언 속에 심리적·사회적 억압요소가 숨어있다면 우리는 '유체이탈'이 되어 스스로 다른 발언을 하게 될 것이다. 특히 그 발언이 권력과 연계된 이데올로기일 경우 자기검열은 심해지고 핵심을 찌르는 대안제시는 사라지게 될 것이다. 에둘러 우회적으로 표현하거나 우화적으로 말하거나 말 바꾸기가 일어나면서 논점을 이탈하는 기현상을 만들기도 할 것이다. 소통은 불가능하고 '바벨탑'이 되어 방언만 남발될 것이다.

자유 발언을 억압하는 사회는 창조의 씨앗을 잘라버리는 원흉이 되고, 수법은 보다 교묘해지고 우회적으로 바뀌겠지만 결코 약화되지는 않을 것이다. 일방적인 상명하달처럼 부정이든 긍정이든 상대의 입을 봉쇄하는 권력과 사회 시스템이야말로, 민주주의와 자유로운 토론 문화를 원천봉쇄하게 된다. 우리가 어떤 발언을 할 때 '그 무엇을 의식'하는 것들의 세목을 분석하는 일은 우리 사회문화의 억압 구조와 틀을 찾아내는 작업이 될 것이라는 점에서, 푸코의 통찰은 창조의 기초를 다져주고 있다.

흔히 우리 사회는 시간과 경비문제를 핑계로 결정된 '사회적 합의'를 사회적 정의라고 치부한다. 이는 명백한 다수결 제도의 한계요, 횡포이며, 독선적인 강자의 전리품일 경우가 많다. 소수의견을 끌어안지 않았을 경우에는 세월호가 침몰한 맹골수로에 빠져 표류하게 된다. 절대 선은 없다는 점을 인식하고 자유토론을 통한 자율협의를 유도해야 한다. '무한토론'을 하지 않을 경우 창조적 발상이 필요한 사회문제, 즉 계층 간 불평등 해소와 저성장과 세대 간, 소득 간, 지역 간, 이념 간 양극화 문제는 갈등만 양산하고 해결되지 않을지도 모른다.

그 사례로 연합뉴스(YTN)의 '북한의 통지문'을 보면, 금강산 남측 시설 철거와 관련하여 "달라진 환경을 충분히 검토하며, 남북 핵문제 해결을 위한 북미정상

회담 개최의 전제조건과 금강산 관광의 '창의적 해법'을 마련해나갈 것"이라는 입장을 밝혔다고 했다. 물론 속 다르고 겉 다르다는 관점을 감안해야 할 것이다. 광고회사의 변신은 '해결책이 있는 창의성'을 제안하여 국가사회 문제의 갈등을 해소하는 영역으로 확장되어야 한다. 이런 사회적 기대를 통일부의 대변인 브리핑에서 찾을 수 있었다. 광고 크리에이터가 고민해야 할 분야가 '광고를 넘어(beyond advertising)' 확대되고 있음을 간파해야 할 것이다. 창(創)이 해야 할 일이다.

관련변이와 돌연변이

진화의 형태를 '점진적인 과정'과 '도약적인 과정'으로 나누었을 때, '돌연변이'는 규칙적인 단계를 뛰어넘는 파격적인 도약 개념이다. '관련변이'는 점진적인 진화의 개념으로 볼 수 있다. 관련변이가 걷기(walking)라면 돌연변이는 높이뛰기(jumping)라고 할 수 있다. 비약적 도약(leap)으로 퀀텀점프(quantum jump)라는 양자물리학 용어를 사용하기도 한다.

라프 랑워스트(2004)는 "위대한 아이디어는 에너지의 최고 형식(the highest form of energy)"이라고 했다. 그는 아이디어를 다른 관점에서 이해하고 정의할 수 있는지를 묻고 있다. 아이디어는 에너지에 연결되어 있고 에너지의 일부임을 느끼고, 에너지로 충만해 있으며 문제를 해결할 수 있음을 느낀다고 했다. 그 순간은 짧게 지속되지만 아주 '활력적인(energized) 순간'이라고 했다. 그래서 위대한 아이디어는 그 자체가 에너지를 갖고 있으며, 삶을 창조한 것과 같다고 했다.

에너지는 신체에 유입되고, 복잡한 제작과정 속에서 지시하고, 최고의 형식 속에서 지속적으로 보호되고 관리된다. 이 에너지는 흥분(excitement)이고 감탄(wow feeling)이다. 이는 창발성이 '혼돈의 가장자리'와 '임계치'에 도달하는 것이라고 할 수 있다. 이 아이디어는 빛의 속도로 발생하고 나노(nano)초로 생기면서 에너지를 발사하는데 어떻게 아이디어를 생산해낼 것인가? 그 방법은 아이디어 관리(ideas management)이다. 아이디어의 발상이 단순한 우연(pure coincidence)이라면 크리에이터들은 어떻게 할 것인가에 대한 대답이 될 것이다. 그러므로 크리에이티브 디렉팅이란 창발성 관리라고 할 수 있을 것이다.

광고 크리에이티브에서 창발(emerge+ence)의 속성은 불확실성의 돌연변이(突然變異)가 아니라 '문제와 연계된 관련변이(關聯變異)'라는 새로운 개념이 필요하다. 결국, 복잡성은 우연성과 인과성의 중간개념으로서 공진화의 변화압력에 의한 생성물이라는 관점에서 나온 것이다. 우연성의 개발이란 통제 불가능한 (uncontrollable) 요소의 개입으로 생긴다.

　　창의성이 정적 개념이라면 **창발성**은 동적 개념이다. 광고 크리에이티브의 소비자와 생산자의 대립개념이다. 창의성이 고정 개념이라면 창발성은 유동 개념이다. 단순계와 복잡계의 대립이다. 창의성이 '무엇'인가의 문제라면 창발성은 '어떻게'의 문제라고 비교할 수 있겠다. 창의성이 아날로그 개념이라면 창발성은 디지털 개념이라고 할 수 있을 것이다.

　　하이에크(Hayek)가 자유주의 사상이 어떻게 사회적으로 적용되는지를 설명한 개념인 **자생적 질서**(spontaneous order)로 이해하면 좋겠다. 자생적 질서는 한곳으로 모을 수 없는 개인들의 지식을 각자가 이용할 수 있게 하는 질서이며, 구조적으로 무지한 인간을 현명하게 만드는 질서라고 했다.

　　이는 '숨겨진 질서'의 개념과 연계되며, 광고 창작과정에서 경험과 연륜이 중요하게 평가받으며 '직관'과 '통찰력'의 마케팅 인사이트를 강조하는 개념과 연계되어 있다고 할 수 있다. 창(創)의 본질이기도 하다.

'감동(感動)'을 넘어 '진동(震動)'으로

　　광고 효과에서도 고객만족을 이야기하고 고객 감동을 이야기 해왔다. 혁명의 시대엔 좀 더 강한 진동을 주어야 한다. 휴대폰 진동(振動) 같은 '약한 떨림'을 넘어 벼락같은 '강한 떨림'이 있어야 한다. 굳이 차이를 구분한다면 **감동**은 일방적이다. 잔잔한 마음의 움직임이다. 아날로그적이다. 감동을 받아들이는 시간의 지체현상이 있다. 반면에 **진동**은 실시간으로 감동이 짜릿하게 전해질 때 알 수 있는 감동이다. 낯설지만 충격적인 감동이다. 정신적 카타르시스가 절정에 도달한 느낌이다. **크리에이티브 라이선스**(creative license)가 허용하는 최대치를 꽃피운 감동이다. 이때 진동은 교감이 된다. 디지털적인 쌍방향 교류이다. 경계가 무너지고 생산자와 소비자의 일체화가 진행된 사회다. 영상 감각시대에 광고 소비자는 즉각적인 피드백이 가능하기 때문이다. 소비자는 생활 속에서 또 하나의 예술작품을 감상하게 되어 기쁘고 크리에이터는 제작자로서의 환희에 스스로 감동되어 진동을 느낀다.

　　사회가 복잡하고 다양화됨에 따라 사회적 감시 기능이 강화되고 있다. 여성의 문제와 환경 문제와 사회적 소외계층에 대한 문제가 크리에이터의 과제가 될 것이다. 또한 표현 소재를 개발할 때도 유익한 돌파구가 될 수 있다. 공존과 공영의 시너지 효과와 사회적 가치의 공유(shared social value)가 있어야 하기 때문이다. 다행히도 기업 광고형 표현이 많아지고 있는데 이는 진동효과를 기대하고 있다고 본다.

경쟁력은 융합형 멀티플레이어

크리에이터는 유전자 검사가 가지는 과학과 솔로몬의 지혜가 암시하는 직관의 두 세계를 향해 세포를 활짝 열어야 한다. 흔히 광고는 '로직에서 매직으로(from logic to magic)'이고, 이성과 감성의 두 공간을 공유하는 것이라고 한다. 솔로몬의 한계인 검사력과 유전자의 한계라고 볼 수 있는 직관을 겸비할 때다. 두 세상을 넘나드는 그네 타기를 즐길 줄 알아야 한다. 멀티플레이어가 되고 통합형 광고인으로 거듭나야 할 것이다. 그러면 솔로몬은 과학적 사고로 분석할 수 있다. 혹시 있을지도 모르는 오류를 방지할 수 있다. 생모를 공포에 떨게 하지 않고 좀 더 합리적인 판결을 내릴 수 있을 것이다. 유전자 검사는 따뜻한 인간성을 만날 수 있다. 분석에 필요한 절대시간의 기회손실을 예방할 수 있다. 결과를 기다리는 몇 주 동안에 불필요한 논쟁도 줄일 수 있을 것이다. 이렇게 직관과 분석을 겸비할 때 진동을 얻을 기회도 그만큼 많아질 것이다. 진정한 솔로몬의 지혜가 생길 것이다. 전혀 결합될 수 없을 것 같은 이 명제를 수용하는 데서 혁명적 사고는 시작된다고 하겠다. 바로 디지털 시대의 크리에이터상(像)이라고 말하고 싶다. 우리의 크리에이티브를 위해서, 그리고 '나이키의 캐퍼닉'을 위해서다.

콜린 캐퍼닉(31)은 2016년 경찰의 흑인 차별에 항의하는 의미로 미국 프로 풋볼(NFL) 경기 전 국가 연주 때 '무릎 꿇기 시위'를 벌였다가 리그에서 퇴출된 선수인데, 세계적인 스포츠 용품 브랜드 나이키의 30주년 기념 광고모델로 발탁됐다. 헤드카피는 다음과 같다.

'무언가를 믿어라. 이것이 모든 것을 희생한다는 뜻일지라도(Believe in something. Even if it means sacrificing everything)'

광고 메시지가 감동을 넘어 진동으로 와 닿는 기획과 창의성의 승리라고 할 수 있겠다.

이런 창의사고 기술은 어떤 것일까? 광고전략은 논리(logic)이지만, 광고 크리에이티브는 마술(magic)이라는 현장 광고 크리에이터들의 담론이 있다. 크리에이티브는 광고주의 커뮤니케이션 목표와 상품 정보를 독창적이고 의미 있게 해독하여 의도적인 변형(transformation)을 하는 것이다. 다만 이 변형이 생활편익과 연결되어 유용할 때와 아닐 때를 판단하는 능력도 함께 갖는다. 그리고 최종 크리에이티브 생산물보다는 생산과정이 강조되고, 목표와 상관없는 개인의 탁월한 예술적 창의력보다는 상품 관련성을 가지는 문제해결적 창의력을 중요시하고 있다. 광고 창의성은 일반 창의성과 다른 비즈니스 창의력이기 때문이다.

크리에이티브 광고의 질은 흔히 '크리에이티비티' 또는 '빅 아이디어' 또는 '효과적인 광고' 또는 '시선을 잡는 힘'이라고 말한다. 그러나 크리에이티브에 대한 합의된 정의는 아직 존재하지 않는다. 그 이유는 크리에이티브 디렉팅 과정의 복잡성 때문이고 질 관리 때문일 것이다.

크리에이티브의 질 관리를 잘 하기 위해서 반전(反轉)의 명수가 되라고 한다. 인생도 드라마도 영화도 스포츠도 막판 뒤집기다. 뒤집기에 감동이 있고 재미가 있다. 광고 문법의 최고봉에는 항상 반전이 있어야 한다. 플롯에서도 좋다. 스토리텔링에서도 좋다. 테마의 반전도 매력적이다. 시대를 거스르는 '역류의 미학'도 시선을 받는다. 미모의 댄스 가수가 판치는 가요계에 〈미스트롯〉의 오디션에서 가수 송가인이 대상을 탔다. 시사하는 바가 크지 않는가? 크리에이티브에서도 똑같은 평가기준이 된다. 반전이 없으면 크리에이티브가 아니다. 반전은 예상하지 못했던 조합(unexpected combination)의 미학이다.

이때 반전이 '예상하지 못했던 조합'인 이유는 그동안 기존 사회 속에서 학습되어 익숙한 고정관념 때문이다. 사회구성원이 공유하고 있는 약속된 언어가 아니고 '해석의 공동체'가 관행적(routine)으로 기대했던 결합이 아니라는 것이다. 예상하지 못했다는 것은 의외성이고 '놀라움'이다. '왠 일이니?', '이게 뭐야?' 하는 반응을 일으킨다. 당연히 이럴 것이라는 공동체의 맥락을 흔들고 구성원이 요구하는 대로 표현하지 않았기 때문이다. 이렇게 수용자가 심리적으로 동요하고 생각을 뒤집는 '창조적 파괴'를 생산해야 한다. 융합을 통해 이룰 창(創)의 미학이다.

3장
근원사고,
insight

　'서구인이 오스트레일리아 대륙을 발견하기 전까지 구 세계 사람들은 모든 백조는 흰 새임을 믿어 의심치 않았다. 이것은 경험적 증거에 의해 뒷받침된 난공불락의 신념이었다. 그런데 검은 백조 한 마리가 조류학자 앞에 홀연히 나타났으니 얼마나 흥미롭고 놀라웠을까?' 이 검은 백조 한 마리에 대해 어떻게 대응할까? 그동안 학습한 정보를 바탕으로 돌연변이가 나왔다고 생각할 것이다. '소박한 경험주의'적인 사고가 지배적일 것이다.

　2011년 3월 12일 일본 후쿠시마의 9.0 대지진과 쓰나미 피해를 아무도 예측하지 못했다. 대비한다고 한 것도 한계를 초월하여 재앙이 되었다. 단순히 자연의 위력으로만 변명하기에는 인간의 예측력이 허망했다. 과연 피해를 최소화할 수 없었던 것일까? 지진의 발생 확률은 알 수 없지만 일본 열도에 지진이 발생한다면 어떤 결과가 나타날 것인가는 알 수 있다. 이것이 불확실성에 대한 중심 개념이 되어야 한다. '예상 밖의 사건'이나 '확률 밖의 사건'을 '검은 백조(black swan)'로 칭한다. 공포의 블랙을 그레이로 완화시키려는 고민이 필요 하지 않을까.

　사회과학의 상식과는 반대로 대부분의 발견이나 발명은 의식적으로 계획하거나 설계하지 않은 상태에서 얻어진다. 누구든지 공격적인 시행착오 끝에 행운아가 될 수 있는 자유시장의 작동원리를 어떻게 설명할 수 있는가?

　우리 인간의 관습적 사고와 반대로 우리가 사는 세계가 극단적인 것, 미지의 것, 개연성이 극히 희박한 것에 의해 지배되고 있으며, 우리는 익히 알려진 것, 반복되는 것에 초점을 맞춘 사소한 이야기에 대부분의 시간을 소비하고 있다고 주장한다. 인간 지식의 진보와 성장에도 불구하고 인간의 본성과 사회과학은 이것을 감추는 데 진력하고 있다고 주장한다.

　왜 이런 일이 되풀이되는 걸까? 전통적인 관점을 전복시켜야 한다고 주장한다. 복잡다기하고 회귀적인 속성이 갈수록 강해지는 현대사회에서 유통기한이 지났기 때문이다. 또한 인간은 뇌 사용설명서 자체에 결함이 있었다고 말한다. 최근에서야 인간은 '생각하지 않는 상태'에서 벗어날 수 있었다고 한다. 크리에이터가 주목해야 할 '블랙 스완'이다.

'읽지 않은 책'의 존재를 잊지 말아야 한다

책에 쓰여 있지 않고 눈에 보이지 않고 생각도 나지 않지만, 분명히 존재하는 0.1%의 가능성이 세상을 바꾼다는 관점이 절실하다. 소위 **미싱 매스**(missing mass)처럼 거대 담론의 핵심개념이 발견됨으로써 '과학혁명'이 이루어지고 역사는 새롭게 쓰여진다. 인간의 역사는 검은 백조가 지배해온 역사이기도 하다. 그러나 '평범의 왕국'과 '극단의 왕국'이라는 이분법은 플라톤적 관점이 아닌가. 검은 백조가 발현하는 경계파괴형 관점이 없다. 이분법은 서구인의 사고체계로 고착화된 패러다임의 하나다. 이데아와 현실, 랑그와 파롤, 존재와 소유, 정상과학과 과학혁명 등 명쾌한 대비효과로 설명할 수 있기 때문이다. '주름'지대에 있는 아웃사이더의 관점이 필요하다고 본다. 그래서 《블랙스완》의 작가는 '**공포와 혁신의 검은 백조**'라는 결과보다는 그레이 백조로 바꾸기 위한 우리의 사고과정과 패러다임 전환을 요구하고 있다. 전혀 다른 극단의 왕국에 맞는 문제해결책을 제시해야 하기 때문이다.

검은 백조의 출현이 다반사인 광고창작의 세계를 현미경으로 보면, 보라색 소(purple cow)의 등장으로 마케팅과 크리에이티브에서 혁신하려는 개념과 다른 게 무엇일까? 개념만 다를 뿐이지 같은 의미로 사용된 것이라고 할 수 있다. 사회과학적 접근보다는 예술적 접근도 필요하며 광고물 생산을 위한 관련 스텝과 크리에이티브 요소 사이에 상호작용이 빈번하고 역동성이 경쟁하는 장르이기 때문이다. 세렌디피티(serendipity)와 유레카의 본질을 물리학적·통계학적·계량적 관점으로 분석했다면 또 하나의 '검은 백조'를 찾을 수 있지 않았을까?

작가는 '신탁의 집행자'가 아니라, 마음이 열려 있는 여유형을 권한다. 세상은 극히 낮은 확률의 사건(블랙 스완)이 지배한다. 아무도 가지 않는 길을 가라는 명구처럼 '**독창성의 소외현상**'을 극복할 수 있는 자부심과 의지가 필요한 시점이기도 하다. 광고크리에이터는 차별화를 지향하고 '인식의 장'에서 현상돌파(breakthrough)해야 한다. 다음의 글은 이런 고난도의 콘셉트와 검은 백조를 개발해야 하는 크리에이터에게 자기반성을 촉구하면서 쓴 격려사 같다.

'다가올 미래를 내다보는 사람은 현명하다.' 그러나 '진정한 현자는 미래를 내다볼 수 없다는 사실을 아는 사람이다.' 예견 불가능성과 파급의 막대함과 '사후 합리화'의 세 속성으로 검은 백조는 발현한다. '빈껍데기 전문가'의 비극 때문에 의뢰인(client)은 쓸데없는 비용을 지불하고 있는지도 모른다. 변화하는 분야, 그래서 지식을 필요로 하는 분야에서는 대체로 전문가가 나올 수 없다고 단정하고 있다. 《상식의 배반》에서도 전문가는 별것 아니라고 했다.

그래도 광고인에게 '지적 겸손'을 요구하면서도 '극단의 왕국'의 주도자가 될 수 있음을 예견하고 있다고 생각하면 '백조'일까? 이미 읽은 책으로 세상을 단정하기보다는 '읽지 않은 책(excellent creative)'의 존재를 잊지 말아야 하겠다. 이런 경구를 되새기며 '광고의 블랙 스완'을 꿈꿔본다. 창의성의 본질이기 때문이다.

광고는 '현대의 신화(神話)'라고 한다. 과거 신에게 제사 지내던 때 신화는 사람을 지배하는 이데올로기였다. 인간은 신의 계시를 받고 그의 말씀과 신탁을 그대로 따르면 되는 피동적 인간이었다. 이 신탁의 역할을 현대사회는 광고가 대신한다는 주장이다. 광고가 일상대화의 주제가 되고 송혜교, 김연아, 손흥민이 나오는 광고를 모르면 또래집단에서 소외되는 사회가 되었다. 광고에서 주장하는 효과와 미학은 곧 우리의 가치판단과 행동양식을 결정하는 기준이 되어버렸다. 광고 메시지는 바로 진실이요, 교과서이다. "침대는 가구가 아닙니다. 과학입니다"의 사례에서 보듯 초등학생들은 침대를 가구가 아니라고 생각한다. "쿠쿠 하세요"는 '밥 짓는다'와 동의어다. 경동보일러는 '지구를 지키는 아빠'를 갖고 있다. 고유명사인 브랜드가 일반명사로 확장된 것이다. 광고는 생활의 중심이 되고 광고 카피가 신의 목소리가 되는 것이다. 광고 내용을 아무도 부정하지 않는다. 대기업 광고라면 더더욱 당연히 진리라고 생각하게 만든다. 대중매체의 힘을 이용하여 과거 신화의 역할을 광고가 대신한다는 관점이다. 어찌 수사학에서 한번 의심하지 않을 수 있겠는가.

세렌디피티

세렌디피티는 완전한 우연으로부터 중대한 발견이나 발명이 이루어지는 것을 말한다. 특히 과학연구의 분야에서 실험 도중에 실패해서 얻은 결과에서 중대한 발견 또는 발명을 하는 것을 이르는 외래어이다. 세렌디피티(serendipity)는 '뜻밖의 발견(을 하는 능력), 의도하지 않은 발견, 운 좋게 발견한 것'을 뜻한다. '뜻밖에 행운의 발견을 하는 사람'은 세렌디퍼(serendipper)라고 한다. 영국 작가 호러스 월폴(Horace Walpole, 1717-1797)이 쓴《세렌디프의 세 왕자》(*The Three Princes of Serendip*)라는 우화(寓話)에 근거하여 만든 말이라고 한다. 세렌디프(Serendip)이라는 섬 왕국의 세 왕자가 섬을 떠나 세상을 겪으면서 뜻밖의 발견을 했다는 데 착안한 것이다.

세 왕자는 '언제나 본래 찾던 것 대신에 다른 무언가를 뜻밖에, 혹은 기지를 발휘해서 발견했다.' 프란시스 베이컨은 인류사에서 가장 중요한 진보는 대부분 예상 목록에 들어있던 것이 아니라, '상상력의 뒤안길'에 놓여있던 것'이라고 갈파했다.

그런데 전통 영화는 상상력 뒤에 장르의 3요소인 **형식**(formula), **관습**(convention), **도상**(icon)으로 구성된다. '**포뮬라**'는 유사한 줄거리 전개의 패턴과 내러티브 구조를 말한다. 예를 들면 로맨틱 코미디 영화는 남녀 간 대립이 코믹한 상황을 만들면서 갈등이 로맨스로 발전하여 사랑으로 완성되는 내러티브 구조를 가지고 있다. 로맨스 영화에서 남녀 주인공은 삼각관계나 사각관계를 설정하고 반동인물이 주인공을 괴롭히거나 유머 요소를 삽입하는 스토리 전개를 말한다. '**컨벤션**'은 특정 장르에 반복적으로 등장하는, 많이 봐왔던 관습적(기시감, 데자뷰) 장면을 말한다. 예를 들어 서부극에서 악당과 주인공이 마주선 결투 장면이라든가, 로맨스 영화에서 사랑하는 남녀의 사랑이 맺어질 때 비가 오는 장면 등을 말한다. '**아이콘**'은 더욱 세부적인 개념으로 화면에 보이는 디테일한 시청각 이미지뿐 아니라 스타 배우도 포함한다. 중절모, 트렌치코트, 권총, 담배, 뒷골목, 지하실은 누와르의 아이콘이고, 카우보이, 부츠, 말, 역마차, 사막, 기차 등의 이미지는 서부극의 아이콘이다. 비명소리, 음산한 음악과 음향, 폐가, 신령 등은 공포 영화의 아이콘이다. 스타는 대중의 기대와 욕망을 표현하고 충족시키는 아이콘이다. 장르 영화 속 스타의 캐릭터는 대중의 '**자기 동일화**' 도구로 작용하며, 대중을 영화관으로 끌어들이는 강력한 모멘텀(momentum)이다. 존 웨인(John Wayne, 1907-1979)을 서부극 장르의 대표적인 아이콘으로 부르는 것이나, SF영화의 아놀드 슈워제네거처럼 스타는 존재 자체만으로 영화 장르의 성격을 규정하고 흥행을 보장하는 아이콘이다.(네이버 지식백과) 대중 상업영화가 '**스타 시스템**'을 유지하는 이유이기도 하다. 그러나 대중은 기시감(deja vu)에도 학습된 흥미를 얻지만, '미시감(jamais vu)'에도 창의성으로 평가하고, '발상의 전환'과 '현대적 재해석'에 고평점을 주는 안목을 갖고 있다. 창(創)의 발견에 희열을 느낀다는 점이 중요할 것이다.

히말라야 원정대

'산악인이 된다는 건 세상의 관심권 밖에 있고 또 세상의 타락상에 크게 물 들지 않은, 과묵하고 아주 이상주의적인 집단에 들어간다는 걸 뜻했다. 등반문화를 특징짓는 건 강렬한 경쟁심과 요즘의 세태에 의해 희석되지 않는 남자다운 기백이었다. 대체로 그 구성원들은 자기네 상호 간에 깊은 인상을 안겨주는 일에만 관심을 갖고 있었다. 그들에게는 산 정상에 오르는 일 자체보다 어떤 식으로 그곳에 올랐는가가 훨씬 더 중요했으므로 가장 험난한 루트를 최소한의 장비를 갖고서 가장 대담한 방식으로 도전한 사람들만이 높은 명성을 얻었다. 그리고 밧줄이나 그밖의 장비들을 갖추지 않고 맨몸으로 혼자 정상에 오른 몽상가들, 즉 이른바 **솔로이스트**를 제일 높이 쳤다.' 애플(Apple) 광고의 카피와 데칼코마니처럼 이어진다. 'Think Different(다르게 생각하라)'이다. 왜 산을 오르고, 어떻게 산을 올라야 하는지를 질문한 결과일 것이다. 세상이 따르는 규칙을 좋아하지 않고 세상을 다르게 보는 혁신을 좋아하기 때문이다. '기록'을 세우는 것도 중요하지만 '기억'을 만들겠다는 의지일지도 모른다. 세상을 다르게 보고, 세상살이를 다르게 하라는 '정언명령'이다.

'우리 각자가 자신의 능력을 평가하고 세상에서 가장 높은 산의 막강한 도전에 그 능력을 견주어볼 때가 왔을 때 베이스캠프에 모인 사람들의 반수는 망상증 환자로 낙인찍힐 만한 사람들이 아닌가 싶을 때가 가끔씩 있다. 하지만 전혀 놀랄 만한 일이 아닐 것이다. 에베레스트는 항시 괴짜, 명성을 추구하는 사람, 구제불능의 로맨티시스트, 비현실적인 사람들을 유혹해왔으니까.'《희박한 공기 속으로》)

산악인이 산소가 아주 희박한 공기 속에서 '자발적 불신의 유예' 상황을 만들고, 그 극복과 성취를 확인하고자 하는 발상이라고 하겠다. 아무도 알 수 없는 블랙박스 같지만, 우리가 그들을 무시하지만 세상은 그들의 생각대로 바뀐다는 현실을 동의할 수밖에 없다.

창의성은 블랙박스와 같다. 어떤 공식이나 매뉴얼이 존재하지 않는다

하지만 여기서 또 공감 가는 키워드를 발견한다. 그것은 바로 '시도'이다. '창의성을 키울 수 있는 유일한 방법은 최대한 많은 시도에서 천재성을 찾는 것이다'라는 이야기를 하고 있다. 일반적으로 '시도'라는 것은 사실 별로 어렵지 않다. '도전'이라는 것과 일맥상통하는 단어이기도 하다. 하지만 이 '시도'라는 것을 행동으로 옮기기는 쉽지 않다. 개인적인 주관이지만 '시도'라는 것은 반드시 어떠한 대가와 투자가 전제되어야 하기 때문이다. 경제용어로 '기회비용'이라고 이야기해도 될 것 같다. '내가 이런 시도를 해서 얻는 게 무엇일까?', '잃는 것이 더 많지 않을까?'라는 생각이 크기 때문이다. 그리고 무엇보다도 '실패'에 대한 두려움이 크기 때문이라고 생각한다. 하지만 투자 없이 성공할 수 없듯이 '시도'는 반드시 필요하다고 생각한다. 디자이너 '이제석' 씨만 해도 끊임없는 '시도' 끝에 학벌에 대한 편견을 무너뜨렸다. 언론에서 거론하는 '광고천재'가 될 수 있었듯이 눈앞에 닥친 프로 광고의 세계에 뛰어들기 위해서는 이러한 시도를 더할 필요가 있다고 생각한다. 이런 시도가 '기획'이고 '전환점 찾기 전략'이다.

1990년대 중반 뉴욕시에서 범죄율이 갑자기 하락한 이유는 무엇인가? 유행이 한참 지난, 폐기처분 대상이었던 허시파피 신발이 갑자기 다시 유행한 원인은 무엇인가? 미국 시민혁명을 이끌었던 폴 리비어의 성공은 어디에서 기인하는가? 사회에서 일어나는 커다란 변화의 원인이 무엇인가를 분석할 수 있는 '티핑 포인트'를 찾아야 한다.

사회적으로 갑자기 사람들의 주목을 끌거나 예기치 않은 일들이 발생하는 현상을 일종의 '사회적 전염'으로 간주한다. 이러한 전염 현상은 독감, 범죄, 마약, 자살, 에이즈와 같은 사회병리학적인 현상은 물론, 혁명, 정치, 패션, 교육 등 모든 영역에 적용된다. 그리고 이는 바이러스처럼 아이디어와 메시지, 그리고 행동에 전파되어 갑자기 변화의 극적인 순간을 맞게 되는데 이를 '티핑포인트(tipping point)'라고 한다. 그렇다면 이러한 '티핑 포인트'를 가능케 하는 사회적 전염이란 구체적으로 무엇인가?

이러한 '티핑 포인트'는 작은 원인이 쌓여 엄청난 변화를 가져오는 극점이다. 균형을 깨트리는 혁신을 읽어내는 새로운 시각을 제공한다. 그 명백한 트리거(trigger)가 창의성이라고 생각한다. 창의성을 적극 활용하면 퀀텀 점프(Quantum Jump)가 이루어지겠지만, 소극적으로 이루어지면 타이타닉호의 침몰을 인식할 수 없는 것이고, 타조는 몸통을 드러낸 채 머리 박기 할 것이고, 끓는 가마솥의 개구리의 운명이 될 것이다.

과학 혁명의 본질과 필요성

과학 혁명이란 무엇인가? '과학적 혁명'이란 낡은 패러다임이 전적으로 혹은 부분적으로 그것과 양립 불가능한 새로운 패러다임에 의해 대치되는, 그러한 비(非)누적적인 발전의 삽화적 사건들이라고 지적했다.

왜 반드시 패러다임의 변화를 혁명이라고 불러야 하는가? 정치 발전과 과학 발전 간에는 거대하고 본질적인 차이들이 있지만 두 경우를 모두 혁명이라고 칭하는 유사점은 새로운 것의 누적적인 획득은 원칙적으로 불가능하기 때문이다. '선형적'이 아니라 '비선형적'이라는 뜻이다.

과학 혁명의 성공은 반드시 현 제도의 일부를 철회하고 다른 제도로 바꾼다. 패러다임 논쟁에 대해 두 집단이 공유하는 전제나 가치들이 충분하지 못하다. 패러다임을 선택할 때도 해당 '집단의 동의'가 기준점이라 '다수결'인 셈이다. 자연현상과 논리의 영향뿐 아니라 과학자 사회를 구성하는 특정 집단 안에서 유효한 설득 기술까지도 고찰하지 않으면 안 될 것이다. 과학혁명을 통해 수용된 이데올로기는 지금까지의 이론 가운데 가장 많은 구성원이 동의하고 그 집단의 이데올로기로 작동하는 '시한부 지배이론'인 셈이다. 혁명이 다수의 동의를 얻어야 한다는 게 역설적이다. 패러다임도 다시 새로운 관점에 의해 대체될 운명이다.

> "나는 어떤 관점, 친숙한 사실과 관념을 바라보고 이에 새로운 질문을 던지는 방식을 옹호하려 한다. 이러한 '사고실험'은 사실을 새롭게 보는 방식에 불과하고 현실적이지 않지만, 현실을 보는 우리 생각을 명확히 정돈케 한다는 것이다. 다윈의 패러다임이 '이기적 유기체'라면, '확장된 표현형을 가진 이기적 유전자'의 패러다임으로 본다는 것이다. 이는 낡은 사실이 더 깊은 의미를 획득하길 바라며, 친숙하고 잘 알려진 사물을 거꾸로도 보고 뒤집어도 보는 '참신한 관점'이라는 주장이다. 확장된 표현형은 자신이 자리한 개체에 미치는 효과뿐 아니라, 세계 전체에 효과를 발휘하기 때문이다."
>
> — 이기적 유전자

이렇게 끊임없이 패러다임 혁신이 일어나기 때문에 '자기 정체성'을 지키는 게 '창(創)'에서는 아주 중요하다. 불교 최고(最古)의 경전으로 일컬어지는 '수타니파타(Sutta-nipata)'는 불경 가운데 초기 경전을 대표하는 경이다. 부처의 묵직한 가르침을 받을 수 있는 경전이면서도 운문 형식의 아름다운 시구로 구성돼 있다고 한다. 세속적 경계를 버리는 수행자의 근본정신에 대해 설명해놓은 이야기다. 수타니파타의 사품에 나오는 글귀가 생각난다.

'홀로 행하고 게으르지 말며, 비난과 칭찬에도 흔들리지 말라. 소리에 놀라지 않는 사자처럼, 그물에 걸리지 않는 바람처럼, 진흙에 더럽혀지지 않는 연꽃처럼, 무소의 뿔처럼 혼자서 가라. 숲속에서 묶여있지 않은 사슴이 먹이를 찾아 여기저기 다니듯이 지혜로운 이는 독립과 자유를 찾아 무소의 뿔처럼 혼자서 가라.'

아무도 가지 않은 길을 가라

사람들은 같은 길을 가는 사람이 많을수록 옳은 길이라는 확신과 함께 안심하게 된다. 오히려 많은 사람들이 같은 일에 몰리는 것은 그것이 나쁜 아이디어란 사실을 입증한다. 많은 사람들이 가는 길은 경쟁의 함정에 빠져 불행해지기 쉽다. 자신이 쉽게 대체 가능해지는 일은 조심하라고 했다(피터 틸, 페이팔 공동 창업자).

다른 사람들이 가지 않은 길을 가는 것은 용기가 필요한 일이다. 그러나 다른 사람들이 이미 아는 일을 하게 되면 '1/N'이 될 뿐이다. 대신 뭔가 새로운 것을 창조하면 0에서 1이 된다. 적어도 그 분야에선 1등이 되는 것이다. 달리기 육상경기장에 가지 않고 색상표 같은 원형경기장을 가야 할 것이다.

프로스트(1874-1963)가 쓴 시, 〈가지 않은 길〉(*The road not taken*)의 일부다.

> Two road diverged in a wood, and I (숲속에 두 갈래 길이 있었고, 나는-)
> I took the one less travelled by, (사람들이 적게 간 길을 선택했다고,)
> and that has made all the difference. (그리고 그것이 모든 것을 다르게 만들었다고.)

〈가지 않은 길〉은 프로스트가 실의에 빠져있던 20대 중반에 쓴 시라고 한다. 집 근처 숲으로 가는 두 갈래 길과 자신의 살아온 인생을 돌아보며 비유적으로 이 시를 썼다. 'The road not taken'은 자신의 선택의지가 강조되면 '가지 않은 길'을 갈 수 있는 것이다. 인생과 세상살이는 끊임없이 꼬리에 꼬리를 무는 선택의 사슬이다. 일회성이며 되돌릴 수 없는 결정론으로 인생의 무게를 느낄 수 있다. 불확실성 속에서도 하나를 골라야만 하는 선택이기에 다른 사람의 결정을 따르기보다는 의미 있고 유효한 주체적인 결단과 선택이 되어야 한다는 것을 알 수 있다.

남의 이목에 신경 쓰느라 현재 자신의 행복을 놓치는 실수를 범해서는 안 된다. 내가 아무리 잘 보이려고 애써도 나를 미워하고 싫어하는 사람은 반드시 있게 마련이니 미움받는 것을 두려워해서는 안 된다. 그 누구도 거울 속의 내 얼굴을 나

만큼 오래 들여다보지 않기 때문이다. 남들 이목 때문에 내 삶을 희생하는 바보 같은 짓이 어디 있느냐는 주장이다.(미움받을 용기) 일상의 인간관계에서뿐 아니라 페이스북의 '좋아요'나 트위터의 'RT(리트윗)'를 죽어라 누르며 '가벼운 인정'에 목매어 사는 사람들이라면 모두 귀담아 들을 만하다.

그래서 아들러는 트라우마의 존재를 단연코 부정한다. 흔히 마음의 상처(트라우마)가 현재의 고통과 불행을 일으킨다고 생각한다. 무속인에게 길흉화복을 점치듯이 사건의 인과법칙과 드라마틱한 전개가 사람들의 마음을 사로잡는다. 하지만 아들러는 '어떠한 **경험**도 그 자체는 성공의 원인도 실패의 원인도 아니다. 우리는 경험을 통해서 받은 충격(트라우마)으로 고통받는 것이 아니라, 경험 안에서 목적에 맞는 수단을 찾아낸다. 경험에 의해 결정되는 것이 아니라, 경험에 부여한 의미에 따라 자신을 결정하는 것이다'라고 주장한다. 핑계거리를 찾는 버릇이고 자기합리화를 하는 것이다.

가장 흔하고 누구에게나 일어날 수 있는 **일상적인 인간관계**로 고민하고 괴로워하는 게 특별할 수 없을 것이다. 직장동료와의 관계나 친구관계나 연인관계나 소통의 부재로 서로 오해하고 소원해질 수 있기 때문이다. 구체적이고도 대인관계의 고민을 단숨에 해결할 수 있는 길은 어디까지가 내 과제이고, 어디서부터가 타인의 과제인가. 냉정하게 선을 긋는 것이라고 한다..

아들러 심리학에서는 "모든 고민은 **인간관계**에서 비롯된 고민이다"라고 주장한다. 우리는 인간관계에서 해방되기를 바라고, 인간관계로부터 자유로워지기를 갈망하지만, 우주에서 혼자 사는 것은 절대로 불가능하기 때문에 '**삶의 자유란 무엇인가**'에 대해 단정하고 선언해야 한다.

'삶의 자유란 타인에게 미움을 받는 것'이라는 선언이다

누군가에게 미움을 받고 산다는 것은 자유롭게 살고 있다는 증거가 된다. 누구도 내 과제에 개입시키지 말고, 나도 타인의 과제에 개입하지 않는다. 또한 우리는 모두 '여기에 있어도 좋다'는 사회적 소속감을 갖기를 원하지만 아들러 심리학에서는 소속감이 가만히 있어도 얻어지는 것이 아니라 공동체에 적극적으로 공헌해야 얻을 수 있는 것이라고 봤다.

일, 교우, 사랑이라는 인간관계의 과제를 피하는 것이 아니라 적극적으로 받아들이는 것이 필요하다. 어느 누구도 자기중심주의로 '내가 세계의 중심이다'라고 하지 않고, 우선 공동체에 공헌하겠다는 생각을 가져야 한다는 것이다. 어느 누구도 '나를 위해 무언가를 해주는 사람'이 아니다라는 현실원칙의 인식이다. 인간관계에서 '이 사람은 내게 무엇을 해줄까?'가 아니라, '내가 이 사람에게 무엇을 줄수 있을까?'를 생각해야 한다는 것이다.

'이기적 유전자'를 가지고 태어나지만, '이타적 유전자'로 사회공동체의 구성원으로서 살아가는 보통 사람들의 처세술이기도 하다. 정체성을 지키면서 공동체에서 경쟁력을 가지려는 생존법칙이다. 남들이 하는 것처럼 하지만, 속으로는 자기만의 생각을 이루어보려는 생활태도라고 할 수 있다. 해태제과는 허니버터칩을 제과업계에서 빅히트 시켰지만, 처음엔 '단맛 스낵'은 성공할 수 없다는 고정관념 때문에 쉽지 않았다고 한다. 감자칩 시장에선 짠맛 이외 다른 제품은 없었기 때문이다. 하지만 정체된 스낵시장에서 기존에 없던 제품, 남이 생각조차 하지 못한 제품을 낸다면 새로운 시장을 개척할 수 있다고 판단했다. 해태제과의 허니버터칩을 성공시킨 사례처럼 이런 고정관념을 깨고 편견을 깨야만 성공할 수 있는 구조가 우리 사회라고 하겠다.

> "우리는 남이 가지 않은 길을 가야 합니다. 기존에 없던 시장이라면 새로 만들면 됩니다."

이 같은 도전의식으로 감자칩 시장에서 열세였던 해태제과를 대혁신시킨 원동력은 바로 '헝그리 정신'이었다. 제품명에도 역발상 전략이 들어있다. 애초 해태제과는 허니버터칩 이름을 기존 감자칩 제품인 '생생칩'에 빗대 '생생칩 허니버터맛'으로 지으려 했다. 하지만 소비자 인식상 독립 제품 카테고리를 만들기 위해 허니버터칩으로 밀어붙였다. '맛'이 아니라 '칩'이다. 제품을 파는 유통에서도 해태제과는 종전과는 다른 방식을 썼다. 허니버터칩은 해태제과 차원의 4대 매체 전사적인 마케팅보다는 소셜 네트워크 서비스(SNS)상 소비자 입소문 덕을 봤다고 한다.

스탕달 신드롬

스탕달 신드롬(stendhal syndrome)은 역사적으로 유명한 미술품을 감상한 사람들 가운데 순간적으로 가슴이 뛰거나 정신적 일체감, 격렬한 흥분이나 감흥, 우울증·현기증·위경련·전신마비 등 각종 분열증세(mental disorders)를 느끼는 경우를 일컫는다. 어떤 사람은 훌륭한 조각상을 보고 모방충동을 일으켜 그 조각상과 같은 자세를 취하기도 하고, 또 다른 누군가는 그림 앞에서 불안과 평화를 동시에 느끼기도 하는 등 사람에 따라서 나타나는 증상도 다양하다. 미술작품뿐 아니라 문학작품이나 유명한 사람의 전기(傳記)를 읽고 이러한 증세를 일으키기도 하는데, 주로 감수성이 예민한 사람들에게 나타난다. 그러나 증상이 오랫동안 지속되지는 않으며, 안정제를 복용하거나 익숙한 환경으로 돌아오면 회복된다.

프랑스의 작가 스탕달이 1817년 이탈리아 피렌체에 있는 산타크로체 성당에서 겪은 정신적 · 육체적 경험을 자신의 저서 《로마, 나폴리, 피렌체》(Rome, Naples et Florence, 1817)에서 묘사했던 것에서 유래했다. 피렌체의 이탈리아 명칭인 플로렌스를 붙여 플로렌스 신드롬(florence syndrome)이라고도 한다. 스탕달은 그 안에서 아름다움의 절정과 희열을 느끼고, 성당을 나서는 순간 심장이 마구 뛰고 곧 쓰러질 것 같은 경험을 하게 되는데 이러한 충격에서 벗어나기까지 한 달이 걸렸다고 한다. 감상자가 창작자의 주제의식이나 미학적 감성에 통했을 때 받은 '감전된 충격'이라고 할 수 있겠다. 그 감전의 원인은 '아우라'와 이어진다.

아우라(aura)는 독일의 철학가 발터 벤야민(Walter Benjamin, 892-1940)의 예술이론으로, 예술작품에서 흉내 낼 수 없는 고고한 '분위기'를 뜻하는 말이다. 본래는 사람이나 물체에서 발산하는 기운 또는 영기(靈氣) 같은 것을 뜻하는 말이었는데, 아우라는 유일한 원본에서만 나타나는 것이므로 사진이나 영화와 같이 복제되는 작품에는 아우라가 생겨날 수 없다고 했다. 1936년 벤야민이 "기술복제시대의 예술작품(Das Kunstwerk im Zeitalter seiner technischen Reproduzierbarkeit)"이라는 논문에서 사용하여 예술개념으로 자리 잡게 되었다. 벤야민은 기술복제 시대의 예술작품에 일어난 결정적 변화를 '아우라의 붕괴'라고 정의했다.

아우라는 예술작품의 원본이 지니는 '시간과 공간에서의 유일한 현존성'이 있어야 한다. 그러므로 사진이나 영화처럼 현존성이 결여된 작품은 아우라가 없다는 것이다. 독특한 거리감을 지닌 사물에서만 가능한 아우라는 복제품이나 대량생산된 상품에서는 경험될 수 없는 것이다.

물론 아우라는 기술주의적 사고라는 비판을 받기도 했다. 브레히트는 "모든 것이 신비주의일 따름이다. 유물론이 그런 식으로 소화될 수 있다니 놀랍다"라고 했다. 브레히트는 예술의 역사적 변화를 아우라처럼 모호한 개념을 빌려 설명한다는 것은 벤야민이 신비주의적 · 신학적 경향을 극복하지 못했음을 뜻한다고 했다. 이런 비판에도 불구하고 대상의 본질에 천착하는 순간에 정신적 희열과 지혜를 획득하게 되는 '진실의 순간(moment of truth)'이 있다는 것이다. 표현의 소재일 뿐인 물질적 대상(object)이 화룡점정처럼 '생명화'로 활성화된다는 게 창작(creative)의 존재이유이고 '복제시대의 기술'이 된다.

'깨달음의 환희'를 찾아서

'사고의 혁명'을 통해서 사람들은 혼돈(chaos)에서 질서(cosmos)를 읽어내기 시작했다. 고대 그리스인들은 태초에 '형태가 없는' 혼돈이 있었다고 믿었는데 그 내용은 '창세기'의 구절과 일치하는 것이었다. 그러다가 인류사상사에서 가장 위대한 생각들 중의 하나가 기원전 6세기에 이오니아에서 나왔다. '고대 이오니아인들은 우주에 '내재적 질서'가 있으므로 우주도 이해의 대상이 될 수 있다고 주장하기 시작했다. 자연현상에서 볼 수 있는 모종의 규칙성을 통해 '자연의 비밀'을 밝혀낼 수 있을 것이라고 생각했다. 자연은 완전히 예측 불가능한 것이 아니며, 자연에게도 반드시 따라야 할 규칙이 있다는 것이다. 그들은 우주의 이렇게 훌륭하게 정돈된 질서를 '코스모스'라고 불렀다. 칼 세이건은 이런 감동을 사랑하는 부인 '앤'에게 바치는 헌사로 남긴다.

> "공간의 광막함과 시간의 영겁에서 행성 하나와 찰나의 순간을 앤과 공유할 수 있었음은 나에게는 하나의 기쁨이었다."
>
> ─《코스모스》

이 '하나의 기쁨'은 깨달음이고 자각이고 통찰이다. 끝이 없는 광활한 우주 속에서 자신이 마주한 시간은 '한 점'이지만 물아일체의 경지가 아니었을까라고 생각한다. 깨달음은 생각하고 궁리하다가 알게 되는 것이다. 갑자기 깨달음의 순간에 얻게 되는 정신적 환희(spiritual enlightenment)이다. 이때 '돈오점수(頓悟漸修)'를 연계할 수 있을 것이다. 돈오의 돈(頓)은 '문득', '홀연'이라는 뜻으로, 간격이 없는 지극히 짧은 시간을 나타낸다. 돈오란 깨달음의 방식을 가리키는 말로서, 어떠한 점진적인 단계를 거치지 않고 단번에 깨달음의 경지를 의미한다. '돈오(頓悟)'는 참선과 수양을 통해 어느 순간 진리를 깨닫는 것을 의미한다. '점수(漸修)'는 깨우친 바를 점진적으로 수행(=실천)한다는 뜻이다. 그러므로 돈오점수는 참선을 통해 진리를 깨닫는 것을 실천에 옮겨야 한다는 개념이다. 이 '깨달음'이란 바로 '자신의 마음이 곧 부처임'을 깨닫는 것이며, 이는 인간의 마음속에 내재한 불성(佛性)을 자각한다는 의미이다. 우주에서부터 세상사까지 인간의 근원에 대한 번민과 고찰은 인간존재의 문제라고 하겠다. 이런 사고과정은 세계를 보는 관점이요 해석이며 존재이유에 대한 질문이기도 할 것이다.

　　격물치지(格物致知)는 중국 사서(四書)의 하나인 《대학》(大學)에 나오는 말로서 '도'를 실천하는 방법이요, 유교의 이상적인 인물인 선비의 조건을 적시한 것이다. 널리 알려진 '수신제가 치국평천하(修身齊家 治國平天下)'의 핵심 구절이다. 먼저 자신을 수양해 바르게 가다듬은 후 가정을 돌보고, 그 후 나라를 다스리며, 그 다음 천하를 다스린다는 뜻이다. '격물치지'는 사물에 대하여 깊이 연구하여(격물) 지식을 넓히는 것(치지)인데, '격물(格物) · 치지(致知) · 성의(誠意) · 정심(正心) · 수신(修身) · 제가(齊家) · 치국(治國) · 평천하(平天下)'의 8조목으로 된 내용 중 처음 두 조목을 가리킨다. '수신제가'에 앞서 '격물(格物)-치지(致知)-성의(誠意)-정심(正心)'이다. 사물의 본질을 꿰뚫은(격물) 후에 앎에 이르게(치지) 된다. 알게 된 후에는 뜻이 성실(성의)해진다. 성실해진 후에는 마음이 바르게(정심) 된다. 그다음부터가 수신제가 치국평천하다. 결국 '격물'의 목적은 영원한 이치에 관한 우리의 지식을 넓히는 데 있다고 했다.

　　주자는 이렇게 말했다. 인간의 마음은 영특하여 알지 못하는 것이 없고, 천하에는 이치를 담지 않은 사물도 없으나, 그 이치를 다 궁구하지 못했기 때문에 그 지식 또한 다 밝히지 못한 것이다. 그러므로 그는 대학은 처음 가르칠 때 학생으로 하여금 이 세상의 사물을 이미 자기가 아는 이치에 따라서 더욱 추구하여 그 끝에 이르도록 해야 하며, 꾸준히 노력하면 어느 날 통달하여 모든 만물이 정교하거나 거칠거나 표면적인 것이거나 이면적인 것이거나 두루 미치어 자기 마음의 전체에 그 모습이 밝혀진다고 했다. 크리에이티브 디렉터가 아이디어를 찾아가는 과정이고 여정(journey)처럼 보인다.

동양화의 창작정신으로 6법(六法) 가운데 기운생동(氣韻生動)이 있다

　　기운생동의 어의를 파악하기 위해서는 '기(氣)', '기운(氣韻)', '생동(生動)' 등의 어의를 조목별로 나누어서 살펴봐야 한다. '기(氣)'의 사전적 어의는 대략 18가지인데 예술정신과 관련 지을 수 있는 것은 4가지 정도이다. ① 만물생성의 근원력, ② 신체의 활동력, ③ 힘, ④ 정신이 밖으로 표현된 것 등이다. 여기서 ①~③까지의 의미는 '기'는 생명의 힘으로 규정할 수 있고, ④의 의미는 '기'란 인간정신의 표현이라고 규정할 수 있다. 이를 종합하면 '기'는 생명과 정신의 표현이라고 말할 수 있다. 사회적 가치가 있는 개념(concept)이라고 할 수 있겠다.

'운(韻)'의 사전적 어의 중 예술과 관련되는 것은 3가지로 압축할 수 있다. ① 음향이 서로 화합한다. ② 기운풍도(氣韻風度), ③ 풍아(風雅) 등이다. ①의 의미로 보면 '운'은 소리와 음성, 혹은 음악과 관련이 있으며 그 본질은 '조화'에 있다. ②, ③의 의미로 보면 '운'은 단순히 소리의 조화뿐만 아니라 사람의 인격 혹은 풍격을 의미한다. 곧 '운'은 인물의 품격과 운치와 깊은 관련이 있다.

6법 중 가장 중요한 제1기준으로서의 기운생동은 회화의 본질에 대한 가장 총괄적인 최고의 준칙으로서 문인회화 미학의 핵심이 내포된 개념이다. '기운'이란 고개지가 말한 신(神)이니, 사혁 자신도 기운을 신운(神韻)이라 칭했다. 사혁이 칭한 기운생동은 곧 표현된 사물의 생기와 의태를 뜻하는 것이고, 그것은 여러 가지 모습으로 표현될 수 있겠으나 형태에만 매달릴 필요는 없다고 본다. 기운은 감지될 수 있으나 비구체적인 것이기 때문에 형상에 의해 구현될 수밖에 없다. 예술의 내용과 형식에서 '내용 우선주의'라고 하겠다.

기운생동에 관한 서구 학자들의 견해도 참고할 만하다. "오스발드 시렌(Osvald Siren)은 기운생동을 '생동적 정신의 공명과 생명의 운동'이라고 정의하고, 다시 '예술가와 우주적인 힘을 결합하면서, 물질적 형식에 생명/풍격/의미를 부여하는 우주적이고 정신적인 힘'이라고 규정하고 있다", "그것은 우선 화가에 내재하는 것으로서, 화가에 의해 예술작품에 전달되는 영적인 힘을 가리킨다. 그것은 화가가 그린 선과 형상 속에서 울려 퍼지는 신묘하고도 창조적인 천재로부터의 반향이다"라고 정의하고 있다. 또한 벤자민 롤랜드는 "이 기운생동이라는 기준에 의하면 화가들의 주된 목표는 그들 자신의 그림의 형태에 생명감이나 정신적인 조화, 자연세계에 있는 모든 사물에 특징적인 동작이나 율동, 생명과의 조화를 불어넣는 일"로 해석하고 있다. 또한 "기운생동이란 화가가 예민한 관찰력과 직관을 통해 그리고자 하는 사물 고유의 힘찬 생명력이나 숨결, 또는 기가 알맞게 스며있다는 인상을 줄 정도로 동작이나 걸음걸이, 또는 특이한 자세 등을 여실히 포착하여 마치 살아서 움직이는 것처럼 그려야 한다는 의미"로 해석하고 있다. 이러한 것을 종합해볼 때, 기운생동은 회화의 정신성 내지는 그림의 생명과도 같은 것이다. 그러므로 회화작품을 품평할 때나, 화가로서 수련하고자 할 때 반드시 첫 번째로 염두에 두어야 하는 것이라 할 수 있다.

다시 말해서 '기운생동'은 화가에게는 기본적으로 갖추어야 할 정신적 태도가 되는 것이고, 감상자에게는 제일 먼저 작품에서 느껴지는 묘한 분위기라 할 수 있는 것이다. 따라서 기운생동은 생기, 필치, 터치 등 그려진 대상이 생기에 차 있어 자연의 것처럼 '지금, 여기'에서만 느낄 수 있는 '아우라(aura)'와 같은 것이다. 우리가 흔히 아우라가 느껴진다고 말하는 것은 곧 '생동감'이 있음을 뜻하는데 곧 작가의 정신적 감정을 뜻한다고 할 수 있다(김규철). 이 작가의 감정을 최대치로 공감하면 감상자에게 '스탕달 신드롬'이 생긴다고 할 수 있다. 예술가와 수용자가 물아일체처럼 '통(通)'한 것이다. 통(通)은 창(創)이 명심해야 할 핵심가치의 하나다.

스티브 잡스의 애플 귀환 마케팅 특강

1997년 그의 특강 녹취록이다.

"저에게 있어서 마케팅의 본질은 '가치'입니다. 매우 복잡한 세상입니다. 매우 시끄러운 세상입니다. 그리고 사람들에게 우리를 각인시킬 수 있는 기회는 자주 오지 않을 겁니다. 그건 어느 회사나 마찬가지죠. 따라서 우리는 '사람들이 우리에 대해 알았으면 하는 것'을 명확히 인지해야 합니다. 애플은 다행히도 세계 최고의 몇 안 되는 브랜드들 중 하나입니다. 나이키, 디즈니, 코카콜라, 소니 등과 어깨를 나란히 하는 위대한 브랜드들 중에서도 손꼽히는 브랜드이지요. 단지 이 나라에서뿐만 아니라 전 세계에서 말입니다. 하지만 뛰어난 브랜드도 마찬가지로 '투자가 필요'하고, 정성 어린 '관리가 필요'합니다. 그것의 가치와 생명력이 유지되려면 말이죠.

그리고 애플 브랜드는 확실히 최근 몇 년간 이 부분에서 방치되어왔습니다. 그리고 우리는 그것을 '다시 복원'해야 합니다. 그러기 위한 방법은 속도 및 이송에 대해 이야기하는 것이 아니며, 우리가 왜 윈도우보다 나은지 이야기하는 것이 아닙니다. 초당 연산량이나 프로세서의 속도를 이야기하는 것이 아니며, 우리가 왜 윈도우보다 나은지 이야기 하는 것이 아닙니다.

낙농업계는 20년 동안 우유는 몸에 좋다고 여러분을 설득시키기 위해 도전했습니다. 그 거 거짓말이거든요. 하지만 그들은 노력했어요. 어쨌든 간에. 그런데도…. (웃음) 매출은 이렇게 내려갔습니다. 그러다가 '우유 있어요(Got Milk)?'광고 캠페인을 벌였고, 매출은 이렇게 올라갔습니다. '우유 있어요?'에선 심지어 제품에 대한 이야기조차 없어요. 오히려 제품이 없음을 이야기하죠…. (웃음) 하지만…. (박수) 하지만 그중 최고의 본보기이자 역대 최고의 마케팅 업적을 이룩해낸 회사는 '나이키'입니다. 기억하세요? 나이키는 생필품 파는 회사입니다. 신발 파는 회사라구요.

하지만 나이키 하면 '단순히 신발회사가 아닌 무언가'가 '생각납니다'.

여러분들도 아시겠지만, 그들의 광고에서 그들은 결코 제품에 대한 이야기를 하지 않습니다. 그들은 절대 그들의 에어 운동화가 왜 리복의 에어 운동화보다 나은지 이야기하지 않아요. 나이키는 광고할 때 뭘하죠? 그들은 '위대한 운동선수들에게 경의'를 표하고, '위대한 스포츠 역사'를 기립니다. 그것이 그들의 '정체성'이고, 그것이 그들이 '존재하는 이유'입니다.

애플은 광고비로 천문학적인 금액을 지출하는데도요. 그 사실을 아무도 모릅니다…. (웃음) 결코 알 수가 없어요. 그래서 제가 이곳에 돌아왔을 때 애플은 광고 대행사를 막 해고한 상태였고, 23개 대행사를 대상으로 심사를 진행하고 있었어요. 심사가 끝나려면 4년은 족히 걸릴 듯 싶었죠.

전 그걸 해산시켰고, 그리고 나서 샤이엇 데이(Chiat Day)를 고용했는데요. 그 광고 대행사는 수년 전 제가 같이 일한 바 있는 회사이고, 그럴 수 있었던 것은 저에게 영광이었습니다. 그들과 같이 만든 여러 수상작 중에는, '1984년도'에 광고전문가로부터 '역대 최고의 광고'로 선정된 작품도 있구요.

어쨌든 그들과 광고 캠페인 작업을 시작한 건 약 8주 전입니다. 그리고 그때 우리가 스스로에게 물었던 질문은 '우리 고객들은 알기 원한다, 애플은 누구인가?', 그리고 '우리가 상징하는 것은 무엇인가?', '우리는 이 세상 어디에 속해 있는가?'였는데, 우리 존재의 본질은 사람들의 업무수행을 돕는 박스(컴퓨터)를 만드는 것이 아닙니다. 그 일을 잘하지만 말이죠.

그 일을 거의 누구보다도 더 잘합니다. 특정분야에서는요. 하지만 애플은 '그것 이상의 무언가를 위해 존재'합니다. 애플의 핵심, '우리의 핵심가치(core value)'는 이것입니다. 우리는 믿습니다. 열정을 가진 사람들에게는 가능하다고. '세상을 보다 나은 곳으로 바꾸는 것'이, 그것이 '우리의 신념'입니다.

우리는 그러한 사람들과 함께할 수 있는 기회를 만끽했습니다. 우리는 여러분들, 소프트웨어 개발자분들, 그리고 고객분들, 그것을 해낸 이 모든 분들과 함께할 수 있었습니다. 크고 작은 분야에서 '변화'를 일궈낸 분들과 말입니다.

그래서 우리는 믿습니다. 이 세상을, 사람들이 보다 나은 곳으로 바꿀 수 있다고. 그리고 그 사람들… 자신이 세상을 바꿀 수 있다고 믿을 만큼 미친 자들이, 실제로 세상을 바꾸는 사람들이라는 사실을.

따라서 우리가 이 수년 만에 진행하는 새로운 광고 캠페인을 통해 추구하는 '목표는 핵심가치로 돌아가는 것'입니다. 많은 것들이 바뀌었어요. '시장'은 10년 전의 그것과 완전히 다른 곳이 되었습니다. 애플 또한 완전히 바뀌었습니다. 시장 속 애플의 입지 또한 완전히 바뀌었지요. 진심입니다. 제품, 유통전략, 제조방식… (저 없는 사이에) 모조리 싹 다 바뀌었지만, 그것마저 이해합니다.

하지만 가치, 그리고 핵심가치… 그것들은 바뀌면 안 됩니다. 애플이 믿었던 것을, 우리의 본질을. 그것들은 오늘날 우리 '존재의 이유'와 동일합니다.

그래서 우리는 이 메시지를 '소통'할 수 있는 방법을 찾으려 노력했습니다. 그리고 그 과정에서 우리가 만들어낸 결과물은 저를, 저를 깊이 감동시켰습니다. 이것은 '세상을 바꿀 그들께 경의를 표하는 영상'입니다.

그중 일부는 살아있으며, 일부는 그렇지 않습니다. 하지만 살아있지 않은 그들이 곧 보시겠지만, 보시면 알 것입니다. 그들이 컴퓨터를 사용했다면 그것은 분명 맥(Mac)이었을 거라는 걸….(웃음)(박수)

캠페인의 주제는 '다르게 생각하라'입니다. 남들과 다르게 생각하여 이 세상을 진보시킨 사람들에게 경의를 표하는 것, 바로 그것이 우리의 본질이고, 이 회사의 '영적 정체성'입니다. 그럼, 이제 영상을 켜도록 하겠는데요. 여러분들도 이 영상에 대해 저와 느낌이 같으시길 희망합니다."

아래는 나래이션으로 나오는 TVCM 카피이다.

CM Copy
미친 자들에게 바칩니다.
무적응자들,
반항아들,
사고뭉치들,
네모난 구멍에 박힌 동그란 말뚝들,
세상을 다르게 보는 사람들.
그들은 규칙을 좋아하지 않습니다.
그리고 그들은 현재의 현실을 전혀 경외하지 않습니다.
우리는 그들을 인용할 수도, 동의하지 않을 수도,
그들을 찬양할 수도, 비난할 수도 있습니다.

하지만 우리가 하지 못하는 한 가지가 있습니다.

바로 그들의 존재를 무시하는 것입니다.

왜냐하면, 그들이 세상을 바꾸기 때문입니다.

그들이 인류를 전진시키기 때문입니다.

어떤 이들은 그들을 미친 자들이라 말하지만,

우리는 그들에게서 천재성(天才性)을 봅니다.

왜냐하면 자신이 세상을 바꿀 수 있다고 믿을 만큼 미친 자들,

바로 그들이 세상을 바꾸기 때문입니다.

다르게 생각하라"

(박수)

"이것으로 우리는 세상에 선언합니다. 이것으로 우리는 세상에 진출합니다.
이것이 우리의 정체성이다. 우리는 이것을 선언한다.

마음에 드셨나요? 예!(박수)

저는 압니다. 사람들 중 일부는 우리는 비판할 거예요. 왜 우리의 플러그 앤 플레이가 다른 회사들 것보다 나은지 등등을 이야기하지 않은 점에 대해서 말이죠. 하지만 우리는 반드시 사람들에게 알려야 합니다.

'애플이 누구이고, 왜 세상에 존재해야 하는지'를."

기업이나 브랜드의 존재이유는 '가치지향'임을 분명히 하고 있다. 창의성도 근원적인 사고에서 나온다는 것을 확인할 수 있다. 그래야 'Think different'가 가능하다.

유행 타는 떼거리 창업, 빅 크리에이티브를 생각하라

최근 통계청에 의하면 매년 평균적으로 신규창업은 약 100만 명이고 폐업은 약 85만 명이다. 통계청의 대답은 10명이 창업하면 동시에 8~9명은 폐업을 한다는 것이다. 친구 따라 강남 간다는 것인지, 손쉽게 한몫 보겠다는 기회주의적 사고에서 나온 셈법이 창업의 실패 이유다. 이는 언론이나 멘토들이 1%의 가능성에 도전하라고 부추기는 지나친 낙관론 때문인지도 모른다. 창업 아이템의 차별성도 없

으면서 막연한 믿음과 멘토의 응원, 정부의 각종 지원까지 더해져 열심히 달린다. 창업엔 사전 시장조사와 창업계획서가 필요하고, 목표고객 및 세분화 전략을 세우고 예산까지 치밀하게 준비하지 않으면 안 된다.

이런 창업 실패를 피하려는 절박함 때문에 초기 투자의 모험에 따른 기회비용을 잃지 않고 발 빠른 추격자(fast follower)가 되기 위해 선도자(first mover)를 포기하는 것이다. 사업을 길게 굵게 가려면 진정한 창업정신이 확고해야 한다. 언론에 보도된 사례가 있다.

삼성전자는 갤럭시S6 엣지 양산을 앞두고 소재를 정밀하게 깎아내기 위해서 화낙으로부터 대당 1억 원에 육박하는 기계를 2만 대 가까이 도입한 것으로 알려져 있다. 화낙은 전자회사 후지쓰의 계산제어부가 1972년 분사돼 독립한 벤처기업이었다. 미국과 유럽에서 수입하던 CNC(컴퓨터수치제어) 공작기계를 일본화하는 것을 목표로 삼았다. 후지쓰 직원이던 도쿄공업대 박사 출신 이나바 세이우에몬(현 명예회장)이 첫 대표이사를 맡아 지금의 화낙을 일구어냈다.

우리나라도 KAIST 박사 출신 장홍순 씨가 대부분 수입에 의존하던 CNC 공작기계의 국산화를 기치로 터보테크를 창업했다. 일본의 화낙과 유사하게 우수 인력이 창업 1년 만에 상용화에 성공했고, 10여 년 뒤 매출이 1,000억 원으로 성장했다. 장홍순 씨는 벤처 1세대 기업인으로 성공 신화를 만들며 벤처기업협회장까지 지냈다.

그 후, 창업자의 이력과 사업 분야가 비슷한 한·일 두 나라 벤처기업의 운명은 극과 극이었다. 일본의 화낙은 삼성전자가 대안(代案)을 찾지 못할 만큼 경쟁력을 갖춘 CNC 공작기계 세계 1위 업체로 도약했다. 산업용 로봇 분야에서도 세계적인 기업이다. 반면 한국의 터보테크의 이름은 사라졌다. 2014년 반기(6개월간) 매출이 7억 원도 안 돼 올 1월 주식시장에서 퇴출됐다. 2000년대 초반 인터넷·IT 버블 시기에 공작기계와는 무관한 정보통신업에 뛰어든 탓이 컸다고 한다. 휴대전화 단말기를 납품하는 사업도 했고, 다른 사업분야에 지분 투자까지 했다고 한다. 어렵게 국산화에 성공한 CNC 공작기계 전문 분야에서 유일한 넘버원(only no. 1)이 되고 경쟁업체가 따라올 수 없는 압도적인 격차(초격차)를 만들려는 **창업정신** 대신 '벤처 열풍'이라는 유행을 좇은 결과였다고 평가받고 있다.

최근 창업에 도전하는 젊은이들이 당장 돈이 될 것 같은 분야에만 너도나도 묻지마 투자나 따라 하기(유행) 창업이 몰리는 것은 우려스럽다. 모바일 게임 '애니팡'이 성공하니 '캔디팡', '보석팡', '후르츠팡'이 줄줄이 나오고, 음식 배달 모바일 앱이 된다 싶으니 '배달의 민족', '배달통', '요기요'가, 전·월세방 중개 앱이 인기를 끄니 '직방', '다방', '방콜'이 쏟아져 나오는 식이다. 사업 기반이 탄탄한 대기업과 중소기업도 마찬가지다. 중국 관광객 덕분에 당장 돈이 된다고 하니 서울 시내 면세점 입찰에 8개 재벌기업과 14개 중소기업이 몰려들었다. 결국 1등만 남고 나머지는 아무도 기억하지 않을 시기가 곧 닥칠 것이기에 더욱 안타깝다고 하겠다.

인류의 삶을 바꾸겠다거나 산업 생태계의 판을 뒤집겠다거나 기존 업계의 기반을 뒤흔들려는 도전적인 창업이나 신사업 진출은 찾기 힘들다. 업종을 불문하고 창업에서도 '발상의 대범성(big creativity)'과 사업전략이 없어서는 화낙 같은 기업이 나올 수가 없을 것이다. 유행과 함께 사라지는 터보테크의 길을 밟지 않으면 다행이다. 세상살이와 바로 직결되며 '생의 한가운데' 있는 광고 커뮤니케이션에서도 마찬가지다. 생각하고 생각하고 생각하라, '빅 크리에이티브를'.

4장
미디어 리터러시,
Media Literacy

언론보도는 마음만 먹으면 쉽게 표절 부분을 확인할 수 있다. 오늘날 '복사하기+붙여넣기'로 상징되는 일명 '우라까이(베껴 쓰기란 뜻의 언론계 은어)'는 언론계가 용인하는 관행적 표절이다. 일종의 항의 없는 '암묵적 표절'인데, 미디어오늘을 비롯해 대부분의 언론은 '우라까이'에서 자유롭지 않다.

구조적인 배경이 있다. A사에서 특정 보도가 나오면, B사는 해당 이슈를 막아야 한다. 빨리 막으려면 대충 문장만 바꿔서 베껴 쓴다. 단독보도의 경우 A사에서 항의할 확률이 높기 때문에 '인용보도'를 명시한다. "○○신문에 따르면…" 이런 식이다. 그런데 요즘은 "한 매체에 따르면"이라며 언론사명을 밝히지 않는 경우도 있다. 인용사실도 밝히지 않고 베끼는 경우도 허다하다. '우라까이'에 용이한 인터넷 시대에 단독보도는 1분 안에 '단독'의 지위를 잃어버린다.

언론은 점점 표절에 둔감해지고 있다. 뉴스 큐레이션 서비스의 등장과 함께 언론계에선 '디지털 소매치기'란 신조어가 나왔다. 이희욱 '블로터' 기자는 피키캐스트를 두고 "모바일 큐레이션 플랫폼은 도둑질 미디어와 같은 말"이라고 했다. "피키캐스트는 웹에 널린 지식을 마구 주워다가 '얕은 재미'를 채운다. 이 과정에서 원작자에게 허락을 구하는 수고로움은 가볍게 건너 뛴다"며 "정보 도둑이 혁신가 코스프레를 해선 곤란하다"고 했다.

언론사 속보팀은 YTN을 틀어놓고, 연합뉴스를 띄워놓고 실시간으로 기사를 '우라까이' 해왔다. 형식과 플랫폼만 조금씩 달라졌을 뿐, 수십 년이 지난 지금도 '우라까이'는 변함없다. 똑같은 기사가 의미 없이 수백 건 복제되고 있다. 복제가 관성적으로 이뤄지며 인용보도와 정보 도둑질의 경계는 허물어진다. '취재 없는 취재'에 의한, '기사 아닌 기사'의 탄생이다. 가짜뉴스(fake news)가 가짜뉴스를 만드는 악순환 상황이다. 국제적 망신이 된 '천재 수학소녀 하버드·스탠퍼드 동시 합격' 오보논란은 표절로 가득한 한국 언론의 민낯을 보여준 한 예다(팟캐스트).

내가 보고 있는 세상은 진짜일까? 나를 조종하는 '어젠다 세팅'의 맥락을 미리 간파하여 세상을 제대로 보는 안목을 키워야 할 것이다.

어젠다 세팅이란 매스미디어가 의식적으로 현재의 이슈에 대한 대중의 생각과 의견을 세팅(설정)하는 방식을 말한다. 우리말로 번역하면 '의제 설정'이 된다. 미디어가 뉴스나 시사 프로그램 등을 통해 중요하다고 보도하는 이슈가 곧 '어젠다(의제)'가 되며, 이것이 결국 일반 대중에게도 중요한 어젠다로 전이되는 현상을 말한다. 영향력 있는 미디어에 의해 여론이 조작될 수 있으며, 대중의 심리까지 조작될 수 있는 이야기다. 따라서 새로운 이슈와 정보를 무비판적으로 받아들인다면 우리의 생각은 언제나 '세팅'될 수밖에 없다. 미디어가 짜놓은 프레임 속에 자신도 모르게 갇히게 되는 것이다. 그러므로 미디어가 일방적으로 세팅하는 어젠다를 다양한 각도에서 분석하고 판단하는 게 필요하다.

텍사스 주립대 언론학 교수 맥스웰 매콤스는 1968년 동료 연구자인 도널드 쇼(Donald Shaw) 교수와 공동으로 수행한 '채플힐(Chapel Hill)' 연구를 통해 '어젠다 세팅'이라는 용어를 탄생시켰고, 어젠다 세팅 이론의 주창자로 널리 이름을 알린 인물이다. 어젠다 세팅이 일어나는 맥락을 알면 현실을 더 객관적이고 비판적으로 이해할 수 있다. 바로 이런 '미디어 해독력'을 미디어 리터러시라고 한다.

어떤 사회적 문제들에 대해 매스미디어가 할애하는 보도의 양(신문·잡지의 경우는 지면의 크기, 방송의 경우는 시간)과 그 문제들에 대한 수용자 대중들의 중요도 인식 간에 높은 상관관계가 있을 수밖에 없다. 그 보도된 뉴스는 언론사 데스크의 게이트 키핑의 결과일 뿐이다. 결국 의제 설정(議題設定)은 있는 그대로의 '진실관계'가 아닌 '이해관계'에 따라 의도된 이슈를 부각시키는 행위이고, 설득 대상인 대중의 심리를 조종하는 숨은 권력임을 간파해야 할 것이다. 광고가 치밀하게 의도된 숨은 설득자(hidden persuader) 역할을 하는 것과 유사하다.

BJ → 크리에이터 → 인플루언서

2000년대 초반 1인 방송인을 부를 때 'BJ'라고 불렀다. 아마도 인기 디스크자키를 'BJ(Broadcasting Jockey)'라고 부른 데서 유래했다고 본다. 10여 년 동안 대중적 인기를 얻기 시작했고 인구에 회자되자 창작자라는 의미의 크리에이터(Creator)라고 부르기 시작했다. 명확한 내포의미도 없이 새로운 방송인이라는 뜻이었다. 최근엔 100만 명 이상의 추종자(follower)를 가진 크리에이터를 '인플루언서(Influencer)'라고 부르며 사회적 영향력에 방점을 두고 사용하고 있다. 여론몰이도 가능하고 사회이슈에 대한 공감대를 형성하는 추종자가 급속히 확산되자 공감대를 이룬 명칭이 되었다고 본다. 크리에이터가 청소년의 미래직업 선호도 조사에서 최상위권을 차지하는 디지털 시대가 되었다. 다매체 시대에 핵심장르로 떠오른 '먹방, 미용, 키즈, 게임, 교육' 부문에서 인기 인플루언서들은 팬덤을 만들고 '부와 명예'를 획득하여 진정한 '오피니언 리더'가 되었다.

디지털 세대 놀이문화 '1인 미디어'는 기존 방송과 다른 틈새 콘텐츠로 승부하고 있다. 정기 구독자 수만 명을 넘는 채널도 많아 BJ도 즐기고 시청자도 즐기는 매체로 자리 잡고 있다. MCN 채널 '다이아 TV'가 추산한 1인 크리에이터는 8,000명이나 된다고 한다.

동영상 공유사이트 아프리카TV와 유튜브의 1인 채널 운영자 '양띵(양지영)'은 기성세대에게는 낯설지만, 많은 대학생들이 '크리에이터(창작자)되기 시리즈 특강'을 듣고 상당수가 구체적으로 준비를 하고 있다고 한다. 양띵의 게임 유튜브 채널 정기 구독자는 150만 명, 게임 관련의 또 다른 창작자 '대도서관(나동현)'의 구독자는 110만 명에 달한다. 이들이 유튜브로부터 벌어들이는 수입은 월 수천만 원대다. 유튜브는 2007년부터 파트너 프로그램을 통해 콘텐츠 제작자에게 광고수익 일부를 주고 있다.

이들의 성공 신화를 단순히 또 다른 대중스타 탄생으로만 볼 것은 아니다. 성공과 인기배경에 태어날 때부터 디지털 기기에 둘러싸여 성장한 '디지털 네이티브'인 '1020 동영상 세대'의 독특한 특징이 자리 잡고 있기 때문이다. 그래서 유재석이 나오는 〈무한도전〉보다 양띵이 나오는 3~4분짜리 '먹방(음식 먹는 방송)' '대먹녀(대신 먹는 여자)'를 즐기는 세대가 이끄는 미디어 이용 패러다임 전환의 전조로 보는 시각도 있다.

대학생들은 매일 1시간 이상 유튜브를 본다고 한다. TV는 거의 보지 않는다. 동영상에 댓글을 남기면 다음 회 동영상에 소개해 주고, 내용도 제작에 반영하는 유튜브 제작자가 많아 일방적인 TV와 달리 방송 제작에 직접 참여하는 기분도 든다고 말한다. 또 친구 모임에서 유튜브 화제 영상 이야기가 대화 주제로 빠지지 않고 등장한다. 제일기획은 빅데이터 전문 분석조직인 제일DnA센터를 운영하고 있다.

창작자의 부상은 무엇보다 주류 미디어가 소화할 수 없는 '**틈새 콘텐츠**'를 생산하는 장점 덕분이다. 밴쯔는 앉은 자리에서 햄버거 30개를 맛있게 먹어 치우는 식의 먹방으로 인기를 얻었다. 특히 10대는 취향이 같은 사람들끼리 위로와 공감을 나누고 동시에 멘토와 멘티로 경험과 지식을 학습하는 일에 익숙한 온라인 세대의 특징 때문이라는 분석이 많다. 따라서 덕후(골수팬을 뜻하는 은어)로 대표되는 비주류 취향을 겉으로 드러내지 않고 온라인 취향 공동체에서 나눈다는 것이다. 초기에는 애니메이션, SF영화 등 특정 취미·사물에는 깊은 관심을 가지고 있으나, 다른 분야의 지식이 부족하고 사교성이 결여된 인물이라는 부정적 뜻으로 '오타쿠(otaku, 御宅)'가 쓰였다. 그러나 1990년대 이후부터 점차 의미가 확대되어, '특정 취미에 강한 사람', 단순 팬, 마니아 수준을 넘어선 '특정 분야의 전문가'라는 긍정적 의미를 포괄하게 되었다. 한국에도 오타쿠라는 말이 들어왔는데, 변형으로 '오덕후'를 사용하기도 한다. 한 가지 일에 광적(狂的)으로 몰두하는 사람, 낚시광·바둑광·골프광 등으로 불리는 '광(mania, 狂)'이라는 단어가 있다. 그러나 한국에서 쓰이는 '오덕후(줄여서 '덕후')'는 초기에 일본의 애니메이션광을 비하하는 말로 쓰이다가, 최근에는 '게을러 보이는 외모'를 빗댄 말로 쓰이기도 한다(《두산백과》).

한국형 콘텐츠인 '먹방'은 신한류 발전 가능성도 엿보인다. 먹방의 한국어 발음 'mukbang'이 그대로 외국 유튜버들의 콘텐츠로 재생산되고 있기 때문이다. 130만 명의 구독자를 갖고 있는 유튜브 채널 파인브라더스 엔터테인먼트가 만드는 '리액트(react, 반응) 프로그램'에서는 'mukbang(eating shows)'의 반응을 살피는 내용을 올린 바 있다. 그 밖에도 여러 외국 유투버들이 'mukbang'이라는 이름으로 콘텐츠를 선보이고 있다.

이들 동영상 세대는 인쇄문화 시대를 살아온 이전 세대와는 다른 사고와 행동 양식을 보여준다. 이미지와 영상놀이를 통해 사이버상에서 자아를 확인한다. 지난해부터 유튜브 채널 '김다영의 뷰티드로잉'을 운영하고 있는 창작자는 구독자 증가와 함께 악성 댓글도 늘어 고민이 많지만 포기할 생각은 없다. '살아있다는 걸 느끼게 해주기 때문'이다. 그는 '누군가와 유용한 정보를 공유하고 있다는 게 기쁘다'며 '그래도 호의적인 댓글이 더 많아 위안을 받는다'고 말했다. 동영상 공유사이트의 '구독경제' 시대에 일반적인 현황이라고 할 수 있다.

세계 최초의 '개인화 커뮤니티(personalized community)' 싸이월드 '미니홈피'에서 온라인의 대세를 경험한 적이 있다. 소위 '싸이질'과 '파도타기' 같은 일들이 청소년을 중심으로 일상사로 진행되었었다. 현재 소셜 네트워크 서비스(SNS)의 대세인 인스타그램, 페이스북, 유튜브도 온라인의 소통의 '홈피나 블로그 형태'의 '개인화 커뮤니티'가 시초라고 할 수 있다. 이는 사용자가 원하는 정보를 '인터렉티브(interactive)'하게 대응할 수 있으며, 온오프라인 이벤트 등에 효과적이라는 점에서 커머셜하다 할 수 있다. 향후 이러한 개인화 커뮤니티가 확산되고 1인 가구의 증가와 함께 정착되어간다면 그 효과가 배가 될 수 있을 것이다. 1인 미디어 확산은 1인 가구 증가로 개인화가 극대화하는 사회 트렌드와 연관이 깊으며 기술혁신과 더불어 또래집단 내에서도 매우 세분화된 기호를 공유하려는 젊은 층의 특징과 잘 맞아떨어져 1인 방송이 더욱 전성기를 맞을 것이라고 본다.

일반 대중은 다중매체 시대에 즈음하여 과거의 방송보다는 새로운 놀 거리, 재능 표현, 공유 욕구 표출하기 등을 위한 수단으로 인터넷 방송을 적극적으로 이용하고 있다. 대중의 '취향저격'에 **맞춤형 내용(contents)**을 공급하는 인터넷 개인방송 BJ들은 점점 많아지고 있다. 중국에서는 '왕훙'이라고 불리는 인터넷 전쟁에서의 승리자가 사회적 영향력을 과시하고 있다.

왕훙

'왕훙'은 网(그물 망)과 红(붉을 홍)의 합성어이며, 중국어에서 网(망)은 '인터넷, 네트워크'라는 뜻도 가지고 있다. 红(홍)은 '붉다'라는 의미와 함께 '인기 있다, 명성이 있다, 잘 팔리다'라는 뜻을 가지고 있다. 결국 왕훙은 '인터넷 인기인' 혹은 '인터넷 셀러브리티'라고 할 수 있다. 인터넷 방송은 개인의 재능과 능력을 통하여 시청자들과 소통을 하며, 그것을 통해 자신의 무대와 자아를 실현시켜주는 곳인데, 왕훙들은 '펀쓰(粉丝: 일종의 팔로워 혹은 팬)'에게 호소력과 영향력을 미치고 있다. 이런 이유로 다양한 브랜드들이 왕훙에 대해 관심을 가지게 되었고, 많은 브랜드들이 왕훙의 '유명세'를 빌려 브랜드를 홍보하고 있다.

왕훙에 대한 중국 청년들의 선호도도 매우 높게 나타났다. 95년생 이후의 밀레니얼 세대인 중국인들의 신생직업 선호도를 조사했는데 54%의 사람들이 왕훙이라고 답했다고 한다. 그 밖에는 성우(17%), 메이크업 아티스트(17%), 코스프레 플레이어(8%), 게임 캐스터(7%)로 조사되어 청년들은 압도적으로 '왕훙'을 직업으로서 선호하고 있다. 왕훙들은 자신의 콘텐츠가 시청자들에게 외면받지나 않을까 하는 심리적인 압박(43%)이 크다고 한다. '주업 BJ'와 '부업 BJ'의 차이는 있겠지만 팔로워 수와 수입에 대한 현실적인 고민이 크다는 이야기다. 한편 글로벌 시장을 노리는 크리에이터의 역량이 가세하며, 비즈니스 모델의 국제화를 선도하고 있다. 크리에이터와 인기 아이돌 그룹 및 중국 웨이보 등을 무대로 창작 활동을 펼치는 왕훙들과 글로벌 컬래버레이션 작업을 진행하는 것이다.

또한 자신이 좋아하는 왕홍이 홍보하는 브랜드(상품)를 구매한 경험이 있는 시청자는 34.2%로 나타났다. 왕홍이 직접적으로 홍보하는 방식 외에도 **스텔스 마케팅(Stealth Marketing)**을 이용하여 간접적으로 홍보를 하고 있기도 하다. 스텔스 마케팅은 소비자들의 생활 속에 직접 파고들어 사람들이 눈치 채지 못하는 사이에 구매 욕구를 자극하여 제품이 홍보되는 효과를 노리는 방식이다. 시청자들은 이러한 왕홍의 스텔스 마케팅을 이미 인지하고 있는 것으로 나타났다(57.2%). 매스컴 등 일반 매체에 식상해 있는 소비자들의 관심을 유도하기 위해 '자극적'이고 '선정적'인 내용을 과다 노출시키는 병폐를 낳는 원인이 되고 있다.

이렇게 1인 크리에이터들의 양산은 기업화와 지속 가능성의 문제를 대두시켰다. 특히 비디오 라이브 시대의 국내 콘텐츠 유통에 있어 포털의 존재감에 주목했다. 유튜브와 분쟁을 벌이던 지상파가 국내 포털과 협력해 2015년 SMR(스마트 미디어렙)을 설립한 후 나름의 성과를 거뒀으며, 유튜브가 사실상 국내 모바일 동영상 시장을 장악한 가운데 네이버TV가 막강한 포털 영향력을 바탕으로 2위를 기록하고 있으며, 아래로는 통신 3사의 N-스크린 존재감이 뒤를 추격하는 분위기가 연출되고 있다. 2016년 8월에 열렸던 CJ ENM의 '다이아 페스티벌'에 총 3만 명의 사람들이 모였으며, 다이아 TV가 전격 개국한 사실만 봐도 알 수 있다. 이제 MCN(Multi Channel Network)의 매력이 '터지기' 시작했다.

1인 크리에이터의 영향력을 정량적으로 측정해 나름의 영향력 지수를 확보하고 이를 바탕으로 크리에이터, MCN, OTT(Over The Top) 생태계의 선순환 구조를 강화해야 한다고 강조하는 연구자들이 많다. MCN 자체가 새로운 매력 포인트를 가져야 하며, 이를 기반으로 포털이라는 플랫폼과의 '시너지' 효과에 주목해야 한다는 것이다. 1인 크리에이터들의 지속 가능한 비즈니스 모델을 구축한다는 관점에서 5C를 심층 분석해야 할 것이다.

'대도서관'은 플랫폼(아프리카TV)을 떠난 것이지만 '캐리 언니'는 대중에 친숙한 크리에이터가 이탈한 것이다. 비록 캐리소프트의 특성상 '예상된 일'이라는 말도 나오지만 MCN 업계가 반드시 풀어야 할 문제였던 셈이다. '커머스, 콘텐츠, 커뮤니티, 커뮤니케이션, 크리에이티브'라는 최초 인터넷 태생 시의 각 인플루언서의 요건이다. 커머스가 일종의 컬래버레이션 방식의 수익성 추구라면 **콘텐츠**는 크리에이터의 본연적 가능성에 집중한 진정성이다. **커뮤니티**는 사용자(user)와 소통을 위한 온오프라인의 팬 서비스이다. **커뮤니케이션**은 장단점을 개선하고자 하는 소통이다. **크리에이티브**는 디지털 시대의 차별화를 위한 재미와 초경험을 주는 창의성을 기반으로 해야 한다는 뜻이다. 현재 MCN 업계의 주요 수익 모델은 수익보상 모델형이 대부분이며 유튜브 파트너스 프로그램, 아프리카TV의 별풍선 제도가 대표적이다. 이 외 콘텐츠 중심의 이커머스 생태계 및 네이티브 광고가 있다.

CJ ENM은 '다이아 TV' 개국으로 멀티 채널 네트워크(MCN) 시대를 넘어 멀티 플랫폼 네트워크(MPN) 시대가 열렸다고 했다. 창작자와 더불어 성장하는 공생의 생태계를 조성해 1인 창작자들을 폭넓게 육성함으로써 나아가서는 일자리 창출과 청년실업 해소에 기여할 것이라고 밝혔다.

끝으로 왕홍들은 자신이 인기가 있는 이유에 대해서는 첫째로 언어표현(39.6%)을 꼽았다고 한다. 언어표현을 통한 재치와 유머 그리고 독특하고 4차원적인 부분이 시청자들이 좋아하는 이유라고 생각한다. 2위를 차지한 외모(34.9%)는 중국 또한 얼굴, 몸매 등으로 시각적으로 보이는 부분이 시청자를 끄는 중요한 요인인 것을 알 수 있다. 사회적 관계 형성에서 '대화'나 '소통'이나 '면접'이나 '프레젠테이션' 등이 필수이고, 외모지상주의까지 확산되는 데서 오는 불가피한 시대현상이나 사용자(user)의 세상살이의 단면들이라고 본다.

당신의 생각은 어떻게 조작되는가

사실 우리는 진짜 세상을 보고 있는 게 아니다. 생각의 '백지(白紙)' 상태로 태어나 자라면서 교육을 통해 주입된 지식이 백지를 채워나간다. 누군가로부터 정보를 얻고 누군가 제시한 판단에 동조하거나 반대하면서 자신의 생각을 정리한다. 그리고 그것들이 쌓이면서 자연스럽게 '나의 생각'으로 받아들이게 된다. '누군가'의 생각이 내 생각이 되는 것이다.

하지만 이는 착각이다. 내 생각의 주체는 내가 아니라 내가 접하는 '미디어'이기 때문이다. '생각의 매트릭스' 속에서 살고 있다고 표현해도 과하지 않다. 우리의 일상은 미디어에 둘러싸여 있다. 어디를 가든 광고가 기다리고 있으며 온갖 정보가 쉴 새 없이 쏟아져 나온다. 원하든 원하지 않든 우리의 눈과 귀는 뭔가를 보거나 듣는다. 그러나 미디어가 제공하는 정보는 모두 이해관계에 따라 의도된 것들이다. '의도'는 조작 가능성을 열어 놓고 있다. 인공지능을 활용하여 여러 사진과 동영상을 하나로 합성하여 조작하는 '딥페이크(deepfake)' 기술이 개발되어 여론 조작과 공작을 일삼고 있다.

《어젠다 세팅》의 저자 맥스웰 매콤스는 "미디어가 제공하는 정보가 우리의 현실 세계를 구성하는 데 결정적 역할"을 한다고 말한다. 우리가 보고 있는 세상은 미디어에 의해 '세팅된' 세계다.

하나의 어젠다를 두고도 의견이 분분하며, 들이대는 '프레임(frame, 틀)'에 따라 다양하게 해석된다. 여론조사 지지율도 다르게 분석되고 심지어 조사 방법이나 대상에 따라 아예 다른 결과가 나오기도 한다. 다만 중요한 이슈를 이해관계에 따른 의도된 어젠다로 몰려고 해서는 안 된다는 이야기다. 이는 거대 미디어 기관에만 해당되는 사안이 아니다. 통신기술의 발달로 '초연결사회'가 되었고, 블로그·트위터와 같은 소셜 미디어 및 팟캐스트 인터넷 방송 등 새로운 어젠다 세터로 부각되고 있는 매체 역시 균형 잡힌 역할을 다해야 할 것이다.

거의 모든 사람들의 일상화된 소셜미디어(소셜웹)라고 할 수 있는 페이스북과 트위터와 인스타그램은 더 이상 친구끼리 소소한 개인적인 이야기를 나누는 소셜 네트워크 서비스(SNS)를 넘어섰다. 1인 개인방송 채널을 넘어서서 모든 웹사이트가 소셜플랫폼으로 자리를 잡아가고 있다. 특히 페이스북은 매월 액티브 이용자 15억 명, 모바일 이용자 5억 명이 넘어 경쟁사를 압도하고 있다. 페이스북 외부에서 매월 2억5천만 명이 페이스북 계정 연동을 통해서 이용할 정도로 웹(앱)과 소셜을 연결하는 소셜플랫폼의 역할을 수행하고, 기존 강자인 구글의 비즈니스를 위협하고 있는 상황이다.

TGIF(Twitter, Google, iphone, Facebook) 시대의 선도자로서 페이스북을 비롯한 소셜미디어(소셜웹)라는 거대한 트렌드는 계속 이어질 것으로 예상되는 가운데, 소셜미디어에 관한 비판과 견제를 게을리해서는 안 될 것이다. '여론조작'과 '상징조작'이 외부권력에서 주어지는 것이 아니라, 내부에서 자발적으로 나도 모르게 수용된다는 인식이 중요하다.

닻내림 효과(anchoring effect)

앵커링 효과, 정박 효과라고도 하는데, 어떤 사항에 대한 판단을 내릴 때 초기에 제시된 기준에 영향을 받아 판단을 내리는 현상이다. 닻을 내린 배가 크게 움직이지 않듯 처음 접한 정보가 기준점이 돼 판단에 영향을 미치는 일종의 편향(왜곡) 현상을 말한다. 즉, 사람들이 어떤 판단을 하게 될 때 초기에 접한 정보에 집착해, 합리적 판단을 내리지 못하는 현상을 일컫는 행동경제학 용어다. 대부분의 사람들은 제시된 기준을 그대로 받아들이지 않고, 기준점을 토대로 약간의 조정과정을 거치기는 하나, 그런 조정과정이 불완전하므로 최초 기준점에 영향을 받는 경우가 많다. 정박 효과는 법정에서도 나타난다. "판사를 좌지우지하는 검사: 초깃값에 의존하는 '정박 효과'"(정은주)라는 글에서 "판사에게 나타나는 휴리스틱(heuristic)으로는 '정박 효과'가 대표적이다. 정박 효과란 사람들이 수치화된 값을 추정할 때 초깃값에 의존하는 현상이다. 집값을 추정할 때 공시지가를 고려하는 식이다. 문제는 얼토당토않은 초깃값도 판단에 영향을 미친다는 점이다'라고 했다.

닻내림 효과의 다른 예를 들면 명품업체가 매장에 최고가의 물품을 가격표를 보이게 진열하는 것은 반드시 판다는 목적이 아니라, 500만 원짜리 가방도 그다지 비싸지 않다고 착각하게 만들기 위한 앵커링 효과를 염두에 둔 것이다. 여기에 'New Arrival'이라는 팻말이 붙으면 아주 강력해진다. 사실 정박 효과는 상인이라면 누구나 다 알고 있을 뿐만 아니라 오랫동안 실천해온 것이다. 정찰가격제가 아닌 상품의 가격은 일단 세게 부르고 본다. 아무리 값을 잘 깎는 소비자라도 세게 부른 가격을 기준점으로 해서 에누리를 시도할 수밖에 없을 것이다. 물론 주변에 다른 경쟁자가 있으면 무조건 세게 부르는 게 좋은 상술은 아니다.

정박 효과는 배가 어느 지점에 닻을 내리면 그 이상 움직이지 못하듯이, 인간의 사고가 처음에 제시된 하나의 이미지나 기억에 박혀버려 어떤 판단도 그 영향을 받아 새로운 정보를 수용하지 않거나 이를 부분적으로만 수정하는 행동 특성을 말한다. 그래서 '기준점과 조정(Anchoring and Adjustment) 휴리스틱'이라고도 한다.

질문을 던질 때에도 '어떻게 묻느냐'에 따라 큰 차이가 날 수 있다. 예컨대, "간디가 세상을 떠났을 때 나이가 114세 이상이었는가?"라는 질문을 받으면 "간디가 세상을 떠났을 때 나이가 35세였는가?"라는 질문을 받았을 때보다 간디의 사망 나이를 더 높게 추정할 가능성이 높다. '114'라는 숫자가 닻의 역할을 하는 것이다.

뉴스 결정권자에 의해 세팅될 어젠다가 취사선택되는 과정인 '게이트키핑(gatekeeping)', 뉴스를 제공하면서 선택·강조·배제·부연을 활용해 미디어가 의도한 방향으로 대중의 인식을 유도하는 '프레이밍(framing)', 대중은 자신의 의견이 소수에 속하면 표출하기보다는 침묵한다는 '침묵의 나선(spiral of silence)', 오랜 기간 폭력적인 영상물에 노출된 경우 대중은 영상물에 나오는 비열한 세계를 마치 현실처럼 여기게 된다는 '비열한 세계 신드롬(mean world syndrome)' 등 다양한 어젠다 세팅 관련 이론을 잘 이해하고 있어야 한다. 어젠다 세팅이 일어나는 '맥락'을 알면 세상사를 더 객관적이고 비판적으로 수용할 수 있기 때문이다.

영화 〈트루먼 쇼〉(The Truman Show)도 결국 치밀한 계획 아래 텔레비전 드라마의 세팅(setting)장으로 설계된 한 마을에서 자신도 모르게 자기 인생에 대한 드라마의 주인공이 된 트루먼 버뱅크(Truman Burbank)의 인생스토리다. 트루먼 주위의 모든 것이 스튜디오고 주변사람들은 배우들이고 트루먼의 인생은 모두 조작된 것이다. 조작된 트루먼 쇼에서 트루먼은 아무것도 모르며 살아간다. 보통 사람이면 누구나 자신의 이야기로 생각할 수 있는 평범한 인물이 자신의 정체성을 찾아가는 과정을 보여주고 있다. 영화가 끝날 무렵 세상이 세트장이었음이 밝혀진다. 영화는 대중에게 현대 매스미디어의 권력과 힘에 대해서 트루먼을 통하여 전달하고 매스미디어를 무비판적으로 수용하는 태도를 개선해야 함을 보여주고 있다. 혹시라도 기대 미디어에 의해 조작되고 통제되는 세상의 메커니즘에 기만당하고 있을지도 모름을 알게 되어 불편한 심리가 느껴진다.

영화 〈트루맛 쇼〉(True 맛 show)가 그것이다. 채널A의 〈먹거리 X파일〉 '착한 식당'은 리얼 다큐멘터리 프로그램으로 인기를 얻었는데, 일부 식당이 방송 연출가에게 뇌물이나 협찬금을 주고 촬영했던 사실이 발각되어 소비자를 우롱했었다. 미디어의 권력화에 대한 비난을 자초했던 사실에서 교훈을 얻을 수 있다. 도시나 관광지에 식당 홍보용 인증사진이나 신문 채록기사가 넘쳐나고 있지만 그것을 사실로 혹은 진실로 수용하는 사람은 드물다. 그래도 일말의 신뢰가 남아있어 반대 증거를 제시하지 못하면 그 '착한 식당'으로 들어가게 된다.

미슐랭(michelin) 가이드가 별 등급 부여에 관한 컨설팅 비용을 요구했다는 사실이 폭로되어 브로커의 존재가 세상에 알려졌다. 우리 사회에서 '컨설팅'과 '브로커'는 정반대의 의미로 자주 사용된다. 컨설팅은 공정성과 투명성 그리고 합리성의 준거를 제시하고 도달 수준을 엄격히 제시하는 자문행위로 합법적인 측면이 강조된다. 브로커는 금전거래와 타협과 불공정의 의미가 강하고 집단이기주의 카르텔로 간주되는 불법적인 영리행위이다. 미슐랭은 비록 타이어 업체에 불과하지만 고품질과 역사성으로 사회적 신뢰를 축적해왔고, 차량을 이용한 여행문화를 선도하면서 유명 맛집을 개발한다는 문화활동으로 인식되어왔기 때문이다. 이런 사회적 신뢰를 깨고 관련 브로커가 컨설팅 명목으로 금전을 요구했다는 사실을 관련 음식점이 공개적으로 제보하여 충격적이라고 할 수 있다. 그동안 정부기관이나 관련 협회에서 제도권의 산업육성정책과 연계되는 등급부여가 있어왔지만 신뢰도가 떨어졌었다. 미슐랭은 프랑스의 타이어 제조기업이지만 건전하면서도 삶의 질 향상에 기여할 수 있는 여행기회를 자발적으로 만든다는 공익성을 높이 평가받고 그 권위를 일단 대중이 수용했다는 것이다. 등급부여 로비는 이런 긍정적인 대중의 기대를 저버렸다는 것 때문에 더욱 혹독한 비난을 생산하게 되었다.

브로커들은 우리 사회에 만연한 문화제국주의에 저항하지 않고, 문화사대주의를 강화시켜 개인의 이익추구에 사용했다고 볼 수 있다. 특히 2007년 미슐랭 아시아판 발간부터 시작된 컨설팅 비용은 '평가기준'을 비공개로 하면서 더욱 신화화됐던 만큼 유명 음식점들을 농락한 결과가 되었다. 명망 있는 셰프들의 경륜과 안목을 '신비화'하고 권위에 복종하도록 유도한 브로커는 법적으로도 제재되어야 마땅하다고 하겠다. 수십 년 경험과 퍼포먼스로 내용중심의 사회적 인정을 받은 '거물(maestro)'과 비전문적인 업무와 형식 중심의 사회적 기준을 요구하는 '괴물(monster)'의 차이를 잘 구분해야 할 것이다. 대중의 사고작용과 '시장의 우상'에 대한 맹목적 복종은 기획하고 창의성을 발휘하게 하는 데 큰 걸림돌이 된다.

'오포 인생'은 대리만족만 하는 관찰예능 프로그램

요즘 20~30대는 연애부터 결혼, 출산, 육아, 내 집 마련까지 일상의 관찰예능 프로그램에 빠져 대리만족하는 오포세대다. 젊은 시청자에게 인기 있는 〈우리 결혼했어요〉, 〈슈퍼맨이 돌아왔다〉 등은 물론이고 불황·취업난으로 힘든 20~30대는 TV 속 이상적인 삶을 통해 욕구를 충족한다는 비평이 많다.

MBC 〈우리 결혼했어요〉('우결')에선 남녀 연예인이 짝을 이뤄 마치 신혼부부처럼 생활한다. 연예인들이 가상의 사랑놀이를 하는 모습을 보여주는 게 전부인 프로그램인데도 포맷에 별다른 혁신 없이 롱런하고 있는 방송 프로그램이다. TV조선에서는 박수홍과 양준혁이 탈북 여성들과 가상 부부로 나오는 〈애정통일 남남북녀〉가 인기리에 방송됐다. SBS는 20~40대 독신 남녀 연예인들이 나와서 일반인과 데이트를 하면서 결혼 또는 연애 상대를 물색하는 〈썸남썸녀〉를 방영하기도 했다. 〈연애의 맛〉도 결혼 적령기를 넘긴 연예인을 등장시켜 시청률을 올렸다. 이제 이혼이 흔하다 보니 〈우리 다시 사랑할 수 있을까〉는 '돌싱'들의 속마음을 다루고 재혼 기회를 만드는 예능 프로그램으로 나왔다. 출산율이 저하되는 가운데 육아 예능 〈슈퍼맨이 돌아왔다〉까지 나왔다. 이제는 신혼집을 마련해주는 과정을 담아내는 〈구해줘 홈즈〉까지 인기리에 방영되고 있다. '오포세대'에게 대리만족 주는 TV 쇼들이다. 배우 송일국의 세 쌍둥이 등 '아기 스타'를 낳은 KBS 〈슈퍼맨이 돌아왔다〉는 6개월 넘게 지상파·케이블 통틀어 시청률 1위였다. 'TV 프로그램(드라

마·예능·시사교양 포함) 몰입도' 조사에서도 20대 시청자들이 가장 몰입해 본 프로
그램이었다. SBS에도 같은 콘셉트의 〈오마이베이비〉가 있고, 중년 남자 연예인들
이 사춘기 딸을 돌보는 〈아빠를 부탁해〉나 연예인들의 임신과 출산 과정까지 다루
는 KBS 〈엄마의 탄생〉까지 영역이 확장됐다.

만성화된 청년 실업 문제 때문에 청년층이 현실에서 원하는 욕구를 충족하기
어려운 시대이다. TV 예능은 '이상적인 삶'을 보여주는 도구이기에 좌절한 청년층이
더 몰입하게 된다. 비록 오포세대이지만 꿈을 가진 '성공 예감세대'이기도 하기 때문
이다. 접시에 정갈하게 담긴 반찬과 화려한 음식들을 요리하고 먹는 모습을 보여주
는 '먹방(먹는 방송)'·'쿡방(요리 방송)'의 유행은 '꽃보다 ○○' 시리즈처럼 해외여행
을 떠나는 예능의 유행처럼 우리 사회의 맥락(context)을 잘 반영하고 있다. 일본에
서도 1990년대에 장기 불황이 시작될 때 육아나 맞선 프로그램이 많았다고 하거나
결혼이나 육아의 기회를 박탈당한 젊은 층이 결혼·육아 소재의 예능이 주는 환상에
더 몰입하게 된다고 치부할 수 없는 냉혹한 현실 문제로 '관찰'해야 한다.

프로그램의 다양성 측면에서는 순기능도 있지만 문제는 주 시청자가 2030세
대라는 데 있다. 오포세대에게 각종 생활정보를 제공하거나 간접경험을 통해 실전
훈련을 한다는 효과가 있다. 하지만 실제로는 그런 '일상의 행복'을 포기해야만 하
는 세대이기 때문이다. '소확행'을 실현하지 못하는 오포세대에게 현실을 망각하
게 하고 부정인식을 둔화시키는 역효과가 생긴다면 '오락세대'로 빠지고 나중에는
'추락세대'가 되는 길뿐이기 때문이다. KBS방송의 게시판에 '삼둥이가 내 아이처
럼 예쁘다', '아이들의 재롱을 보고 위안을 얻는다'는 댓글을 쓰고 있는 시청자들의
상황을 떠올린다면, 사회경제적 구조의 문제를 다루고 혁신을 통해 해결책을 제안
하는 예능이 되어야 할 것이다. '나도 저렇게 살고 싶다'를 '나는 저렇게 살고 있다'
로 바꿔줄 수 있는 기회와 방법론을 제공하는 길을 만들어야 할 것이다. 오포세대
의 속마음을 읽어주는 '심층분석'이 요구된다는 것이다. 세상살이를 다루는 미디
어에 대한 '방법론적인 질문'을 하는 데서 창(創)은 시작되기 때문이다.

당신이 '디지털 바보'가 되지 않기 위해

미디어 리터러시(media literacy)는 '디지털 바보'가 되지 않기 위해 다양한 매
체를 이해할 수 있는 해독능력이며, 다양한 형태의 메시지에 접근하여 메시지를
분석하고 평가하고 의사소통할 수 있는 능력이다. 이러한 미디어 리터러시가 있는

사람은 인쇄매체와 방송매체를 해석하고 평가하고 분석하고 생산할 수 있다. 미디어 리터러시는 단순히 어떠한 기술의 습득이 아니며, 미디어 산업이나 일반적인 미디어 내용의 패턴, 그리고 매체 효과와 관련된 지식구조의 습득이다. 특히 대형 미디어가 보내는 메시지에 대한 '합리적 의심'을 할 줄 알게 해준다. 그래서 디지털 문맹(文盲)이 되지 않기 위해서 '미디어 해독능력'이 필요하다.

이 능력이 인지적 차원 이상의 것으로 미학적·감정적·도덕적 계발까지를 요구하는 것이다. 미디어 리터러시가 있는 의사소통자는 개인적·공적인 삶에서 미디어를 사용하는 방식에 대한 지식과 이해를 보여줄 수 있어야 한다. 또한 청중과 미디어 내용과의 복잡한 관계에 대한 지식과 이해를 보여줄 수 있어야 한다. 그리고 미디어 내용이 사회적·문화적 맥락에서 생산되는 것에 대한 지식과 이해를 보여줄 수 있어야 한다. 미디어의 상업적 본질에 대한 지식과 이해를 보여줄 수 있어야 하며, 특정한 청중과 의사소통하기 위해 미디어를 사용하는 능력을 보여주어야 한다. 미디어 리터러시는 읽기, 쓰기, 말하기, 컴퓨터 사용, 정보의 시각적 제시의 해독, 심지어는 음악적 제시의 해독 등 다양한 기능을 포함한다.

이런 미디어 리터러시 개념을 스트레이(Jonathan Stray)는 뉴스의 미래운동을 하면서 언급했다. '우리가 필요로 하는 사람은 그것이 무엇을 의미하는지 알려줄 사람이다.' 그리고 '기자는 대체되는 것이 아니라 위치가 이동되었다. 기자는 초기 관찰의 생산자에서 사실확인과 해석이 강조되고 공중이 생산하는 글과 오디오, 사진, 동영상들의 흐름에 의미를 부여하는 역할로 편집 단계에서의 위치가 상향 조정됐다'고 말했다. '사물을 다른 관점에서 볼 수 있는 능력과 사안의 핵심을 곧바로 찾아갈 수 있는 능력이 필요하다'고 이어갔다.《모호함: 정보과잉의 시대에 무엇이 진실한지를 어떻게 알 수 있을까?》라는 책 제목에서도 알 수 있다. 저널리즘은 사실의 수집으로부터 종합과 해석으로 역할을 바꿔야 한다는 '뉴스의 위치이동 이론'이라 불리는 주장이다.

또한 저널리즘이 사회적 맥락 속에 존재한다는 점을 기억하라고 했다. 최선의 진실은 오직 '조건부 진실(conditional truth)'일 뿐이다. 이 시대의 이 시점에서 받아들여지고 있는 하나의 패러다임 일 뿐이라고 생각해야 한다. 논픽션 글쓰기의 핵심은 '소문과 가십, 부정확한 기억 그리고 누군가의 조작 의도 등을 걸러내는가?'에 닿아있다고 말했다. '창조적 비판정신'은 모든 영역과 장르에서 적용되어야 한다는 것을 강조했다고 생각한다.

"'묻지마 범죄'라는 명명 자체가 잘못된 겁니다. 정확히는 '정신질환의 급성기

증상에 의한 행동'의 결과가 범죄입니다. '묻지마'라는 단어가 행위 주체의 무개념이나 생각 없는 충동적인 행동을 내포하죠. '묻지마 투자, 묻지마 여행' 등등이 그렇죠. 하나의 황색언론입니다. 혐오를 입힐 만한 대상자가 걸리면 그걸로 쓰죠. 프레임을 만들어놓고 기사를 찍어내는 식이에요. 수능 끝나고 청소년이 죽으면 무조건 '성적 비관 자살'이라고 쓰듯이요(정혜신)." '단순화의 오류'이고 '일반화의 오류'이며 '상업적 저널리즘'의 언어폭력이다.

사진술에 관해서도 마찬가지다

사진술은 가시광선 · 자외선 · 적외선 · 膨선 · 전자선 등의 작용에 의해서 감광층(感光層: 건판이나 필름) 위에 물체의 반영구적인 영상(影像)을 만들어내는 것이다. 사진술은 과학인 동시에 또한 예술이기도 하다는 생각이다. 사진 촬영 행위 자체로 본다면 '예술인지 과학인지' 상반된 복합성을 갖고 있어, 사진의 예술성을 주장할 때 한계가 있어 보인다. 순수 창작이라는 예술개념에 꼭 들어맞지 않기 때문이다. 그러나 사진은 원래 회화의 복제수단(複製手段)으로 발명되었다고 한다. 레오나르도 다 빈치는 오늘날 사용하는 카메라의 원형인 카메라 오브스쿠라(camera obscura: 어둠상자)를 그림을 정확하게 그리기 위한 복제도구로 썼다고 한다.

또한 회화의 복제기술로는 판화(版畵)가 있었는데, 근대 시민사회의 성립과 함께 등장한 부유층의 회화(繪畵) 소유열에 호응하는 트렌드가 있었기 때문이다. 이러한 시대 분위기 속에서 카메라가 등장하여 정밀하고 다량의 복제가 가능하면서도 값이 저렴한 '현실복제'가 가능하여 신흥 부유층의 호응을 얻었다고 한다. 예술의 하나인 '판화'로서 인정받을 수 있었기 때문이다. 그럼에도 불구하고 사진은 대상의 재현력과 정밀도가 너무 우수하여 '정신적 감동'보다는 '기계적 조작'이라는 오명을 얻게 됐다. 복제의 상대개념인 독창성과 유일성(original)으로서, 일품 일회성(一品一回性)의 본질을 필수요건으로 가질 필요가 생기게 되었다. 예술은 바로 오리지널 그 자체이기 때문이다. 그러나 벤야민이 말한 대로 문명의 발달로 새롭게 등장한 복제기술은 '지금', '여기'밖에 없는 일품 일회성의 오리지널에 대한 신화를 깨뜨리고 근대사회의 시민들이 눈뜬 평등의식과 직결되었다. 근대에 와서 판화와 사진의 '한정판(limited)'으로 대중의 다수와 예술성의 유일성을 겸비한 발상이 나오게 되었다고 본다.

이런 점에서 사진은 현대적인 성격을 띠고 있으며 하나만의 일회성을 본질로 삼은 지금까지의 예술의 틀에는 들어맞지 않는 특수성이 있었다. 벤야민의 말대로 복제기술의 등장은 또한 대중의 예술에 대한 예배적 태도에 타격을 주었으며, 현대에 있어서 복제품의 범람은 오리지널에 대한 관심이 무뎌지는 경향을 낳았다(네이버). 그러나 사진의 등장 이후 영화 · 레코드 · 텔레비전 등 기계예술은 모두 예술의 복제수단이면서 오늘날에 있어서는 이러한 특성 때문에 새로운 예술로 제자리를 굳혔으며, 지금은 사진이 다만 '예술의 복제'가 아니라 '복제의 예술(複製藝術)'이라는 장르를 형성하고 있다.

한편, 사진도 하나의 과학이기 때문에 그 과학적 특성은 당연히 종래의 예술에서 찾아볼 수 없는 '표현의 개념 확장'으로 새로운 예술성의 요건을 확립했다. 첫째, 렌즈는 인간의 의식이 미치지 못하는 현실의 심부를 물리적 정확성으로 반영한다. E. 웨스턴은 렌즈가 눈보다 더 잘 본다고 말했다. 둘째, 카메라는 인간의 고정된 시점(視點)을 해방시켰다. 카메라는 인간이 그 자리에서는 볼 수 없는 먼 공간도 끌어당긴다. 이제 공간은 렌즈 앞에 자유자재로 끌어당겨지기도 하고 늘여지기도 한다. 셋째, 사진은 모두가 과거에 일어난 사실들의 표상(表象)이요, 현실에서 사라져간 시간이 항상 현재라는 시점에서 재생된다. 이러한 사실은 우리로 하여금 새로운 시간개념을 일깨워주었다. 운동은 모두 시간성을 띠게 되고, 또 운동이란 사물이 변화하는 과정이며, 시간은 이러한 변화의 과정을 재는 자인 동시에 개념인데, 스냅 사진은 눈으로 분별할 수 없는 운동하는 사물의 순간들을 다양하게 포착하는 데 성공했다. 넷째, 카메라의 각도에 따라 대상의 모습이 무한히 변화하고, 그 변화에 따라 대상이 갖는 의미도 달라지는 것을 발견했다.

결국 '사진적 표현의 리얼리티'의 핵심(核心)은 기록성이다. 이 기록성에 의해 '사물의 순수객관적 파악'이 가능하게 되었으며, 또한 아직, '체제화되지 않은 미분화된' 현실대상이 사진의 표현세계에 모습을 드러내게 되었다.

또한 영상의 표현성의 리얼리티를 강하게 드러내는 것은 현재성(現在性: actuality)이며, 이것이 수용자(受容者)로 하여금 표현된 세계로의 감정이입(感情移入)을 촉발하는 커다란 요인이 된다. 이것은 대리체험적 수용의식(代理體驗的受容意識)이라 말할 수 있을 것이다. 가령 전쟁사진에서 받는 강한 충격은 사진을 보는 수용자가 전쟁사진의 상황 속에 말려들어가 의사적(擬似的)인 상황의 체험을 하는 데서 촉발된다.

이러한 일은 지금까지의 예술작품에 대한 감상의식과는 전혀 다른 점이다. 또한 사진에 의한 기록적인 재현의 영상은 사물에 대한 인간의 기억상(記憶像)의 애매함을 충분히 일깨워주며, 또한 흐린 기억의 모호함이 이리저리 겹쳐서 생긴 어떤 사물에 대한 뿌리 깊은 잘못된 고정관념도 깨지게 된다. 지금까지 사물과 인간관계, 즉 사물에 대한 의미의 부여는 언어기호(言語記號)에 의해 이루어졌으나, 언어는 판에 박힌 듯 상투적이므로, 사물의 의미가 자칫 잘못 굳어버리기가 쉽다. 그러므로 사진이 순수객관적인 제모습을 드러낼 때에 인간과 사물의 잘못 굳어진 의미는 흔들리고, 또한 부정될 수밖에 없다. 사진은 이처럼 언어와 같은 개념기호(槪念記號)는 아니지만, 개념기호를 경신(更新)하는 새로운 기호로서의 본질적인 성격을 가지고 있다. 이런 전문가의 사진관은 '예술의 재정의'이며 '창작의 재해석'이며 '예술의 기술 수용'이라는 새로운 패러다임을 말하고 있다. 고정불변의 전통예술관을 추종하는 게 아니라 세상살이에서 필요한 인간해방과 인간에게 필요한 '예술향유'를 인간의 관점에서 수정했다는 의미가 크다고 본다. 현대 4차 산업혁명 시대에 디지털 기술의 수용에 대한 태도를 어떻게 해야 할 것인가를 말해주고 있다.

모바일 퍼스트 넘어 '모바일 온리' 시대

2020년 모바일 폰 사용자는 4,000만 명이 될 것이고, 모바일 폰 광고 시장은 40%에 다다를 수 있을 것으로 추정된다. 정체된 광고시장에서 모바일 광고만큼은 유독 빠른 성장세를 보이고 있다. 특히 '모바일 퍼스트(mobile first)'를 넘어 '모바일 온리(mobile only)' 시대를 맞아 모바일 광고는 여전히 성장 잠재력이 풍부한 시장으로 평가받고 있다.

제일기획은 2019년 한국 총 광고비를 결산한 결과, 전년 대비 2.3% 늘어 11조 9,747억 원이라고 밝혔다. 방송과 인쇄 부문 광고비는 줄었지만, 모바일과 PC 부문에서 집행하는 디지털 광고비가 늘어난 영향이다. 디지털 광고비는 전체 광고비 중 42%가 넘는 5조 532억 원이다. 모바일 광고비는 3조 2,824억 원을 가장 점유율이 높고, 성장률도 17%가 넘는다. 유형별로는 쇼핑검색 등의 검색광고가 1조 7,158억 원, 동영상 광고를 중심으로 한 노출형 광고는 1조 5,666억 원이다. 2019년 모바일 광고비 성장률이 17%라는 데 주목할 필요가 있다. 모바일 광고비가 방송 광고비보다 질적으로나 양적으로나 앞섰다는 사실이다. 2020년이 대세 매체의 주도권이 모바일로 확실히 바뀌는 원년이 된 셈이다.

우리나라에만 국한된 변화는 아니다. 미국 광고 시장도 모바일 중심(mobile only)으로 더 빠르게 재편되고 있다. 시장조사기관 이마케터(eMarketer)는 미국 온라인 광고비 중 모바일 광고 점유율이 전년도 39%에서 2019년도는 52%로 늘어날 것으로 내다봤다. 이후 지속적으로 성장해 2020년에는 70%에 달할 것이라는 전망이다.

이 같은 변화는 모바일 기기 이용 증가 추세와 직결된다. 다른 매체보다 모바일 기기를 우선적으로 사용하는 '모바일 퍼스트'를 넘어 모바일에서만 일상생활을 하고 비즈니스를 처리하는 '모바일 온리' 시대로 옮겨가고 있기 때문이다. 모바일 기기를 통한 인터넷 사용은 전체 인터넷 사용 비중의 60%를 넘었고 유튜브 트래픽의 40%가 모바일에서 나오는 것으로 조사됐다. 광고주도 목표고객에 더 직접적으로 다가갈 수 있고 '프로그래매틱 애드(programmatic ad.)'로 그 효과를 즉시 측정할 수 있기 때문이다. 소셜미디어 등의 콘텐츠와 어울려 언뜻 보면 광고 같지 않은 '네이티브 광고', '사물인터넷(IoT)'이나 위치기반서비스(LBS)'와 같은 기술과 융합해 이용자와 '커뮤니케이션'이 가능한 광고 등 콘텐츠와 기술의 결합으로 모바일 광고는 진화하고 있다.

그동안 미디어 업계나 광고 대행사들이 온라인 플랫폼 광고 집행에 다소 유보적이었지만, 기존 전통매체 점유율(시청률, 열독률) 하락에 따른 투자 대비 효과(ROI)를 제고하기 위해 적극적으로 온라인 부문에 집중하고 있다. 디지털 광고 생태계의 급속한 변화와 기술발전의 혁신으로 광고 패러다임이 완전히 전환되었다고 본다. 이제는 이런 생태계에 적응(follower)하는 게 아니라, 선도(innovator)하기 위한 방안을 강구할 때라고 생각한다.

소셜 미디어의 분류

소셜 미디어의 개념을 확립한 최초의 인물로 크리스 시플리(Chris Shipley)를 지목하는 이들이 많이 있다. 그는 '2004 The Blog On' 콘퍼런스에서 소셜 미디어의 비즈니스에 대한 발표를 통해 향후 블로그, 위키, 소셜 네트워크와 연관된 테크놀로지가 결합해 '새로운 참여 미디어'로서 '소셜 미디어'의 등장을 예측했다. 또한, 티나 서키(Tina Shirkey)도 1997년 커뮤니티 및 공동체 중심의 인터넷 콘텐츠 양식을 '소셜 미디어'라고 부른 적이 있었다(Shirkey, 2010).

소셜 미디어는 다양한 형태를 띠고 있으며 이에 관한 기준이나 범주 구분에도 다양한 의견들이 제시되고 있다. 소셜 미디어에 포함되는 인터넷 서비스들은 온라인상의 유대 강화를 위한 커뮤니티 같은 페이스북에서부터 가상세계 삶을 제공하는 '세컨드 라이프(second life), 자유롭게 누구나 다양한 영상 콘텐츠를 공유할 수 있는 콘텐츠 공유 사이트인 '유튜브' 등 그 폭이 매우 다양하다. 뉴손, 호가튼과 패튼(Newson, Houghton & Patten, 2009)은 소셜 미디어의 분류를 인터넷 사이트의 기능을 중심으로 블로그, 전문적이고 사회적인 네트워크 사이트, 위키피디아, 팟캐스팅과 비디오캐스팅, 가상공간 서비스 사이트, 소셜 북마킹 등으로 분류하고 있다. 사프코와 브레이크(Safko & Brake, 2009)는 인터넷의 각각의 사이트가 다루는 콘텐츠 형태나 내용 그리고 주된 기능을 중심으로 분류하고 있다. 즉, 사회적 네트워킹 사이트, 정보 공유 사이트, 사진 공유, 오디오와 비디오, 마이크로 블로그, 라이브캐스팅, 가상공간, 게임, 정보 집적 등의 영역으로 분류하고 있다. 또한 위키피디아에서는 대분류와 소분류를 제공하고 있는데, 대분류 영역에서는 커뮤니케이션, 협업, 멀티미디어, 리뷰와 오피니언, 엔터테인먼트 등으로 분류하고 있다. 각 사이트의 생존력과 지속 가능성을 가늠하면서 동향을 분석해야 할 것이다.

옴니채널 이전의 다양한 유통 채널들

옴니채널을 이해하기 위해서는 어떤 채널 개념들이 부침했는지 유통업계의 역사를 알아야 할 것이다. 옴니채널이 나오기까지는 싱글채널이 먼저 나왔고 그다음에 멀티채널, 크로스채널이 나왔다.

싱글채널은 단일 매장에서 물건을 사고파는 것을 의미한다. 하나의 회사가 하나의 매장을 갖고 있는, 기존의 가게와 같은 개념이라고 보면 된다. 가장 고전적인 방식이다. 멀티채널은 하나의 대형회사가 여러 유통라인을 갖고 운영하는 것을 의미한다. 매장도 있고 온라인 쇼핑몰도 있으며 백화점도 존재하고 홈쇼핑이나 대형몰과 같은 다양한 판매채널을 운영한다. 멀티채널의 특징은 각각의 매장에서 파는 물건은 동일한 회사에서 제공되나 각 매장에서는 각기 다른 가격, 혹은 프로모션을 제공한다는 점이다. 예를 들어 A라는 옷이 있는데 백화점에서의 가격이 다르고 온라인 쇼핑몰에서의 가격이 다르다는 것이다. 홈쇼핑에서는 프로모션을 진행해서 싸게 구입할 수 있는데 대형몰에서는 일반 소비자가로 판매한다면 이는 멀티채널이다. 멀티채널의 유통에서는 오프라인 백화점에서 옷을 입어보고, 온라인 쇼핑몰을 통해서 구입하는 쇼루밍(showrooming)족들이 생겨났다고 할 수 있다. 유통의 독립성이 강해 O2O(Online to Offline)족의 윈도우 쇼핑(window shoping)이 빈번해 진다. 크로스채널은 멀티채널과 비슷하지만 유통채널 간에 완전 독립성을 보장하는 게 아니라, 본사에서 유통채널 간의 가격이나 프로모션 등을 일치화시킨다. 즉, A라는 신제품이 나왔다면 동일한 프로모션을 진행해서 백화점이나 대형몰, 온라인 쇼핑몰이나 홈쇼핑에서 동일한 가격으로 해당 제품을 구입할 수 있게 해준다. 옴니채널은 온라인이나 오프라인에 상관없이 '동일한 제품, 동일한 가격, 동일한 정보, 동일한 프로모션'으로 구매할 수 있어 온오프라인의 경계를 파괴한 것이다. 온라인 쇼핑몰과 오프라인 매장에서 무차별적인 구매가 가능하여 거대한 매장 효과를 볼 수 있고, 소비자는 '역(逆)쇼루밍'도 가능해 그만큼 편리한 쇼핑이 가능하도록 한 유통채널이다.

이런 옴니채널의 온라인에서 확인한 물건을 바로 오프라인 매장에서 구입할 수 있다는 점과 가장 가까운 매장에서 물건을 배송함으로 운송에 들어가는 시간을 절약하는 것도 옴니채널이 갖는 장점이라고 할 수 있다. 고객의 욕구(needs)를 충족시키는 '인사이트'를 발견하고 각 채널에 반영되도록 유기적인 연결이 필수적이다.

트리플 미디어

트리플 크라운(triple crown)은 스포츠 경기에서 세 가지 부문에서 1위를 차지하는 것을 말한다. 1930년 미국의 3개 경마 경주에서 우승을 차지했던 경주마의 새끼가 1935년 3개 경마 경주에서 우승하면서 붙여진 경마 용어로, 현재는 야구, 축구, 골프, 배구 등의 스포츠 경기에서도 사용되고 있다. 야구에서의 트리플 크라운은 한 시즌 동안 투수가 방어율 · 다승 · 탈삼진, 타자가 타율 · 홈런 · 타점의 주요 3개 부문을 동시 석권하는 것이다. 기업의 마케팅 커뮤니케이션에서도 '트리플 미디어(triple media)' 전략을 모르는 기업은 더 이상 살아남을 수 없게 되었다. 디지털 시대의 미디어 환경변화와 새로운 개념을 정확히 이해해야만 생존할 수 있기 때문이다.

트리플 미디어는 광고, 홈페이지, 소셜 미디어 등 기존의 매스미디어에서부터 최근의 소셜 미디어까지, 기업이 커뮤니케이션 측면에서 고려할 수 있는 전체 미디어를 말한다. 디지털의 본질부터 소비자의 역할 변화까지 현시점에서 소셜 미디어 시대에 마케터와 커뮤니케이터가 무엇을 준비하고 실천해야 하는지를 잘 알아야 할 것이다.

미디어는 전통미디어(old media)인 4대 매체 TV나 인쇄, 라디오, 잡지, 광고만으로 마케팅을 하던 시대는 끝났다. 뉴미디어 시대는 커뮤니케이션 이론 가운데 '강효과 이론'과 '피하주사 이론'이 그대로 적용되는 시대가 아니다. 소비자들에게 무조건 자주 노출되면 된다는 방식도 비용 대비 효과(ROI)가 약하다. 이제 광고는 '개방, 참여, 공유'의 커뮤니티 개념을 수용해야 한다. 콘텐츠를 일방적으로 읽기만 하는 소비자는 더 이상 없으며, 정보의 발신자(sender)인 '기업'과 수신자(reciever)인 '소비자'가 선형적으로 메시지를 소통하는 게 아니다. 정보 수신자의 'receiver'은 애초에 '수신기'라는 기기로 쓰인 말이다. 사람을 기기로 다뤘으니 비인격적이고 비주체적인 단어이다. 소비자는 더 이상 수신자가 아니라 '정보 수용자'로서 메시지 생산과 소비에 적극적으로 참여하고 커뮤니케이션의 주도권을 잡고 있기 때문이다. 이런 양방향 커뮤니케이션이 되기 위해서 기업은 '무엇이 소비자의 마음을 움직일까?', '어떻게 접근해야 소비자들이 흥미와 관심을 가질까?'에 주목하는 '소비자 통찰(Insight)'을 마케팅의 중요 요소로 다루어야 한다.

트리플 미디어란, TV 광고와 같이 대가를 치르는 '판매 미디어(paid media)'와 기업이 자체적으로 보유하고 있는 '자사 미디어(owned media)' 그리고 소비자의 신뢰와 평판을 얻을 수 있어 최근 마케팅에서 빼놓을 수 없는 '평가 미디어(earned media)'를 말한다. 지금은 이 3가지 미디어를 유기적으로 통합하고 연계시켜 어떻게 마케팅을 실행해나갈 것인가 하는 전략이 중요하다.

미디어 환경의 변화, '트리플 미디어'가 답이다!

최근 10년간 인터넷의 발전과 휴대전화의 보급으로 정보량이 폭발적으로 증가함에 따라 미디어 환경도 크게 변화했다. 소비자가 인터넷에서 키워드 검색을 하면 자기가 원하는 답이 각종 텍스트와 이미지로 바로 나온다. 그 결과 커뮤니케이션의 구조 또한 '발신자 주도'에서 '수신자 주도'로 바뀌었다. 더 이상 기업의 일방적인 푸시 효과(대량으로 생산된 상품을 소비자의 의지와 상관없이 다양한 방법을 통해 소비자에게 노출시키고 구매하도록 하는 것)는 기대할 수 없게 된 것이다. 최근 광고 커뮤니케이션 개발의 중심 키워드는 '소비자 인사이트', 즉 소비자가 반응을 보이는 '마음'을 파악하는 것이 되었다. 그러려면 소비자가 상품을 보고 '나의 생활문제를 해결해주는 것'이라고 인식할 수 있게 해주는 것이 핵심이다. 하지만 소비자들의 TV 시청률이나 신문 구독률이 급속하게 떨어졌다. 또한 소셜 미디어를 통해 스스로 '발신 미디어'가 되어 브랜드를 컨트롤한다. 미디어 환경과 소비자의 위치가 변화된 지금 기업들은 어느 매체에 어떻게 마케팅과 커뮤니케이션을 해야 할까?

첫째, 판매 미디어(paid media)는 TV나 인터넷의 디스플레이 광고와 같이 대가(유료)를 치르는 미디어다. 불특정 다수에게 송신하는 '매스미디어 광고가 사라질 것인가'에 대한 논의는 계속되고 있다. 하지만 브랜드 정보를 푸시하는 힘과 도달률에서 매스미디어 광고를 능가할 미디어는 없기 때문에 완전히 사라지지는 않을 것이다. 전통 미디어로서 TV와 신문이 광고 메시지를 독점하던 시대를 지났기에, 향후 트리플 미디어와 결합한 '프로그래매틱 테크'를 활용한 매체 혼합(media mix) 전략을 구사해야만 할 것이다.

둘째, 자사 미디어(owned media)는 자사의 웹사이트와 같이 기업이 자체적으로 보유하고 있는 미디어다. 요즘은 기업의 웹사이트가 최종 사용자와의 소통 창구로 큰 역할을 하고 있다. 기업의 웹사이트를 마케팅 비용 대비 광고 지출에 대한 회수 이익(Return on Investment: ROI)의 측정 장치로 활용하면, 마케팅 활동의 효과를 지속적으로 파악할 수 있을 뿐 아니라 소비자의 반응도 바로 알 수 있다. 이를 위해 기업의 마케터는 '브랜드의 거점 구축'과 '마케팅 활동의 ROI 측정 장치'로서 웹사이트를 기획하는 것이 중요하다. 최근 브랜드 여정(brand journy)을 활용한 '뉴스룸'을 개설하여 소비자의 방문을 유도하고 있다.

셋째, 평가 미디어(earned media)는 소셜 네트워크 서비스를 통한 소비자의 신뢰와 평판을 획득할 수 있는 미디어다. 즉 소비자 자신이 채널이 되는 '소셜 미디어'를 말한다. 인터넷 게시판, 블로그, SNS, 소셜 북마크, 트위터, 페이스북 등 다양한 툴이 있는데, 기업의 경우 자사 사이트로 소비자가 오기만을 기다릴 게 아니라 적극적으로 소셜 미디어에 진출해 소비자의 눈에 띌 기회를 늘려야 한다. 인플루언서와 협업을 하고 새로운 시대의 마케터, 디지털 CMO(Chief Media Officer)가 필요한 이유다.

게시판 형식 1인 미디어 '블로그 시대'가 열린다. 네티즌이 뉴스 생산자가 되는 시대다. 블로그(blog)는 웹(web)의 'b'와 일지(日誌)를 뜻하는 로그(log)가 합쳐진 용어이다. 게시판 형식의 사이트에 네티즌들이 자유롭게 글을 올리는 것이다. 블로그가 개인의 홈페이지나 커뮤니티 게시판과 다른 점은 네티즌이 올린 글이 다른 블로그와 공유된다는 것이다. 수천만개의 개개인이 게시판이 모인 거대한 '통합형 뉴스 게시판'이 새롭게 생겨나는 것이다. 이라크 전쟁 때, '살람팍스'라는 블로거(블로그 사용자)가 자신의 사이트(deer-raed. blogspot.com)에 생생한 바그다드의 일상을 기록한 것이 전 세계 네티즌에게 큰 호응을 얻었다.

이처럼 트리플 미디어는 각기 독립적으로 연계하기도 하지만, 소셜 미디어 안에 자사 미디어를 두기도 하고, 자사 미디어 안에 소셜 미디어의 기능을 활용하기도 한다. 기업에서는 마케팅을 전개하는 데 미디어 믹스를 어떻게 활용할지, 트리플 미디어를 어떤 구조로 완성시킬지를 고민해야 한다. 디지털 '미디어의 생태계'가 완전히 탈바꿈했다는 인식으로 기업의 마케팅 커뮤니케이션 전략이 달라져야 할 것이다.

미디어 환경 변화는 트랜스포머, 미디어 크리에이티브는 무한도전

광고 산업의 현장을 위협하는 담론들은 많았다. 광고는 '마케팅 반란'에서 홍보에 기죽고, '광고의 미래'에서는 존폐의 위기에 흔들리기도 했다. 전통 매체 사이의 경쟁에서 살아남기 위해서 기발한 아이디어가 힘겨루기도 했다. 소위 '변형광고'라고 하여 매체 아이디어로 주목받았던 시절이 있었다. TV CM은 15초를 5초 단위로 쪼개서 사용하고, 신문광고에서는 변형 지면광고로 시선을 잡으려고 했지만, 정론지를 자랑하는 매체사의 품격을 떨어뜨린다는 눈총을 받아야만 했다. 드라마에서는 PPL기법을 개발하여 광고효과를 보려고도 했다. 10년 전에 나온 시보 광고는 참신함에도 불구하고 광고의 월권이라는 비난도 감수해야만 했다. TV 중간광고는 프로그램과 광고의 혼재로 논란거리로 남아있다. 이렇게 아날로그 시대에서 매체의 특성을 활용한 광고는 이제 새로운 디지털 기술로 그 내용과 형식에서 그 본질이 혁명적으로 변하고 있다. 바야흐로 올드미디어 시대는 가고 뉴미디어 시대가 도래했다. 디지털 시대의 미디어 환경의 변화는 글자 그대로 혁명이다. 전통 4대 매체의 비중도 줄어들고 있다. 인터넷 광고의 비중이 라디오 광고 매체비를 추월했고 인쇄매체 비용을 추월할 날도 얼마 남지 않았다고 전망하고 있다.

미디어 환경의 변화는 미디어 개념의 혁신으로 시작된다

디지털 기술의 발달로 인한 방송통신의 융합은 정책과 산업과 미디어와 생활의 혁신을 선도하게 된다. 미디어의 변화는 생활방식의 변화를 기반으로 사회 트렌드와의 상호작용에 의한 반영이라고 봐야 할 것이다. 수용자가 받아들이지 않으면 광고든 뉴미디어든 아무 의미가 없다고 할 수 있기 때문이다. 그래서 먼저 거시적인 안목으로 현대사회의 특징을 요약할 필요가 있다. 마이크로 트렌드로 현대사회의 다양함을 읽어내야 한다. 현대사회는 몇 개의 거대 트렌드가 지배하는 사회가 아니지만 기술과 연계하여 방향성을 잡아야 한다. 그리고 디지털 기술로 **대중-분중-개중**으로 개인별 맞춤형 서비스가 가능한 사회에 대한 성찰이 필요하게 된다. 소수자와 환경과 여성과 사회적 약자에 대한 배려가 이슈로 등장하면서 마이크로 트렌드에 대한 천착이 중요해졌다. 마이크로 트렌드 사회란 서로가 매우 다른 삶의 양식에 기반하고 있지만, 모두를 함께 잘 살게 할 수 있으며 공정성과 개방성이 특징이라고 한다. 웰빙이 개인적이라면 로하스는 사회적인 운동으로 승화된 공공성이 강하다고 본다. 미국에서 흑인과 여성 대통령이 나올 수 있는 확률이 높아진 것도 이런 세태의 반영이라고 할 수 있다.

롱테일 마케팅(long tail marketing)에 의하면, 디지털 기술혁명으로 경제 패러다임과 마케팅 전략과 시장의 논리와 광고문법이 바뀌어야 한다. 인터넷 시대에는 소수의 히트상품이나 스타가 지배한다는 비즈니스의 황금률인 **파레토 법칙**(80:20법칙)이 이제 더 이상 통하지 않는다는 것이다. 부익부 빈익빈이나 승자독식이 지배 이데올로기가 될 수 없다는 것이다. 변방의 다수가 새로운 틈새(niche)시장을 개척하여 더 큰 가치를 창출한다는 새로운 디지털경제 이론이다. 이런 롱테일 경제학의 원동력은 소프트웨어와 디지털 카메라 등의 제작도구의 대중화, 네트워크 접속과 유통의 대중화, 시장 참여의 자유화에서 찾고 있다. 인터넷 오픈 마켓의 성공이 증명하고 있다. 인터넷 민주주의의 실현으로 롱테일이 가능해진 것이다. 프로와 아마추어, 생산자와 소비자, 공급자와 수요자의 경계가 허물어지고 자율과 경쟁으로 누구에게나 기회가 주어지는 세상이 디지털 사회다. 온오프의 경계파괴, 현실과 가상의 경계파괴, 메크로와 마이크로의 경계파괴는 더 이상 이슈가 아니게 되었다.

미디어 크리에이티브는 테크놀로지다

디지털 미디어 환경은 하드웨어 측면과 소프트웨어 측면으로 나눌 수 있다. 디지털 기기와 콘텐츠와 포털 사이트의 전략적 속성과 역할과 비즈니스 모델(business model)로 구분될 뿐이다.

디지털 기기에서 촉발된 컨버전스 현상은 이제는 통신 서비스에서뿐만 아니라 미래 생활의 트렌드로 자리 잡고 있다. 통신 간 컨버전스는 인터넷 전화, 유무선 통통합, 풀 브라우징 등이고, 타 산업 간의 컨버전스는 방통융합인 IPTV, 텔레메틱스, 홈 네트워크 등이다. 이런 변화 속에 게임 룰도 바뀔 것이다. 기존 통신 시장이 네트워크 역량 경쟁, 대규모 마케팅을 통한 가입자 확보 경쟁이었다면, 컨버전스 시대에는 서비스 구현의 원가경쟁력 경쟁, 가치 있는 충성고객 확보 경쟁, 신개념 부가서비스 사업화 경쟁으로 바뀌고 있다. 여기서 광고는 무엇을 할 수 있을지 크리에이티브 역량을 발휘해야 할 것이다.

카페로 대변되는 온라인 커뮤니티의 활성화, 개인 블로그와 미니홈피의 1인 미디어가 대유행이었다. 광고 마케팅에서도 전략적으로 전문 브랜드 카페나 클럽을 만들고 온라인 커뮤니티를 활성화시켜 브랜드 인지도를 높이고 있다. 이런 인터넷 기반이 고정형에서 휴대형으로 바뀌고 있는 현상도 알 수 있다. 디지털 미디어 시대에 다양한 삶의 이야기들과 즐거움의 공유로 끝나지 않고, 그 내포의미를 인식하여 생활문화로서 진보해야 하기에 광고에서는 다원적이고 입체적인 사고가 요구된다고 하겠다.

UCC는 사용자 콘텐츠로 각광받으면서 전 세계적인 유행을 만들었다. 소비자와 구분되지 않는 현대사회의 속성과 디지털 기술의 변화가 초래한 미디어다. PCC로 진화되면서 프로와 아마추어의 경계까지 파괴하여 지식정보의 비대칭구조를 파괴했으며 의식혁명으로 이어지고 있다. 이런 변화를 이용한 광고기법이 화제작이 되고 광고 실험(ad. lab)이요 작법(adturgy)으로 각광받았다.

요즘 스크린골프가 성황이다. 골퍼가 공을 쳐서 날리면 컴퓨터가 공의 속도와 각도와 바람의 방향까지 계산하여 필드에 떨어진 공의 비거리를 알 수 있게 한 게임이다. 이 스크린 골프를 가능하게 만들어준 기술은 가상현실(virtual reality) 기술이다. 실제로 존재하지 않거나 실제상황에서 체험하기 어려운 상황을 디지털 기술로 재현한 것이다. 흔히 항공사의 시뮬레이션으로 활용되는 기술이다. 참여자가 인위적으로 조성된 가상환경에서 자신이 바로 그곳에 있는 것처럼 착각하게 만든다. 입체영상과 촉감 구현기술을 이용하면 가상 자동차에 앉아 승차감을 체득할 수도 있다. 가상현실 공간은 단순한 엔터테인먼트(entertainment) 기능인 오락만을 보여주는 게 아니라, 아파트 분양과 공장의 제품 설계에서 문화재 복원과 소비자 품평회까지 폭넓게 도입되고 있다. 이런 가상공간(cyber space)은 전 세계 800만 명 이상의 회원이 가입한 세컨드라이프(second life)가 압도하고 있다. 가입자를 대신하여 컴퓨터 캐릭터인 아바타가 인터넷 가상공간에서 다른 사람들과 교류하고 실제 기업이 입점하여 가상 화폐를 거래하는 다양한 커머스(commerce)와 커뮤니티를 생성하고 있다.

가상광고는 방송 프로그램 영상 속에 가상의 이미지를 삽입하여 마치 실제로 영상물이 있는 것처럼 시청자의 착시효과를 얻으려는 광고이다. 가령 가상 월드컵 (FIFA) 경기에서 축구장에 특정 기업의 로고를 펜스와 그라운드에 표출시켜 내보내는 기법이다. 시청자가 가상공간을 현실공간으로 착각하게 만드는 기만행위라고 비난받을 수 있는 광고이다. 프로그램을 시청하는 소비자에게 시청의 품질을 훼손하는 광고가 될 수도 있다. 하지만 새로운 기술로 표현된 가상광고는 소비자에게 새로운 크리에이티브의 영역을 펼칠 수 있어 효과가 아주 높으리라 생각된다.

게임은 영상과 이야기와 음악이 잘 조화되어야 성공할 수 있는 집단창작물이다. 구성원 각자의 창의력을 바탕으로 팀원 간의 협업(collaboration)이 아주 중요하다. 게임은 '거대한 가상세계를 만드는 종합예술'이라고 한다. 탄탄한 이야기 구조와 게이머들의 눈을 잡을 수 있는 장면과 음향 디자인(sound design)이 삼위일체가 되어야 한다. 덧붙여 재미로 게이머들의 욕구를 해결해줘야 한다. 여기에도 광고적인 크리에이티브를 가미할 가능성이 커진다. 할리우드의 블록버스터 영화처럼 폭발적인 장면 연출도 중요하고, 정교한 동영상 캐릭터에게 인공지능을 입히는 것도 중요하지만, 광고적인 발상력이 개입할 때 수용자의 공감은 더욱 커질 것이다. 캐릭터 간의 상호작용(interaction)과 수용자와의 상호작용을 연계할 수 있기 때문이다. 우선 기본적인 교감 생성의 기법을 담고 난 뒤에 전쟁과 공격이 재미있어지기 때문이다.

e스포츠는 한국인이 즐겨보는 스포츠 중계방송 2위에 올랐다. 한국e스포츠 협회가 전국 13~39세 남녀 800명을 온라인을 통해 설문조사한 결과다. e스포츠 (33%)가 축구(57%)에 이어 2위였다. 그만큼 대중적으로 인기 있는 콘텐츠로 자리 매김했다는 것이다. 총 조사자 가운데 e스포츠를 해본 경험이 있는 사람은 무려 82%였다고 한다. 이런 뉴미디어에 광고는 경기의 타이틀 스폰서가 되고 상품 PPL 기법을 담아내야 할 것이다.

휴대폰이 인터넷 머신

모바일 폰의 핵심기능이 음성통신에서 카메라 기능과 음악과 게임 등 멀티미디어 기능으로 확대되었고, 이제 사물인터넷(IoT)시대에 휴대폰은 모바일 인터넷 기반의 'connected world'의 가치를 요구하고 있다. 단순 통화에서 인터넷과 연결된 데이터 통신으로, 독자적인 멀티미디어 중심에서 온라인 형태의 연결된 멀티미디어로 변화하고 있다. 하드웨어 중심의 휴대폰 자체 기능보다는 콘텐츠와 서비스를 보다 즐겁게 사용할 수 있는 서비스의 최적화와 유저 인터페이스(interface)가 중요하다. 애플 아이폰은 멀티 터치에 의한 화면 크기 조정과 선택, 근접센서 및 가속도 센서에 의해 사용메뉴가 자동적으로 적합하게 설정되게 한 것이 히트의 이유였다고 한다.

디지털 미디어 환경변화로 인터넷 검색과 연결성으로 휴대폰이 캐시카우(cash cow)나 스타상품의 반열에 올랐다. 그래서 모바일 퍼스트에서 모바일 온리로 진화된 것이다. PC로 인터넷을 검색하듯이 휴대폰으로 인터넷에 접속하여 웹 사이트를 검색할 수 있게 된 것이다. 처음에는 휴대폰의 기능이 음성통화와 데이터 송수신이 전부였다면 이제는 영상통화와 무선인터넷 서비스가 자유로워졌고, 5G 기술로 자율주행차와 생활가전제품을 제어하는 핵심 허브가 되었다. 언제(any time) 어디서나(any where) 어떤 기기(any device)나 유비쿼터스 환경을 구축하여 이용자의 범위와 편의성이 높아지는 것이다. 상거래(commerce)와 공동체(community)와 콘텐츠(contents)와 소통(communication)의 4C가 휴대폰(smart phone)이라는 이동성 1인 미디어로 가능해지는 것이다. 우리의 세상살이가 전정한 'SMART'가 되는 것이다.

또한, 세계 신문업계가 온라인 리모델링 열풍이라고 한다. 마이크로소프트 사와 어도비 사 같은 세계적인 소프트웨어 업체가 온라인 화면 표시 기술을 선보여 스크린신문 시대를 열었다는 것이다. 전통 아날로그 종이신문과 첨단 디지털 인터넷기술의 융합이다. 스크린 신문 시대가 열리는 데에는 RIA(Rich Internet Application)라는 화면디스플레이 기술의 발전 때문이다. 인터넷상에서 자유롭게 화면구성을 바꾸고 조작하는 기술이다. 이 기술을 활용하면 사용자는 정보를 단순히 읽을 뿐만 아니라, 다양한 조작이 가능하다. 구글어스(google earth)처럼 사용자는 직접 마우스로 지구를 클릭해 돌리고 줌인 할 수 있는 것이다. 스크린 신문은 실제 상황처럼 신문을 한 면씩 넘기면서 볼 수 있고, 특정 기사를 확대해서 볼 수도 있다. 이런 기술은 인터넷 시대에도 종이신문의 건재를 보증할 것이며, 새로운 목표고객 광고(target ad.)를 통해 수익모델(business model)을 만들어내고 다른 매체와의 경쟁력을 지니게 된다. 수년 전 종이신문에 인쇄된 바코드를 인식하면 소리를 들을 수 있는 기술이 화제가 되었던 시절에 비하면 격세지감이 있다.

E=mC²

아인슈타인의 상대성 원리의 공식으로 널리 알려진 E=mC²이다. 질량과 가속도의 제곱에 비례한다는 방정식이다. 이를 광고적인 발상인 크리에이티브 라이선스로 바꿔본다면 광고효과(Effect)는 매체 양 곱하기 크리에이티브의 제곱이라고 할 수 있을 것이다. 광고효과(E)의 두 축은 매체와 창의력이라고 할 수 있기 때문이다. 즉 E=mC²에서 'm=media', 'C=creative'로 바꿀 수 있지 않을까? 광고효과는 매체에 노출되는 횟수라고 할 수 있는 매체비용의 정량적인 부문과 강도(impact)라고 할 수 있는 정성적인 부문인 창의력에 비중을 두어 제곱에 비례한다고 할 수 있기 때문이다. 물론 디지털 미디어 시대의 광고에서는 창의력(creative)은 콘텐츠(contents), 커뮤니티(community)로 변신할 수도 있을 것이다. 디지털 미디어의 변화에 중심을 잃어서는 안 된다. 미디어의 양과 질은 중요하지만, 그 미디어에 실리는 콘텐츠와 수용자에게 리더십을 발휘할 수 있는 것은 오직 크리에이티브다. 더구나 제곱에 비례한다고 볼 수 있다. 디지털 미디어 혁명이 진행될수록 오직 혁명적인 광고 크리에이티브의 기법을 정립할 실험(ad. lab)과 작법(advertising turgy)에 대한 재인식이 요구된다고 하겠다. 미디어 환경 변화에 대응책은 경계파괴형 크리에이티브의 일상화뿐이다.

5장
콘셉트
추출능력

사회 문제에 대한 올바른 대안을 제시하고 사회에 질문을 던지는 과정이다.

'금전적 이익을 추구하지 않는다. 대가 없이 행하는 일종의 재능기부이다.' '정보 에이전트' 활동 가운데 취득한 정보를 활용해 '공론의 장'에 논쟁적 이슈를 던지는 과정이다.

'독립 저널리스트'의 안목을 학습하고, 정보의 취득, 가공, 유통 기법을 체험함으로써 기획과 경연 마인드를 함양하고자 한다. '사회문화 감시자'의 한계를 넘어서 '사회문화 기획자'의 대안 제시 능력을 획득하는 게 목표라고 할 수 있다.

예를 들면 최근 먹방의 유행은 무엇이고, 왜 공감을 얻고, 어떻게 진행되는지를 사전에 기획해보는 '트렌드 메이커'를 지향하는 것이다. 주요 이슈와 현상을 파악하고 사회문화적인 작품(프로그램 등)으로 제작한다면 어떤 장르가 가능하고 어떤 프로그램 양식이 가능한지를 상호 토론하고 논쟁하면서 비즈니스 포맷을 작성하는 과정이다. 향후 프로듀서나 기획자가 되고자 하는 학생을 환영한다. 기자 정신, 문화예술 기획가, 팩트 체커, 프로파일러 등의 직업을 연상하면 참고가 될 것이다.

미국 진화생물학자 리 밴 베일런은 1973년 종(種)의 진화와 멸종을 설명하며 이를 '붉은 여왕 가설'이라 불렀다. 한 종이 진화할 때 다른 종과 주변 환경 역시 진화하기 때문에 뒤처지지 않으려면 끊임없이 발전해야 한다는 이론이다. 아무것도 하지 않으면 현 상태를 지키는 것은 고사하고 뒤로 밀려나 멸종하고 만다는 것이다. 생물이 생존을 위해 필사적으로 경쟁하고 진화하듯 기업도 치열한 경쟁에서 살아남기 위해 달린다.

아프리카 열대밀림 지역에선 매일 아침 가젤이 잠에서 깬다. 가젤은 가장 빠른 사자보다 더 빨리 달리지 않으면 죽는다는 사실을 알고 있다. 그래서 그는 자신의 온 힘을 다해 달린다. 아프리카에서는 매일 아침 사자가 잠에서 깬다. 사자는 가젤을 앞지르지 못하면 굶어 죽는다는 사실을 알고 있다. 그래서 그는 자신의 온 힘을 다해 달린다. 네가 사자이든, 가젤이든 마찬가지다. 해가 떠오르면 달려야 한다.

챔피언은 경기장에서 만들어지는 것이 아니다. 챔피언은 자신의 내면 깊은 곳에 있는 소망, 꿈, 이상에 의해 만들어진다. 전 권투 헤비급 세계 챔피언 무하마드 알리가 한 말이다. "챔피언은 공식적으로는 타이틀 매치에서 결정되지만, 오랜 꿈과 희망, 집념 그리고 한 발 한 발 꾸준히 내딛는 실전을 방불케 하는 엄청난 연습에 의해 이미 만들어진다. 사람과 기업, 모두 다 마찬가지다. 정상 정복은 요행이 아니라, '준비된 자'만이 얻을 수 있는 특별한 기회다."

루이스 캐럴이 쓴 동화《이상한 나라의 앨리스》의 속편《거울 나라의 앨리스》에는 앨리스가 붉은 여왕(red queen)의 손에 끌려 달리는 장면이 나온다. 한참을 달렸는데도 이들은 제자리에 있다. 앨리스는 숨을 헐떡이며 붉은 여왕에게 "왜 계속 이 나무 아래인 거죠? 내가 살던 곳에서는 이렇게 오랫동안 빠르게 달리면 다른 곳에 도착하는데 말이에요"라고 말한다. 붉은 여왕은 "여기선 있는 힘껏 달려야 지금 그 자리에라도 계속 있을 수 있단다. 다른 곳에 가고 싶으면 아까보다 최소한 두 배는 더 빨리 달려야 해"라고 대꾸한다. 윌리엄 바넷은 1996년 발표한 논문에서 '붉은 여왕' 가설은 동화《거울 나라의 앨리스》에 나오는 앨리스와 붉은 여왕의 달리기를 인용해 기업은 경쟁을 통해 진화한다는 이론으로 발전시킨 것이라고 할 수 있다.

그는 1900년 이후 미 일리노이주에서 영업한 2,970개 소매은행의 흥망을 분석해 '경쟁에 노출된 조직은 실패 확률이 더 낮다'고 결론 내렸다. 2008년에는 《붉은 여왕: 경쟁력은 어떻게 진화하는가》(*The Red Queen among Organizations: How Competitiveness Evolves*)란 책을 펴냈다. 이 책은 경영 전문지 '스트래티지+비즈니스'가 선정한 2008년 전략 부문 최고 경영서 3선(選)에 이름을 올렸다.

자본주의 사회에서 기업은 끊임없이 확대 재생산하지 않으면 자칫 도태되기 쉽다. 전략경영에서도 5-포스(Forces)가 있다. 잠재적 경쟁자가 나와 언제 자신을 대체할지 모른다는 이론이다. 그러므로 뒤처지지 않으려면 뛰어야 하고, 달려야 한다. 지속 가능한 성장의 핵심동력으로 경쟁이 강조되고 있는 셈이다. 한편 이런 기업의 생존법은 승자독식의 디지털 시대에 더욱 치열해지고 있기에 경쟁이 없는 새로운 시장인 '블루오션'을 찾아내기 위해 애쓴다. 그러나 영원한 블루오션 시장은 없다. 경쟁자들의 시장 진입으로 곧 '레드오션'이 되기 때문이다.

창의성을 이루는 세 가지 요소는 **영역**, **현장**, **개인**이다. '다른 사람에게 이해 가능한 언어로 표현되어야 하며, 현장에서 활동하는 전문가들의 검열을 통과해야

122

광고창작솔루션, 미세3천

하고, 해당 문화영역에 포함되어야 한다.' 영역은 문명이라고 부르는 특별한 공동체나 인류 전체가 공유하는 상징적 지식이다. 이 영역으로 가는 길목에서 문지기 (gatekeeper) 역할을 하는 사람들로 구성된 활동 현장이다. 현장에서 하는 일은 새로운 아이디어나 창작물을 그 영역 속에 포함시킬 것인지 아닌지를 결정하는 일이다. 개인은 한 영역을 변화시키거나 새로운 영역을 만들어내는 사고나 행위를 하는 사람이다. 이렇게 창의성은 영역, 현장, 개인의 상호관계로 이루어진다.

이런 창의성의 구성요소가 주는 의미는 장소와 시간에서 창의성의 수준이 개인의 능력에만 달려 있는 것이 아니라, 영역과 현장에서 인정을 받고 널리 알려질 수 있어야 한다는 것이다. 사람(person)은 혁신의 원천이고, 현장(field)은 혁신의 판단이고, 영역(domain)은 혁신의 생산이다. 이 칙센트미하이의 창의성 모델을 광고창의성에 적용하면 사람은 창작자(creator)로서 창의성 유무를 단독으로 판단하지 않고, 게이트 키퍼로서 결정한다.

이 개념을 설명하기 위해서 다윈의 진화론을 사용하고 있다. 즉 진화는 개별 유기체가 환경에 의해 선택된 변이를 생산할 때 일어나고 다음 세대로 전이된다. 개인(유기체) 수준에서 일어난 변이는 개인을 창의성 있게 만드는 데 기여하고, 선택은 현장에, 그리고 전이는 영역(domain)에 기여한다.

행위자의 상호작용은 복잡적응계에 연계되어 영향을 주고받는다. 이런 변이된 관심과 가치와 경험을 가진 관점이 중요하다. 일반 창의성과는 다르게 비즈니스 창의력을 주도하는 CD는 행위자로서 청중(소비자) 앞에서 문지기(gate keeper)로서 판단하고 리뷰한다.

광고창의성 모델에서 크리에이티브 디렉터는 역할이 유동적이다. 광고 영역에서 집행되고 있는 광고에 반응할 수도 있고, 전문가 그룹(field)에서 새로운 아이디어를 내기도 하기 때문이다.

사회문화적 모델이 광고 창의성의 복잡성과 혼란을 이해하는 좋은 방법이 될 수 있다. 복합적이고 다차원적인 관점이기 때문이다. 다른 예술 비즈니스처럼 광고 산업에서도 영역(domain)과 현장(field)과 사람(creator)의 역동적 상호작용이 있다. 크리에이터의 최종 작품은 청중에게 공개되기 전에 게이트키퍼에 의해 리뷰되고 판단된다. 창의성은 영역에 유통되기 전에 승인받아야만 한다. 광고창의성은 계속해서 변한다. 고객(사용자) 생산 콘텐츠와 함께 새로운 토픽이 고려되어야 한다.

광고 창의성에 관한 과제는 다음 3가지라고 할 수 있다. 광고 창의성은 무엇인가? 광고창의성은 무슨 효과를 내는가? 광고창의성을 어떻게 생산해낼 것인가?

디지털 융합사고와 정체성의 문제

정보의 노하우(know how)가 아니라 노웨어(know where) 시대에 정보의 은신처를 밝혀내고 새로운 가공과 재해석으로 제안해야 할 것이다. 디지털 기술이 전개하는 파노라마를 따라서 첨단 매체가 개발되고 신 광고기법이 창안될 것이다. 생활의 변화와 기술의 변화는 필연적으로 광고회사의 변신을 초래하게 된다.

이에 부응하기 위한 디지털 융합사고가 필요한 시대다. 유비쿼터스 시대에 광고회사의 변화는 '생각의 속도'만큼이나 예측 불가능성에 가깝다. 몇 가지 단초를 확인해보자.

첫째, 경계의 파괴이다. 통합 융합 퓨전 크로스오버의 뉴 폼(new form) 만들기이다.

둘째, 시뮬레이션의 시대이다. 하이퍼 리얼리티의 세계다. 실재와 허구의 구분이 소멸되는 시대다. 실제가 중요하지 않고 표상이 중요하다. 리얼리티보다 이미지가 중요하다. 사이보그는 공상영화에 나오는 미래의 과제가 아니라 우리 생활속에 침윤된 현재의 문제다. 인간과 기계는 물론 인간과 미디어 경계도 파괴되고 있다. 적어도 인식의 벽은 허물어졌다. 매클루언이 말했듯, 미디어의 확장은 인간 감각의 확장이다. 수용자의 확장은 매체의 확장을 앞서가기도 한다.

그래도 정체성의 문제는 분명해진다. 사이버 세계와 실제세계의 파괴와 혼재, 그 해석과 수용의 문제, 인간의 영역과 아바타의 영역 사이에는 광고회사가 문제해결사로서 천착해야 할 이슈가 산재해 있다. 인터넷 디지털 라이프의 숙제는 모든 정보가 기록으로 남는다는 점이다. 어떤 사이트에 접속했는지, 어떤 사람과 통화했는지, 어떤 상품을 샀는지 모든 개인정보가 저장된다는 취약점이 있다. 소위 '빅 브라더(Big Brother)'의 횡행이다. 이것을 자신의 의지와 관계없이 새나가는 개인정보 즉 디지털 그림자(digital shadow)라고 한다. 이는 해킹처럼 정보보안회사의 과제가 아니라 기본 방향과 정책에 대한 대비와 신규 사업진출 같은 비즈니스 모델을 광고회사는 제안할 수 있어야 한다는 것이다.

이런 디지털 멀티미디어 환경과 국제화에서도 인간은 인류의 보편적 감성과 원형을 유지할 것이다. 인문학의 도움으로 그 기저에 깔린 정서를 꿰뚫어보고 대안을 모색하는 역할을 광고회사는 수행해야만 할 것이다. 리얼리티와 동물 관련 프로그램이나 단순히 재미만 좇는 드라마에서 벗어나 인간성 회복이라는 역발상으로 접근할 수도 있을 것이다.

'매체가 메시지'라는 주장이 '메시지가 미디어'라는 잠언과 함께 다시 한 번

부활하여 이 디지털 시대를 풍미하길 기대한다. 현대 디지털 사회에서는 '기술'이 '기교'로 남지 않고, '기초'가 되고 있기 때문이다.

인사이트란 무엇인가?

열 길 물속은 알아도 한 길 사람 속은 모른다고 했다. 이 한 길 속을 알기 위해 소비자 조사를 하고 크리에이티브를 분석하고 타 학문의 연구결과를 활용하기도 한다. 이런 과학적 결실을 종합하고 창의력을 발휘하여 크리에이티브를 만들 때 조심스럽게 인사이트를 말한다. 뭔가 비밀 코드가 있어 크리에이티브의 현관문을 열 수 있는 열쇠처럼 느껴지는 것이다. **직관(直觀)**으로 번역되는 인사이트는 크리에이티브 디렉터의 숙련된 경험과 지혜가 내뿜는 열정의 소산이다. **광고 크리에이티브의 프로세스**(마케팅-기획-제작-매체-평가)를 이해하고, 광고의 콘텐츠(콘셉트, 아이디어, 아트워크)를 발견하고, 생활자 편익(benefit)과 연결시킬 줄 아는 쌍방향 사고를 해야 하며, 생활자 편익과 단순한 이점(merit)의 차이를 말할 줄 알아야 한다. 그래서 크리에이티브 디렉터는 이 모든 개념들을 종합하는 통합 아티스트가 되어야 한다. 인사이트라는 직관은 연륜과 지혜와 네트워크라는 용광로에서 만들어지는 고순도 크리에이티브이다.

하쿠호도의 크리에이티브 디렉터는 인사이트의 개념을 '소비자와 브랜드의 관계성에 대한 새롭고 의외의 관점'이라고 했다. U.S.P전략은 제품의 차별화이고, 브랜드 이미지 전략은 이미지의 차별화이고 포지셔닝 전략은 기억요소의 차별화라고 전제했다. 이제 제품과 목표고객에 대한 더 이상의 차별화와 새로운 것을 알리는 것이 힘든 시대가 되었다. 그래서 브랜드를 알리는 새로운 방법에 대한 갈망을 해결하는 게 인사이트 표현의 핵심이라고 했다. 경쟁력 있는 표현기법으로 목표고객의 프로파일을 중요시했지만 한계가 있다고 본다. 사실 조사에 의해 밝혀지는 사실(fact)은 5% 정도요, 거짓으로 포장된 진실이 15% 정도요, 자기자신도 모르는 80%의 잠재의식은 알 수 없다는 것이다. 조사의 허구성과 신뢰도 문제가 나오는 이유와 같다.

인사이트의 찾기

작가 말콤 글래드웰은 《블링크: 첫 2초의 힘》에서 '무의식 영역의 순간적 판단'이 분석적 사고와 이성적 판단보다 훌륭할 수 있다는 인사이트(insight)로 세계적 반향을 일으켰다. 의사결정에 있어서 직관(insight)의 힘을 강조했고 문제해결 과정에서 통찰의 중요성을 강변했다. 첫 2초에 승패가 갈리는 초고속 인터넷 시대에 블링크(blink)가 필요하듯, 글로벌 무한경쟁 시대에 살아남기 위해서 문제의 본질을 파악하고 약점을 보완하며 강점을 강화하여 상황을 역전시키는 '직관의 힘'이 새롭게 부각되고 있다. 직관(直觀)의 '직'은 곧을 '직'이다. 기울지 않고 부정이 없다는 뜻도 가지고 있다. 직관의 '관'은 글자 雚(관)과 자세히 본다는 見(견) 뜻이 합(合)하여 '보다'를 뜻하는 것이다. '늘어놓아 보이다'에서 '자랑스럽게 남에게 보이다'로 쓰이고 이제 '잘 본다'는 뜻으로 사용되고 있다고 본다. 또한 인사이트는 '통찰(洞察)'로도 번역된다. '통'은 '꿰뚫다'의 뜻과 '빈 동굴'의 뜻을 함께 갖고 있다. '찰'은 '살펴서 알다', '상고(詳考)하다, '생각하여 보다'의 뜻을 갖고 있다. 감각기관의 작용으로 직접 사물에 관한 구체적인 지식을 얻는다는 뜻이 강하다. 직관은 철학적으로는 '감각, 경험, 연상, 판단, 추리' 따위의 사유 작용을 거치지 아니하고, 대상을 직접적으로 파악하는 작용이라는 것이다.

인사이트는 '격물치지(格物致知)'와도 이어진다. 실제 사물의 이치를 연구하여 지식을 완전하게 한다는 뜻이다. 사물을 치열하게 관조하면 그 본질을 꿰뚫어볼 수 있게 된다는 것이다. 아이디어 발상의 출발점이 '관찰'인 것을 생각하면 이해할 수 있을 것이다.

이런 창의적 아이디어를 죽이는 다양한 훼방꾼을 피하려면, 새로운 아이디어는 섬세하고 연약하기 그지없다는 것을 잘 알아야 한다. '브레인스토밍(brainstorming)'이라는 발상법에서도 나오는 경구이다. 새로운 아이디어는 무조건 칭찬해야 한다. 자칫 아이디어가 상처를 받으면 '갑분싸'가 되어 회의를 망치게 된다. 코웃음, 하품, 폄하 한번에도 아이디어는 죽어버릴 수 있다. 빈정대는 말 한마디에도 찔려 죽을 수 있고, 책임자의 찡그린 이마 때문에 죽을 것처럼 전전긍긍하기도 한다고 찰리 브라운도 말했다.

"새로운 아이디어에 엉뚱한 구석이 없다면, 그 아이디어는 별로 희망이 없다. 위대한 정신은 언제나 평범한 정신으로부터 격렬한 반대에 부딪힌다." 아인슈타인의 주장이다. 직원들이 첫눈에 몰상식해 보이는 아이디어들을 경쟁적으로 내놓을 수 있는, 살아 숨쉬는 조직을 만들어가야 한다는 것이다.

예리한 관찰력으로 사물을 꿰뚫어 봐야 한다. 밝은 이성에 의한 깊은 통찰과 굳센 의지에 의한 조용한 인내를 그는 무엇보다도 강조한다(안병욱,《사색인의 향연》). 심리학적으로는 새로운 사태에 직면하여 장면의 의미를 재조직화함으로써 갑작스럽게 문제를 해결하기도 한다. '단박에, 갑작스럽게' 발상되는 과정이기에, '시행착오'를 넘어서는 발상이라고 할 수 있다.

그러나 직관은 본능적이고 순간적인 직관과는 전혀 다르다. 비즈니스의 성공을 이끈 비범한 통찰은 천재적 능력이나 우연한 행운의 결과가 결코 아니었다. 지식과 경험을 바탕으로 문제의 본질을 재해석하고 재구성하려는 불 같은 열정과 끈질긴 노력의 소산이었다. 이러한 열정과 노력의 소산인 '위대한 통찰'은 구텐베르크와 다빈치에게 위대한 발명가라는 작위를 선사했고, 스티브 잡스와 제프 베조스를 가장 위대한 CEO로 만들었다. '배달의 민족'의 김봉준 CEO, 알리바바의 마윈 회장은 시대정신을 읽은 통찰과 직관의 승리라고 할 수 있다. '딤채' 한 대, 아이폰 한 대, 포스트잇 한 장조차도 '문제의 직관'을 통해, 응시와 관조의 산물인 '통찰'에서 나온 것이다. 시대의 '트렌드 행렬'에서 문제를 보는 관점을 바꾸고 해결책을 창안한 핵심이 다름 아닌 통찰이다.

직관(또는 통찰)으로 번역되는 인사이트(insight)는 광고에서는 크리에이티브 디렉터의 숙련된 경험과 지혜가 내뿜는 열정의 소산이다. 광고 크리에이티브의 프로세스(마케팅-기획-제작-매체-평가)를 이해하고, 광고의 콘텐츠 요소(콘셉트, 아이디어, 아트워크)를 발견하고, 생활자 베네피트와 연결시킬 줄 아는 쌍방향 사고를 해야 하며, 단순한 이점(merit)과 차이를 말할 줄 알아야 한다. 크리에이티브 '과정' 전체를 꿰뚫는 통찰이 필요하다.

그래서 크리에이티브 디렉터는 이 모든 개념들을 종합하는 통합 아티스트가 되어야 한다. 인사이트라는 직관은 연륜과 지혜와 네트워크라는 용광로에서 만들어지는 고순도 크리에이티브이다.

물론 최근엔 빅데이터의 알고리즘 덕분에 고객의 심층에 있는 구매심리를 잘 파악하고 있기도 하다. 그렇지만 정교한 인간심리의 '블랙박스'를 파헤치는 혜안은 AI(인공지능)를 넘어서는 크리에이티브 디렉터의 고유업무로 남아있을 것이다. 인사이트의 조건을 'in' 두문자 알파벳을 활용하여 '4 in'으로 해석하면 다음과 같다.

① In(人): 사람(고객)을 알아야 한다.
② In(안, 내부, 심층): 표면구조가 아니라 심층구조와 심리를 봐야 한다.
③ In(Information): 정보(베니피트, 생활자 편익)를 담고 있어야 한다.
④ In(Interest): 재미(fun)있어야 한다.

개념에 대한 이해가 있어야 한다

관점(perspective)을 낯설게 하고 다르게 표현해야 한다. 이런 조건을 개념(concept)의 영어 표기인 'C-O-N-C-E-P-T'의 7가지 속성으로 나누어 기호화한다.

- C(Concept): 양방향 커뮤니케이션이 되어야 하는 전제조건으로 개념이 있어야 한다.
- O(Originality): 메시지의 독창성(Creative)과 크리에이터의 존재이유이다.
- N(Network): 트렌드와 이슈의 연계성과 SNS 사회 속에 이루어진다. 시대와 사회의 이슈 해결에 동시대성이 있어야 한다. 트렌드에 밀착하고 근접성이 강해야 된다.
- C(Customer): 목표고객(target)과 소비자(consumer)의 구매심리를 지향해야 한다. 객관화의 문제다.
- E(Energy): 개인의 기운(氣韻)과 사회의 아우라(기품, 정취)가 담겨 있어야 한다. 기운생동이다.
- P(Purpose): 마케팅과 광고 목적과 목표가 있어야 방향성이 뚜렷해진다. 달성 여부가 있어서 효과측정의 기준을 설정할 수 있다.
- T(Time): 정해진 캠페인 기간이 있다. 쓸 수 있는 자원과 비용이 제한되어있기 때문이다. 최소 비용으로 최대 효과를 내야 한다.

이런 개념을 구체적으로 표현하는 아이디어(Idea)도 영어 표기인 I-D-E-A-S로 나누어 기호화한다. 간결하게 명쾌하게 전달하고자 하는 개념에 적합한 사물과 언어를 발견하기 위한 발상법이다.

- I(Identity): 주제에 일관성이 있고 각 작품에 정체성이 있어야 한다.
- D(Different): 경쟁력과 전략이 다르고 표현이 달라야 한다.
- E(Empathy): 공감과 감정이입으로 고객을 설득할 수 있어야 한다.
- A(Attraction): 형식미학과 매력이 있어야 한다. 영상미와 재미와 인간미가 있어야 한다.
- S(Simple): 아이디어는 간결하고 단순해야 한다. 하나로 맺음을 할 수 있어야 한다.

'IDEA'로 정리할 수 있다. IDEA는 사람들의 관심을 유발하는 이슈거리인 'Issue', 하고자 하는 이야기를 쉽고 직설적으로 표현하는 'Direct(different)', 사람들 스스로 관심을 가지고 즐길 수 있는 재밌거리인 'Enjoy', 참여를 이끌어내 행동하게 하는 거리인 'Act'의 앞 글자만을 딴 명칭으로 유연하게 이해하면 된다.

팔리는 광고의 법칙인 'IDEA'를 시나리오의 상황에 적용해보면 어떤 광고를 만들 수 있을까? 이런 조건을 만족시키는 구체적 표현이 객관적 상관물이다. 객관적 상관물은 광고 크리에이티브를 본 뒤에 우리 머릿속에 남아있는 '기억 요소'이다. 카피가 되었든 비주얼이 되었든 브랜드와 연결되는 순인상(total net impression)이다. 이 기억요소가 강해야 그 브랜드를 지명구매하게 만들기 때문에 아주 중요하다.

오기를 가져라, 8기를 지켜라

삼성물산이 두바이에 지은 세계 최고층 빌딩인 칼리프드버즈 빌딩을 지을 때, 완벽한 시공을 했지만 그 기본 설계는 외국사라고 한다. 대형 유조선을 건조할 때도 닦고 조이고 기름 치고 붙이는 작업은 세계최강이지만 설계는 선진 외국사라고 한다. 반도체의 제조에서도 미세공정 같은 것은 잘하지만 기본 '설계능력'은 뒤진다고 한다. 오기(傲氣)가 생기지 않는가? 설계는 누가 할 것인가? 설계는 바로 기획에서 출발한다. 광고 기획의 관점에서 보면 세상살이의 설계도 모두 기획이라고 할 수 있다.

기(企): 광고는 기획이다. 기획은 무엇을 도모하는 것이다. 무에서 유를 창출하는 것이다. 태양 아래 새로운 것이 없다는 말은 거짓말이다. 매일 매일 펼쳐지는 세상사는 모두 새로워야 할 필요가 있다. '지루하게 사는 것은 젊음에게 죄다'라고 말한다. 버스를 타고 쇼핑을 하는 것도 선택이고 기획이다. 내게 필요한 것이 무엇이고 언제 사야 좋은지를 판단하면서 구매한다. 자신에게 최선의 편익을 주는 것이 무엇인지 따져보고 사기에 크게 보면 기획행위다. 광고는 이런 기획 행위로 광고주(client)와 상품을 위해 팔기 위한 기획이다. 카피는 이 기획의 표현이다. 카피는 기획과 표현의 징검다리다. 기획은 전략과 전술을 담고 있다. 누구에게 무엇을 어떻게 전달할 것인가를 명쾌하게 정해놓고 있다. 시장 세분화 전략(segmentation)이고 목표고객 설정(targeting)이고 위치 선정(positioning)이다. 이 범주 내에서 카피는 새로운 것을 만드는 것이다. 광고는 변화를 추구하라. 혁신을 창출하라. 다르게 생각하라. 차별화하라. 전략을 세워라. 포지셔닝을 잡아라. 덧붙여 큰 기획을 만들기 위해서는 항상 '그랜드 디자인' 컨설팅을 잊지 말아야 할 것이다. '빅 피처(big picture)'를 그려야 한다. 마스터 플랜(master plan)이면 더 좋다. 클라우드 맥주는 '물을 타지 않았다'고 주장하고, 남양 커피는 '카제인 나트륨이 들어있지 않다'고 주장한다.

기(嗜): 광고는 기호(嗜好)다. 생활자가 소비하면서 즐기고 좋아하는 것을 찾아내는 것이다. 바로 소비자의 트렌드(trend)이다. 트렌드는 현재진행형이면서도 방향성을 갖는다. 소비자가 의도적으로 바꿀 수는 없다. 이제 밀물처럼 오는 것이고 그 흐름을 타야만 한다. 그 방향에 미리 선행해서 카피를 준비하면 된다. 광고는 '소비자에 의한, 소비자를 위한, 소비자의'의 산업이다. 생활 문제를 어떻게 해결하려고 하며 어떤 목적으로 상품을 구매하는지를 알아야 한다. 빼빼로가 발렌타인데이에 선물용인지 심심풀이 충동구매인지, 멋쟁이 남자친구를 만나러 가려고 옷을 사는지, 친구 따라 강남 가듯 분홍빛 립스틱을 바르는지를 조사해보고 확인해야 한다. 기호는 개인의 라이프스타일에 따라 자주 바뀌기도 한다. 소비자는 변덕쟁이라고 봐야 한다. 그 변덕의 뿌리가 무엇인지에 관심을 갖고 안테나를 높이 올려야 한다. 직접 체험하길 좋아하는 사람과 거실에서 재핑(Zapping)하는 것 즐기는 사람은 구매패턴이 다르다.

기(氣): 광고는 기개다. 젊은 기개를 살려야 한다. 제대로 된 광고 크리에이티브 가운데 어깨가 축 처진 표현은 없다. 힘차고 아름답고 도전하고 열정을 가지고 있다. 광고는 '이가 튼튼' 잇몸약부터 '함께 가요, 희망으로'까지 꿈과 사랑과 에너지를 충전시켜준다. 고달픈 업무에서 해방시켜주기 위해 4륜 구동 스포츠카(SUV)를 타고 달리면서 질주본능을 자극한다. 일상탈출의 쾌감을 과장해서 보여줄 수 있어야 한다. 나이키 같은 스포츠용품만 역동적인 게 아니다. 카피는 신체의 미학과 도전의 힘을 화려하게 수놓게 된다. '과장광고'는 '광고적 허용(creative license)'으로 용서할 수 있다. 카피라이터는 이 쾌감을 경험해보고 말로써 그림으로써 표현할 줄 알아야 한다. 화육법의 기운생동이다. 기운(氣韻)은 글이나 글씨, 그림 따위에서 표현된 풍격(風格)과 정취(情趣)가 살아 움직인다는 뜻이다.

기(基): 광고는 기본에서 나온다. 고객의 인간성과 에티켓을 알아야 한다. 광고주가 무엇을 알리려고 하는지를 알고 크리에이티브를 찾아야 한다. 어떤 심리학과 사회학의 도움이 필요한지를 알아야 잘 만들 수 있다. 카피의 핵심은 기본을 잘 지키는 데서 나온다. 다양한 이론과 실전 작법들을 꿰뚫을 필요가 있다. 지킬 것은 지켜야 한다. 카피 자체의 흐름도 있어 유행을 탄다. 그 유행만을 좇아가면 안 되겠지만 저변에 흐르는 기본을 꿰고 있어야 한다. 3B이론도 알아야 하고 경영학 원론도 알아야 한다. 더구나 경쟁 프레젠테이션에서 광고주가 질문할 경우에 정확한 답변을 할 수 있어야 한다. 광고 마케팅 커뮤니케이션의 공론장에서 상호소통을 원활하게 하기 위해서도 공용어가 있어야 한다. 그것은 곧 기본에서 나온다. 그리고 광고 크리에이티브에서 디자인 폴리시(design policy)가 무엇이고 카피 폴리시가 무엇인지를 알아야 정체성을 유지할 수 있다. 브랜드 자산(brand equity)을 쌓을 수 있어 광고비를 투자로 바꿔야 한다. 그리고 콘셉트를 잘 잡는 것은 광고의 기본이다. 카피라이터의 핵심역량이기도 하다. 기본이 잘 되어있으면 응용력이 풍부해진다. 카피라이터가 광고주를 고를 수 있는 게 아니다. 어떤 광고품목을 맡게 되더라도 기본만 되어있으면 해결 가능하기 때문이다.

기(技): 광고는 기법이다. 전문성과 다름 아니다. 광고의 독창성은 이 전문성에서 나온다. 이론을 안다고 해결되지 않는다. 수많은 캠페인 수행경험과 경쟁 프레젠테이션을 통해 연마된다. 수많은 제작회의와 밤샘 아이디어 창안을 해봐야 터득이 된다. 신기한 카피와 그림을 창출한다는 게 아무나 할 수 있는 게 아니다. 그냥 최선(best)을 다했다고 손 놓으면 그 카피라이터는 이미 프로가 아니다. 더 좋은(better) 게 있다는 자세를 가져야 한다. 바로 '베터(better) 정신'이다. 이런 기법은 멀티플레이어(multi player)가 될 때 더 잘 발휘될 수 있다. 이종교배(異種交配)의 시너지 효과가 발휘되는 융합이기 때문이다. 1×1=1이 아니다. 1×1=25 이상이 된다. 이렇게 신기(奇)한 모양만 만드는 기법은 관련성 문제나 흡혈귀 비디오(vampire video)가 생겨 판매가 이루어지지 않는 경우가 많다.

기(器): 광고는 기(器)가 있어야 한다. 메시지를 실어 나를 그릇인 매체(media)다. 그래서 콘셉트를 담을 그릇(器)을 잘 골라야 한다. 시청률 높고 구독률 높은 것만 따져서는 안 된다. 권위가 있는지 정론지인지를 검토해야 한다. 전체 매체전략에 따라 골라야 하고 통합 마케팅 커뮤니케이션에서 최대 효율을 올릴 수 있는 방송사와 신문사(vehicle), 지면과 프로그램 시간(unit)을 효과적으로 혼합해야 한다. 최근 젊은 세대를 목표로 하는 인터넷 광고가 부상하고 있고 오프라인 광고에 비해 비중이 커지고 있다. 저렴한 비용에 신속한 제작과 고객 반응에 대한 즉각적인 대응이 가능해 인기가 높다. 또한 DMB방송이 실시되고 휴대폰 동영상 광고방송이 송출되고 있어 매체 영향력이 갈수록 커지고 있다. 최근 다매체 디지털 시대에는 '프로그래매틱 테크놀로지(programmatic technology)'를 활용하여 애드 테크의 새 역사가 쓰여지고 있다. 쌍방향 커뮤니케이션이 구현되어 매체 전파력과 활발한 구전효과를 주며, 실시간 SP활동과 연계시켜 광고효과를 극대화하고 있다.

기(記): 광고는 기록이다. 아이디어를 메모하고 광고주 오리엔테이션을 잘 정리해야 한다. 연구원의 한마디에 크리에이티브가 살아있고 카피가 숨겨져 있는 수가 있다. 제작회의를 하면서 동료와 스탭들이 던지는 이야기를 잘 기억하고 정리해야 한다. 광고 아이디어는 단순하고 생활 속에서 터지는 말에서 시작된다. 아무런 의심 없이 스스로 억압되어 숨기지 않고 드러내는 말 속에 놀랄 만한 관점이 숨어있는 경우가 많다. 천진난만한 동심의 세계에서 어린이가 생각 없이 말하는 언어가 진정 살아있는 카피가 된다. 지나치지 말고 모두 속기록처럼 적어놓아야 한다. 카피라이터는 회의실의 서기와 같다. 이런 기록문화는 다음 회의를 위해서도 꼭 필요하다. 누가 무엇을 이야기 했는지 '현장녹화'처럼 자세하게 숨소리까지 적어놓는다는 자세로 기록을 중요하게 남겨야 한다. 기록은 기억을 이긴다.

기(奇): 광고 크리에이티브는 신기함(novelty)이다. 새롭고 기이함이 신기함이다. 신기함은 독창성이다. 특히 비주얼상으로 신선미가 돋보이는 개념이다. 정사진이나 동사진에서 고객이 전혀 기대하지 않았던(unexpected) 그림이나 영상이어야 한다. 기대하고 있던 대로 표현되면 진부하고 상투적인(cliche) 것이 된다. 따분하고 주목이 떨어지며 재미가 없다. 잊고 있던 생활 속의 사물들이 서로 새로운 관계를 맺으며 보여진다. 고객은 '새로운 발견'의 기쁨을 누리게 된다. "역시 전문가들이니까 다르구나" 하는 찬사를 보내게 된다. 주로 키 비주얼(key visual)이라고 하는 크리에이티브의 핵심이다. 영상시대에 익숙한 현대인에게는 디지털의 특수효과를 활용하여 '강한 걸로 넣어줘야' 할 것이다.

현대사회에서 시회기관으로서의 미디어는 정치 · 경제 · 사회 영역은 물론 오락(엔터테인먼트), 예술, 문화, 종교 등 모든 영역에서 엄청난 영향력을 발휘하고 있다. 더구나 디지털 시대로 전환됨에 따라 정보통신기술의 혁신으로 미디어의 발전은 더욱 확대 강화되고 있다. 이런 미디어 혁명 시대에 미디어에 대한 이해는 사회

과학도뿐만 아니라 세상살이에서도 필수 지식으로 자리 잡고 있다. 따라서 먼저 전통미디어(TV, 신문, 잡지, 라디오 등)의 특성과 기능에서부터 사회 영향력과 연관성을 파악한다. 그리고 케이블 TV, 위성방송, 인터넷, OTT, DOOH, 모바일 등의 뉴미디어와 멀티미디어의 사회과학적 함의를 학습하고 예술창조에 기여하는 미디어의 특성과 가능성을 함께 학습하게 된다.

이 장의 목표는 커뮤니케이션학 개론 이상의 지식을 바탕으로 미디어를 체계적이고 심층적으로 이해하는 데 있다. 특히 미디어를 이론과 실제적 논의의 바탕에서 탐구함으로써 미디어와 커뮤니케이션 현상의 인과관계와 상호작용성에 대한 과학적이고 기본적인 이해를 목표로 한다. 특히 우리를 둘러싼 문화예술 환경에서의 미디어가 갖는 기술적 · 상징적 효과와 더불어 창작방법론으로서의 미디어에 대한 다양한 이해와 접근을 시도한다.

어젠다 세팅

'어젠다 세팅'은 특히 독재자 히틀러의 대중선전이나 정치의 프레임(frame) 조작 같은 사례에서 알 수 있다. 그래서 미디어를 접할 때는 항상 '합리적 의심'을 해야 한다. 미디어 해독능력(media literacy)이 필요한 이유가 되겠다. 일부 미디어에서는 대중의 생각에 미치는 어젠다 세팅 영향력을 부인한다. 그들은 "우리는 세상에서 무슨 일이 일어나고 있는지 그저 객관적으로 보도할 뿐"이라고 주장한다. 그들의 주장에 곁들여 또 일부 어젠다 세팅 비평가들은 "대중이나 언론이나 그저 주변 환경에 반응할 뿐"이라고 말한다. 그런데 과연 그럴까?

우리 생각 속에 있는 세상은 현실과 비교해 대부분 부정확하다. 우리 생각은 개개인의 가치관에 따라 미디어가 정한 유사 환경에 반응할 뿐이다. 물론 뉴스가 100% 가공물이라는 뜻은 아니다. 본래 뉴스란 확인 가능한 관찰을 통해 나온 산물이다. 그러나 관찰을 어느 관점에서 어떻게 선택했느냐에 따라 결과는 다르게 나올 수 있다. 그날그날의 사건과 상황이 미디어의 프레임을 통과하면서 굴절될 경우 그 문제해결의 처방전은 달라질 것이고 결과물은 현실과 무늬만 같은 무엇이 된다.

더욱이 어떠한 미디어 기관도 일어나는 모든 사건에 대해 관찰해 전달하기란 불가능하다. 따라서 규범에 의존해 그날의 환경 표본을 채취해야 한다. 그 결과 미디어는 매우 제한적인 그림을 제시하게 된다. 선팅된 창문을 통해 세상을 바라본다면 전혀 상황파악이 안 될 것이다. 중앙의 정치 권력기관에 의해 통제받는 미디어일 경우, '무엇이 발생했는가를 보는 게 아니라, 사람들이 무엇을 보고 싶은가'를 보는 경향이 생기게 된다. 디지털 시대가 되면서 우리가 진실이라고 생각하는 것이 제한된 기득권층 취재원들의 의견을 취재하는 소수의 과점적 언론사가 '합의한 내용'을 의미할 뿐이라고 봐야 할 것이다. 더구나 저널리즘은 천성이 철학적이거나 성찰적이 아니라, '반응적이고 실천적'임을 깨달아야 한다. 그래서 저널리즘은 '사실을 올바르게 수집하는 일'과 '수집된 사실의 의미'를 파악하는 일이 되어야 한다는 것이다.

물타기 · 파묻기, 어젠다 세팅은 계속된다

2020년 국회의원 선거 열기가 달아오를수록 다양한 단체들은 목소리를 높인다. 선거철이야말로 요구를 관철시킬 절호의 기회이기 때문이다. 또한 후보들도 대규모 표심을 잡기 위해 공약을 내걸고 자신들의 어젠다를 세팅한다. 그리고 그 어젠다가 보다 많은 유권자들의 관심을 받을 수 있도록 온갖 노력을 다한다. '테이블 세팅'처럼 의도된 연출로 배치(layout)를 할 뿐인데 그 '숨은 의도'가 문제다. 미디어나 유권자는 기본적으로 주관적이기 때문에 객관성과 공정성을 담보하고 있지 않기 때문이다. 후보 또는 그 후보가 속한 정당의 어젠다를 공고히 하거나 흠집내기 위한 서로 간의 신경전도 빼놓을 수 없다. 하나의 어젠다를 두고도 '사고의 틀(frame)'에 따라 다양하게 해석된다. 여론조사 지지율도 다르게 분석되고 심지어 조사 방법이나 대상에 따라 아예 다른 결과가 나오기도 한다.

일반 대중은 미디어 보도만으로는 어떤 것이 올바른 어젠다인가를 판단하기 어렵다. 공정한 미디어 리터러시가 필요한 이유가 된다. 그러나 어떻게 대응할 수 없는 강력한 어젠다 세팅의 영향력을 우리는 이미 경험해왔다. 그래서 다양한 '질문'을 통해 판단하고 의사결정을 한다면 생산적인 물음이다.

2009년 1월 발생한 용산 참사는 사회 정의를 바로 세우기 차원에서라도 온 국민이 관심을 가져야 할 어젠다였다. 비슷한 시기에 일어난 용산 참사와 강호순 검거 가운데 TV 뉴스가 어느 사건을 더 비중 있게 다루느냐에 따라 어젠다가 세팅되기 때문이다. 조국 장관의 사퇴도 '보수 대 진보의 대결' 구도냐, '사회정의 대 기득권의 부정' 구도냐, '도덕적 해이 대 불법의 일상화'의 구도냐 등으로 사회적 이슈를 개인적 이슈로 변환(transformation)시키려는 진영에 유리한 논리와 전략이라는 것이다.

어젠다 세팅은 필요하다. 모든 이슈를 다 보도할 능력을 가진 미디어는 없기 때문이다. '선택과 집중 효과'라고 하겠다. 다만 수많은 이슈 가운데 공공이익의 어젠다와 이해관계에 따른 의도된 어젠다를 뒤섞어서 사회정의를 오도해서는 안 된다는 것이다. 더욱이 이는 거대 미디어 기관에만 해당되는 사안이 아니다. 통신기술의 발달로 블로그·트위터와 같은 소셜 미디어 및 팟캐스트 인터넷 방송, 유튜브, '카페인족'을 양산하면서 새로운 어젠다 세터로 부각되고 있는 매체들 역시 사회적 책임을 다하는 기획을 창안해야 할 것이다.

사라지는 채널 권력

우리가 정보를 얻는 방법 중 가장 대표적인 게 '보다', '듣다', '읽다'일 것이다. 이 세 가지 행동에 대해 최근 수억 건의 블로그 데이터를 분석해보니, '보다'가 가장 많을 뿐 아니라 최근 빠르게 증가하고 있었다. 사람들이 듣거나 읽는 것보다 '보는 것'을 주요한 정보 획득수단으로 이용한다는 뜻이다. 또 동영상 등 멀티미디어 콘텐츠를 찾아 보는 행위가 늘어남에 따라 정보를 얻는 방식으로서 '보다'가 더 자주 활용되고 있다. 유튜브(YouTube)가 대세이다 보니 방송국보다 '콘텐츠 만드는 PD'가 더 중요해지고 있다. 유명 인기 PD들의 매체사 이동이 반증하고 있다.

사람들의 보는 행위는 어떻게 변화하고 있을까? 전통적이고 대표적인 '보는' 매체인 TV를 떠올리면 사람들은 거실에서 가족과 함께 보는 '카우치 포테이토(couch photato)족'을 가장 일반적인 장면으로 떠올릴 것이다. 하지만 현대사회에서 빅데이터 속에 등장하는 '본다'는 집에서도 모바일 폰으로 각자 자기 방에서 본다는 언급이 빠르게 늘고 있다. 채널 선택권을 가지지 못한 자녀들은 어차피 부모와 프로그램의 선호도가 다르므로 모바일 폰으로 따로 보기 때문에 리모컨 소유에 다툴 일이 없다. 다채널 시대에 혼자 자기 방에서 휴대폰으로 자신이 보고 싶은 콘텐츠를 본다. 아침에 출퇴근 시 지하철 안에서 휴대폰으로 무엇인가를 보는 풍경은 이미 일상적인 패턴이 되었다. 언제 어디서나 무엇인가를 보는 생활을 위해, 심지어 이동 중의 자투리 시간에도 무엇인가를 보고 즐기는 사람들을 위해, 새로운 문화 콘텐츠가 등장하고 있다. '스낵 컬처(snack culture)'라고 하는데, 웹드라마나 웹툰같이 10분에서 15분 이내에 간식처럼 간편하게 소비할 수 있는 콘텐츠를 말한다.

이러다 보니 드라마도 웹드라마가 먼저 공개된 후 모아서 방송되기도 한다. 파일럿이나 쇼케이스를 만들어 CBT(closed beta test) 하듯 시험하는 무대가 방송이 아니라 상대적으로 가벼운 인터넷이 된다는 것은 방송의 역할이 서서히 약해진다는 것과 같은 의미이다. 그래서 시청률이 미디어 콘텐츠 소비를 둘러싼 이런 변화를 반영하지 못하는 현실에 대한 비판이 따갑다. 이제는 기존의 콘텐츠나 방송국 평가의 기준이 되는 시청률에 다시보기의 횟수를 포함하거나 관련 기사의 양이나 포털 검색어의 순위까지도 합산해야 정확한 조사가 된다고 주장한다.

여기에 채널이 100개도 넘게 늘어나고 IPTV같이 다시보기도 가능해지면서 이제 예전처럼 실시간 방송시청을 확인하는 "채널 몇 번 틀어봐" 하는 말도 하지 않게 됐다. 사람들은 콘텐츠를 기억할 뿐 어느 방송국에서 제공되는지를 크게 중시하지 않는다. MBC의 프로그램인 〈무한도전〉의 경우에도 데이터 속 연관어의 순위 변화를 보면 MBC라는 방송국 이름이 꾸준히 하락하고 있다고 한다. 한마디로 채널의 권력과 시청자의 충성도가 사라지고 있다는 것이다. 이제는 방송국보다 콘텐츠를 만들어내는 PD와 출연진과 패널들이 더욱 중요해진다는 것이다. 새로운 트렌드가 세상사를 바꾸며 새 역사를 써가고 있는 셈이다.

사회문화의 변화가 도미노 현상처럼 벌어지는 현상은 마치 '행렬'처럼 보이고, 디지털 정보통신 서비스와 기술의 발전이 가져온 사람들의 행동 변화가 만들어낸 결과이다. 하지만 우수 기획자나 크리에이터는 소비행동이 변해도 보고 싶은 것을 원하는 인간의 욕망은 변치 않는다는 사실을 잘 알고 있어야 한다. 바로 시간이 변해도 변치 않는 마음속에 숨어있는 욕망을 봐야 할 것이다.

스낵컬처의 원조격인 웹툰에서도 콘텐츠 형식이 변화하고 있다. 네이버 웹툰은 웹툰을 컷단위로 끊어보는 '컷툰' 서비스를 시작했다. 기존 웹툰은 스크롤을 내리면서 보는 형식이었지만 컷툰은 손가락으로 건드리면 다음 페이지로 넘어간다. 귀귀, 미티, 서나래, 이동건, 랑또, 박미숙, 오묘 등 '컷툰' 연재를 시작한 7명의 작가들의 작품을 보면 예전 스크롤 방식보다 컷수가 줄어들고 장면이 강조됐다. 또 스크롤 방식이라고 해도 3~4컷 정도의 짧은 만화가 크게 늘었다. 네이버 웹툰에서 "3초만 주세요"라는 말로 연재되는 '하루 3컷'은 모바일로 만화를 보는 독자들을 위한 스낵 컬처 형식의 만화이다. 만화가 마인드시(C)는 스마트폰 앱 피키캐스트에 단 2컷짜리 만화 '2차원 개그'를 연재했었다. 종이만화가 웹툰으로 넘어오면서 이미 배경은 대폭 생략되고 서사의 비중도 줄어들었는데 '스낵 컬처'를 만나면서 아예 순간의 만화로 짧아지고 있는 것이다. 트렌드의 변화를 실감할 수 있는 사레다.

스낵컬처에 맞는 '한입 콘텐츠'는 아직 진화 중이다. 한국방송 사이트를 통해 〈간서치열전〉 등 9편의 웹드라마를 제공하고 있는 한국방송(KBS) N스크린에서는 "웹드라마에선 아이돌 팬덤을 이용하는 것 말고는 수익모델을 찾지 못하고 있고, 품질 면에서도 뚜렷이 평가할 작품이 없어 보인다. 유튜브 등 해외 사례를 볼 때 지금은 얼리어답터들의 시장이라면 앞으론 이미 성공한 사람들이 제작비를 좀 더 투자하면서 그럴듯한 드라마를 만들어내는 시기가 올 것"이라고 내다보기도 한다 《한겨레신문》).

방송·영화계에서는 오리지널 영화나 드라마를 바탕으로 새롭게 파생돼 나온 스핀오프(spin-off) 콘텐츠가 주도적인 트렌드로 자리 잡고 있다. 즉, 히트작품의 번외편, 특집편 등으로 생산되는 콘텐츠들이 본래 작품만큼이나 대중들에게 사랑받고 활발하게 소비되는 것이다. 검증된 포맷을 유지해 안정감을 추구하면서 멤버 교체나 약간의 변화를 통해 신선함을 느낄 수 있다는 장점을 지닌 덕에 최근 광고에도 이 같은 트렌드가 이어지고 있다.

'CJ알래스카 연어'의 신규 광고인 '삼시세끼 알래스카'편이 바로 그 주인공이다. 'CJ알래스카 연어'는 100% 자연산 연어를 사용해 풍부한 영양과 신선함을 그대로 담아낸 제품으로, 국내에 연어캔 카테고리를 창출하고 성장을 견인한 '원조' 제품이다. "청정 해역 알래스카에서 온 깨끗하고 건강한 연어를 강조할 수 있는 방법과 브랜드의 모델인 이서진이 출연한 '삼시세끼 정선 편'을 연결시켜 '삼시세끼 알래스카'를 떠올렸다"고 한다. 단순히 프로그램의 이미지를 차용해서 광고에 담는 것이 아니라, 프로그램과 같은 실제 상황 속에서 브랜드 메시지를 자연스럽게 녹여냈기 때문에, 이런 광고 캠페인을 '삼시세끼 스핀오프'라 일컬을 수 있다.

지금은 다시 기획시대, 그 원천은 누군가의 창(創)에서 시작된다

셀트리온은 제약산업의 불모지에서 세계 최초로 '항체 바이오시밀러'라는 신산업을 개척한 대한민국 대표 글로벌 종합 생명공학 기업이다. 1991년 창업부터 남들이 가지 않은 길을 개척하며 눈부신 성과를 일궈온 셀트리온은 케미컬 의약품과 신약 개발, U-헬스케어 플랫폼 사업 등 차별화된 사업 전략을 기반으로 글로벌 생명공학 기업으로 지속 성장해가고 있다. 뉴 밀레니얼 시대부터 벤처기업이 주목을 받고 이를 육성하기 위한 국가사회의 지원책이 많이 나왔지만, 2000년 이전의 창업 당시만 해도 한국의 제약사업은 쉽게 자랄 수 없는 거칠고 메마른 '모험사업'이었다고 본다. 그때 셀트리온은 '기업가정신(entrepreneurship)'을 발휘한 '관점 전환'의 혁신이었다고 생각한다. 건강과 제약 시장의 규모나 특허의 생산방식과 경쟁전략이나 미래 고령화사회와 복지에 대한 인사이트를 가지고 기획하고 실행한 창(創)의 정수라고 하겠다. 글로벌 지향의 열린 마인드 창(窓)과 우월성을 구비하기 위한 방법으로서의 창(槍)을 구체화시킨 주인공이다. '창(創), 창(窓), 창(槍)'의 3창이다. 그들의 광고를 보면 확인할 수 있다.

> 자막 : 2017년 셀트리온이
> 대한민국의 젊음에게
> NA : 세상의 편견에 반대로 달리기
> 신념이 있다면 꿋꿋이 달리기
> 국내를 넘어서 세계로 달리기
> 셀트리온이 세계로 나아갑니다
> CELLTRION

광고와 창의성

블랙박스: 광고 속에서 창의성을 찾는다

광고의 문 열기

현대사회 속에 살아가면서 우리는 자신이 마음만 먹으면 얼마든지 원하는 정보를 얻을 수 있고 또한 여러 가지 정보를 손쉽게 얻을 수 있다. 이것은 모바일 기술의 발전과 SNS의 개발로 인해 더욱 가속화되었는데 이것은 '광고'라는 것을 배우고 있고 또 미래에 직업으로 삼아야 하는 우리들에게는 굉장히 중요한 사실일지도 모른다. 이것은 그만큼 우리가 더 트렌드를 빨리 접할 수 있다는 뜻이고 그만큼 소비자들의 욕구나 생각들을 더 빠르게 알 수 있게 해주기 때문이다. 현대사회에 가장 지배적인 영향을 끼치는 것을 T.G.I.F라고 하는데 처음 이것을 볼 때에는 같은 이름의 패밀리 레스토랑을 떠올리기 십상이지만 이것은 우리가 지금 흔히 사용하고 있는 Twitter, Google, iphone, Facebook을 뜻하는 말이다. 이것은 단순히 소통과 정보를 얻는 수단에서 벗어나서 세상의 모든 것은 나와 관련이 있을 수도 있음을 뜻한다. 한 뉴스기사에서 말한 바와 같이 '내가 다른 먼 나라의 친구를 사귀려면 몇 명의 친구를 거쳐야 하는가?'에 대한 평균 명수는 5.5명으로 제시되었다. 이만큼 현대사회가 발전함에 의하여 세계가 더욱더 가까워졌으며, 그만큼 모든 일이 우리와 관련이 있음을 뜻하고 있다. 또한 우리는 이것들을 통하여 정확하게 트렌드와 지금 화제가 되고 있는 것들을 집어내어 그 누구보다 잘 알고 있어야 한다.

카피라이터를 비롯한 광고인은 박학다식해야 한다. 꼭 위에서 제시한 T.G.I.F를 통해서가 아니라도 신문이나 책(베스트셀러) 등을 통하여 우리 사회 모든 것들에 대한 관심과 호기심을 가지도록 노력해야 할 것이다. 그래서 자기자신이 알고 있는 주제가 나왔을 때 그것을 토해내고 논쟁하기 위해서는, 그에 걸맞는 많은 이야기를 쏟아내기 위해서는 그에 맞는 배경지식이 존재해야 하기 때문이다. 즉, 'In my opinion'을 위해서 우리는 좀 더 노력해야 할 것이다. 다분히 이것이 어떤 매체를 통해서가 아니라 실생활 속에서도 예를 들자면 오늘은 조금 다른 길로 돌아가본다든지 '왜 이것은 이렇게 생겼는가?' 등의 사소한 질문에서부터 남들과는 다른 변화를 주어서 생각의 폭을 키워나가도록 해야 할 것이다. 생활 속에서 사소한 변화와 호기심을 가져보기 위해서는 집에 가는 길에 전철역을 한 정거장 더 가서 내려서 집까지 다른 길로 가봐야 한다. 항상 지름길로 바쁘게만 가려던 내가 무색해지게 내가 살던 동네는 많이 바뀌어있음을 알게 되기도 한다. 가장 신기했던 사실은 내가 꽤 오랜 시간 동안 다녔던 길거리에 미술학원이 있었는데(무려 우리 집 건너편 건물 3층에 위치) 그것을 알아채지 못하고 그 길을 지나다녔던 것이다. 내가 얼마나 주변의 변화에 무색하게 대응했는지 또 얼마나 관심이 없게 살고 있었는지 새삼 깊이 알게 되었다.

다시 본론으로 돌아가서 이런 어떤 이슈(issue)와 트렌드(trend)에 대하여 다른 사람에게 설명할 때는 가장 핵심적인 것(core)과 무엇(what)을 먼저 설명한 뒤에 자세한 내용을 부연설명해야 할 것이다. 간단히 말하자면 큰 틀을 제시한 후에 뒤에 작은 틀들을 설명하는 것인데 예를 들자면 누군가가 '신라면 블랙은 무엇인가요?'라고 물었을 때 '신라면 블랙은 사골스프가 들어있는 라면입니다'가 아니라 '신라면 블랙은 다른 라면들과 차별화를 시키기 위해서 시장에 등장한 제품입니다'라는 가장 핵심적인 것을 제시하고 난 뒤에 사골스프가 들어있다든지 장혁이 모델이라든지 부연설명들을 제시하는 것이 옳은 방법이라고 볼 수 있다. 한 가지 예를 더 들어보자면 누군가가 '대구 세계 육상 선수권 대회란 무엇인가요?'라고 물었을 때 '우사인 볼트, 관중들의 문제' 등이 먼저 제시되는 것이 아니라 이것에 대한 '역사, 실시되고 있는 종목'들이 먼저 제시되어야 할 것이다. 이 방식을 잘 사용하기 위해서 우리는 생활 속에서도 토론을 하는 습관을 들여야 한다. 그리고 사정이 여의치 않을 때는 혼자서 생각으로라도 이 방식을 풀어내는 습관을 들여야 할 것이다. 그리고 더 중요한 것은 계속해서 더 좋은 내 의견을 찾아서 의지와 도전정신과 집념을 가지고 끝까지 고민하는 정신을 가진 광고인이 되는 연습을 하는 것이다.

앞의 내용들을 바탕으로 이제 '광고와 카피'에 대하여 이야기해보자면, 우선 '관점'에 대한 이야기를 하고 넘어가야 한다. 광고를 하는 사람에게는 다양한 관점이 중요하다. 하지만 하나의 명확한 답이 있지 않은 것이 광고이다. 이 판단 기준은 소비자나 광고주에게 향해야 할 것이다. 우리에게 던져진 '카피란 무엇이라고 생각하는가?'에 대하여 우리는 그것은 소비자를 설득하는 것이고, 제품이 말하고 싶은 것을 말하고, 갖고 싶게 만드는 것이며, 소금 같은 것, '빵 속의 잼' 같은 것 등 여러 가지 의견을 이야기 했는데 나는 이것 모두가 맞는 이야기라고 생각한다. 즉, 이것들을 좀 더 다듬어서 요약해보자면 카피는 소비자의 생활 문제를 해결하는 것이다. 우리가 광고를 통해서 목표하는 대상은 '소비자'이다. 고로 카피 속에 꼭 들어가야 하는 내용은 '소비자의 편익(benefit)'이므로 카피는 소비자 편익을 얻도록 해주는 메시지라고 볼 수 있다. 그러기 위해서 우리는 그 제품이 무엇을 이야기하고 싶어 하는지 볼 수 있어야 하는데 그 제품이나 서비스가 가지고 있는 요소를 직설적으로 말하는 것이 아닌 '광고화'시켜서 말해주는 것이 중요하다. 예를 들자면 '소비자들이 좀 더 건강한 라면은 없을까?'라고 생각한 생활 고민에서 착안되어 나온 라면인 풀무원의 '자연은 맛있다'의 '기름에 튀기지 않은 자연 본연의 맵지 않고 깔끔한 맛'의 카피와 같은 것이 있을 것이다. '자연은 맛있다'는 실제로 출시 4개월 만에 500만 개 이상의 판매실적을 달성하며 높은 매출을 기록하고 있으며 월평균 90% 이상 성장하며 라면 시장에 새로운 영역을 열고 있다.

한 가지 이와 비슷한 예를 들자면 커피를 마시면서도 항상 '프림' 때문에 건강을 걱정해야 했던 소비자들의 욕구에서 착안해서 나온 남양유업의 '프렌치카페 커피믹스'는 TV CM에서 "왜 프림 때문에 커피까지 꺼려야 하는 거야?"라는 카피가 지나간 후에 '프림 속 화학적 합성품인 카제인나트륨 대신 무지방 우유'라는 메시지를 주어서 소비자에게 편익을 제시하고 있다. '프렌치카페 커피믹스'는 블라인드 테스트에서 20~30대 소비자들로부터 5점 만점 기준 4.2점 이상의 높은 점수를 받았다. 특히 '부드러움'과 '깔끔함'이라는 두 가지 항목에서는 4.6점 이상을 기록했다. 모두가 '소비자가 기대하는 메시지'와 통했다는 것을 알 수 있다.

위에 제시한 예는 앞에서 말한 광고를 하는 우리들이 가져야 하는 자세는 무엇인지와 카피가 얼마나 중요한지를 알려주는 것이다. 이 내용은 어찌 보면 우리가 창의성을 발휘하기 위해서 평생 가지고 가야 할 중요한 내용인 것이다. 기초공사가 잘된 건물은 그 어떤 빠르게 지어진 건물보다 높게 그리고 튼튼하게 지어질 수 있다. 우리 또한 이 내용을 기본으로 좀 더 폭넓게 사고하고 우리가 하고 있는 공부인 '광고'에서 중요한 핵심에 대하여 그리고 '카피'의 핵심에 대하여 다시 한 번 기초를 다지고 넘어가야 할 것이다.

광고 크리에이터는 소셜 이노베이터의 길

광고 크리에이터는 TV, 라디오, 신문, 잡지 등 전통적인 매체광고는 물론 CATV, 온라인, 뉴미디어까지 기업이나 고객의 문제를 풀기 위하여 컨설팅에서부터 상품의 개발과 실행계획까지 토탈 크리에이티브 커뮤니케이션과 마케팅 솔루션 서비스를 창안하는 인재이다. 크리에이티브 전략과 방법론을 기반으로 변화하는 시장과 생활자들의 욕구를 해결하기 위해 끊임없이 변신하고자 하는 수강생을 원한다. 새로운 비전인 'problem solution'을 위해 'creative idea'를 발상하는 열정을 가져야 한다. 생활자와 고객의 참여를 이끌고 광고를 넘어 사회문화와 관련된 문제를 입체적으로 해결하기 위해 다양한 생각과 경험을 학습하고 토론하고자 한다. 세상의 모든 사물과 사건은 문제가 있다는 전제에서 출발해야 한다.

그러면 더 좋은 대안을 수립할 수 있고 세상은 변하고 진보할 것이다. 기업도 변하고 사람도 변하면 세상은 인간 중심으로 더욱 풍요롭게 진화할 것이다. 이런 관점에서 광고 크리에이티브 발상법으로 대안을 창안해보자는 의도라고 하겠다.

예를 들면, 라면의 원조인 삼양식품의 5위권 추락을 어떻게 이겨낼 수 있을까? 이제석 같은 공익광고를 제안하기도 하고, 과자봉지가 왜 질소충전으로 부풀려 있는지 따져보기도 해야 한다. 연극의 메카 대학로를 활성화시킬 수 있는 묘안은 없을까 고민하고, 독립영화를 흥행시킬 아이디어는 없을까 생각해 봐야 한다. 다양한 앱을 창안하기도 하고, 우리 시대 학생은 무엇을 해야 할까, '헬조선'에서 나의 경쟁력은 무엇으로 할까를 심각하게 고민해 한다. 갑질하는 기업의 위기대응에 어떤 해결책을 제시할 수 있을까, 삼포시대에 나는 어떻게 살아야 할까, 자기소개서는 어떻게 써야 할까, 스펙, 해외연수, 인턴, 공인 어학성적, 학교 성적 등 입사 5종 세트는 왜 지켜야 하는가 등등에 관한 시각이 남달라야 한다는 점이다. 현대자동차의 기업 슬로건인 'New thinking, New possibility'의 연장선이다.

《동의보감》에서 말하길, 소의는 환자의 병을 치료하지만, 대의는 사회의 병을 치료한다고 했다. 미시적인 문제를 해결하다 보면 거시적인 문제가 발견되고, 그 문제를 해결하려는 동기부여가 생길 것이다. 이런 큰 그림(Big Picture)를 그려보는 것은 젊음이 가져야 할 도전이고 의무라고 생각한다. 상품을 파는 아이디어 기술에 불과한 광고에 머무르지 않고, 새롭게 발상하는 크리에이티브 능력을 발휘해서 사회와 인간의 문제를 풀어보려는 욕구는 사회적 공유가치를 창출하고 지속 가능한 인류발전을 꿈꾸는 건강한 욕심이라고 할 수 있지 않는가?

이렇게 세상의 문제를 해결하려는 노력은 개념의 차이나 관점의 차이에 민감하게 반응하는 태도에서 시작된다고 할 수 있다. 2015년 12월 28일 한일 외무장관의 공동성명에서 합의한 위안부 문제의 경우이다. 법적으로나 공식적인 문서행위가 없었기 때문에 더 논란이 되고 있다. 성명 내용의 문자 해석이 달라 미완의 합의로 알려져 있다. 위안부(comfort women)인가, 성노예(sex slaves)인가 하는 관점의 차이는 일본군 위안부 할머니들의 문제를 해결하는 데 결정적인 사안이다.

강제성의 유무, 배상과 보상의 문제, 민족주의의 대결, 인권과 인륜의 문제와 연계되어있기 때문이다. 역사적인 관점에서 대립하는 침략주의자에 대한 감성적 대응이 아니라, 국제 이슈화와 아시아 국가 간의 연대라는 해결책이 나올 수 있기 때문이다. 소녀상의 상징적 의미를 받아들이고 역사적 교훈으로 배워야 한다. 또한, 해방과 광복의 의미도 깊이 이해해야 한다. 주체성의 문제에서 해석이 달라지며 시혜적으로 주어졌다는 인식은 올바른 역사인식이 아닐 것이다.

중국동포와 조선족의 개념도 연변에 거주하는 우리 동포의 관점에서 본다면 이해할 수 없으며, 이미 중국 국적으로 바뀐 연변 자치주의 주민으로서 조선족은 국제법적으로도 인정할 수 없는 모호한 개념이다. 우리 정서상으로 조선족일 뿐이다. 조선족이라면 우리 한국인으로서 누리는 모든 법적 혜택을 주어야 합당하다.

교육과 학습의 문제도 디지털 기술이 기반인 현대사회에서 변해야 할 개념이다. 주입식으로 하나의 지식을 전수한다는 교육은 가르치고 기른다는 개념이다. 그러나 학습은 홍수처럼 쏟아지는 정보를 다 소화할 수 없기에 개인이 자기주도적으로 찾아서 학습해고 계발해야 한다는 개념이다.

향후 광고 크리에이티브는 광고 창의성을 바탕으로 다양한 사회문제를 해결하는 솔루션 제안까지 확장되고 있다. 브랜드의 콘셉트를 설정하고 마케팅상의 문제를 해결하는 아이디어 경쟁에서 복잡한 사회문제를 해결하는 혁신방안을 창안하는 소셜 이노베이터의 길을 가야 할 것이다.

사회 문제에 대한 올바른 대안을 제시하고 사회에 질문을 던지는 과정이다. '금전적 이익을 추구하지 않는다. 대가 없이 행하는 일종의 재능기부이다.' '정보 에이전트' 활동 가운데 취득한 정보를 활용해 '공론의 장'에 논쟁적 이슈를 던지는 과정이다. '독립 저널리스트'의 안목을 학습하고, 정보의 취득 · 가공 · 유통 기법을 체험함으로써 기획과 경영 마인드를 함양하고자 한다. '사회문화 감시자'의 한계를 넘어서 '사회문화 기획자'의 대안제시 능력을 획득하는 게 목표라고 할 수 있다.

또한 다른 매체보다 모바일 기기를 우선적으로 사용하는 '모바일 퍼스트'를 넘어 모바일에서만 일상생활을 하고 비즈니스를 처리하는 '모바일 온리' 시대로 옮겨가고 있다. 모바일 퍼스트를 넘어 '모바일 온리' 시대에 광고 크리에이티브도 달라져야 할 것이다. 창작과정과 창작의 핵심은 유지하겠지만 매체의 변화, 기술의 변화를 수용하는 데 적극적이어야 한다.

소비자가 변화하는 매체 환경에 적응하고 있고, 광고주들도 매체 효과에 만족하기에 이러한 변화를 반기는 모양새다. 하나의 트렌드로 자리 잡고 대세몰이를 하고 있기에 불가피한 환경변화다. 광고는 사회의 거울이며 트렌드의 반영이기에 광고 크리에이티브도 매체 환경에 부응하고 선도하는 도전을 해야 할 것이다.

사회적 트렌드로 통섭과 경계가 파괴되는 시대가 도래했다는 것이다. 즉, 융합을 통한 독창성과 차별성과 의외성을 계발해야 하는 것이다. 이것은 소비자와도 연결 지어서 생각해볼 수 있는데, 소비자가 반복되는 생활 속에서 새로운 것을 원하는 심리도 이와 연결된다고 볼 수 있겠다. 즉, 이러한 독창성, 차별성, 의외성을 위하여 경계가 파괴되고 있는 것이다.

소셜미디어 등의 콘텐츠와 어울려 언뜻 보면 광고인지 구분도 어려운 네이티브 광고, 사물인터넷(IoT)이나 위치기반서비스(LBS), 인공지능, AR, VR 기술의 도입과 활용이 긴요하다 하겠다. 특히 4차 산업혁명 시대에 광고 크리에이티브는 무엇을 해야 하고 어떻게 해야 할 것인가를 광고 크리에이터는 고민하고 해결책을 제시해야 한다. 기술과 융합해 이용자와 '커뮤니케이션'이 가능한 확장된 광고 크리에이티브로 브랜드 콘텐츠를 생산하고 모바일과 결합하는 광고 크리에이티브로 진화해야 하는 과제를 풀어야 한다.

메시지의 구체화: 〈개그콘서트〉의 '비상대책위원회' 멘트 분석

〈개그콘서트〉의 '비상대책위원회'에서 대책위원이라는 명찰을 단 사람들은 모두 '대책 없는' 사람들이지만, 그중에서도 제일 대책 없는 이는 김원효 본부장이다. 하지만 김원효도 회의 도중에 본부장으로서 날카로운 모습을 보여줄 때가 한 번 있다. 그것은 대책회의를 진행하던 부하 송병철이 범인의 신상에 대해 보고할 때다. 송병철은 늘 추상적인 개념을 사용해서 범인의 모습을 설명한다. 예를 들면, 범인은 "굉장히 사교성이 좋다고 합니다"라는 식이다.

이때 김원효 본부장이 끼어들어 딴지를 건다. "뭐 사교성이 좋아? 야! 그런 식으로 얘길 하면 우리가 범인을 어떻게 잡니? 네가 정확하게 설명을 해줘야 될 거 아냐!" 예비 장인어른을 만나러 갔을 때도 "저기 아버님 따님을 저한테 주십시오. 저, 행복하게 잘할 자신이 있습니다." 이렇게 말하지 않고 "행님, 딸! 딸, 오케이? 에이, 딸! 오케이? 하이파이브!" 이러면 사교성이 좋은 거냐고 송병철에게 따져 묻는다. 사교성이 좋다는 것이 무엇을 의미하는지 구체적으로 설명을 해줘야 범인을 잡을 수 있다는 것이 김원효의 주장이다.

맞는 말이다. 범인의 신상파악이 구체적이면 구체적일수록 범인을 잡을 가능성은 높아진다. 그런데 구체적일수록 잡기 쉬워지는 것은 범인만이 아니다. 내가 원하는 사랑도, 그리고 내가 추구하는 행복도 그 모습이 구체적이면 구체적일수록 잡기 쉬워진다.

사랑이나 행복과 같은 단어는 우리가 일상적으로 사용하는 것이기 때문에 마치 실체가 있는 것 같은 느낌을 준다. 하지만 사랑이나 행복은 사람들이 만들어낸 추상적인 개념일 뿐이다. 따라서 그 구체적인 실체가 무엇인지 파악하는 것은 사실상 불가능한 일이다. "진정한 사랑이란 무엇인가?" 또는 "진정한 행복이란 무엇인가?"와 같은 질문에 쉽게 답하기 힘든 이유가 여기에 있다.

진정한 사랑이 무엇인지, 그리고 진정한 행복이 무엇인지 알지 못하기 때문에 나를 진심으로 사랑한다는 사람이 곁에 있어도 '이것이 진짜 사랑일까'라는 의심이 들고, 다른 사람들이 부러워하는 삶을 살고 있으면서도 '내가 진짜로 행복한 걸까?'라는 회의가 들게 되는 것이다. 자신이 추구하는 것이 추상적이면 추상적일수록 자신의 손으로 무언가를 잡아놓고도 실제로 이것이 내가 잡고자 했던 범인인지, 내가 원했던 사랑인지, 그리고 내가 추구했던 행복인지 확신하기 힘들게 된다.

이러한 문제를 해결할 수 있는 방법은 바로 김원효가 말한 것처럼 자신이 잡으려고 하는 '대상을 구체화'시키는 것이다. 심리학에서는 이를 '조작적 정의(operational definition)'라고 한다. 사랑이나 행복과 같이 눈에 보이지 않는 추상적인 개념을 눈으로 관찰할 수 있고, 그래서 조작할 수 있는, 즉 손으로 잡을 수 있는 방식으로 정의하는 것이다. 예를 들어, 부모님에 대한 사랑을 아침 출근 버스를 기다리면서 문안 전화드린 횟수로 정의할 수도 있고, 자신의 행복을 뜨거운 물로 샤워를 한 다음에 차가운 캔 맥주 한잔하는 것이라고 정의할 수도 있다는 것이다.

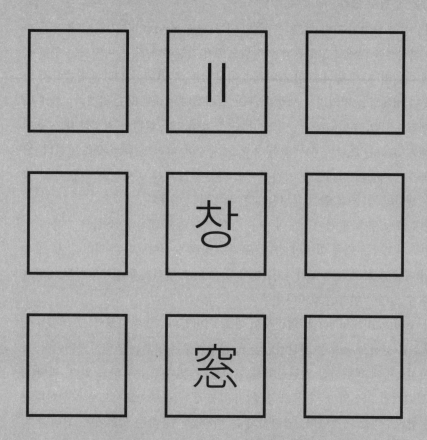

창(窓)의 사전적 의미는 다음과 같다. 창문(窓門)이나 마루와 방 사이의 문이나 부엌의 바깥문(門)을 뜻한다. 안과 밖을 갈라놓으면서 하나로 이어지게 하는 통로다. 보이는 것과 보여주는 것의 소통이다. 나가고 들어오는 출입구 지점이다. 정적이면서도 동적인 상황을 만드는 힘이 있다. 이어령의 '정자론'으로도 말할 수 있다. 그러나 공간만의 문제가 아니다. 마이크로소프트(Microsoft)사의 운영체제 '윈도우(window)'도 사이버 세상을 향하는 열린 창을 뜻한다고 본다. 사업의 철학적 개념을 잘 담고 있다.

세상살이 하면서 이런 창(窓)은 '**열린 마음(open mind)**'이라고 하겠다. 오픈 마인드는 선입견을 없애고 고정관념을 버림으로써 가능하다. 오픈 마인드는 두루 통하는 게 아니라 자기 중심을 잡고 세상살이와 소통하겠다는 자세. 휩쓸리지 않고 꼿꼿이 정체성을 지키면서 세상과 묻고 답하겠다는 의지라고 하겠다. '판에 박힌 일'이라는 뜻의 루틴(routine)이 있다. 댄스 용어로서, 일련의 일정한 댄스 스텝으로, 피겨(figure) 조합의 순서를 정하고 그 순서에 따라 춤추는 것을 말한다. 이 루틴 속에서 자신의 정체성을 지키면서도 혁신을 도모해야 새로운 춤을 추게 될 것이다. 생각의 창(窓)을 열고 의견을 교환해야 하는 이유다.

참여 개방 공유의 웹 3.0 시대이다. 경계 파괴의 시대이다. 융합과 교류의 시대이기에 가로막는 벽을 없애야 한다. 교류는 장벽을 걷어낸다는 의미다. 물이 높은 데서 아래로 흐르듯, 농도가 높은 데서 낮은 데로 흘러가듯 삼투압이든 가역작용을 할 수 있어야 한다는 것이다.

칼 포퍼(Karl Popper)의 '열린사회'와도 이어진다. 《열린사회와 그 적들》(*The Open Society and its Enemies*)은 인간적인 삶을 보장해주는 사회는 열린사회뿐이며, 점진적 사회공학에 의해서만 열린사회를 실현할 수 있다고 논증하고 있다. 과학(지식)은 합리적인 가설의 제기와 그 반증(비판)을 통해 시행착오적으로 성장한다는 비판적 합리주의를 제창했다. '열린사회'는 비판을 수용하는 사회이며, 진리의 독점을 거부하는 사회이며, 인간의 존엄성을 추구하는 사회이다. 이러한 사회를 추구할 때, 우리는 역사의 **능동적인 창조자**로 등장한다. 특히 개인의 '**자발적 선택**'을 강조하여, 역사란 미리 정해진 목표에 따라 계획되고 실현될 수 있는 것이 아니라고 했다. 우리 자신이 역사의 주체자임을 주장하고, 스스로의 결단과 행위에 의해 역사가 진전되어간다는 것을 확신한다고 했다.

'우리 문명이 살아남으려면 위대한 인물에 맹종하는 습관을 타파해야 한다', '위대한 인물들을 맹종하면 엄청난 큰 실수를 저지를 수 있다'와 같은 것이다. 플라톤, 헤겔 그리고 마르크스 같은 '위대한 인물'은 열린사회의 적으로 규정되고, 그들에 대한 맹신이 위험한 결과를 초래한다고 주장하고 있는 것 같다. 언제든 어떤 사실을 무비판적이고 맹목적으로 받아들이거나, 누군가 권위를 가지고 이야기할 때는 비판정신을 가져야 한다. 내가 옳다고 생각하던 것에 대해 상대가 반대의견을 펼칠 때도 '열린 마음'을 갖고 대해야 과학적이고 합리적인 지식을 수용하게 된다는 뜻이다. 《임금님 귀는 당나귀 귀》처럼 아무리 지엄한 왕이라고 하더라도 허물이 있다는 것이다. 디지털 미디어의 변화도 아날로그 미디어 시대처럼 수용자에게 달렸다. 수용자가 참여하고 공유하는 개방된 인터액션(interaction)이 없다면 미디어 크리에이티브는 의미가 없다. 디지털 영상 특수효과(VFX)의 기술도 관객과 제작자의 행동에 의해 실시간으로 변형되는 '리얼타임 인터액티브 애니메이션'으로 변모했기 때문에, 전통적인 예술창작물뿐만 아니라, 공연 인터넷 콘텐츠에서도 활용도가 높아지는 것이다. 문자에서 그림을 거쳐 동영상 인터액션으로 진화하는 커뮤니케이션 기법의 하나인 리얼타임 애니메이션 테크닉은 다양한 응용력을 보여주고 있다. 실시간 얼굴표정 생성 아바타(avatar)의 구현방법으로 사용되고 있다. 수용자는 소비자와 달리 자기 주체적인 인생 설계자(life designer)로서 정보를 받아들인다는 특색을 명심해야 할 것이다. 자연스럽게 인간에게 열린 창(窓)을 가져야 할 이유가 된다.

'나를 잃는 질환'으로 알려진 알츠하이머의 공포는 10여 년에 걸쳐 서서히 진행되면서 평생 쌓아온 기억과 관계와 공감들이 최근 순서부터 사라져간다는 것이다. 대개 첫 3년은 시간 개념을, 다음 3년은 공간 개념을 잃고, 그다음 3년은 주변 사람을 못 알아보게 된다고 한다. 더 두려운 것은 말기에는 자신이 누구인지 모르게 된다는 것이다. 타인의 평판을 중시했던 사람이나 자존심이 강한 사람일수록 상상도 하기 싫은 잔인한 질병이다. 세상과 소통할 주체도 사라지고, 대상도 사라져서 혼자만의 세계로 침잠해가게 되는 노환이다.

줄탁동시(櫛琢同時)라는 말이 있다. 어미 닭이 알을 품고 있다가 때가 되면, 병아리가 안에서 껍질을 부리로 쪼게 되는데 이것을 '줄'이라 하고, 어미 닭이 그 소리에 반응해서 바깥에서 껍질을 쪼는 것을 '탁'이라고 한다. 참으로 절묘한 타이밍이고 오묘한 생명의 탄생 과정이다. 이 '줄탁'은 어느 한쪽의 힘이 아니라 동시에 일어나야만 병아리가 세상 밖으로 나와 '생명의 환희'를 얻을 수 있다는 것이다.

만약에 껍질 안의 병아리가 힘이 부족하거나, 반대로 껍질 바깥의 어미 닭의 노력이 함께 이루어지지 않는다면 병아리는 끝내 세상의 빛을 보지 못하게 되는 것이다. 설령 밖에서 어미 닭이 껍질을 깨주고 병아리가 나오더라도 제대로 성장하기엔 벅찰 경우가 많다.

껍질을 경계로 두 존재의 힘이 하나로 모아졌을 때 새로운 세상이 만들어진다는 비유이다. 세상살이는 혼자의 것이 아니라 자신의 삶과 타인의 관계 속에서 형성된다는 것을 깨닫게 해주기도 한다. '나홀로 집'처럼 독주가 아니라 '세상과의 창(窓)'을 활짝 열었을 때 들을 수 있는 합주라고 하겠다. 혁신을 위해서는 '경계 파괴'가 먼저 이루어져야 한다는 말과 같다고 본다.

아무리 좋은 의견을 가지고 있어도 한쪽의 힘만으로는 무용지물이 될 수 있다. 세상살이도 자신의 삶도 친구 간의 만남도 모두가 이런 '줄탁동시'의 실현을 요구하고 있다. 관계관리(relation management)와 고장난명(孤掌難鳴)도 다시 되새겨야 할 말이다. 세상과의 소통이 없으면 혼자서 일을 하기 어렵다는 선언이다.

6장
시간

'시간과 공간은 서로 밀접하게 얽혀있다. 태양의 수명은 인간의 수억 배나 된다.
별들의 일생에 비한다면 사람의 일생은 하루살이에 불과하다.'

-《코스모스》(*Cosmos*)

우주(宇宙)란 과학적으로 또는 철학적으로 존재하는 모든 만물의 근원이라 정의할 수 있다.《표준국어대사전》은 무한한 시간과 만물을 포함하고 있는 끝없는 공간의 총체로 정의한다. 물리학과 같은 자연과학은 우주를 존재하는 모든 물질과 에너지, 그리고 사건이 일어나는 배경이 되는 시공간의 총체로서 정의하고 있다. 그러나 시간과 공간은 생각의 도구인 인간 지성의 자유로운 창작물일 뿐이라고도 한다.

시간의 본질을 논할 수가 없다고 한다. 블랙홀의 주변에 가면 시간이 느리게 간다. 블랙홀에 가면 시간이 멈춘다. '사건의 지평선'에 가면 시간이 느려지다가 멈춘다. 은하계는 계속 팽창하고 있다고 한다. 초끈 이론(super-string theory)은 우주를 구성하는 최소 단위를 끊임없이 진동하는 끈으로 보고 우주와 자연의 궁극적인 원리를 밝히려는 이론이다. 검증을 위한 실험시설을 건설하는 것도 불가능하다. 평행 우주 이론도 있다. 평행우주 이론은 우주의 탄생인 빅뱅에 관한 최신 이론에서부터 아원자 입자의 성질에 이르기까지 과학계에서 새롭게 주목받기 시작했다. 우주의 탄생과 생명의 기원은 근원적으로 중요하기에 세상살이에서 필요하지 않다는 말은 아니다. 하지만 아직 이 시대의 지배적인 패러다임으로 확정되지도 않았다. '시간의 본질'을 논하기 전에 세상살이 하면서 측정할 수 있나, 검증할 수 있나, 실험할 수 있나가 더 중요하다고 물리학자는 주장한다. 원초적으로 'What'을 논하기 전에 현실적으로 'How'를 연구한다는 뜻이다. 'Why'라는 본질은 잠깐 '유보'하고 '현실의 시간'을 어떻게 활용하는가가 더 중요하다는 것이다.

영어 단어 'Present'에는 '현재'라는 뜻과 '선물'이라는 뜻이 동시에 있다. 현재를 건너뛰고 미래로 갈 수는 없다. 시간은 사건의 변화다. 변화하고 있는 현재는 시간의 선물이고, 시간은 '확률적으로' 미래로 흐른다. 생로병사의 인간 관점에서 '되돌릴 수 없는 시간'은 '절대권력'을 갖고 있다. 이미 지나온 시간을 되돌릴 수 없고, 멈추게 하여 가지고 있을 수도 없다. 전기처럼 '충전'하거나 '저장'할 수도 없다. 오죽하면 'Lost Time in a Bottle'에서 짐 크로체(Jim Croce)가 노래한다.

> "만일 시간을 병에 담을 수만 있다면, 제일 먼저 하고 싶은 것은 하루하루를 모아서 영원히 그 시간을 오롯이 당신과 보내기 위해서. (…) 당신이 무엇인가 하고 싶은 일을 찾는 순간, 그 일을 하기에는 언제나 시간이 부족하지."

이렇게 절대 시간이 부족하니 일을 할 수도 없고, 꿈을 이루기도 어렵고, 보물처럼 소중한 시간을 잘 사용하는 수밖에 없다. 주어진 시간이라는 선물을 최대한 값지게 사용하여 '현실'의 시간을 가장 효율적으로 쓸 수밖에 없다. 그러니 '슬로 모션'과 '패스트 모션'같이 시간을 상대적으로 느끼게 된다. 물리적 시간이 객관적 시간이라면 심리적 시간은 주관적 시간이 되어 '시간의 차별화'가 생기게 된다. 《모모》의 '회색 신사'에게 시간을 대출받고 이 시간을 **지렛대 효과**(leverage effect)로 삼아 최고의 성과(performance)를 내도록 노력하는 게 인간이라고 하겠다.

"내가 너에게 소중한 비밀을 하나 가르쳐줄게. 지금의 너를 탄생시킨 것은 바로 너의 지난 모든 과거란다." 《사막의 도시》(생텍쥐페리)에 나오는 말이다.

아픈 상처도 화려한 영광도 모두 지난 과거에서 나온 것이다. 그걸 지금 내가 어떻게 바라보느냐에 따라 오늘의 나, 내일의 내가 만들어진다고 한다. '지금 알고 있는 것을 그때도 알았다면'과 같다. 역사의식을 갖고 세상사에 대한 문제의식을 가져야만 한다.

《역사란 무엇인가》에서 '**역사는 현재와 과거와의 대화**'라고 했다. 시대의 방관자가 아니라 참여자로서 자신의 위치를 정립하고 미래를 쓸 수 있는 '열린 마음'이 필요하다.

역사가가 연구대상으로 삼아 그 행동이 연구되고 있는 사람들은 진공 속에서 행동한 고립된 개인들이 아니었다. 그들은 과거의 사회와의 연관 속에서 그리고 그 사회의 충격을 받으면서 행동했다. 역사가는 사실의 해석 그리고 사실의 선택 및 정돈의 상호작용을 통해서 변화를 겪는다. 이 상호작용은 현재와 과거 사이의 상호관계도 포함한다. 역사가는 현재의 일부이며 사실은 과거에 속하기 때문이다.

역사가와 역사의 사실은 서로에게 필수적이다. 자신의 사실을 가지지 못한 역사가는 뿌리가 없는 쓸모없는 존재다. 자신의 역사가를 가지지 못한 사실은 죽은 것이며 무의미한 것이다. 그래서 '역사란 무엇인가?'라는 질문에 답변은, 역사란 역사가와 그의 사실들의 지속적인 상호작용의 과정, 현재와 미래의 끊임없는 대화라는 것이다(E. H. Karr).

역사가는 자신이 속해 있는 사회의 산물인 동시에 그 사회의 의식적이거나 무의식적인 대변자이다. 역사의 경로를 '움직이는 행렬(moving procession)'이라고 말한다. 이 비유는 역사가가 외딴 바위 위에서 그 광경을 내려다보는 독수리로 혹은 사열대에 있는 귀빈으로 생각할 존재임을 뜻하는 것이 아니다. 그 행렬의 어느 한 부분에 끼어서 터벅터벅 걷고 있는, '또 하나의 돋보이지 않는 인물'에 불과하다. 그 행렬의 여러 부분들은 상대적인 위치는 끊임없이 변한다. 오른쪽으로 가고 왼쪽으로 가고 되돌아가기도 하기에, 움직여 나감에 따라 새로운 광경과 새로운 시각이 끊임없이 나타난다.

'또 하나의 돋보이지 않는 인물'인 역사가는 사실들의 '행렬'에서 같이 움직여 나가면서 '새로운 관점'을 제시하는 팩트체커(fact checker)라는 생각이다. '독수리'나 '귀빈'처럼 관찰자로 방관하는 게 아니라 숨어있는 의미를 찾는 '대변자'이다. 그러므로 세상사와 소통하기 위한 열린 마음이 필수적이다. 광고인의 관점에서 보면, 시장에 나와 있는 상품(기업)은 역사의 사실이고, 크리에이티브 디렉터는 역사가로 치환하면 된다. 수많은 상품(기업)이 '세상살이 행렬'에 필요한 의미나 가치가 있는지 분석하는 크리에이터에 불과할 뿐이다.

역사에서의 '사실이라는 딱딱한 속 알맹이'를 '그것을 둘러싸고 있는, 논쟁의 여지가 많은 해석이라는 과육(果肉)'과 대비시켰다. 사실은 신성하고, 의견은 자유롭다. 사실 모두가 역사적 사실이 아니다. 역사가에게 '정확성'은 의무이지 '미덕'은 아니다. 똑같은 사실은 역사 그 자체의 범주가 아니라, 역사가의 원료라는 범주에 속한다. 그리고 역사적 사실로 확정해야 할 필요성이 사실 그 자체의 어떤 성질에 따라서 좌우되지 않고 '역사가의 선험적 결정'에 따라서 좌우된다는 것이다. 어떤 사건을 인용하면서 의지했던 명제나 해석을 다른 역사가들이 타당하고 중요한 것이라고 인정해주느냐의 여부에 달려있다. 역사적 사실로서의 그것의 지위는 '해석(interpretation)의 문제'에 좌우된다. 역사는 비록 사실에 기초하고 있다고 해도, 엄격히 말하면 결코 사실 그것이 아니라 '널리 승인된 일련의 판단들'이다. 실제로 무엇이 일어났는가는 여전히 역사가의 마음속에서 재구성되어야만 할 것이다. 물론 사실들과 문서들은 역사가에게는 필수적이다.

그러나 그것들을 숭배하지는 말아야 한다. 숭배하는 순간 '신화화'되고 고정관념을 만들고 우상화의 폐단 때문에 합리적인 사고를 할 수 없게 된다. 그것들은 스스로 역사를 구성하지 않는다. 재구성의 과정이 사실들의 선택과 해석을 지배한다. '사실'이 '역사적 사실'로 바뀌는 것은 바로 이 때문이다. 사실들은 생선장수의 좌판 위에 있는 생선과 같은 것이 결코 아니다. 그것들은 때로는 접근할 수 없는 드넓은 바다를 헤엄치는 고기와 같다. 역사가가 무엇을 잡아올릴 것인가는 때로는 우연에, 그러나 대개는 바다의 어느 곳을 선택하여 낚시질하는지에, 그리고 어떤 낚시도구를 선택하여 사용하는지에 좌우되는 것이다. 역사가는 자신이 원하는 종류의 사실들을 낚아올릴 것이다.

'역사는 해석을 의미한다.' 그리고 역사가는 자신이 다루고 있는 사람들의 마음, 그들의 행위의 배후에 있는 생각을 상상적으로 이해해야 할 필요가 있다. '상상적인 이해(imaginative understanding)'는 기존 해석이나 서술에 공감하는 게 편견일 수 있다는 뜻이다. 현재의 눈을 통해서만 과거를 조망할 수 있고 과거에 대한 우리의 이해에 도달할 수 있다는 점이다. 결국 '역사에서의 객관성'은 '해석의 적합성'이 될 수 있다. 현시점에서 다수가 승인한 사실과 해석에 불과하다는 '패러다임'과도 연결된다. 확정 불가능할지라도 반증할 수 있는 과학(지식)이 있다면 언제나 '패러다임 쉬프트(paradigm shift)'가 가능하다는 비판적 사고나 열린 마음과 같다고 할 수 있다.

역사의 경로를 '움직이는 행렬(moving procession)'이라고 한다면, '오늘의 행렬'을 어떻게 인식하고 이해해야 할까? 지구는 자전하면서 태양을 공전하고 있다. 그렇다면 지구의 자전 속도는 초속 430미터이고 공전 속도는 초속 30킬로미터이다. 이런 엄청난 시간이동과 공간이동의 자연법칙 속에서 무엇을 보고 왜 그렇게 빨리 이동하고 앞으로 어떻게 변할 것인가를 생각해봐야 할 것이다.

동체시력

'동체시력(動體視力)'이라는 개념이 있다. 평상시에 '눈으로 보는 시력'이 아닌 '스포츠에서 사용되는 **움직이는 사물을 보는 능력**'이다. 스포츠 안과 전문의들은 동체시력을 '움직이는 사물에 대해 뇌가 반응해 몸에 명령을 내려 행동하도록 하는 일련의 시간적 단위 능력'이라고 정의한다. 동체시력은 야구에서 빠르게 날아오는 공을 타격할 때, 축구에서 움직이는 공을 컨트롤할 때, 아이스하키에서 매우 빠른 퍽을 따라 움직일 때 등이 모두 동체시력과 관련된다. 긴급상황에 대처하는 동물적 반응이나 순간 포착 같은 민첩한 대응 행동이 가능한 이유라고 하겠다. 창(窓)의 시작이라고 할 수 있다.

먼저 '우리의 오늘'이 있기까지 '시간의 역사'에서 우리 생활에 가장 영향을 많이 미쳤다고 할 수 있는 정치경제 체제 중심으로 연구된 결과를 정리해 본다.

정치경제 체제로서의 자본주의는 공산주의와의 체제 경쟁에서 완승을 거두었다고 평가된다. 1989년 소련과 동독의 붕괴는 물론이고 중화인민공화국의 일국양 체제 수용과 베트남의 자본주의 경제 도입 등으로 입증되었다고 할 수 있다. 이런 자본주의는 자유주의에 입각한 인간 욕구의 극대화와 맞물려 현대사회를 지배하는 이데올로기가 되었다.

몇 가지 특징을 요약하면 다음과 같다. 첫째, 사유재산제도이다. 개인이 능력에 따라 일하고 얻은 재산을 개인 소유로 인정하는 것이다. 둘째, 자유경쟁이다. 공정한 규칙에 따라 누구나 경쟁을 통해 승부를 가릴 수 있다는 것이다. 셋째, 기회균등이다. 신분이나 재산의 정도에 얽매이지 않고 누구에게나 공평한 기회를 준다. 특히 교육의 기회균등은 필수적이다.사회적으로 지속가능한 인재를 공급하고 개인적으로 신분상승의 기회가 되기 때문이다. 넷째, 개인의 노동 상품화이다. 자본가는 가격을 매겨 노동을 사고 재화(서비스)를 만들어 판매함으로써 수익을 창출한다는 것이다. 이런 모든 정치경제 활동은 시장에서 교환되고 거래되며 가치를 부가하게 된다. 애덤 스미스는 시장의 기능을 설명하면서 '보이지 않는 손(invisible hand)'의 역할을 중요시했다.

스미스는 인간은 본래 이기적인 동기로 자기의 처지를 개선하려고 하기 때문에 각자의 경제활동을 자유롭게 방임한다면, 그들은 최대의 부(富)를 생산할 것이며, 또 각자의 경제활동은 결코 사회를 혼란하게 하지도 않고 '보이지 않는 손'에 이끌려서 경제사회는 조화 있는 발전을 이룩할 것이라고 주장했다(《두산백과》).

'보이지 않는 손'이란 자본주의 체제에서 시장 메커니즘(market mechanism)을 말한다. 인간은 자기 이익을 극대화하기 위해 합리적으로 행동하면, 보이지 않는 손에 의해서 잘 조정되어서 사회 전체적으로도 이익이 된다는 것이다. 가능한 한 시장의 자율조정기능에 맡기고 정부(보이는 손)의 개입을 막아야 한다는 것이다. 이런 시장 메커니즘 속에서 가격이 조정되어야 한다는 설명이다. 물론 가격은 가치를 반영해서 적정하게 유지되어야 할 것이다.

가격이 적정해야만 쓸 만한 사람이 합리적으로 쓰게 되는 것이다. 흔히 '공짜점심이 없다'는 말처럼 수혜자가 정당한 대가를 지불하고 사용해야 자원은 효율적으로 배분될 것이다. 재화(서비스)의 가격이 지나치게 비싸도 안 되지만, 지나치게 싸도 안 된다는 것이다. 소위 수요와 공급의 법칙을 따라야 하며, 한정된 자원의 효율적인 운용을 위해서도 필요한 게 보이지 않는 손의 가격조정 기능이라고 할 수 있다.

이런 스미스의 초기 자본주의는 자유방임주의에 입각하여 보이지 않는 손에 의해 경제가 운용됨으로써 정부(정부 1.0)는 'que sera sera(케세라 케라, 될 대로 되라)'로 시장개입을 금기시했다. 다양한 자본주의의 발달에 따라 정부의 기능도 사회질서와 안전만 지켜주는 야경국가와 값싼 정부(cheap government)가 시대의 요구로 나타났다. 그러나 1929년 세계 경제 대공황으로 경제가 무너졌다. 화폐와 증권의 대폭락으로 유효수요가 사라짐에 따라 경제는 디플레이션 현상이 일어났고 실직자와 공장 폐쇄의 악순환이 일어났다. 이때 미국 루스벨트 대통령이 시행한 케인스의 수정자본주의(정부 2.0)가 적용되었다. 정부의 적극적인 시장개입을 요구한 뉴딜정책의 채택이다. 후버 댐을 비롯한 테네시강 유역의 수력발전소를 건설하여 대규모 토목사업을 펼쳐 사회간접자본을 확충하면서 일자리를 창출하고 소비자의 유효수요를 창출하려는 정책이었다. 소위 펌프점화정책(pump priming policy)으로서 경제를 살리는 펌프질에 마중물 역할을 정부가 해야 했다.

회복된 경제가 호황기를 맞이하면서 정부의 시장개입을 줄이는 정책(정부 3.0)이 요구되었고 신자유주의의 달콤한 성장 과실에 안주하게 되었다. 하지만 그 결과 부익부 빈익빈이라는 자유주의 경제의 부작용이 만발하게 되었다. 신자유주의자들은 자유무역과 국제적 분업이라는 말로 시장개방을 주장하는데, 이른바 '세계화'나 '자유화'라는 용어도 신자유주의의 산물이다. 이는 세계무역기구(WTO)나 우루과이라운드 같은 다자간 협상을 통한 시장개방의 압력으로 나타나기도 한다. 신자유주의의 도입에 따라 케인스 이론에서의 완전고용은 노동시장의 유연화로 해체되고, 정부가 관장하거나 보조해오던 영역들이 민간에 이전되었다(《두산백과》).

특히 2008년 투자회사 리먼의 파생상품 도산 사건과 미국의 주택 가격 폭락으로 인한 개인의 모기지 부도사태로 자유주의와 자본주의의 위기가 돌출되면서 새로운 경제정책이 필요하게 되었다. 일반 직장인은 해고되고 실직했지만 최고 CEO는 경영에 책임을 지기는커녕 초고액 보수를 챙기는 도덕적 해이(moral hazard)를 저지르고 사회적 지탄을 받았다. 맨해튼 점령(Manhattan occupy)이라는 사회운동이 전 세계에 퍼졌다.

이에 효율성(efficiency)과 형평성(equity)을 강조하는 정책이 절실했고 정부
의 적절한 시장개입이 필요해졌다. **정부 4.0 시대가 시작된 셈이다.** 효율성과 형평
성은 개인의 능력에 따라 최고의 성과를 창출하게 경쟁하면서도, 사회적 약자(노약
자, 빈자, 여성, 사회적 소수자 등)에 대해서는 공동체의 사회정의 차원의 지원을 한다
는 것이다. 한때 남미와 유럽에서 개혁을 명분으로 한 인기영합주의(populism)가
대중의 호응을 받았지만 복지 확대와 재정 고갈로 인한 정치적 위기를 겪고 있다.
문재인 대통령의 취임연설(2017.5.9.) 속에 있는 정치적 선언과도 이어진다. 대한민
국도 세계사라는 '거대한 행렬' 속에서 움직이기 때문이다. '기회는 균등하고, 과정
은 공정하고, 결과는 정의롭다'는 말이다.

세계사는 시간의 문제이고, 시간은 역사이고, 역사는 변화이다. 생로병사의
인간섭리부터 영고성쇠에 생존을 위한 혁신까지 변신이다. '세상에 변하지 않는
것은 없다.' 오직 변하지 않는 것은 없다는 것만이 변하지 않는 진리다. 우리 사회
엔 흐름이 유행이 되고 팬덤이 되고 트렌드가 된다.

생로병사, 생애주기, 생명표, 생활기록부, 업무시간표, 수업시간표, 출생기록
부 등 세상살이에는 오통 시간문제가 달려 있다. 매년 달력이 만들어지고 시계가
만들어지고, 정밀한 시간측정 기구들이 만들어지고 있다. 1972년에 이르러 전 세
계의 표준 시간은 원자시에 기초한 시간으로 바뀌게 되었으며 이제 우리는 윤초
까지 걱정하는 시대를 살고 있다. 현대사회에서는 인간은 '약속시간'을 정해놓고
그 시간에 쫓기며 세상일을 하며 살아간다. 도대체 세상살이에서 시간이란 무엇
일까?' 시간 속에서 살고 있는 우리가 대답해야 하는 근본적인 물음이다. 매년 매
주 매일 24시간이 주어지고, 어느 순간은 무의미하게 지나가기도 하지만, 역사적
사건 속에서 '인생 의미'가 담긴 시간을 발견하거나 기억하는 찰나가 되기도 한다.
'시간의 역사'처럼 물리학적인 시간은 아니지만 세상살이 속에서 어떻게 오늘에
이르게 되었을까 하는 궁금증이다. 시간이 흘러가는 것을 우리는 분명 알고 느끼
고 있다. 시간의 속도는 '나이'에 비례한다고도 한다. 시간이 20대에는 시속 20킬
로미터로 달리겠지만 50대에는 시속 50킬로미터로 빨리 지나가는 느낌을 받는다
는 뜻이다. **상대적인 시간의 체감효과를** 재미있게 말한 것이다.

17세기 뉴턴은 시간은 과거에서 미래로 한결같이 흐르며 우주의 어느 장소에
서나 상관없이 똑같고 변하지 않는다는 절대 시간을 생각했다. 시간은 물질이 존
재하거나 물체가 운동하는 바탕이 되는, 즉 가로, 세로, 높이의 세 방향으로 무한히

확대되어있는 보편적 공간인 절대 공간의 개념을 생각했다. 절대 시간과 절대 공간의 개념하에서 시간은 우주의 어디에서나 똑같으며 과거에서 미래로 한결같이 흐르고 있다고 생각한 것이다(《시간의 의미》).

이런 뉴턴의 생각은 20세기에 들어와 도전을 받게 된다. 아인슈타인이 상대성 이론을 통하여 시간과 공간은 결코 절대적이지 않으며 관측자에 따라 달라질 수 있다는 것을 보여준 것이다. 블랙홀에서는 직진하는 빛도 휘어진다는 불가해한 이론을 밝혀 냈다고 한다. 시간과 공간은 서로 독립된 것이 아니며 관측자가 어떤 운동을 하느냐에 따라 서로 연동한다는 것을 밝혀냈다.

> "우리는 달력과 시계가 우리 생활 속에 들어오면서 시간이 직선적으로 흘러가고 있음을 분명히 알 수 있게 되었다. 이에 더하여 뉴턴은 시간에 절대성을 부여했다. 그러나 1세기 전 아인슈타인의 상대성 이론의 도입과 함께 절대적 불변인 것은 광속뿐이며 시간은 상대적으로 줄었다 늘었다 할 수 있는 이상한 존재임을 알게 되었다."
>
> ─《시간의 의미》

시간이 상대적이라는 의미는 '절대성'을 전제로 한 발상이 아닐까? 절대성이 신의 영역이거나 우주 만물의 작동원리이거나 물리학의 과제라고만 생각해 온 것이라고 할 수 있다. 시간은 풀 수 없는 거대담론으로서 세상살이와는 '저만치 멀리' 떨어져 있는 과제이다. 과연 그런가? '시간 저축은행'에서 나온 '회색 신사'는 시간에 대한 생각이 없이 사는 사람들에게 '악영향'을 줄 수 있는 '모모'를 감시하는 이유는 무엇인가?

세상에는 아주 중요하지만 너무나 일상적인 비밀이 있다. 모든 사람이 이 비밀에 관여하고, 모든 사람이 그것을 알고 있지만, 그것에 대해 깊이 생각하는 사람은 거의 없다. 사람들은 대개 이 비밀을 당연하게 받아들이고, 조금도 이상하게 생각하지 않는다. 이 비밀은 바로 시간이다. 시간을 재기 위해서 달력과 시계가 있지만, 그것은 그다지 의미가 없다. 사실 누구나 잘 알고 있듯이 한 시간은 한없이 계속되는 영겁과 같을 수도 있고, 한순간의 찰나와 같을 수도 있기 때문이다. 그것은 이 한 시간 동안 우리가 무슨 일을 겪는가에 달려 있다. 시간은 삶이며, 삶은 우리 마음속에 있는 것이니까(《모모》).

시간 감시자 회색 신사는 말을 이어간다

"인생에서 중요한 건 딱 한 가지야. 뭔가를 이루고, 뭔가 중요한 인물이 되고, 뭔가를 손에 쥐는 거지. 남보다 더 많은 걸 이룬 사람, 더 중요한 인물이 된 사람, 더 많은 걸 가진 사람한테 다른 모든 것은 저절로 주어지는 거야. 이를테면 우정, 사랑, 명예 따위가 다 그렇지. 자, 넌 친구들을 사랑한다고 했지? 우리 한 번 냉정하게 검토해 보자."

시간을 지배하는 자가 세상을 지배하며 변화의 주체로서 세상살이를 설계할 수 있는 자격이 있다는 뜻이라고 본다. 한정된 수명 속에서 최상의 성과를 내고 시간 절약을 통해 질적인 삶을 성취해야 한다는 당위성을 설파하는 것이다. 수류산방에서 법정 스님은 이렇게 말하고 있었다.

"사람은 언제 어디서나 어떤 형태로 살든 그 속에서 물이 흐르고 꽃이 피어날 수 있어야 한다. 살아있는 꽃이라면 어제 핀 꽃과 오늘 핀 꽃은 다르다."

시간은 인생이 무엇인지, 세상살이가 무엇인지 근원적 물음을 하게 만든다. 이러한 물음은 프랑스의 후기 인상파 화가 고갱(Gauguin, Paul., 1848-1903)으로 이어진다. 그의 작품으로 〈우리는 어디에서 왔는가, 우리는 누구인가, 우리는 어디로 가는가〉가 널리 알려져 있다. 고갱이 자살을 처음 시도하기 전에 그린 것으로 죽은 딸(알린)에 대한 연민에서 그렸다고 하며 고갱 자신이 체험적 철학을 담은 최고의 걸작이라고 말했다고 한다. 원시적 감성을 찾아 남태평양의 섬 타히티로 떠난 이래, 1897년 후반 자살미수 전에 그가 '밤낮을 가리지 않고 정신없이' 그린 그림으로 유명세를 얻었고, 정신적 유언장이라고 평가받고 있다. 인생의 탄생부터 성장(삶)과 죽음까지의 3부를 파노라마처럼 작품화했다. 예술적 친구라고 할 수 있는 빈센트 반 고흐(1853-1890)도 7년 전 자살했던 시점이며, 고갱 혼자 병들어 외롭게 지내며 '사색의 시간'이 농축된 명작으로 알려져 있다. 고갱은 자본주의 문명에 회의를 느끼고 새로운 그림의 에너지를 갈구해 강렬한 삶의 변화를 꿈꾸며 타히티에서 정신적 안정을 찾고자 했다. 이 대작은 고갱 자신만이 아니라, '시간적 존재'인 인간에게 '무(無)의 사상'을 전하면서 세상 사람들에게 삶을 철학적으로 관조하게 만들었다. 인생이 무(無)이면서도 무한(無限)이라는 역설을 내포하고 있지 않은가 생각한다.

골든타임(golden time)은 환자의 생사를 결정지을 수 있는 사고 발생 후, 수술과 같은 치료가 이루어져야 하는 최소한의 시간이다. 황금처럼 소중한 시간이라는 마음이 절절하다. 세상살이에서 가장 급박한 시간인 골든타임이 라디오나 텔레비전에서 청취율이나 시청률이 가장 높은 시간대를 말할 때도 쓰는 단어라고 하니 묘한 역설을 느낀다. 삶의 위기와 기회가 동전의 앞뒤처럼 공존하고 있다는 생각 때문이다.

'벤자민 버튼의 시계는 거꾸로 흐른다.' 이렇게 시계열적인 사고를 깨고 역발상해야 한다. 시간의 절대성을 뒤집어봐야 한다. 물론 아인슈타인이 시간의 상대성을 주장했지만 여성들이 세상살이 일상생활에서 늙지 않으려는 욕구처럼 '안티 에이징(anti aging)' 하듯이 시간을 거스르는 생각과 행동을 해야 한다. 메디톡스의 피부 젊음을 유지해준다는 약효로 '시간은 천천히 간다' 이런 생각과 행동은 영화 필름을 거꾸로 돌리듯 역주행하고 새로운 미학을 만들 수도 있다는 점이다. 세상을 향해 열린 창(窓)을 가져야 하는 첫 번째 이유다.

남 NA: 시간이 흐릅니다.

시간은 우리로부터 무엇을 뺏어가는 것일까?

그리고 우리는 시간으로부터 무엇을 되찾을 수 있을까?

삶의 가장 빛나는 순간이

우리 곁에 더 오래 머무르기를

인간의 시간을 연구하다.

메디톡스

남 NA: 이 빛은 7억 광년 전 우주 멀리서 출발해

지금 여기에 도착했습니다.

당신에게 보여주고 싶었던

지금의 이 순간도 오래전 시작되었습니다.

지금 이 아름다운 당신과의 순간이

우리 곁에 더 오래 머물기를

인간의 시간을 연구하다.

메디톡스

트렌드 워칭(trend watching)

'삶은 달걀(life is egg)', '나 때는 말이야(latte is horse)', '물(water)은 셰프' 등의 말장난은 일시적인 유행으로 떠돌아 다니다 사라지겠지만, 트렌드는 '질 좋고 오래간다'는 특징이 있고, 개념 있는 신조어여야 한다. '개념 있는 연예인'이라는 말이 널리 쓰이고 있지만, '개념'은 'concept'로서 어떤 작품이나 제품, 공연, 행사 따위에서 드러내려고 하는 주된 생각이다. '주된 생각'은 사회 이슈에 관해 주관적이지만 공동체 의식이 살아있어 공감을 얻는 생각이나 관점을 말한다. 그러므로 개인의 정체성이 나타나고 **사회의식**이 담겨 있어 공유되며, 세대 · 성별 · 연령 · 직업을 초월하여 하나의 **생활문화**로 확산되기 쉽다. 예를 들면, 새마을금고(MG)의 광고 카피는 '맞지'를 강조하고, 도미노피자의 '고기'를 추가한 상품광고에서는 '인생은 고기에서 고기'라며 언어유희를 사용한다. '생활 밀착'은 '착'을 알려 광고 선호도를 제고하려고 한다. 그러나 '말장난'이나 '언어유희'는 일회성이고 소모적인 감각형 메시지라 공감을 얻어 트렌드가 되기는 어렵다.

그래서 트렌드는 빅 데이터 분석을 통해서 소비자의 심리와 연결되는 메시지로 탐구되어야 한다. 2019년도에 트렌드로 알려진 '콘셉러(콘셉트+er)'는 '주된 생각'이 있는 사람을 뜻한다. '1코노미('1인'과 '이코노미'를 합성한 단어로, 혼밥, 혼술, 혼행 등 1인 가구 증가를 반영한 단어)', '포미족(자신을 위해 투자와 소비를 아끼지 않는 사람들, '나나랜드')', '횰로족('욜로'+홀로)' 등이 대표적이다. 워라밸은 '워크 앤드 라이프 밸런스(work and life balance)'의 줄임말이다. 일과 삶의 균형을 찾자는 의미에서 사회 흐름을 바꾼 메가트렌드가 되었다. '가심비'는 '가격 대비 마음의 만족도'를 뜻하며, 제품 성능보다 심리적인 만족을 우선으로 하는 새로운 소비 트렌드를 말한다. '펫팸족'은 반려동물(pet)과 가족(family)의 합성어로, 반려동물과 함께 생활하는 사람으로 우리 사회의 구성원들로부터 큰 호응을 얻었다. '화이트 불편러('White'와 '불편', 'er'의 합성어)'는 정의로운 예민함으로 세상을 바꾸는 사람을 뜻한다. 사회 이슈에 자기만의 소신을 적극적으로 표현한다. 반대 의미로는 별것도 아닌 일에 단순히 딴지 거는 사람을 의미하는 '프로 불편러'가 있다. '나포츠족'은 'night(밤)'와 'sports(운동)'의 합성어로 퇴근 후 저녁에 운동을 즐기는 사람들이다. 바이럴 마케팅에서도 널리 활용되는 주제어라 큰 공감을 얻고 있다.

이런 트렌드는 '메가트렌드'를 만들어 장기적이고 지속적이며 시대정신과 가치관의 중심을 이루게 된다. 콘셉트는 마케팅, 커뮤니케이션, 크리에이티브 영역을 아우르고 소비자의 생활 문제를 해결하는 솔루션을 제안해야 한다. 대중 커뮤니케이션을 위해서 '간결한 단어'나 '의미를 담은 신조어'가 되어야 효과적이다. 공유할 수 있는 시대의 가치관도 반영할 수 있어야 할 것이다. 트렌드는 시간의 변화를 가장 민감하게 반영하기에 **관찰(watching)**이 필수다.

종교 없는 삶

이런 시간 속에서 일상생활을 하는 현대인 가운데 종교 없는 사람들이 늘어나고 있다. 그 요인들은 첫째, 종교와 보수적 우파정치와의 협작, 둘째, 가톨릭 사제들의 소아성애 스캔들에 대한 반작용, 셋째, 임금노동력으로 돈을 버는 여성들의 증가, 넷째, 미국 문화에서의 동성애의 인정, 다섯째, 인터넷의 편재이다. 특히 인터넷은 종교전통에 대한 비판이나 노골적인 공격에도 노출될 수 있다. 인터넷은 컴퓨터 스크린을 통해 개인들을 연결시킴으로써 심리와 신경, 문화적인 면에서 무언가를 공급하거나 만족시키거나 확립시켜주고, 이런 연결은 종교를 밀어내거나 대체하거나 약화시키는 역동적인 어떤 것이기 때문이다. 인터넷에서 얻을 수 있는 재미와 숱하게 쏟아지는 이미지들, 동시성, 보기와 클릭하기, 사냥(검색)과 발견, 시간 소모, 상업주의, 끊임없는 사회적 네트워킹, 사상의 소통 같은 온갖 것들로 인해 우리의 관심을 유지시키고 주의를 끌어당기며 영혼을 두드려주는 종교의 힘은 약화될 수 있다(《종교 없는 삶》).

절대자인 신(神)에 귀의하는 전통이 약화되는 이유를 잘 설명하고 있다. 개인의 기복신앙으로 내려앉은 이기심을 선진사회의 공동체는 수용하기 어렵다고 본다. 영생을 꿈꾸며 매일 자선봉사로 살 시간도 모자라는데 정치오염과 스캔들과 지식의 범람에 '시간 낭비'와 종교가 훼손되었기 때문일 것이다. 무엇보다 '시간의 엄정성'에 대한 '사색의 시간'이 부족해서 그렇지 않은가 생각한다.

현실도피용 휴일 '잠'에 빠진 2030세대

현실도피용으로 휴일마다 '잠'에 취하는 2030세대가 많다고 한다. 특히 일부 취업준비생·사회초년생 등은 '과다수면'에 시달린다고 한다. 사회초년생의 경우 휴일마다 반나절 넘게 잔다. 회사에서 못 한 업무가 떠오르고, 매일 이어지는 교육에 심신이 피곤하다. 괴로움을 잊으려는 마음과 자포자기 심정으로 다시 잠을 청한다. '잠이 보약이다'라고 위안하면서도 이 불안한 순간은 뜻대로 사라지지 않는다. 의도와 다르게 주말마다 '수면 과다' 습관에 익숙해지다 보니 평일에는 늘 잠이 부족하다. 남들보다 잘해야 한다는 압박감을 느끼거나 새로운 환경에 적응하면서 스트레스가 쌓이기 때문에 '휴일 과다수면'은 하나의 패턴으로 변한다.

'수면 과다증'은 현실을 부정하고 싶은 마음이 클수록 잠에 의존하려는 경향이 있어 나타난다고 한다. 노력해도 무언가를 이룰 수 없을 것 같다는 무기력과 부담감이 나타날 때 수면 중독에 빠진다고 설명한다. 또한 직장인이나 취업준비생들이 새로운 환경에 적응해야 한다는 압박에 시달리면서 어른이 되길 꺼려하는 퇴행 욕구를 '피터팬 신드롬'으로 분석하기도 한다. '어른이 된다는 건 책임과 의무를 떠안는 것'이라며 '어른 되기'를 거부하고 싶은 충동과 비슷하다고 하겠다. 성장기의 어린아이는 18시간씩 자기도 한다.

번아웃 증후군(burnout syndrome)도 수면 과다를 부추긴다고 할 수 있다. 번아웃 증후군은 의욕적으로 일에 몰두하던 사람이 갑자기 신체·정신적 피로감을 호소하며 무기력해지는 현상이다. 번아웃 증후군에 해당된다고 생각하는 20대와 30대 직장인은 각각 38.8%와 44.8%로 40대 25.2%, 50대 20%보다 높았다. 전문가들은 긴 노동시간을 수면 과다를 일으키는 근본 원인으로 꼽는다. 긴 노동시간은 우울증과 번아웃 증후군, 나아가 과로사까지 이어지는 게 문제이다. 법정 주 52시간제를 실시하고, 기본급을 올려 초과 노동시간을 줄여나가는 장책이 요구된다고 하겠다.

문제는 잠이 들면 모든 걸 잊게 된다고 생각하는 '시간 망각'의 착각이다. 아무것도 하지 않으면 아무것도 얻을 수 없다는 사실을 명심해야 할 것이다. 'No pain, No gain'이다. 셀트리온의 TV CM이다.

> 남 NA: 새로운 시대는 아침처럼 오는 것이 아니다.
>
> 누군가 여는 것이다.
>
> 셀트리온. 마침내 바이오의 시대를 열다.
>
> 시대가 바뀌면 리더도 바뀐다.
>
> CELLTRION

'V Tuber'의 시간초월 영원성

2016년 말 일본의 웹 개발사 액티브 8이 세계 최초 브이튜버 '키즈나 아이'를 탄생시켰다. 긴 머리에 귀여운 얼굴을 한 소녀의 모습으로 등장한 키즈나 아이는 빠른 속도로 인기를 얻었다. 브이튜버는 '가상의'라는 뜻의 영어 버추얼(virtual)과 1인 미디어 창작자를 일컫는 유튜버(Youtuber)를 붙여 만든 신조어다. 인간 크리에이터처럼 유튜브 채널 등에서 활동하는 컴퓨터그래픽(CG) 캐릭터를 일컫는다. 브이튜버는 인간 유튜버처럼 게임 실황을 중계하고, 새로 나온 애플리케이션을 써본 뒤 후기를 남기기도 한다. 노래하고 춤추며 라이브 방송을 진행하기도 한다. 물론 시청자들과 대화창을 통해 실시간으로 소통도 한다. 짜여진 각본대로 움직이는 애니메이션 속 캐릭터들과 달리 능동적이고 상호작용이 가능한 것이 차별점이다. 일본 NHK방송에 따르면 2019년 3월 현재 7,000명 이상의 브이튜버가 활동하고 있다. 지금까지 기업은 주로 소셜미디어를 통해 고객과 접점을 만들거나 정보를 내보내는 데 힘써왔다. 그러나 최근 유튜버의 영향력을 실감하고 브이튜버를 쓰는 경향이 커졌다. 사람들은 (인간) 유튜버들에게 익숙해져 있는데 이미 포화상태가 됐다고 할 수 있다. 브이튜버가 '신상품'으로서 소비자에게 새로운 흥미(entertainment)를 주고 있다.

그러나 브이튜버는 단순한 CG 캐릭터가 아니다. '뒤에 연기하고 있는 사람이 있다'는 것을 알기에, '3D · CG 기술이 만든 인간성과 세계관'이 새로운 체험을 제공하는 매력을 주고 있다. 가상과 현실의 경계를 파괴하는 사례이면서 통합하는 창조물이기에 호응이 크다고 본다. 더구나 캐릭터를 만드는 창작방법이 쉬워졌고, 제작비용이 적기도 하다. 2000년대 초반 사이버 가수 '아담'이 활동하던 시절과는 비교할 수 없이 완성도가 높아 사실적이다. 브이튜버 외에도 '진짜 사람' 같은 가상 인물들이 많이 활동하는데, 대표적인 캐릭터가 세계 최초 3D 디지털 슈퍼모델 '슈두'이다. 슈두는 영국 출신 사진작가 캐머런 제임스 윌슨이 3D 기술을 이용해 만든 '버추얼 모델'로, 2018년 프랑스 명품 브랜드 발망의 가을 캠페인 모델로 기용되기도 했다. 그뿐만 아니라 인간의 모습을 한 세계 첫 인공지능(AI) 뉴스 앵커도 등장했다. 중국 신화통신이 선보인 'AI 앵커'는 자사 소속 남성 앵커 추하오의 얼굴과 입 모양, 목소리를 합성해 만들어졌다고 한다. 기자들이 컴퓨터에 뉴스를 입력하면 인공지능이 이 앵커의 목소리와 몸짓을 똑같이 따라 하며 이를 읽는다. 이 'AI 앵커'는 인간과 달리 24시간 지치지 않고 뉴스를 전달할 수 있어 '인간 앵커'가 없는 심야나 새벽 시간대에 활용할 예정이라고 전한다.

　　가상의 인물을 구현하는 기술이 참 빠르게 발전하여 보통 사람들도 '아바타'를 갖게 되는 날이 오리라 생각한다. 외국인과 소통하기 위해서나 가상세계에서 쓸 '가상 이름'을 짓듯이 '가상 신분증'으로 사용할 경우 새로운 시간관과 인간관계가 형성될 수도 있을 것이다.

7장
공간

'별은 다른 세상의 사냥꾼들이 밤에 피우는 모닥불이겠지...(중략) 하지만 친구들이 내게 물었다. 어떻게 하늘에 모닥불을 피울 수 있지?'

— 《코스모스》(*Cosmos*)

세계 역사에서 '지리상의 발견'은 15세기부터 17세기까지 유럽인들이 이룬 신항로 개척이나 신대륙 발견을 이르는 말이다. 1271년 마르코 폴로의 《동방견문록》에서 동양이 소개된 이후 1492년 콜럼버스가 아메리카 대륙을 발견하고 유럽의 열강들이 대탐험 시대를 열었었다. 에스파냐에서 인도 항로를 개척하여 후추 같은 향신료를 획득하려는 목적이었다. 그는 죽을 때까지 에스파냐를 인도로 생각했고 이는 원주민을 인디언으로 부른 이유이기도 하다. 마젤란이 세계일주 항해를 하여 대항해 시대라고도 불린다. 1522년 마젤란은 인류 최초로 세계일주 항해를 성공시키기도 했다.

이 시대의 특색은 당시 유럽이 근대국가 형성과정에서 대규모의 항해 및 발견을 통하여 시야가 넓어지고 새로운 세계관을 확립하게 된 것이 중요하다. '미지의 세계'에 대한 동경과 상상력을 발휘하여 신세계를 향한 여정을 결행했었다. 이러한 항해사들은 그 당시의 벤처기업가의 덕목을 구비한 혁신가들이었다. 이런 대항해 시대의 특성은 국가들의 교역 통상과 정치 지배체계가 확립되면서 향후 유럽 열강의 제국주의의 식민지 쟁탈전이 서막을 올렸다는 점이다.

아무튼 현대에서는 국가의 요건을 '주권, 국민, 영토'의 3요소를 말한다. 그래서 바다를 메워 간척지를 조성해도 '영토의 확장'으로 간주하여 큰 의미를 두기도 했다. 1969년 아폴론 11호의 달 착륙 때도 '영토의 확장'이라는 개념이 있었지만, 현대 이전의 아날로그 시대의 사고방식과는 다르게 현대 디지털 시대에는 국가의 개념이나 영토의 범위가 달라져야 할 것이다. 특히 나폴레옹이나 칭키즈칸이 갖춘 최고 국가지도자의 조건과는 달라졌다는 뜻이다. 20여 년 전에는 한국은 남극에

세종기지를 건설하여 연구와 영토 연고권을 주장하는 터전을 마련했었다는 보도 도 있었다.

이런 열린 공간개념인 창(窓)은 바다 건너 해외로 열려 있어야 한다. 15세기 에 코페르니쿠스가 대전환을 일으킨 지동설 이후의 대항해 시대를 다시 떠올려보 자. 동양의 신비를 캐기 위해서, 동방의 향신료를 얻기 위해서 그랬다고 하지만, 인 간의 '마음의 창'은 세상을 향해 열려 있었기 때문이다. 항구는 배가 정박하는 곳이 아니라, 세계로 떠나기 위한 전진기지여야 한다. 이런 사고방식은 현대사회에서 글로벌 전략과 이어져 있다. 이제는 글로벌 전략을 넘어 '우주로, 사이버 세상으로' 범위를 확대해야 한다. 지구상의 최대국가는 14억 명의 인구를 가진 중국일까? 하 루 방문자 수 15억 명인 페이스북(facsbook)일까?

머스크의 스페이스X와 아마존의 우주 계획

앞으로 10년 후엔 밤하늘을 수놓은 별들을 천체망원경으로 볼 수 없게 될지 도 모른다. 거대 테크 기업들이 '우주 인터넷 사업'을 위해 쏘아 올릴 인공위성 수만 기가 천체 관측을 방해할 거란 우려가 나오고 있다고 뉴욕타임스가 보도했다.

우주 인터넷 산업의 선두주자는 테슬라 창업주 일론 머스크가 세운 '스페이 스X(10)'이다. 스페이스X는 소형 위성 12,000여 기를 지구 저(低)궤도에 안착시켜 2020년 중반까지 전 세계 초고속 인터넷망을 구축하겠다는 '스타링크 프로젝트'를 진행하고 있다. 먼저 플로리다주(州) 케이프커내버럴 공군기지에서 통신위성 60기 를 실은 로켓을 발사했다. 기존 계획에 위성 3만 기를 추가할 계획이라며 미 연방 통신위원회에 허가를 요청했다. 프로젝트가 계획대로 되면 현재 지구 궤도에 있는 인공위성 개수(약 5,000기)의 8배 정도를 스페이스X가 운용하게 된다.

문제는 이 위성들이 내뿜는 빛 공해다. 위성이 배터리 충전을 위해 달고 있는 태양광 패널이 지구 쪽으로도 빛을 반사하는데, 이 빛이 천문학 연구에 지장을 준 다. 관측 망원경으로 우주를 촬영해보면, 태양을 제외하고 가장 밝은 별로 알려진 시리우스나 북극성보다 인공위성 무리가 내뿜는 빛이 더 밝아 사진을 망쳐버린다 고 한다. 우주 빛 공해를 제한할 수 있는 법적 근거도 없다. 스페이스X뿐만 아니라 민간 우주 기업들이 너도나도 위성을 발사하고 있어 "10년쯤 뒤에는 천문학 연구 자체가 불가능한 시점이 올 수도 있다"고 NYT는 전했다. 아마존 창업자 제프 베 조스가 설립한 우주 기업 '블루 오리진'도 수년 내에 인공위성 3,200여 기 배치를 목표로 하고 있고, 페이스북, 보잉 등의 회사도 같은 우주 인터넷 사업에 뛰어들 계획을 내놓고 있다. 'Think Global, Act Local'이라는 글로벌 기업의 미션이 우주로 이어지는 사고를 따라잡아야 할 것이다. 세상살이를 주도할 기획자는 공간 개념의 확장에서 시작해야 할 것이다.

구글의 공간

구글이나 애플의 신사옥은 건축 설계의 개념이 독특하다고 한다. 거대한 건물의 중앙에 '화장실, 식당, 회의실'을 배치했다고 한다. 인간이 피할 수 없는 배설을 하기 위해 화장실로 가거나, 식욕을 해결하기 위해 식당으로 가기 위해 건물 중앙으로 이동하면 구성원 간에 서로 만나서 소통하게 된다. 그리고 자연스럽게 회의실로 들어가서 업무 이야기를 하게 된다는 것이다. '아고라', '광장'을 만들어 소통하면서 상호 아이디어를 충돌시키는 '역동성'을 만들어 준다는 것이다.

구글의 혁신문화 창조의 4가지 중에 하나가 '공간'이다. 물리적인 공간은 많은 영감을 불러 일으킨다. 개방성과 투명성, 협업을 물리적인 공간에 녹여내면 불가능의 경계를 넘어설 용기를 줄 수 있다고 말한다. 이는 구글이 '차고(The Garage)'의 공동설립자인 것과 무관하지 않아 보인다. '차고'는 머릿속에서 상상했던 것들을 실제로 만들어볼 수 있는 구글 본사 내의 공간이다. 차고를 빌려 사업을 시작한 구글의 창업정신을 잇기 위해 만든 곳으로, 3D 프린터 등을 갖추고 있어 직원들이 상상하는 제품이 있으면 바로 시제품으로 만들어볼 수 있다. 한자어로 풀이하면 '차고(車庫)'는 물건을 쌓아두는 창고(stock)가 아니라, 창의성이 흘러 다니는(flow) 곳 '창고(創庫)'인 셈이다. 구글러들은 "자동차가 수영하고 날아다니는 불가능을 마음껏 상상해보고, 자신의 창의력을 신뢰하라"고 주장한다. '만세3창'은 좀 더 어린아이 같이 마음껏 상상하면서 사는 데서 시작한다는 사실을 기억할 필요가 있다.

탄환열차(hyperloop)는 교통체증을 해결하는 미래 교통수단으로 비행기보다 빨라 탄환열차라고 불린다. 2013년 미국 자동차 회사 테슬라의 머스크가 제안한 시속 1,200km의 열차다. 마찰력과 공기저항을 최소화하기 위해 진공터널에서 레일 위를 살짝 떠서 달리는 자기부상 프로젝트로 기획되고 있다. 이런 속도라면 실생활에서 '공간감'은 사라지리라 생각한다. 축지법을 쓰듯 공간이동이 쉬워지고 짧아진다면 세상살이의 혁신도 함께 이루어질 것이다.

사이버스페이스

인터넷 시대에 많이 쓰이는 사이버스페이스에서 '사이버(cyber)'란 인공두뇌나 컴퓨터를 뜻하고 스페이스(space)란 공간을 뜻하기에 사이버스페이스는 온라인 상의 가상공간이다. 이 가상공간은 물리적 실재가 아니면서 실재하는 공간이다. 공간의 개념이 달라지는 것이다.

첨단디지털 시대의 공간은 점차 현실과 가상의 경계가 흐려지고 있다. 지금까지는 머리에 기기(HMD)를 쓰고 눈앞의 가상현실(VR)과 증강현실(MR)을 즐겼다면 이제는 직접 그 안으로 들어가 확장현실(XR, Extended Reality)을 즐길 수 있다. CES2020에서 공개된 영국의 테슬라슈트가 개발한 '장갑'은 가상세계를 실감나게 느낄 수 있게 해순다. 가상현실 기기를 머리에 쓰고, 이 장갑을 끼면, 손의 감각이나 몸에 전달되는 진동과 충격을 생생히 느낄 수 있게 된 것이다. 또한 미세한 손놀림과 몸동작을 감지해 그대로 구현하고 맥박과 같은 '생체신호'도 읽어낸다. 예를 들어 가상현실에서 지구 반대편에 있는 친구와 하이파이브를 하면 그 마찰감이 손에 전해지는 것이다. 텔레프레전스(telepresence)로 '원격현장감'을 전해주는 방식과 비슷하다. 다만 단순히 다른 공간에서 일어나는 동작이나 사건을 동시에 스크린에 영상으로 보여주는 일차원적인 공유가 아니다. 등장인물들이 공간을 초월하여 동일한 현장에 함께 있는 것처럼 '오감 공유'상황을 연출할 수 있다는 것이다. 환자를 촉진하는 원격진료나 연인끼리 스킨십이 있는 원격사랑이 가능해지므로 물리적인 공간개념도 바뀌어야 할 것이다. 화상통화를 끝내고 '굿바이 키스'를 할 때 따뜻한 '입술 감각'이 실제처럼 느껴진다는 것으로 이해할 수 있겠다. 장 보드리야르(Jean Baudrillard)의 시뮬라시옹(simulation)이 '원본 없는 이미지'라고 한다면 확장현실은 멀리 떨어져 있는 두 공간을 소멸시키고 동일공간에 있는 것처럼 만든다. 실재하지 않는 대상을 실제로 존재하는 것처럼 만들어 놓은 인공물인 시뮬라크르(simulacre)와 연계된다. 원본도 없고 실재하지도 않는 이미지(simulacre)가 얼마든지 현실을 대체할 수 있고, 현실은 얼마든지 이 가상의 이미지에 의해 지배당하게 된다는 시뮬라시옹의 세상이 연출되고 있다는 것이다. 이런 시뮬라시옹은 사회권력과 지배이데올로기를 반영하거나 재현하고, 새롭게 만들어진 조작된 실재인 '하이퍼 리얼리티(hyper reality)'를 만든다. 하이퍼 리얼리티는 새로운 기호가치를 만들어 일반 소비자들의 의식을 조정하면서 구매행동을 유도하게 된다고 볼 수 있다. 만인이 세상살이하는 현대사회에서 공간혁명이라고 할 수 있겠다. 자연스럽게 의식혁명을 하지 않을 수 없게 되었다는 뜻이다.

집단지성(collective intelligence, 集團知性)

　다수의 개체들이 서로 협력하거나 경쟁을 통하여 얻게 된 지적 능력의 결과로 얻어진 집단적 능력을 일컫는 용어이다. 집단지능(集團知能)·협업지성(協業知性)과 같은 의미이다. 이는 개체의 지적 능력의 합계를 넘어서는 힘을 발휘한다는 것이다. 이 개념은 미국의 곤충학자 윌리엄 모턴 휠러(William Morton Wheeler)가 1910년 출간한 《개미: 그들의 구조·발달·행동》(*Ants: Their Structure, Development, and Behavior*)에서 처음 제시했다고 한다. 휠러는 개체로는 미미한 개미가 공동체로서 협업(協業)하여 거대한 개미집을 만들어내는 것을 관찰했고, 이를 근거로 개미는 개체로서는 미미하지만 군집(群集)해서는 높은 지능체계를 형성한다고 설명했다.

　이후 추가 관련 실험연구 결과를 토대로 "특정 조건에서 집단은 집단 내부의 가장 우수한 개체보다 지능적"이라고 주장했다. 또 피에르 레비(Pierre Levy)는 사이버 공간의 집단지성을 제시했다. 그는 자발적으로 참여하는 구성원들이 협력 방식을 통해 지식을 공동 생산하고 호혜적으로 공유하는 새로운 지식 공간이 등장할 것으로 보고 이러한 이상적 사회의 도래를 집단지성의 개념으로 설명한다. 그래서 개별 구성원들이 지닌 지식의 한계를 뛰어넘어 공동체 전체의 지식 생산력을 증강시키며, 나아가 새로운 지식 공간 등장으로 기존의 지식과 권력 구조의 변혁을 가져올 것으로 예측한다. '개인의 한계'를 이겨내고 '전체의 범위'를 키우면 구성원 모두가 얻는 혜택은 커지기 때문이다. 웹 2.0 시대의 특징인 '개방, 참여, 공유'의 철학이 실현되는 셈이다.

　집단지성은 사회학이나 과학, 정치, 경제 등 다양한 분야에서 발현될 수 있으며, 인간뿐 아니라 동식물까지 연구 대상에 포함된다. 집단지성의 대표적 사례로는 인터넷을 기반으로 한 위키피디아와 웹 2.0을 꼽을 수 있다. 위키피디아의 발전과정은 지식·정보의 생산자나 수혜자가 따로 구분 없이 누구나 생산할 수 있고 모두가 손쉽게 공유하면서도 정체되지 않고 계속 진보하는, 집단지성의 특성을 보여준다.

　2012년 뉴욕에서는 SNS를 활용하여 탐욕적 자본주의와 신자유주의를 비판한 월 스트리트 점령(Wall street Occupy) 집회가 열렸고, 튀니지에서 일어난 민주화 운동인 재스민 혁명(Jasmine Revolution)은 23년간 지배해온 튀니지의 독재정권에 반대해 2010년 12월 시작되었다. 독재 정권에 반대해 전국적 시위로 확산된 튀니지의 민중혁명으로, 튀니지에서 흔히 볼 수 있는 꽃 이름을 따 서방 언론이 붙인 명칭이다.

한국에서 2008년 체결된 미국산 쇠고기 수입 협상에 대하여 네티즌들이 인터넷을 중심으로 자유롭게 의견을 교환하고 토론하면서 이를 반대하는 촛불집회가 확대되었는데, 이런 정치경제적 사례들은 집단지성의 한 사례로 설명할 수 있다. 2003년 생 스페인 소녀 툰베리(Greta Thunberg)는 기후변화 운동가로서 세계적인 호응을 얻고 트럼프 대통령과도 논쟁하며 매주 '미래를 위한 금요일' 운동을 주도하며 세계여론의 공감을 사고 있다.

팬덤(fandom)은 문화적 실천을 통해 집단지성을 구현하는 공동체다. 어떤 대상의 팬들이 모인 집단을 일컫는 개념이다. 텔레비전의 보급과 대중문화의 확산으로 인해 팬덤이 사회적·문화적 영향력을 행사하게 되면서 '팬덤 문화'라는 말이 탄생하기도 했다.

팬덤 구성원들은 온라인 공간에서 팬덤 대상에 대한 지식과 정보를 협력적으로 생산하고 공유한다. 자신들의 이상과 판타지에 기반하여 집단적으로 의미를 해석하고, 토론하고, 공유하는 모습은 집단지성의 현실적 구현 방식을 보여준다.

대중문화 콘텐츠에 대한 팬들의 개입과 토론이 전개되고, 자발적으로 콘텐츠 생산에 기여하는 상황이 창출되는 과정에 주목할 필요가 있다. 그를 통해 팬덤 구성원들이 대중문화 텍스트나 콘텐츠를 수용하는 과정에서 자신들의 이상과 판타지를 집단의 의미로 해석하고, 토론하고, 공유하는 과정이기 때문이다. 콘텐츠가 중요하지만, 콘텍스트의 배경지식과 영역지식이 없으면 콘텐츠가 가치를 갖기 어려워질 것이다. 영화의 3요소인 포뮬라(formula)와 컨벤션(convention)과 아이콘(icon)을 주목하면 아주 유사한 행태를 보여주고 있다.

크라우드 소싱(crowd sourcing)

대중을 뜻하는 영어 '크라우드(crowd)'와 외부 자원 활용을 의미하는 '아웃소싱(outsourcing)'을 합친 말이다. 불특정 다수의 사람들이 참여해 콘텐츠를 완성하고 문제를 해결하는 것이다. 주로 온라인 공간을 통해 이뤄진다. 잡지《와이어드》의 에디터인 제프 하우(Jeff Howe)가 2006년 이 용어를 처음 사용했다고 한다.

크라우드 소싱은 크게 4가지로 분류된다. 집단의 지식을 합쳐 문제를 푸는 **집단지성**, 집단의 창의력을 활용하는 **대중 창작**, 대중의 투표를 통해 결정을 내리는 **대중 투표**, 여러 사람으로부터 소액을 모아 자금을 조달하는 **크라우드 펀딩** 등이다.

목표액과 모금기간이 정해져 있고, 기간 내에 목표액을 달성하지 못하면 후

원금이 전달되지 않기 때문에 창작자는 물론 후원자들도 적극 나서 프로젝트 홍보를 돕는다. 투자자 입장에서는 수만 원 내지 수십만 원 등 적은 금액으로 투자할 수 있기 때문에 부담이 없다. 트위터, 페이스북 같은 소셜 네트워크 서비스(SNS)를 적극 활용하기 때문에 '소셜펀딩'이라고도 불린다. 주로 영화·음악 등 문화상품이나 정보기술(IT) 신제품 분야에서 활발히 이용되고 있으며, 아이디어 창업 등 그 응용범위는 제한이 없다. 보통 후원에 대한 보상은 현금이 아닌 CD나 공연티켓 등 프로젝트 결과물로 많이 이뤄진다.

기업이 제품 개발 과정에 크라우드 소싱을 활용하면 적은 비용을 들여 다양한 아이디어를 얻고 제품에 호의적인 잠재 고객도 확보할 수 있다. 소비자가 제안하는 아이디어를 수집해 신제품 개발에 이용하는 공모전이 크라우드 소싱의 대표적인 사례다. 스마트폰과 소셜 네트워크 서비스(SNS)가 일상화하면서 뉴스 제작 과정에 크라우드 소싱을 적용한 '크라우드 소싱 저널리즘'도 등장했다.

아웃소싱(outsourcing)의 확장개념

LG전자에서 실시한 'LG챌린지' 아이디어 공모전, 삼성전자에서 실시한 '투모로우 솔루션 공모전' 등이다. 실제로 상품 개발과 이어지고 특허료까지 지불하는 적극적 소비자 참여형 프로젝트다. 소비자와 생산자의 영역이 파괴된 시점에서 집단지성의 개념을 살린 '프로슈머'의 구체적인 실행인 셈이다. 더 좋은 아이디어를 개발하고 최상의 제품만을 만들겠다는 개방의식의 산실이다.

'퍼스트 무버' 전략

CJ그룹의 문화사업이 글로벌 시장에서 인정받으면서 '퍼스트 무버(first mover, 시장 선점자)' 전략이 재계의 주목을 받고 있다. 설탕 회사였던 제일제당이 영화를 시작으로 문화사업에 뛰어든 지 20년 만에 방송, 음악 등을 아우르는 글로벌 문화기업으로 성장했기 때문이다.

이 같은 퍼스트 무버 전략은 빵의 본고장 프랑스 파리에 진출한 SPC그룹의 파리바게뜨, 미국 화장품 시장에서 한국의 미를 알리고 있는 아모레퍼시픽, 아시아 전역에서 한국식 유통 서비스를 펼치고 있는 롯데그룹, 초코파이로 중국 시장에서 1조 원 매출신화를 쓴 오리온 등에서도 찾아볼 수 있다.

오리온은 1993년 중국 시장에 진출해 현지 생산기지를 구축하며 중국 공략을 본격화했다. 진출 20년 만인 지난 2013년에는 중국 매출 1조 신화를 썼다. 지난해 중국 매출은 1조 1,614억 원으로 국내 매출(7,517억 원)보다 많았다. 대표제품인 초코파이(하오리유)는 중국 제과시장에서 파이 부문 점유율 85%를 넘어서는 등 독보적인 1위다. 오리온은 탄탄한 생산·유통망을 발판으로 연내 마켓오, 닥터유 등 프리미엄 제과 브랜드를 중국 시장에 선보일 계획이다. 한국에서 정(情) 시리즈로 캠페인을 전개했었고, 한국인에게 정(情)이 각별한 것처럼, 중국인이 인간관계에서 가장 중시하는 가치가 바로 인(仁)이다. 오리온은 이 점에 착안해 2008년 말부터 하오리요우파이(好麗友, 좋은 친구, 초코파이의 중국명) 포장지에 인(仁) 자를 삽입하고 있다. 오리온은 초코파이가 팔리는 국가를 개척하면서 이를 '파이로드(pic road)'라고 부른다. 중국이 서역과 무역하면서 교역길(실크로드)을 개척한 것처럼, 초코파이가 세계 공통의 교통로가 되고 있다는 자부심 때문이다. 오리온의 '파이로드' 글로벌 광고의 메시지(카피)는 다음과 같다.

> "나는 영하 40도의 추위가 두렵지 않습니다.
> 나는 높은 낭떠러지가 두렵지 않습니다.
> 나는 열대의 태양이 두렵지 않습니다.
> 내가 유일하게 두려운 것은
> 내가 유일하게 두려운 것은
> 나를 기다리는 사람에게 가지 못하는 일입니다.
> 단 한 사람이라도 더 행복할 수 있다면
> 더 험한 길도 두렵지 않는
> 나는 초코파이입니다.
> 파이로드를 따라 지구와 정(情)을 맺다."
> (자막) 초코파이

시장을 선도하는 퍼스트 무버가 되기 위해선 끊임없는 혁신이 필요하다. 다양성과 창의성을 보장하는 기업문화를 구축하고 현지화 전략을 구사한다면 시장 독점효과를 장기간 누릴 수 있을 것이다. 국경 없는 경제전쟁으로 비즈니스 영토를 확보하는 것은 물론 문화영토를 확장하는 브랜드 파워 1위를 차지하고 있다고 한다. 만세3창에서 **두 번째 창(窓)**이 중요한 이유는 공감을 얻기 위한 오픈 마인드와 빅 크리에이티브의 산실이기 때문이다.

만약 위기 상황이 닥친다면 충족되지 않는 전문가 처방에만 의지하기보다는 크라우드소싱(crowd sourcing)을 함께 활용하는 것이 필요하다. 크라우드 소싱은 문제를 해결하기 위해 인터넷과 소셜 네트워크 서비스 등을 통해 '영향력 있는 아마추어들' 의견을 청취하는 것을 말한다. 이름 없는 '생활의 달인'이 방방곡곡에 숨어있기 때문이다. 소위 프로급의 아마추어(amapessional)이다. 직업으로 재능을 사용하지는 않지만 경험으로 축적된 실력은 전문가 수준이다.

기업도 역량을 강조할 때는 자아도취적인 성과나 목표를 제시하지 않는다. 사회와 소통하고 존재의미를 제시하여 비전을 공유하려는 의지를 담고 있어야 상생할 수 있다. GE는 친환경 상상력(ecomagination), IBM은 더 현명한 지구(smart planet), 두산중공업은 '지구의 가치를 높이는 기술'이라고 한다. LG는 'Life is Good'이며 GS는 'Good Solution'이다.

전방위적 포털화 나선 '페북', 최종 목표는?

세계에서 가장 인구가 많은 국가는 어디일까? 중국이나 인도가 아니라 페이스북이나 구글이다. 인터넷의 사이버 스페이스에 가입자 수가 가장 많기 때문이다. 모바일 시대의 소통수단인 소셜 네트워크 서비스(SNS)가 진화하고 있다. 단순히 대화를 나누는 통로만이 아니라 신기술과 결합되면서 강력한 비즈니스 플랫폼으로 떠올랐다. '인생의 낭비'로 불렸던 SNS에서 '인생의 기회'를 얻는 사례도 목격된다. SNS 계정을 운영하지 않아도 SNS 생태계의 직간접적 영향권에서 벗어날 수 없는 상황이다. 모바일 시대의 다양한 방문을 여는 열쇠, SNS의 변화에 대해 다각도로 살펴본다.

세계 최대 SNS 페이스북이 새로운 개념의 포털로 진화하고 있다. 자체 콘텐츠 경쟁력뿐 아니라 메신저, 가상현실(VR) 기반을 활용해 모바일 플랫폼을 넘어선 위치에 도달하겠다는 목표다.

최근 페이스북 창업자이자 최고경영자인 마크 저커버그는 자신의 페이스북에 360도 동영상을 잇따라 올리며 해당 기능을 홍보하고 있다. 미국 ABC 뉴스의 북한 노동당 창건 70주년 열병식 동영상은 1,068만 회 이상 재생되며 큰 화제를 모았다. 앞서 페이스북은 자사의 '멘션' 앱에 정치인, 가수, 운동선수 등 유명인이 실시간 개인방송을 진행할 수 있는 '라이브(Live)' 기능도 추가해 동영상 경쟁력을 강화한 바 있다.

영어권 사용자를 대상으로 기능을 대폭 강화한 검색 서비스도 열었다. 이번 조치로 특정 키워드를 입력하면 해당 내용이 포함된 친구와 '전체 공개' 범위의 게시물을 검색하는 게 가능해졌다. SNS의 주요 특성인 기록 이상의 가치를 창출할 수 있는 계기가 마련된 것이다. 인스턴트 아티클(뉴스피드에서 언론사 기사를 바로 볼 수 있는 서비스), 노티파이(뉴스 알림 앱), 뮤직 스토리(노래 미리듣기) 등 다양한 사용자 편의 기능을 추가했다. 포털로의 진화를 위한 기반 구축이며, 오프라인에서의 실생활 영역을 모두 인터넷상으로 소통하겠다는 원대한 목표라고 하겠다.

페이스북 기반의 포털은 검색이 아닌 '관계망 중심'으로 구축될 가능성이 높다는 게 특이점이다. 15억 명에 달하는 페이스북 이용자들은 콘텐츠를 자발적으로 생산 및 공유하는 데 적극적이다. 이들의 적극성과 친구 관계를 활용한다면 새로운 개념의 포털이 탄생할 수 있다. 페이스북 활동을 기반으로 한 '맞춤형 콘텐츠 제공'에 소통을 더한 모델은 '포털=검색'이라는 인식 자체를 무너뜨릴 수 있고 선도적 시장 개척의 퍼스트 무버가 될 것이다. '사이버공간의 세계정복'의 설계도를 완성한 것 같다.

페이스북 메신저 역시 포털화 전략의 중요한 축이다. 메신저 플랫폼은 다양한 앱을 페이스북 메신저에 녹여넣는 것으로, 이 기능을 활용하면 메신저 종료 없이 다른 앱을 실행할 수 있다. 포털 경쟁력의 핵심인 이용자 이탈을 최소화하면서 체류시간을 늘리기 위한 전략이다.

VR기기 업체 오큘러스를 자회사로 둔 페이스북은 VR 콘텐츠시장의 포털을 겨냥하고 유통채널을 선점하기 위해 하드웨어뿐 아니라 소프트웨어 시장에서도 앞서 나가겠다는 의도가 명백해 보인다. 두 시장의 경계파괴로 사물인터넷(IoT) 시대라는 '디지털 제국주의'의 욕망을 과시하고 있는 것 같다.

O2O 서비스

O2O(Online to Offline)는 소셜 네트워크 서비스(SNS)나 스마트폰 앱(응용프로그램) 등 온라인·모바일 기술을 오프라인 사업의 마케팅 수단으로 적용하는 것이다. 가게 앞을 지나는 사람들의 스마트폰으로 모바일 할인 쿠폰을 보내 이들을 매장으로 끌어오는 것이 그런 사례다. 최근에는 온라인과 오프라인을 연결해 언제 어디서나 원하는 서비스와 상품을 구매할 수 있는 소비 형태라는 의미로 확장됐다.

카카오톡과 카카오택시로 유명한 카카오는 자신들의 비즈니스 목표를 'O2O 서비스를 통해 한국 사람의 생활을 바꾸는 것'이라고 한다. 모바일 시대에 생활 전방위로 침투한 O2O는 과연 우리 삶과 경제를 어떻게 바꾸고 있을까?

배달 앱은 O2O 서비스의 전형적인 사례이다. 젊은이들은 스마트폰 하나로 다 해결한다. 스마트폰에서 '배달의 민족' 같은 앱을 실행하면 메뉴마다 주변 식당들이 나오고 그 식당을 이용해본 사람들이 맛은 어떤지, 배달은 빠른지, 주인은 친절한지 등 평가까지 남겨둔 걸 한눈에 볼 수 있다. 오프라인상의 수많은 음식점과 상인을 온라인 공간에 불러 모은 뒤 소비자들과 연결한 디지털 기술 덕분이다. 참여자가 많을수록 소비자는 더 싸게, 더 빨리, 원하는 음식을 배달받을 수 있다. 소비자 편익와 가게 매출 증가의 윈윈 효과가 실현된다.

'O2O 개념은 음반과 뮤직 비디오로 감상해도 좋은데, 굳이 콘서트 공연장으로 가서 직접 체험하려는 팬들의 심리를 이해할 수 있지 않을까. 인간의 본성인 직접 경험을 기억하고 음반을 통해서 얻는 간접 경험에 탑재하는 형식이라고 보고 있다. 공연장의 간접체험은 일시적이기 때문에 음반에 영구 보존을 하기 위해서 O2O 전략을 쓴다고 볼 수 있을 것이다. 이런 소비의식은 세상살이에 모두 반영되리라 생각한다.

앱 서비스의 원조라고 할 수 있는 회사는 역시 차량 공유 서비스 '우버(Uber)'와 빈방 공유 서비스 '에어비앤비(AirBnB)'다. 일이 필요한 운전자와 놀고 있는 차량, 비어있는 방이라는 유휴 자원을 하나의 네트워크로 만들어 새로운 서비스를 만든 것이다. 이런 모델이 각 분야로 퍼져나가면서 O2O가 대중화되었다. 초고속 이동통신망과 고성능 스마트폰이 보편화되면서 O2O는 언제 어디서나 원하는 재화와 서비스를 '싸고, 빨리, 좋게' 살 수 있는 **주문형 경제(On-Demand Economy)**로 진화하고 있는데 '지리적 공간'의 소멸 효과도 주고 있다.

이런 진화의 부정적인 면은 비정규직 양산이다. 미국만 해도 우버 운전자나 럭스 주차 요원과 같은 프리랜서가 5,300만 명이나 된다고 한다. 이들은 거의 고용보험이나 산재보험 같은 사회안전망의 혜택을 보기 힘든 비정규직들이다. O2O 서비스 회사 입장에서는 이들을 정규직처럼 대우한다면 서비스의 가격이 올라갈 수밖에 없기 때문이다. 그래서 미국에선 O2O 서비스 종사자들의 고용 안정성 문제가 논란이 되고 있습니다. 거대 자본을 내세운 글로벌 O2O 회사에 밀려 영세한 지역 자영업자들이 위협을 받을 수 있다는 문제도 있다. 그렇다고 해서 기존 사업자를 보호하기 위해 신규 비즈니스를 무조건 불허할 수도 없는 일이다. **사회적 합**

의로 논란을 해결하고 새로운 시장과 일자리를 만들 때 O2O는 우리 경제는 물론이고 전 인류에게 기회의 창이 될 것이다.

우리나라의 '타다'의 경우 4차 산업혁명의 신산업으로 육성도 못하게 '불법'으로 기소되는 실정이다. 영국 자동차 산업의 낙후를 자초한 '붉은 깃발법'을 연상시킨다. 자동차가 나온 1865년 영국에서 제정돼 약 30년간 시행된 도로교통법이라고 한다. 마차 산업의 이익과 마부의 일자리를 보호하기 위해 자동차의 최고속도를 시속 3킬로미터로 제한하고, 마차가 붉은 깃발을 꽂고 달리면 자동차는 그 뒤를 따라가도록 하는 법이었다.

새로운 제도나 혁신적인 사고를 하기 위해서는 기득권 산업과 경쟁산업과 대체산업에 대한 '열린 마음 창(窓)'을 가지지 않으면 공멸한다는 교훈을 주고 있다.

쇼핑공간은 꿈의 공간으로 변신

'11st=11번가'라는 네이밍으로 광고를 풀어냈다. 거리의 젊은 사람들이 축제를 즐기듯 '쇼핑 거리(street)'로 몰려드는 장면과 카피를 통해 '11번가'의 젊은 감각을 표현했다. 또한 국적 불문, 남녀 불문하고 '11번가'의 카드를 들고서 '11번가'의 쇼핑몰로 모이는 콘셉트의 광고를 통해, 새로 오픈한 '11번가'를 알리고 호기심을 유발하는 효과를 집중적으로 노렸다.

'세상이 꿈꾸던 쇼핑=11번가'라는 내포의미를 보여준다. 젊은 사람들이 새로운 대륙을 발견한 듯 다 같이 한꺼번에 몰려드는 장면을 통해, 자신들의 시대가 도래했음을 상징적으로 제시한다. 타깃은 주로 인터넷 쇼핑을 즐겨 하는 20대 여성으로, 드라마가 끝나는 10시 시간대에 주로 광고가 나갔으며 '꿈꾸는 새로운 세상'이라는 카피를 통해서 고객들의 마음속에 11번가는 '꿈의 공간', 즉 신개념 오픈마켓이라는 것을 알리고 있다. 카피가 아주 일상적인 소품처럼 보이고 수다 떨듯이 나누고 있다.

> NA: 이게 무슨 핑크색이에요? 살구색이구만⋯. 24인치가 아니라 24cm 보내신거 아니에요? 5,000원을 더 내고 바꾸라구요? 반품 한 번에 전화를 몇 번 하게 하세요~ 굿바이 반품/교환 스트레스~ 11번가 (무료 반품/교환제).
>
> 남자친구도 무료 반품 되나요? (웃음소리) 11번가.
>
> (COPY: '컬러? 사이즈? 반품료? 서비스? 굿바이 반품/교환 스트레스.

알아도 그만 몰라도 그만인 메시지를 여성 생활에 중요한 이슈로 만들고 있다. 광고 콘셉트인 인지 부조화라는 고객들의 심리를 이용해 무료 반품/교환 서비스에 대한 홍보를 하고 있다.

중국판 '블랙프라이데이', 광군제

중국 최대 전자상거래 업체 알리바바가 2018년 11월 11일 오전 0시부터 진행한 초대형 쇼핑이벤트 '광군제(光棍節)' 행사에서 또다시 폭발적인 매출액을 기록했다. 알리바바는 이날 베이징(北京)의 베이징올림픽 수영경기장인 '수이리팡(水立方)'에 초대형 전광판을 설치하고 내외신 기자 500여 명을 불러 실시간 매출액 추이를 공개했다. 미국과 유럽, 일본, 한국 등 25개 국가와 지역에 있는 5천여 개 해외 브랜드도 참가했다고 알리바바 측은 밝혔다. 2019년 행사에는 4만 개 이상의 기업과 3만여 개의 브랜드가 참여해 600만 종의 제품을 선보였다. 개장 직후 시점에서 전 세계적으로 180여 개 국가나 지역의 고객들이 이번 행사에서 물건을 구매한 것으로 집계됐다. 티몰(天猫) 및 타오바오(淘宝)의 지난 11월 11일 하루 매출액은 2,684억 위안(한화 44조 6,000억 원)이었다. 중국판 '블랙프라이데이'의 저력을 과시했다.

'광군제'는 1990년대 난징(南京) 지역 대학생들이 '1'의 형상이 외롭게 서 있는 독신자의 모습과 비슷하다고 해서 '독신자의 날'로 부르면서 점차 널리 퍼졌다. '쌍(雙) 11일' 행사로도 불리는 이 이벤트에는, 상인들이 이날에는 '홀로 빈방을 지키지 말고 나와서 물건을 사면서 외로움을 달래야 한다'고 젊은이들을 부추기며 할인 판매를 하기 시작한 것이 연례행사로 굳어졌다.

알리바바는 2019년 쇼핑 행사를 '전 지구 광환제(狂歡節, 마음껏 즐기는 날)- GLOBAL SHOPPING FESTIVAL'이라고 이름 붙였다. 알리바바는 이 '광군제' 행사가 "세계인의 쇼핑 이벤트가 됐다"고 평가했다. 이날 수이리팡에서는 유명 연예인들이 대거 참석하는 갈라쇼도 함께 열었다. 중국의 유명 영화감독인 펑샤오강(馮小剛)이 연출을 맡은 행사로, '공간의 확장'을 극대화한 빅 이벤트였다.

콘텐츠 플랫폼 사고의 실행

지금은 인공지능(AI)과 초연결(hyper-connectivity)이 주요 이슈가 되는 4차 산업혁명의 시대이고 플랫폼(platform) 전쟁이 본격화하고 있다. 플랫폼은 디지털 기술을 이용하여 사람과 조직과 자원을 인터랙티브한 생태계에 연결하여 부가가치를 창출하고 교환할 수 있게 해주는 관문(portal)이기 때문이다. 비선형성이 새로운 가치를 창출하기에, 파이프라인 같은 선형적인 가치 사슬에서 탈피하여, 복합적인 가치 매트릭스가 변화를 주도하고 있다.

당연히 콘텐츠 산업에도 지각변동이 시작되었고, 콘텐츠 수익화를 성공 모델로 만들어야만 장기 지속 가능성을 확보할 수 있다.

개방과 공유의 시대이기에 이해관계자는 물론이고 전 세계인과 호흡하는 오픈 플랫폼과 동반자(open platform partnership) 전략을 구사해야 한다. 인공지능(AI)과 사물인터넷(IoT)으로 연결되기에 문화예술 생태계도 거대한 하나의 생태계가 될 것이기 때문이다. 이런 기반체계 속에서 '공존공영의 사고'를 하고 '혁신으로 경쟁하겠다'는 도전정신을 가져야 할 것이다.

말하자면 대학과 기업은 물론 회사는 플랫폼 혁신(innovation)의 현상과 본질, 그리고 콘텐츠 지향 전략의 핵심을 공유하고, 사례를 전파하는 조직이 되어야 하겠다. 관객이 방문하고 상품이 유통되도록 해야 한다. 특히 대학은 전공교육과정과 문화예술 교육의 메카로서 자리매김하려는 목표를 플랫폼으로 가져야 할 것이다.

예를 들면, 최신 MCN(Multi Channel Network) 사업이 부상하고 있다면 1인 사업자들의 바이럴 전략과 브랜드 저널리즘에서 네이티브 애드(native advertising)까지 커뮤니케이션 지형의 변화를 선도할 수 있어야 한다는 뜻이다. 인터넷과 방송과 통신의 경계가 허물어졌으며, 미디어사업과 공연사업의 경계가 무너진 문화현상과 사회 흐름(social mega stream)은 이미 확인되었거나 거부할 수 없는 또 하나의 '사실 확인(fact check)'일 뿐이다. 수용자의 '콘텐츠 소비방식'이 변했고, '규모의 경제'를 통해 생존하려는 비즈니스 모델이 '새로운 규범(new normal)'이 되고 있다. 모두가 콘텐츠 플랫폼이 되기 위한 전방위 경쟁을 하고 있는 이유이기도 하다.

플랫폼의 성공은 콘텐츠의 품질에 달려 있다. 뉴폼 아트와 엔터테인먼트로 무장하여 고정관념과 관습을 깨뜨리고, 세상에서 처음 보는 검은 백조 '블랙 스완(Black Swan)' 같은 창작물을 탑재할 수 있어야 한다. 예술에서는 '오직 하나(only

1)'만이 압도적인 조회수 우위를 차지하는 '승자독식'의 세계이지 않는가?

'생각의 탄생'에서는 '공감각'을 중요시한다

'사과 맛을 정확하게 이해하려면 혀 못지않게 눈, 코, 손의 감각도 중요하다'
는 것이다. 감각과 사고를 융합하는 것은 창조력이 뛰어난 사람들 사이에서 연상
적 공감각만큼이나 흔한 일이다.

공감각(synesthesia)은 융합, 결합, 다 같이를 뜻하는 'syn'과 감각을 뜻하는
'aisthesis'가 합쳐진 말이다. '한꺼번에 느낀다', 혹은 '감각의 융합'을 의미한다. '상
상하면서 분석하고, 화가인 동시엔 과학자가 되라'는 종합지(synosia)는 '공감각의
지적 확장'이다. 과학자와 예술가의 사고과정이 놀랄 만큼 흡사하다는 것은 '창조
과정의 보편성'에 주목하게 만든다. 과학자들이 '공통적인 문제해결법'이라고 인
식하는 것은 예술가들에게도 '공유된 영감'으로 이해해야 한다.

그래서 프랑스의 물리학자인 아르망 트루소(Armand Trousseau)도 말했다.
"모든 과학은 예술에 닿아있다. 모든 예술에는 과학적인 측면이 있다. 최악의 과학
자는 예술가가 아닌 과학자이며, 최악의 예술가는 과학자가 아닌 예술가이다"라
고. 과학자와 예술가는 '친척관계'라고도 한다. 이런 과학과 예술의 공통점은 '내적
인 느낌을 다른 사람들이 받아들일 수 있는 외적인 언어로 변환(번역)해낼 수 있을
까' 하는 문제라고 했다(《생각의 탄생》).

8장
인간

직장에서는 계급갈등, 학교에서는 성적갈등, 지역사회에서는 소득갈등으로 한국인들은 모두 어딘가에 소속돼 있는 것 같지만 진정으로 그곳에서 진정한 공동체의식을 갖고 있다고 느끼는 사람은 많지 않아 보인다. 전통적인 가족공동체도 해체돼버린 지 오래고, 무늬만 가족관계를 유지하는 것은 아닌지 성찰해볼 일이다. "먼 친척보다 가까운 이웃이 낫다"는 이웃사촌론도 이제는 그 의미를 상실하지 않았나 한다. 일상의 희로애락은 개인이 해결할 수 있다고 하더라도, 제도의 공정성을 보는 관점이 다를 때 생기는 '심리적 불편함'이나 '이분법적인 적대감'은 세대와 계층을 막론하고 사회 분위기를 침울하게 만들고 자유정신을 억압하는 짙은 미세먼지 같다고 느껴진다. 우리 인간은 '이기적 유전자'로만 구성되어 그런지 화합의 실마리를 풀겠다는 심리는 찾기 어렵다고 생각된다. 맹자의 성선설을 지지하다가 이제는 순자의 성악설을 옹호하게 되는 날이 많아지고 있기 때문이다.

미움받을 용기

방송통신위원회에 따르면 전 세계 SNS 이용자 수는 15억 명에 달한다. 인터넷상에서 친구나 동료뿐만 아니라 모르는 사람과도 친구관계를 맺거나 가입절차를 거쳐 인맥을 쌓을 수 있는 서비스가 많다. 실시간으로 정보를 공유하고 대화할 수 있는 기능을 갖추고 있다. 최근 스마트폰 같은 휴대용 장치와 결합돼 사용자 수가 급증하고 있다.

다만 타인 중심 사고를 해서 다양한 관점을 가질 수 있어야 한다. 수용자 중심

사고로 자신의 생각만 추구할 게 아니라 다른 의견도 받아들일 수 있는 상황을 만들어야 한다는 것이다.

건강한 자기 정체성은 타인과의 긍정적 관계에서 만들어진다. 그러나 타인의 관심이 나에게 비치지 않는다고 느낄 때나 '가끔 생의 주인공이고 싶다'는 데 상실감을 느낀다면 '자신은 바람과 함께 사라지다'가 되고 만다. 이 사라지는 고통은 투명인간처럼 생각될 것이고, 불안 초조에 빠지면 강박관념 속에 자신을 몰아넣지 않을까? 불안장애를 해소하기 위해 사회적 일탈이 이루어진 경우에는 자신의 존재감을 과시하기 위한 사이코패스 같은 행동으로 발전할 수도 있지 않을까? 얼마 전 일어난 우리 예비군 총기 사고, 그리고 미국 흑인 교회 총기 난사 사건의 가해자는 모두 20대 초반 청년이다. 추측하건대 자기 정체성 문제가 있었을 가능성이 크다. 사실 반(反)사회적인 행동의 이면에도 타인의 관심을 받고자 하는 무의식이 숨어있는 경우가 적지 않기 때문이다.

《미움받을 용기》는 이전에 잘 팔린 《아프니까 청춘이다》, 《멈추면 비로소 보이는 것들》이란 책처럼 무언가 우리의 허전한 마음을 툭 건드리는 끌림(넛지)이 있는 것 같다. 아픈 것은 정상이니 꿈을 갖고 앞을 향해 도전하고, 그래도 너무 앞만 보고 달리기만 하면 삶이 피곤하니 가끔 멈춰서 옆과 뒤도 바라보고, 그래도 힘들면 미움받을 용기를 가져야 한다는 심리 처방이 단계별로 유행인 모양새라는 글을 읽은 적이 있다.

사실 SNS 사용은 대부분은 '초연결사회'의 구성원으로서 소속감을 증거하는 행동이라고 할 수 있다. 그래서 우리는 오늘도 검색을 하고 카톡을 하고 상거래를 '빛의 속도'로 하고 있다. 해외여행으로 이국 정취를 느끼고 맛집 순례를 하는 이유는 인스타그램이나 페이스북에 '인증샷'을 올리기 위한 목적이 크다고 한다. '좋아요'와 '댓글'의 양에 따라 내 삶의 '질'이 결정된다고 보기 때문이다. SNS의 성공은 2030세대의 독특한 또래문화가 있고, 우리 안에 다른 사람의 관심을 받고 싶은 강력한 욕망이 있다는 증거다. 이런 욕망은 확인되는 순간 소멸해버리는 배반성을 갖고 있다. 내성(耐性)이란 관심 중독 증상이 나타난 것이다. 내성은 뇌에 행복감을 주기 위해 점점 더 큰 자극을 주어야 하는 '마약 중독 증상'을 야기한다. 가짜 행복이기에 점점 센 가짜 자극을 줘야 유지되는 논리이다. 인터넷 '가상(假想)의 나'와 현실의 '실제의 나'와는 차이가 크고, 그 차이가 클수록 관심 중독의 부작용은 심해진다. 이런 현상을 극복하고 진정한 자아 정체성을 가질 수 있는 심리가 '미움받을 용기'라고 생각한다.

나의 정체성을 판단하거나 나의 선악을 결정하는 것은 나의 주체성이지 남의 평가가 아니라는 것이다. '미움받을 용기'보단 '좋아하든가 말든가 있는 그대로 날 보여주는 용기'란 표현이 더 정확하다고 본다. 이를 '심리학적 용기'라고 한다. 심리학적 용기는 내 속마음을 있는 그대로 보여줄 수 '배짱'을 말한다.

'요하리의 창(窓)과 4 자아개념'을 참고하고 싶다. '요하리의 창(Johari's window)'에 의하면 사람에게 4가지 자아가 있다고 했다. 공개된 자아(open self), 숨은 자아(hidden self), 눈먼 자아(blind self), 미지의 자아(unknown self)이다. 공개된 자아는 자기도 알고 남도 아는 자아다. 직장의 지위나 출신학교, 외모 등이다. 숨은 자아는 자신은 알지만 남은 잘 모르는 자아다. 개인만의 비밀이나 과거사 같은 것이다. 눈먼 자아는 자신은 모르지만 남은 알고 있는 자아다. 본인은 느끼지 못하는 습관이나 말투 등이다. 미지의 자아는 자신도 남도 전혀 모르는 자아다. 정신분석이 필요한 것이나 어린 시절 충격으로 심리적 상처를 입었지만 현재 활동에서는 의식하지 못하는 자아다.

이렇게 자아의 속성이 다르다. 다양한 사회구조 속에서 역할이 다양할 수밖에 없다. 일인다역을 수행하는 고객은 멀티플레이어(multi player)다. 한 사람이 열 가지 색깔을 지닌다는 일인십색(一人十色)의 현대사회의 인간상은 복잡계 그 자체라고 하겠다. 목표고객의 심층심리 80%를 모르기에 깊이 침투하여 그들의 공감을 얻을 수 있는 전략이 인사이트 전략이다.

목표고객 중 대표고객 한 사람을 선정하여 그들이 무엇을 보고 듣고 생각하는지 해부하고 상상력을 발휘해야 가능한 전략이기도 하다. 그들이 다양한 역할을 수행할 때 어떤 심리가 작동하는지 끊임없이 관찰하고 그 이유를 질문하는 접근법을 사용해야 할 것이다. 인사이트는 배타적 특성이 아니라 **배타적 표현**을 지향한다. 차별화가 아니라 선점과 공감을 지향한다. 더 이상 차별화와 배타적 자산화가 불가능한 시대의 욕구를 반영해야 하기 때문이다. 이제 크리에이티브 디렉터는 사실(fact)과 인식(perception)의 차이를 구분하여 이해해야 한다. 이런 겉으로 보이는 고정관념을 깨뜨리고 속에 숨은 생활자 심리와 브랜드의 관계성에 대한 획기적인 시각이 필요하다.

인간은 커뮤니케이션상에서 얼마나 많은 오해를 주고받는가를 경험으로 알고 있다. 주는 것 없어도 고마운 사람이 있고 받는 것 없어도 고마운 사람이 있다. 별로 나한테 잘하는 것도 없는데 끌리는 사람도 있다. 결국 모든 사람이 날 다 좋아하게 만들 수는 없다는 인식이 필요할 뿐이다. 모두의 사랑을 받으려는 욕심이 좌절이나 관심 중독에 빠뜨린다. 있는 그대로의 나를 보여주는 '심리학적 용기(勇氣)'가 필요한 것이다. 최근 SNS에서도 스타들의 자기 찾기가 강조되고 있고, 코르셋과 '화장빨'을 거부하고 '생얼'로 자신만의 정체성을 확립하고자 하는 '탈코르셋 선언'이 보이기도 하니 다양성을 인정하고, 당당히 '심리적 용기'를 가져야 할 것이다. 가공성보다는 진정성이 더 높은 가치를 유지한다는 사고가 요구된다 하겠다. 열린 마음의 창(窓)이다.

노블레스 오블리주

노블레스 오블리주(noblesse oblige)는 프랑스어로 '고귀한 신분(귀족)'이라는 노블레스와 '책임이 있다'는 오블리주가 합해진 말이다. 1808년 프랑스 정치가 가스통 피에르 마르크가 처음 사용한 것으로 '높은 사회적 신분(명예)에 상응하는 도덕적 의무'를 뜻한다. 초기 로마시대에 왕과 귀족들이 보여준 투철한 도덕의식과 솔선수범하는 공공정신에서 비롯되었다고 한다. 그 당시에는 사회 고위층의 공공 봉사와 기부·헌납 등의 전통이 강했고, 이러한 행위는 의무인 동시에 명예로 인식되면서 자발적이고 경쟁적으로 이루어졌다. 국가와 사회공동체에서 계급갈등을 치유하는 가장 효과적인 방법의 하나로 해석할 수 있겠다. 왕족이나 귀족들은 평상시에는 호화로운 생활을 즐길 수 있었지만, 나라가 위기에 처하면 제일 먼저 희생되어야 했다. 특히 귀족 등의 고위층이 전쟁에 참여하는 전통은 더욱 확고했다. '로마제국 1,200년 역사를 지탱해준 힘도 노블레스 오블리주의 철학'이라고 한다. 근대와 현대에 이르러서도 이러한 도덕의식은 계층 간 대립을 해결할 수 있는 최고의 수단으로 여겨져왔다. 특히 전쟁과 같은 총체적 국난을 맞이하여 국민을 통합하고 역량을 극대화하기 위해서는 무엇보다 기득권층의 솔선하는 자세가 필요하다. 역사적으로 560여 년 전통의 영국 최고의 사학 명문 '이튼(Eton) 칼리지'의 교내 교회 건물에는 전사한 졸업생의 이름이 새겨져 있다. 제1차 세계대전 1,157명, 제2차 세계대전 748명으로 총 2,000여 명이 전사했다. 아르헨티나 포클랜드 전쟁 때는 영국 여왕의 둘째 아들 앤드류가 전투헬기 조종사로 참전했다. 6·25전쟁 때에도 미군 장성의 아들이 142명이나 참전해 35명이 목숨을 잃거나 부상을 입었다. 당시 미8군 사령관 밴 플리트의 아들은 야간폭격 임무수행 중 전사했으며, 대통령 아이젠하워의 아들도 육군 소령으로 참전했다. 중국 지도자 마오쩌둥이 6·25전쟁에 참전한 아들의 전사 소식을 듣고 시신 수습을 포기하도록 지시했다는 일화도 잘 알려져 있다(《네이버》).

자기희생과 사회통합 정신으로 공동체의식을 재건하려는 지도층(귀족)의 전략일 수도 있다. 왕후장상(王侯將相)의 씨가 따로 있어 태어난 게 아니라는 **민중의식**이 살아있고, 통치자와 피통치자의 대립구조에 만연한 '정치적 긴장'을 느슨하게 해야만 상호이익이라는 현실적인 목표도 있었으리라 생각한다. '사회적 역동성'을 강하게 하기 위해서라도 평상시와 전시에 계급 간의 역할을 구분하려는 의도라고 본다. '국가란 무엇인가?'와 '귀족은 누구인가?'라는 질문에 가장 강력한 대답은 '도덕적 의무'일 것이다. 기득권의 포기와 공동선의 추구를 통해 현대 **고객관계 관리(CRM) 마케팅**에도 '도덕적 의무'의 기본정신이 살아있다고 본다. 승자독식의 마케팅 전략에서 정보의 송신자와 수신자 관계나 상품 생산자와 소비자의 대립과 전쟁상황을 해소하려는 게 '관계관리'라고 볼 수 있기 때문이다. 이런 관점의 전환은 세상살이나 커뮤니케이션 전략에서도 차별성을 줄 수 있다고 생각한다. 열린 창(窓)을 갖고 보면 해결책도 입체적으로 찾을 수 있을 것이다.

콤플렉스

콤플렉스(complex)는 사전적 의미로는 열등의식(劣等意識)으로 자기가 다른 사람에 비하여 뒤떨어졌다거나 능력이 없다고 생각하는 만성적인 감정 또는 의식이다. 신데렐라 콤플렉스의 경우는 백마 탄 왕자를 기다리는 여성의 심리적 의존상태이다. 오이디부스 콤플렉스의 경우는 남성 본능의 승부욕이 내재해 있는 잠재의식이기도 하다. 레드 콤플렉스의 경우는 이념적인 과민반응이라고 할 수 있다. 집이 없다면 **무주택 콤플렉스**, 금지된 성 충동 또는 성 행위에 대한 벌로 거세(去勢, castration)되지나 않을까 두려워하는 '거세 콤플렉스', 사내아이가 아버지를 미워하고 어머니에게 성적 애정을 표시하는 '오이디푸스 콤플렉스(Oedipus complex)', 반대로 여자아이가 아버지에게 애정을 나타내는 '엘렉트라 콤플렉스(Electra complex)', 형제간의 적대 감정을 나타내는 '카인 콤플렉스(Cain complex)', 그 밖에 여자로서 독립심이 강하여 남성적 직업을 선택하며 독신으로 있거나 결혼하여 남편을 비(非)남성화하는 '디아나 콤플렉스(Diana complex)' 등을 들고 있다(《문학비평용어사전》).

대개는 육체적 또는 정신적 결함(缺陷)이 원인이 된다. 이런 심리적 복합체(complex)이기에 내가 좋아하고 원하는 삶이 어떤 것인지를 생각하기보다 남들과 비교하며 남들처럼 살아야 한다는 믿음이 생겼고 그 때문에 끊임없이 콤플렉스를 갖게 되는 것이다. 재테크나 부자라는 단어가 사회 이슈가 되면서 많은 사람들이 다양한 경제적 콤플렉스를 갖게 되었다고 한다. 이처럼 콤플렉스란 현실적인 행동이나 지각에 영향을 미치는 무의식(無意識, unconsciousness)의 감정적 관념이요 인간의 행위에 큰 영향을 미치는 욕망(慾望)이나 기억(記憶)을 뜻한다.

또한 억압된 불쾌한 생각 또는 감정적 색채를 띤 표상(表象)이다. 콤플렉스는 무의식적인 것이며 심하면 꿈과 히스테리 증상을 일으킨다고 정신분석학에서는 말한다. 강한 감정적 경험은 오래 의식 속에 고집(固執)되며, 특히 그것이 현실 의식과 반발하는 성질의 것일 경우에는 무의식 속에 억압된 채 존재하여 간접적으로 현실의식을 제약한다고 본다. 사는 동네에 따라, 아이의 사교육 수준에 따라, 외모와 연봉, 배우자의 직업에 따라 일상화된 콤플렉스가 지배하는 세상이다.

경제적 콤플렉스 극복하기

첫째로 행복에 대한 가치관을 다시 정립할 필요가 있다. 겉으로 드러나는 몇 가지만 보고 남과 비교하며 자신이 공들여 살아왔던 노력의 가치를 평가절하 할 필요가 없는 것이다. 무엇을 이뤘느냐가 중요한 것이 아니라 어떻게 이뤄나가는지 과정에 대한 평가가 미래를 결정한다.

또한 행복이란 완전한 소유에서 만들어지는 것이 아니라 결핍을 채워나가는 노력에서 얻어지는 것이다. 어려운 과제를 스스로의 노력을 통해 달성했을 때 갖게 되는 성취감과 보람이 결국 인간에게 행복이란 선물을 주는 것이지 않을까.

쉽게 얻은 것이 주는 만족은 순간적인 만족일 뿐 아니라 더 쉽게 채우고 사는 사람들을 향한 또 다른 콤플렉스를 예고하는 것일 뿐이다.

둘째, 본질을 보는 노력이 필요하다. 넓은 평수의 아파트가 부의 상징이라는 것은 배부른 사장님이 유능한 것이란 생각처럼 진부한 것일지 모른다. 필요 이상의 공간을 소유하는 것은 비용의 낭비와 에너지 낭비를 부를 뿐이다. 적당한 소유를 통해 더 가치 있는 소비를 계획하는 지혜가 남다른 행복을 선물할 것이다. 관리비를 절약하고 에너지를 절약하고 집 안 청소의 시간을 절약해가고 싶었던 여행을 한 번 더 계획해볼 수도 있다. 다른 사람의 기준으로 행복해지는 것이 아니라 나만의 욕구를 실현하고 사는 것이 진짜 부자의 삶이다.

이런 콤플렉스가 심해지면, 자신의 자신감과 정체성에 상처를 입게 된다. 사회적 강박증이나 정서불안과 일탈(anomie)이 생기고 다른 사람과 비교하는 압박감으로 비정상적인 행동과 판단을 하게 된다.

프란치스코 교황 '물신숭배' 비판

"물신숭배는 '악마의 배설물'이다." 프란치스코 교황이 현대 세계 자본주의의 물신숭배 풍토를 다시 한번 강도 높게 비난하고 "인간의 얼굴을 가진 경제모델"을 세우라고 촉구했다.

남미를 순방한 프란치스코 교황은 볼리비아 원주민 풀뿌리 운동 활동가들과 만난 자리에서 "돈의 지배에 대한 고삐 풀린 탐욕을 4세기 로마 주교의 말을 빌려 '악마의 배설물'로 비유했다". 교황은 생태계까지 망가뜨리는 현대 물신주의의 심각성을 경고한 뒤 "이 모든 고통, 죽음, 파괴의 뒤에는 성 바실리우스(4세기 로마 주교)가 '악마의 배설물'이라고 했던 것의 악취가 난다. '돈에 대한 고삐 풀린 추구'가 그것이다"라고 경고했다. 무절제한 탐욕을 '악마의 배설물'에 빗댄 표현은 '빈자의 성인'으로 추앙받는 12세기 수도자 성 프란치스코도 즐겨 인용했다. 현 프란치스코 교황은 2013년 남미(아르헨티나) 출신으로는 처음으로 교황에 즉위하면서 로마 가톨릭 2000년 역사상 처음으로 '프란치스코'를 교황명으로 선택했다. "사람이 돈을 숭배하면 결국 돈의 노예가 될 것"이라며, "(물신이 된) 돈은 악마의 배설물"이라고 경계한 바 있다.

프란치스코 교황은 "인간의 생명을 돈과 이윤의 제단에 갖다 바치는 정책'을 철폐하라"며 "돈에 대한 탐욕의 체계는 단지 나쁜 것을 넘어 사람들을 노예로 만드는 교묘한 독재"라고 질타했다. 그는 "식탁에 빵을 놓는 것, 아이들의 머리 위에 지붕을 만들어주고 교육과 보건을 제공하는 것, 이런 것들이 인간 존엄성의 핵심"이라고 강조했다.

《뉴욕 타임스》는 "교황의 연설은 '성서적 분노'와 '묵시록적 심판론'을 블렌딩(조화)할 수 있다"고 촌평했다. 미국 가톨릭대의 스티븐 슈넥 가톨릭연구소장은 "교황의 발언은 통상적인 신학이 아니라, 산꼭대기에서 외치는 함성"이라고 말했다. 세상살이에서 지켜야 할 '사무사(思無邪)'정신, '생각에 사악함이 없다'라고 하겠다.

인간의 유전자는 '이기적'과 동시에 '이타적'

리처드 도킨스(Richard Dawkins)가 출간한 《이기적 유전자》(The Selfish Gene, 1976)는 인간의 생물학적 본성을 파헤친 명작으로 세계적인 화제를 불러일으켰다. 자연은 이기적 유전자를 지닌 생명체들의 거대한 생존 투쟁의 장이고, 모든 생명체는 자연선택에 의한 적자생존을 위해 '만인의 만인에 대한 투쟁'을 감행한다. 그리고 그 투쟁의 과정에서는 개체 차원의 이기성과 더불어 집단 차원의 이기성도 함께 발현된다고 했다.

하지만 과학 전문 저널리스트로 활동하면서 생물학 및 철학 등 다양한 측면에서 인간의 본성을 탐구해온 매트 리들리(Matt Ridley)는 《이타적 유전자》(The Origins of Virtue)를 주장했다. 그는 도킨스의 '이기적 유전자'로는 설명할 수 없었던 '인간을 위한 이기적 유전자 이론'을 완성해냈다. '이기적 유전자'로는 우리 인간의 도덕, 협동, 사회성 등을 설명할 수 없었기 때문이다. 《게놈》의 저자이기도 한 그는 '인간의 사회적인 본성'에 대해 말하면서, '이기적인 인간'이 어떻게 이타성, 상호부조, 협동 같은 덕목을 지닐 수 있는지에 대해 사회생물학, 진화론, 게임 이론, 윤리철학 등 다양한 시각에서 분석했다는 평가를 받고 있다.

모든 유전자가 그러하듯이 진화 과정에서 살아남기 위해 '이기적 유전자'는 다양한 전술과 전략을 구사한다. 거기에는 미생물, 개미, 꿀벌, 원숭이와 유인원, 돌고래, 조류, 식물 등에서 볼 수 있는 자연계의 전술에서부터, 사회를 이루어 공동체적 적자생존을 꿈꾸는 인간의 전략까지 모든 것이 포함된다. 그리고 이성을 지닌 인간은 특별하게 이타적인 본성을 진화시켜왔다. 그 본성은 '털 없는 원숭이'가 비정한 자연계에서 살아남기 위해 집단을 이루는 과정에서 선택한 최고의 전략이었다. 따라서 인간의 유전자는 '이기적'임과 동시에 '이타적'이며, 인간의 도덕과 사회성은 '이타적 유전자'의 명령에 의해 나타나는 것이다. 만인이 세상살이 하면서 '이중성'을 보이는 경우와 닮았다고 본다. 인간의 '성선설'과 '성악설'의 통합으로 추론해보면 어떨까. 이것이 바로 인간이 지닌 원형(archetype)의 실체이다.

인간을 인간답게 만드는 사회적 감정 '수치심'과 죄책감

인간이 타인의 시선을 지나치게 의식해서 생기는 감정으로 **수치심**(shame)과 **죄책감**(guilt)이 있다. 인간이 사회적 동물이기에 공동체 속에서 살면서 자연스럽게 생기는 사회적 감정(social emotion)이라 하겠다.

길을 가다 아무도 보는 사람이 없는 데서 돌부리에 넘어지면 괜히 얼굴이 붉어지는 부끄러움이 생긴다. 그러나 수십 명이 다니는 지하철역에서 넘어졌다면, 즉 주위에 보는 사람이 있다면 수치심이 들게 된다. 타인의 시선이 있을 때 수치심이 생긴다고 한다. 남이 없으면 존재하지 않았을 감정인데, 다른 사람의 시선을 의식하는 순간 느끼는 무력감과 무가치감과 수치심을 '영혼의 늪지대'라고도 말한다.

죄책감(guilty feeling)은 죄의식이기에 다른 사람의 시선이 없어도 스스로 느끼는 감정이다. 엄정한 도덕 윤리적 기준에 벗어날 때 생기는 이질감 같은 것이다. 결정적으로 어떤 사회적 금기(taboo)를 어겼을 때 어김없이 이런 감정이 생긴다. 예를 들면, 아들이 유아기 때 엄마의 사랑을 독차지 하기 위해 '아버지를 없애버리고 싶다'는 느낌이 들 때는 오이디푸스 콤플렉스라고 한다. 거꾸로 딸의 경우는 어머니를 연적으로 생각하고 '아버지와 진지하게 데이트하고 싶다'는 욕망을 엘렉트라 콤플렉스라고 정신분석학에서 주장한다. 물론 유아기를 넘기면 다 해소되는 복합감정이지만 보통 사람들에게 남아있어 누구나 이런 죄책감을 느낄 것이다. 또는 살인이나 자살 사건 같은 사회적 범죄의 경우에도 자신이 적극적으로 개입하거나 고민하지 않아 생겼다고 자책하고 **사회적 부채의식**이나 **공범의식**에 빠지는 사례를 보게 된다. 공익제보자에 대한 지원과 아프리카 기아난민 보호비용을 모금액이 증가한다는 보도도 흔히 볼 수 있다. '내가 나쁜 사람'이라고 스스로 낙인찍기를 하지 않으려는 마음이라고 할 수 있겠다.

심지어 상대방이 나보다 더 심한 고통을 경험했다는 사실만으로도 죄책감이 들 때 이를 '**생존자 죄책감(survivor guilt)**'이라고 한다. 제2차 세계대전 중 살아남은 홀로코스트 생존자들은 다른 사람들에 비해 고통을 덜 겪었거나 자신만 살아남았다는 사실에 죄책감을 느낀다는 조사 결과도 있다. 우리나라가 IMF 관리체제에서 강요당한 기업 구조조정에서 살아남은 직장인들이 해고된 동료들에게 느끼는 감정 역시 해고 생존자 죄책감(layoff survivor syndrome)이라 할 수 있다. 반대로 살아남은 직장인들은 복지부동하지 않아 업무 생산성이 더 높았다고 한다. 죄책감에서 해방되고자 하는 반대급부도 작용하지 않았나 생각한다.

타인에게서 심각한 피해를 당했음에도 불구하고 죄책감을 느끼는 사람들도 있다. 성폭행당한 여성이 자신의 옷차림을 자책하고, 교통사고 피해자가 '그때 그 장소에 가지 말았어야 했다'는 후회를 하기도 한다. 사고의 책임은 가해자임을 명백히 한다면 이는 '잘못된 죄책감(false guilt)'이다. 자신이 통제할 수 없는 일에 대해 심적 고통을 느낄 필요는 전혀 없다. '성인지 감수성'이 약했던 시절의 관점일 뿐이다.

대부분의 사람은 수치심과 죄책감을 느끼지 않기 위해 다양한 심리적 방어기제를 사용한다. 책임을 타인에게 전가하는 투사 방어기제를 쓰기도 하고, 자신이 저지른 잘못에 대해 합리화하며 무마하려 든다. 여성을 26명 살해한 연쇄살인범 유영철은 자신의 살인을 '이혼한 아내에게서 당한 정신적 충격'으로 돌린다. 가족 살인범 고유정은 '남편의 변태적 성적 욕구' 때문이라고 방어한다.

이런 사회적 감정을 극복하기 위해서는 자신의 정체성을 갖고 '무한도전'하는 게 중요하다. 실패하더라도 도전 자체가 의미 있다는 생각을 해야 한다. 타인의 시선을 의식하면 인생의 주체는 타인이 된다는 사실이다. 인생의 경기장에서 선수로서 등록하고 기록을 세우려는 심리가 필요하다. 이런 죄책감 같은 인간의 사회적 감정과 심리를 이용하여 소비자를 설득하는 크리에이티브 전략은 공익광고에서도 자주 볼 수 있다.

과시적 자아와 본질적 자아

2015년 8월 24일, 페이스북 '하루 이용자'가 처음으로 10억 명을 돌파했다. 그날 하루 동안 이 지구상의 사람들 일곱 명 중 한 명은 페이스북에 접속했다. 페이스북 최고경영자 마크 저커버그는 "지금 막 우리는 중요한 이정표를 지났다. 전 세계를 연결하는 일은 이제부터 시작"이라는 말로 이 기록 갱신을 자축했다고 한다.

소셜 네트워크는 급변하는 디지털 시대에 우리가 한 번도 상상해보지 못한 방식으로 우리 모두의 삶에 영향을 미치고 있다. 우리는 사회가 인터넷 중심으로 변화된 것을 이제 자연스러운 것으로 받아들이게 되었지만, 아직 그에 따른 우리 자신의 개인적 변화, 혹은 자신의 마음과 신체의 변화는 충분히 이해하지 못하고 있다.

덴마크 행복연구소는 2015년에 성인 1,095명을 대상으로 '페이스북 이용과 행복도 간 상관관계'를 조사한 결과를 발표한 적이 있다. 연구방법은 실험 참가자를 두 집단으로 나눠 한 그룹은 평소대로 페이스북을 이용하게 하고, 다른 그룹은 일주일간 페이스북 이용을 중단하게 했다. 실험 전 참가자의 행복도가 평균 7.6점(10점 만점)이었는데, 페이스북 이용을 계속한 집단은 행복도가 그대로였지만, 이용을 중단한 집단은 행복도가 8.12점으로 올라갔다. 연구팀은 "페이스북을 중단한 참가자는 행복도가 높아졌을 뿐 아니라 실제 사회 활동에도 더 많이 참여하게 됐고, 페이스북 사용자보다 분노와 외로움도 덜 느꼈다"고 밝혔다.

"이 결과는 사람들이 자신과 다른 사람을 비교하는 경향 때문에 생긴 것"이라며 "보통 우리는 다른 사람과의 비교를 통해 자신의 삶을 평가하는 데, 대부분의 사람이 페이스북에는 긍정적인 것만 올리기 때문에 현실을 왜곡하게 된다"고 설명했다. 또한 "페이스북은 끊임없이 좋은 뉴스만 내보내 삶을 왜곡시키는 뉴스채널"이라며 "이번 실험 결과를 통해 사람들이 자신의 페이스북 사용에 대해 다시 한 번 생각해보고, 페이스북에서 보이는 것이 전부가 아니라는 것을 기억했으면 한다"고 밝혔다(《조선일보》).

호주 인스타그램에서 팔로어 50여만 명을 거느렸던 스타 에세나 오닐은 자신의 인스타그램, 텀블러, 유튜브 등 SNS 계정을 모두 중단했다고 한다. '소셜 미디어는 환상'이라는 메시지와 함께였다. 그녀가 올린 사진 한 장에는 수천 개의 '좋아요'가 달렸고, 협찬 받은 의상을 입은 사진을 SNS에 올려 돈을 벌어온 그녀였다. 인스타그램의 이머징 스타가 '탈(脫)소셜미디어'를 선언한 셈이다.

그녀는 "소셜 미디어는 환상에 불과하다"는 말과 함께 소셜미디어의 폐해를 알리는 '투사'로 변신했기 때문이다. 오닐은 "소셜 미디어는 내 인생과 몸매, 스스로가 얼마나 멋진지 세상에 끊임없이 증명하기 위해 억지로 나 자신을 꾸미게 한다"면서 "한때의 나처럼 소셜미디어 명성에 중독된 사람은 정상적인 상태가 아니다"라고 지적했다. '비정상의 정상화'가 이루어져야 한다는 것이다.

그녀는 그동안 인터넷에 올렸던 티끌 하나 없는 완벽한 피부와 날씬한 몸매, 화려한 일상을 담은 수천 장의 사진 설명도 전혀 다른 내용으로 수정했다. 매끄러운 피부를 클로즈업한 사진에는 "여드름이 났었는데 화장을 엄청 했다"고 설명했고, 비키니를 입은 사진에는 "관심을 끌려고 억지로 꾸며낸 완벽함"이라고 썼다고 한다. 자연발생적인 욕구가 아니라 '인위적이고 타인 지향적인 행위'였음을 고백한 것이다. 면접장에서 이력서 사진과 다른 얼굴의 면접자를 마주하게 되는 사례는 흔하다고 본다. 오죽하면 '배달의 민족'의 광고 카피에서 '다이어트는 포토샵으로'가 있을까? 현실부정이고 자기의 과대포장으로 허상을 따라가는 인터넷 몽유병 환자가 될 수도 있다.

오닐은 소셜미디어의 폐해와 싸우는 홈페이지도 개설했다고 한다. 오닐은 "몇 시간씩 인터넷 속 '완벽한 소녀'들을 보며 나도 그들과 같았으면 하고 바랐다. 결국 그들과 같아졌지만 전혀 행복하지도, 만족스럽지도 않았다"고 고백했다. 욕망은 달성되는 순간 소멸되고 상향으로 재정리되어 끝이 없기 때문이다. 그래서 '자기 정체성의 발견'이 중요함을 말하고 있다. 그녀는 "사람들이 과한 화장, 최신 유행, 좋아요 100개를 받은 사진, 비키니 사진, 사이 갭(Thigh Gap, 허벅지 사이 틈),

긴 금발 머리가 없으면 '별로'라고 당신에게 말하게 내버려 두지 말라"고 강조했다. 악성 댓글일 경우에는 **인간성 파괴와 존재의 부정**이라는 충격이 생기게 된다.

　페이스북 같은 SNS에 맹종하거나 금단현상을 갖게 되는 '**자발적 노예**'가 되어서는 안 될 것이다. 페이북의 친구인 '페친'에 빠진다면 페북에 갇힌 '페친(廢親)'이 될 것이다. 페이스북에 올린 뉴스피드나 포스팅한 사례들이 우리들의 세상살이에서 다른 사람들에게 어떤 영향이나 파급효과를 미칠 것인가에 대해 깊이 생각하지 않는 경향이 있다. 가상세계이고 하이퍼 리얼리티 세상이기에 현실과의 불일치에서 오는 상실감이 크다.

　또한 현대사회에서는 '비교심리'와 '타인지향성'이 강해서 사람들은 서로가 시시콜콜한 것을 알고 싶어 한다. 거창한 담론을 논하기에는 너무 부담되고, 작은 에피소드를 통해 '**느슨한 연대(weak tie)**'를 유지하고 싶어 하기 때문일 것이다. 그리고 이런 연대감은 자기 이야기를 공유하는 것에서 시작되기에 많은 사람은 자기 삶을 더 많이 공유하고 싶어 하게 된다고 본다. '인터넷 사회 속의 소속감'이라고 할 수 있겠다. 이런 인스타그램에 올리는 '인증샷'의 에피소드는 자신의 페르소나에 불과한데도 정체성으로 착각하여 결핍감이 생기고 가짜 인생이라는 자존감 상실을 겪게 될 것이다.

　이런 현실과 달리 페이스북에서는 나에 대해 무엇을 보여주고 무엇을 보여주지 않을지 선택할 수 있는 데다, 페이스북의 '좋아요' 기능이 이해받고 인정받고 싶어 하는 인간의 근원적인 욕망을 부추기기 때문이라고도 한다. 그래서 우리는 지나치게 자주, 그리고 지나치게 오래 페이스북의 뉴스피드를 스크롤하고 강박적으로 스마트폰을 확인하고 있다. 이것이 계속되면 중독 증상으로 이어질 수 있고 금단현상의 하나로 자주 페이스북을 열어보게 된다. 우리가 지하철에서 자주 보게 되는 '거북목병 환자'들의 군상이다. 자칫 SNS를 통해 만들어진 '**과시적 자아**'가 현실의 '**본질적 자아**'와 모순되면 정체성 혼란과 인간관계 갈등, 단절 불안, 과잉 노출 욕구, 허위의식 확인 등을 경험하면서 판단력 약화와 과민성 신경증에 걸릴 위험도 있다. 인기스타의 **극단적 선택**이 보도되는 사례에서도 알 수 있다.

　플로레스 박사의《페이스북 심리학》은 눈 깜짝할 새에 전 세계의 다양한 사람들과 소통할 수 있는 시대를 살아가는 우리에게 진정한 교유와 소통이란 무엇인가 자문하게 하고, 기술문명에 잠식당하지 않은 건강하고 균형 잡힌 사랑과 우정의 방식을 모색하기 위해 창의적인 상상력을 발휘하도록 권한다. 불가근불가원(不可近不可遠)으로 가까이 하지도 않지만 멀리 하지도 않는 균형감각이다.

이런 현상은 O2O(online to offline) 현상의 경계 파괴와도 이어진다. 미국의 슈퍼맥스 교도소에 수감된 재소자 25,000명이 좋은 사례다. 지난 수십 년간 연구에 따르면 재소자 대다수가 하루에 최대 23시간까지 독방에 격리된 후 공황 발작, 편집증, 불면 등 심각한 외상을 경험한 것으로 나타났다. 자살률도 평균을 훨씬 웃돌았다.

미군 정신과 의사 로이 그린커와 존 스피겔의 연구도 이를 뒷받침한다. 그들은 전시 미국 공군 병사들의 전우애를 연구한 결과 '집단의 유대'가 외상을 막아주는 현상을 관찰했다. 폭격기 승무원들은 대부분 우연히 모인 집단이었는데도 급속히 친해졌다고 한다. 병사들과 전투기는 가족과 동일시됐다. 이는 2001년 미국 9·11테러 현장을 수습한 뉴욕 소방대원에게서도 나타났다. 우리나라의 학연, 지연, 혈연의 집단연대는 개인적 경쟁력이지만, 집단적 배타성으로 사회적 폐해를 낳게 된다.

마르쿠제는 《일차원적 인간》에서 진실한 욕구(true needs)와 거짓된 욕구(false needs)를 구별하고 있다. '소비의 사회'에서도 소비는 오로지 과시욕구를 만족시키는 수단이라고 했다. 유한계급은 돈이 많기에 자신의 재력을 과시할 욕망이 크다. 그래서 상품 값이 비쌀수록 잘 팔린다는 베블런 효과(Veblen effect)가 나타난다. 광고는 이 거짓된 욕구의 카테고리에 속한다고 단정한다. 왜냐하면 광고에 맞추어 긴장을 풀고 장난을 하며 행동하고, 소비하고자 하는 욕구, 다른 사람들이 사랑하고 미워하는 대로 따라 하는 욕구이기 때문이다.

고대 신화시대의 신탁을 받고 안심하던 사람들처럼 현대인들은 광고를 공통의 화젯거리로 올리고 서로 교감하는 소비자들이다. 자신의 정체성은 사라지고 소외받지 않기 위해, 준거집단(準據集團)에 소속감을 갖고 있다고 위안받을 수 있는 장르가 광고이다. 광고가 공용어(公用語)가 된 셈이다. 이런 광고를 봐야 행복해지고 안심할 수 있는 시대가 된 것이다. 이제 거꾸로 이런 가짜 행복과 사이비 의식(似而非 意識)을 깨뜨리는 의도적인 비판이 있어야 크리에이티브의 세계로 진입할 수 있을 것이다. SK텔레콤은 신문광고에서 사회의식과 조류를 반영한 메시지를 만들었다.

광고의 '쾌락원칙'이 적용되어 있어서 이상과 현실의 분리사고로 보인다. 부성도 막지 못하고 현대카드라는 상품이 대신한 새로운 '신화화(神話化)'는 신세대가 충분히 공감할 수 있는 메시지라고 본다. 의지할 곳이 없고 신뢰할 수 있는 사람도 없는 사회라면 이는 현대카드를 믿으라고 하는 강한 요구이다. 이 요구는 주문(注文)이 되고 주문(呪文)이 된다. 광고는 광고요 사회가치는 사회가치다.

가끔 생의 주인공이고 싶다

오규원 시인의 시가 광고 카피로 쓰여 회자되었던 문장이다.

인간은 사회적 동물이기에 타인과 비교하게 되고 경쟁하면서 남다른 세상살이를 만들고 싶은 것이다. 그래서 개인은 사회조직의 관계망 속에서 타인과 서로 크고 작은 영향을 주고받으며 살아가는 생태계의 일원이다.

이 관계망은 그물망처럼 촘촘할 수도 있고 SNS처럼 느슨한 연대일 수도 있다. 어쨌든 인간은 혼자서 살 수 없는 나약한 존재다. 이런 상호작용은 타인의 생각과 행위가 서로에게 스며들어 태도와 행동을 바꾸게 만든다. 자신이 모방하면서 타인이 모방하기를 원하며, 개인이 따라가면서 집단이 따라오기를 바라는 이중심리라고 하겠다. 인간은 때로 타인을 의식하고 그들에게 상처받는 연약한 갈대다.

사람은 쉽게 군중심리에 휩쓸린다. 노벨 경제학상 수상자 로버트 실러는 주택·증권 시장 참여자들에게서 '비이성적 과열' 현상을 발견했다. 미국인들은 9·11테러가 일어난 뒤 1년 동안 비행기 대신 자동차로 여행했고, 결과적으로 같은 기간 비행기 납치로 죽은 희생자의 6배에 이르는 사람이 죽었다고 한다.

역사상 군중심리를 가장 잘 이용한 광기의 독재 정치인은 전체주의자들인 스탈린, 무솔리니와 히틀러였다고 알려져 있다. 현대 시민사회에서도 다양한 거리시위에 참석한 '합리적 개인'도 '집단 군중심리'로 광기로 가득한 폭도가 되는 사례를 흔히 보게 된다. 국가라는 영역에서 '최상위 포식자'가 되어 지배욕구를 충족시키면서 만인지상의 권력을 휘둘렀다고 할 수 있다. 자기 생의 주인공이고 싶어 '권력 의지'를 마음대로 행사하면 인류의 대재앙이 초래된다는 것을 외면했다.

인간은 집단 내 지위나 환경(콘텍스트) 때문에 한없이 잔인해진다. 미국 심리학자 필립 짐바르도가 1971년 실시한 '스탠퍼드 감옥 실험(SPE)'이 대표적이다. 심신이 건강한 남자 대학생 24명 중 절반을 죄수로, 나머지를 간수로 배정했다. 결과는 간수의 3분의 1이 폭군으로 돌변해 죄수를 가혹하게 학대했다고 한다. 물론 실험은 단 엿새 만에 중단됐다. 이렇게 이성을 잃은 인간행동을 '악의 편재성'으로 치부해버리면 무책임하다고 할 수 있다. 사회적 통제장치나 개인의 도덕성으로 충분히 제어가 가능하도록 해야 할 것이다.

미디어 소비에 관한 '맥락효과'를 보자. 수용자가 콘텐츠를 수용하는 과정에서 영향을 주는 맥락적 요소는 크게 수용자 내부 요인과 외부 요인으로 나눌 수 있다. 수용자 내부 요인은 감정과 같이 변화하는 가변적 내부 요인과 성격이나 취향, 사전 경험과 지식 등과 같이 변하지 않는 특성 요인이 있다.

그리고 수용자 외부 요인은 시간, 날씨, 분위기와 같이 수용자가 어떤 위치와 공간에 있는가에 따라 콘텐츠 수용에 영향을 받는 환경적 요인이 있으며, 타인의 존재나 상황적 관여도, 사회문화적 요인과 같은 상황 맥락 요소들이 있을 수 있다. 그런데 이러한 수용자 내부 요인과 외부 요인은 서로 독립적으로 작용하든 상호작용하든 콘텐츠 수용 과정에 영향을 미치기도 한다. 게슈탈트 이론으로 보면, 맥락은 배경(background)이고, 주인공은 인물(figure)이 될 수 있을 것이다. 미국처럼 인물이 우선인 사회에서는 '가끔 생의 주인공이고 싶다'가 잘 적용될 수 있을 것 같다. 한국 같은 배경문화 중심의 사회에서는 인물이 주목받기 보다는 희생양이 되기 쉽지 않는가?

아무튼 사회적 맥락이 인간의 행동과 태도를 결정하는 데 일관되게 중요한 역할을 하는 것으로 나타났다. 결국 '사람이 희망이다'를 잊지 말아야 할 것이다.

> "인간은 본래 순응하는 존재라서 얼마나 쉽게 타락할 수 있는지 자각한다면 잠재적 악인(惡人)도 다르게 행동할 수 있다. 정치인과 미디어가 공포 분위기를 조성해서 유권자를 자극하고 뉴스를 팔려고 하지 않는다면 세상은 더 안전해진다. 우리는 다양한 흐름에 휩쓸리지만 우리를 우리로 만들어주는 존재는 바로 함께 헤엄치는 사람(타인)들이다."

잉여인간

인류역사는 0.1%의 창의적 사람과 그를 알아보는 0.9%의 통찰력을 가진 사람이 이끌어왔으며, 나머지 99%는 잉여인간(organic Materia)이라고 한다. 미래학자 제레미 러프킨의 표현이다. 여기서 잉여인간이란 소수가 일으킨 변화에 감탄만 하는 '수동적 인간'을 말한다. 최근 우리 사회에서도 4차 산업혁명과 경제불황으로 생긴 '잉여인간'이라는 말이 널리 사용되고 있다. '이태백'(20대 태반이 백수), '사오정'(45세 넘으면 정리해고 대상), '오포족'(연애, 취업, 결혼, 인간관계, 내 집 마련을 포기한 사람), '88만 원 세대'(20대 비정규직 평균월급인 88만 원을 받는 세대)는 청년 백수 · 조기퇴직자는 물론이고 비정규직까지도 사회안전망의 보호를 받지 못해 '남는 인간'에 포함된다. '디시인사이드'나 '웃긴 대학' 등에는 '막일도 없어 인터넷 게임으로 소일하며 시간을 보내고 있다'는 글도 있다. 하지만 젊은이들이 스스로를 잉여인간이라고 표현하는 것은 부적응자의 자포자기가 아니라 엄혹한 현실을 직시하고 자존감을 찾겠다는 의지가 있다는 것이다. 영어회화 공부하고 자격증 따면서 '잉여인간'이 되지 말자는 결의도 담겨 있다고 본다. 역사의 담론에 참여하지 못하면서 버려지는 '쓰레기 인간'이 아니라 자신만의 작은 행복을 찾아가려는 '소확행 인간'으로 만족한다는 것이다. 다중가치의 사회이기에 헌신가나 최기 채용자의 라이프 스타일이 아닐 뿐이지 세상의 변화에 동참하지 않는 '못난 인간'이 아니다. '나는 방구석에 틀어박혀 밥이나 축내는 잉여인간'이라는 자조적인 말은 '생의 주인공'을 향한 자기 채찍으로 봐야 할 것이다. 잠재력을 발현시켜 스스로 자기만의 스타일로 헤엄칠 수 있는 '잉어인간'이 되고자 하는 경향이 있다고 해석해야 할 것이다.

엠마 왓슨의 《보그》인터뷰 화제

"밀레니얼 세대는 결혼 지상주의에서 벗어나 다른 데서 삶의 의미를 찾아"가기 때문에 "서른이 된다는 것에 왜 이리 호들갑(fuss)을 떠는지 모르겠다. 남편이 없고 아이를 안 낳으면 어떤가? 나는 셀프파트너(self-partner · 혼자서 커플 노릇을 한다는 뜻) 상태다"라고 했단다.

영화 〈해리포터〉로 유명해진 영국 배우 겸 여권(女權) 운동가 엠마 왓슨(30)이 독신(獨身)에 대해 '셀프파트너'라는 신조어를 내놓아 관심을 모으고 있다고 미 CNN 등 외신들이 보도했다. 왓슨은 패션잡지 《보그》영국판 최신호 인터뷰에서 "29세 생일까지는 집이나 남편 · 아기 · 직업 등 안정감에 대해 불안했다"면서 "지금은 싱글인 것이 행복하다"고 말했다.

인터뷰 내용에 공개된 셀프파트너라는 단어의 의미에 대해 다뤘다. CNN은 "왓슨의 행동은 결혼과 독신에 대한 밀레니얼(1980~2000년 출생) 세대의 생각을 보여주는 것"이며 "오늘날 젊은이들은 결혼 지상주의와는 다른 목소리에 귀를 기울이고 있다"고 분석했다.

MZ세대가 대세다

목표고객은 크리에이티브 전략과 아이디어 발상을 창안할 때 가장 중요한 분석사항이다. 마케팅은 '고객에 의한, 고객을 위한, 고객의' 라이트스타일을 제안해야 하기 때문이다.

우리 사회의 마케팅과 커뮤니케이션 목표고객을 중심으로 세대를 나눈다면

MZ세대가 대세다. M세대는 밀레니얼 세대로서 1980년대생부터 1997년 IMF 관리체제 시대까지이다. Z세대는 1997년 이후부터 2010년대까지 출생한 세대이다. '90년대생이 온다'가 화제가 되었듯이 역동적인 소비세대이며 그전의 XY세대와는 뚜렷한 차이를 보이고 있다. 디지털 사회를 중심으로 본다면, 인간은 급속한 변화의 물결 때문에 2000년 전후로 디지털 이민자(digital immigrant)와 디지털 원주민(digital native)으로 구분되기도 한다. 세밀하게 세대구분을 하면 90년대생은 MZ세대의 연결고리에 놓인 세대라고 할 수 있다. 일종의 디지털 친척(digital relaties) 세대로 불릴 수 있을 것 같다. 이 3세대는 세계관, 가치관, 생활방식 등 거의 모든 분야에서 '세대 단절'을 보이고 있다. 예를 들면, 요즘 게임을 즐기는 신세대의 비중이 아주 커졌다. 게임 세상과 실제 세상의 구분이 모호해질 때까지 시뮬라시옹(simulation)의 재미가 있어야 하고, 5초 내에 승부를 걸어야 하는 초두효과(prime effect)의 커뮤니케이션은 물론이고, 모바일 폰의 작은 문자판을 '빛의 속도'로 초고속 운전할 수 있는 '엄지족'이 되어야 한다. '빛의 속도'로 움직이는 세상에서 살아남을 수 있는 수단이 무엇인지를 터득하면서 커왔다고 본다. 이런 혼재된 인간형의 세상살이를 이해해야 하고 행동이나 사고방식에서 '소통의 절벽'을 파괴하는 노력을 해야 할 것이다.

제프 프롬(2018)은 "미국의 Z세대는 1995년부터 2010년 사이에 출생한 세대를 가리킨다. 태어날 때부터 모바일 기기, 컴퓨터 등 최신 기술에 둘러싸여 살아왔기에 한 번도 아날로그 문화를 접해본 적이 없다. 각종 소셜미디어에 24시간 접속된 이들은 검색으로 얻은 막강한 정보력을 바탕으로 어느 세대보다 신중하고 개성 강하다. 앞선 세대가 네이버, 구글 등 포털에서 검색했다면 Z세대는 모든 정보를 유튜브 동영상으로 습득한다. 목적에 따라 사용하는 소셜 플랫폼도 그때그때 다르다. 연예인이나 운동선수가 아닌 유튜브 크리에이터와 SNS 유명인을 동경한다. 브랜드보다 제품의 질과 개성을 기준으로 소비하고, 솔직한 목소리를 내는 기업에 주목한다. 그렇기에 Z세대를 사로잡기 위해서는 과거와는 분명 다른, 새로운 감각과 전략으로 무장해야 한다. Z세대는 자신들을 마케팅 타깃이 아니라, 하나의 인간으로 대하는 기업을 원한다. '나나랜드'처럼 자신을 예쁘게 꾸미는 행동에 큰 의미를 준다. 인스타그램에 사진을 올리고 인증샷을 올려야 하기 때문이다. 이들에게 어필할 방법을 모색하는 것이 시급한 과제지만, 사생활을 침해하거나 상품 판매 목적을 노골적으로 드러내는 방식은 먹힐 리가 없다"고 주장했다.

현재 주 소비자는 밀레니얼 세대이지만, 최강 소비세력을 잠재고객인 1020세대라고 할 수 있다. Z세대의 특징은 미래 핵심 소비자(수용자)이며 전혀 아날로그 시대를 살아보지 않은 '디지털 원주민(digital native)'이라는 점이다. 각종 글로벌 소셜 미디어(SNS)에 거의 24시간 노출되고 접속되어있으며 정보를 생산하고 공유하고 전파하는 데 익숙한 세대이다. 개성이 강해 '취향저격' 세대이며, 영상으로 소통하는 데 익숙하여 블로그(Blog)가 아니라 브이로그(Vlog) 세대이기도 하다. 유튜브 크리에이터를 동경하고 명품을 추종하지 않고 품질 위주로 구매하는 소비문화를 갖고 있다. 10대들의 선호직업은 '의사-교사-크리에이터' 순으로 조사되었다. '좋아요'와 **구독경제**에 익숙하여 의사표현에 신속하다. 구글링(googling)으로 자동반응하는 '검색의 달인'이며, '친구 되기'에는 **진정성의 검증**을 요구하는 사회관계 지향성도 강하다.

또한 정보 습득방법, 소셜 미디어 활용습관, 유머 코드, MCN 1인 크리에이터로서 인플루언서(influencer) 선호기준, 커뮤니케이션 경로 등에 철저히 '개인화'되어있다는 특징을 주목해야 한다. 뉴미디어 시대에는 수용자에게 맞춤형 크리에이티브 전략과 트렌드 및 감각을 제공해야 하는 이유가 된다. M세대와 90년생과 Z세대는 성장배경과 소비 패턴과 가치관과 정체성이 완전히 다르다는 점을 명심해야 한다.

그러나 디지털 기기 보유와 이용 능력, 활용 정도의 격차를 뜻하는 디지털 정보 격차는 좁아지는 추세지만 여전히 크다. 과학기술정보통신부와 한국정보화진흥원이 발표한 '2018 디지털 정보 격차 실태조사' 결과를 보면 장애인·저소득층·농어민·장노년층 등 4대 정보 취약계층의 디지털 정보화 수준은 일반 국민 대비 68.9% 수준이다. 장노년층의 디지털 정보화 수준은 63.1%로 가장 낮았다.

디지털 격차(digital divided)로 알려진 세대 간의 격차를 파악해서 크리에이티브 커뮤니케이션 간격을 줄이는 착안점도 찾아야 할 것이다. 아날로그와 디지털의 인간사회는 선형적이라 둘이 명확히 구분되지만, 21세기 디지털 시대인 현대사회의 인간형은 아날로그형과 디지털형이 공존하고 있다. 아날로그 시대를 살아본 사람과 살아보지 않은 사람의 공존이다. 세상살이에서 세대 단절과 정보 단절의 이중고를 겪게 해서는 안 된다.

베블런 효과

가격이 오르는데도 일부 계층의 과시욕이나 허영심 등으로 인해 수요가 줄어들지 않는 현상이다. 미국의 사회학자이자 사회평론가인 베블런(Thorstein Bunde Veblen)이 1899년 출간한 저서 《유한계급론》(有閑階級論)에서 "상층계급의 두드러진 소비는 사회적 지위를 과시하기 위하여 자각 없이 행해진다"고 말한 데서 유래했다. 베블런은 이 책에서 물질만능주의를 비판하면서 상류층 사람들은 자신의 성공을 과시하고, 허영심을 만족시키기 위해 사치를 일삼는다고 꼬집었다.

더욱이 과시욕이나 허영심을 채우기 위해 고가의 물품을 구입하는 사람들의 경우, 값이 오르면 오를수록 수요가 증가하고, 값이 떨어지면 누구나 손쉽게 구입할 수 있다는 이유로 구매를 하지 않는 경향이 있다. 무조건 남의 소비 성향을 좇아 한다는 뜻에서 '소비 편승 효과'라고도 한다. 소위 패션 명품 브랜드의 경우 '방금 입고(new arrival)'라는 태그가 붙어있으면 가격은 10배로 뛴다는 속설이다. 세상에서 하나뿐인 의상을 입는다는 것은 커다란 상징이요 기호가치가 크지만 허위의식이나 허례를 감추기 위한 과시적 소비 행태일 뿐이다.

이런 점에서 다수의 소비자가 구매하는 제품을 꺼리는 소비현상으로, 남들이 구입하기 어려운 값비싼 상품을 보면 오히려 사고 싶어 하는 속물 근성(snobbism)에서 유래한 속물효과와 비슷하다. 한국에서는 대학생들 사이에 명품 소비 열풍이 일면서 일명 명품족으로 불리는 럭셔리 제너레이션도 등장했는데, 2000년대 이후에는 극소수의 상류층 고객만을 상대로 벌이는 마케팅 전략인 VVIP 마케팅도 등장했다.

'베블런 효과(Veblen effect)'의 유한계급의 소비란 생산성 향상이나 사회 발전에 도움이 되기보다는 오로지 '소비' 자체에 머무르고, 경제적 위화감을 조성하여 건전한 사회적 자본을 형성하는데 방해가 된다. '개념 있는 소비'가 되지는 못할지언정 유행에 매달려 자신을 잃어버리는 '명복소비'가 사라져야 할 것이다.

미국 서북부 인디언 사회에는 **포틀래치(potlatch)**라는 겨울 축제가 있다. 인류학자 루스 베네딕트(Ruth Benedict)의 저서 《문화의 유형》에 소개되어 유명해진 축제다. 이 풍습을 행하는 종족의 추장은 이웃 부족 추장들을 몽땅 초대한 후 마을 한복판에 엄청난 사치품들을 하늘 높이 쌓아놓고 이를 자랑한다고 한다. 부족에 따라선 이 사치품들을 초대한 추장들에게 나눠주거나, 심지어 그 자리에서 불을 질러버리기도 한다. 그런데 이런 모욕을 당하고 돌아온 추장들은 각자의 마을에서 전보다 더 높은 사치품 무더기를 쌓아놓고 똑같은 방식으로 상대편 추장에게 빚진 모욕을 갚는다고 한다. 허장성세로 상대방을 압도하겠다는 의지라고 하겠다. **'동물적 기 싸움'**의 변형이 아닌지 의심스럽다. 일회성 이벤트로 지속가능성도 없고 자기소멸성이 강하다.

　이러한 풍습에 대해 인류학자들은 지나친 과시욕이나 과대망상으로 설명하기도 하지만, 동시에 교묘히 계산된 경제적 행위로 분석하기도 한다. 재화를 태워버린다는 것은 그만큼 아무나 쫓아올 수 없는 권위를 확인시키는 행위다. 이로 인해 불태워버린 재화보다 더 값진, 주변 마을의 신임과 복종을 얻게 된다는 것이다. 자원이 풍족함을 실증해 보임으로써 일종의 위계질서가 서게 된다는 것이다. 명품 사이에서도 점점 더 높은 가격의 상품이 인기를 끄는 것은, 그들만의 위계질서에서 조금이라도 더 높은 자리를 차지하려는 욕망 때문이라 하겠다.

밴드왜건 효과

　소비여력이 있는 부유층의 명품 소비는 이런 과시 욕구로 설명할 수 있지만, 구매력이나 소득수준이 낮은 계층의 과소비는 베블런 효과보다는 '밴드왜건 효과(Bandwagon effect)'로 설명할 수 있다. 이 효과의 유래는 자신이 지지하는 정치 후보의 당선을 위해 악단을 태운 마차(wagon)를 앞세워 마을을 돌아다니는 미국의 선거 운동원에서 비롯되었다고 한다. 자신의 정치적 신념과는 상관없이 많은 사람들이 선택하는 방향을 무비판적으로 따라가는 행위에 이 이름이 붙여지게 되었다. 마치 어린아이들이 경쾌한 취주악단의 뒤꽁무니를 따라다니면서 놀이하는 것과 흡사하다.

　잘나가는 유명 연예인이 특정 브랜드의 백을 들고 나왔다 하면 인터넷 쇼핑몰에서 해당 상품이 금세 동이 나는 현상은 바로 이런 밴드왜건 효과 때문이다. 일부 여성들이 빚을 내서라도 고가의 명품을 구입하는 '묻지마 쇼핑'은 부를 자기 과시의 수단으로 생각하기 때문일 것이다. 자본주의 사회에서 **새로운 신분계급**을 대체하는 **물신주의**의 한 면이라고 하겠다. 상징적 위계질서의 지배자가 되겠다는 무의식의 발로가 아닌지도 모르겠다. 확고한 자기 정체성이나 생의 의미를 중요시하는 문화가 약해서 그렇기도 하다. 자기만의 세계를 구축하겠다는 자신감이 필요한 시점이다. 그래야만 집단최면증에 걸린 사람들처럼 '명품의 노예'가 되지 않을 것이다.

　베블런 효과나 밴드왜건 효과는 **부의 편중**이 심화된 자본주의가 만든 부작용이다. 고급스러운 명품 브랜드의 로고가 새겨진 쇼핑백을 살 정도로 과시욕구가 만연해 있다. 자신의 신분을 대변하는 상징가치로 취급하기 때문에 신데렐라 콤플렉스나 공주병과 왕자병에 걸린 상태로 구매한다. '**합리적 구매이유**'는 실종되고 구매자 자신에게 투자한다는 명분으로 자위하는 심리다. 그러나 베블런 효과는 결코 오래가지 않는다. 쇼핑백에서 꺼낸 명품은 초두 효과로 만족감을 주겠지만 며칠 후엔 중고품으로 떨어지고 새로운 신상품에 대한 욕심으로 새로운 구매욕은 다시 치솟게 된다. 기대만큼 과시 기회는 많지 않기에 허망감이 생기고 후회하기까지 하게 된다. 베블런 상품의 가치에 대해 추호도 의심하지 않겠다고 자신에게 위로해준다(《사람을 움직이는 100가지 심리법칙》). 이런 심리는 일종의 속물주의(snobbism) 근성이거나 천민 자본주의 성향이 반영된 것이라 하겠다. 물신주의와 상품 숭배사상에서 벗어나지 못하고 있는 소아병적 현상이다.

게임 이론

이기적인 인간이 어떻게 협동을 하고 집단을 형성하며 그것을 유지하기 위해 어떻게 이타적일 수 있는가를 보여주기 위해 '게임 이론(game theory)'을 비롯한 여러 가지 이론을 도입한다. 1944년 헝가리의 천재 수학자 요한 폰 노이만(Johann von Neumann)이 탄생시킨 게임 이론은 '행위의 가치 판단이 타인의 행위에 따라 결정되는 세계'에 가장 적합한 이론이 되어 수학, 경제학, 컴퓨터공학, 인공지능은 물론이고 현대의 거의 모든 가치판단에 적용되고 있다. 그중에서도 '죄수의 딜레마' 게임은 개체의 이익과 공동의 이익이 상충하는 모든 상황에 적용되어 어느 선택이 최적인가를 가늠하는 잣대가 되어왔다.

이기적 유전자를 가진 인간이 서로 화해하고 화합할 수 없는가라는 의문을 던지면서, 공멸(共滅)이 아닌 공존(共存)을 위한 여러 가지 경우의 수와 역사적인 근거를 제시한다. 여기서 '죄수의 딜레마'에 관해 설명하면 다음과 같다.

죄수의 딜레마

A와 B가 은행을 털다가 경찰에 잡혔다. 경찰은 이들의 범행을 확신하지만 구체적인 증거가 없다. 용의자들의 자백을 받아내기 위하여 경찰은 A와 B를 격리하고, 각자에게 다음과 같은 조건을 제시했다.

어느 한 사람만이 진실을 털어놓을 경우, 그는 즉시 석방되고 다른 한 사람은 10년형을 받게 된다. 그리고 두 사람이 모두 자백하면 각각 5년형씩을 받는다. 그러나 두 사람 모두 자백하지 않으면 각각 2년형씩만 받게 된다. 두 범죄자가 모두

합리적이라고 가정하면, 결과는 어떻게 될까? 두 사람 모두 묵비권을 지키면 사이 좋게 2년씩만 감옥에 있다가 나올 수 있지만, 아이로니컬하게도 두 사람은 모두 5년을 살아야 한다는 결론에 다다르게 된다.

이와 같이, 불확실한 상황에서는 최악의 상황만은 피해야 한다는 것이 '합리적 선택'의 기준이 된다. 다시 말해 두 사람은 서로 자백하지 않으면 2년형씩만 살고 나올 수 있지만 서로를 신뢰하지 못하므로, 상대가 자백할 경우에 닥칠 최악의 상황(10년형)을 피하기 위해 순순히 자백하게 된다. 이것이 비록 인간사회 내에 존재하는 보편적인 딜레마이기는 하지만 인간은 이성(합리성)만으로 이루어진 존재가 아니기 때문에, 이 상황을 극복할 수 있다. 즉, 인간에게는 감정적 본성이 있어서 관용을 베풀어 적대적인 상대를 포용할 수 있을 뿐만 아니라, 신뢰를 바탕으로 2년형씩만 받을 수도 있다.

기능적이고 효율적인 사회가 타인의 존재를 인정해야 하며 인간의 적자생존에 반드시 필요한 요소로 인식된다. 인간은 근본적으로 '경쟁(competition)'하기 위해 '협동(cooperation)'하고, 협동하면서 경쟁한다. 따라서 개인 대 개인, 개인 대 집단, 집단 대 집단 간에는 이익의 균등(또는 우선) 분배를 위한 충돌이 나타난다. 그리고 이성적인 인간은 이러한 분쟁과 대립을 해결하기 위한 여러 가지 '제도적 장치'를 만들었다. 법, 관습, 도덕으로 대표되는 '규칙(rule)'과 '규제(regulation)'로 이기적인 개인이나 집단을 강제하여 '합리적인 거래'를 유도했다.

그뿐만 아니라 인간은 본능적인 도덕 감정 덕분에 '합리적 바보'가 되는 것을 면할 수 있다. 우리는 도덕 감정이 있기 때문에 사회적 '평판(評判, reputation)'에 대해 아주 민감하다. 평판이 나쁜 인간은 세상살이에서 도태되어 따돌림을 받게 된다. 따라서 인간은 좋은 평판을 얻기 위해 관용이나 도덕적 의무를 베풀게 된다. 그리고 좋은 평판은 신뢰를 가져오고, 신뢰는 사회적 거래에 있어서 가장 중요한 덕목이다. 신뢰는 사회적 자본(social capital)으로서 약속을 의미한다. 대체로 사회적 자본은 사람과 사람 사이의 협력과 사회적 거래를 촉진시키는 일체의 신뢰, 규범 등 사회적 자산을 포괄하여 말한다. 세상사에서 중요한 코드의 하나라고 하겠다.

인생도처유상수

삶의 도처에서 숨어있는 고수들을 만나게 되고 그들을 통해 새로운 깨달음을 얻는다는 의미로, 유홍준 교수의 《나의 문화유산답사기》 6권 제목이 '인생도처유

상수'다. 상수는 강호제현의 고수를 뜻한다. TV 프로그램인 〈생활의 달인〉처럼 한 분야에서 오랜 경륜과 기술을 연마하여 전문가(meister) 경지에 오른 인물이다. 답사에 연륜이 생기면서 자신도 모르게 문득 떠오른 경구는 '인생도처유상수(人生到處有上手)'였다는 것이다. 하나의 '명작이 탄생하는 과정'에는 미처 생각하지 못했던 무수한 상수(上手)들의 노력인 '피와 땀과 눈물'이 있었다는 '팩트 체크'라고 하겠다. 다이아몬드를 수작업으로 미학을 창조하는 보석세공사가 프로급으로 능숙하려면 오래 단련된 고도의 집중력과 기술력이 필요하다. '10,000시간의 법칙'이 적용된다면 최소 10년간의 정진이다. '우공이산(愚公移山)'처럼 우직하게 성실을 다하여 한 분야에 몰입한다면 이루지 못할 것이 없고 '신(神)의 한 수'를 발견해내는 경지에 이르게 된다. 지구촌 방방곡곡에는 최고수가 되기 위해 열정을 다하고 있는 우수마발이 넘쳐난다. 우수마발은 '소의 오줌과 말의 똥을 뜻하는데 하찮고 형편없는 것을 말한다. 그들의 '숨은 가치'를 발견하는 것은 '고수 중의 고수'이며 자기 영역에 대한 사랑과 고집과 신념이 없으면 도달할 수 없는 세상이다. 자신의 직업에 대한 소명의식이 강해야 하며 세상을 바꿀 그림을 기획하는 것이다. 세상이 알아주든 말든 묵묵히 자신만의 존재이유를 지키며 살아가는 필부 또한 인생의 상수들이라는 것이다. 미스트롯, 미스터트롯 등 각종 오디션이나 경연 프로그램에서도 우승자의 실력이 최강임을 확인할 수 있다. 스티브 잡스가 "Stay hungry, Stay foolish"라고 했을 때도 '우직하게'라는 어휘를 사용했는데 이것은 '고수의 태도'를 말한 것이라고 생각한다. 우리는 세상의 도처에서 숨어있는 상수들을 만나게 되고 그들을 통해 삶의 지혜와 깨달음을 얻는다는 것을 의미한다. 세상살이 하는 모든 사람은 서로 **상호작용**하면서 상수의 길을 가고 있다.

인비저블

"나는 전보다 사람들의 시선을 더 의식하게 됐다"가 데이비드 즈와이그의 책 《인비저블》에 등장하는 사례다.

성공하기 위해서는 스스로 자신을 포장해야 한다는 '자기 홍보의 시대'를 역주행하며, SNS를 통해 확산되는 허황된 인정욕구와 질투의 감정을 거스르고 있는 '인비저블(invisible)', 즉 '보이지 않는 사람들'이다. 스타 건축가가 아닌 구조공학자, 인기 밴드 멤버가 아닌 음향 테크니션, 외교관이 아닌 동시통역사 등 명성에 상관없이 묵묵히 자신의 일을 하는 사람들이다. 스타 뒤에 숨어있는 **필수요원들**이다.

이들의 삶은 남들의 시선에 개의치 않고 맡은 일을 제대로 해내는 데서 조용하지만 진짜 충만한 만족감을 얻을 수 있다는 걸 실감나게 보여준다. 인비저블의 특징으로 **책임감**, **완벽주의자**, **프로의식**을 보여주고 있다.

인터넷상에서 주목받기 위해 극단적인 일을 저지르는 사람이 많아지면서 '디지털 뮌하우젠 증후군'이라는 신조어까지 생겼다고 한다. 뮌하우젠 증후군이란 주변인의 관심을 끌기 위해 아픈 증상을 꾸며내거나 일부러 만드는 것이다. 1951년 미국 정신과 의사 리처드 애셔 박사가 정의했다. 허풍으로 유명했던 18세기 독일의 폰 뮌하우젠 남작의 이름을 따서 붙였다고 한다. 친구가 페이스북에 올린 대학 합격 소식에 질투를 느껴 친구의 개인정보를 추적해 합격을 취소시킨 재수생도 있었다. '날 좀 봐주세요'에 집착하는 무한경쟁사회가 만든 어두운 그림자이다. 《인비저블》의 저자는 질문을 던진다.

존재감이 극도로 약한 이들이 **악명**(notorious)과 **유명**(famous)을 가리지 않고 관심을 얻으려는 것이다. 그는 '이슬람국가(IS) 같은 단체에 동참하는 이들에게 종교적·정치적 이념은 핑계'라며 자신의 일탈행동에 가장 큰 반응을 보이는 곳을 고른 것이라고 했다. 이들은 비난도 보상으로 여긴다고 한다. 일탈행동을 부추기는 특정 사이트 등에 사회와 언론이 어떠한 관심도 보이지 않는 것이 답일 수 있다. '관종'에 대한 대응이 무관심이라는 말이다. 악플에 대한 무시전략이 세상살이의 한 방법일 것이다. 기업의 관점으로 보면 게임에서의 영웅 숭배나 코스프레나 모방범죄 등은 물론 외모지상주의나 명품 맹종 구매행동은 소비자의 관심병을 이용한 바이럴 마케팅의 하나라고 하겠다.

악의 평범성

1961년 미국의 예일대학교 심리학과 교수 스탠리 밀그램(Stanley Milgram)이 실시한 **밀그램 실험**(milgram experiment)은 평범한 사람들이 어떻게 권위에 대해 복종하게 되는가를 보여주었다. 밀그램은 '교사 역할'의 피험자에게 학생들이 단어암기 과제에서 틀릴 때마다 정신 차리고 학습할 수 있도록, 한 번에 15볼트씩의 전기 충격을 주도록 지시했다. '학생 역할'은 배우가 맡아 전기 충격을 받는 것처럼 연기를 했다. 놀랍게도 피험자(교사 역할)의 65%가 최고 450볼트까지 전압을 올린 것으로 나타나 경악하게 만들었다. 30배나 높게 처벌한 것이다. 만약에 설득력 있는 지시가 주어지면 이성적인 사람이라도 도덕적인 측면을 무시하고 명령에 따라 얼마든지 가학적인 행위를 저지를 가능성이 있다는 것이다.

《예루살렘의 아이히만》은 '악의 평범성'에 대한 보고서이다. 2차 세계대전 시 독일의 히틀러가 유대인 600만 명을 죽였는데 현장책임자가 아이히만이었다. 아이히만은 "자기가 무슨 일을 하고 있었는지 전혀 깨닫지 못한 자"였다고 뉴른베르크 전범재판에서 진술했다. 심지어 그는 전혀 도착적이거나 가학적이지도 않았다. 그는 머리에 뿔이 난 '괴물'이 아닌, 독재자의 지시를 수행하는 권력을 지닌 '거물'이었을 뿐이다. 유대인을 수송하는 계획만을 집행했다고 항변했다. 평범한 한 인간이었던 것이다. 이러한 아이히만의 행동을 세 가지의 무능성 – 말하기의 무능성, 생각의 무능성, 그리고 타인의 입장에서 생각하기의 무능성– 으로 구분하고, 이로부터 '악의 평범성'이 생겨나는 과정을 분석했다. 평범성은 특이성이 아니기에 누구에게나 생길 수 있는 '편재성'이기도 하다. 우리 역사도 '악의 평범성'으로 규정될 사건을 갖고 있다고 생각한다. 그런 사건을 발굴하고 의미를 재해석하는 인간이 되어야 할 것이다.

가면증후군(imposter syndrome)

또한 사람은 성공의 요인을 자신이 아닌 외부에 귀인(attribution)하고 자신을 자격 없는 사람 혹은 사기꾼이라 생각하기도 한다. '사기꾼 증후군'이라고도 불리는데, '임포스터(imposter)'는 사기꾼 또는 협잡꾼이라는 뜻이다. 탁월한 실력이 있음에도 불구하고 자신이 그 자리에 있을 자격이 없으며, 언젠가는 가면이 벗겨져 자신의 정체가 드러날 것이라는 두려움을 갖게 되는 게 복잡한 인간의 심리이다. 결국 '가면 증후군'은 주변 사람들을 기만하여 이 자리에까지 오게 되었다는 불안 심리이다. 항상 자신이 '가면을 쓴 사기꾼'이라고 생각하며 긴장과 불안 속에 사는 대중스타가 많다. 만약 가면이 벗겨질 것 같은 상황이 발생하거나 '고의적인 악플'에 시달릴 경우 동요를 일으키고 '극단적인 선택'으로 사회일탈행위(anomi)를 모색하기도 한다.

그러면 왜 이런 '복합심리'가 생기는 것일까? 학자들은 최악의 상황에 닥쳤을 때 받을 수 있는 심리적 충격을 피하려는 동기 때문에 이런 '방어기제'를 작동시키는 것이라고 설명한다. '가면 증후군'에 사로잡힌 사람들은 스스로에 대해 높은 기대를 걸었다가, 실패하는 것을 두려워하는 방어본능이 있기 때문이다. 만약 실패를 하더라도 "원래 나는 그것밖에 안 되는 사람이었어"라고 위안해야 하며, 늘 자기 정체성을 유지하는 게 중요하다.

히든 피겨스

미국의 우주 개척을 음지에서 묵묵히 도와 '히든 피겨스(hidden figures: 숨겨진 인물들)'로 알려진 흑인 여성 과학자 4명이 뒤늦게 그 공로를 인정받아 최고 훈장을 받았다.

미 항공우주국(NASA) 산하 랭글리 연구소에서 1960년대 일했던 수학자 캐서린 존슨(101)과 크리스틴 다든(77)이 '의회 황금 훈장'을 받는다고 의회전문매체 더힐이 보도했다. 이들과 함께 일했던 도로시 본(향년 98세), 메리 잭슨(향년 84세)은 이미 별세했지만 사후 훈장을 추서받는다. '의회 황금 훈장'은 뛰어난 성취나 공헌을 이룬 이들에게 미국 의회가 수여하는 것으로, 미국에서 민간인이 받을 수 있는 최고의 영예라고 한다.

네 사람은 우주 비행에 필요한 복잡한 계산을 수행하는 '인간 컴퓨터'로 일했다. CNN은 이들은 2차 세계대전에서의 항공기 실험, 초음속 비행 연구, 태양계 탐사를 위한 보이저 탐사선 발사에서 중추적 역할을 했으며, 1969년 인류 최초의 달 착륙에도 기여했다고 전했다. '닐 암스트롱, 콜린스, 애드윈'의 3 우주비행사는 아폴로 11호의 달 착륙선 '이글호'의 임무완수를 기억하고 있지만, 달 착륙에 기여한 수학자들은 기억하지 못한다. 첫 달 착륙자 암스트롱은 말했다. '이것은 한 인간에게는 작은 한 걸음이지만 인류에게는 위대한 도약이다'라고.

그러나 훈장 수혜자들은 모두 당대 최고 인재였지만 흑인과 여성에 대한 편견이 만연했던 1960년대 당시 온갖 차별을 당했다. 식당이나 화장실조차 백인 동료 직원들과 공유하지 못했다. 차별을 견디며 연구에 매진한 이들의 공로가 제대로 알려지게 된 것은 2016년 이들의 사연을 담은 소설《히든 피겨스》가 출판되고, 이를 원작으로 한 영화가 개봉돼 큰 흥행을 거두면서였다. 네 여성, 그리고 그간 미국항공우주국(NASA)의 성공에 기여했던 모든 여성이 이뤄낸 획기적 성취는 우리가 우주 경쟁에서 승리하도록 도왔지만 너무 오랫동안 어둠 속에 살아왔었다. '숨은 챔피언들'은 아무도 기억하지 않았다.

피아노 조율사는 '블랙 선(black sun)'이라 불리는 사람으로 피아니스트가 연주할 피아노의 230개 현을 조율하는 장인이다. '음지에서 일하고 양지를 지향한다'는 마이스터는 소리감정사로서 현을 조율할 때 초긴장과 집중으로 종교활동처

럼 일한다고 한다. 박수와 환호를 받는 피아노 연주자 뒤(back stage)에서 자신의
역할을 다하는 히든 피겨이며 숨은 설득자이기도 하다. 아니 인비지블을 지향하는
인간만이 할 수 있는 '위대한 도약'이다.

포노 사피엔스

2015년 영국 경제주간지《이코노미스트》가 '지혜가 있는 인간'이라는 의미의
호모 사피엔스에 빗대 포노 사피엔스(지혜가 있는 전화기)라고 부른 데서 나왔다. '포
노 사피엔스(phono sapiens)'는 '스마트폰(smart phone)'과 '호모 사피엔스(homo
sapiens: 인류)'의 합성어로, 스마트 폰을 신체의 일부처럼 사용하는 새로운 인류를
뜻한다.

일상의 변화를 만든 근본 원인은 권력이나 자본과 같은 특정 세력이 아니라
'포노 사피엔스'라는 신인류의 자발적 선택이다. 인류의 자발적 선택에 따른 이러한
변화를 우리는 진화라고 한다. 우리는 원하든, 원치 않든 돌이킬 수 없는 문명의 대
전환기를 살고 있다. 막아서느냐, 받아들이느냐의 선택은 우리의 몫이지만 새로운
문명의 도래는 이미 정해진 인류의 미래라는 뜻이기도 하다.

포노 사피엔스는 주로 1980년대 이후 태어난 밀레니얼 세대, 그리고 그 이후
세대인 Z세대에서 쉽게 찾아볼 수 있다. 스마트폰이 생기기 전, 우리는 과거의 매
체들을 통해 수동적인 습득만 가능했다. 하지만 지금의 디지털 혁명으로 이루어
진 스마트폰 속의 세상은, 우리가 정보를 선택하고 능동적으로 찾아보며, 공유할
수 있는 권한을 주었다. 스마트폰으로 인해 '정보의 수용자'에서 '정보의 사냥꾼'이
된 현대인들은, 이제 스마트폰이 하나의 신체 도구인 것처럼 여기고 있다. 지하철
에 탄 많은 사람들이 스마트폰만 보고 있는 것은 물론, 노모포비아(Nomophobia: 휴
대전화가 없을 때 느끼는 불안감)의 정도도 심해지고 있다. 포노 사피엔스 주장은 스마
트폰의 '중독 사용'인가 '진화의 현상'인가의 논쟁이 붙고 있다.

따라서 스마트폰을 과도한 시간 동안 사용하거나, 지나치게 의존하는 경향이
있는 포노 사피엔스라면, 자신의 라이프 스타일을 되돌아보고 개선하는 것이 중요
하다. 아직 우리의 삶은 스마트폰으로는 해결할 수 없는 문제들, 그리고 스마트폰
으로는 경험할 수 없는 소중한 것들이 존재하기 때문이다(최재봉).

행동경제학

행동경제학(behavioral economics)은 인간의 실제 '행동'을 심리학, 사회학, 생리학적 관점에서 그 인과관계를 규명하려는 경제학의 한 분야다. 행동경제학은 주류 경제학의 '합리적인 인간'을 부정하는 데서 시작하지만, 그렇다고 인간을 비합리적 존재로 단정 짓는 것은 아니다. 경제 주체들이 제한적으로 합리적이며 때론 감정적으로 선택하는 경향이 있다고 주장한다. 어떤 대상을 소유하거나 소유할 수 있다고 생각하는 순간 그 대상에 대한 '애착'이 생겨 객관적인 가치 이상을 부여하는 '보유효과'를 비롯해 닻내림 효과, 심리적 회계, 프레이밍 효과 등이 행동경제학의 주요 용어다.

'역선택'이란 의사결정에 필요한 정보가 충분하지 않아서, 불리한 선택을 하게 되는 것을 말한다. 대리인 문제에서의 역선택은 대리인에 관한 정보가 부족하여 대리인의 능력에 비해 높은 보수를 지급하거나, 능력이 부족한 대리인을 선택하는 것을 가리킨다. 1년 단위로 평가받는 대표이사(CEO)의 경우, 장기적인 연구개발 투자보다는 단기적인 실적에 치중하여 회사의 지속 가능성을 훼손하는 경영을 할 때도 CEO의 연임을 위한 '역선택'이라고 할 수 있다.

'위험발생' 가능성이 높은 사람이 보험에 가입하려는 성향을 나타내는 것을 의미한다. 이는 기본적으로 보험회사가 보험가입자에 대한 모든 정보를 확보할 수 없다는 '정보의 비대칭성(asymmetry)'에서 기인하며, 보험에서 나타나는 일반적인 현상이라고 할 수 있다.

'도덕적 해이'를 뜻하는 모럴해저드(moral hazard)는 원래 보험시장에서 사용됐던 용어이다. 화재 보험에 가입한 가입자가 '화재 예방'에 대한 '주의 의무'를 게을리함으로써 오히려 화재가 발생하여 보험 회사가 보험료를 지불하게 되는 경우가 있다. 만일 보험 회사가 보험 가입자의 화재 예방 노력을 하나하나 모두 파악할 수 있다면 화재예방 노력에 따라 보험료를 다르게 적용하거나 보험가입 자체를 거부할 수 있겠지만 현실적으로는 불가능한 일이다.

경제학적으로 '도덕적 해이'란 정보의 비대칭이 존재하는 상황에서, 주인(principal)이 대리인(agent)의 행동을 완전히 관찰할 수 없을 때, 대리인이 자신의 효용을 극대화하는 과정에서 나타난다. 예를 들어 노동자가 감시가 소홀할 때 일을 열심히 하지 않는 것, 보험 가입자가 보험을 들고 나서 '사고예방 주의 의무'를 덜하는 것, 의사가 보험금을 위해 과잉 진료하는 것 등이 도덕적 해이에 해당된다. 여기서 기업가, 보험회사, 의료보험기관이 주인이고 노동자, 보험에 가입한 자, 의사가 대리인이지만 어떤 수직적인 신분 관계를 의미하는 것은 아니다. 단지 서로의 목적하는 바가 다르다는 것을 나타낼 뿐이다. 도덕적 해이의 결과로 나타나는 게 역선택(adverse selection)이다. 고금리를 제시하는 부실 금융기관에 고객이 예금하는 것은 대표적인 모럴해저드에 해당한다(네이버).

레몬 시장, 역선택

자신에게 불리한 정보를 보험자에게 알려야 하는 '고지 의무'를 위반하며 자신에게 유리한 보험을 선택함으로써, 보험 회사에 불리한 선택을 하도록 하는 경우가 '역선택(adverse selection, 逆選擇)'에 해당된다. 이 개념은 2001년 노벨경제학상을 수상한 조지 애컬로프(George Akerlof)가 1970년에 "레몬의 시장: 품질의 불확실성과 시장 메커니즘(The Market for Lemons: Quality Uncertainty and the Market Mechanism)"이라는 논문을 발표하여, 중고차 시장에서 구입한 중고차가 잘 고장 나는 현상의 메커니즘을 분석했다. 레몬시장(lemon market)에서도 '판매자'는 거래하는 재화의 품질을 잘 알고 있지만, '구매자'는 재화를 구입할 때까지 그 품질을 알 수 없다는 '정보의 비대칭성' 문제가 생기고 역선택이 발생한다. 판매자는 불량 재화(레몬)를 좋은 품질로 속여 판매하는 위험성이 발생하고, 구매자는 좋은 품질의 재화를 구입하고자 하지만, 시장에서는 저품질의 레몬만이 거래된다는 것을 안다는 것이다. 결국 판매자는 고품질의 재화를 팔지 못하게 되고 저품질의 재화만이 시장에 유통되어, 사회 전체의 효용이 떨어진다는 것이다. 레몬(lemon)은 속어로 '불쾌한 것', '불량품'이라는 의미가 있다. 중고차의 경우처럼 실제로 구입해보지 않으면 진짜 품질을 알 수 없는 재화가 거래되는 시장을 레몬 시장이라고 한다. 세상살이에서 흔히 볼 수 있는 현상이다.

콧대 높은 여자, 마음을 돌린 이유

소비자가 구매행동 하도록 설득하기 위해 광고표현(creative)에서는 수사학이 동원되어야 한다. 화장품은 미(美)로 팔고 음식은 시즐(sizzle)로 팔고 패션은 꿈을 팔아야 한다는 뜻이다. 배를 팔려면 푸른 바다로 떠나는 항해의 꿈을 팔아야 한다.

"만일 당신이 배를 만들고 싶다면, 사람들을 불러 모아 목재를 가져오게 하고 일을 지시하고 일감을 나눠주는 등의 일을 하지 말라. 대신 그들에게 저 넓고 끝없는 바다에 대한 동경심을 키워줘라(생텍쥐페리)."

광고는 광고물이라는 '고객의 접점'을 기획하고 제작하고 유통하는 과정이다. 이 광고물은 고객에게 생활정보를 제공하고 생활문제를 해결하는 편익(benefit)을 이해시켜서 구매를 설득하기 위한 수단이다. 시장에서 상품과 소비자를 이어주는 연결고리가 된다. 기업의 마케팅 예산은 정해져 있기에, **최소비용으로 최대효과를** 낼 수 있는 광고전략을 구사해야 한다. 특히 광고 크리에이티브는 콘셉트와 아이디어가 상승작용을 할 수 있도록 제작회의에서 치열한 논쟁을 한다. '**아트와 카피의 행복한 결혼**'을 위해 게임 하듯이 아이디어를 쏟아내고 토론한다. 셀 수 없이 많은 매체 특성에 따라서도 다양한 표현을 구사해야 한다. 그래서 고객의 선호가 확실히 갈리는 광고 크리에이티브에서는 소구방법이 중요해서 수사학의 활용이 필수다. 광고인을 크리에이터라고 이름 짓는 이유도 뭔가 새로운 것(somgthing new)을 만들어내야 하기 때문이다. 크리에이터란 '창조자'이다. 무생물인 상품을 유생물처럼 살아 움직이게 하는 마술사다. 소비자가 수사학을 통해서 **아트와 카피**를 실감하게 만들어야 한다. 아트와 카피로 변신한 광고 크리에이티브가 내포하고 있는 의미를 소비자가 찾고 마음속에 '**동경의 세계**'를 눈앞에 뚜렷하게 그리도록 표현해야 한다. 이 광고표현(creative)에 드러난 형식도 중요하지만 내용에 해당하는 내포의미(메시지)를 찾아내어 '**발견의 기쁨**'을 느끼게 하는 게 수사학에서 중요하다.

광고수사학은 목표고객에게 '어떻게 말할 것인가' 하는 표현의 문제이기도 하다. BC카드 TV CM은 소비자의 마음을 사로잡는 심리적인 과정을 간결하게 구체적인 행동으로 표현하고 있다. 주인공 모델이 급히 어디론가 뛰어가는 모습의 '한 장면, 한 컷(one scene, one cut)'이다. 시선 잡기에 좋고 이기심을 건드린 카피로 주목도가 높아 몰입하게 만든다. '호격-심리적 갈등-노골적 이기심'을 잘 표현하고 있다. '눈'-'고개 15도'-'마음'으로 결단과정을 점층법으로 보여주어 속마음을 관찰하듯 표현한 것이다. 세상살이 하는 만인의 마음이 그렇기에 공감할 수 있겠다.

"콧대 높은 이 여자,
마음 돌린 이유를 알아보자.
적립금을 준다고 하니까, 눈을 살짝 돌렸다.

적립해주는 데가 많다고 하니까, 고개를 15도 돌렸다.

현금처럼 쓸 수 있다고 하니까, 마음까지 돌렸다.

마음까지 돌릴 만큼의 포인트

BC 탑 포인트"

프레이밍 효과와 트레이드 오프 효과

어떤 흡연자가 교회에 가서 이런 질문을 했다. "기도할 때 흡연해도 됩니까?" 당연히 "아니오"라는 답변을 들었을 것이다. 다시 흡연자가 질문을 바꿔서 물었다. "흡연할 때 기도해도 됩니까?" '기도'를 해도 될 때와 하지 말아야 될 때가 따로 없으니 이번에는 "예"라는 답변을 들을 수 있었을 것이다.

두 질문은 사실상 같은 질문이지만 답변은 정반대다. 사람은 어떤 질문에 답할 때 문제의 '제시방법'에 따라 답변이 크게 달라진다. 각종 여론조사에서도 결과가 다르게 나타나 '신뢰도'를 병기하는 이유이기도 하다. 질문의 틀(frame)이 달라지는 것에 따라 결과나 선택이 달라지는 것을 '프레이밍 효과'라고 한다. 그래서 조사에서는 자료(data) 자체를 정리하기보다는 '해석'을 객관적으로 해야 정확한 예측을 할 수 있게 된다. 프레이밍 효과는 의사결정 할 때나 기업의 판매 전략에도 흔히 활용된다. 냉장고 가격이 100만 원이고 배송 및 설치비를 별도로 5만원을 받는 경우와 냉장고 가격이 105만 원이고 무료로 배송을 해준다고 할 때 소비자의 선택은 달라진다.

불황일 때의 아파트 분양광고에서 '중도금 전액 무이자 대출'도 프레이밍 효과를 활용한 마케팅이라고 할 수 있다. 이자비용을 건설사에서 대신 내주는 것 같지만 분양가에 이미 이자비용이 반영되어있는 경우가 많기 때문이다. 일종의 '조삼모사식'의 판매전략으로 '판매자는 이익 희생'하고, '구매자는 이익'이라는 착각의 틀을 만들어 비합리적인 선택을 끌어내는 것이다. 눈앞의 차이만 알고 결과가 같다는 것을 모르는 상대방을 속이는 행위하고 할 수 있다. '도덕적 기만'이다.

세상살이를 잘 하려면, 투자에 있어서도 '트레이드 오프(trade off) 효과'를 이해해야 한다. 모두가 돈 버는 투자시장은 존재하지 않으며, 누군가 돈을 잃어야 하는 '이해상충 효과'라고할 수 있다. 어느 것을 얻으려면 반드시 다른 것을 희생해야 하는 경제관계를 말한다. 두 개의 정책목표 가운데 하나를 달성하려고 하면 다른 목표의 달성이 늦어지거나 희생되는 경우의 양자 간의 관계이기도 하다. 따라서 두 목표가 양립할 수 없다는 주장이 나오는데, **상반관계**나 **상충관계**(trade off relation, 相衝關係)이기도 하다. 상반관계나 상충관계는 실업과 인플레이션, 금리와 주가, 환경 보호와 경제 성장 등의 경제 현상에서 많이 보여졌다. '성장'과 '분배'나 '자유와 평등'이라는 신구 패러다임의 공존이 어렵고 새로운 이론이 '지배적인 개념'으로 대두될 수밖에 없는 상황을 말한다. 투자했을 때는 '원금 손실'과 '금리 포기'에 대해서는 이야기하지 않고, 투자를 안 했을 때의 '기회 손실'에 대해서만 강조함으로써 합리적인 의사결정을 못하게 만드는 '불완전 판매'가 생기는 이유다. '저축의 시대에서 투자의 시대로'라는 슬로건은 바꿔 말하면 '확정 이자의 시대에서 원금 손실의 시대로'가 될 수 있다는 것이다. 기획자나 일반 생활인이나 관점에 따라서, '기준을 어디에 두느냐'에 따라서 세상사의 선택과 결과가 달라진다는 점을 이해해야 한다.

현상유지 편향

몇 년 전에 5만 원을 주고 산 와인 1병 가격이 올라서 현재는 50만 원에 거래되고 있다면, '한 병을 더 사겠는가?' 아니면 가지고 있는 와인을 팔겠는가? 보통의 사람들은 두 가지 경우 모두에 "아니오"라고 답변을 한다. 이런 상황에서는 대개 살 마음도 팔 마음도 갖지 않는다는 것이다. 이유는 현재 상대에서 변화되는 것을 싫어하는 심리에서 찾을 수 있다. 변화를 시도하면 '좋아질 가능성'과 '나빠질 가능성' 두 가지가 될 것이다. 이때 현재 상황을 변화시킴으로써 발생하는 손실을 회피하기 위해 현재 상황을 고수하려는 경향을 보이는데 이를 '**현상유지 편향**'이라고 한다.

이는 윌리엄 새뮤얼슨과 리처드 젝하우저 두 교수가 실험으로 증명했다고 한다. 유산을 현금으로 물려받았을 때와 주식이나 채권 등으로 물려받았을 때의 행동이 달라진다는 것이다. 현금으로 물려받았을 때는 자신의 투자성향에 맞게 포트폴리오를 짜지만, 주식이나 채권 등으로 물려받게 되면 현상유지 편향이 작용하여 자신의 투자성향과는 상관없이 물려받은 그대로 보유한다고 한다.

핸드폰을 개통할 때 약정한 부가서비스를 해지할 생각을 하더라도 고객센터로 전화 한 통 걸 시간이 잘 나지 않는 것도 무의식적으로 '현상유지 편향'이 작용하기 때문이라고 할 수 있다. 현상을 깨는 행동을 하면 다른 사람의 결과를 확증할 수 없기에 나중에 비판을 받을 수도 있고 후회할 수도 있기 때문이다. 따라서 변동시키지 않음으로써 '심리 부담의 경감'을 하려는 것이다.

현상유지 편향은 현재 상태를 그대로 유지한다는 의미에서 '관성의 법칙'이 작용하고 있다고 할 수 있다. 이는 선거 여론조사에서도 반영이 되고 있다. 투표에서도 현상유지 편향과 관성의 법칙에 따라 '정책'이나 '후보자'에 관계없이 현직에 있는 인물이 다시 당선되는 경향에서 알 수 있다. '현직 프리미엄'이라 일컫는 사례다. 특정 브랜드 상품을 재구매하는 것도, 충성고객이 아니라 현상유지 고객일 뿐이라고 할 수 있다. 노동시장에서의 '평생직장'도 모험을 회피하려는 관성의 법칙에 따른 현상이라고 볼 수 있다.

동조현상

동조현상은 어떤 사람이 판단하거나 의사결정을 할 때 다른 사람과 비교해서 결론을 내리는 것이다. 신문에서 투표율이 높을 것이라는 기사가 나오면 평소에 투표에 관심이 없던 사람들도 '이번에는 투표를 해야겠다'라고 생각한다. 여론조사 결과 특정 후보의 지지율이 높다는 기사가 나오면 부동층의 표가 지지율이 높은 쪽으로 기운다고 한다. 동조현상의 원인은 크게 두 가지로 볼 수 있다. 첫 번째는 **'정보의 영향'**이다. 자신의 판단에 자신이 없을 때는 정보의 부족으로 인해 다른 사람들의 판단에 동조하는 것이 심리적으로 안정감을 주기 때문이다. 낯선 곳에서 맛집을 찾을 때 손님이 붐비는 식당을 찾게 되는 것도 '심리적 위안'이고 **'객관적 증거의 법칙'**과 같다고 할 수 있다. 두 번째는 **'규범적 영향'**이다. 보통 사람은 어떤 집단의 의견이 자신의 의견과 맞지 않더라도 따라가는 경향이 있다. 선의 길이를 묻는 단순한 질문에 앞선 사람 모두가 틀린 답을 했더니 마지막 사람도 똑같이 틀린 답을 했다고 한다. '모난 돌이 정 맞는다'는 속담처럼 굳이 다른 의견을 내서 '사회적인 압력'이나 집단의 비난을 마주하지 않으려는 심리 때문이다. 평소에 짬뽕을 좋아하는 사람도 주위 사람들이 모두 짜장면을 주문하면 똑같이 짜장면을 주문하게 된다. '무리'에 따르면 '무리'하게 된다는 것을 알아야 할 것이다. **'침묵의 나선 효과'**나 '베르테르 효과'와 연결지어 생각해볼 문제다. 차별화하고 남다른 생각과 의사결정을 해야 하는 **크리에이터가 피해야 할 심리현상**이다.

이런 동조현상은 자녀교육에 필요한 정보가 아쉬운 부모를, 어미 돼지에게 새끼 돼지가 몰리듯 몰고 다닌다는 '강남의 돼지 엄마'를 낳는다. 집값이 오른다는 보도에 모두 빚 내서 아파트를 사는 '부동산 묻지마 투기'를 낳는다. 남들이 빚 내서 집을 사니까 너도나도 따라서 아파트 푸어가 되는 것도 모르고 집을 산다. 이런 동조현상에 빠져서 문제를 문제라고 생각하지 않는 성향은 '밴드왜건 효과'이기도 하다. '친구 따라 강남 간다', '묻지마 맹종'이라는 선택이 심리적 동조현상이라는 것이다.

콤플렉스로 인해 내 환경을 탓하게 만들고 현실을 불만스럽게 하면서 불행을 자처하게 한다. 박탈감이 강하거나 성공 욕구가 강할 경우에는 조급함이 생겨, 투기적 욕구를 자극할 위험이 높다. 남이 성공하면 허탈하다는 생각을 할 수밖에 없고 성실히 사는 자신의 일상과 삶 자체를 초라하게 바라보게 만들기도 한다.

손실회피 성향

사람이 쾌락을 얻는 구조 중 가장 중요하고 큰 특징은 '플러스적인 자극'보다도 '마이너스적인 자극'에 훨씬 민감하다는 것이다. 같은 100만 원이라도 '벌었을 때의 만족감'과 '잃었을 때의 상실감'의 크기가 다르다. 행동경제학자인 카너먼과 트버스키에 의하면 100만 원을 잃었을 때의 상실감이 100만 원을 벌었을 때의 만족감보다 2배에서 2.5배 크다고 한다. 잃을 때의 이익보다 손실을 훨씬 크게 생각하는 경향을 '손실회피 성향'이라고 한다.

세상살이에서 대표적인 예로 대형마트에 가면 '1+1'이나 초특가, 한정세일 등의 문구를 보게 되는데, 소비자 입장에서는 지금 구입하지 않았을 때의 '손실'만 크게 생각하게 된다. '쇼핑 리스트'가 있어도 카트에 담기는 상품은 늘어나고, 집에 돌아와서 충동구매를 후회하게 된다. 홈쇼핑에서 1000개 한정, '오늘만 이 가격'이라면서 구매를 자극하는 것도 같은 원리이다.

체험행사를 한다면서 1주일간 사용해보고 맘에 들면 그때 결제하라고 하는 것도 '손실회피 성향'을 이용한 마케팅이다. 구입할 때 지출하든 일정 기간이 지난 다음에 지출하든 돈의 크기는 똑같다. 그러나 소비자 입장에서는 제품에 대한 확신이 없을 때 '구입 시의 이익'보다는 '지출로 인한 손실'을 더욱 크게 생각한다. 이때 당장 느껴야 하는 지출에 대한 고통을 회피시켜주는 것만으로도 구입의사를 결정할 수 있게 된다.

신용카드를 없애는 것이 쉽지 않은 이유도 손실회피 성향과 관련이 깊다고 본다. 신용카드를 사용하면 포인트나 할인을 받을 수 있기 때문에 '안 쓰면 손해 본다'라는 생각을 하게 된다는 것이다. 신용카드 회사들은 이 점을 이용해서 신용카드의 부가서비스를 최대한 강조한다. 그래서 신용카드를 발급받으면 지출이 늘어나는 경향이 강하다. 더구나 '당신의 능력을 보여주세요'라고 한다면 '구매심리의 포로'가 될 수밖에 없다. 신용카드를 없애라는 이야기를 듣고 없애볼까 하다가도 포인트나 할인 혜택, 할부서비스 등의 기능을 생각하면 없애기가 쉽지 않은 이유다.

확증편향

왜 합리적이고 이성적인 지식인 논객들은 양극단의 편 가르기 구도에 빠질까? 이런 '자기이행적 예언'은 확증편향(confirmation bias)의 일종이다. 확증편향은 자신의 신념과 일치하는 정보는 받아들이고 신념과 일치하시 않는 정보는 무시하는 경향으로, '내 편 편견(myside bias)'이라고도 한다. 인지부조화 이론이 내적 일관성에 관한 것이라면, 확증편향은 외적 일관성에 관한 것이다.

영국 심리학자 피터 웨이슨(Peter Wason)이 1960년에 제시한 확증편향은 현실세계의 정보와 증거가 복잡하고 불분명한 가운데 자기 신념에 맞는 정보를 찾는 건 쉬운 일이라는 전제에서 출발한다. 가설에 따른 증거를 찾으려는 성향은 설문조사에서 잘 나타난다. 설문조사는 어떻게 묻느냐에 따라 답이 달라지는 게임이라고 해도 과언이 아니다. 예컨대, 사람들에게 '행복하냐'고 묻는 게 '불행하냐'고 묻는 것보다 훨씬 높은 만족도를 보인다.

확증편향과 관련, 작가 올더스 헉슬리(Aldous Huxley)는 "기존의 사실들을 무시한다고 해서 그것들의 존재가 사라지는 것은 아니다"라고 했고, 워런 버핏(Warren Buffet)은 사람들이 잘하는 것은 기존의 견해들이 온전하게 유지되도록 새로운 정보를 걸러내는 일이다라고 했다. 입맛에 맞는 정보만 선별한다는 것이다. 심리학자 레이먼드 니커슨(Raymond S. Nickerson)도 말했다. '확증편향은 강력하고 침투력이 좋아 개인, 집단 또는 국가 차원에서 발생하는 온갖 마찰과 논쟁과 오해의 중요한 부분을 형성한다는 사실을 간과하고 있다.'

확증편향은 논리학에선 '불완전 증거의 오류(the fallacy of incomplete evidence)' 또는 체리피킹(cherry picking)이라고 한다. 자신의 주장을 뒷받침할 증거나 자료만 선택적으로 제시하는 걸 가리킨다. 마케팅 분야에서 자신의 실속만 차리는 소비자를 가리켜 체리피커(cherry picker)라고 부르는 것과 같다. 논지를 전개하는 사람이나 소비자 모두 접시에 담긴 신 포도와 체리 가운데 달콤한 체리만 쏙쏙 집어먹거나(pick) 체리가 올려져 있는 케이크 위에서 비싼 체리만 골라 먹는 걸 빗댄 말이다.

확증편향은 새로운 문제를 사실을 토대로 이해하기보다는 과거의 문제와 유사한 쪽으로 이해하려고 할 때에도 나타난다고 한다. 사실을 '객관적 거리두기'로 처리하지 않는다는 것이다. 그 대표적 사례로 거론되는 게 1998년 미국은 물론 전 세계를 떠들썩하게 만든 빌 클린턴(Bill Clinton) 대통령이 백악관 인턴 모니카 르윈스키(Monica Lewinsky)와 벌인 '섹스 스캔들'이다. 클린턴이 믿기지 않을 정도로 무모한 섹스 행각을 벌인 심리적 배경엔 '예전에 괜찮았으니 이번에도 괜찮겠지' 하는 식의 확증편향이 자리 잡고 있었다고 할 수 있다. 바늘 도둑이 소 도둑 되는 것과 비슷하다.

보통 사람들보다는 전문가들이 확증편향의 포로가 되기 쉽다. 일을 성공적으로 끝내야 하는 직업적 압박이 있기 때문이다. '어떻게 이런 일이 일어날 수 있단 말인가!'라는 탄식을 자아내는 대형 사고의 이면엔 관리자들의 확증편향이 작용한 경우가 많다. 위험하다는 경고가 있어도 관리자들은 안전을 뒷받침해주는 자료나 증거에만 눈을 돌리기 때문이다. 비즈니스 분야에서도 경험이 많은 사람조차 활발히 정보를 모으면서도 자신의 확증편향에 사로잡혀 정보를 조작하고 있다는 사실을 전혀 깨닫지 못하기 때문이다. '코로나19' 사건도 초기에 행정관료들이 '대유행병(pandemic)이 되지 않을 것'이라고 확증했기 때문에 확산방지 준비가 부실했다고 할 수 있을 것이다.

미국 펜실베이니아대 와튼(Wharton) 경영대학 교수 제임스 엠쇼프(James Emshoff)와 이언 미트로프(Ian Mitroff)는 미국에서 대기업들의 전략 수립 과정을 연구하면서 확증편향 사례를 발견했다. 많은 경영자들이 자신들이 이미 수립한 전략을 지지해주는 자료를 만들어내기 위해 최신 정보 시스템을 사용하고 있으며, 이런 선별된 자료에 의존해 전략의 대부분이 대실패로 끝났다는 것이다.

학자들도 논문 실적을 올리기 위해서라도 자신의 가설을 확증해줄 정보만을 찾기에 바쁠 수 있다. 보통 사람들을 향해선 확증편향을 버려야 한다고 훈계를 해대면서도 자신의 확증편향은 알아채기 힘들다는 것이다.

'공정성'과 '균형성'을 준수해야 할 법관들도 확증편향에서 자유롭지 못하다. 한국에서 법관 50여 명을 대상으로 한 설문조사 결과, 판사들의 확증편향이 일반인보다 크게 나타났다고 한다. 즉 "열린 마음으로 다양한 가능성을 인정하지 않은 채 당사자의 주장을 경청하지 않고 선입관을 갖는 한 판사들이 재판 과정에서 쉽게 확증편향에 빠질 수 있다"는 것이다.

광고정책 솔루션, 민세13장

'암행법관' 프로그램

이런 연구 결과에 따라 서울 동부지법은 2013년 5월 20일 동료 법관이 진행 중인 재판에 예고 없이 들어가 재판을 방청하는 '암행법관' 프로그램을 진행하고 이에 대한 의견을 나누는 세미나를 열었다. 판사들은 사건 당사자의 진술을 끊거나 그들에게 발언 기회를 주지 않는 동료 재판관들의 행동 등을 좋지 않은 '법정 커뮤니케이션 사례'로 지적했으며, 재판관이 부드러운 표정을 할 필요가 있다, 사건 당사자들에게 지나치게 조정을 강요하는 것은 오해를 살 수 있다, 주어진 시간에 비해 처리할 사건의 양이 많으면 법정에서 당사자들의 이야기를 듣기 어렵다 등의 의견을 개진했다.

확증편향은 정치적 논쟁이나 토론의 가치에 대해 근본적인 의문을 제기하게 만든다. 데이비드 맥레이니(David McRaney)는《착각의 심리학》에서 '사람들은 새로운 이야기를 불편해한다'며 이들에 대해 다음과 같이 말한다. '필터'는 '편견'의 다른 말이다.

> "이들은 기존의 세계관에 맞춰 세상을 한 번 걸러낸다. 그들의 필터가 당신의 필터와 같다면 당신은 그들을 좋아할 것이다. 만약 그렇지 않다면, 그들을 싫어할 것이다. 당신은 그들을 통해 정보를 얻으려는 게 아니라 자신의 믿음을 확인받으려는 것이다."

이념과 정치를 다루는 TV프로그램에서 패널 논객들을 맹신해서는 안 된다. 균형감각을 가진 '정의의 사도'라기보다는 '기울어진 운동장'에서 '움직이지 않는 성'을 쌓고 있다고 봐야 할 것이다. 아예 '찬반 진영'을 나누고 시작한다. 대중이 듣고 싶은 관점이 아니라 자신만 말하고 싶은 관점만을 강요하고 있다. 주관의 객관화, 타당성의 부족, 신뢰성의 약화를 초래하기 때문에 일반 대중은 자신만의 사고를 갖고 그 의미를 잘 '해석'해야 할 것이다. 이 세상살이에서도 다양한 확증편향으로 '진영 논리'가 생기기도 하고, '이데올로기의 음모론'으로 사고를 정지시키는 경향이 크다. 어떤 정치적 이슈나 쟁점에 대해 '미디어 리터러시(media literacy)'와 '사회학적 상상력'이 필요한 이유라고 하겠다.

레드팀(red team)

　사람들은 지문이 다르듯 생각이 다르고, 의견도 다른 경우가 많아, 모두가 똑같은 의견을 가진 경우는 드물다. 세상사는 다양한 이해관계가 얽혀 있어 '만장일치'가 이루어지는 일은 거의 드물어야 자연스럽다. 만약 **만장일치**를 회의결과로 이끌어냈다면, 외부 권력의 개입이나 조작, 강압 등의 부정이 있거나 대중을 기만하여 짜맞추기로 환상을 갖게 하여 착시효과를 주는 경우를 생각할 수 있다. 그럼에도 불구하고 회의할 때마다 '만장일치의 유혹'에 빠지기 쉽다. '만장일치의 외부효과'가 크기 때문이다. 의사결정 속도가 빠르고, 구성원들의 연대를 확인할 수 있기 때문이다. 권위적인 리더십이 강하거나 학연·지연 등 사회적 배경과 사고의 동질성이 높은 조직일수록 유혹은 강하다. 의사결정을 '일사분란'하게 처리할 수 있지만 만장일치는 **결정적 오류**를 부를 가능성이 높다. 응집력이 강한 조직일수록 의사결정을 내릴 때 구성원 간 갈등을 최소화하는 방향으로 만장일치를 이루려 하는 편향인 '**집단사고의 덫**(group think)'을 경계한다. 집단사고는 리더의 의견에 맞추려는 자기 검열 현상을 초래하기 때문이다.

　그래서 집단사고의 병폐를 막기 위해 종종 운용되는 '악마의 대변인(devil's advocate)'은 '선의의 비판자'로서 조직은 레드팀을 고려해야 할 것이다. 레드팀은 회의 때 의도적으로 정책의 공급자가 아닌 '**수요자 입장**'에서 반대 의견을 제시하는 역을 맡는다. '반대를 위한 반대'의 논리를 개발하도록 허용해야 한다.

　널리 알려진 '탈무드'의 지혜에는 '만장일치 무효' 규정이 있다고 한다. 유대인은 살인죄에 해당하는 재판에선 적어도 한 재판관은 피고인의 무죄를 변론하도록 했다. '국선 변호인' 제도 같은 것이다. 그러니 사형선고를 할 때 만장일치의 판결은 절대로 없다. 한 방향의 의견만 있는 재판은 공정하지 않다는 믿음의 산물이다. 소수의견이 있어야 결정의 균형이 생기고 '판결의 오류'를 예방할 수 있기 때문이다.

　레드팀은 냉전 시기를 거치는 동안 군대에서 모의 군사훈련(simulation)을 할 때 아군을 '블루팀', 적군을 '레드팀'으로 불러온 데서 나온 말이다. 현재 레드팀은 군사 국방은 물론 일반 기업, 정부, 로펌, 미디어, 스포츠 등 다양한 분야에서 활용되고 있다.

　레드팀을 성공적으로 운용하기 위해선 구성원이 중요하다. 내부 인력을 중심으로, 최근 경쟁사에서 이직한 사람일수록 좋고, 창의적이거나 주어진 정보를 그대로 받아들이지 않는 '회의론자'일수록 훌륭한 레드팀 일원이 된다. 때론 엉뚱하거나 새로운 시각을 받아들이는 '개방적'이고 '능동적'이며 다양성의 가치를 존중하는 팀원이 중요하다. 또한 고정관념을 피하기 위해 관련 업무와 인간관계로부터 독립성을 확보해주지만 주기적으로 팀원을 교체할 필요도 있겠다. 만인의 세상살이에서도 '무오류의 신화'를 만들지 않으려면 대안사고를 하고, 편향을 버려야 할 것이다. 편향은 편식이다.

사회학적 상상력을 발휘하라

크리에이티브에 관한 고전적 명제로 '낡은 것의 새로운 결합'이 있다. 그러나 이 명언엔 무엇을 어떻게 누구를 위해 꿰어야 할지 방법론과 주체와 대상이 없다. 광고는 대중과의 교감이며 사회경제에 대한 세일즈맨이요 마케팅 엔지니어링의 산물이다. 또한 광고는 인간에게의 호소이며 공동체를 향한 연대의식이다. 크리에이티브에 초점을 맞추면 오락(entertainment) 기능을 으뜸으로 쳐주어야 한다. 광고 커뮤니케이션은 **대중의 욕구와 니즈**를 알아야 하는 심리전이기도 하다. 복잡한 세상살이 한다는 게 어찌 만만하겠는가. 일상에서나 사이버상에서나 공동체 사회 속에서 다양하게 연결(link)되는 네트워크가 있다. 그 그물망에서 생활자 한 사람 한 사람의 편익을 해결해주는 게 무엇인가를 찾아내야 한다. 사회현상 가운데 무엇이 그들을 감동시키고 있으며 '거리와 가게에서 무엇을 보고 느끼고 있는지'를 관찰해야 한다. TV 드라마와 인터넷에서 어떤 키워드를 갖고 사는지를 찾아야 한다. 그 세상살이라는 '생의 한가운데'에서 그 관찰 속에서 사회학적 상상력이 활짝 피어나야 한다.

국립국어연구원이 신조어 건수를 조사했더니 '얼짱' '몸짱'에서 누드 열풍에 '검사스럽다'(행동이나 성격이 바람직하지 못하거나 논리 없이 자기주장만 되풀이하다)와 '통(通)하였느냐'까지 사회를 반영하는 민감성을 보여주었다. 사회라는 문맥(context) 속에서 유행과 트렌드를 읽고 그것이 어떤 의미가 있는지를 규명해내는 능력이 요구된다. 신문의 기획기사를 잘 살펴야 한다. 독자의 오피니언 컬럼을 주시해야 한다. 인기 드라마의 시청률을 체크해야 한다. 베스트셀러 책은 서평과 목차만이라도 읽어야 한다. 영화 〈기생충〉도 보고 〈백두산〉도 보고 〈왕좌의 게임〉도 보고 〈겨울왕국〉도 봐야 한다.

모든 인간사를 포용하고 있는 문화라는 카테고리는 끊임없이 새로운 패턴을 등장시키면서 진보해나간다. 광고는 이 거대한 **메가트렌드**의 어디에 있는가를 염두에 두어야 한다. 크리에이티브도 사회문화 현상에 적합한 상상력을 동원하여 그 무엇과 닮았고 그 무엇을 나타낼 수 있는가를 천착해야 한다. 대체할 만한 이슈나 문화는 무엇이며, '생존할 것인가? 소멸될 것인가? 변형될 것인가?'도 따져봐야 한다. 생활자의 니즈는 어떻게 발견되고 혁신되며, 그 전파는 어떤 집단 사이에 이루어지는가를 알아야 한다. 새로운 유행이 나오면 그 발생지는 어디이며 누가 선도하고 있는가를 밝혀야 한다.

그래서 크리에이티브 디렉터는 학제적(學際的) 학문에 밝고, 문화의 배경에 깔린 미의식과 사고방식과 가치관과 정서를 크리에이티브에 녹일 수 있어야 한다. 사회 속에서 살아가는 이야기들을 만들어가는 고객들이 듣고 싶어 하는 말(메시지)이 무엇인지를 잘 찾아내야 한다. 그래서 따뜻한 가을 동화를 들려주고 겨울연가를 불러주어야 한다. 크리에이티브 디렉터가 '사회학적 낭만주의자'가 되어야 할 이유다.

또한 크리에이티브 디렉터는 사회학적 잡학에 열린 마음 창(窓)을 갖고 능통해야 한다. '창'은 크리에이티브 요리를 만들기 위한 식자재에 해당한다. '요리는 재료가 기본'이라는 믿음이다.

니콜 키드먼의 〈물랑 루즈〉가 화제작이면, 장인가구(김정은 편) TV CM이 캉캉 춤의 패러디 광고로 가능하리란 것을 예상할 수 있어야 한다. 공효진의 드라마 〈동백꽃 필 무렵〉이 인기작이면 신세계 그룹의 몰(SSG)은 새로운 광고기획안을 만들어야 한다. 사회 분위기가 엽기적이면 '엽기가 어떻게 광고 소재로' 하는 망설임을 버려야 한다. 영화 〈기생충〉의 박소담을 캐스팅하여 노래(CM Song)로 만드는 순발력을 가져야 한다. 신세대 크리에이터의 전유물로 팽개치면 그 순간 광고 크리에이터 자신이 팽개쳐진다는 사실을 알아야 한다.

광고는 대중의 욕구와 필요(public wants and needs)를 메시지로 반영하고 유희적 본능을 충족시키는 커뮤니케이션이다. 산업화와 도시화로 만들어진 대중사회의 형성과 밀접한 관계가 있다. 그러므로 전통사회 질서가 붕괴되면서 생긴 '자유인'에의 꿈과 사랑을 노래하기도 해야 한다. 과거에 대한 노스텔지어, 여성의 노출 욕구, 소외감, 무력증, 불안을 위로할 수 있는 영상도 가치 있음을 알아야 한다. 대담한 현실 고발도 서슴지 않아야 한다. 이익사회에 생기기 마련인 경쟁, 긴장, 좌절, 고독감도 새로운 해석을 통해 완화시켜야 할 것이다.

국제통화기금(IMF) 관리체제에서 실직자가 늘고 '명퇴' 아빠가 생기면 그들을 위한 메시지를 개발해야 한다. BC카드의 '부자 되세요'가 공감을 얻은 것은 다 '사회학적 상상력' 덕분이다. 2003년 복권 열풍을 불러일으킨 로또는 사행심 조장이라는 역풍을 맞았다. 그래서 행복 공동체라는 돌파구를 만들어 헤쳐나갔다. 아름다운 재단과 연계하여 복권 당첨금의 일부를 자선단체에 기금으로 내놓은 것이다. 한일 양국의 갈등 국면에서 'No Japan' 캠페인으로 '사지 않겠습니다, 가지 않겠습니다'에 동참하는 것도 국수주의를 넘어 '공정성'과 '정의' 차원에서 공감한 운동이었다. 더불어 사는 커뮤니티 정신을 발휘한 것이지만, 사실은 우리 인터넷 시대의 커뮤니티가 '하나의 권력(power)'으로 부상했다는 것을 인정한 셈이다.

사회학의 중심에 서 있는 인간은 복잡하다. 변덕과 심술이 다반사다. 혼자 있을 때는 교양인이지만 군중 속에서는 야만인이 될 수 있음을 알아야 한다. 조직 구성원으로서 길들여진 면도 있지만, 잠재된 요구를 건드리면 열정적으로 변신할 수도 있다는 걸 알아야 한다. 온정주의에 빠지지 않고 '익명의 섬'에서 혼자 살고 싶지만, 시대의 고통에 외면하지 않으며 분노할 줄 아는 게 사회 속의 인간의 모습이다. ARS 전화기부금 제도가 정착하고 있음을 알고 SK텔레콤은 아름다운 재단과 연계하여 한 통화당 100원을 기부하며, 박카스가 '감성노동자'를 격려하며 '나를 아끼자' 광고 캠페인을 펼친 것도 사회학적 상상력의 결실이다.

한편 바쁜 도시인들에게 필요한 것은 '교육보다 오락이다'라는 대중문화론을 지켜봐야 한다. 대중문화는 인간의 모든 것이 모여드는 저수지요 용광로다. 그들과 함께 스킨십을 나누고 어깨춤을 추어야 한다. 인터넷에서 나타나는 언어학적 문법 파괴 현상은 생각의 속도로 움직이는 시대의 단순한 음운축약 현상이 아니라는 것이다. 비판정신을 위한 촌철살인(寸鐵殺人)이고 압축파일이다. 공유해야 할 정보가 많기 때문이다. 엄지족의 손놀림도 커뮤니케이션의 변종이다. 의식이 빨라지고 즉각 반응을 도모하는 과정에서 생기는 피할 수 없는 '언어축지법'일 것이다. 그리고 기성관념을 깨뜨린 파괴 그 자체는 바로 상상력이 없으면 불가능한 언어 축제라고 하겠다.

직장인의 꿈

신입사원이 입사 후 3년 내 25% 퇴직하고 5년 내 50%가 퇴사한다면 믿을 수 있을까? '부장 같은 인턴'의 실력이 붙을 때까지 입사원서를 20군데 이상 쓴다는 취업시장에서 어렵게 입사한 직장인으로서는 이해할 수 없는 행동이다. 특히 '전공 일치도, 업무 만족도, 경제적 대우'의 3박자가 좋아야 직장생활을 무난하게 할 수 있다고 한다. 대학 입시에서는 성적에 맞추고, 회사 입사 시에는 묻지마 취업도 강행한다는 세태이다. 불신, 불안, 불만의 '3불'사회 속에서 직장인의 '불평'은 끝이 없다. 헬조선에서 '신분상승의 사다리'도 없어졌고 '5포 세대'를 겨우 극복한 것 같은데 '사직서 제출'이라는 악몽을 꾸게 된 것이다. '미생'이라도 좋으니 일단 '적자생존'이라도 해보려고 인내하려고 했는데 마음대로 되지 않아서 퇴직을 결심하게 된 것이라고 생각한다. 그럼에도 불구하고 언론보도에 의하면, 직장인의 직장생활에서 중요한 것을 꼽으라면 세 가지다.

> 첫째, 다른 사람이 요구하고 기대하는 것보다 더 많은 일을 해라.
> 둘째, 사람들이 당신과 어울리고 싶어 할 정도로 긍정적인 기운을 내뿜어라.
> 셋째, 호기심을 갖고 배우는 것을 멈추지 마라.
>
> – 잭 웰치 GE 전 회장

주 52시간 근무제도 좋고 자기계발도 좋지만, 보통 직장인은 업무에 매진하고 기대보다 훨씬 더 워크홀릭이 많다. 요즘 같은 협업 시대에 누가 감히 어울리지 않으려고 하며 긍정사고로 화합하려고 하지 않는 직장인이 있을까 싶다. 악명 높은 잭 웰치가 아니더라도 세상살이 돌아가는 것을 파악하려고 노력하고 불황기에 구조조정 대상자가 되지 않기 위해 연수받으러 다니고 투잡(two job) 뛰면서 새로운 플랜B를 가슴에 품고 다닌다. 디지털 원주민(native)에 뒤지지 않기 위해 첨단 SNS 활용과 학습에 잠 못 이루기도 한다.

한편에서는 자기만의 경쟁력을 발휘하면서 '꿈'을 실현해가고 있기도 하다. 자신을 사랑하고 재능을 믿고 오늘을 사랑하라는 문구처럼 '여기, 오늘(Here, Now)'에 충실하면서 최선을 다하는 생활이 중요하다. '상아 백'으로 유명한 탤런트 이상아는 '좋아하는 것 하나를 위해 싫어하는 것 아홉 가지를 한다'고 했다. 자신의 경쟁력과 특성을 살려 최선을 다하는 것이 필요하다. '의지의 한국인'이라는 존경을 보내고 싶다.

영웅의 민주화 시대이니만큼 민족의 성웅 이순신, 국민영웅 김연아, 월드 스포츠 스타 손흥민이 될 마음도 없지 않겠지만 꿈이라도 꾸며 노심초사하는 게 직장인일 것이다. 보통 사람으로서 '소확행'에 만족하고 '나나랜드'에 미소 짓는 직장인의 심리를 이해해주는 사람도 만나고 싶다.

서드 에이지, 마흔 이후 30년

> "나와 함께 늙어가자. 가장 좋을 때는 아직 오지 않았다. 인생의 후반, 그것을 위해 인생의 전반이 존재하나니."

영국 시인 로버트 브라우닝이 쓴 시 〈랍비, 벤 에즈라〉의 한 구절이다. 통념과는 달리 인생의 절정기가 인생 후반에 온다는 이 구절은 나이 듦과 잘사는 법에 대해 고민하는 현대인들에게 새로운 경각심을 일깨운다. 장수혁명으로 이전 세대보다 평균 30년의 수명 보너스가 주어진 21세기. 많은 중년의 관심사는 거저 오래 사는 것이 아닌 '잘사는 것'으로 초점이 옮겨가고 있다. 이른바 삶의 질이 중시된다.

저자는 마흔 이후 30년이야말로 살아가면서 어떤 마음가짐과 삶의 방식을 가지느냐에 따라 최종적인 삶의 질이 좌우된다면서 거기에 필요한 사고의 실마리들을 제시한다. 그동안 우리 사회는 **중년의 위기**란 말로 나이 듦에 대한 편견과 막연한 두려움을 표현해왔다. 중년을 위축시키는 것은 세월이 아니라, 무기력에 빠져 살아가는 타성에 젖은 삶의 방식이라는 것이다. 물론 그런 타성에서 벗어나 젊게 사는 원로들도 있다.

철학자 김형석 교수는 지금도 강연과 방송 출연으로 활발하게 살고 있다. 그는 얼마 전 언론 인터뷰에서 '인생을 되돌릴 수 있다면, 어느 나이로 돌아가고 싶은가'라는 질문에 "60세로 돌아가고 싶다"고 했다. 이유가 의미심장하다. "젊은 날엔 생각이 얕았고, 행복이 뭔지 몰랐다"라는 것이다. 두 명의 중년 남성들은 같은 대답을 내놓는다. 인생의 쇠퇴기를 오히려 만족스럽고 행복한 최고의 시기로 생각하고 있다는 것이다. 이런 사례들은 위축과 무기력함에 빠지지 않고, 스스로 세상의 편견과 고정관념을 떨쳐버린 사람이 얼마나 행복해질 수 있는가를 보여준다.

인간의 생애는 연령대별로 네 단계로 나눌 수 있다고 한다. 1차 성장이 이뤄지는 '퍼스트 에이지(10~20대)', 일과 가정에 정착하는 단계인 '세컨드 에이지(20~30대)', 깊이 있는 2차 성장을 통해 삶을 다시 편성하는 '서드 에이지(40~70대 중반)', 성공적인 노화를 추구하는 인생의 마지막 단계인 '포스 에이지(70대 이후)'가 그것이다.

이 중에서도 서드 에이지는 대부분 모방할 수 있는 모델도 없고, 준비도 되어 있지 않은 상태이다. 인생의 후반으로 들어서는 이 단계의 사람들은 복잡하고 상반되는 감정들 때문에 혼란을 겪게 된다. 자부심과 다른 길에 대한 갈망, 성취감과 상실감, 자신감과 회의, 체념과 희망, 흥분과 무력감 등이 동시에 찾아오는 것이다.

이런 역설적 요소들을 조화와 균형을 통해 통합하는 것이 2차 성장의 핵심이라고 말한다.

2차 성장을 위한 원칙으로는 6가지가 소개된다. 자유로운 자아를 통한 정체성 확립, 일과 여가 활동의 조화, 용감한 현실주의와 성숙한 낙관주의의 조화, 자신과 타인에 대한 배려, 진지한 성찰과 과감한 실행, 자신만의 자유와 타인과의 친밀한 관계 확립 등이다.(윌리엄 새들러)

축복이자 저주라 불리는 '100세 시대', 준비 없이 맞는 중년은 방향타 없는 배와 같다. 최근 발표한 나이 구분에서는 65~80세가 중년이다. 의미 없고 불행한 인생 후반기를 맞이하게 할 뿐이다. 하지만 생각과 마음가짐을 바꾼다면 여전히 중년은 기회가 주어진 가능성의 시간이다. 스스로의 의지로 **변화**를 일으키고 새로운 시작을 준비해야 한다. 나이는 먹는 게 아니라 익어가는 것이다. 선택은 각자의 몫이다.

크리에이티브 디렉터는 3중인격자에 동체시력 소유자

이런 크리에이티브를 관제탑에서 조망하고 지시하는 크리에이티브 디렉터는 기본적으로 3중인격자가 되어야 한다.

첫째, 크리에이터의 기본속성을 가져야 한다. 문자 그대로 아이디어맨이고 플랜의 귀재이어야 한다. 자기만의 독창성과 기획력을 갖지 못한 사람은 크리에이티브 디렉터가 될 자격이 없다.

둘째, 프로듀서의 속성을 가져야 한다. 하나의 작품을 완성도 높게 마무리하기 위한 프로젝트 매니지먼트(project management) 능력을 가지고 있어야 한다. 관련 스탭을 조화 있게 이끌고 선도하는 종합력을 길러야 한다.

셋째, 비즈니스맨의 속성을 가져야 한다. 자기가 소속한 광고회사는 물론 광고주에게 이익을 주고 실적을 올리며 판매에 이바지해야 한다는 상인의식을 소중히 하라는 이야기다.

3중인격자가 탁월해지기 위해서는 또 하나의 능력인 '동체시력(動體視力)'을 가져야 한다. 기차를 타고 갈 때, 창밖을 보면 쉴 새 없이 풍경이 지나간다. 자신이 타고 있는 기차는 물론 끊임없이 질주하고 있다. 비록 몸은 달리는 기차에 실려 있지만, 생각은 기차 밖에서 기차를 보는 지혜를 가져야 한다는 말이다. 기차가 어디로 가는지 언제 어디서 왔는지를 예측할 줄 아는 능력을 말한다. 세상살이가 변하고 소비자가 바뀌더라도 그 방향성과 맥을 꿰뚫어볼 수 있는 이 능력을 동체시력이라고 한다. 유행의 흐름을 예리한 시력으로 통찰하여 자기 나름의 가치기준에 따라 해석할 수 있어야 한다는 뜻이다. 요즘 대유행인 남자들의 머리 염색은 어떤 심리구조에서 나왔으며 어떤 생활 스타일로 변화할 것인지를 따져보는 안목이 있어야 할 것이다. BTS의 'LOVE YOURSELF'는 왜 흥행에 성공했는지도 읽고 있어야 한다. 감성과 정보와 인적 네트워크를 총망라하여 변화를 읽고 해석해 자신의 정보로 간직하는 습성을 소유해야만 크리에이티브 디렉터는 성공할 수 있다고 생각한다.

이 동체시력은 '시점의 중요성'과 같은 말이다. '비는 싫다'라면 집 안에 틀어박혀 책이나 읽을 것이다. 그러나 '비도 좋다'라는 관점을 가지면 레인코트를 입고 빗속을 거니는 낭만을 만끽할 수 있다. 시바스 리갈의 반병 논쟁을 알 것이다. '아직도 반병이나 남았다'와 '벌써 반병이나 마셨나'의 견해차이다. 똑같은 사실도 관점과 시각에 따라 전혀 새로운 경험과 인식이 될 수 있다는 것을 알 수 있다. 크리에이티브 파워란 이 '동체시력의 점수'와 다른 말이 아니다.

2020, 위기를 돌파할 작은 히어로들이 온다!

연초에 2019년 트렌드를 전해 들었는데, 이미 2020년을 전망하고 준비하는 움직임도 시작됐다. 출판계에서는 이미 2026년의 트렌드를 예측하는 책들이 나오기 시작했다. 국내는 물론 해외 변화의 흐름에 뒤처지지 않기 위해 눈여겨봐야 할 경제·산업·사회의 트렌드를 예측한 책들의 핵심 내용을 뽑아 소개한다. 'Z세대가 온다'고 떠들썩했는데. '밀레니얼 세대를 잡아라'고 화제가 되었었는데 이제 '누구를', '무엇을', '왜' 잡아야 할지 궁금하다.

2020년은 경자년(庚子年) '쥐띠 해'다. 쥐는 12간지 중 첫 번째 동물로, 꾀가 많고 영리하며 생존력이 뛰어난 것으로 유명하다. 〈톰과 제리〉, 〈미키마우스〉, 〈라따뚜이〉 등 여러 영화와 애니메이션에 주인공으로 등장할 만큼 친근한 이미지로 우리 곁에 존재해온 동물이기도 하다. 오래된 만화영화 〈마이티 마우스〉의 주요 줄거리는 '늑대들이 어린 양을 공격하면 주인공 '마이티 마우스'가 늑대를 혼내주고 양을 구한다'는 내용이다. 이 '마이티 마우스'처럼 용감하게 위기를 극복하자는 의지를 담아 2020년의 키워드 두운을 'mighty mice'로 맞췄다. 한 사람이 영웅이 아닌, 우리 모두가 작은 히어로가 되어 힘을 모아 현재의 어려움을 이겨내자는 의미를 표현하기 위해 원제목의 'mouse' 대신 그 복수형인 'mice'를 사용했다. '힐링 서적'이 되려고 작심한 듯하다.

2020, 새로운 종족의 출현과 그들이 만들어나가는 세상

현대인은 취향과 정체성으로 흩어지고 모이며 자기만의 부족을 형성한다. 2020 대한민국의 새로운 종족으로 '트렌드 코리아 2020'은 '업글인간'과 '오팔세대', '페어 플레이어' 그리고 '팬슈머'를 꼽았다. 끊임없이 스스로를 업그레이드하는 데 열중하는 '업글인간'은 '남들보다 나은 나'가 아니라 '어제보다 나은 나'를 지향한다. 이들에게 중요한 것은 '성공'이 아니라 '성장'이다. 이들의 모토는 "나는 '업글'한다. 고로 존재한다." 대학 입시에서 수능으로 한판승부하는 게 아니라, 학생부로 당락을 결정하는 면접관 중심의 '과정'을 중시하는 듯하다.

대한민국 인구 구조의 가장 큰 축을 형성하는 베이비부머 세대가 '오팔세대'라는 새로운 이름으로 무대에 등장하고 있다. 인구수뿐만 아니라 자산 규모와 소비 측면에서도 이들은 업계의 판도를 충분히 뒤흔들 만한 영향력 있는 소비군이다. 2030세대만큼이나 신기술에 능숙하고 자신의 표현에 적극적인 오팔세대는 보이지 않는 소비의 큰손으로, 〈보헤미안 랩소디〉, 〈내일은 미스트롯〉 열풍의 진원지이기도 한 만큼 문화콘텐츠 산업에도 큰 영향력을 발휘하고 있다. 정말 '송가인 신드롬'을 의식하여 신속하게 트렌드를 반영하고 있다. 모든 보석의 색을 담고 있다는 '오팔'처럼 아름다운 색으로 빛나는 세대의 등장에 주목하라는 격려다. '기회는 균등하고, 과정은 공정하고, 결과는 정의롭다'는 촛불정부의 정치 슬로건은 아직도 살아있는 것 같다. 진보와 보수의 갈등이 첨예한 세상의 중심에서 공정함을 외치는 대한민국의 '페어 플레이어'들은 오늘도 묻는다. "경기의 규칙은 공정한가?" "당신은 혹시 무임승차자가 아닌가?" 소비에서도 '선한 영향력'을 중시하는 이들에게 구매 행위는 일종의 '화폐투표'다. 지금 역사상 가장 공정함을 추구하는 세대가 일어나고 있다고 주장하고 있다. 전면적 진실이라기보다는 '일면적 진실'일 가능성이 높아 보이기도 한다.

'팬심'과 '덕심'으로 똘똘 뭉친 소비자들은 이제 '팬슈머(fansumer)'라는 새로운 이름을 얻었다. 내가 좋아하는 대상이 그 무엇이든 처음부터 공들여 기르고 키워나가 세상에 이름을 떨치게 만드는 것이 이들의 목표다. 웹 3.0세대들은 '참여의 힘'을 일찍이 경험했었다. 하지만 무조건적인 지원과 지지만 하지는 않는다. 새로운 트렌드는 소비주체로서의 정체성(identity)을 확인하고 '사회적 가치'인지 분석해서 의사결정을 한다는 것이다. 세상에 공짜는 없는 법이다. 내가 키우기 때문에 간섭과 견제, 비판은 당연하다. 팬슈머는 이제 기업에게 자산이다. 팬슈머와의 올바른 파트너십은 연예와 마케팅, 정치, 비즈니스 모든 부분에서 필수다. '환경'과 '윤리'와 '사회적 약자'라는 가늠자를 가지고 다니기 때문이다.

이 새로운 종족에게 공히 나타나는 현상이 다중 정체성 '멀티 페르소나', 생활의 편리함을 추구하는 '편리미엄', 소유하지 않고 향유하는 '스트리밍' 트렌드다. 또한 기업과 브랜드는 이제 적자생존을 넘은 '특화생존' 전략이 필요하고 그냥 개인화가 아니라 '초개인화' 기술에 매진해야 할 것이다. 마지막으로 고객과의 최종 접점에서 최대의 만족을 제공하는 '라스트핏 이코노미'도 점점 중요해지고 있다. 2019년 트렌드와 이어지는 부문이고 경제 불황기의 소비자 생존전략이기도 하다. 해마다 트렌드를 따라가면서 공표하는 것은 '신년맞이 세리머니'로서는 마케팅 효과가 크겠지만, 최소한 2년 이상의 심층분석으로 트렌드를 선도하거나 예측할 수 있는 인사이트를 가질 수 있으면 좋겠다.

들뢰즈의 안티 오이디푸스

대개 기존의 철학사를 중세 이전과 근대 그리고 현대로 시대를 구분한다. 고대 및 중세시대에는 우주 만물의 본질이 무엇인가에 대한 천착이었고, 근대에는 르네상스 이후의 인간 중심의 철학으로 우주와 인생의 주체가 무엇인지에 대한 고찰이었다고 한다(이정우). 20세기 이후 현대사회에서는 과연 존재로서의 삶을 무엇이라고 할 수 있을까? 무엇이 우리 삶의 본질이며 우리 인생의 주체는 무엇인가? 현대사회 이전의 고대, 중세, 근대의 사회와 다른 점은 무엇인가? 현대사회에서의 인간은 어떤 삶을 영위하고 고뇌하고 해결책을 만들어가고 있는가? 이 지점에 들뢰즈(Gilles Deleuze, 1925-1995)가 등장한다. 들뢰즈는 본질주의적이고 주체 중심의 철학적 사고는 인간의 삶을 고착화하고 자유정신을 억압해왔다고 한다. 이분법적이기에 각 인간 개체는 분절되고 개별적으로 고립된 삶을 살고 층화된 사고를 해왔다는 주장이다. 특히 계층화되고 계급화되며 세대 간·지역 간·계급 간·사회 간·국가 간 이분법으로 분절되고 고립되어 통합이 불가능해졌다는 비판이다. 신분의 경계를 만들고 계층이동을 거부하며 유유상종의 철옹성을 쌓아왔다는 분석이다.

그동안 우리의 의식은 오이디푸스 콤플렉스가 지배해왔었다고 봤다. 고대시대로부터 근대사회에 이르기까지 종교와 왕의 지배논리에 따라 순응하고 맹종해왔다는 성찰이다. 인간 중심의 사고는 생태계의 메커니즘을 파괴하는 논리에 억압당해왔다는 것이다. 그런 복잡한 심리구조를 대변해왔던 오이디푸스 콤플렉스를 거스르는 '안티 오이디푸스'를 주창했다. 거세당하고 억압당하며 순화되어 순치될 수밖에 없었던 상황에서 벗어나 인간해방을 주장한다. 현대인의 복잡함은 다양하다. 사회 구성원의 갈등을 해결하기 위해서 겉과 속이 다른 행동을 하게 되면 심리적 · 사회적 복잡함을 겪게 된다. 사회 체계나 조직에서도 이해당사자들은 서로 견제와 균형을 맞추기 위해서 복잡하고 복합적인 행동과 거래를 하게 된다. 세상사 모든 일과 사람들이 사회적 · 복합적인 상황에 놓이게 된다.

이렇게 거대하게 작동되고 있는 복잡적응계 사회에서 갈등을 봉합하고 새로운 통합으로 관계를 모색하는 기회가 없었다고 설파한다. 자기 편견에 사로잡히고 자기편끼리 감싸며 견고한 자기만의 성을 구축하기에 '탈층화'의 기회를 만들지 못했다는 것이다. 현대사회의 가장 큰 문제점으로 부각된 계층이동의 단절과 세대 간의 단절과 부익부빈익빈의 승자독식 사회에서 필요한 새로운 철학적 사고가 필요해졌다. 이런 현대사회의 현안들을 방치할 경우에는 인간사회는 더욱 황폐화되고 인간의 자유정신을 왜곡하거나 피폐하게 만들 수밖에 없을 것이다. 더 이상 심화된 '계층화'되고 고착화된 문제는 과거 사회에서 규명하고자 한 철학적 방법론인 우주와 사회의 본질론과 주체주의가 가져온 한계가 분명하다고 본다. 이를 극복하기 위해서는 새로운 패러다임의 '탈영토화'된 철학적 사유가 필요할 것이다.

그동안 우리의 의식과 행동을 지배해왔던 오이디푸스 콤플렉스를 거스르는 '안티 오이디푸스'가 태생하게 되는 배경이 되었다고 할 수 있다. 거세당하고 억압당하며 순화되어 순치될 수밖에 없었던 오이디푸스 콤플렉스에서 벗어나 새로운 인간관계와 인간해방을 주장한다. 현대사회를 구성하는 모든 사물과 조직과 인간은 상호작용 시스템 속에서 영위된다. 특히 현대 인터넷 네트워크 사회에서는 분절되거나 고립되는 삶을 생각할 수 없다. 모바일로 언제 어디서나 어떤 기기로나 상호 연계되고 영향을 주고받는 거대한 지구공동체 체계로 바뀌었다. 사물인터넷이 일반화되고 있는 현대사회에서는 층화는 사라지고 영토는 붕괴되며 연대를 통한 새로운 진화론적 담론이 우세하게 되었다. 가히 혁명적 패러다임으로 세상을 통찰해야만 인간과 우주와 사회를 해석할 수 있을 것이다.

들뢰즈는 사물과 사람과 사회는 서로 '차이'를 인정하고 서로 접속하고 서로

광고창작 솔루션, 마케팅창

이별하면서 새로운 관계를 형성하는 데 주목했다고 본다. 비록 자기만의 영토를 구축하지만 과거처럼 고착화되거나 인간을 억압하는 것이 아니라 인간 본성의 동일성을 회복하려는 시도로 봤다. 가시적 사물의 세계에서 생기는 접속과 '관계'를 천착하는 사고를 '리좀(rhyzome)'이라고 명명했다. 리좀은 사물들이 서로 접속하고 이탈하면서 자유로운 관계를 맺고 그 사이를 만들어간다는 것이다. 개별 사물들의 '그리고(and)와 사이(between)'의 관계를 사유하는 방식이다(이정우).

이런 개별 사물들 사이의 관계를 파악함으로써 전체 장(field)을 형성하게 된다. 불교의 연기(緣起)설과 이어진다. 세상살이는 인간들이 서로 인연을 맺으면서 새로운 '생성'을 일으킨다(起)는 뜻이라고 본다. '인연'은 서로 '차이'가 있다는 것을 전제로 하고 있고, '기(起)'는 세상사에 대한 질문을 하고 기획하며 새로운 장(field)을 만드는 '리좀' 사고라고 하겠다. 이 장을 형성하는 데는 비가시적인 '코드(code)'가 숨어있다. 코드는 영토성이 운영되게 하는 규칙과 규제(rule & regulation)이며 하나의 체계(system)로 작동한다. 그래서 들뢰즈는 영토성과 코드의 상호작용과 관계를 배치(arragement)라고 했으며, 변화하고 있다는 점에서 다양체를 형성하는 특이성을 갖는다고 했다. 이 장은 서로 억압하지 않고 고착되지 않으며 새로운 가치를 생성하게 되는 진화론적 사유를 말한다. 변화는 일상으로 이루어지고 있으며 더 중요한 것은 얼마나 정확하게 빨리 변화하느냐의 '방향성과 속도'의 문제라고 할 수 있겠다.

현대 이전에 사유해온 신(神)과 인간 중심의 철학적 사고는 위계적이고 선형적인 사고에서 나왔다. 현대 이후엔 모든 사물과 인간이 평등하고 그 사이의 관계를 파악하는 철학적 사고가 필요한 시점이다. 이 사이와 관계를 파악하는 사유방식이 리좀이다. 리좀은 사물들의 접속과 이탈을 통하여 그들 간의 자유로운 관계를 맺고 그 사이의 의미를 만들어간다. '역동적 구조주의'라고 말할 수 있는데, 구조주의의 관계망 파악을 역동성으로 재규정하는 것이다. 서로 억압하지 않고 고착되지 않으며 생성되게 하는 사유이다. 즉 인간은 '욕망하는 기관'이고 욕망 그 자체라고 할 수 있다. 무엇인가 부족(needs)하고, 결핍(wants)돼서 욕구를 채우려는 것이 아니고 '욕망 그 자체'이기에 존재한다는 사고라고 할 수 있다.

이는 구조주의 철학에서 말하는 심층구조와 표면구조의 논법을 연상시키기도 한다. 다만 이항대립적인 고착화가 아니라 새로운 관계를 형성함으로써 의미생성이 가능한 사유가 다르다고 할 수 있다. 즉 배치나 다양체는 사물과 언어가 모여 있고 유동하는 개념이다. 유동한다는 것은 역동적이어서 전체를 형성하는 부문들에게서 탈출하는 것이기도 하다. 탈출한다는 것은 기관에서 벗어난다는 탈기관체가 될 수 있다는 것이다. 층화되고 고착화되어 있는 기관이나 사람이나 사물은 관습적이고 비탄력적이며 획일화되어있다는 취약점을 갖고 있다. 지금까지 유기화되고 기표화되고 주체화의 방식으로 우리 인간과 사회를 억압해왔다는 한계를 말한다. 그러나 이제 현대사회에서는 우리 존재는 일의성을 갖는다는 대전제 아래, 새로운 창조와 자유와 생성의 철학으로 삶의 역동성을 재발견할 필요가 있다.

그러므로 현대사회의 인간은 니체적인 사유로 행동하고 실천할 수 있어야 한다. 'create something beyond oneself'이다. 자신의 경계를 넘어 새로운 것을 창조한다는 것이다. 복잡다기한 이해당사자들이 영역을 구축하는 것을 넘어서야 하는 현대사회에서는 이제 자신만을 넘어서는 안 된다. 장르를 넘고 사회를 넘고 국가를 넘고 지구를 넘어서는 사고가 필요하다. 새로운 것을 창조한다는 측면에서도 남다른 차이를 보여주어야 할 것이다. 문제해결책(problem solution)이요 창의적인 아이디어(creative ideas)이며 새로운 관점(perspective)을 창안해야 할 것이다. 혁신적인 시각으로 문제의 본질과 주체를 넘어서는 발상의 전환을 요구한다. 이런 비가시적인 사고가 가시적인 성과를 내기 위해서는 눈치 보거나 주위의 반응을 개의치 않는 실천력이 필요하다. 생활 속에서 실천력을 강조한 나이키의 슬로건인 **행동정신**('just do it')이 소중하다. 현대사회에서 인간과 사회는 진보를 위해 '생(生)의 의지'와 '권력(權力)에의 의지'로 충만해야 할 것이다. 인간심리에 내재되어있지만, 노골적으로 드러내고 싶지 않은 '지위 상승욕구'를 찾기 위해 우리는 '**열린 창(窓)**'을 가져야 할 것이다.

9장
문화

문화란 무엇인가?

'문화'라는 것은 인간이 만들어놓은 모든 것, 즉 정신적 또는 제도적인 모든 것을 뜻한다. 문화는 '생활 양식(style of life)'이라고 요약하기도 한다. 가령 기계 문명이라든가 예술·종교·이데올로기·학술적 이론, 그리고 봉건 제도·자본주의 제도·사회주의 체제 등 인공적으로 만들어진 모든 것들이 '문화'라는 개념 속에 포함될 수 있다. 그러나 '대중문화론'에 있어서의 '문화'의 테두리는 좁은 범위, 즉 예술·오락·유행·행동 양식·사고 방식·여가 이용 등의 테두리에서 주로 논의된다. 이렇게 '문화'의 범위를 좁게 잡으면, 시간과 공간의 차이에도 불구하고 인간 사회에서는 생활과 신분계급과 가치관과 정서 등의 차이로 '고급 문화(high culture)'와 '민속 예술(folk arts)'로 양분해서 설명해왔다. 문화의 형식과 내용은 생산력의 발전 단계나 생산수단의 소유나 이데올로기(ideology) 등에 상응해서 진보·발전하게 되는 '문화 생태계'를 만들게 된다. 같은 시대, 같은 사회에 있어서도 산업화의 수준과 사회 계급의 차이에 따라서 다른 문화 스타일을 창조하고 향유하게 된다.

현대사회의 '대중문화'도 자본주의의 보편화와 대중화로 '자본의 논리'가 작동하여 형성된 문화 스타일이라고 할 수 있다. 현대인들은 '지배적인 이데올로기(dorminant ideology)'인 '자본주의의 메커니즘'이 정치·경제·사회적으로 작용하는 '문화 생태계'에서 살고 있기 때문이다. 그러므로 자본주의의 3대 특징이라고 할 수 있는 '이윤 추구, 사유재산제, 공정경쟁, 기회 균등'의 목적이 강력하게 적용되어야 수용할 수 있는 문화가 생성될 수밖에 없을 것이다. 대중문화가 이윤을 추구하는 자본의 논리하에 '상품미학'을 내세우고 대량생산과 대량소비가 이루어지도록 진화하게 된다. 영화·텔레비전·음반·스포츠·패션의류 등 하나의 문화 장르를 대량 생산할 수 있기 위해서는 '획일화'할 수 있는 테크놀로지를 사용한다. 또한 '획일화'는 '생산'에 중점을 두기 때문에 원가상승의 원인이 되는 '상품의 질'

보다는 '양'을 우선시한다.

　가격저항이 적어야 대량소비가 쉬워지므로 문화의 질(내용)은 가급적 고객이 살 수 있도록 인간의 '원초적 관심'에 맞추게 된다. 원초적인 관심은 성인 남녀를 막론하고 누구나가 가지고 있는 이성 간의 사랑이나 섹스 문제, 예능적인 오락, 잔인한 복수심, 저속한 호기심을 말한다. 인간이 갖는 원초적이고 보편적인 관심에 상품의 제작 기준을 맞추기 때문에 대중문화의 질은 저급하고 비속해지며, 소비적이고 감각적이며 찰나적인 것이 많아진다. 이윤 회수를 위해서 상품 문화가 가급적 빨리 유통되고 소모되는 것을 문화의 생산자와 공급자들은 기대하게 된다. 따라서 대중문화는 그 내용의 본질보다는 '과잉포장'이나 '과다소비'나 '허위의식'을 조장할 우려가 크다. '가짜 욕망'을 자극하기 위해서 자동차 회사는 해마다 '페이스리프트'나 '모델 체인지'를 단행하여 '새것 콤플렉스'를 발동시킨다. '새것'만이 트렌드를 앞장서는 구매라고 하면서 포장을 새것으로 바꾼다. 이런 획일화는 원본의 복제를 만들게 되는 폐단이 생길 수밖에 없다.

　복제되고 획일화된 문화 테크놀로지와 대중매체들은 대중의 상품미학에 매몰되는 상황에서는 비창조적이고 비생산적이며 소모적이게 된다. 한 사회의 시대정신이나 사고 방식이나 가치관, 행동 양식이나 유행 현상, 한 사회의 지배적 문화 형태나 기조적 사회 풍조를 '획일화'시키는 문제를 야기한다. 규격화되고 획일화된 문화 형태가 한 사회를 지배할 때, 다양성이 사라질 때는 그 사회가 문화적으로 성숙해지기 어렵게 될 것이다. 주로 매스미디어에 의해서 대량 생산되고 대량 소비되는 대중문화는 한 사회의 지배적인 문화 형태로 만연하면서 그 사회의 정치적, 사회·경제적 풍토를 조성하고, 나아가서 인간들의 가치관이나 행동 양식까지를 규제하며 인류문명의 진보나 혁신을 성찰하는 기회를 박탈하게 만드는 것이다.

　사실 상품의 '시장성'을 강조하면서 자유기업의 생산 메커니즘이 발전하고, 민중들의 정치적 권익이 진전되면서 교육의 보급, 생활수준의 향상, 문화적인 욕구의 증대라는 현상이 나타나는 효과도 있다. 사회의 상부 계층은 물론 하부 계층에 속하는 사람들까지도 값싸게 만들어진 상품 문화를 비교적 손쉽게 구매할 수 있게 된 것이다.

　중세 봉건사회에서 근대까지 문화의 상품화 현상으로, 장인(匠人: 음악가·화가·문필가·공예가·건축가 등)이 귀족에게 고용되는 현상이 없었던 것은 아니다. 그러나 봉건사회는 폐쇄적인 경제였기 때문에 문화 전반이 상품화하는 현상은 일어나지 않았을 뿐이다. 역사적으로 볼 때, 매스 컬처(Mass Culture)는 대중문화의 생산과정을 중심으로 대량으로 만들어져서 소비되는 자본주의 이후의 문화를 가리키는 용어라고 할 수 있다. 최근에는 파퓰러 컬처(Popular Culture)라는 관점으로 대중문화를 바라보는 시각이 생겨났다. 문화의 소비 또는 수용과정에 초점을 맞춘 개념이다. 파퓰러 컬처는 사람들이 '대중적으로' 그리고 '일상적으로' 향유하는 문화라는 측면에서 자본주의 이전의 '민속문화(folk arts)' 개념도 포함한다고 볼 수 있다. 이런 파퓰러 컬처를 가리키는 말로 '민중문화'라는 용어를 쓰기도 한다(위키피아).

대중문화는 차이나 등급을 매길 수 없는 문화이기에 다음 세대에 전승되며 사회 구성원들은 '학습'해야만 하는 규범이 되고 있다. 사회적 약속이기에 규범을 어길 때는 규제나 처벌을 당하기도 한다. 인터넷 시대에 '댓글'의 문제나 '인싸'의 문제도 문화 차원에서 접근한다면 해결책을 강구할 수 있을 것이다.

아도르노의 비판이론

비판이론은 현대사회의 인간을 억압하는 사회문제를 해결하고 사회 전체의 변화를 유도하는 비판의식이다. 인간이 처하고 있는 '노예 상태'로부터 '인간해방'을 통해 이성적인 사회질서를 수립하는 목표를 갖고 있다. 비판이론은 3가지 기능을 갖고 목표를 달성할 수 있게 하기 때문이다. 첫째, 현재의 사회현실에서 무엇이 잘못된 것인지를 드러내는 **설명적 기능**이다. 둘째, 변화시킬 수 있는 요인을 찾아내고 고칠 수 있는 **실천적 기능**이다. 셋째, 비판과 실천을 통해 이상적인 목표를 제시하는 **규범적 기능**이다. 결국 비판이론이란 사실판단과 가치판단을 연계하고, 역사적 삶을 스스로 생산하고 창조하는 인간으로서 사회 자체를 대상으로 보는 문화의식이라고 할 수 있겠다.

계급의 족쇄가 되거나 사회로부터 분리도 아닌, 억압과 착취, 소외와 불평등, 비합리와 부정이 난무하는 시대에 진정한 이론은 '긍정적'이라기보다는 '비판적'이어야 한다는 것이다. 사회 전체를 총체성으로 규명하려는 노력을 해야 한다는 것이다. '무엇을 수행할 것인가, 어디에 기여할 것인가'를 생각해야 한다. 사회 전체 속에서 '격리된 영역'이 있다는 '사유의 순응주의'를 벗어나야 한다고 주장한다.

대자연의 위력과 공포 앞에서 떨어야 했던 인간이 원시상태에서 이성의 깨우침을 통해 자연을 지배하고 세계의 주인으로 성장했다. 이런 지성의 발전과 과학기술의 발달이 지금은 스스로 '인간파괴'의 역설에 빠졌다. 바로 '전쟁의 경험'

233

이다. 제2차 세계대전은 최첨단 산업문명과 과학기술의 전시장이었다. 역사의 진보가 아니라, '야만상태'가 된 이유는 무엇일까? 히틀러의 유대인 600만 명 학살은 파시즘의 예외적이고 우연한 사건이 아니라 인류사의 필연적 사건이라는 것이다. '악마의 평범성'이라고 분석하기도 한다. 그래서 '인류가 완전히 배반당하지 않으려면 '계몽(啓蒙)'은 스스로 돌봐야 한다는 것이다. '계몽(enlightment)의 각성'이 '깨우침'이 필요하다는 뜻이다. 인간은 대자연의 지배로부터 권력을 빼앗아내는 데 성공했지만, 그 성공은 '인간에 의한 인간의 지배와 억압'이라는 또 다른 '야만'의 시작에 불과하기 때문이라는 것이다.

아도르노와 호르크하이머가 사용하는 계몽은 신화와 마법으로부터 인간을 해방시켜서, 자연을 통제하고 지배할 수 있도록 하는 '이성적으로 각성된 사유양식'을 말한다. 계몽이란 우리가 마땅히 스스로 책임져야 할 미성숙 상태에서 벗어나는 것이다. 아도르노는 자연 위에 인간의 이성이 군림하게 되고, 더 나아가 그이성의 힘으로 인간을 순종하게 만드는 사회적 통제와 구속을 완성시켰다는 것이다(신혜경).

우리는 냉혹한 이성적 고려와 계산을 통해 어떠한 삶의 목적을 세우고, 가능한 모든 수단과 방법을 동원해 그 목적을 성취하고자 한다. 우리 내면의 모든 욕망과 감정, 본능과 충동을 철저하게 때로는 무자비하게 몰수해야 한다고 생각한다. 내일의 성공을 위해 오늘의 기쁨은 얼마든지 희생되고 단념될 수 있어야만 한다고 스스로를 다그친다. 이것은 결과적으로 나 자신에 대한 무자비한 폭력, 철저한 자기검열이 되고 마는 것이다.

이런 미성숙 상태란 다른 사람의 지도 없이는 자신의 지성을 사용하지 못하는 것이다. 따라서 과감히 알려고 하라! 너 자신의 지성을 사용하려는 용기를 가져라! 이것이 계몽의 표현이다.

사람은 교환가치 향유자

교환가치 원리가 인간의 사용가치를 더 냉혹하게 빼앗을수록 **교환가치** 자체는 더 철저하게 향락의 대상으로 변모한다. 소비상품의 사용가치로부터 교환가치로의 이행은 모두 전체체계에 공헌한다. 소비자는 값비싼 음악회의 표를 구매하면서 실제로 음악회에서 연주되는 음악 그 자체를 좋아하고 숭배하기보다는 **연주회 입장권**을 사기 위해 자신이 지불했던 돈을 숭배한다. 그렇기 때문에 교환가치 자체로부터 대중이 느끼는 쾌감은 입장료의 가격이 비쌀수록 더욱 증가한다. 이러한 만족감은 예술 그 자체의 향유를 통한 것이라기보다는 음악회 입장권 가격, 즉 그것의 교환가치가 주는 가상으로부터 나오는 것이다.

다양성과 반성의 실종

대중이 개입한 수요 때문에 독점적이고 획일적인 대중문화가 만들어지는 것이 아니라, 사실은 문화산업의 조종에 의한 일종의 부메랑 효과로 문화의 수요가 만들어진다는 것이다.

아도르노는 문화산업에서의 차이란 본질적인 차이라기보다는 '소비자들을 분류하고 조직하고 장악하기 위한 차이'에 불과하다고 주장한다. 이러한 문화산업의 산물들은 문화산업의 생산자들, 궁극적으로는 '자본과 권력'을 독점한 자들이 계획한 의도에 따라 위에서 아래로 일방적으로 만들어지는 것이기 때문이다.

표준화되고 획일화된 문화산업의 산물은 항시 동일하게 반복되는 것이고, 기계적이고 수동적으로 반응함으로써 적극적이고 반성적인 사유를 위축시킨다. 동일한 것에 익숙한 대중은 별다른 정신적 노력 없이도 문화산업의 산물을 손쉽게 이해할 수 있기 때문이다. 문화산업은 반복성, 자기동일성, 편재성으로 수용자에게 기계적인 자동적 반응을 일으킨다. 틀에 박힌 대중문화의 산물들은 상상력이나 사고력이 필요하지 않기 때문에 상상력이 마비되고 정신적인 불구가 된다. 화려한 영상으로 판단력을 상실하게 만들고 흡혈귀 비디오(vampire video)로 감각을 마취시키는 것과 같다.

이제 문화산업은 유흥산업이 되었다. 예술이 아니라 오락이다. '스낵컬처(snack culture)'가 되었다. 문화산업은 대중으로 하여금 고된 일상의 괴로움을 한순간 잊어버리고 현실로부터 도피하게 만드는 일종의 '마취제'이자 '아편' 역할을 한다. 이런 쾌락 속의 현실도피는 사실상 현실의 억압과 모순에 대한 저항을 불가능하게 만든다. 이는 현실의 문제를 비판적으로 반성하고 이를 변혁시키고자 하는 '실천적 의식'으로부터 도피하는 것이기 때문이다. 문화산업은 대중이 '다르게 생각할 수 있는 힘', 동일성 원리의 강제에 대해서 '비동일성'과 '차이'를 생각할 수 있는 힘, 현실의 지배와 억압에 대해 비판하고 부정할 수 있는 사유를 외면하게 만든다. 즉 순응하고 확고부동한 '사회적 시멘트' 역할을 하게 된다(신혜경). 지배 이데올로기에 함몰시켜 저항정신을 꺾어 버린다.

재즈도 흑인 신화, 진정한 영혼의 음악이라는 주장을 '거짓 신화'이자 '허위적인 이데올로기'로 일축해 버린다. 재즈가 아프리카 흑인의 생명력을 가져온 것이라고 한다면, 그 생명력이란 '야생적인 자연의 신체로부터 나오는 것이 아니라, 억압 속에 길들여진 신체로부터 나온다'는 것이다. '시장의 법칙'에 완전히 종속되어 버린 상황에서 재즈의 모든 요소는 '표준화'되고 도식화될 수밖에 없기 때문이다. 재즈도 '규격화된 대량생산품의 형식'을 보여준다. 위험과 실패를 두려워 하는 자본은 혁신에 투자하지 않기 때문이다. 블록버스터 영화나 대형 이벤트를 양산하여 엔터테인먼트를 부각시킴으로써 예술성은 포기하고 상업성만 부각시킨다.

특히 영화 이론가나 비평가들은 아예 상업영화라는 말 대신 장르영화라는 말을 사용하기도 하는데, 이는 장르영화가 갖는 지극히 속물적인 특성 때문이다. 1950~1960년대의 서부영화를 보면 하나같이 서부 개척시대를 배경으로 하여, 주인공과 악인이 대결하는 구도에 액션이 가미된 동일한 형식이다. '포뮬러, 컨벤션, 아이콘'의 3대 흥행 공식을 답습한다. 그럼에도 서부영화에 열광한 이유는 간단하다. 대중은 서부영화가 반복하고 있는 '획일화된 이야기 구조'에 빠져들어 이미 그것에 길들여진 것이다. '사유의 순응주의'와 연결된다. 그 결과 대중의 감성은 오로지 똑같은 반복된 도식만을 생산할 뿐이다. 따라서 영화 제작자들은 대중의 감성에 부합하는 이야기들을 끊임없이 만들어냈고, 대중은 이러한 영화를 통해 더 확고하고 획일화된 감성적 도식에 빠져들었다. '다양성(비동일성)'과 '반성(자율)'의 실종이라고 하겠다. 결국 비판정신의 소멸을 초래하여 자발적 노예가 된다.

카르페 디엠(carpe diem)

지금 살고 있는 현재 이 순간에 충실하라는 뜻의 라틴어라고 한다. 우리말로는 '현재를 잡아라(Seize the day, Pluck the day)'로 번역된다. 영화 〈죽은 시인의 사회〉에서 키팅 선생이 학생들에게 자주 이 말을 외치면서 더욱 유명해진 용어로, 영화에서는 전통과 규율에 도전하는 청소년들의 자유정신을 상징하는 말로 쓰였다고 한다. 키팅 선생은 영화에서 이 말을 통해 미래(대학입시, 좋은 직장)라는 미명하에 현재의 삶(학창시절)의 낭만과 즐거움을 포기해야만 하는 학생들에게 지금 살고 있는 이 순간이 무엇보다도 확실하며 중요한 순간임을 일깨워주었다(《두산백과》).

카르페 디엠이 삶의 태도라면, '욜로'는 소비자 라이프스타일의 구체적 실천이다. '욜로 (YOLO)'는 'You Only Live Once'라는 문장을 줄인 약자로 '한 번뿐인 인생'이란 뜻이다. 자기지향적이고 현재지향적인 욜로 소비 스타일을 따라, 미리미리 계획하는 대신 그때그때 혜택을 부여하는 타임커머스 산업, 소셜 액티비티 플랫폼, 콘텐츠 크리에이터가 성장하고 있다. 단순히 충동적인 의미가 아니라 후회 없이 즐기고 사랑하고 배우라는 삶의 철학이자 본인의 이상향을 향한 실천을 중시하는 트렌드다. 무한 경쟁이라는 녹록지 않은 현실에 갇힌 현대인에게 욜로는 '지금 이 순간'을 사랑하라는 메시지로 들리는 복음과 같았다. '나는 소비한다, 고로 존재한다'는 명제로 '소비가 미덕'인 시대다. 지름신이 부리는 통쾌한 소비 패턴은 삶의 기쁨이고 생활의 에너지가 된다. 광고라는 '현대의 신화' 속에서 주인공으로 살고 싶은 마음을 충족시키고 이국정취(exotism)를 즐기려는 것이다.

절대빈곤 시대에 생존에 급급하던 시대에 불확실성이 강했던 시대에는 내일(미래)을 준비해야만 하는 시대였다. 정치·경제·사회적으로 불안한 시대엔 사회에서 이탈하거나 조직에서 소외될 때는 다른 대체 생계수단이 없었다. 하루 생계 보전과 가족생활 보장에 급급했다. 막연하고 불안정한 내일에 대한 걱정과 조직에서의 이탈로 인한 어떤 불이익이 발생할까봐 우려하는 마음으로 좌불안석이었다. '불안·불편·불신의 사회구조' 속에서 아직 일어나지도 않은 일들을 미리 걱정하는 '카타스트로피(katastrophe) 심리'라고 하겠다. 사전적 의미는 돌연히 나타나는 광범위한 큰 변동, 가령 전쟁에 의한 재해 같은 것, 파국 또는 종말을 의미한다. 사회적 준거에 맞추지 않고 자신의 기준에 자발적으로 맞추려는 반발심리라고 할 수 있다.

하지만 21세기 디지털 시대가 오고 경제발전으로 풍족한 생활을 누리게 되면서 소비자나 생활자가 바뀌고 있다. 자기절제나 미래 준비라는 과제는 사라지게 되었다. 글로벌 마인드에 해외 체험은 자신이 갖고 있던 세계관과 경제관을 붕괴시키고 말았다. 계획적인 소비보다는 그때그때의 욕구와 관련된 소비활동을 더 선호한다. 과보호받고 왕자병과 공주병을 갖고 자란 세대에겐 특히 영화 속 주인공처럼 즉흥적이고 순간에 충실한 소비를 지향하기 시작했다.

서울대 소비트렌드분석 연구소에서는 욜로족을 달관족의 진화된 형태로 해석하기도 한다. 욜로족은 미래에 대한 기대와 희망, 도전의식과 열정을 포기하고 지금의 생활에 안주하는 안분지족의 삶을 택한 이들이다. 일본에서 흔히 관찰되는 사토리족은 덜 벌고, 덜 일하고, 덜 써도 행복하다고 여기기 때문에 자발적 미취업자가 되어 아르바이트로 생계를 유지하며 최소의 삶에 안주한다고 분석하고 있다. '오포세대'처럼 경쟁과 미래에 대한 준비를 포기하고 적은 수입으로 현재의 만족을 추구하는 달관족과 달리 욜로족은 그보다 한발 더 나아간 형태로 현재의 행복을 위해서라면 무모할지라도 도전하고 실천하는 이들이다. '유비무환 정신'은 사라졌고, '현실안주 만족'이 나타난 셈이다.

아모르 파티

철학자 니체의 운명관을 나타내는 용어로 '운명에 대한 사랑'이라는 뜻으로 운명애(運命愛)라고도 한다. 인간이 가져야 할 삶의 태도를 설명하고 있다. 운명을 받아들인다는 것은 자신에게 주어지는 고난과 어려움 등에 굴복하거나 체념하는 것과 같은 수동적인 삶의 태도를 의미하지 않는다. '아모르 파티(amor fati)' 즉 '운명애(Love of fate)'는 자신의 삶에서 일어나는 고난과 어려움까지도 받아들이는 적극적인 방식의 삶의 태도를 의미한다. 즉 부정적인 것을 긍정적인 것으로 '가치 전환'하여, 자신의 삶을 긍정하고, 그에 대한 책임을 요구하는 것이다.

아모르 파티는 '디오니소스적 긍정(Das dionysische Jasagen)'의 최고 형식이라고도 불린다. 니체 철학의 핵심인 '영원회귀(ewig wiederkehren)' 사상의 관점에서 보면 삶은 '동일한 것의 무한한 반복'을 이루는데, 이를 통해 '허무주의'에 빠지는 것이 아니라, 오히려 삶을 긍정해야 한다는 점에서 아모르 파티가 요구된다. 따라서 아모르 파티는 특정한 시간이나 사건에 대한 순간적인 만족이나 긍정을 의미하는 것이 아니라, 삶 전체와 세상에 대한 긍정을 통해 허무를 극복하는 것을 의미한다. 인간이 자신의 운명을 알고 '권력에의 의지'를 지향한다는 점에서 위대하다고 봤다(네이버). 크리에이터의 마인드이다.

메멘토 모리

메멘토 모리(Memento mori)는 '신의 죽음을 기억하라' 또는 '너는 반드시 죽는다는 것을 기억하라', '네가 죽을 것을 기억하라'를 뜻하는 라틴어 낱말이다. 옛날 로마에서는 원정에서 승리를 거두고 개선하는 장군이 시가 행진을 할 때 노예를 시켜 행렬 뒤에서 큰소리로 외치게 했다고 한다. "메멘토 모리!" '전쟁에서 승리했다고 너무 우쭐대지 말라. 오늘은 개선장군이지만, 너도 언젠가는 죽는다. 그러니 겸손하게 행동하라.' 이런 의미에서 생겨난 풍습이라고 한다. 자기 분수를 잘 알고 과유불급의 생각을 가져야 조직이나 사회에 폐를 끼치지 않게 된다는 경고라고 하겠다. 개선장군의 '내적 에너지'를 진정시키면서 자신을 성찰하고, 더 큰 성과를 창출하려는 정중동(靜中動)의 태도이다. 우리 사회의 유교적 역동성(confucian dynamism) 문화와도 닮아있어 보인다. 지구촌 만인의 세상살이에서 공통적으로 적용될 수 있는 '욕심부리면 욕먹는다'는 말로 해석할 수 있겠다.

톨레랑스

톨레랑스(tolerance)란 홍세화 씨가 우리 사회에 널리 알린 개념이었다.

"한국 사회가 '정이 흐르는 사회'라면 프랑스 사회는 '톨레랑스가 흐르는 사회'라고 말할 수 있다."

톨레랑스의 첫 번째 의미는 다른 사람이 생각하고 행동하는 방식의 자유 및 다른 사람의 정치적·종교적 의견의 **자유에 대한 존중**이다. 즉, 상대방의 정치적 의견, 사상, 이념 등을 존중하여 자신의 사상, 이념도 인정받는다는 것이다. 두 번째 의미로는 특별한 상황에서 허용되는 자유라고 한다. 인간관계에서 나와 남을 동시에 존중하고 포용하는 내용을 품고 있으면서, 권력에 대하여 개인의 자유와 권리를 보호하려는 의지를 품고 있다는 뜻이다. '권리는 아니지만 그렇다고 금지되는 것도 아닌 한계자유'를 의미한다고 했다. 거리에 아무 곳에나 쓰레기를 버리는 이들이지만 '그래야 청소부들이 실업자가 되지 않는다'라고 말하는 이들이 톨레랑스 사회에 사는 프랑스인들이다(홍세화, 《나는 빠리의 택시운전사》).

우리의 세상살이에는 지문처럼 다 다른 의견과 정서를 갖고 있다. 똑같은 것이 하나도 없는 '복잡계 시스템' 속에서 살아간다고 할 수 있다. 그러나 사회적 동물이라 만나고 부딪히고 사랑하고 헤어지는 일상을 살고 있다. 각자도생 하고 있지만 불가피하게 상대방과 의견이 다르면 다툴 수밖에 없는 것이다. 우리는 서로 성장배경이 다르고 가치관이 다르고 업무가 다르니까 상호이해가 절대적으로 필요한 현대사회에서 세상살이는 하는 것이다. 이런 기본인식을 잊어버리고 상대방을 '의견 불일치' 때문에 무조건 배척하고 투명인간으로 대하는 경우가 많다. 내 주장이 관철되지 않으면 상대방을 무시하거나 비방하며 심지어는 모험까지 해가면서 자기의 주장이 옳다는 것을 관철시키려는 사람도 흔히 볼 수 있다. '사람이 먼저다'라는 생각보다 '사익이 먼저다'라는 이기주의가 인간관계를 망치고 사회적 자본이라는 신뢰를 구축하는 데 실패하게 만든다. '만인의 만인에 의한 투쟁'이라는 말처럼 정글에서 동물들이 생존하는 방식을 답습하는 듯한 모양새가 우리를 슬프게 하기도 한다. 물론 부부지간에도 가족 간에도 의견이 다를 수 있는데 하물며 남남끼리 의견이 똑같을 수가 있겠는가만은 최소한의 **공동체의식**이 있다면 생길 수 없는 사회현상이라고 하겠다.

관용(toleration)은 어떤 주체(개인이나 단체)가 다른 주체에 대해 박해 등의 영향력을 행사할 수 있음에도 불구하고 이러한 권력행사를 삼가고 너그럽게 용서하고 용납하여 공존하는 것이다. 이러한 태도는 개인의 자율성의 요구와 그 촉진을 위해 국가가 개인이나 단체의 생각에 대해 '중립'적이어야 한다는 자유주의 사상에서 비롯된 견해이다. 관용은 자신의 신념이나 기호에 기초하여 타자를 억압하는 '박해·비관용'의 반대를 의미하지만 타자의 신념이나 기호에 전혀 신경 쓰지 않는 '**무관심**'과도 구별된다.

관용의 역사를 진화론적으로 보면 그것은 다양한 '비관용'의 대상이 '무관심'의 대상으로 바뀌어가는 태도 변용의 역사라고도 할 수 있다. 이리하여 관용사상의 특징은 '비관용'의 영역(관용의 한계)을 어디로 정할 것인가 하는 물음이 항상 주제화되는 것이다. 관용의 옹호에는 자신이 올바르지 않다고 생각하는 신념을 부정하지 않는 것이 올바르다는 패러독스가 논리적으로 내포된다. 관용을 덕성으로 하는 자유사회에서는 그 사회 자체를 위협하는 존재에 대해 관용의 한계를 어디까지로 정해야 할 것인가 하는 문제가 남아있다.

역사상 관용사상이 등장한 것은 종교 문제에서였다. 종교개혁 이후 종교적 대립이 정치의 위기를 초래하자 질서 확보를 위해 국가와 교회의 문제를 구별해야 한다(정교분리)는 소극적인 관용론이 확립된다. 이윽고 관용원리는 사상의 자유 일반으로 그 적용이 확대되어 대중사회의 등장 후 강자(다수자)는 약자(소수자)의 사상을 탄압해서는 안 되고 오히려 인류의 진보를 위해서도 의견의 다양성을 증가시켜야(다원주의) 한다는 적극적인 관용론도 등장한다. 현대는 관용의 문제가 인종, 성(동성애), 예술 등 모든 '차이'의 문제로까지 확대되어있다(《네이버 지식백과》).

우리는 모두 세상살이의 철학과 방법이 다르기 때문에 생각이나 의견이 다를 수밖에 없는 것이다. 이런 '차이' 속에서도 개인의 이기주의와 집단의 이기주의가 상충될 때 어떻게 의견과 정서를 조율해야 하는가 하는 것이 중요하다. 우리가 기본적으로 상대방의 입장을 생각하는 역지사지나 대승적인 열린 마음(open mind)을 가져야만 근본적인 문제 해결방법이 나오지 않을까 생각한다. 그러기 위한 첫

단추가 프랑스의 톨레랑스 문화를 수입해 오는 것이라고 본다.

'한국의 피카소' 김흥수 화백의 '하모니즘'

김흥수 화백은 1977년 오랜 실험 끝에 추상과 구상의 조화를 꾀하는 하모니즘 미술을 선언해 국내 화단에 새 바람을 불러일으켰다. '하모니즘'은 한 화면에 구성과 추상이 공존하는 **조형주의 예술**이다. 김흥수 화백은 여성의 누드와 기하학적 도형으로 된 추상화를 대비시켜 그리는 등 이질적인 요소들을 조화롭게 꾸며 예술성을 끌어내는 독특한 하모니즘 화풍을 만들었다.

김흥수 화백은 '조형주의 예술의 선언'에서 "음과 양이 하나로 어울려 완진을 이룩하듯 사실적인 것과 추상적인 두 작품세계가 하나의 작품으로서 용해된 조화를 이룩할 때 조형의 영역을 넘는 오묘한 조형의 예술세계를 전개한다"고 밝혔었다.

그의 그림이 한 화면에 보여주는 색채와 조형성은 추상과 구상의 절묘한 대비를 통해 하나의 완성미로 승화된다. 특히 그의 '하모니즘'은 동양사상을 모태로 한다. 그의 작품에는 여인과 함께 미륵불, 승무, 소고춤, 탈춤 등 한국적인 이미지가 표현됐다. 창씨개명과 학도병 참가를 거부한 민족주의 화가로도 알려져 있다. 조형주의는 추상은 구상을 품고, 구상은 추상을 품게 만들어 '**조화**'를 지향하는 예술 운동이라고 하겠다. 추상은 구상을 인정하고 구상은 추상을 인정하는 '**좋은 관계 형성(rapport)**'이다. 그러면서 상호작용을 하다 보면 예상하지 못했던 새로운 미학이 탄생하게 된다. 그냥 두 이질적인 영역을 방치하면 서로 충돌하고 상쇄시켜버리지만 상호 이해하면 미학이 창조된다는 것을 알 수 있다. 병존 불가능하지만 병존 가능한 '신의 한 수'가 '하모니즘'이라고 하겠다.

우리 사회도 국제화 물결을 피할 수 없고, 노동문제와 결혼문제도 있어 우리는 이민자 150만 명 시대를 살고 있다. 역사와 언어와 가치관과 문화가 다른 데서 오는 갈등은 피할 수 없게 되었다. 외국인 노동자와 다문화 가정의 증가로 인한 순혈주의 민족주의는 사회통합에 걸림돌이 되고 있다. 이런 문제를 해결하기 위한 이론 가운데 '**용광로 문화론**'과 '**샐러드볼 문화론**'이 있다. 다문화 사회를 보는 관점 두 가지다.

첫째, 용광로 이론이다. 여러 민족의 고유한 문화들이 그 사회의 지배적인 문화 안에서 변화를 일으키고, 서로에게 영향을 주어서 새로운 문화를 만들어 나가는 것을 뜻한다. 그러니까 당근, 양파 등과 같은 여러 문화들이 솥에 들어가서 그 고유의 맛이 다른 재료들과 섞이면서 변화한다는 것이다. 예를 들어 중국은 55개의 민족으로 구성된 다민족 국가이지만, 국민의 대다수인 한족 중심 정책을 쓰면서 소수민족 문화를 전체에 융화시키고 있다.

둘째, 샐러드볼 이론이다. 국가라는 큰 그릇(bowl) 안에서 샐러드같이 여러 민족의 문화가 하나의 새로운 문화를 만들어가는 것을 뜻한다. 각각의 민족이 가지고 있는 고유한 문화들은 국가라는 큰 그릇 안에서 각자의 고유한 맛을 가지고 샐러드의 맛을 만들어 나가는 것이다. 대표적인 국가가 미국이다. 세계 각국의 이민자들이 모여서 세운 나라인 미국은 그들이 각각 가지고 온 여러 가지 문화들이 섞여서 미국 특유의 문화를 만들어내고 있다.

우리나라는 국가 정책적으로 용광로 이론 쪽으로 기울어져 있다. 하지만 다문화 사회 관련 시민단체 등에서는 샐러드볼 이론을 따라야 한다고 주장한다. 문화는 원천적으로 이질적이며 강요할 수 없는 정신 유산이기에 '조화(harmonism)'를 모색하는 노력을 해야 할 것이다. 우리나라도 샐러드볼 이론을 따르는 정책이 더 많아질 거라고 예상한다.

문화의 4차원

문화의 사전적 의미는 다음과 같다.

> "자연 상태에서 벗어나 일정한 목적 또는 생활 이상을 실현하고자 사회 구성원에 의하여 습득, 공유, 전달되는 행동 양식이나 생활 양식의 과정 및 그 과정에서 이룩해낸 물질적 · 정신적 소득을 통틀어 이르는 말. 의식주를 비롯하여 언어, 풍습, 종교, 학문, 예술, 제도 따위를 모두 포함한다."

- 표준국어대사전

사우디아라비아(이하 사우디)의 이슬람 교리인 '와하비즘(Wahhabism)'은 엄격한 율법을 강조하는 원리주의를 따른다. 보수적 남성중심사회 사우디에는 후견인 제도가 있다. 여성은 남성(남편, 아버지, 아들, 친척)을 반드시 후견인으로 둬야 한다. 여권 발급 등 각종 행정 서류를 신청할 때 후견인의 승인이 필요하다. 여성은 후견인 허락 없이 결혼도, 취업도, 해외여행도 못 한다. 사우디 여성 인권에 변화의 바람이 분 상징적 시점은 2017년 9월이다. 사우디 국왕은 왕령으로 '여성 운전 허용'

을 발표했고, 2018년 6월부터 이를 시행했다.

길트 홉스테드의 문화 차원 이론(cultural dimensions theory)은 어느 사회의 문화가 그 사회 구성원의 가치관에 미치는 영향과, 그 가치관과 행동의 연관성을 요인분석으로 유도한 구조를 통하여 설명하는 이론이다. 이 이론은 비교문화심리학, 국제경영학, 문화 간 의사소통 등 여러 분야의 연구에서 실험 패러다임으로 널리 사용되고 있다. 홉스테데는 1960년대와 1970년대에 IBM이 수행한 세계 고용인 가치관 조사 결과를 검토하기 위해 요인분석법을 사용하여 처음으로 이 모델을 만들었다. 이 이론은 관측되는 문화 간 차이점을 수치화하여 설명하려 한 최초의 시도라고 알려져 있다.

최초 이론에서는 문화적 가치관을 분석한 네 가지의 차원을 제시했다. 개인주의-집단주의(individualism-collectivism), 불확실성 회피(uncertainty avoidance), 권력 거리(power distance: 사회계급의 견고성), 남성성-여성성(masculinity-femininity: 과업 지향성-인간 지향성)이 그것이다. 이후 홉스테데와 별도로 홍콩에서 연구가 수행되었고, 이로 인해 홉스테데는 종래의 패러다임에서 논의되지 않았던 요소들을 보충하기 위해 다섯 번째 차원인 장기 지향성(long-term orientation)을 추가했다. 추후 세계 가치관 조사 데이터를 분석한 것을 반영하여 여섯 번째 차원인 응석-절제(indulgence versus self-restraint)를 추가했다.

첫째, 권력 거리 지수(power distance index: PDI)는 권력 거리란 조직이나 단체(가족과 같은)에서 권력이 작은 구성원이 권력의 불평등한 분배를 수용하고 기대하는 정도이다.

'권력 거리가 작은 문화'에서는 권력 관계가 보다 상호 의논적이고 민주적일 것이라고 기대할 수 있다. 사람과 사람 사이 관계는 형식적 위치에 관계없이 보다 평등할 것이고, 하급자들이 보다 편안한 분위기에서 권력자의 의사결정에 기여하거나 비판할 권리를 요구할 수 있다. 그러나 '권력 거리가 큰 문화'에서는 권력이 작은 측이 전제적이고 가부장적인 권력 관계를 그대로 수용하기 쉽다. 하급자는 사람의 권력은 단순히 그 사람의 특정한 형식적 위치, 계급에 따라 결정되는 것이라고 인정하게 된다. 이러한 의미에서, 홉스테데의 권력 거리 지수는 객관적인 권력 분포 차이를 반영하는 것이 아니라, 권력 불평등을 사람이 어떻게 받아들이냐에 관한 것이라고 할 수 있다. 수직체계(시스템)가 정립된 정도라고 하겠다.

둘째, 개인주의-집단주의(individualism: IDV vs. collectivism)는 개인들이 단체에 통합되는 정도이다. '개인주의적 사회'에서는 개인적 성취와 개인의 권리를 강조한다. 사람들이 자기자신과 자기 직계가족을 스스로 책임질 것을 요구받고 자신의 소속을 스스로 결정한다. 그러나 '집단주의적 사회'에서는 개인들이 대부분 평생 동안 소속되는 집단이나 조직의 구성원으로서 행동한다. 절대적 충성을 대가로 보호받을 수 있는 대가족이 존재한다. 일본과 한국의 문화를 비교하면 쉬울 것이다.

셋째, 불확실성 회피 지수(uncertainty avoidance index: UAI)는 불확실성과 애매성에 대한 사회적 저항력이다. UAI는 사회 구성원이 불확실성을 최소화함으로써 불안에 대처하려고 하는 정도를 반영한다. 'UAI가 높은 문화'의 사람들은 보다 감정적인 경향이 있으며, 알 수 없거나 이례적인 환경의 발생을 최소화하고, 사회 변화에 있어 계획과 규범, 법과 규제를 이용한 신중하고 점진적인 태도를 취한다. 그러나 'UAI가 낮은 문화'에서는 비체계적인 상황이나 가변적인 환경을 편안히 받아들이고, 규칙은 되도록 적게 만들려고 한다. 이런 문화의 사람들은 보다 실용적인 경향이 있으며, 변화에 관용적이다. 세상사를 문서화하려는 성향의 정도이다.

넷째, 남성성-여성성(masculinity: MAS vs. femininity)은 성별 간 감정적 역할의 분화이다. '남성적 문화'의 가치관은 경쟁력, 자기주장, 유물론, 야망, 권력과 같은 것을 중시한다. 그러나 '여성적 문화'에서는 대인관계나 삶의 질 같은 것을 보다 높게 평가한다. 남성적인 문화에서는 성역할의 차이가 크고 유동성이 작다. 이에 비해 여성적인 문화에서는 정숙이나 헌신 같은 개념을 남녀 양성이 똑같이 강조받는다. 여러 문화, 특히 남성적 문화에서의 성적 금기 및 성별을 노골적으로 일반화하는 홉스테드의 용어법 때문에, 홉스테드 이론을 사용하는 자들은 보통 이 차원을 '삶의 양-삶의 질(Quantity of Life vs. Quality of Life)' 등의 다른 이름으로 부른다. 최근 한국의 '페미니즘' 이슈에도 시사하는 바가 크다.

다섯째, 장기 지향성-단기 지향성(Long term orientation: LTO vs. short term orientation)이다. 처음에는 '유교적 역동성'이라는 이름이었던 LTO는 사회의 시간 범위를 설명한다. 장기 지향적인 사회는 미래에 더 많은 중요성을 부여한다. 이런 사회에서는 지속성, 절약, 적응능력 등 보상을 지향하는 실용적 가치를 조성한다. 단기 지향적인 사회에서는 끈기, 전통에 대한 존중, 호혜성, 사회적 책임의 준수 등 과거와 현재에 관련된 가치가 고취된다. 성과주의와 과정주의를 비교분석하면 동의할 수 있을 것이다.

여섯째, 문화상대주의(文化相對主義)의 상대주의는 절대적인 진리는 있을 수 없으며 흑인종, 백인종, 황인종으로 대표되는 인류는 서로 절대적인 우월이 없다.

인종 각각이 만든 문화 또한 그 문화의 우월성을 이야기하기는 힘들 것이다. 모든 문화는 고유한 환경(자연, 사회)에 대응하면서 얻게 되는 한 사회의 경험 지식의 총체이며 그 나름의 존재 이유와 가치를 가지고 있다. 문화 간에는 상호작용이 일어나고 서로 지지층(fan)이 되어야 한다는 뜻이다.

이렇듯 문화상대주의는 어떤 특정 문화의 우월성이 아닌 다양성을 인정하자는 의미이다. 한 문화는 그 문화가 처한 환경이나 사회적 맥락 속에서 이해를 해야 한다는 것이다. 현대사회는 여러 문화의 유입으로 인해 다른 문화를 잘 이해하고 받아들이기 위한 문화상대주의가 중요시 되고 있다. 또한 국제결혼 및 다문화 사회 속에서 기존의 민족주의에 사로잡히면 편견과 선입견이 생기고, 부정적인 사회 문제를 해결하기 어려워 진다. 방송사에서 외국인이 나오는 프로그램이 많아지는 것은 긍정적인 일이다.

인도는 소를 숭배하여 소고기를 먹지 않는다. 고대 인도인들은 소를 숭배하지 않았다. 소똥 등을 종교적으로 중요하게 쓰기는 했어도 소 자체를 신성하게 보지는 않았다. 인도의 옛 의서에는 소고기를 몸에 좋은 약으로 추천까지 했다. 인드라가 소고기를 좋아했다고도 한다. 그런데 인도가 영국 식민지가 되면서 외래문화가 들어오게 되자 힌두인들을 집결할 어떤 상징이 필요했고, 이런 이유로 '근대에 들어 만들어진 전통'이다. 한국인은 복날에 개고기를 먹는다. 한국이 개고기를 먹는 것은, 소는 농사에 사용되기 때문에 먹지 못하므로 그 대신에 꼭 특정 종(일명 똥개)만을 주로 먹는다는 것이다. 그들이 왜 개고기를 먹었는지 그 이유를 알고 이해해 주는 관점이 바로 문화상대주의 관점이다.

문화상대주의적 관점에서 보면 극단적인 예가 많다. 이집트 문화권에서는 순결을 잃은 여성을 가족의 명예를 더럽혔다는 이유로 가족들이 직접 살해하게 하는 관습이 있다. 인도의 힌두교에서는 남편이 죽으면 부인도 따라 죽는 '사티'라는 풍습이 있었다고 한다. 대다수의 이슬람 국가에서는 외간 남자와 가깝게 지냈거나 간통을 했다는 혐의를 받으면 아내를 소유물로 보는 남편은 자신의 명예를 지키기 위해 아내를 살해한다. 아프리카 일부 민족은 부모의 시신을 먹는 식인 풍습이 있다. 이때 식인의 의미는 부모에 대한 장례의 의미이며, 부모의 영혼과 육체를 고스란히 자신의 몸속에 간직하려는 종교적 의의를 갖는다는 것이다. 일부 아프리카 및 중동지역에서 여성의 외부 생식기를 잘라내는 '여성 할례의식'은 성인식 의례로 당연한 의례로 받아들이고 있다.

서로 다른 사회에는 서로 다른 도덕률이 존재한다. 따라서 도덕성에는 객관적인 진실이란 존재하지 않으며, 옳고 그름은 관점의 문제일 뿐이다. 이는 문화마다 다른 상대주의다. '너도 좋고 나도 좋다'이다.

라마단

이슬람교에서 행하는 약 한 달가량의 금식기간이다. 라마단(Ramadan) 금식(단식)은 아랍어로 '더운 달'이라는 뜻으로, 이슬람력(曆)에서의 9번째 달을 말한다고 한다. 이슬람에서는 9월을 《코란》이 내려진 신성한 달로 여기고, 이슬람교도들은 라마단 기간 중 해가 떠 있는 낮 시간에는 음식과 물을 먹지 않으며 해가 지면 금식을 중단한다.

라마단의 유래는 약 1,400년 전 이슬람교 창시자인 무함마드가 아라비안반도 서부의 동굴에서 알라로부터 코란의 계시를 받은 것을 기리는 의례. 헤지라 2년인 서기 623년부터 시작되었는데 라마단 기간은 해마다 열흘씩 빨라진다. 라마단 기간에는 관공서와 기업들이 출근시간을 늦추고 퇴근시간을 앞당기는 방식으로 근무시간을 단축한다.

라마단 금식은 '신앙고백 · 기도 · 희사(喜捨) · 성지순례'와 함께 이슬람 5대 의무 중의 하나이다. 전 세계 30여 개의 이슬람국가와 그 밖의 나라에 거주하는 8억 명의 이슬람교도들은 이 기간 중 하루에 3번 또는 5번 성지 메카나 메디아를 향하여 기도하고 철저히 절제된 생활을 한다. 해가 떠 있는 동안 일체 음식과 물을 먹지 않고 술 · 담배와 성생활도 중지한다. 다만 여행자, 병자, 어린이, 임산부 등은 이 의무가 면제되는 대신 후에 별도로 금식을 수일간 지켜야 한다. 금식을 어긴 자는 60일 동안 라마단식 금식을 해야 하며, 60명의 배고픈 이들을 흡족하게 먹여야 한다. 사우디아라비아에서는 비(非)이슬람교도도 라마단 기간 중 상점이나 거리, 사무실 등에서 이러한 율법을 지키지 않을 경우 서비스 중단과 국외추방 등의 처벌을 받는다(박문각). 다문화가정과 소수자 및 사회적 약자에 대해 보편적 인류애의 관점에서 보고, 상호이해가 필요하다고 본다. 글로벌 시대에 열린 마음(open mind)으로 타 종교를 이해하고, 편견과 선입견을 극복해야만 '만세3창'을 부를 수 있다.

이맘과 랍비

이맘은 이슬람 교단의 지도자인데, 원래는 이슬람의 신앙생활 및 의식에서 모범적인 지도자를 가리켰는데, 특히 수니파에서는 칼리프를, 시아파에서는 제4대 칼리프인 알리의 직계 자손 가운데 학덕이 뛰어난 사람을 이맘으로 부른다고 한다.

이맘(imam)은 '규범' 또는 '지도자'라는 의미를 갖고 있다. 무결점 신에 준하는 존경을 받는다. 일반적인 명칭으로는, 집단적으로 예배할 때의 지도자를 가리킨다. 수니파(派)에서 사용되는 경우로, 이슬람 교단의 우두머리인 칼리프를 가리킨다.

랍비(rabbi)는 유대교의 율법교사에 대한 경칭이다. 일반적인 기능과 역할은 종교행사와 각종 의식을 주재하며, 각종 교육활동에 폭넓게 참여한다. 또한 지역사회를 위한 구제와 봉사활동에도 관여하며, 여러 형태의 공동체 사업을 지원하기도 한다. 일부 랍비는 생계를 위한 직업을 가지면서 시간제 봉사직으로 랍비의 업무를 수행하기도 한다. 공식으로 임명받은 랍비가 없는 경우 공동체 내에 의식을 행할 만한 경건함과 인격을 구비한 사람이 랍비의 역할을 수행할 수도 있다고 알려져 있다.

결국 문화는 '인류애의 보편적 관점'에서 이해하고, '문명충돌'이 아니라 서로 '문명충전'의 관점에서 수용해야 할 것이다.

밈

문화의 전달에도 유전자처럼 **복제 역할**을 하는 중간 매개물이 필요한데 이 역할을 하는 정보의 단위 · 양식 · 유형 · 요소가 밈(meme)이다. 유전자처럼 개체의 기억에 저장되거나 다른 개체의 기억으로 복제될 수 있는 비유전적 문화요소 또는 문화의 전달단위로 영국의 생물학자 도킨스(Richard Dawkins)가 1976년 출간한 저서 《이기적 유전자》(*The Selfish Gene*)에서 만들어낸 용어이다. 즉, 생물학적 유전자처럼 사람의 문화심리에 영향을 주는 요소가 밈이다. 《옥스퍼드영어사전》에서도 '모방 등 비유전적 방법으로 전달된다고 생각되는 문화의 요소'로 정의되어있다. 도킨스는 '진(gene)'처럼 복제기능을 하는 이러한 문화요소를 함축하는 한 음절의 용어를 그리스어(語) '미메메(mimeme)'에서 찾아내 여기서 밈을 만들어냈다. '미메메'에는 '모방'의 뜻이 들어있다.

모든 문화현상들이 밈의 범위 안에 들어가며 한 사람의 선행 혹은 악행이 여러 명에게 전달되어 영향을 미치는 것도 밈의 한 예이다. 문화의 전달은 유전자

(gene)의 전달처럼 진화의 형태를 취한다. 그러나 언어 · 옷 · 관습 · 의식 · 건축 등과 같은 문화요소의 진화는 유전자의 진화방식과는 다르다. 따라서 문화가 전달되기 위해서는 유전자가 복제되는 것과 같은 복제기능이 있어야 한다.

밈의 전달 형태는 유전자가 정자나 난자를 통해 하나의 신체에서 다른 신체로 전달되는 것과 같이 모방을 통해 한 사람의 뇌에서 다른 사람의 뇌로 전달된다. 이러한 전달과정에서 각각의 밈들은 변이 또는 결합 · 배척 등을 통해 내부구조를 변형시키면서 진화한다.

따라서 음악이나 사상, 패션, 도자기나 건축양식, 언어, 종교 등 거의 모든 문화현상들은 밈의 범위 안에 들어있다. 한 사람의 선행 혹은 악행이 여러 명에게 전달되어 영향을 미치는 것도 밈의 한 예에 속한다(《두산백과》).

펭귄의 일화가 있다. 펭수의 일화로 바뀌어야 한다

남극의 펭귄 일화는 잘 알려져 있다. 펭귄은 바닷속으로 뛰어들어 먹이를 먹어야 하는데, 입수 순간을 기다려 펭귄을 잡아먹으려는 물개들이 기다리고 있다. 서로 눈치 보며 망설이다가 배고픈 펭귄 가운데 용감한 펭귄이 위험을 무릅쓰고 뛰어들면 다른 펭귄도 덩달아 물속으로 뛰어든다는 것이다. 생사의 위험을 알면서도 과감하게 입수하는 펭귄의 '선도자적 경영자' 모습을 강조한 일화다. 이런 펭귄이 교육방송국(EBS)의 '펭수 캐릭터'로 재탄생하여 인기를 얻고 있다고 한다. 펭수는 발상의 전환과 재해석이라는 크리에이티브 효과를 발산하고 있다.

첫째, 펭수는 백수를 떠올리게 하지 않는가? N포세대의 젊은이를 희화하거나 퍼스낼러티를 반영한다고 보고 싶다. 둘째, 펭수의 나이는 10살이다. 유행하는 귀염둥이나 영웅(Godot)이 아니다. 사회통념을 벗어난 행동을 하더라도 '면책특권'이 부여될 수 있는 연령이다. 셋째, 210센티미터의 장신이다. 전혀 엉뚱한 발상에서 나온 키높이다. 넷째, 수직사회에서 수평사회로 바뀌고 있는 세상살이를 표현하고 있다. 소속사 사장을 친구 이름 부르듯 한다. 다섯째, 대화내용도 사회비판적이라 기존의 규제를 탈피하고 있다. 젊은 청춘이 하고 싶은 말을 대신 해주는 것이다. 일반인의 페르소나(persona)이다. 젊은이가 처한 사회경제적 상황이 힘든데, 격려의 말 "힘내세요" 하면 힘을 낼 수 없다고 비난한다. 그냥 "사랑해" 정도로 말해달라고 요청한다. 기존의 동물 캐릭터가 지켜온 전형을 파괴하여 시청자들이 환호하게 만들고 있다. 이런 크리에이티브가 세상살이에서 '낚시하는 방법'에 해

당하는 실무능력이다. 펭귄에서 펭수로 변신하면서 진정한 선도자가 되고, 게임의
규칙(rule)을 바꾸는 인재가 된다.

'펭수'의 문화적 의미

'펭수'는 키 210㎝의 자이언트 펭귄으로 각종 '사이다 발언'으로 인기를 얻고
있다. 시대정신을 반영한 문화현상으로 세상살이의 번거로운 위계를 따르지 않는
펭수는 낯선 풍경을 만들었지만 대중은 환호로 화답하고 있다. 교육방송(EBS)이
낳은 2019년 대세 캐릭터 펭수의 가치관은 한국적 상황과 맞물려 '찬성과 반대의
문화적 의미'를 재해석하고 분석해볼 필요가 있다.

첫째, 자연파괴다. 출생지를 기반으로 하는 족보가 남극 '펭'씨이고 이름은 빼
어날 '수'를 쓴다. 남극은 청정지역이고 미지의 신세계이다. '인생 여행지'라고도
할 수 있을 것이다. 둘째, 한국으로 이주해 온 '이민'이다. 한국인에게 이민 차별의식
이 남아있지만 '이국정취'라는 호기심도 있어 동전의 양면성을 갖는다. 또한 '코리
안 드림'을 실현하기 위해 입국한 동남아 국민을 연상시키기도 한다. 셋째, 장신 펭
귄은 외모지상주의. 캐릭터가 갖고 있는 이미지는 귀염둥이나 공주가 아니다. 거
인 콤플렉스의 일종으로 '키높이 구두'를 신는 장신주의도 있지 않는가. 넷째, 난민
아닌 난민이다. 지구상에서 벌어지고 있는 각종 분쟁으로 '보트 피플'과 난민을 목
격했다. 펭수는 뽀로로 같은 스타가 되는 것을 꿈꾸며 남극에서 인천 앞바다까지
헤엄쳐왔다고 한다. '성공한 도전'으로 사회적 승자로서 응당 대접받을 만한 성과
라고 하겠다. 다섯째, 오디션 출신이다. 공개 경쟁 선발전인 오디션을 거쳐 교육방
송의 연습생으로 발탁되었고 교육방송 창고에서 숙식을 해결 중이다. 여섯째, 장유
유서를 따지는 한국사회에서는 나이가 중요한데, 펭귄이라 정확한 인간나이를 가
늠할 수 없다. '펭수'의 무한변신과 확장성을 예고하는 의도된 전략이라고 하겠다.

동물 같은 인간인지, 인간 같은 동물인지 '불확정성'이라 펭수는 복잡한 한국
특유의 위계질서를 고려할 필요가 없다. 소속사 사장에게 극존칭을 쓰는 인간과
는 달리 의도적 무례를 범해도 '악플 걱정'을 할 필요가 없다. 노예계약으로 피로
사회를 사는 인간들과는 달리 펭수는 교육방송 사장의 이름을 경칭도 없이 '김명
중'이라 부른다. 후배 군기를 잡겠다고 전화해대는 교육방송 대선배 뚝딱이의 전
화를 모른 척 무시하기도 한다. 인간들은 펭수의 '무소의 뿔' 같은 행보를 보며 이
국의 낯선 풍경으로 보거나 '펭성 논란'으로 이해한다. 기존 인식의 '수용'과 '거부'

라는 양면성으로 논란이 있지만 펭수는 '펭수의 길'을 간다. '현실'을 '가상'으로 바꾸고, '가상'을 '현실'로 바꾸는 펭권의 돌출 행동과 언어에 호응하고 있는 것 같다. 한국인들은 이런 걸 '소확행'이라 부를 수도 있다. '걷어차버린 사다리'를 회복할 수 없는 절망감에 '영웅'을 기다리고 있는 시대이기도 하다. 인간의 관점이 아닌 동물의 관점이라도 좋으니 '탈출구'를 가지고 싶어 했으리라 생각한다. 펭권의 나이가 '10살'이라는 의미도 중요하게 느껴진다. 성인도 아니고 유아도 아니라 '아동청소년 보호법'으로 사회적 안전망을 확보하고 있으니 '무한 파괴의 허가증(lisence)'을 가지고 있는 셈이다. 일반 직장인들이 갖고 있는 생활인으로서 참아야 할 위계질서나 상관의 명령복종으로부터 해방시킬 수 있는 폭발력을 가지고 있다. 한마디로 하면 이 시대가 갈증으로 가지고 있는 **창조적 파괴**라고 하겠다.

인간 세상살이의 규칙을 크게 따르지 않는 펭수는 남녀의 성별 이분법도 거부한다. 팬들이 호기심으로 남자인지 여자인지 묻는 질문에 펭수는 자신은 남극에서 온 10살짜리 펭권이라고만 답한다. '남자'일 수도 있고, '여자'일 수도 있고, 제3의 성'일 수도 있는 것이다. 타고난 성(sex)이 아니라 **사회적 성(gender)**이 중요하다는 의미를 내포하고 있다고 본다. 일반인들은 이분법 성별에 관계없이 펭수를 캐릭터로 대하고 '감정이입'을 할 수 있다. 펭수가 거부하는 건 성별 이분법만이 아니다. 펭수가 문화방송(MBC) 라디오 〈여성시대〉에 출연했을 때 진행자들은 그에게 여자 친구가 있는지 물었다고 한다. 펭수를 '수컷 펭권'이라 상정하고 건넨 질문이었을 것이다. 그러나 펭수는 그 질문에 "여자친구도 남자친구도 없다"고 답했다. 한쪽으로 정해진 대답을 피함으로써 펭수는 자신의 성별에 대한 답만 피한 게 아니라 **성적 정체성**에 대한 답도 함께 피했다고 본다. 사회적 편견과 고정관념을 없애려는 의도가 있었다고 생각하며, 이 의도는 '수용'과 '거부'라는 이분법적인 대립구조를 피하려는 **화합적 대답**이다. 이 '화합적 대답'은 어떤 성적 정체성과 성적 지향성의 소유자든 이심전심으로 환호할 수 있는 캐릭터의 본질을 잘 수행하고 있다고 본다. 캐릭터는 정치적·경제적 이슈에 대한 선언을 하는 게 아니라, 사회적·문화적 이해를 제안하는 것으로 역할을 다한다고 볼 수 있기 때문이다.

펭수스럽다

이는 전형적인 캐릭터 전략과는 다르다. 대부분의 캐릭터는 정해진 성별과 그에 따른 역할 모델이 있으며, 남녀 주인공의 사랑 이야기와 가족 이야기나 우정을 이야기한다. 미키 마우스나 미니 마우스, 벅스 버니와 롤라 버니, 헬로 키티 같은 캐릭터들은 명확하게 지정된 성별이 있고 전통적인 성역할을 수행한다. 전통적인 '신화 문법'도 있고, 할리우드식 스토리텔링일 뿐이다.

하지만 21세기 디지털 시대의 캐릭터들은 달라야 한다. 밀레니얼 세대와 Z세대는 기존의 '능동적인 남성 마초와 수동적인 여성 신데렐라'라는 가부장제 관점을 버리고 새로운 질서(New normal)를 수립해야 할 것이다. 한국사회의 '집단적 무의식'이, 유교적 역동성으로 전환되면서 **사회적 자본**(social capital)이 증가하는 방향으로 가야 할 것이다.

펭수를 향한 환호성은 성역할을 거부하는 펭수를 향한 팬들의 박수다. 펭수가 인터뷰에서 자기는 "남자도 여자도 아니다"라고 말하며, "여친도 없고 남친도 없다"라는 펭수의 말은 단순한 마케팅 전략이 아니라 한국사회의 이분법 사고와 고정관념에 대한 질타라고 봐야 할 것이다.

타자를 있는 그대로 존중한다

보건복지부 유튜브 계정은 남극에 두고 온 가족을 보고 싶다는 펭수에게 가족 사진 일러스트를 선물했는데, 성 중립적인 외모의 펭수와 달리 일러스트 속 펭수의 가족은 외모부터 구성까지 전형적이었다. 수염 자국이 거뭇거뭇 난 아빠와, 앞머리는 뱅을 하고 뒷머리는 쪽을 진 엄마, 그리고 공갈젖꼭지를 물고 있는 펭수의 동생까지. 전통적인 성역할에 따른 스타일링과 '정상 가정'이라 불리는 4인 가족사진의 일러스트를 받은 펭수는 고맙다는 말을 하지 않았다. 엉뚱하게도 단호한 말로 일러스트를 거부했다고 한다. 펭수의 "저 동생 없는데요" 하는 말에 팬들은 환호했다는 것이다.

이는 펭수가 인간이 아닌 펭귄이라는 설정을 모두가 존중하기 때문에 가능한 일일 것이다. 펭수는 남자도 여자도 아니고 '남극에서 온 10살 펭귄'이라고. 펭수를 있는 그대로의 펭수로 존중하는 것이 중요하다. 펭수가 말하고자 하는 **시대정신**과 무한한 가능성을 존중하는 일이 우리 사회의 새로운 패러다임이라고 생각하기에 팬덤이 생겼다고 본다. 기성세대가 가부장적 사고에서 벗어나고 사회문제에 대한 편견을 부숴야 한다는 게 '펭수정신'일 것이다. 펭수 혼자만이 아니라 '펭수 같은 인간'이 많아질수록 공동체 정신도 고양되고 성숙해질 것이다. 경제상황이 어렵고 취업이 쉽지 않은 젊은 청춘들에게 "힘내라"고 하면 힘이 나지 않는다고 비판한다. '같이의 가치'가 아니라, 공동체 구성원들을 '저 멀리 있는 타자'로서 보는 의미가 포함되어있기 때문이다. 그래서 펭수는 차라리 "사랑해요"라고 위로해달라고 부탁한 것이다.

우리가 다양한 분야에서 세상살이 할 때라도 특정한 '성 역할' 안에 가둘 수 없다. 성별 이분법과 성역할 모델에 구애받지 않고 그저 있는 그대로의 우리 자신으로 존중받을 권리가 있다. 그래서 한국사회는 무한한 가능성을 가지고 '무한도전'을 하는 청춘에게 피로감을 해소할 수 있는 구체적이고 실천적인 일자리를 제공해야 한다는 과제를 명시하고 있다고 할 수 있다.

최근 있었던 '2019 국민과의 대화, 국민이 묻는다' 행사에서 문재인 대통령은 동성혼 합법화에 대한 질문에 "사회적 합의가 선행되어야 한다"고 답했다. 한국사회의 지배 이데올로기로서 자리 잡고 있는 관습법을 시대에 맞게 바꾸는 일은 '사회적 합의'라기보다는 '사회적 정의'로 접근해야 성숙한 결론을 얻을 수 있을 것이다. 시대는 급변하고 있는데 언제까지 '준비타령'만 하면서 시간을 낭비할 것인가. 혁신하게 될 때까지 미루다가는 매몰비용만 커질 것이다.

'타자를 있는 그대로 존중하다', '비판적인 화법으로 공동체를 우선하다'를 '펭수스럽다'는 말로 사전에 등재하고 싶다. '펭수스럽다'가 우리 사회문화의 '밈'으로 유전자가 되어 세상살이 곳곳에 전파되길 바라는 마음 때문이다. 생산적인 비판정신과 공동체의 선을 중시하는 문화가 사회갈등을 해소하는 데 기여할 수 있다고 생각한다. 집단주의나 남성중심주의의 '경(硬)사회'를 개인주의와 여성중심주의의 '연(軟)사회'로, '중(重)문화'를 '경(輕)문화'로 바꾸어야만 글로벌 경쟁력을 갖는 데 유리하기 때문이다. 물론 세상사도 경쾌하고 밝게 되지 않을까 생각한다.

10장
과학기술의 이해

4차 산업혁명의 이해

2016년 1월 20일 스위스 다보스에서 열린 '세계경제포럼(WEF)'의 클라우스 슈밥 회장은 '4차 산업혁명의 이해(Mastering the Fourth Industrial Revolution)'를 주요 의제로 설정했다. 그간 저성장, 불평등, 지속 가능성 등 경제 위기 문제를 다루어온 다보스포럼에서 과학기술 분야가 의제로 꼽힌 것은 포럼 창립 이래 최초였다.

4차 산업혁명이라는 용어는 앞서 독일이 2010년 발표한 '하이테크 전략 2020'의 10대 프로젝트 중 하나인 '인더스트리 4.0(Industry 4.0)'에서 '제조업과 정보통신의 융합'을 뜻하는 의미로 먼저 사용됐다. 이후 WEF에서 제4차 산업혁명을 의제로 설정하면서 전 세계적으로 주요 화두로 등장하게 되었으며, 포럼 이후 세계의 많은 미래학자와 연구기관에서 제4차 산업혁명과 이에 따른 산업·사회 변화를 논의하기 시작했다.

우리나라와 비슷한 일본의 경우를 살펴보자. 일본의 인구는 감소하고 있으며 국민들의 평균연령은 증가하고 있다. 낮은 출산율과 극단적인 수명 증가는 젊고 활동적인 노동자와 보살핌이 필요한 사람들 간 불균형으로 이어졌다. 그래서 일본은 소사이어티 5.0(Society 5.0)과 관련된 산업기술을 제4차 산업혁명으로 설정하고 있다. '소사이어티 5.0'은 수렵, 농경, 산업, 정보를 잇는 다섯 번째 뉴 노멀(new normal) 사회이고, 초스마트 사회로 정의하고 있다.

'소사이어티 5.0'은 연령, 성별, 장소, 언어 등의 한계를 넘어 모든 사람들이 필요한 제품과 서비스를 원하는 시간에 필요한 만큼 공급받아 만족스럽고 편안한 생활을 유지하는 사회를 지향한다. 이를 위해 사람 그리고 로봇과 인공지능의 공존과 주문형 서비스의 확대, 서비스 불평등 제거, 게임 체인저 기회 확대 등을 주요 과제로 삼고 있다. 사이버 세계와 물리적 실제 시계의 기반기술 향상 그리고 소사이어티 5.0 플랫폼 구축에 나서고 있다.

이런 4차 산업혁명 시대엔 주목받는 기술로 AI(인공지능), IoT, 클라우드, 로봇,

모바일 5G 등이 있지만 결국 여러 핵심기술도 빅데이터를 확보하고 가공하기 위한 기술이라고 할 수 있다. 빅데이터 분석이 4차 산업혁명 기술의 정점에 있다고 볼 수 있다. 비즈니스 운영체계가 '빅 데이터'라는 원천과 AI(인공지능)라는 동력을 바탕으로 업무혁신을 이루고 있다는 것이다.

4차 산업혁명 기술로 검색하러 가기

4차 산업혁명의 대표적인 기술은 'ICBM'으로 요약된다. 사물인터넷(IoT), 클라우드 컴퓨팅(Cloud Computing), 빅데이터(Big Data), 모바일(Mobile)이 4차 산업혁명을 이끌 핵심기술과특징 평가되기 때문이며, 그 정점에는 'AI(인공지능)와 연계한 빅데이터'가 있다. AI는 컴퓨팅 파워와 데이터 축적을 기반으로 한다. 디지털 세상살이를 위한 첨단기술의 이해와 창의성 발상을 위한 기반으로 알아보고자 한다.

'ICBM'으로 대변되는 현대 디지털 문명은 '3P 형식'을 취하고 있다

먼저 ICBM이란 기본적으로 사물인터넷(Internet of Things, IoT)의 센서가 수집한 데이터를 클라우드(Cloud)에 저장하고, 빅데이터(Big data) 분석 기술로 이를 해석해서, 적절한 서비스를 모바일 기기 서비스(Mobile) 형태로 제공함으로써 관련 산업을 활성화하겠다는 것이다. 그동안 ICBM 분야별 독자적으로 개발되던 기술들을 집적함으로써 시너지를 낼 수 있는 사업을 도출하고 효과적으로 추진함으로써 신시장을 창출하고 관련 기술에 대한 주도권을 잡겠다는 전략이다.

'3P'란 이런 기술환경 변화에 따른 예술환경 변화를 말한다

플랫폼(Platform) 경쟁, 참여형(Participation form) 상호작용, 개인맞춤형 (Personalized form) 소비의 3P이다. 이런 구조 속에서 청중(관객)은 '언제, 어디서나, 자신의 모바일 기기(any time, any where, any device)'로 상품과 문화예술을 소비하게 될 것이다. 그러므로 미래 상품과 예술의 생산 시스템과 소비의 메커니즘과 사회문화 생태계가 혁신적으로 바뀔 것이라고 본다. 또 다른 기폭제는 인공지능의 빅데이터 분석과 딥러닝(deep learning) 기술의 발전이다. 인공지능이 인간의 지능을 능가하는 그때를 '기술적 특이점(Singularity)'이라고 한다. '기술적 특이점'은 '강 인공지능(Strong AI)'을 가진 기계(로봇)가 자의식을 통해 자발적으로 학습하고 생각하며 때로는 인간의 명령을 거부할 수 있다는 개념이다. 아직은 이론적인 개념이고, 그것이 정확하게 어떤 모습일지는 알기 어렵다고 하지만 '약 인공지능(Weak AI)'이 점차 범용성을 늘려간다면 강 인공지능으로 발전하는 것도 곧 현실이 될 것이다.

T, G, I, F가 지배하는 시대

아날로그 시대 대표적인 패밀리 레스토랑의 하나인 TGIF가 있다. 'Thanks God, It's Friday(감사합니다, 오늘은 금요일입니다)'의 이니셜 약자로 가족과 함께 외식을 즐기자는 뜻이다. 디지털 세상을 지배하고 있는 유니콘 IT기업의 주도자들이 가진 특징을 잘 설명한 단어로 'TGIF'가 있다. 'TGIF'는 세상사를 판단하는 기준이요 세상살이의 가치관이라고 할 수 있는 핵심단어들이다. 세계적인 경쟁력을 가지려면 무엇을 해야 하는지를 설명하고 있다. 새로운 시장을 개척하고 인류의 진보에 이바지하기 위해서 기업이 가지고 있어야 할 정체성을 부각시키고 있다. 영어단어의 첫 글자를 이어 만든 하나의 언어유희로 칼랑부르(calembour)인데, 디지털 시대를 선도하는 기업의 미션이고 '관계 형성'의 핵심역량을 압축파일처럼 잘 요약하고 있다. 'T'는 Technology(기술), 'G'는 Global(글로벌), 'I'는 Innovation(혁신), 'F'는 Fan(팬)이다.

'T'는 4차 산업혁명의 첨단기술과 연계되어야 한다는 것이다. 광고 크리에이티브에서도 디지털 기술이 융합하여, 뉴폼 아트(New form Art)를 창출하는 기술(Technology)이다. 특히 애드테크(Ad. Tech)는 매체전략과 연동해서 크리에이티브의 형식을 파괴하도록 과감하게 도입해야 하겠다.

'G'는 국제화(Global)로서 우리 사회경제가 지향해야 할 목표이기도 하다. 우리나라는 해외 수출 의존도가 높을 뿐만 아니라, 국내로 유입되는 다문화 가정과 이민자를 배려하지 않으면 기업확장이 어렵다. 글로벌 무한경쟁에서 생존하기 위한 오픈 마인드이기도 하다. 글로벌 기업을 지원하는 광고회사의 정책적인 방향성도 잘 요약하는 이니셜이다.

'I'는 세상을 지배하는 혁신적인 사고(innovation)이다. '발상과 표현', '사고의 전환'과도 연관하여 생각하고 혁신의 구체적인 방법으로는 세상과 수용자의 상호작용(interaction)으로도 나타날 것이다. 무엇보다도 '혁신의 일상화'로 변화하지 않으면 안 된다. 세상에 변하지 않는 진실은 세상에 변하지 않는 게 없다는 경구를 잘 기억해야 할 것이다.

'F'는 팬덤을 이루는 열성적인 지지자의 팬(Fan)이다. 마케팅에서도 우리 주변에 다양한 생활자가 브랜드에 대한 후원자와 팬이 되도록 하고 이를 확대해나가야 하겠다. 수용자(소비자) 모두를 브랜드의 추종자(follower)로 만들고 여성적(female) 감성화로 설득해야 한다는 뜻이다. 세상은 이 '3F(Fan, follower, female)'의 지배로 운행된다고 하지 않는가?

이렇게 'TGIF'는 커뮤니케이션에서도 수용자의 구매심리와 사고패턴과 매체 사용방법이 달라졌고, 세상을 재단하는 용어가 된 것처럼 광고 크리에이티브의 주요 개념으로도 적절하다고 해석할 수 있다. 앞으로 'TGIF'를 광고전략의 핵심 공용어로서 사용하여 '빈도, 광범위성, 지속성'을 높이면서, 아이디어 발상과 뉴미디어 크리에이티브 전략의 배경으로서 활용되고 새로운 규범(New Normal)이 되어야 할 것이다.

인공지능

인공지능(AI: Artificial Intelligence)은 인간이 지닌 지적 능력의 일부 또는 전체를 인공적으로 구현한 것이다. 현실에서는 이제 막 한 걸음을 내딛은 단계이며 SF물에서 흔히 볼 수 있는 소재이기도 하다. 서양의 역사가 예수 이전(BC: Before Christ)과 이후(AD: Anno Domini)로 구분되듯이, 바둑의 역사도 Before Computer와 After Deepmind로 구분될 것이라고 한다.

카스파로프(1963년생)는 1996년에 IBM의 Deep Blue의 전신 Deep Thought를 상대했고, 이세돌(1983년생) 9단은 2016년에 알파고를 상대했다. 구글 딥마인드(DeepMind)의 알파고(AlphaGo)는 2015년 프로 2단 바둑 기사와의 시합에서 승리하면서 유명세를 탄 이후, 개선된 알파고 버전은 세계적인 프로 바둑 기사인 이세돌 9단과의 시합에서도 승리했다. 2017년 5월에는 세계 랭킹 1위인 커제 바둑 기사를 상대로도 이겼다. 2017년 후반 새로운 세대의 소프트웨어로 나온 알파고 제로(AlphaGo Zero)는 기존 알파고보다 더욱 강력했으며 바둑뿐만 아니라 체스와 쇼기(일본식 장기)도 학습했다고 한다.

인공지능 분야에는 몇 가지 기술이 있다. '기계 학습'은 기본적인 규칙만 주어진 상태에서 입력받은 정보를 활용해 스스로 학습하는 것이다. '인공 신경망'이란, 인간의 뉴런 구조를 본떠 만든 기계 학습 모델이다. '딥 러닝'은 입력과 출력 사이에 있는 인공 뉴런들을 여러 개 층층이 쌓고 연결한 인공 신경망 기법을 주로 다루는 연구이다. 즉, 단일 층이 아닌 실제 뇌처럼 여러 계층으로 되어있다. '인지 컴퓨팅'은 기계학습을 이용하여 특정한 인지적 과제를 해결할 수 있는 프로그램 또는 솔루션을 말한다. '뉴로모픽 컴퓨팅'은 인공 신경망을 하드웨어적으로 구현한 것이라고 생각하면 된다. 또한 '강 인공지능'은 인간을 완벽하게 모방한 인공지능이고, '약 인공지능'은 인간에게 유용한 도구로서 설계된 인공지능이라고 보면 된다. 아직까지는 인간지능을 초월한 인공지능의 출현시점인 특이점(Singlulality)을 넘기지 못하고 있다.

우리에게 널리 알려진 인공지능은 대부분 약 인공지능이다. 딥마인드 알파고는 유럽 바둑 챔피언과 대결하여 승리했다. 2016년 3월 이세돌 9단과의 대국에서 4승 1패로 승리를 거두었다. 구글의 목표는 바둑 다음에 온라인 보드게임에 도전할 계획이며 스타크래프트2의 인공지능을 개발한다고 발표했다. 2017년 중국의 바둑 선수 '커제'를 상대로 3전 전승을 달성했다. 커제 프로 기사와 대결한 알파고는 마스터 버전으로 더 뛰어난 실력을 발휘했다. 현재는 알파고 제로 버전이 나왔는데 베타 버전과 1,000판을 하면 모두 이긴다는 말이 나올 정도다. 이세돌 9단은 알파고 베타 버전에 마지막 승리할 때 버그 덕분이었다고 솔직히 밝혔다.

알파고와 알파제로는 모두 **강화 학습**(reinforcement learning)을 통해 학습한다. 또한 강화 학습 네트워크의 일부로 심층 신경망을 사용해 결과 가능성을 예측한다고 전한다.

강화 학습

머신러닝에는 비지도 학습(unsupervised learning), 지도 학습(supervised learning), 강화 학습(reinforcement learning)의 세 가지 종류가 있다. 각 학습은 서로 다른 종류의 문제해결에 유용하다. '비지도 학습'은 레이블이 없는 완전한 데이터 집합에서 작동하며 데이터의 구조를 밝혀내는 데 유리하다. 클러스터링, 차원 축소, 특성 학습, 밀도 추정 등에 사용된다. '지도 학습'은 레이블이 있는 완전한 데이터 집합에서 작동하며 개별 데이터에 대한 분류 모델과 연속 데이터에 대한 회귀 모델을 만드는 데 유리하다. 지도 학습으로 생산되는 머신러닝 또는 신경망

모델은 일반적으로 '예측'에 사용된다. 예를 들어 "이 대출자가 대출금을 갚지 않을 가능성은 얼마나 되는가" 또는 "다음 달 얼마큼의 재고를 보유해야 하는가"와 같은 질문에 대한 답을 얻는 데 사용된다.

'강화 학습'은 일부 가치를 극대화하는 방식으로 행위자(actor) 또는 에이전트(agent)를 학습시켜 환경에 응답한다. 예를 들어, 알파고는 바둑(환경)을 두는(행위) 방법을 학습하기 위해 먼저 대량의 과거 바둑 기보를 통해 인간 바둑 기사들을 '모방 학습'했다(예비 학습). 그런 다음 독립적인 자기자신의 인스턴스를 상대로 수없이 바둑을 두면서 시행착오를 거쳐 경기력을 개선했다(강화 학습). 알파고는 최종적인 승리의 추정 가능성을 극대화해서 다음 수를 결정한다. 1집 차이로 이기든 50집 차이로 이기든 알파고에게는 아무런 상관이 없다.

아직까지는 모두 '약 인공지능'이다

강화 학습에는 환경과 상호작용하는 에이전트가 사용된다. 환경에는 다수의 상태 변수가 존재할 수 있다. 에이전트는 정책에 따라 행위를 수행하며, 이 정책은 환경의 상태를 변경시킬 수 있다. 환경 또는 학습 알고리즘은 에이전트 보상 또는 벌칙을 전송해 강화를 실현한다. 이것이 정책을 수정할 수 있고 정책의 수정이 곧 학습을 형성한다.

강화 학습을 위한 효과적인 정책은 탐욕 또는 개발(현재 정책이 가장 가치가 크다고 여기는 행위를 실행하는 것)과 정책을 개선하는 데 도움이 될 수 있는 임의의 행위인 탐구 사이에서 균형을 찾아야 한다. 이 균형을 제어하기 위한 알고리즘은 많다. 탐구를 짧은 시간 동안 사용하는 알고리즘도 있고, 순전한 탐구로 시작해 학습된 정책이 강화됨에 따라 서서히 거의 순전한 탐욕으로 수렴되는 알고리즘도 있다.

딥 러닝(Deep Learning)은 데이터에 존재하는 패턴을 복잡한 다계층 네트워크로 모델화하는 머신러닝의 일종이다. 딥 러닝은 문제를 모델화하는 가장 총체적인 방법이기 때문에, 컴퓨터 비전과 자연어 처리 같은 어려운 문제를 해결할 잠재력을 갖고 있다. 또 전통적인 프로그래밍, 기타 머신러닝 기법보다 낫다. 어렵지만 딥 러닝은 유용하다. 딥 러닝을 이용하면 다른 방법으로는 불가능한 유용한 결과를 얻을 수 있기 때문이다. 또 다른 방법보다 더 정확한 모델을 만들 수 있고, 유용한 모델을 만드는 데 소요되는 시간을 줄일 수 있다. 그러나 딥 러닝 모델 트레이닝에는 아주 높은 컴퓨팅 성능이 필요하다. 또 다른 단점은 딥 러닝 모델 해석이 어렵다는 것이다.

딥 러닝은 아주 중요한 특징 한 가지를 갖고 있다. 트레이닝 할 모델의 인풋과 아웃풋 사이에 숨겨진 계층(hidden layer)이 한 개 이상 존재해야 한다는 것이다. 대부분의 담론에서 딥 러닝은 심층신경망(DNN: Deep Neural Networks)을 사용하는 것을 의미한다. 그러나 신경망 외에도, 다른 종류의 숨겨진 계층을 사용해 딥 러닝을 구현하는 알고리즘들이 소수 존재한다.

머신러닝은 영업과 마케팅 캠페인의 효과를 높이고, 수익 모델을 향상하고, 부정행위 및 사기를 쉽게 탐지할 수 있도록 도와주고, 장비와 장치에 대해 예측 유지보수를 수행하는 등 다양한 이점을 얻을 수 있다. 사람이든 알고리즘이든 결론의 정확성은 가공되는 정보의 폭과 품질에 의해 좌우된다. 세계 첨단기술 경쟁시장에서 인공지능 기술은 '비선형 기술' 분야이기에 퀀텀 점프(quantum jump) 할 수 있는 분야의 하나라고 하겠다(한국IDG & ITWorld).

이세돌 9단이 은퇴를 선언한 결정적인 계기는 역시나 인공지능 때문이었다. 그에게 바둑이란 승패를 떠나 두 사람이 만들어내는 작품과도 같았다. 자신보다 고수를 만나면 그의 기품을 배워가며 예술로 승화하고 싶었다는 것이다. 하지만 인간의 감정이 전혀 느껴지지 않는 인공지능이 등장하면서 바둑에 대한 근본적인 회의감이 들었다고 고백했다. 이세돌은 2019년 12월 18일부터 3연전으로 NAVER의 AI '한돌 3.0버전'과 고별 게임을 했지만 패했다. 다시 한 번 인간과 인공지능의 관계설정이 필요한 시점이다.

아마존 알렉사

알렉사(Alexa)는 아마존에서 개발한 인공지능 플랫폼이다. 알렉사는 아마존 에코에 처음 사용되었다. 사용자는 아마존 에코를 이용해 알렉사와 의사소통을 할 수 있으며, 알렉사는 음악재생, 알람설정, 날씨정보 제공, 교통정보 제공 등 많은 기능들을 제공해준다. 현재 알렉사는 독일어와 영어로만 의사소통이 가능하다. 하지만 2017년 안에 힌두어와 일본어가 추가 될 것이라는 예상이 있다. 알렉사는 클라우드 기반으로 작동되기 때문에, 알렉사를 자주 사용할수록, 알렉사는 사용자가 말하는 패턴, 단어, 개인적인 기호 등을 학습해서 더 잘 받아들인다. 현재 아마존은 알렉사에 대한 소프트웨어 정보를 공개했고, 이러한 정보들을 이용해 여러 기업에서 가전제품, 자동차 등에 도입했다.

구글 딥마인드의 알파고

알파고(AlphaGo)는 구글 딥마인드(DeepMind)가 개발한 인공지능 바둑 프로그램이다. 2015년 10월 판 후이 2단과의 5번기에서 모두 승리해 핸디캡 없이 호선으로 프로 바둑기사를 이긴 최초의 컴퓨터 바둑 프로그램이 되었다. 2016년 3월에는 세계 최상위 수준급의 프로기사인 이세돌 9단과의 5번기 공개 대국에서 대부분의 예상을 깨고 최종전적 4승 1패로 승리해 현존 최고 AI로 등극하면서 세계를 놀라게 했다. 2017년 중국의 바둑 선수 '커제'를 상대로 3전 전승을 달성했다. 이런 최고위 대국을 통해 인공지능의 새 장을 열었다는 평가를 받았으며, 바둑계는 기존의 통념을 깨뜨리는 창의적인 수와 대세관으로 수천 년 동안 이어진 패러다임이 바뀔 것으로 전망했다. 한국기원은 알파고가 정상의 프로기사 실력인 입신의 경지에 올랐다고 인정하고, 프로 명예단증을 수여했다. 2019년 12월 네이버의 '한돌'과도 3연전에서 경쟁하여 1승 2패의 전적을 남겼다. 딥마인드가 2014년 구글에 인수되면서 데이비 하사비스 CEO와 구글은 알파고 알고리즘을 활용해 기후변화 예측, 질병진단 및 건강관리, 무인자율주행차, 스마트폰 개인비서 등 미래의 핵심적 서비스 사업에 적용한다는 계획이 알려지고 있다. 알파고 같은 딥러닝 인공지능은 우리 사람의 뇌를 운용하는 방식의 기계학습을 활용하는 것이 특징이다. 알파고는 정책망과 가치망이라는 두 가지 신경망을 통해 결정을 내리며, 머신러닝을 통해 스스로 학습하는 기능을 가져 쉬는 시간 없이 계속 진화한다고 한다. 딥러닝 인공지능은 인공지능 스스로 방대한 데이터를 기반으로 학습하여 가장 효율적인 방법을 찾아낸다고 한다. 스스로 질문하고 대답하면서 창조적인 역량을 기른다는 것이다. 그래서 알파고는 '알파고 팬(Fan), 리(Lee), 마스터(Master), 제로(Zero)'로 진화를 거듭하고 있다. 알파고끼리의 대국에서 '마스터'는 '제로'에게 100전 100패 했다고 한다. 딥마인드 알파고는 유럽 바둑 챔피언과 대결하여 승리했으며, 이제 바둑계를 떠난다고 한다. 다음에는 온라인 보드게임에 도전할 계획이라고 한다. 스타크래프트라고 알려져 있지만, 스타크래프트2의 인공지능을 개발한다고 발표했다. 알파고의 슬로건은 '신지식을 발견하라(Discovering New Knowledge)'이다. 도전과 혁신의 구글 아이콘을 그대로 전수받아 가공할 만한 괴력을 발휘하고 있는 이유라고 생각한다. 구글 어시스턴트, 마이크로소프트 넥스트 렘브란트, Apple Siri, IBM Watson, 페이스북 딥페이스, 프레드폴(PredPol) 등의 세계적인 IT기업들의 성과들을 따라잡을 준비도 해야 할 것이다.

사물인터넷

사물인터넷(IoT: Internet of Things)은 각종 사물에 센서와 통신 기능을 내장하여 인터넷에 연결하는 기술이다. 즉, 무선 통신을 통해 각종 사물을 연결하는 기술을 의미한다. 인터넷으로 연결된 사물들이 데이터를 주고받아 스스로 분석하고 학습한 정보를 사용자에게 제공하거나 사용자가 이를 원격 조정할 수 있는 인공지능 기술이다. 여기서 '사물'이란 가전제품, 모바일 장비, 웨어러블 디바이스 등 다양한 임베디드 시스템이 된다. 사물인터넷에 연결되는 사물들은 자신을 구별할 수 있는 유일한 아이피를 가지고 인터넷으로 연결되어야 하며, 외부 환경으로부터의 데이터 취득을 위해 '센서'를 내장할 수 있다. 모든 사물이 해킹의 대상이 될 수 있어 사물인터넷의 발달과 보안의 발달은 함께 갈 수밖에 없는 구조이다. IoT는 4차 산업혁명이 가져올 변화 가운데 우리 실생활과 가장 밀접하게 연관된 기술로 불린다. 사물인터넷 서비스는 서비스 대상과 서비스 제공 주체에 따라 개인 IoT 서비스, 공공 IoT 서비스, 산업 IoT 서비스로 구분된다. 개인 IoT 서비스는 개인의 삶의 질 향상을 위해 개인이 직접 사물인터넷 디바이스를 구입하여 서비스를 이용하는 형태로, 스마트홈, 헬스케어, 스마트카 서비스 등이 대표적이다. 공공 IoT 서비스는 정부가 사회문제 해결 및 대국민 서비스를 제공하기 위해 인프라를 구축하여 제공하는 서비스로, 공공 안전, 환경, 에너지 등과 관련된 서비스이다. 산업 IoT 서비스는 기업이 산업 경쟁력을 강화하고 효율성을 제고하기 위해 도입하는 서비스로 스마트 공장, 스마트 농장 등이 이에 해당한다.

정보기술 연구 및 자문회사 가트너에 따르면 2009년까지 사물인터넷 기술을 사용하는 사물의 개수는 9억여 개였으나 2020년까지 이 수가 260억 개에 이를 것으로 예상된다. 이와 같이 많은 사물이 연결되면 인터넷을 통해 방대한 데이터가 모이게 되는데, 이렇게 모인 데이터는 기존 기술로 분석하기 힘들 정도로 방대해진다. 이것을 빅 데이터라고 부른다. 따라서 빅 데이터를 분석하는 효율적인 알고리즘을 개발하는 기술의 필요성이 사물인터넷의 등장에 따라 함께 대두되고 있다. 사물인터넷을 구축하기 위해서 기술적인 설정은 크게 사물신원확인, 의사소통이 가능한 네트워크 구축, 사물에 감각 부여, 컨트롤 가능성으로 나누어볼 수 있다.

5G와 인공지능(AI)은 떼려야 뗄 수 없는 관계다. AI가 제대로 작동하기 위해서는 개발 실행의 모든 단계에서 방대한 데이터 처리와 빠른 처리속도가 안정적으로 뒷받침해줘야 하기 때문이다. 인공지능과 5G를 기반으로 모든 사물과 비즈니스, 사물과 사물이 초연결 상태를 유지할 것이다. 이런 사물인터넷 시대가 되면 인

공지능이 세상을 연결하는 가교가 될 것이다.

사물인터넷에 참여하는 각각의 개체는 다른 개체로 하여금 스스로를 식별할 수 있게 해주는 신원이 필요하다. 근거리에 위치한 사물의 신원을 나타내는 기술은 RFID기술이지만 보다 넓은 범위의 네트워크상에서 개별 사물의 신원을 확인하기 위해서는 개별 사물에 IP주소를 부여해야 한다. 사물들은 스스로가 취합한 정보를 필요에 따라 다른 사물과 교환·취합함으로써 새로운 정보를 창출할 수 있어야 한다. 사물끼리의 일관된 정보전달 방법을 확립하기 위해 HTTP를 대체할 MQTT 프로토콜이 제시되었고 OASIS(Organization for the Advancement of Structured Information Standards)에서는 MQTT를 사물 인터넷의 표준 규약으로 사용하고 있다.

사물에 청각, 미각, 후각, 촉각, 시각 등을 부여해 주변 환경의 변화를 측정할 수 있도록 한다. 사물에 부여되는 감각은 오감에 한정되지 않고 RFID, 자이로스코프, 가이거 계수기 등을 통한 감각으로 확장될 수 있다. 예컨대 이불의 경우 감압센서와 습도센서를 통해 사용자가 수면 중 몇 번 뒤척였는지, 얼마나 땀을 흘렸는지 등을 측정할 수 있다.

IoT로 인해 나타날 변화는 상상을 초월한다

차량을 인터넷으로 연결하여 안전하고 편리한 운전을 돕는다. 심장박동, 운동량 등의 정보를 제공하여 개인의 건강을 증진시킨다. 주거환경을 통합 제어할 기술을 마련하여 생활 편의를 높이고 안전성을 제공한다. 한국에서는 삼성이나 LG 등에서 사물인터넷 기술을 사용한 스마트 홈을 출시했다. 구글은 아우디, GM, 구글, 혼다, 현대, 엔비디아를 중심으로 OAA(Open Automotive Alliance)를 구성해 안드로이드 운영체제를 기반으로 한 커넥티드 카를 만들기 위해 노력하고 있다.

공정을 분석하고 시설물을 모니터링하여 작업 효율과 안전을 제고한다. 생산, 가공, 유통부문에 사물인터넷 기술을 접목하여 생산성을 향상시키고 안전유통체계를 확보한다. 주변 생활제품에 사물인터넷을 투입하여 고부가 서비스 제품을 생산한다.

산업 서비스로서의 사물인터넷은 일반적으로 다음과 같은 전제조건이 필요하다. 이용자 경험을 고려할 것이다. 사물을 연결하는 과정에서 이용자 경험(UI/UX)을 고려한다는 것은 '서비스로서의 사물(TaaS: Things as a Service)'을 위한 매우 중요한 요소로 작용한다. 기존에 잘 있던 사물을 굳이 연결하는 과정이 기업 논리라면, 이용자 경험을 고려한 사물 간의 연결은 이용자 설득 논리가 된다. 그리고 기술 진입 장벽이 높지 않을 것이다. PDA, 스마트폰, 블루투스 스피커 등 이미 일상에 보편화된 사물 역시 사례에 포함된다.

　　CCTV, 노약자 GPS 등의 사물인터넷 정보를 사용해 재난이나 재해를 예방한다. 대기 상태, 쓰레기 양 등의 정보를 제공받아 **환경오염**을 최소화한다. 에너지 관련 정보를 제공받아 에너지 관리 효율성을 증대시킨다. 미국, 중국, 유럽연합, 일본 등의 국가는 정보통신기술을 기반으로 교통, 공공행정 등의 다양한 도시 데이터를 개방하여 도시 전체의 공공기물들과 주민들이 효율적으로 상호작용하는 **스마트시티 건설**을 추진하고 있다. 스페인 바르셀로나시에서는 빈 주차공간을 감지해 주차 정보를 공유하거나 쓰레기통의 포화 상태를 측정해 수거 트럭에 정보를 송신하는 등 사물인터넷 개념을 활용한 **도시 관리 시스템**을 구축했다. 뉴욕시에서는 마이크로소프트와의 협력을 통해 CCTV, 방사능 감지기, 자동차 번호판 인식장치를 연계하여 의심스러운 사람이나 차량의 정보를 현장경찰과 소방서 등의 기관에 전달하는 **대테러 감지 시스템**(Domain awareness system)을 구축했다. 기타 해킹문제, 환경영향 문제, 표준의 문제 즉 IoT는 프로토콜 즉, 컴퓨터 간에 정보를 주고받을 때 사용하는 일정 규칙을 기반으로 하여서 사물들에게 이 IoT 기술을 접목한다. 사람·기기·공간·데이터 등 모든 것이 네트워크로 연결된 상태를 의미하는 '**초연결망**'을 생각하면 이해가 쉽다. IoT로 인해 나타날 변화는 상상을 초월한다.

　　사용자의 귀가 패턴을 고려해 도착 시간 전에 미리 실내 온도를 적정 수준으로 유지한다든가 웨어러블 기계가 체크하는 인체 정보가 실시간으로 전송돼 건강에 문제가 생겼을 때 자동으로 경고하는 것 등은 이미 사용되고 있는 IoT의 영역이다. 미래에는 모든 스마트 기기가 연결된 집, 건물, 도시에 살면서 인간의 모든 활동에 반응하는 IoT 서비스가 상용화될 가능성이 높다.

　　IoT 주도권 경쟁에 가장 적극적인 것은 통신업계다. 국내 이동통신사 3사는 잇따라 스마트폰 앱과 기기를 연동한 홈서비스 개발에 나서고 있다. SK텔레콤은 현대건설과 손잡고 **지능형 스마트 홈서비스**를 시작했다. 관련 서비스가 적용된 아파트에서는 스마트폰 음성 명령만으로 가전기기를 작동하고, 공용 출입문과 엘리베이터를 제어하는 등 다양한 맞춤형 서비스를 제공받을 수 있다. KT는 **홈 헬스케어** 분야에 주력하고 있다. 병원에 가지 않고도 집에서 간단한 건강관리가 가능토록 헬스케어 분야 IoT 기기·기술 활용 사례를 확대한다는 계획이다.

삼성전자는 내부 카메라를 통해 보관된 식재료를 언제든 스마트폰으로 확인할 수 있고 앱을 통한 식재료 주문, 키친 엔터테인먼트 등을 지원하는 '패밀리허브'를 선보였다. LG전자는 일반 가전에 스마트 기능을 부여하는 '스마트씽큐'에 집중한다. 모든 가전제품에 와이파이(WiFi) 무선랜을 탑재하고 음성·영상인식 등 AI 기술을 적용할 계획이다. (한국 IDG/IT World, 네이버).

결국 사물인터넷은 사물에 센서를 부착해 실시간으로 데이터를 인터넷으로 주고받는 기술이나 환경을 일컫는다. 지금도 인터넷에 연결된 사물은 주변에서 적잖게 볼 수 있다. 하지만 사물인터넷이 여는 세상은 이와 다르다. 지금까진 인터넷에 연결된 기기들이 정보를 주고받으려면 인간의 '조작'이 개입돼야 했다. 사물인터넷 시대가 열리면 인터넷에 연결된 기기는 사람의 도움 없이 서로 알아서 정보를 주고 받으며 '대화'를 나눌 수 있다. 블루투스나 근거리 무선통신(NFC), 센서 데이터, 네트워크가 이들의 자율적인 소통을 돕는 기술이 된다.

'사물 인터넷'을 넘어 '사람 인터넷'의 신세계를 열고 있다. 시대정신을 읽는 '센서'를 작동시키고 기억용량을 클라우드급으로 확장시키면서 '빅데이터' 분석을 준비해야 할 것이다.

클라우드 서비스

컴퓨터 네트워크 구성도에서 인터넷을 구름으로 표현한다. 이때 구름은 숨겨진 복잡한 인프라 구조를 의미한다. 사용자는 이러한 복잡한 인프라 구조를 알지 못해도 클라우드 컴퓨팅을 이용할 수 있다. 이용자들의 입장에서 제공자의 서비스들을 표현하는 네트워크 요소들은 마치 구름에 가려진 것처럼 눈에 보이지 않는다.

클라우드 서비스란 인터넷상에 자료를 저장해두고, 사용자가 필요한 자료나 프로그램을 자신의 컴퓨터에 설치하지 않고도 인터넷 접속을 통해 언제 어디서나 이용할 수 있는 서비스를 말한다. 클라우드 서비스를 통해 인터넷상에 저장된 자료들은 간단한 조작 및 클릭으로 쉽게 공유하고 전달할 수 있다. 인터넷상의 서버에 단순히 자료를 저장하는 것뿐만 아니라, 따로 프로그램을 설치하지 않아도 웹에서 제공하는 응용 프로그램의 기능을 이용하여 원하는 작업을 수행할 수 있으며, 여러 사람이 동시에 문서를 공유하면서 작업을 진행할 수도 있다.

클라우드 컴퓨팅은 높은 컴퓨팅 파워, 값싼 서비스 비용, 고성능, 확장성, 접근성, 이용성의 이점으로 인해 매우 수요가 높은 서비스나 유틸리티가 되었다. 클라우드 컴퓨팅의 정의는 개인이 가진 단말기를 통해서는 주로 입·출력 작업만 이루어지고, 정보분석 및 처리, 저장, 관리, 유통 등의 작업은 클라우드라고 불리는 제3의 공간에서 이루어지는 컴퓨팅 시스템 형태라고 할 수 있다.

클라우드 컴퓨팅은 IoT 기반의 센서로 수집한 정보를 빅데이터를 통해 분석할 수 있는 공간이자 인프라가 된다는 점에서 4차 산업혁명의 큰 축을 담당한다. 클라우드 컴퓨팅은 따로 떨어진 것들을 하나의 네트워크로 연결하고 원격으로 필요한 작업을 실행할 수 있는 기술이다. 민간은 물론 공공부문에서도 클라우드 컴퓨팅의 사용이 본격화되면서 클라우드 시장의 성장이 감지된다.

국내에서 클라우드 서비스에 가장 앞서 있는 곳은 네이버다. 네이버는 구글의 '드라이브 포토'나 애플의 '아이클라우드'와 같은 '네이버 클라우드'를 운영 중이다. 이동통신사와 시스템 통합(SI) 업체들도 클라우드 시장에 성큼 다가서는 분위기다. KT는 공공기관용 자사 클라우드 서비스인 'G-클라우드'를 내세워 경쟁력 강화에 나섰다. LG CNS는 부산 글로벌 클라우드 데이터센터, 서울 상암IT센터 등에 데이터센터를 운영하는 중이다.

틸론테크놀러지, 소프트온넷, 이나루티앤티, 소프트센 등 많은 중소 소프트웨어 업체들은 '데스크톱 가상화' 사업에 주목한다. 데스크톱 가상화란 클라우드 컴퓨팅 종류의 하나로 자신이 사용하는 PC나 스마트 기기에 프로그램이 없어도, 원격으로 클라우드 속에 깔려 있는 프로그램을 이용할 수 있게 하는 것이다.

클라우드 컴퓨팅은 핀테크 기술과도 시너지를 발휘한다. 특히 '디지털 거래장부'라고도 불리는 **블록체인 기술**과 맞닿아있어 성장 가능성이 높다. 블록체인은 네트워크 내에서 일어나는 거래 내용을 안전하게 기록·저장하는 기술이다. 클라우드 기술이 블록체인과 결합하면 클라우드 공간 내 정보 유통의 보안성을 높일 수 있게 된다. 국내 클라우드 기술 업체인 블로코는 블록체인상에서 원하는 애플리케이션을 만들 수 있는 클라우드 플랫폼 '**코인스택**' 서비스를 만들어 눈길을 끌었다.

헬스케어 산업에서의 활용 가능성도 무궁무진하다. 클라우드 컴퓨팅을 활용하면 의사가 환자의 의료기록을 실시간으로 활용할 수 있어 맞춤형 진료 서비스가 이뤄질 수 있다. 그뿐 아니라 의료기관은 저비용으로 **보건의료** 빅데이터를 효율적으로 관리하는 게 가능하다. 다만 규제가 큰 걸림돌로 작용하고 있다. 한 금융권 관계자는 "클라우드 발전법은 만들어졌지만 여전히 제대로 활용되지 못하고 있다. 미국은 기술 발전을 우선 허용하고, 이후 문제가 되는 법규를 조정하는 방식으로 진행되는데 우리는 번번이 법이 가로막는 형국"이라고 짚었다. 아무튼 **클라우드의**

장점은 아래와 같다.

- 초기 구입 비용과 비용 지출이 적으며 휴대성이 높다.
- 컴퓨터 가용율이 높다. 이러한 높은 가용율은 그린 IT 전략과도 일치한다.
- 다양한 기기를 단말기로 사용하는 것이 가능하며 서비스를 통한 일관성 있는 사용자 환경을 구현할 수 있다.
- 사용자의 데이터를 신뢰성 높은 서버에 보관함으로써 안전하게 보관할 수 있다.
- 전문적인 하드웨어에 대한 지식 없이 쉽게 사용 가능하다.

알리바바는 클라우드 기술력 그룹이다

알리바바는 2019년 11월 11일 광군제(光棍節) 하루 동안 총 약 384억 달러(약 45조 원)의 매출을 거뒀다. 13억 건 이상의 배송 주문을 처리했다고 한다. 알리바바는 음성인식 오더를 자동번역기가 기존에 영어, 중국어만 지원했는데 약 21개 언어로 번역을 제공했다고 한다. 성공비결로 △강력한 클라우드 인프라 △음성 인식 쇼핑 △자동 번역기 △클라우드 인프라 지원을 꼽는다. 알리바바는 2009년 광군제가 열렸을 때만 해도 초당 400건의 주문을 처리했으나, 2019년엔 중국 최대 쇼핑 행사인 광군제에서 초당 54만 4,000건의 주문을 소화, 2018년 기록(초당 49만 1,000건)을 넘어섰다. 자정이 되자 알리바바 쇼핑몰에는 평소의 100배가 넘는 트래픽이 몰렸지만 서버 작동이 지연되거나 멈추는 사고는 발생하지 않았다. 샤오 아키텍트는 트래픽이 급증해도 끄떡없는 알리바바 클라우드(가상 저장공간)의 비결로 인공지능(AI), 블록체인, 보안기술 등의 융합을 꼽았다. 주문부터 결제, 배송 등 전 과정이 클라우드에서 처리되는 획기적인 기술 개선을 이뤄냈기 때문이라고 말했다.

알리바바가 2019년 9월에 공개한 AI 칩 '한광(HANGUANG) 800'은 광군제에서 쇼핑 추천 기능과 이미지 검색 등에 사용됐다. 특정 제품을 텍스트(글자)로 쳐서 찾으려고 하면 어렵지만 이미지를 통해 검색하면 훨씬 빨리 찾을 수 있다고 했다. 한광 800은 AI 칩으로 일반 GPU(그래픽 처리장치) 10개에 상당한 성능을 갖고 머신러닝을 한다고도 말했다. 또한 "제품을 검증하고 추적하는 데는 블록체인이 중요하며, 블록체인 기술을 통해 전 세계 각지에서 제조된 물건이 위변조가 없는 정품인지, 어떤 경로를 통해 유통되는지 확인한다고 했다.

"전통적인 병목 구간인 데이터베이스(DB)에는 알리바바 클라우드에서 개발한 '폴라(Polar) DB'를 써서 새로운 돌파구를 열었다. 데이터베이스 '폴라DB'는 초당 8,700만 건의 요청을 처리해야 하는 거래량을 지원했다. 다른 DB는 전형적으로 스케일업(서버 자체의 성능을 업그레이드해서 처리 능력을 향상)은 가능하지만, 스케일아웃(접속된 서버의 대수를 늘려 처리 능력을 향상)이 어려워 장애를 초래한다. 폴라DB는 스케일업과 스케일아웃이 동시에 가능하다"고 했다. "16노드(데이터 저장소 단위)까지 업그레이드해서 각 노드마다 100TB(테라바이트)라는 방대한 데이터를 처리할 수 있다"고 했다. 샤오 아키텍트는 "보안도 광군제 같은 이벤트에서 중요한 요인"이라며 "행사 때 디도스(분산 서비스 거부) 공격 2,000여 건을 방어하는 데 성공했다"고도 했다.

Mobile, 손 안에서 모든 것이 이뤄지는 세상

스마트폰 없는 일상을 상상할 수 있을까? 스마트폰은 세상에 나온 지 10년 남짓한 기간 동안 인류의 삶을 180도 바꿔놨다. 4차 산업혁명을 거치면서 모바일은 또 한 번 진화할 것으로 예상된다. 모바일 기술의 발달로 생활 중심이 모바일로 완전히 이동하고, 그야말로 '손안에서 모든 것이 이뤄지는 세상'이 올 것이다. IoT, 클라우드 컴퓨팅, 빅데이터는 모두 모바일을 매개로 서비스가 이뤄진다. 빅데이터 분석도구에 의해 분석된 다양한 생활밀착형 정보들이 모바일 기기를 통해 제공되고, 사용자는 모바일을 활용해 다양한 IoT 기반 서비스를 이용하는 식이다.

디지털 시대의 사물인터넷(IoT: Internet of Things)은 다양한 산업의 서비스 영역들이 ICT 기술과 유기적으로 결합함으로써 새로운 서비스를 제공할 수 있도록 하자는 개념이다. 사물인터넷 시스템은 다양한 사물인터넷 요소 기술 및 서비스 영역을 최대한 수용할 수 있도록 개발되고 있다. '똑똑한 손 전화기 휴대폰(모바일 폰)'은 스마트폰으로서 모바일 기술로 이동 중에도 정보에 접근할 수 있고 소통할 수 있는 다양한 애플리케이션을 통해 실생활에서 필수 디바이스가 되었다. 모바일 폰은 'C-P-N-D'의 '콘텐츠-플랫폼-네트워크-디바이스'로 이어지는 인터넷 아키텍처에서 최종 소비자가 사용자로서 각종 브랜드나 정보 서비스에 접근하는 '진실의 순간'에서 필수 기기이다. 물론 스마트폰은 사물인터넷과 클라우드 컴퓨팅 기술이 결합한 형태의 '모바일 IoT 클라우드'의 기술 지원을 받아야 한다. 모바일과 생활 속 사물들을 유무선 네트워크로 연결해 정보를 공유하는 환경인 사물인터넷, 물리적으로 서로 다른 위치에 존재하는 다양한 정보들을 가상화 기술로 통합해 제공하는 기술 및 환경인 **클라우드 컴퓨팅**(cloud computing)이 결합한 형태를 일컫는다. 예컨대 인터넷이 연결된 농기계를 클라우드 컴퓨팅과 연결시켜, 스마트폰에 농사와 관련된 상세한 정보를 입력하면 농기계가 자동으로 농사를 짓는다. 예를 들면, 두산인프라코어의 **농기계**는 운전자 없이 기계 작동이 가능한 상품으로 판매되고 있다. 시간과 장소에 구애 받지 않고 자유롭게 네트워크에 접속할 수 있는 유비쿼터스 환경이 구축됨에 따라 디지털 기술혁명의 보급은 급속히 빨라지고 있다. 1인 커뮤니티와 동영상 공유사이트 등을 포괄하는 '소셜 네트워크 서비스(SNS)'가 모바일과 접속하여 생활혁명이 이루어지고 있다. 또한 생활 속에서 휴대용 무선 단말기의 비중이 높아지면서 모바일 폰이 '유선 컴퓨터'를 완전히 대체할 시대가 곧 도래할 것으로 예측하고 있다. 하루가 다르게 변화하는 첨단 디지털 기기들의 발달과 인터넷을 기반으로 한 다양한 **뉴스 플랫폼**들이 등장하면서 인쇄 매체를 이용해 뉴스를 소비하던 독자들이 뉴스 소비의 수단으로 모바일 디지털 기기를 사용하면서 기존의 인쇄매체를 대신하고 있는 게 뚜렷한 사례가 될 것이다.

또 다른 변화의 물결은 O2O(온오프라인 연계) 비즈니스에서 나타나고 있다. 특히 유통업계는 O2O 서비스 선점에 사활을 걸고 있다고 해도 과언이 아니다. 소비자의 스마트폰 활용 습관을 쇼핑에 접목시켜 유통기한이 짧은 신선식품까지 당일 배송해주는 서비스가 연달아 등장했다. 세차와 청소 등 **생활밀착형** 서비스까지 스마트폰으로 이용할 수 있는 시스템도 만들어졌다. 매장을 방문하기 전 모바일 앱을 통해 먼저 주문해놓는 O2O서비스로 대표적인 스타벅스의 '사이렌오더' 주문 건수는 2016년 1,000만 건을 돌파했다.

모바일 시장을 둘러싼 네이버와 카카오의 경쟁도 치열하다. 네이버는 온라인의 무게중심이 PC에서 모바일로 넘어왔다는 판단 아래, 모바일 사업에 힘을 싣고 있다. 단순한 검색 포털 사업자에서 벗어나 로봇·AI 등 첨단기술의 대중화를 이끌 '기술 플랫폼'으로 변화하겠다는 청사진을 제시했다. 카카오는 다양한 생활 영역의 O2O 서비스를 누릴 수 있는 플랫폼으로 모바일을 활용한다는 전략이다.

통신업계는 일찌감치 5G **주도권** 확보 경쟁에 나섰다. 모바일로 처리해야 할 정보가 늘어날수록 더 빠른 통신망이 필요한 건 당연지사다. 2015년 KT 주도로 5G 규격 협의체를 결성해 KT 5G-SIG 규격 기반 기지국과 단말, 코어망 장비 개발을 시작했다. SK텔레콤도 미국 버라이즌과 협력해 5G 기술 표준화와 서비스 개발에 나섰다. KT는 2018년 평창동계올림픽에서 5G 시범 서비스를 선보였다.

빅데이터 기반의 자료와 클라우드를 통한 연결성 강화로 인해 모바일 산업은 더욱더 강한 파괴력을 얻게 될 전망이다. 스마트폰이 모든 것을 대체할 수 있는 'Super Gadget(통합적인 슈퍼 기기)'이 될 것이며 이를 위해 다양한 기술 발전이 뒷받침돼야 한다. 스마트폰을 통해 모든 것을 관리하고 조정하는 상상이 곧 현실이 될 수 있다. '모바일 퍼스트(Mobile First)'에서 '모바일 온리(Mobile Only)' 시대를 대비하는 투자가 필요하다고 본다.

홀로그램

홀로(holo)란 그리스어로 전체를, 그램(gram)은 그리스어로 '메시지' 또는 '정보'란 뜻으로, '완전한 사진'이란 의미의 홀로그램은 어떤 대상 물체의 **3차원 입체상**을 재생한다. 그러므로 여러 각도에서 물체의 모습을 볼 수 있다. 이것을 처음 만든 사람은 1948년, 헝가리 태생의 영국 물리학자인 데니스 가보이다. 당시에는 레이저가 발명되기 전이기 때문에 선명한 물체의 상을 기록할 수 없었지만 이후 레이저가 발명되면서 선명한 홀로그램을 만들 수 있었다. 오늘날 널리 사용되는 무지개 홀로그램은 1970년대에 미국의 벤턴에 의하여 개발되었다. 데니스 가보르(Dennis Gabor, 1900-1979)는 홀로그래피 발견으로 1971년 노벨물리학상을 받은 헝가리 계 영국인 전기공학자이자 발명가다.

실감 미디어 영상의 최종적인 기술 개발은 **3D 홀로그램(Hologram) 영상**으로 귀결된다. 홀로그램은 2D 화면을 벗어나는 전혀 새로운 영상 전달 방식이다. 홀로그램은 종종 영화에서 소개된 것과 같이 실제 인간이 보는 것처럼 대상을 구현하는 것이다. 이 단계의 실감 미디어 환경이 조성된다면 영상 측면에서는 더 이상 매개체에 의한 전달이라는 점을 인식할 수 없는 상황이 될 것이다. 진정한 의미에서 실제와 똑같은 **실감 미디어**가 구현되는 것이다.

3차원 입체 영상에서 현재 상용화한 것은 양안시차를 이용한 스테레오스코픽 방식이다. 하지만 궁극적으로 3차원 입체 영상의 목표는 홀로그램으로 구현한 영상이 될 것이다. 3D 입체 영상 기술은 스테레오스코픽(Stereoscopic) 방식에서 360도 전 방향에서 입체 영상을 구현하는 홀로그램 방식으로 진화하고 있다. 3D 홀로그램에 의해 생성된 입체 영상은 사람에게 실사와 같은 입체감을 제공함으로써 스테레오스코픽 방식보다 현실감이 강화되고 누구나 편하게 어떤 각도에서도 홀로그램 영상을 감상할 수 있어 기존의 3D 스테레오스코픽 방식에서 야기되는 눈의 피로감과 어지럼증 등의 문제를 근원적으로 해결할 수 있다. 그러나 현재 홀로그램의 구현은 광학기술의 한계와 엄청나게 큰 데이터 요구량 때문에 현실적으로 구현하지 못하고 있다.

현재 공연이나 전시에 사용되고 있는 홀로그램 기술은 고해상도 프로젝터로 영상을 쏘아 2차원의 대형 투명막에 투사하는 플로팅(floating) 방식으로, 360도 전방향으로 구현되는 진정한 의미의 홀로그램이라고 볼 수는 없다. 영화에서 볼 수 있음직한 홀로그램 영상을 만들어내는 것도 조만간 실현되리라 생각한다.

홀로그램 영상의 가장 큰 특징은 사실성의 완벽한 재현이다. 공간적 한계에 구애받지 않고 사실적 영상을 구현할 수 있다는 점과 3차원 입체 영상을 구현할 때 안경을 착용해야 하는 불편함이 없는 등 자연스러운 3차원 입체 영상의 구현이 가능한 특징 때문에 홀로그램은 사실상 실감 미디어를 구현하는 최종 단계로 이해할 수 있을 것이다(네이버, 커뮤니케이션북스).

대한민국 정부에서는 미래창조과학부에서 창조경제의 9대 전략 산업 중 하나로 '실감형 콘텐츠'를 지정하고 국가 차원에서 집중 육성하고 있다. 싸이나 한류 스타의 홀로그램 공연에서 사용되는 홀로그램 아바타 활용은 유사 홀로그램(floating hologram)이라고 할 수 있다. 폴리넷은 FRONT 투사 방식으로 퍼포먼스 공연, 뮤지컬, 정극 공연, 이벤트 프로모션 등에 활용할 수 있다. 전광판을 대체하는 홀로그램 구현이 가능해 아웃도어 광고 등에 적합하다. 재질이 강하며 야외 환경에서도 적합해 향후 차세대 광고 소재로 주목받고 있다(네이버).

이 제품은 박칼린의 버라이어티쇼 〈KABOOM〉, 닷밀 국립음악원 공연, 덕수궁 석조전 공연, 일본 코엔지 멕베드 정극 공연 등에 납품되었다고 한다. 홀로그램 기술은 최근 마케팅 및 새로운 IT 트렌드 기술인 3D 기술과 더불어 광고 분야에서 다양한 기법으로 활용되고 있다. 새로운 시설 및 공간 디자인에 맞는 디지털 시대의 트렌드를 반영한 건물 내외의 경관을 아름답게 구성할 수 있어 각광받고 있다. 3D 홀로그램 디스플레이는 다양한 콘텐츠를 통해 분위기에 맞는 연출이 가능해 소비자와의 커뮤니케이션을 통한 기업의 마케팅 효과를 극대화한다. 생활과 광고 및 공연 예술 문화 분야에서 활발히 사용되고 실험되고 있어 발전 속도가 빠르다.

콘텐츠와 만난 '가상현실', VR 시장

HMD(헤드 마운트 디스플레이) 시장이 큰 폭으로 성장하고 있고, 'VR 저널리즘'

등의 콘텐츠 확대와 입체현장의 VR뉴스도 미국 주요 일간지에 보도되고 있다.

영화에서나 보던 가상현실(VR) 시대가 확연하게 다가오고 있다. 새로운 VR 기기가 잇따라 출시를 예고한 가운데 VR을 위한 콘텐츠가 속속 등장하면서 대중화 시대에 가까워질 것으로 보인다. 시장조사기관 마켓츠 앤 마켓츠에 따르면 HMD 시장은 2020년까지 49.1% 증가해 152억5,000만 달러 규모에 이를 것으로 전망된다. HMD는 안경처럼 머리에 쓰고 대형 영상을 즐길 수 있는 영상 표시장치를 가리킨다. 스마트폰의 성장세가 둔화하면서 VR 기기는 웨어러블 기기와 함께 차세대 시장으로 주목받고 있다.

지금은 개발자용이나 데모 버전이 주류를 이루고 있지만 소비자용 기기가 시판을 앞두고 있다. 삼성전자는 글로벌 주요 국가에서 '삼성 기어 VR'을 출시하고 있다. 게임회사 밸브도 VR 기기를 출시하는 데 이어 오큘러스, 소니 등도 새 VR 기기를 내놓았다.

이에 맞춰 **콘텐츠** 시장도 움직이고 있다. 콘텐츠의 공급이 없으면 시장형성이 어렵기 때문이다. 그동안 VR 기기는 게임 중심이었지만 이제는 교육, 의료, 국방, 자동차 산업뿐만 아니라 저널리즘에도 활용되고 있다. 구글은 유튜브에서 VR 동영상을 지원하기로 했으며 미국 등 4개국 교실에 VR 기기를 보급, 교육 프로그램 지원을 확대하기로 했다. 소니와 오큘러스는 각자 출시하는 VR에 맞춘 게임을 개발 중이다. 영국에서는 **원격 진료** 및 치료 서비스가 가능한 패키지 상품을 출시했으며 고소 공포증을 극복하는 **심리 치료** 프로그램에도 VR이 응용되고 있다. 아우디나 람보르기니, 쉐보레 등은 매장 내에 기어 VR을 비치해 방문객에게 가상 드라이브 경험을 제공하는 등 **마케팅**에 활용하고 있다. 유튜브도 VR 동영상을 지원하기로 했으며 'VR 저널리즘'까지 등장했다. 미국의 유력지 뉴욕타임스(NYT)와 월스트리트저널(WSJ)은 뉴스 현장을 입체 현장으로 보여주는 VR 뉴스를 최근 보도했다. VR 뉴스는 구글 VR 안경인 카드보드를 착용해볼 수 있다. 이처럼 VR 기기 보급과 함께 이를 활용하는 콘텐츠와 플랫폼이 급격히 확산되고 있다. CES2020(세계가전박람회)에서도 인공지능 및 로봇과 자율주행차와 더불어 VR 시장이 가장 기대되는 산업으로 각광받았다.

빅 데이터(data)와 데이트(date)하라

4차 산업혁명의 정점에는 AI(인공지능)와 빅데이터가 있다. AI는 컴퓨팅 파워와 데이터 축적을 기반으로 한다. ICBM[사물인터넷(IoT), 클라우드 컴퓨팅(Cloud Computing), 빅데이터(Big Data), 모바일(Mobile)]과 로봇이 4차 산업혁명의 기반으로 평가되는 것도 이 때문이다. "4차 산업혁명은 결국 누가 더 많은 빅데이터를 갖고 있느냐의 싸움이다." 이 말은 공식적으로 인정받고 있을 정도다.

빅 데이터, 마케팅 패러다임의 대전환

빅데이터의 특징은 보통 '3V'로 요약하는 것이 일반적이다. 즉 데이터의 양(Volume), 데이터 생성 속도(Velocity), 형태의 다양성(Variety)을 의미한다. 속도는 대용량의 데이터를 빠르게 처리하고 분석할 수 있는 속성이다. 융복합 환경에서 디지털 데이터는 매우 빠른 속도로 생산(Volume)되므로 이를 실시간으로 저장, 유통, 수집, 분석처리가 가능한 성능을 의미한다. 다양성은 다양한 종류의 데이터를 의미하며 정형화의 종류에 따라 정형, 반정형, 비정형 데이터로 분류할 수 있다. '빅 데이터는 큰 용량, 빠른 속도, 그리고(또는) 높은 다양성을 갖는 정보 자산으로서 이를 통해 의사결정 및 통찰 발견, 프로세스 최적화를 향상시키기 위해서는 새로운 형태의 처리 방식이 필요하다'고 했다. 최근에는 가치(Value)나 복잡성(Complexity)을 덧붙이기도 한다. 이처럼 다양하고 방대한 규모의 데이터는 미래 경쟁력의 우위를 좌우하는 중요한 자원으로 활용될 수 있다. 대규모 데이터를 분석해서 의미 있는 정보를 찾아내는 시도는 예전에도 존재했다. 그러나 현재의 빅 데이터 환경은 과거와 비교해 데이터의 양은 물론 질과 다양성 측면에서 패러다임의 전환을 요구한다. IBM은 **정확성(Veracity)**이라는 요소를 더해 4V를 정의했고, 브라이언 홉킨스(Brian Hopkins) 등은 **가변성(Variability)**을 추가하여 4V를 정의했다.

인포메이션(information) 중심에서 인사이트(insight) 중심으로 전환된다

이런 관점에서 빅데이터는 3차 산업혁명 시기의 반도체처럼 IT와 스마트 혁명 시기에 혁신과 경쟁력 강화, 생산성 향상을 위한 중요한 원천으로 간주되고 있다. 빅 데이터는 **정형 데이터**뿐만 아니라 사진, 오디오, 비디오, 소셜 미디어 데이터, 로그 파일 등과 같은 **비정형 데이터**도 포함된다. 텍스트의 개념이 언어 중심의 콘텐츠는 물론이고 비언어 영역까지 '해석'할 수 있는 대상을 모두 포함하는 것과 같다.

데이터와 그것의 사용 방법에 있어서 빅 데이터와 경영정보학의 차이가 점차 더 뚜렷하게 구분되고 있다. 경영정보학은 대상을 측정하고 경향을 예측하는 등의 일을 하기 위해서 고밀도의 데이터로 구성된 기술적 통계를 활용한다. 빅 데이터는 큰 데이터 집합으로부터 일정한 법칙을 추론하여 결과 및 행동을 예측하기 위해 통계적 추론과 비선형 시스템 식별(nonlinear system identification)의 일부 개념을 활용한다.

빅 데이터 분석 기술과 방법들은 보통 마이닝(mining)으로 구성되는데, 마이닝은 텍스트 마이닝과 데이터마이닝으로 나뉜다. 텍스트 마이닝은 비·반정형 텍스트 데이터에서 자연언어처리(natural language processing)기술을 기반으로 유용한 정보를 추출·가공하는 것이다. 데이터 마이닝은 '의미 있는 패턴과 규칙을 발견하기 위해서 자동화되거나 반자동화된 도구를 이용하여 대량의 데이터를 탐색하고 분석하는 과정'을 말한다. 데이터마이닝의 대표적인 기능으로는 '분류, 추정, 예측, 연관분석, 군집분석' 등이 있다. 특히 소셜 미디어 등 비정형 데이터의 증가로 인해 분석기법 중에서 텍스트 마이닝, 오피니언 마이닝, 소셜 네트워크 분석, 군집분석 등이 주목받고 있다.

4차 산업혁명은 결국 빅 데이터의 수집력과 분석력의 싸움이다

AI, IoT, 클라우드, 로봇 등 4차 산업혁명을 둘러싼 여러 핵심 기술은 하드웨어적인 기술인 반면에 빅데이터는 소프트웨어적인 원천 소스라고 비유할 수 있겠다. 결국 핵심기술은 빅데이터를 확보하고 가공하기 위한 기술이다. 식품업계는 빅데이터로 직접적인 수익을 얻고 있는 대표적인 업종이다. 분석한 정보를 마케팅과 상품 판매에 적극 활용하고 있다. CJ제일제당의 비비고 '왕맥(왕교자+맥주)' 마케팅이 잘 알려져 있다. 비수기인 여름철 왕교자 매출 부진으로 고민하던 중 '맥주 안주로 만두를 찾는 이가 많다'는 데이터에 기반해 기획했고, '비비고 왕교자'의 매출은 전년 대비 3배 이상 급증했다.

통신업계는 당장의 수익보다는 이용자들의 데이터 확보에 집중하고 있는 모습이다. 이동통신 3사는 일제히 '서비스 개방'을 선언하며 마케팅에 집중하고 있다. SK텔레콤은 교통정보 빅데이터를 활용한 길찾기 앱 'T맵'을 가입 통신사에 관계없이 모든 사람에게 공개했다. KT와 LG유플러스도 모바일 내비게이션, VOD 플랫폼 등 자사 서비스를 전면 개방했다.

　　금융권은 모든 은행 간 거래와 계좌확인을 하나의 은행에 'One Bank'로 처리할 수 있게 되어 치열하게 경쟁하고 있으며, 고객 라이프스타일 관련 데이터 수집과 분석에 초점을 맞춘다. 수천만 건에 달하는 '카드 결제 데이터'를 기반으로 소비 트렌드를 분석하고 이를 토대로 기관과 기업에 컨설팅 해주고 예측 업무를 시행하고 있다. 현재 추진하는 빅데이터 활용이 수익으로 직접 연결되고 있지는 않지만, 빅데이터 공신력과 군집분석력을 더해 '의미 있는 마케팅'을 추진하고 있다. 디지털 트랜스포메이션을 통해 미래 성장동력을 구축하려는 생존전략이다.

기업의 편집팀에서 소비자 개인의 편집광으로

　　인터넷 서점 아마존에는 1990년대 말까지만 해도 리뷰를 쓰고 새로운 책을 추천하는 도서 비평가와 편집자가 10여 명 있었다고 한다. 이들은 아마존 홈페이지에 등재될 책을 평가하고 선별했다. 많은 사람이 이 리뷰가 아마존의 보물이자 경쟁 우위의 원천이라고 생각했다. 월스트리트저널지(紙)는 이들을 미국에서 가장 영향력 있는 도서 비평가라고 꼽기도 했다. 그러나 아마존의 창업자이자 최고 경영자(CEO) 제프 베조스(Bezos)는 다른 추천 방법을 생각하기 시작했다. 그동안에 개개인이 어떤 책을 샀는지, 또는 보기만 하고 사지는 않았는지를 담은 데이터를 활용, 개인 취향에 맞춰 책을 추천해보려 한 것이다. 요즘은 O-X 데이터에 대한 활용도를 더 중시하는 경향이 있다. O-X 데이터란 빅데이터 가운데 구매, 로그, CRM 등의 오퍼레이션 데이터(operation data)와 소셜, 검색, 후기 등 고객경험 데이터(experience data)를 말한다. 넘치는 빅데이터 가운데 라이트 데이터(right data)가 커뮤니케이션에서 더 중요하고 효율적이라는 관점이다.

　　아마존은 기계가 만든 추천 목록을 내보낼 것인가, 아니면 사내 편집팀이 작성한 추천 리뷰를 내보낼 것인가? 고객의 클릭이 말해주는 내용이 효율적인가, 비평가가 말하는 리뷰가 효율적인가? 기계와 사람이 경쟁에 돌입한 것이다. 아마존은 인간 편집자의 추천 목록에 따른 판매량과 컴퓨터 생성 콘텐츠가 만든 추천 목록에 따른 판매량을 비교해봤다. 결과는 데이터에서 나온 추천 리스트의 책들이 훨씬 더 잘 팔렸다. 컴퓨터는 '정의란 무엇인가'를 읽은 고객이 왜 《위대한 개츠비》를 구매하는지 그 이유를 제시하지는 못했을 것이다. 다만 판매실적을 비교해보니 이 시스템은 아마존 매출의 3분의 1을 차지하게 됐다고 한다. 결국 아마존의 편집팀은 해체됐고 소비자 개인 취향의 편집광이 승리한 셈이었다. 세상살이에서 확인된 빅데이터의 힘이다. 이런 **취향저격**은 해외여행 갈 때 한 번 해본 호텔 검색이 빌미가 되어 여행 후에도 지속적으로 다른 여행지와 호텔을 추천하는 광고가 이어지는 경험을 통해서도 알 수 있다.

또한 빅데이터(Big Data)로 인해 산업이 재편되고 있다. 책을 팔던 아마존이 이제 'A에서 Z까지' 모든 것을 팔면서 아마존의 빅데이터 기술이 경쟁자를 특히 오프라인 골목상권을 **초토화**(amazoned)시켰다. 온라인 영화 유통회사인 넷플릭스는 신규 주문의 4분의 3이 추천 목록에서 만들어진다고 한다. 아마존에 이어 인터넷 사이트 수천 곳이 고객들에게 상품, 콘텐츠, 친구, 집단을 추천할 수 있게 됐다. 그 목록이 개개인 취향에 적확하게 맞지는 않고 미세한 차이가 있지만 빅데이터는 인공지능(AI)과 함께 더욱 정교화될 것이라고 본다.

다초점 렌즈처럼, 현미경도 되고 망원경도 되는 사고의 전환

쉰베르거(Schonberger) 옥스퍼드대 인터넷규제학과 교수는 '빅데이터는 새로운 시각으로 세상을 보게 해주는 안경'이라고 말한다. 쉰베르거 교수는 빅데이터 대가(大家)로, 빅데이터가 단순한 기술이 아니라 인간의 사고방식 자체를 바꿀 것이라고 주장한다. 그는 "데이터는 기업의 중요 자산이자 경제의 필수 원천, 새로운 비즈니스 모델의 기반이 되고 있다"며, 정보 경제의 석유가 된 것이라고 말했다.

빅데이터란 큰 규모를 활용해 더 작은 규모에서는 불가능했던 새로운 통찰이나 새로운 형태의 가치를 추출해내는 일이라고 본다. 정보의 홍수 속에서 암중모색 하거나 우유부단하게 되는 의사결정에서 빅데이터는 새로운 시각으로 세상을 보게 한다. 과거에 CEO들은 '직관(insight)'에 기반을 둔 '결단'을 내렸다. '하이 리스크, 하이 리턴'이라는 명분으로 경영했었다. 그러나 빅데이터를 활용하면 현미경을 통해 사물을 보듯, 우리의 육안으로 보이지 않는 미생물 등 작은 세상이 보인다. 이전에 미생물(고객심리)이 분명히 존재했지만 우리 육안으로는 보이지 않았을 뿐이었다. 이런 식으로 빅데이터는 우리가 그동안 보지 못했던 세상을 보게끔 해주는 데 의미가 있다. 다시 말해 빅데이터는 세상살이나 트렌드를 더 잘 이해할 수 있는 새로운 방식이라고 할 수 있다.

반면에 스몰데이터는 개인화에 대한 분석을 중심으로 한다. 스몰데이터의 사전적 의미는 '사람을 이해할 수 있을 만큼의 충분히 작은 데이터'다. 개개인이 어떤 관심사를 갖고 있고, 어떤 생활 패턴을 보이는지에 대한 데이터를 통해 개개인의 행동을 분석하는 것을 목표로 한다. 스몰데이터 역시 ·분석을 중심으로 하는 데이터 기술이다. 그동안 개인화, 라이프스타일, 소비자 맞춤 서비스 등으로 고민하던 것이다. 이미 우리는 데이터를 개인화해주는 서비스를 익숙하게 쓰고 있다. 바로 스마트폰이다. **구글**은 안드로이드를 비롯해 여러 구글 서비스를 통해 이용자들의 **행동** 데이터를 수집 · 분석하고 있다. 인터넷에서 어떤 정보를 검색하고, 어떤 주제에 관심을 갖고 있는지를 파악하는 것에서 시작해 이동 경로나 운동량, 누구와 e메일을 주고 받았는지, 오늘 어떤 비행기를 타고 어느 호텔에서 잘 계획을 갖고 있는지 등 셀 수 없을 만큼 많은 종류의 사소한 데이터들을 하나하나 수집한다.

기본적으로 구글은 이런 정보들을 수집해 개개인에게 더 정확한 맞춤 서비스를 제공하는 것을 목표로 한다. 개인화를 통해 서비스를 고도화하고, 이를 통해 검색 결과의 정확도를 높이는 것으로 서비스 이용자를 늘리는 순환 구조가 일어나는 것이다. 독감이 유행하기 전에 개인은 자신의 독감 증세를 검색하면서 증상을 확인하게 된다. 이 쿠키가 수집되면서 구글은 미국 전역에서 독감발생 예상지역을 예측하고 처방약을 공급했었다고 한다. 사람 한 명씩의 데이터를 분석하기 때문에 작아 보이지만 구글이 다루는 이용자 데이터는 수십억 명분이고, 그 종류와 양은 세상에서 가장 큰 빅데이터의 예이기도 하다.

빅데이터를 통해서는 사람들의 보편적인 관심사부터 전염병 정보, 선거 예측 등의 분석을 하는 반면 **스몰데이터**를 통해서는 쇼핑, 휴가, 건강 등의 개인 맞춤 서비스를 하는 것이라고 보면 된다. '**줌 인, 줌 아웃**'을 해보면서 세상살이의 숨은 의미를 찾아내는 '동체시력'을 제공해주고 있다고 하겠다.

빅데이터에서 파생 서비스 중심으로

데이터 기반(data driven)으로 의사결정을 한다면 그만큼 성공확률을 높일 수 있게 된 셈이다. 빅데이터가 경쟁 우위의 원천이 되면서 전체 산업의 구조도 재편될 것이다. 데이터의 가치를 모르는 회사는 경쟁에서 밀려나게 될 것이다. 모든 CEO는 자신의 회사만이 수집, 분류, 진단, 예측, 처방을 할 수 있는 데이터가 무엇이며, 어떤 가치를 가질지, 그리고 어떤 비즈니스 모델을 구축하고, 사회적 가치를 만들 수 있을지 숙고해야 한다. 비행기 엔진 제조 업체인 영국의 롤스로이스는 단순히 제품을 만드는 데 그치지 않고 자사 제품에서 얻은 데이터를 분석, 획기적인 애프터 서비스를 개발했다고 한다. 고장이 생기기 전에 미리 문제를 감지해서 교체해주는 사전 서비스(Before Service) 같은 것이다. 여기 활용되는 것이 빅데이터 기술이다. 영국에 있는 운용본부에서 전 세계에 산재한 3,700여 개의 제트엔진 성능을 지속적으로 모니터링 하는데, 수십 년 동안 모인 데이터를 기반으로 어떤 엔진이 고장날지를 미리 알 수 있게 된 것이다. 이 '엔진 모니터링 서비스'는 현재 민간 항공기 엔진부문 연간 매출의 70%를 차지한다고 한다. 유전자 검사의 상품화나 IBM의 변신에서도 알 수 있다. 이것은 바로 '데이터를 어떻게 활용할 수 있는가'에 대한 사고방식의 변화, 파생상품과 서비스를 인식한 빅데이터 사고의 혁신이었다. 빅데이터는 '빅 씽크'로 '큰 그림(Big picture)'을 디자인 해준다.

수직적 인과관계에서 수평적 상관관계로 전환하다

"빅데이터 시대는 우리가 사는 방식에 의문을 던진다. 아날로그 시대엔 선형적인 '인과성(causality)'이 지배했지만, 디지털 시대엔 '상관성(correlation)'이 기준이 된다. 전통적인 관행을 뒤집고 시대정신과 가치관의 변화와 더불어 기술발전에 부응하는 혁신이 필요하다. 우리는 세상살이의 의사결정 방식이나 현실 문제에 대한 해결책을 강구하는 방식을 획기적으로 고쳐야 할 것이다. 빅데이터가 '전가의 보도'라고 생각해도 무방할 정도다. 구매행동도 의사소통도 스토리텔링도 우리 두뇌의 수용과정은 인과관계에 익숙해 있다. 논리와 필연으로 이해되는 관행을 이어왔다. 그러나 빅데이터 세상에서는 인과관계보다 상관관계가 더 절실하다. 숨어 있는 패턴이나 군집을 파악하기 위해서는 상호 관련성을 찾아내야 한다. 의도하지 않은 새로운 '관계'를 발견하고 통찰을 얻기 위한 의도적인 관찰이다. '상상하지 않고 관찰'함으로써 빅데이터의 숨은 힘을 빌릴 수 있게 된 것이다. 상관관계는 어떤 일이 어떤 이유로 벌어지고 있는지 설명하지 못할 수도 있지만, 그 일이 지금 일어나는 중이고 해결책은 이것이라는 예측과 처방을 가능하게 해준다.

복잡한 항공권 구매가격 정책을 몰라도 언제 표를 사야 할지만 안다면 예산을 절약할 수 있다. 빅데이터에서 추론하는 것은 결론이지 이유가 아니다. 어떤 현상의 원인을 알아야 할 필요가 있지만, 당장 결과를 수행하는 게 중요하다. 이왕에 벌어진 인과관계는 그 다음에 규명하고 다른 빅데이터에서 미래예측을 분석해낼 수 있기 때문이다. 항공권 가격이 구매시기와 장소에 따라 천차만별인 것은 잘 알려져 있다. 왜 오르는지, 왜 내리는지 이유를 모르는 건 빅데이터가 없기 때문이라는 발상과 질문이 중요하다.

빅데이터는 인류 역사의 변곡점

웩더독(wag the dog)은 '꼬리가 몸통을 친다'는 금융용어다. 스몰데이터나 빅데이터 중에는 틀린 데이터도 많을 수 있다. 빗나간 화살처럼 데이터의 질과 양에서 담보되지 않은 경우에는 미래예측을 신뢰할 수 없을 수도 있기 때문이다. 데이터 하나하나가 정교하지 못할 개연성도 잘 파악해야 한다는 뜻이다. 그래서 스몰데이터에서 빅데이터로 이행할 때는 치밀한 기획이 필요하다. 수가 한정된 데이터만 분석할 때는 작은 오류도 증폭되어서 전체 결과의 정확성을 떨어뜨릴 수 있기 때문이다. 하지만 빅데이터 정도의 규모에서 지속적으로 엄격한 데이터 수집 기준을 요구하는 것은 불가능에 가깝다고 본다. 빅데이터 세상으로 옮아가려면 **정밀성의 장점**에 관한 생각을 바꿔야 한다. 데이터 측정에 관한 전통적 사고방식으로 전 세계가 서로 연결된 21세기 디지털 세상을 바라보는 것은 결정적 부분을 놓치는 것이다. 정보의 범람 속에서 지금은 어느 현상의 스몰데이터가 아니라 훨씬 더 유의미한 전체를 예측하고 처방할 수 있기 때문이다. 그 어느 때보다 포괄적인 데이터 수집을 하면서 개별 데이터가 전체 진단과 분석을 망치지 않을까 우려할 필요는 없다는 것이다.

빅데이터는 중대한 변화의 시작을 의미한다. 첨단기술이 시대 혁신의 주목을 받을 때 생기는 '캐즘(chasm)'이나 '하이프 사이클(hype cycle)'을 말하는 전문가도 있다. 이것은 상품이 초기에는 잘 팔리다가 혁신의 함정에 빠져 성장(초두효과)이 멈출 때와 과대 광고 주기·새로운 기술이 처음 소개될 때 생기는 과잉 기대(신차효과)가 갑자기 실망과 판매 감소로 이어진다. 그 부진기간이 지나고 시장이 성숙해지면 해당 기술이 재조명받으면서 다시 판매가 증가되는 현상이다. 빅데이터가 유행처럼 4차 산업혁명 시대의 주인공으로 각광받다가 업계에서 외면당하는 사태는 생기지 않을 것이라고 본다. 하지만 '열광의 함성'도 좋고 '승자의 저주'도 리스크 관리 차원에서 감안해야 하겠지만, 빅데이터의 파급력은 누구도 부정하지 못할 것이다. 빅데이터를 수집하고 분류하고 분석하고 진단하고 처방하며 예측하는 과정은 그 어떤 과학보다도 정교하게 운영되고 있기 때문이다. 적어도 보이지 않는 세상살이의 '숨은 설득자(hidden persuader)'를 발견하고 새로운 방식으로 세상을 이해할 수 있게 도와주고 있기 때문이다. 천동설에서 지동설로 바뀌듯 인류 역사의 변곡점이라는 의미다. 데이터를 가진 자가 경쟁에서 이길 것이라는 진실만은 변하지 않는 사실이기 때문이다. 빅데이터 시대에서 가장 중요한 자산은 정보 그 자체이다. 어떤 데이터를 축적할 수 있고, 어떤 분석이 가능한지 알면 일단 성공이다. '우리는 데이터와 데이트할 준비를 하면 된다.'

브랜드 마케팅에서 퍼포먼스 마케팅으로 전환

IBM 인사이트 콘퍼런스에서는 '비즈니스 혁명'을 예고했었다. '왓슨과 빅데이터가 만나면'이라는 주제였다. 왓슨(Watson)은 사람의 말을 이해하고 대답할 수 있는 IBM의 인공지능 수퍼컴퓨터이다. 2005년 개발을 시작해 현재 음성·얼굴·영상 인식, 번역, 키워드·감정·유사점 파악, 가설 수립 등을 통해 다양한 빅데이터를 분석하는 수준으로 발전했다. IBM의 초창기 최고경영자였던 토머스 왓슨의 이름을 땄다고 한다.

IBM, 2013년부터 왓슨 개방, 컨설팅료나 수익을 배분

미국 뉴욕주 요크타운 하이츠 IBM 연구소에 있는 인공지능 수퍼컴퓨터 '왓슨'은 응급실에 실려온 환자의 엑스레이 사진을 컴퓨터에 입력하면 순식간에 병을 진단해 의사에게 치료법을 추천해준다고 한다. 호텔과 식당에선 사람 대신 컴퓨터가 손님과 대화해 필요한 서비스를 찾아주는 소믈리에(somulier)도 가능하고, 대학 연구소에선 사람보다 빨리 자료를 찾고 분석하는 '로봇 연구원'이 등장한다.

미국 IBM은 '인사이트 2015' 콘퍼런스에서 이 회사의 인공지능 수퍼컴퓨터 '왓슨' 기술을 전 세계 기업에 제공해 이처럼 똑똑한 제품과 서비스들이 쏟아지도록 하겠다고 발표했다. 왓슨은 스스로 사물을 인식하고 이를 데이터화해 분석하며 새로운 지식을 학습하는 능력을 갖추고 있다. IBM은 왓슨 기술의 확산을 통해 '세계 최고의 IT(정보기술) 기업'이라는 명성을 되찾으려 하고 있다. 영화에서 상상했던 '미래의 일'이 이제는 현실이 되고 있다.

왓슨은 2011년 미국의 유명 퀴즈쇼 '제퍼디(Jeopardy)'에 출연, 74회 연속 우승 기록을 갖고 있는 챔피언 켄 제닝스를 이겨 '사람보다 똑똑한 컴퓨터'로 유명해졌다. IBM은 그 이후 꾸준히 개량된 왓슨의 인공지능 기술이 어디까지 발전했는지를 보여주는 사례를 대거 발표했다. 벤처기업 고모멘트는 컴퓨터가 호텔 투숙객과 문자메시지로 상담을 하는 '아이비(Ivy)' 서비스를 하고 있다. 와인포닷미는 "달지 않으면서 과일 향이 나는 비싸지 않은 레드 와인"이라고 대충 얼버무려 설명해도 컴퓨터가 여러 와인 중 딱 맞는 것을 추천해주는 앱을 선보였다. 일본 소프트뱅크가 만든 사람의 감정을 읽고 대화하는 상담 로봇 '페퍼'도 등장했다.

모두 사람의 말을 이해하는 것을 넘어서 질문을 하는 사람의 생각과 상황까지 추론하는 왓슨의 능력을 이용한 것이다. 예컨대 와인을 고를 때 '달다'거나 '비싸다'는 기준은 사람마다, 또 어떤 음식과 함께 먹느냐에 따라 달라질 것인데, 왓슨은 최적의 해답을 내놓기 위해 그날의 날씨, 묻는 사람의 성격과 취향, 과거 와인 소비 내역 등 50~60가지의 데이터를 다양한 각도에서 분석한다고 한다.

IBM은 특히 왓슨이 각종 문서와 음성 녹음, 사진 등의 정보를 사람의 도움 없이 이해할 수 있다고 강조했다. 기존의 컴퓨터가 인식하지 못하는, 이른바 '암흑 정보(Dark Data)'라고 하는 것들이다. IBM 관계자는 "의학 분야 데이터의 88%, 정부·교육 분야 84%, 미디어 분야의 82%가 암흑 정보"라며 "왓슨은 학습을 통해 이런 정보를 이해하고 분석해 의미 있는 지식(insight)을 만들어낸다"고 했다.

IBM과 구글의 상반된 인공지능 전략

왓슨은 2013년 외부에도 문호를 개방했다. 현재 전 세계 36개 국가에서 400개 이상의 기업·단체와 7만 7,000여 명의 개발자가 온라인으로 왓슨에 접속해 인공지능 기술을 이용하고 있다고 한다. IBM은 왓슨을 이용하는 기업으로부터 컨설팅료를 받거나 창출된 수익배분으로 돈을 번다. 인터넷·모바일 보급과 사물인터넷(IoT) 기술의 등장으로 정부와 기업이 보유한 빅데이터의 양은 폭발적으로 늘어나는 추세다. 하지만 이를 효율적으로 분석해 통찰력 있는 정보를 얻을 수 있는 전문가나 기술은 절대적으로 부족한 실정이다. IBM은 이를 새로운 '사업 기회'로 봤다. 데이터의 종류와 양을 가리지 않고 처리할 수 있는 왓슨의 인공지능이 다른 산업에서도 효과적으로 쓰일 수 있다는 점에 주목한 것이다.

IBM의 '인공지능 확산 전략'은 구글과 정반대다. 구글 역시 언어 인식, 사진 이해, 빅데이터를 이용한 예측 등 인공지능 기술을 갖고 있다. 하지만 구글은 이를 자사의 검색·광고 서비스에만 이용하고 다른 기업에는 개방하지 않는다는 것이다.

IBM은 산업혁명이 대량(大量) 생산의 시대를, IT 혁명이 대량 정보의 시대를 열었다면 왓슨의 인공지능과 빅데이터의 결합은 '대량 지식'의 시대를 열었다고 평가할 수 있을 것이다. 개인의 경험에서 나오는 '감(感)과 운(運)'에 맡겼던 업무를 왓슨의 판단으로 오류를 최소화 할 수 있게 되고 심리적 확신을 갖게 되었다고 할 수 있다.

전자상거래의 세계적인 두 거물인 아마존과 알리바바의 경쟁도 시사하는 바가 크다. 빅데이터 시대의 지배자가 되기 위한 아마존의 전략이 있다. 모든 것을 파는 '가게 플랫폼(everything store)'에서 모든 사업 영역을 지배하는 '사업 플랫폼(everything company)' 회사로 전환한다. 진정한 고객중심주의로 '진정한 가격 경쟁력'을 중시한다. 마진이 높으면 경쟁자를 끌어올 수 있지만, 마진이 낮으면 고객을 끌어올 수 있다는 비즈니스 철학이다. 아마존에서는 빅데이터가 지배한다는 'Data is King'이 슬로건이다. 대중시대에서 분중(分衆)시대이고 개중(個衆)시대이기에 '1인 고객'은 없고, '1인 10고객'의 세분화 전략을 구사한다. 다중인격자로 사회활동 하는 소비자이기에 하루에도 몇 번씩 변하는 개성(persona)을 따라잡아야 하기 때문이다.

아마존 생태계에서 '아마존에 당하기(amazoned)'에 굴하지 않고 승승장구하고 있는 아시아의 맹주 알리바바의 투혼도 눈여겨 볼 일이다. 우리는 어느 길을 가야 할 것인가?

데이터 준비성

'데이터 준비성(Data Readiness)이란 조직 내의 분석 능력을 확대시켜 데이터를 비즈니스의 핵심적인 요소로 만드는 조직의 능력'을 의미한다. 데이터 중심 조직으로의 변화는 더 이상 조직들이 선택할 수 있는 것이 아닌, 혁신을 위한 핵심적인 요소이며, 국내의 조직들은 '데이터 준비성'을 증대시키기 위해 데이터 및 분석 기술, 그리고 인력의 기술(조직 및 숙련 기술), 프로세스, 기술, 거버넌스 등에 보다 집중하고 많은 투자를 진행해야 한다고 한다.

AI 기반 분석 기능을 확장한 '데이터 설명(Explain Data)' 기능은 복잡한 데이터 모델링 또는 데이터 과학 전문지식이 없어도 누구나 AI의 도움으로 데이터에 대한 인사이트를 즉시 발견할 수 있다. 분석가의 역할을 대신하는 데이터 설명은 고급 통계 알고리즘을 사용해 모든 데이터를 분석하고, 특정 데이터 요소를 구동하는 가장 관련성 있는 요소를 자동으로 설명한다. 이 과정에서 데이터 설명은 더 많은 사람에게 강력한 분석을 제공하고, 찾기 어렵거나 시간이 오래 걸릴 수 있는 인사이트를 즉시 발견하도록 돕는다. 데이터 설명은 또한 분석을 제한할 수 있는 사람의 편견에서 오는 오류의 위험을 줄여줄 수 있다. '고객 이탈의 원인이 무엇입니까?'라는 데이터 질문에 답해야 하는 사람은 종종 분석을 미리 정해진 가설의 집합으로 제한해야 한다. 데이터 설명은 누구나 숨겨진 인사이트를 발견할 수 있도록 데이터 집합의 모든 차원을 자동으로 평가한다. 데이터 설명은 전문가나 가능할 법한 고급 통계 기법으로 일반인의 기술과 데이터에 대한 고유한 이해력을 강화한다.

한편, '데이터에 질문(Ask Data)'과 관련된 새로운 방법으로 '지난달 시애틀에서 내 매출은 얼마입니까?'와 같은 일반 언어로 데이터에 질문할 수 있다고 한다.

프로그래매틱 광고에 대해 잠깐 정의해보면

프로그래매틱 광고는 '자동화된 방식의 프로그램으로 디지털 광고를 거래하는 것'이다. 또한 광고 구매자와 판매자를 자동으로 연결해 광고를 Right Audience, Right Place, Right Time에 노출하는 것이다. 다시 말해 자리에 앉아 프로그램을 사용해 오디언스 및 지면 타깃팅을 설정하고, 광고를 자동화 노출하는 방식을 프로그래매틱 광고라고 한다.

전 세계의 수많은 디지털 매체 지면을 DSP를 통해 Ad Exchange에 연결해 비교적 손쉽게 구매할 수 있다. 마치 아마존에서 물건을 구입하듯이 자동화된 시스템으로 광고 지면 구매가 가능하다. 국내 주요 언론 매체의 온라인 웹사이트나 특정 커뮤니티의 광고 지면을 한자리에서 구매할 수 있을 뿐만 아니라, 미국의 CNN, Adweek, New York Times, Mashable 등과 같은 해외 웹사이트 광고 지면도 비교적 손쉽게 구매할 수 있다.

디지털 미디어 인벤토리의 대부분을 차지하는 구글, 페이스북, 트위터 등의 글로벌 주요 매체는 대부분 프로그래매틱 방식의 구매만 지원한다. 특정 일부 지면을 제외하면 대표적인 광고 상품은 프로그래매틱 방식 없이 전화나 메일, 구두상으로는 구매가 불가하다.

한편 주요 매체사들은 그들이 제공하는 프로그래매틱 플랫폼으로만 구매할 수 있도록 구조화해 타사의 구매 플랫폼 및 DSP로는 광고 상품을 구매할 수 없도록 폐쇄된 환경을 구축해놓았다. 예를 들어 구글의 DSP인 Display & Video 360은 글로벌 수천 개의 퍼블리셔 지면뿐만 아니라 유일하게 구글과 유튜브 상품까지 대부분 구매 가능하지만, 다른 DSP들은 구글의 광고 상품에 접근할 수 없다. 구글과 같은 거대 퍼블리셔들은 그들의 경쟁력 유지를 위해 폐쇄된 환경을 만들어 자신들의 플랫폼에서만 자사 광고 상품을 구매할 수 있도록 구조화하는 추세이다.

'게임 체인저', 승자독식의 글로벌 경쟁에서 앞서가야 한다

'2등은 아무도 기억하지 않는다'는 말은 신자유주의 사고가 낳은 불량품일 수도 있지만, 디지털 경제와 예술의 독창성 경주에서는 불가피하게 무시할 수 없는 경구가 되고 있다. 그러나 4차 산업혁명 시대가 되면, 휘발유를 쓰는 내연기관 자동차는 전기차와 자율주행차로 대체되기에 존폐의 문제가 된다. '적자생존'의 정글 법칙이 지배하기에 판을 바꾸는 게임 체인저(game changer)가 되어야 한다. 천동설에서 지동설로 바뀌듯, 확 바뀐 '게임의 룰(rule of game)'을 빨리 인식하고 분석하고 대응해야 할 것이다.

글로벌 경쟁 시대이기에 '5-포스(Force)' 분석과 'VRIO 분석' 등을 통해 '특성화 전략'을 잘 수립하고 '판을 바꾸는 도전'을 조속히 실천해야 할 것이다. 우리 사회에 이런 시스템을 도입하여 새로운 '게임의 룰'을 만들고, 혁신 사고인 '문샷 씽킹(Moon shot thinking)'을 실현해야 한다. 그 실현과정에서는 반드시 '축적의 시간'을 거쳐야 할 것이다.

이제 우리는 4차 산업혁명 시대에 '변화'를 선도할 수 있고, '혁신'을 주도할 수 있게 되며, '뉴폼 아트(플랫폼)'를 창작할 수 있는 '크리에이터'가 될 준비를 하고 있다고 본다. '비선형 디지털 시대'의 새 역사를 쓰고 있는 우리는 융합인재로서 글로벌 경쟁력을 갖춰 '세상을 바꾸는 디지털 크리에이터'로 다시 태어날 목표를 가져야 할 것이다.

창조적 파괴가 '큰 생각'이다

이제 우리는 추종자(follower)의 태도에서 리더(leader)의 태도로 전환되어야 한다. 길이 없으면 길을 만들어가면 된다. 더 이상 말만 많고 실행이 없는 NATO(No Action, Talking Only)족에 머물러서는 안 된다. 결국 수용자 중심의 관점 전환과 학습관의 정립이 조직혁신의 기본이라고 생각한다. 백년대계(百年大計)를 위한 디딤돌로서 백지대계(白紙大計)라는 큰 그림(Big Picture)을 설계하는 사고혁신이다. 설계란 디자인이며 기획부터 계획과 실행 후 평가까지의 일련의 연쇄과정이다. 다양한 분석과 함께 우리 사회의 경험과 미래 비전을 담아내는 혁신과 통합력을 말한다.

> "현재를 파괴하는 조직만이 미래를 가질 수 있다. '파괴는 창조의 또 다른 이름'이다. 리스크를 두려워하면 창조는 없다. 새로운 것에 대한 도전은 엄청난 리스크를 떠안는다. 반면 도전의 성공은 미래 시장 지배라는 천문학적 가치의 과실을 보장받는다."
>
> - J. Schumpeter

자본주의가 기존 구조를 어떻게 관리할지가 종종 문제로 대두되지만, 사실은 그 구조를 어떻게 창조하고 파괴할지가 더 중요하다고 생각해야 한다. 우리 사회는 하나의 공동체로서 상호 공진화(共進化)의 운명체로 인식해야 한다. '함께 가면 멀리 갈 수 있다'는 사고방식으로, '열린 창(窓)'을 가지고 세상살이를 보면 '사물인터넷' 시대에서도 '사람 인터넷(Internet of Human being)'이 보이고 상승효과(synergy effect)를 창출하는 '큰 생각'을 가질 수 있을 것이다.

광고와 성취

성취만을 위한 무한도전, 다양성으로 차별화해야 한다

성취의 개념

〈욕망이라는 이름의 전차〉(A Streetcar named Desire)는 산업사회에서의 현대인의 허영과 욕망의 인간 군상을 표현하고 있다. 3가지 인간의 전형을 제시한 작품으로 알려져 있다. 인간은 욕망을 가지고 무엇을 획득하려고 하는가? 성취인가? 성취라면 인간은 왜 성취하려고 하는가? 성취는 어떤 얼굴을 하고 있는가? 성취는 욕망의 발현이다. 성취는 욕망과 야누스의 관계다. 성취는 욕망 때문에 생기고, 욕망은 성취를 위해 생긴다. 욕망이 부정적으로 발현되면 폭력이 되고, 긍정적으로 발현되면 성취가 된다. 욕망의 조정기제가 잘 작동되어야 한다.

성취는 2가지가 있다. 인간에게 도달하고 싶거나 소유하고 싶은 목표로서의 성취와 다른 욕망을 해결하기 위한 수단으로서의 성취가 있을 수 있다. 이 성취의 개념에 따라 성취는 형태와 획득방법이 달라진다. 인간의 욕구는 선천적으로 가지고 있는 생리적 욕구와 후천적 또는 경제적으로 형성된 파생적 욕구로 대별하기도 한다. 인간의 욕구를 발명의 어머니라고 한다면 이런 본원적 욕망이 된다. 스티브 잡스가 "Stay hungry, Stay foolish"라고 한 이유는 이런 욕망이야말로 혁신의 원천임을 증명해 보인 사례라고 하겠다. 스티브 잡스를 현대의 혁신 전도사라고 말하는 이유는 '창조적 파괴'를 통해 새로운 상품을 생산해내는 능력 때문이라고 생각한다.

성취는 혁신의 함수다. A=f(I) (I는 innovation)

1935년 전후에 미국의 인간심리학의 영역을 개척한 마슬로우는 인본주의 심리학의 창설을 주도했으며, 인간의 욕구 5단계론을 제시했다. 인간의 동기, 자기실현, 창조성, 정신위생 등에 관한 연구를 해왔다. 이것은 동물행동이나 이상행동 등의 영역에서 심리학 연구 등을 진행하려는 학파와 대조를 이루는 것이며, 건강한 인간의 정상적인 심리를 생각함으로써 마음의 활동을 체계적으로 가치 평가한 것이라 하겠다. 기본적인 생리적 욕구에서부터 안전, 소속과 사랑, 자아존중 그리고 궁극적으로 자기실현에 이르기까지 충족되어야 할 욕구에 위계가 있다는 주장이다.

인간의 욕구는 병렬적으로 열거되어있는 것이 아니라 낮은 단계에서부터 충족도에 따라 높은 단계로 성장해가는 것이며, 낮은 단계의 욕구가 충족되지 않으면 높은 단계의 욕구는 행동으로 연결되지 않고 이미 충족된 욕구도 행동으로 이어지지 않는다. 그러나 마슬로우가 주장한 인간의 욕구는 강도나 중요성에 따라 계층적으로 배열한 것이지 결코 행복 그 자체를 계층적으로 배열한 것은 아니다.

성취동기이론(achievement motive theory, 成就動機理論)이 있다. 개인 및 사회의 발전은 성취 욕구와 밀접한 상관관계를 갖는다는 맥클랜드(D. McClelland)의 동기부여이론을 말한다. 높은 성취동기를 가진 사람들로 이루어진 조직이나 사회는 경제 발전이 빠르며 성취동기가 높은 사람들은 좀 더 훌륭한 경영자로서 성공한다고 한다. 특히 한 나라의 경제 성장은 그 사회구성원의 성취 욕구의 함수라고 주장한다. 또한 개인의 욕구 중에서 습득된 욕구들을 성취 욕구(need for achievement) · 소속 욕구(need for affiliation) · 권력 욕구(need for power)로 분류하고, 성취 욕구 · 기업적 활동량 · 특정 문화에서의 경제 성장은 높은 관련성이 있다고 주장했다.

성취 욕구가 강한 사람은 목표 설정을 중요시하고 모험성을 중시해 도전적인 목표를 설정하며, 자신의 일에 몰두하는 경향성을 띠게 된다고 한다. 그래서 GE 회장이었던 잭 웰치는 120% 목표설정을 주장했다. 일명 '스트레치드 골(stretched goal)'이다.

우리나라도 유교적 전통과 수직화된 가부장 사회임에도 불구하고 세계수준의 경제성장을 이룩한 원동력은 이런 성취동기라고 할 수 있다. '유교적 역동성'이라는 신개념으로 설명하는 것에서 알 수 있듯이 성취동기는 성장동력임에 분명하다.

성취에 대한 유전자도 갖고 있다. '일신우일신'을 역사 진보의 원동력으로 활용했다. 주역의 '자강불식'의 정신이다. 다산은 '신아구방(新芽舊邦)'으로 국가를 통째로 개혁하려고 했었다. 변화와 성공에 대한 갈증이 소유와 존재의 상승효과를 추구하는 것으로 나타났다. 지속 가능성을 어떻게 확보하는가가 문제일 뿐이지, 기본 방향성은 계속될 것이라고 생각한다.

공자는 30세에 입(立)하고, 40세에 불혹(不惑)이라고 했다. 이는 남자의 성취를 시계열적으로 분리했다고 본다. 독자적인 의사결정이 가능하고 세상사에 현혹되지 않을 정도라면 성취단계에 진입했다고 볼 수 있지 않을까?

권력, 이데올로기, 갈등은 항상 밀접히 연관된다. 많은 갈등은 권력에 관한 것이고 그것이 가져다주는 보상 때문에 일어난다(기든스). 이 보상은 성취의 열매일 경우가 많다. 성취를 통해 권력을 획득한 자들은 현대판 영웅이 되기도 한다. 주로 그들은 지배를 유지하기 위해서 이데올로기의 영향력에 의존한다. 필요할 경우에는 폭력을 사용할 수 있다.

성취는 기득권 세력의 영구집권을 위한 동기부여 효과가 있다. 소비자나 생활자는 그 목표 달성을 위해서 모든 것을 다 걸게 된다. 특히 신자유주의 패러다임에서는 승자독식의 쾌락원칙을 획득하기 위해서 사다리도 걷어차는 모럴해저드도 용인하게 만든다. 이런 성취는 사회진보의 원동력이 될 수 있지만, 다양성에 대한 고려가 부족해지는 한계를 갖고 있다. 성취가 물질지상주의 황금만능주의에 경도되기 쉽기 때문이다. 이는 가치의 공유라는 사회적 자본을 형성하는 데 장애요인이 된다. 가치는 다양성 속에서 풍요로움을 생산할 수 있다. 가치의 비대칭 현상이 부작용을 양산하고 있다. 성취지향형 광고가 그 수단이 될 수 있다는 데 문제가 있다.

성취의 개념을 확장할 필요가 있다. 가치의 다양성으로 생활자가 지속 가능한 삶을 영위할 수 있는 제안형 광고가 요구된다고 할 수 있다. 인간은 욕망을 해소하기 위해 '소비'한다. '나는 소비한다, 고로 존재한다'는 명제가 된다. 광고를 통해 소비를 촉진하려는 의도는 욕망을 테마로 한 크리에이티브를 생산하게 된다.

광고는 세상살이 하는 인간의 성취관에 따라 다양한 크리에이티브를 전개하고 있다. 성취의 대상을 존재론적 관점에 두느냐 소유론적 관점에 두느냐에서 차이가 생긴다. 대개의 광고는 소유론적 관점을 다룬다고 할 수 있다.

욕구와 욕망을 구분하기도 한다. 욕(欲/慾)은 같다. 구(求)와 망(望)이 서로 다르다. 구는 한자로 '구하다'라는 뜻이다. 망은 한자로 '바라다'라는 뜻이다. '구하는 것'과 '바라는 것'의 차이다. 구하는 것은 찾거나 청하는 것이다. 즉, 지갑에 있는 구체적이고 능동적인 행위이다. 바라는 것은 심장으로 생각하는 것이다. 즉, 추상적이고 수동적인 행위이다. 좀 더 폭넓게 확장해서 해석하자면 구하는 것은 현재 행위를 하는 것이고 바라는 것은 미래에 그렇게 되기를 기대하는 것이다.

소유와 존재의 이분법으로도 설명이 가능하다. 욕구는 외향성을 지니지만, 욕망은 내향성을 지닌다. 수동성과 능동성과도 이어진다. 소유는 자원의 고갈을 생각할 수 있다. 존재는 자원의 무한성이 있다. 아날로그 같은 한계효용 체감의 법칙이 욕망에서는 적용되지 않는다.스티브 잡스가 1달러 연봉에 아이 시리즈를 만들었다는 것은 성취의 등급을 말해주고 있다. 탐구와 탐욕의 결처럼 함의가 다르다. 인간은 욕망의 '시시포스 산'을 오르기를 반복한다.

성취의 광고화

매스 커뮤니케이션 효과에 관한 이론의 하나로 문화계발효과이론(the culti-vation theory, 文化啓發效果理論)이 있다. 매스미디어는 현실세계에 대한 수용자 대중들의 상(像) 내지는 관념을 구성해주는 중대한 기능 또는 효과를 지니고 있다는 이론이다. 미국의 커뮤니케이션 학자인 거브너(George Gerbner) 등이 제창한 이론으로 매스 커뮤니케이션 효과이론들 중에서 강효과 이론에 속한다.

문화 또는 이데올로기는 매스 커뮤니케이션과 불가분의 관계에 있는데, 오늘날의 문화나 이데올로기는 매스미디어, 특히 텔레비전에 의해 주로 계발된다는 것이다. 왜냐하면 오늘날 특히 상업 텔레비전들의 메시지는 그 내용이 거의 획일적이며, 시청자들은 텔레비전을 거의 습관적이고 비선별적으로 시청하고 있기 때문이라는 것이다. 따라서 현대사회에서 텔레비전은 가장 강력한 문화적 도구로 현실세계에 대한 수용자 대중들의 상이나 관념을 형성시켜주며, 나아가서는 현실세계 그 자체를 구성해주는 문화적 계발효과를 지니고 있다는 것이다.

매스미디어 가운데 텔레비전은 가장 강력한 문화적 무기로서 현실세계에 대한 상징적 환경을 조성하는 기능이 있다. 이러한 상징적 기능을 통해 텔레비전은 현실세계에 대한 사람들의 생각과 그림을 구성해주는 시뮬라시옹 효과를 갖게 된다. 말하자면 사람들은 텔레비전이 제공하는 상징세계의 문화에 길들여진다는 것이다.

문화계발이론은 문화와 커뮤니케이션이 불가분의 관계에 있다고 본다. 여기서 문화는 사변적인 관념으로 구성되어있는 것이 아니라 구체적이고 형질적인 상태로 존재하는 문화이다. 이러한 문화는 오늘날은 매스미디어, 그중에서도 특히 텔레비전을 통해 발전된다. 왜냐하면 다른 미디어와는 달리 텔레비전은 대중의 이질성을 일소하고 모든 사람을 표준화된 패턴에 맞게끔 만들 수 있기 때문이다. 동시에 텔레비전 시청은 습관적 행위로서 선택적 노출을 어렵게 만든다.

따라서 텔레비전은 강력한 문화적 무기로서 현실세계에 대한 그림을 제공하고 사람들은 텔레비전이 제공하는 이 상징세계의 문화에 서서히 길들여진다. 그런데 텔레비전이 제공하는 이 상징세계는 현실세계와 반드시 일치하지는 않기 때문에, 텔레비전을 많이 보는 중시청자가 지각하는 문화는 현실세계의 문화가 아니라 텔레비전이 제공하는 상징세계의 문화이다.

아무리 재핑(zapping)이 있어도, 중시청자가 경시청자보다 텔레비전이 제공하는 세상의 이미지에 더 많이 영향받고 또 그것을 더 많이 받아들이는 경향이 있음을 보여 주었다.

피에르 부르디외(Pierre Bourdieu)는 생활양식의 선택기호가 중요한 계급지표라고 했다. 개인은 경제적 요인보다는 교육 예술에 대한 이해, 소비와 레저 생활 등 문화적 자본에 바탕을 둔 다른 사람들과 자신을 구분 짓게 된다. 사회적 자본은 개인의 상호작용과 친교 네트워크로서 중요한 계급분석의 대상임을 알고 있어야 한다.

성취의 표현
기업가 정신으로 혁신을 창출해야 살아남는다

욕망의 긍정적인 발현인 성취는 무엇일까? '돈, 사랑, 명예, 권력, 영생'의 5원소를 말하기도 한다. 슘페터는 '창조적 파괴'라는 용어로 기업가 정신을 강조했다. 스티브 잡스가 혁신의 전도사라는 명성을 누리는 것도 이런 시대정신과 소통했기 때문이다.

비교광고의 의미도 더 좋은 것을 상품을 만들어서 소비자에게 제공하겠다는 상품철학을 바탕으로 하고 있다고 본다. '좋은 것도 더 좋을 수 있다'는 T의 생각대로 광고가 그렇다. 새로운 생각으로 새로운 가능성을 찾아 달려가는 현대자동차 광고도 혁신의 표현이다. 라면에 대한 새로운 생각이 꼬꼬면을 탄생시켰다.

성취엔 백 그라운드가 필요하다. 폭포와 궁전과 태산이 필요하다

대한민국은 평등사회라고 한다. 자유와 평등이라는 자유주의의 이념이 아니라, 아파트 평수 확장과 성적 향상이라는 등수 올리기의 '평등'지향의 사회현상이다. 이런 기현상은 단일가치에 빠져 다원화된 가치관을 갖지 못한 결과라고 하겠다. "1등만 살아남는 더러운 세상"이라는 〈개그콘서트〉의 절규가 공감을 얻게 되는 이유다. 우리 사회에 만연해 있는 물질만능주의와 물신주의에 대한 비판이다. 이는 신자유주의라는 승자독식의 정글 논리에서 빠져나오지 못한 데서 불가피한 현상이라고 하겠다.

남자의 성취는 '성공신화'로 나타난다

성공신화는 상징이 필요하다. 대형 승용차와 대형 아파트와 문양이 필요하다. 에쿠스는 대형 승용차로서 '성공남'의 상징이다. 이과수 폭포나 나이아가라

폭포가 나오면서 에쿠스를 타는 성공남의 월 커튼 역할을 다한다. 그랜저는 샐러리맨의 목표로서 간주되는 임원급임을 증거하는 기호이다. 벤츠나 BMW의 외제차는 성공남의 필수 병기다.

아파트는 주상복합 아파트가 되어야 한다. 도시의 마천루처럼 하늘을 향해 치솟아야 한다. 그리고 정통 귀족계급을 암시하는 '문양'을 갖고 있어야 한다. 왕권쟁취 역사인 영국의 장미전쟁은 이런 '문양' 때문에 생긴 이름이었다. 롯데캐슬 아파트는 이런 인간의 심리적 원형으로 남아있는 아키타입을 생생하게 보여준다.

재물욕: 돈

'돈'은 교환수단인 화폐이다. 사용가치나 상징가치를 획득하기 위한 교환가치를 갖고 있다. 절약할 수 있다는 편익을 소구할 수도 있다. 자본은 생존 도구이지만 지배 이데올로기를 장악할 수 있는 수단이기도 하다. 인간의 소유 욕구를 최대한 자극하는 메시지가 가능한 이유다. 금융권 광고는 자본주의의 첨병으로서 화폐의 가치를 절대화하거나 신격화한다. 최고의 수익을 통해 인간 욕망의 해결사를 채용하는 데 쓰는 '화폐'의 획득이다.

'프로테스탄트 윤리와 자본주의 정신'에서 베버는 소명의식을 강조했다. 초기 자본주의의 자본가 상인과 산업가들은 개인의 부를 축적하려는 강한 추동력을 갖고 있었다고 한다. 그러나 그 축적된 부를 사치스러운 생활양식을 영위하려는 데 사용하려 하지 않았다. 금욕적이고 검소했기 때문이다. 다른 사업을 확장하려는 데 재투자했다. 세상사의 기본과 만나는 '진실의 순간'과 접속했다.

"자산을 이동하라" - 삼성증권
"생각 생각 생각 생각" - 신한투자증권
"모두 그녀를 따라 한다. 그런 그녀가 푸르지오로 가자고 한다" - 푸르지오
"처음 사보는 낚싯대 7만2천 원
좀 긴 듯한 장화 2만3천 원
똑같이 맞춰 입은 조끼 5만6천 원
아들과 친구가 되던 날, 값으로 말할 수 없습니다.
돈으로 살 수 없는 감동의 순간, 마스터 카드가 함께합니다.
부자되세요." - BC카드

금융 광고뿐만 아니라, 가치나 가격으로 환산이 가능한 주제도 포함된다.

> "10년 후에도 어려보이고 싶죠. 방법을 찾았어요. 하루 만에 미끈해지더니, 한 달 만에 요기에 탄력이~ 탱, 탱, 탱, 매일매일 수분이 쌓이는 것 같아요. 10년 후 피부, 지금부터예요." - SK-2 스킨 시그너처 크림
>
> "한 판은 금방 끝나요." - 피자헛
>
> "사랑이 식으면 무효, 피자헛 식으면 무료(뜨겁지 않으면 공짜)" - 피자헛
>
> "단 한 방울만으로도 테라피 수준의 글리세린이 손 끝까지" - 뉴트로지나 핸드크림
>
> "같이의 가치" - NH농협
>
> "고객이 OK 할 때까지" - SK
>
> "가스비도 거꾸로" - 귀뚜라미 보일러
>
> "BS 탑 포인트 카드" - 은행연합회

색욕: 사랑

여성의 성취는 '외모지상주의'와 연결된다. 외모가 권력 쟁취의 수단이 되고 자본 획득의 도구가 되기 때문이다. 이런 구매심리를 만족시키기 위해서 광고에서 활용되는 것이 화장품과 보석과 배우자다. 화장품 광고에서는 클레오파트라 이상의 미인이 나타나 아름다움의 '교환가치'를 주장한다. 이런 효능과 성분이 보증하는 '후'를 사용하면 황후의 피부를 갖게 되고 '황제의 사랑'을 독점할 수 있다고 속삭인다. '후(后)'는 황제의 아내가 아닌가? 물론 황제는 소비자이다.

> "모두 모두 오래 오래 안녕하세요." - 삼성생명
>
> "I'M LOVING IT" - 맥도날드
>
> "투싼이 말한다, 언제까지 쿨한 척할 것인가?" - 투싼ix
>
> "사랑해요, LG" - LG
>
> "정원아, 사랑해.
> 회사 가서 친구랑 나눠 먹어." - 핫초코 미떼
>
> "진한 그리움" - 가나
>
> "여보, 아버님 댁에 보일러 놓아드려야겠어요." - 경동보일러
>
> "정" - 오리온

"사랑은 움직이는 거야" - 스카이

"아빠 힘내세요" - BC카드

"사랑은 언제나 목마르다" - 2% 부족할 때

"그녀의 자전거가 내 가슴속으로 들어왔다" - 빈폴

"이 세상 가장 맛있는 커피는 당신과 마시는 커피입니다" - 동서식품

명예욕: 명예

명예의 전당은 경력과 성적과 품격을 고려한 최상의 성공에 대한 정신적 보상이라고 할 수 있다. 정신적 보상은 물질적 보상으로 대체하거나 가치를 측정할 수 없을 때 혹은 측정한다는 게 무의미할 때 이루어지는 것이다. 이런 무한가치에 대한 가격은 매길 수가 없기 때문에 하이 소사이어티 고객이나 상품에 적용되는 표현이라고 할 수 있다. 노블리스 오블리주(noblesse oblige)나 톨레랑스 같은 개념으로 접근하는 사례가 되겠다.

'대륙의 명예'는 현대차 '테라칸'의 슬로건이다. 동급 최강의 마력 수를 자랑하는 고급 SUV다. 브랜드가 '대륙의 황제'라는 뜻이라 지구상에서 사라진 대륙의 융기를 배경으로 연출하고 있다. 성공남의 상징은 돈에 머무르지 않는다. 명예로 포장된다. 삼성증권은 '아너스 클럽'으로 당의정을 입힌다.

"LUXURY FOR PROFESSIONAL" - 알페온(이승연)

"고객을 위한 1등으로, 노력은 계속된다, 쭈욱~" - 우리투자증권

"대한민국 피로회복제" - 박카스

"좋은 술의 고집" - 국순당

"오래가고 좋은 회사" - 하이닉스

"히말라야 오리지널" - 블랙야크

"제네시스의 진보는 멈추지 않는다." - 제네시스

"이제 당신이 어떤 길을 가든, 리더의 길을 가야 합니다." - 체어맨 H

"남자는 가끔 길을 벗어나야 할 때가 있다." - 캐딜락 SRX

"최고의 자리에서 또 다른 명성을 향한다." - BMW New7

"일 등이 숙명이라면 그저 즐길 수밖에 없다." - 토요다

"틀을 깨면 세상은 즐거워진다." - 볼보 NAUGHTY S60

"이 세상 가장 높은 꿈은 캐슬입니다. 캐슬이 당신을 말해줍니다.

고집스러운 생각이 만드는 차이, 10센티미터, 이편한세상." - 이편한세상

"당신의 오늘을 말해줍니다." - 그랜저

권력욕: 권력

광고주는 업종 카테고리에서 하나의 주체일 뿐이다. 고유명사로서 생존경쟁을 하고 있다. 자신을 업종의 대표선수로 각인시키려는 의도를 과장해서 표현하는 경우가 많다. 소위 업종 보통명사로 포지셔닝 하는 전략이다. 시장 1등 전략이나 탑 오브 마인드(Top of Mind)의 과시전략이다. 또한 의미부여를 통해 업종 대표로 과장하는 표현도 있다.

"지구를 혁신하다." - SK 이노베이션

"기본이 혁신입니다. 원칙, 약속, 기본, 그 안에 혁신의 길이 있습니다." - 이편한세상

"지루하게 사는 것은 젊음에 대한 죄다." - 기아차

"인생에 스타일 하나는 남겨라." - 산타페

"난 달라. 난 TOP야." - TOP

"쿠쿠 하세요." - 쿠쿠

"피존 하세요." - 피존

"엘라스틴 했어요." - 엘라스틴

소통 불가능성을 가지고 권력을 휘두르는 표현도 있다.

"식탁의 기적" - 청정원

"생각이 에너지다." - GS 칼텍스

"4G는 LG다." - LG

"4G는 모션이다." - 스카이 베가 LTE

"치즈만큼은 앙팡으로 편식시키세요." - 서울우유

"침대는 가구가 아닙니다. 과학입니다." - 에이스침대

"흥분하라, 이것이 당신의 머신이다. 절대우위." - 인피니티

"그녀가 입는 것은 유행이 된다.

그녀가 보는 것은 베스트셀러가 된다.

모두가 그녀를 따라 한다.

그런 그녀가 푸르지오로 이사 가자고 한다.

그녀의 프리미엄, 푸르지오." - 푸르지오

장수욕: 건강

건강은 '생명 연장의 꿈'이고 장수의 실현이다. 고령화 사회로 진입하고 있는 우리 사회에서 가장 중요한 성취 덕목이 되고 있다. 식품이나 의료기기와 서비스의 광고뿐만 아니라 건강을 담론으로 제시하면서 인간의 욕망을 표현하고 있다.

"마음의 상처" - 후시딘

"진짜 피로회복제는 약국에 있습니다." - 박카스

"엄마의 마음으로" - 앱솔루트 명작

"서울우유는 제조일자가 있다." - 서울우유

"장수돌침대는 별이 5개다." - 장수돌침대

산수유의 "남자에게 참 좋은데", "남자에게 딱인데"는 건강과 연계된 욕망을 성취하기 위한 남성의 메시지다.

대안

이런 '돈, 사랑, 명예, 권력, 건강'의 성취 항목은 기존의 지배 이데올로기와 가치관을 반영하고 있다. 광고테마로서 차별화나 독창성은 미흡하다고 본다. 다수 대중의 공감을 얻기 위한 장치로서는 효과가 있을지언정, 광고 크리에이티브의 콘셉트나 표현소재로서 최상의 경쟁력을 가진다고 할 수 없을 것이다. 표현의 '낯설게 하기'처럼 주제의 '낯설게 하기'가 필요하다. 성취가 갖고 있는 광고 주제로서의 대중성은 확보하지만 화제성은 부족하다고 할 수 있다.

성취의 다양성 시대엔 차별화 전략이 필요하다

일방향의 한 가지 성취만 강조하는 사회는 살아남지 못한다. 균등화 사회나 대중사회일수록 '차별화' 전략은 유효하다고 본다. 한국 야쿠르트의 꼬꼬면의 사례에서 알 수 있다. '다르게 생각하기'는 여전한 테제다. 현대차는 '새로운 생각, 새로운 가능성(new thinking, new probability)'으로 다양성에 대한 지지를 표현하고 있다. SKT는 가능성을 만난다.

광고 작법에서 시점이 중요하다

공감과 해독을 위해서 점검해야 할 사항이다. 전지적 작가 시점보다는 객관적 관찰자 시점이 유효하다고 본다. 일인칭 작가 시점은 고백체로 스토리텔링 되어 공감을 얻기가 쉽다고 생각한다. 성취라는 광고 테마를 어떤 관점에서 전개하는가 하는 문제다. '처음 만나는 자유(스무 살의 011)'를 발견하고 공유할 수 있으면 효과적이다.

성취의 극단값을 양방향 관점에서 순화시킬 필요가 있다

첫째, 좋은 것도 더 좋아질 수 있다(생각대로 T). 최선을 다하는 것만이 전부가 아니다.

둘째, 진심이어야 한다. 성취보다 우월적 가치를 제시하는 게 가치다.

셋째, 새로운 생각은 제안이어야 한다. 강요가 되어서는 안 된다. 애플의 아이패드 광고 카피다. "다만 그 방법만은 같지 않을 것입니다." 혹은 꼬꼬면의 카피다. "지금 무슨 라면을 끓이세요? 라면에 대한 새로운 생각"이다.

넷째, 자아존중과 자아실현 광고로 숙성되어야 한다. 매슬로우 욕구 단계에서 4, 5단계이다. 동반성장과 상생가치를 통해 사회적 기업이나 윤리경영, 환경경영을 지향하는 패러다임과 이어져야 한다. '넥타이와 청바지는 평등하다(KTF)'는 개념을 통해 개념의 확장이 이루어져야 한다. "함께 행복하도록" SK그룹, "함께하는 친구" 롯데그룹, "함께하여 더 큰 가치를" LS그룹 등 시대정신을 공유하려는 기업들의 커뮤니케이션 전략을 알 수 있다.

광고와 여성

나는 여성이다, 고로 소비사회에서 소비자로서 소비문화를 즐긴다.

광고와 여성을 논하자면 먼저 컨슈머리즘과 페미니즘을 빠뜨릴 수 없다. 일단 소비자의 반이 여성이고, 소비 주권의 상당부문을 여성이 행사하고 있다. 사회 트렌드가 여성화되고 성 역할이 바뀌어가고 있다. 이제 여성을 알아야 광고 효과는 배가 된다.

여성은 컨슈머리즘의 주체이다

컨슈머리즘(consumerism)의 사전적 정의를 종합해보면 세 가지로 구분된다. 첫째, 소비자 주권, 소비자 중심의 보호운동, 둘째, 소비 중심주의, 소비를 통해 경제적 이익을 도모하려는 사상적 입장, 소비를 통해 경제적 성장과 이익을 도모하려는 주장이나 이론, 셋째, 소비를 장려하는 문화, 소비만능 혹은 소비지상주의가 그것이다. 소비자와 소비와 소비 문화의 차이이다. 그렇다면 소비자는 어떠한 처지에 놓이게 되는가? 소비자는 소비를 통해 욕구충족은 되겠지만, 만족과 행복에 이를 수 없다. 소비에의 욕망은 또 다른 욕망을 갈구한다. 소비를 통해 행복할 수 있다는 것은 자본주의 체제의 이데올로기이며, 결국 기업의 판매 전략에 불과하다. 소비는 문화로서 어떤 역할을 하는가?

결국 consumerism은 'consumer'를 강조하느냐, '-ism'을 강조하느냐에 따라 전혀 다른 용법으로 사용된다. 전자는 소비자에 초점을 두기 때문에 소비자 중심, 소비자 주권의 보호운동의 의미를 지니게 되고, 후자는 이데올로기의 의미를 지니게 되어 소비자가 아닌 소비만능주의와 자본주의 체제의 의미를 갖게 된다. 따라서 컨슈머리즘은 그 용법에 따라, 소비자라는 행위자 초점을 두면 소비자 중심주의, 소비행위 자체에 초점을 두면 소비지상주의, 문화 차원의 소비문화가 된다. 전자는 주로 마케팅, 광고, 소비자학 등에서 아카데미나 실무 영역 모두에서 광범위하게 적용되는 용법이며, 후자는 사회학, 특히 소비 사회학에서 중요하게 다루는 하나의 영역이다. (Barbara Kruger, 〈I shop therefore I am〉)" 이것이 현대 소비사회에서 소비자와 소비의 정체성에 관한 것이다.

컨슈머리즘은 'consumer+ism'이다. 그렇다면 소비주의라고 번역하기보다는 소비자주의라고 해야 할 것이다. 우리가 흔히 사용하는 소비사회라는 용어 역시, consumption society가 아니라 consumer society에 대한 번역이다. 더 구체적으로 표현하면, 소비제일주의, 소비만능주의, 소비지상주의다. 소비가 사회발전의 원동력이며, 개인은 기꺼이 소비자가 됨으로써 소비를 통해 만족을 느끼게 되는 과정이 consumerism이다. 소비에 일종의 주술적 성격이 부여되는 것은 바로 그런 이유에서이다. sexism, racism, ageism, lookism을 성(性)주의, 인종주의, 연령주의, 외모주의라고 번역하지 않고, 각각 성차별주의, 인종차별주의, 연령차별주의(노인차별주의), 외모차별주의(외모지상주의)라고 번역하는 것이 원래의 의미를 더욱 분명히 하는 것과 같은 이치이다.

스티븐 마일스(Steven Miles)에 따르면, 소비주의는 이제 일종의 생활양식이 되었다. "우리는 '소비(consumption)' 개념과 '소비주의(consumerism)'라는 개념을 혼동하지 않는 것이 특히 중요하다. 캠벨(Campbell, 1995)은 소비를 '어떤 제품이나 서비스의 선택, 구입, 사용, 유지, 보수, 처분'으로 묘사하나, 사회학의 관점에서 보다 중요한 것은 소비가 역사적으로 '주술적인' 성격과 문화적인 현상이 되었다는 점이다. 소비재는 "문화를 재생산하고, 표상하고, 조작하기 위한 핵심 도구이다." 그러므로 사회이론가는 소비와 관련하여 단순한 구매 행위를 넘어 그 과정을 둘러싸고 있는 각종 영향력, 경험, 사회관계에도 관심을 갖는다. 소비주의 개념은 소비의 숨어있는 속성, 특히 소비사회의 이데올로기적 차원에 관심을 둔다. 그래서 소비주의 연구는 "소비의 편재적 성격이 일상적 토대 위에 재구축되는" 방식에 초점을 맞추거나 적어도 그럴 필요가 있다(스티븐 마일스,《현실세계와 사회이론》).

보콕(Robert Bocock)은 소비주의에서 소비 이데올로기의 측면을 강조하고 있다. 근대 자본주의에는 소비주의, 즉 물건이나 일괄 경험 상품을 구매하는 데서 삶의 의미를 찾을 수 있다는 적극적 이데올로기가 도처에 팽배해 있다. 소비주의 이데올로기는 자본주의를 정당화하고 사람들이 현실뿐만 아니라 환상 속에서도 소비자가 되도록 동기부여를 하는 데 기여한다. 나아가 이것은 소외를 늘리는 것에 일조했다. 예를 들어, 집, 가구, 차, 휴가, 의복, 또는 음식을 구입할 수 없다면 아무것도 할 수 없다. 광고는 소비주의를 확산시키고, 사람들에게 쾌락의 욕망을 충족시켜주겠다고 약속한다.

포스트모던 소비주의에서 사람들이 욕망하는 것은 그들이 소비하는 '실제의' 초콜릿, '실제의' 차, 집, 가구들이 아니다. "소비주의는 서구와 다른 사회에 거주하는 수백만 사람들의 일상생활과 활동 속에 자본주의를 정당화하는, 자본주의 실천 이데올로기가 되었다. 이것은 점점 더 전 지구적인 현상이 되었다."

코리건(Peter Corrigan)은 소비주의의 기원을 찾아 영국의 16세기까지 거슬러 올라간다. "궁정에서의 새로운 경쟁 시스템하에서는 누구도 상품이 오래 묵어서 위세와 영광을 담을 때까지 기다릴 시간적 여유가 없어졌다. 새롭고 최신의 색다른 것이 중요성을 띠게 되었다. 소비주의의 가장 중요한 현상 중의 하나인 유행의 등장을 목격하게 된다(코리건, 《소비의 사회학》). 그는 다시 18세기 소비를 설명하면서, "여기서 마케팅과 광고가 소비주의의 영역에 들어오기 시작했다"고 했다. "만약 베버의 자본주의 발전 논의가 내적 세계의 금욕주의 및 자기 부정적 행위와 연관된 것이라면, 캠벨에 있어서 소비주의의 발전은 일관된 자기만족적 행위와 연관된 것이다". "백화점을 성당과 비슷하게 보는 것도 과장이 아니다. 백화점은 소비주의 사원에서 예배를 보도록 유혹한다."는 것이다. 비유가 탁월하다고 생각한다. "경제의 막대한 부분이 소비주의에 의존하고 있으며, 여지껏 자본주의는 그 영역을 넓히거나 지속적으로 자신을 재생산내거나 위기를 극복하는 데 있어서 대단히 성공적이었다". 세상을 보는 관점이 심리학과 사회학의 핵심에서 우러나와야 함을 말하고 있는 것 같다.

여성은 페미니즘의 주체이다

페미니즘(feminism)은 여성해방 사상으로 성차별에 대해 시정을 요구하는 모든 사상·운동을 말한다. 여성억압의 원인과 상태를 기술하고 여성해방을 궁극적 목표로 하는 운동 또는 그 이론이다. 예를 들면, 남녀동등권 또는 여권신장운동 등이 있다. 페미니즘은 근대의 사상으로서 시작되었다. '인간은 모두 평등하다'는 사상의 침투로 비로소 '모두' 속에 여성이 포함되어있지 않다는 것의 부당성을 문제화할 수 있었기 때문이다. 따라서 페미니즘은 기본적으로 '남자와 동일한 평등'을 지향한다. 19세기 후반부터 20세기 초에 걸쳐 영국, 미국, 프랑스 등 서유럽 근대 사회를 중심으로 일어난 제1기 페미니즘은 여성의 법적 권리의 확립을 목표로 참정권 획득운동으로서 위치한다. 이 시기에는 기존의 사회체제 내의 제도 개혁으로 여성해방을 실현하고자 하는 자유주의적 페미니즘의 주장 외에 여성은 사회주의 사회의 달성에 의해 비로소 남성과 함께 해방된다고 주장한 사회주의적 페미니즘도 강한 영향력을 가지고 있었다.

1960년대 급진적인 변혁 운동은 여성의 성 해방 운동을 낳았고, 여기서 페미니즘은 자본주의 또는 남성 중심적인 가부장제로 인해 억압받고 있는 여성을 해방시키고자 하는 정치적 실천과 담론의 집합을 지칭하는 용어가 되었다. 미셸 푸코의 권력 개념과 섹슈얼리티를 둘러싼 담론도 있다. 영화에서의 페미니즘은 영화 이미지의 재현에서 여성이 어떻게 남성 중심적인 시선(관음증)의 대상이 되고 있나를 분석한다.

19세기 중반에 시작된 여성 참정권 운동에서 비롯되어 그것을 설명하는 이론까지 포함하는 개념이다. 페미니즘의 시초는 자유주의에 근원을 두고 있는데, 자유주의적 페미니즘에 의하면 여성의 사회진출과 성공을 가로막는 관습적·법적 제한이 여성의 남성에 대한 종속의 원인이다. 따라서 여성에게도 남성과 동등한 교육기회와 시민권이 주어진다면 여성의 종속은 사라진다고 한다.

마르크스주의 페미니즘은 자유주의적 페미니즘을 비판하면서 사적 소유가 존재하는 한 참된 기회균등은 이루어질 수 없다고 한다. 프리드리히 엥겔스는 여성억압이 생산수단의 사적 소유로부터 시작되었으며 자본주의가 바로 여성억압의 근원이라고 주장한다. 이에 대해 급진적 페미니즘은 가부장제에 기초한 법적·정치적 구조와 사회·문화적 제도가 여성억압을 가능하게 하는 것 외에 생물학적인 성(性)이 여성의 정체감과 억압의 주된 원인이며, 여성해방은 출산·양육 등의 여성 역할에 대한 근본적인 변혁을 통해 이루어질 수 있다고 주장한다.

사회주의적 페미니즘은 마르크스주의 페미니즘이 성별 특성을 간과했다고 지적하고, 여성억압은 노동자 억압과 마찬가지로 중요하며 따라서 자본주의와 가부장제를 한 가지 개념을 사용하여 분석해야 한다고 주장한다.

저출산·고령화 등의 인구변화, 첨단 과학기술에 따른 사회변화, 글로벌화 등 미래사회를 예측하는 트렌드는 다양하다. 이중 메가트렌드 중 하나로 꼽히는 것이 바로 '여성성 강화'다. 미국의 경우 지난 2005년 서비스 산업 종사자가 전체 88%를 차지할 만큼 서비스 산업 종사율이 점점 증가하는 과정에서 섬세함을 기반으로 한 '여성성'은 더욱 각광받게 될 것이라는 게 미래학자들의 공통된 분석이다. 미국 델어스 연구소의 미래학자 웬디 하코트(Wendy Harcourt)는 '미래 예측보고서'를 통해 여성의 역할 증가를 예측했다.

그는 "인간의 의식과 기술이 결합하는 '의식기술 시대'에는 지금까지 참정권 실현, 토지소유권, 직장에서의 업무 평등 등 다양한 여성운동 성과를 거둬온 여성들의 왕성한 활동이 눈에 띄게 늘어나고, 여성이 오히려 시대의 수혜자가 될 것"이라고 주장했다. 글로벌 사회에 진입하면서 이미 여성들은 남성 리더들과의 협력과 인터넷 공간에서의 여성 네트워크를 통해 국제기구에서 활발한 활동을 펼치는 등 역할 강화에 힘쓰고 있다.

2000년 이후 쏟아진 여성과 관련된 트렌드 연구를 살펴보면 '신가족 시대'가 열린다는 분석이 지배적이다. 신가족 시대를 이끄는 핵심은 바로 '집에 있는 아버지의 증가'다. 지난 2000년 미국의 '성공적인 아버지 되기 센터'에서 제출한 보고서는 아버지가 육아에 적극 나설 때 아이의 성적이 더 좋고, 보다 안정된 심리 상태를 가진다는 연구 결과를 내놓았다. 청소년 범죄나 청소년 임신 위험이 줄어드는 결과도 함께 나타났다.

다른 연구에서도 아버지가 맡아 키운 아이들의 말하기 능력이 그렇지 않은 아이들보다 더 뛰어나고 학문적 성취도도 높다는 결론을 얻었다. 《당신의 미래를 바꾸는 넥스트 트렌드》 공동 저자로 잘 알려진 트렌드 칼럼니스트 조지 오초아와 멜린다 코리는 "더 많은 아빠들이 아이가 좋아서, 아이들과 보내는 시간이 즐거워서 집에 남는 것을 선택할 것"이라고 예측했다.

이는 지난해 우리나라를 강타한 '알파걸 열풍'과도 연관된다. 당시 알파걸에 대한 연구를 진행해 다큐멘터리를 제작했던 PD는 알파걸 뒤에 '변화하는 아버지'가 있다는 사실을 알아냈다. 여학생이 학교 성적은 물론 리더십과 운동 등 모든 면에서 남학생을 능가하게 된 배경을 '성 역할에 대한 고정관념이 약해진 사회 변화'에서 찾아냈다. 그는 "부모들이 성 역할 감옥에서 빠져나오는 것이 가정을 화목하게 이끄는 방법인 동시에 아이들의 삶을 성공적으로 이끄는 열쇠"라고 결론을 내렸다.

이 같은 '변화하는 아버지'의 증가는 그동안 출산, 육아, 자녀교육 등에 제한시켰던 여성의 영역을 넓힐 수 있는 가능성을 열고 있다. 이런 가족상의 변화를 두고 함인희 이화여대 사회학과 교수는 "위기가 아니라 더 나은 삶의 방식을 구현하면서 가족 본연의 의미를 새롭게 찾아가는 과정"이라고 설명했다.

빠른 변화 속에서 가정은 여러 갈등 속에서 '누구의 잘못도 아니지만 아무도 행복하지 않은' 역설적인 공간이 되었다. 그는 "사회가 급변할수록 흥미롭게도 가족만은 흔들리면 안 된다는 전통적 의식이 지배해왔다"며 "앞으로는 전통의식으로 인한 충돌, 갈등에서 벗어나 '관계성'이라는 인간의 기본 욕구를 충족시키기 위한 가족의 의미를 되새기는 과정에 서게 될 것"이라고 말했다.

미래의 키워드 '환경운동 · 여성운동', '생태여성주의'도 여성과 관련된 주요 미래 키워드로 꼽는다. 생태여성주의는 생태사상과 여성주의가 결합된 이론으로, 사회적 억압에 놓여있는 '여성'과 인간의 억압을 받는 '자연'의 위치를 같게 본다. '환경문제'가 시대적 과제로 떠오르고 있는 만큼 이를 극복하기 위한 생태주의와 여성주의가 중요한 미래 트렌드가 될 것이라는 게 전문가들의 설명이다.

여성 트렌드 연구가 박영숙 유엔미래포럼 대표도 '미래 사회운동은 여성성을 기반으로 한 환경운동, 여성운동이 주를 이룰 것'이라고 예측했다. 또 다른 미래 트렌드는 '모계사회의 부활'이다. '다중 동반자 혁명'으로부터 모계사회가 부활할 것이라 예측하는데, 그가 말하는 이 혁명은 "다양한 동반자와 다양한 삶의 관계를 유지·조절하면서 여러 명의 생의 동반자를 가진 사람들이 늘어나는 현상"을 의미한다.

박 대표는 '미래에는 많은 이들이 새로운 형태의 감정과 사랑의 단계를 갖게 되는데, 그 과정에서 출산 기능이 있는 여성이 주도권을 갖게 될 것'이라고 진단했다. 사회 트렌드를 반영하면서, 여성 중심의 소비자와 소비와 소비문화를 논하는 광고 크리에이티브를 분석해본다.

여성은 가족관리자다

가부장제 사회의 전통적인 주부상은 다시다 TV CM이다. 한국 광고사의 장기 캠페인의 모범인 김혜자와 라이벌 고두심의 여성상이다.

김혜자는 1975년 다시다의 출시부터 2002년까지 27년간, 고두심은 1986년 미원의 전속 모델로 발탁된 뒤 '발효조미료 미원', '맛나', '순창 고추장' 등 16년간 청정원의 모델로 참여했다. 두 모델은 최장기 광고모델 기록 1, 2위이다. '제일제당 다시다=김혜자', '청정원=고두심'으로 굳어진 것이다. 이처럼 모델은 제품, 브랜드를 연상시키는 중요한 상징(symbol)이다. 이는 언어의 특징 중에서 자의성 때문에 가능한 것으로, 전혀 연관성 없는 것들이지만 연상 작용이 가능해지는 것이다. 김혜자 하면 다시다가 떠오르도록 만든 것은 그 효과가 극대화된 것이라고 볼 수 있다.

예전 제일제당이 했던 것처럼 미원은 맛나 말고도 이후 '감치미(1988)'를 출시하는 등 이것저것 나름의 전력을 추구했다. 광고를 보면 대상은 경쟁사의 희대의 광고모델이 되어 버린 김혜자에 맞서 고두심으로 자사모델을 선정한다. 〈전원일기〉의 시어머니와 며느리가 광고에서 라이벌로 조우한 것인데, 김 회장 댁 큰며느리의 지적이고 현명한 이미지를 앞세워 시어머니의 고루함과 경쟁하려 했던 것 같다. 이런 경쟁심리보다도 더 중요한 이데올로기는 한국 전통 여성상에 대한 공감이고 수용이다.

웅진 코웨이 정수기: 깐깐한 주부

1990년대 말 웅진코웨이가 시작한 정수기 렌탈 사업으로 고가의 정수기는 일반 가정에 널리 보급됐고 더 이상 사치품이 아닌 생활필수품으로 자리 잡았다. 광고 초기 "깐깐한 물은 곧 건강, 나를 위해 이만큼 건강에 신경 쓰자, 투자하자"는 광고언어로 소비자의 '과시 효과'를 자극했다면 이때부터는 "아직도 물 보험 안 들었냐", "아직도 코웨이 아니세요? 저는 있는데"라는 구매 촉구 언어로 '밴드왜건 효과(유행에 따라 상품을 구입하는 소비 현상)'를 노렸다.

이전까지 신뢰도와 과시 효과를 위해 기품 있는 중년 남성 모델을 위주로 광고했다면 2000년 전후로는 미인대리전의 양상을 띤 정수기 광고들이 주를 이뤘다. 또 인체의 70%가 물로 구성되어있다며 정수기가 생활과 무관치 않음을 지속적으로 강조했다.

이렇게 이순재나 주현미를 넘어서 청순의 대명사 이영애, 드라마 〈가을동화〉를 찍고 한류스타로 급부상한 단아한 송혜교, 드라마 〈파리의 연인〉으로 최고 주가를 달리던 활발의 아이콘 김정은, 대표 아이돌 소녀시대까지 기용한 웅진코웨이 CM은 '잘생긴 사람이 먹는 물을 나도 먹는다면' 하는 소비자들의 기대를 나타내는 '미투(me too) 심리'를 노린 것으로, 남녀노소 가족 구성원이 다 함께 먹는 물(정수기) 시장을 공략했다.

또 '깐깐하다'는 유행을 타지 않고 지금까지 촌스럽지 않게 느껴지는데 이는 애초에 마케팅의 '원근의 법칙(마케팅 효과는 상당히 긴 기간에 걸쳐 나타나므로 즉각적인 효과를 바라기보다 장기적 안목을 가져야 한다)'을 적절히 이용했기 때문으로 보인다. 10년, 20년 후까지 기업의 Copy Policy로 굳건히 자리 잡을 '깐깐함'은 웅진코웨이를 대표하는 가장 성공적인 카피로 자리 잡았다.

여성은 소비 이데올로기의 실천자다

화장품과 외모지상주의는 연결고리가 강하다.

외모가 우열과 성패를 가름한다고 믿어 외모에 지나치게 집착하는 외모지상주의는 우리가 흔히 알고 있는 용어이고, 이를 의미하는 루키즘(lookism)이라는 사회 트렌드가 확산되고 있다. 루키즘은 미국《뉴욕 타임스》의 칼럼니스트인 새파이어가 2000년 8월 인종, 성별, 종교, 이념 등에 이어 새롭게 등장한 차별 요소로 지목하면서 부각되기 시작했다. 외모가 곧 연애, 결혼 등과 같은 사생활은 물론 취업, 승진 등 사회생활 전반까지 좌우하기 때문에 외모를 가꾸는 데 많은 시간과 노력을 기울이게 된다는 것이다. 이러한 사회 풍조는 자본주의 경제체제의 화장품, 성형수술 시장과 맞물려, 우리나라는 1인당 화장품 소비량이나 인구대비 성형수술 비율에서 세계 1위로 조사되었다고 한다. 루키즘은 여성뿐만 아니라 남성들에게까지 확산되고 있는데, 2007년 기준 한국의 시장 규모는 세계 1위다. 업계가 발표한 자료에도 매년 남성 화장품의 매출이 7%대의 꾸준한 세를 보이고 있다. 이에 따라 화장품 광고는 점점 더 아름답고 멋지고 외모가 뛰어난 모델을 부각시키는 데에 주력하고 있다. 사람들은 이러한 화장품 모델들을 이상화하고 그들의 외모를 선망하고 추구하기 때문이다.

화장품과 여성, 지배의 이데올로기이고 나르시시즘의 수용

과거와 달리 현재엔 화장은 여성에게 필수라고 인식되는 것이며, 이미 선택의 영역을 넘어선지 오래이다. 계층을 불문하고 화장을 하지 않는 여성보다 화장을 하는 여성이 압도적으로 많은 현실이다. 그렇다. 이제 여성에게 있어 화장은 리터러시(Literacy)인 시대이다. 따라서 화장품은 일종의 필수품이 되었으며, 수도 없이 많은 브랜드들은 이 필수품을 어떻게 차별화시켜야 하는지 고민하게 되었다.

오늘날의 제품의 소비는 소비자에 의한 것이 아니라 미디어, 매체, 광고에 의해서 강요되는 측면이 강하다. 즉, 더 이상 상·하부구조 간의 분리는 없어지고 상부구조에 의해 하부구조가 지배를 받는 시대이다. 질 들뢰즈는 자본주의 사회를 특징짓는 것은 대중매체와 매체에서 전달되는 넘쳐나는 정보들인데 이들은 우리에게 다양성 안에서 선택의 자유를 주는 것이 아니라 끊임없이 명령을 내리는 명령체계라고 한 바 있다. 소비할 수 있는 주체로서의 대중은 소비에서 자신들의 주체성을 확인한다. 하지만 이 권한이 생산자에게 근본적 영향을 미치지 못한다는 점에서 완전한 권한이라 할 수는 없다. 즉, 주체적인 행동이라고 여기는 소비조차 사실은 피동적인 것이다.

부르주아 계급의 이데올로기가 지배하는 현대사회 내에서 모든 존재는 그 존재양식을 부르주아 계급으로부터 빌려온 이데올로기에 의존하지 않을 수 없다. 결론적으로 철저한 의미에서 부르주아의 자본주의적 논리가 가미되지 않은 대상이나 문화는 더 이상 존재하지 않는다. 또한 자본주의 체제 속에서 학교나, 미디어 등의 이데올로기적 국가기구들은 도처에서 우리가 이러한 왜곡된 이념을 받아들이도록 보조한다. 그리고 이런 구조는 남성과 여성의 관계에서도 마찬가지이다. 남성의 질서가 지배하는 세상에서 여성 스스로 주체적으로 생각한다고 해도 실은 남성의 이념이 만들어놓은 의식과 담론의 구조 안에서 사고하고 행동되는 것이다. 구조가 이데올로기를 만들어내고 개인은 이 이데올로기의 주체라는 착각 속에 활동하며 이로 인해 기존의(남성의) 이데올로기는 더욱 견고해진다. 그리고 이와 같은 현상을 조장하는 요소 중 하나가 광고이다.

　화장품 광고들은 독자에게 이렇게 말하고 있다. 여성이라면 당연히 화장을 하는 것이라고 말이다. 이 광고들은 여성들이 왜 화장을 해야 하는지 이야기하지 않는다. 그것은 애초에 고려대상이 아니다. 그저 자신들의 화장품을 사라고 이야기할 뿐이다. 이것은 마치 쌀이나 빵을 파는 것과 유사한 형식이다. 쌀이나 빵은 생명을 유지하기 위해 필수적인 식료품의 일종이며, 따라서 광고를 한다 해도 왜 쌀이나 빵을 먹어야 하는지 말하지 않는다. 살기 위해서 음식을 섭취해야 한다는 것은 불변의 진리이며, 자연스러운 것이기 때문이다. 다만 자신들의 제품이 좀 더 맛있고, 좀 더 영양이 있으며 몸에 좋다는 것을 강조한다. 화장을 하는 것도 당연하기 때문에 특별히 그에 대해 언급하지 않는다. 그러나 보드리야르가 '소비의 사회'에서 밝힌 것처럼 우리가 화장품을 소비한다고 해도 사용자의 욕구를 궁극적으로 만족케 못 하고 남는 것은 욕구의 피상적 자극뿐이다. 결국 광고를 통해 화장품은 본래의 의미로부터 한 단계 탈피하여 인간의 정신적 체계 속으로 재편되어 들어온다. 이때 화장품은 일종의 가상성을 띠게 되고 하나의 '담론'으로서 형성되어간다. 현대의 소비는 물건 자체의 구매가 아니라 물건이 재현하는 '기호'를 구매하는 행위가 되며, 보드리야르가 소비를 하나의 '언어체제' 혹은 '커뮤니케이션 체제'라고 한 것과 연결된다.

　화장의 이유에 대한 침묵은 그것을 필수로 여기고 있는 대부분의 여성이 가지고 있는 기존의 세계관을 좀 더 공고히 하는 역할을 수행한다. 화장은 예의라는 말까지 자연스럽게 한다. 여성의 사회생활에 화장은 전제조건이 된다. 그러나 여성이 화장을 하는 것은 당연하고 자연스러운 현상이 아니다. 누군가 "여자라면 당연히 화장을 해야 하는 것이다!"라고 말한다면 그것은 남성일 확률이 높다.

　광고는 어떻게 어떤 화장품을 써야 남성들에게 더 주목받을 수 있는지 끊임없이 강변한다. 여성주체로서 자신을 어떻게 표현해야 하는지 역설하는 듯 보이지만 여성의 화장은 필수라는 폭력적인 세계관 속에서 신음하게 만든다. '기득권층'으로서의 남성의 가치관이 가세하고 있다. 숨겨진 신화를 폭로하는 자는 결코 환영받지 못한다. 대부분의 여성은 화장을 필수적으로 해야만 하는 기존의 사회 내에서도 자신은 충분히 행복하다고 믿기 때문이다.

화장은 신데렐라 콤플렉스의 실현이다

그런데 화장품 광고에서 말하는 여성주체로서 표현하고자 하는 '목표'는 결국 남성의 선택이라는 지점에 있다. 즉 주체성을 표방하지만 여전히 여성의 위치는 종속적이다. 아니, 오히려 적극적으로, '주체적으로 종속되어라'라고 하는 모순된 메시지를 여성들에게 계속 주입하고 있다. 누군가(남성)에게 '선택받는 것'으로 좋다는 것, 그리고 그렇게 '선택받는 것'이 '나의 주체적 선택이다'라고 말하고 있는 것이다.

여성의 목표는 '남성에게 인정받는 것'이라는 논리가 들어있다. 시대가 많이 바뀌었다지만 권력의 핵심적인 부분은 여전히 남성들이 차지하고 있다. 그렇기 때문에 현대 자본주의 사회에서 프롤레타리아의 성공은 부르주아의 질서 내에서만 가능하듯이, 여성들의 '성공'은 결국 남성사회에서 남성들에게 받아들여짐으로써 가능하다. 이때, 여성들이 받아들여진다는 것은 항상 성적(Sexuality)인 면을 포함하는 것이며, 따라서 여성의 성적 매력을 높일 수 있는 화장은 여성이 권력을 얻는 방법의 일종이다. 이 메시지는 결코 은근한 방식으로 전달되지 않는다. 아주 노골적이다. 그러나 그것이 표면적으로 결코 부자연스럽게 느껴지지 않는다. 이 자연스러워 보이는 모든 것은 실상 남성의 이데올로기의 반영이라는 점에서, 화장품 광고는 사실 여성을 위한 것이 아니다. 남성을 위한 것이다. 신화가 그렇듯, 광고 자체가 세상을 바꿀 수는 없지만 직접 현실 속에서 세상을 창조하는 대중들의 의식을 지배하거나 혹은 강하게 규정하는 기능을 한다. 그리고 그것의 영향을 받은 여성은 (남성을 위한) 세상을 실제로 창조해가고 있지 않은가.

여성의 화장은 필수이며, 일종의 무기의 성격을 가진다. 우리는 외모가, 정확하게 말하면 젊고 아름다운 외모가 권력(무기)인 시대에 살고 있기 때문이다. 화장품 광고들은 자신들의 화장품을 씀으로써 좀 더 멋진 피부를 오래 가질 수 있다고 말한다. 권력을 획득할 수 있다고 말한다. 여성의 화장은 이 세상을 헤쳐나가기 위한 무기라고 하고 있는 것이다. '남성혐오'도 사회적 동의를 얻지 못하고, '여성혐오'도 '공동체의 동의'를 얻지 못하고 있다. 화장을 보는 시각도 현대적 재해석이 필요한 시점이라고 본다.

미모의 모델의 병치로 동일시 효과를 준다

화장품 광고는 동서양의 아름다운 여성들을 모델로 기용하고 있다. 연예인들과 자신들의 제품을 병치함으로써 화장은 여성의 무기이며, 무기를 구입해 권력을 획득하라는 메시지를 전하는 것이다. 이를 통해 여성은 스스로를 물신화하게 되며, 이 과정에서 아름다움 자체가 권력, 무기가 되는 것이다. 그리고 이는 결국 남성의 이데올로기와 연결된다. 화장품 광고에 등장하는 여성 연예인들, 모델들의 백옥 같은 피부는 여성들의 '바람직한' 모습을 상정하며, 동시에 주체인 남성이 요구하는 담론을 발산하는 매개체로서 작용한다. 이제 여성성은 남성의 권력과 욕망에 의해 다양한 기표로 존재하고, 여성성의 사회적 형식은 남성과의 관계 속에서 종속적으로 결정되는 것이다.

아름다워지고 싶은 여성들의 욕망을 화장품 광고는 미모의 모델로서 적절하게 자극하고 있는 것으로 보인다. 광고를 보고 난 후 기억에 남는 것도 연예인, 모델의 아름다운 자태이다. 화장품은 이미지나 꿈을 팔아야 한다는 말이다. 제품이 어떻게 생겼으며, 어떤 기능을 가지고 있는지는 크게 중요하지 않다. 소비자들은 제품의 기능이나 효과가 아닌 광고의 연예인, 모델의 백옥 같은 피부를 한 아름다운 얼굴을 분석함으로써 미래의 자신의 모습과 대입시키며, 충족의 감정을 얻는다. 광고를 보는 여성들의 피부가 개선되거나, 고쳐져야 할 결함이 있는 피부로 단정 짓는다. 우리 시대에 여성의 아름다움은 그 자체로 권력이며, 무기이다. 여성의 아름다움에 대한 갈구는 '투쟁' 그 자체이다. 더 이상 선택의 문제가 아니라 생존의 문제가 된다. 이것은 나아가 여성들로 하여금 자신의 피부에 대한 열등감, 아름다움에 대한 상대적 박탈감, 이성적인 지각능력을 잃게 만든다. 이 제품을 사면 모든 것이 해결된다고 말한다.

Luxury & Prestige를 표현하는 고가제품, 고급스러운 이미지로 어필

헤라는 신성함과 인간성, 질투와 고고한 일면 등 지극히 여성적인 이미지를 동시에 갖춘 여신인데 코스메틱 헤라는 이런 헤라 여신의 이미지를 브랜드화한 것이다. 따라서 코스메틱 헤라는 도도함, 차가움, 여성적임을 동시에 대표한다. 앞의 광고에서와 같이 대사 없이 보여주기만 하지만 고급스럽고 신비한 이미지가 카피가 따로 없어도 더 강렬하게 새겨질 수 있다. 카피 없는 광고다. 김태희를 모델로 앞세운 이 광고는 앞서 본 광고와 같이 드라마 같은 스토리를 펼쳐 나가는 형식, 즉 '스토리텔링' 형식으로 제작됐다. 그리고 광고 끝에 'HERA' 브랜드 이름이 노출되는 것 외엔 카피가 하나도 없다. '2개월 후 프라하'를 배경으로 쫓기는 김태희를 숨겨 주는 남성의 손에 묻어난 입술 모양의 립스틱 자국. 정확한 내용은 하나도 없고 광고 전반에 걸쳐 한 장면에서만 화장품의 특성을 보여주지만 강렬한 인상을 남기는 데 충분하다. 헤라라는 브랜드가 지금과 같은 입지와 이미지를 가질 수 있던 것은 이미 만들어놓은 신비하고 고급스러운 콘셉트의 광고 덕분으로 보인다.

다운에이징(down aging)의 동안 열풍을 화장품 광고가 이용하고 있다

사는 것(住)에서 사는 것(買)으로 바꾼 속물주의자가 되고 말았다. 대우 푸르지오 TV CM 등의 아파트 브랜드 광고가 강조하는 가치는 대체로 공통적이다. 프리미엄(고급스러움, 럭셔리), 자연과의 조화(친자연주의, 친환경), 가정의 화목함 등이 아파트 브랜드에서 제일 많이 채택되는 주제라고 할 수 있다. 광고 모델의 경우 고급스러운 이미지의 배우 또는 일반인을 캐스팅한다. 고급스러운 이미지의 배우를 캐스팅하는 경우에는, 아파트 브랜드 광고의 주 타깃층인 주부층으로 하여금 '부러움', '동경'을 유발하기 위해서이다. 특히 '커리어우먼'의 이미지를 가진 배우일수록, '깐깐한 그녀가 선택한 아파트'라는 주제의 광고가 많이 제작되고, 효과도 더욱 크다. 일반인 모델을 캐스팅하는 경우는, 사람이 사는 집이 광고 대상인 만큼, 일반인과 일상적인 스토리로 구성하여 많은 사람들에게 공감을 얻도록 하기 위함이다.

그렇기에 대체로, 고급스러운 이미지의 배우를 캐스팅하는 경우의 광고 주제는 프리미엄, 일반인 캐스팅의 경우에는 가정의 화목함 또는 일상의 소소한 행복 등이 주제로 많이 채택되고, 어떤 캐스팅이든 관계없이 전체적으로 나타나는 주제가 자연과의 조화이다. 많은 사람들이 생각하는 고급스러움에 아파트 건축의 고급

기술은 물론, 웰빙의 개념까지 포함되기 때문이다.

'그녀가 하면 모두 유행이 된다.'

마초증후군에 자발적 노예가 되고 있다

마초증후군(macho syndrome)이 있다. 지나치게 여성을 비하하거나 공격하는 성차별주의자 또는 남성 우월주의자를 일컫는 심리학 용어이다. 마초(macho)는 에스파냐어로 남자를 뜻한다. 라틴아메리카에서는 성적 매력이 물씬 풍기는 남성을 의미하는데, 마초증후군은 이러한 남성적 기질을 지나치게 강조해 남자로 태어난 것이 마치 여자를 지배하기 위한 특권이라도 되는 듯이 행동하는 일련의 증상 또는 그러한 행태를 가리킨다. 그러나 아직까지는 용어로 굳어지지 않고 마초 콤플렉스와 혼용되기도 한다.

마초의 두드러진 특징은 덩치가 크고 근육질이며, 정력이 센 것을 자랑으로 여긴다. 따라서 이들에게는 날카롭고 부리부리한 눈매, 매섭고 강인한 인상, 빳빳하게 다림질한 와이셔츠의 칼라, 우람하고 억세 보이는 가슴 등 튼튼한 남성적 이미지는 모두 자랑거리가 되고, 자기 우월론의 바탕이 된다. 그러나 이러한 성향이 여성들을 비하하거나 공격함으로써 여성을 남성의 지배 대상으로 삼는 성차별주의 또는 지나친 남성우월주의에 빠지는 경우가 있는데, 이러한 증상이 바로 마초 증후군이다.

알파걸과 슈퍼맘. 맥스 혹은 외환은행의 하지원

김하늘과 김민희가 출연한 광고에서 '안주'라는 단어는 새로운 의미생산을 이끌어낸다. 안주가 궁극적으로는 '알파걸의 대두'라는 내포의미에 도달할 수 있는데 그 과정은 이러하다. '안주'는 술을 마실 때에 곁들여 먹는 음식이라는 뜻이고 '요기'는 시장기를 겨우 면할 정도로 조금 먹음이라는 뜻이다. 이러한 맥락에서 '눈요기'는 눈으로 보기만 하면서 어느 정도 만족을 느끼는 일을 의미한다. 이 광고의 상황에서 안주를 눈요기와의 유사성을 바탕으로 그 둘을 연결하여 퍼스의 기호유형 중에서 '도상'의 개념을 도입하여 사용했다. 그리고 더 나아가 광고 속의 여성들의 눈요기가 남성의 멋진 몸에 해당하는 내용이었으므로 눈요기 본래의 뜻과 맞게

1차적 기호는 성적 쾌감을 간접적으로 실현한 것이라고 볼 수 있겠다. 2차적 의미 작용인 내포의미로 들어가면 광고 속 여성들의 눈요기가 남성들의 몸인 것으로 보아 현대 여성들이 남자들을 쉽게 대하는 시선을 알 수 있다. 소위 말하는 '알파걸'의 등장, 남성의 권위 위축 등이 맥락을 같이한다. 과거에 여성들이 남성에 대해 존경심과 대하기 어려움, 상대적인 열등감을 갖고 있었던 것에 비해 현대 알파걸들은 새로운 주체로서 사회에서 우먼파워를 과시하며 자신감을 가지고 기존의 남성 파워에 대항하며 동등한 위치를 찾아가고 있다.

참이슬과 처음처럼의 광고의 차별성

참이슬과 처음처럼은 대표적인 한국의 소주 브랜드로서 경쟁하고 있다. 요즘 광고되는 두 소주의 광고를 보면 그 차별성이 두드러지게 나타난다. 우선, 모델 전략을 보자. 참이슬은 요즘 '나가수'라는 프로그램에서 많은 인기를 끌었던 남성 가수들을 등장시키고 있다. 남성들의 대표적인 이미지로 윤도현의 과격하고 파워풀한 남성, 정엽이 만들어내는 섹시한 남성을 내세우고 있다. 이러한 남성들의 대결 구도는 주 소비자층인 남성들을 여성을 얻기 위한 목적의 소비로 이끌고, 여성 소비자를 위해서는 여러 남성 스타일을 보여주면서 당신이 고를 수 있다는 인상을 심어주고 있다.

반면, 처음처럼 광고는 이효리부터 시작해 수지가 이번에 재계약을 하게 됨으로써 탑 여성 모델을 주 모델로 삼고 있다. 여기에 개그콘서트 멤버들이 참여하고, 다른 무명의 일반인들을 함께 등장시킨다. 이는 앞서 살펴본 참이슬 광고와 대비되는 부분이다. 참이슬은 최정상의 스타를 기용하여, 화려함을 치장한 반면 처음처럼은 일반인을 더 많이 등장시킴으로써 소비자들에게 더 친근한 서민 소주의 인식을 심어주려 하고 있다.

다음으로 광고의 내용을 비교해보자. 참이슬은 일단 요즘의 트렌드인 경쟁 프로그램을 표방하여, 남자들이 여자를 위해 경쟁하는 내용이다. 처음처럼은 이효리가 모든 문제의 해결사로, 일반 사람들의 사람관계에 문제가 생겼을 때 효리가 나타나 처음처럼을 흔들면 처음처럼 사람들의 관계가 회복된다는 내용이다.

이를 볼 때, 스토리의 구조는 처음처럼의 광고가 더 탄탄하고, 소비자를 납득시킬 만하다. 그러나 참이슬은 이미 소비자들에게 서민의 술로 각인되어있기 때문에 처음처럼과 같은 광고전략은 앞으로의 판매에 큰 영향을 미칠 수 없었을 것이다. 따라서, 참이슬은 트렌디함을 내세워 자칫 오래된 옛날 소주라 여겨질 수 있는 이미지를 탈피하고, 젊은 층에게 어필할 수 있는 강한 이미지와 빠른 장면 전환을 택한 것으로 보인다.

소주 광고의 코드와 해독

소주 광고는 주 소비 대상이 남성이기 때문에 광고 역시 남성을 타깃으로 하는 광고가 대부분이다. 이는 광고모델을 선정하는 데 있어서 결정적인 영향을 미치게 된다. 여성 소비자는 남성을, 남성 소비자는 여성 모델을 선호하기 때문이다. 따라서 이제까지 소주의 광고는 거의 여성 모델을 채택해왔다. 이러한 여성 모델은 곧 광고 속에서 남성들이 마시는 소주와 동일시되어, 남성이 마시는 소주, 즉, 소주를 마시는 것이 여성을 마신다는 섹슈얼한 의미를 내포하고 있다. 그러나 소비자층의 확대로 인해 요즘 소주 광고에서는 여자 주인공 외에도 남성 소비자가 아닌 여성과 다양한 연령대가 선호하는 모델을 함께 모델로 등장시키고 있다.

이와 더불어 처음처럼의 광고를 보면 처음처럼 제품으로 상징되는 이효리가 등장한다. 이효리는 마치 처음처럼의 여신과 같이 광고 속에서 역할을 한다. 처음처럼에서 여자 모델을 소주 그 자체로 이미지화하지 않고, 여신, 요정과 같은 한 차원 떨어진 인물로 대상화 한 것은 처음처럼의 도수가 낮아짐으로써 여성의 소비자층이 늘어났기 때문이다. 여성이 제품으로 동일시되는 것이 여성 소비자들에게는 안 좋은 이미지를 형성할 수도 있음을 우려한 것이다. 더불어 그 내용을 살펴보면 '세상을 처음처럼으로 흔들어 화합한다'는 메시지가 담겨 있다. 여기서 세상을 화합한다는 것은 우리 사회가 점점 경쟁의 정점으로 치닫고 있는 현상과 그러한 경쟁 속에서 지친 많은 사람들 사이에 일어나는 반목이 심해지고 있는 상황이 반영된 것이다. 이러한 상황 속에 사람들의 편안하고자 하는, 경쟁에서 벗어나고자 하는 사회의 욕구가 반영되어있다.

여성은 소비문화의 주체다

소비 이데올로기를 극복하는 크리에이티브와 양성평등 광고 – 맥스 광고

이번 시네마테크 살리기 캠페인의 사회 문화적 배경 및 심층 의미는 소셜 트렌드와 연관시켜서 정리할 수 있다. 최근 소셜 트렌드 중에 세 가지인 프로페셔널

의 시대, 통섭과 경계파괴의 시대, 사회적 기업의 시대를 적용할 수 있다. 우선 프로페셔널의 시대에 해당하는 사회 경향은 한 분야에 있어서의 전문가 즉, 그 분야에 대한 순수한 열정과 실력을 요구한다.

시네마테크 살리기 캠페인의 전개는 통섭과 경계파괴의 시대라는 맥락에서도 설명이 가능하다. 사회적 기업의 시대라는 점에서 이번 광고와 캠페인의 결합을 볼 수가 있다. 광고의 목적은 특정 상품을 통한 기업의 이윤추구이지만 시네마테크를 돕는 이번 캠페인은 전반적인 한국영화의 발전을 도모할 수 있는 대의적인 목적을 추구한다. 이 두 목적은 서로 어울리지 않지만 최근에 나타나고 있는 사회적 기업의 시대라는 시대적 경향에 비추어봤을 때에는 자연스러운 현상이다. 사회적 기업이란 기업이 자신들이 이윤을 추구하는 동시에 사회적으로도 도움이 되는 역할을 하는 것을 의미한다. 따라서 이번 캠페인 전개를 사회적 기업의 측면에서 소셜 트렌드와 결합시켜 설명하는 것이 어색하지 않다고 본다.

남자로서 하정우가 군대에 다녀온 경험을 공효진 앞에서 뽐내고 있는 장면을 가지고 의미생산구조를 알아본다. 일단 외연 의미로서 하정우의 군대 경험은 남자로서의 통과의례로 의미가 연결되고 이것은 남자들에게는 추억으로 남아 두고두고 이야깃거리가 된다. 그 이유는 이것이 힘든 훈련이었고 하지만 그 속에서 자기자신을 단련하여 진정한 남자로 거듭나게 만들어준 소중한 경험으로 생각하기 때문이다. 더 나아가 의미를 생산해보자면 남자들이 갖게 된 이러한 성취경험이 상대적으로 그러한 경험을 겪지 못한 여자들에 대한 우월의식을 갖게 하는 것뿐만 아니라 '남성을 차이화하기', '여성의 타자화'라는 확대 생산된 의미를 가질 수 있다.

공효진: 오빠 군대에서 뭐했어?

하정우: 피복술이라고, 재봉질했지. 바느질을 하기 위해서 온몸에 긴장을 주고 근육을 쓰면서.

공효진: 아아~

하정우: 이 근육의 반은 군대에서 만든 거라고 해도 과언은 아니라고 생각을 해.

공효진: 음.

하정우: 전군의 전투복을 꿰매고, 고치고, 오빠 그게 너무 자랑스러워.

공효진: 그럼 한 번 더 갔다 오면 되겠네~

하정우: ?!

공효진: 맥주 맛도 모르면서.

결론

성찰로 소비 문화의 차원을 높인다: 대한항공 TV CM의 중국 편

대한항공 TV CM의 중국 편 광고는 연예인이나 유명한 사람을 모델로 쓰기보다는 어디에서나 볼 수 있는 평범한 인물을 기용했다. 광고의 전달 메시지가 '**중국 여행을 통해 배우는 삶의 교훈**'인 만큼 사회 구성원 개개인을 대변하는 대표성을 가진 '어떤 그대'를 광고의 대상으로 삼기 위해서이다. 병마용의 경우에는 '오늘의 성공에 안주한 그대'에게, 화산 편에서는 '큰일을 이루고 싶어 하는 그대에게', 화청지와 장안가 편에서는 '헤어지는 연인을 잊지 못하는 그대에게' 등등 이 시대 자신의 삶에 대한 고민을 안고 있는 모든 '그대'들에게 메시지를 전하기 위해 유명한 인물을 등장시키기보다 대중과 동질성과 친밀함을 더 나타낼 수 있는 일반인을 모델로 기용한 것이다.

메시지가 주는 성찰이 광고의 역할을 재고하게 만든다. 소비사회에서 소비자가 소비문화를 어떻게 만들어가야 할지를 생각하게 한다.

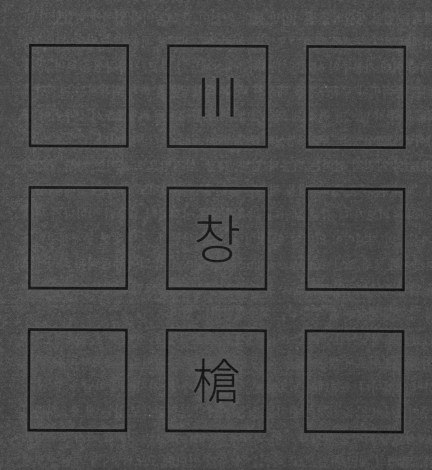

생활인이 가지고 있는 직업은 어떻게 나눌 수 있을까? '소명으로서의 직업'과 '생계로서의 직업'을 나누어 생각할 수 있다. 전자는 중세 이전의 왕족이나 귀족계급처럼 세습되고 태생부터 지배자로서 살아왔기에 소득과 화폐를 얻기 위한 노동을 할 필요가 없었다. 물론 소명을 완수하기 위해서는 다양한 지식과 경험을 해야 문제해결력이 생기게 된다.

그러나 후자에 해당하는 일반 대중은 자기 재능을 투자하여 매일 노동을 제공하고 화폐를 얻어 생활비를 벌어야만 했다. 자신이 그 노동이나 업무에 적합한지 여부는 관계가 적다. 문제를 해결할 수 있는 능력을 구비하고 제공할 수 있느냐가 중요하다. 특히 현대 자본주의 사회에서는 사유재산제도가 있고, 자유경쟁을 하며, 공정한 기회를 부여받아 무한도전을 해야만 한다. 적자생존을 하기 위해서는 자신만의 경쟁력을 갖추지 않으면 안 되게 되어있다. 어떤 형태로든 직업으로서 갖추어야 할 특효약이나 묘책이 되는 '무기' 즉 실버 블렛(silver bullet)이 창(槍)이다.

창(槍)의 사전적 의미는 다음과 같다. 죽창, 삼지창으로 쓰이는 나무 무기의 하나다. '막다'는 뜻도 있다. 남을 찌르는 공격용 무기이기도 하지만, 먼저 자신을 '방어'하려는 의도가 더 강해 보인다. 약육강식의 사회에서 오롯이 살아나기 위해서는 자신만의 경쟁력이 있어야 할 것이다. 다른 사람이 갖지 못한 문제해결력과 핵심역량이나 셀링 포인트(unique selling proposition)가 있어야 조직과 회사에서 역할을 다할 수 있다. 압도적 일등 능력을 겸비해야만 글로벌 시대에 살아남을 수 있기에 '초격차(超隔差)'를 주장하는 최고경영자도 있다.

비정규직 신입사원 '미생'으로 살다가도 '송곳러'가 되어야 한다. 송곳러는 '구글러'처럼 신조어로서 웹툰 〈송곳〉의 주인공을 이르는 말이다. 〈송곳〉의 스토리를 생각하면 기업이나 조직에서 날카로운 직무능력(창)을 가져야 살아남을 수 있다. 생활 무기로서의 창을 가져야 한다는 것은 기업의 조직인으로 사는 게 중요하다기보다는, 자신의 역량을 펼치고 사회 변화에 기여할 수 있는 기회를 가져야 한다는 뜻이다. 〈왕좌의 게임〉처럼 죽고 죽이는 살육이 아니라 고도의 '지적 게임'으로써 직무능력을 개발할 필요가 있다고 본다.

결국 현대사회는 원시 정글사회가 아니기에 자신만의 '문제해결력'을 가지고 있어야 한다는 뜻이다. 특히 창(槍)은 던지는 무기이기에 '목표'가 있다는 전제가 필요하다. 목표를 쟁취하기 위해서는 도전이 요구되고, 그 목표를 달성하기 위해서는 조금 무리하더라도 목표치를 조금 높게 설정할 필요도 있다. 잭 웰치가 말한 '신축성 목표(stretched goal)'는 뻐근한 몸과 근육을 늘여주는 스트레칭처럼 목표를 늘여서 잡아야 한다는 뜻이다. 20% 정도 높게 잡아야 최종 도달하게 되는 수준은 자기 역량을 다한 100%를 달성할 수 있다는 경험치이다.

항공사 이름엔 에어라인(air line)이 많지만 웨이(way)도 많다. '길'이고 '노선'이다. '길'이나 '노선'은 길게 뻗은 하나의 선이다. '선형적'이라는 말이 있듯이 곧은 줄이기에 왔다 갔다 하지 않고 일관되게 하나의 정책으로 수행한다는 뜻도 있다고 본다. 그래서 기업이나 조직의 정책을 말할 때 '길(way)'을 쓰기도 한다. 일반적으로 기업이 경제불황 시에 기업 구조조정을 하거나 경영상의 긴급한 적자를 줄이기 위해서 다운사이징을 한다. 이때 고정비로 지불되는 인건비를 아끼기 위해 노동자를 해고하여 경영수지를 맞추려고 한다. 그러나 잘 알려진 휴렛 패커드는 이런 전략을 따르지 않고 휴렛 패커드 웨이(hp way)를 시행했다. 제품 기획력과 생산방법을 경험적으로 쌓아온 노동자의 고용을 유지함으로써 기업의 노하우를 보존하고 연구 개발토록 함으로써 호황기에 대비하려는 인사전략이다. 실제로 기업 구조조정을 한 기업보다 경제 회복기에 더 높은 실적을 달성하여 휴렛 패커드 웨이의 성과를 보여주었었다. 도요타 웨이(Toyota way)도 있다. 도요타 자동차 회사는 1980년대부터 세계 자동차 시장에서 5위권을 유지해왔으며, 한때 생산량 측면에서 세계 1위를 쟁취했던 기업이다. 특히 재고와 불량률 측면에서 탁월한 성과를 얻어 세계의 기업들이 벤치마킹 했던 기업이다. 'Just in time' 정책으로 재고는 죄악이며 필요한 것을 필요한 때에 필요한 만큼 만드는 것이 가장 중요하다고 했다. 또한 '내가 시킨 대로 하는 사람은 바보이고, 하지 않는 사람은 더 바보이며, 더 잘 해내는 사람이 똑똑한 사람이다'라는 도요타 웨이를 실천했다.

한국의 대학생들이 겪고 있는 길도 전체적으로 보면 '코리안 웨이(korean way)'로 요약하기도 한다. 일반적으로 널리 알려진 한국 대학생의 생활상이고 한국식 사회적응 방법론이기도 하다. 초등학교 때부터 대치동식 주입식 학원에 다니고, 조기 영어교육을 받아야 하며, 좋은 대학에 진학하기 위해 '헬리콥터 맘'을 동원한다. 명문대학교에 진학하는 게 바로 인생의 경쟁력이기 때문이다. 그래서 스카이(SKY) 대학을 목표로 12년을 몽땅 '스카이 캐슬'에 투자하는 것이다.

좋은 대학에 들어가면 이제는 좋은 기업에 취직하기 위해 각종 스펙을 쌓아야한다. 모두 8종이나 된다. 학점 성적, 배낭여행, 어학연수, 인턴, 토익 점수, 봉사활동 실적, 공모전 수상, 동아리 활동 등이다. 슈퍼맨이요 아이언맨이 되어야 한다. 이런 하나의 '길'이나 '노선'이 비판없이 맹목적으로 기성세대의 관점에서 청소년 학생들에게 강요되고 있다. 덧붙여 '자기소개서'의 내용도 솔직한 진술을 요구하는 게 아니라, 거의 '자기 소설'처럼 창작되고 윤색되어야만 취업이 된다. 그러나 역설적이게도 입사 3년 후 퇴직자가 거의 50%라고 한다. '전공 일치도나 직무 만족도나 경제적 대우'가 기대만큼 충족되지 않아 생기는 현상이다. 여기에는 'N포 세대'나 '금수저' 논란과 이어져 있다. '있어 보이기(있어빌리티)'라는 신조어가 만들어져 회자되고 있다. 세상살이에서 성공방정식이 있다면 무엇인가를 가르쳐주어야 할 것이다. 더구나 사회 전체적으로 경쟁력을 제고할 수 있고, 성과의 품질을 상향 조정할 수 있다면 더욱 '길'과 '노선'이 필요할 것이다.

세월호 참사 시 침묵 시위를 제안한 슬로건 '가만히 있으라'처럼 모른 척하거나 남의 일처럼 방치할 수 없고 사회적 '집단지성'을 모으는 방안을 찾아야 할 것이다. 옛날식으로 따라 하는 수동적 자세로는 해결책을 찾을 수 없다. 과거 체계를 뒤엎는 '발상의 전환'이 없으면 안 된다. 프랑스 혁명처럼 구 제도(ancient regime)를 거부하고 미래를 위한 창조적 파괴가 있어야 한다.

이제 코리안 웨이는 달콤한 위로의 말이나 상투적인 인사말로는 세상살이의 **생존법**이 될 수 없을 것이다. 도덕군자의 입바른 말은 '힘이 없는데 힘내라'는 말처럼 공허하게 들린다. **'구체적인 방법론'**을 말해야 한다. 남에게 보이기 위한 허세나 해법 없는 뻔한 말로 힐링하거나 도닥거린다면 그것은 속임수이고 기만이다. 포장을 잘 하더라도 냄새 나는 것을 피할 수 없으며, 냄새는 사라지지 않는다는 것이다. 화장빨처럼 포장하여 실상을 숨긴다면 더 큰 문제를 만들게 될 것이다. 자신이 가지고 있는 실상을 있는 그대로 온전히 지적해주고 문제를 파악하게 해야 한다. 성공한 이유와 배경이 다 다른데도 불구하고 《성공하는 사람들의 7가지 습관》이나 《아프니까 청춘이다》 같은 자기계발서나 힐링서적은 립서비스에 지나지 않는다. 구체적인 성공 방정식의 해법이 각각 다르기 때문이다. 이런 접근법이 강조되면 청년의 실상을 덮어버리거나 외면하거나 무시하는 것이다.

11장
프로페셔널

위플래쉬

영화 〈위플래쉬〉는 천재를 갈망하는 광기를 사이에 두고 제자와 교수의 치열한 열정을 보여주고 있다. 교수의 스파르타식 교육은 교육자로서의 자기 철학으로 제자를 단련시키는 것이다. 교수 플래처는 수많은 성과를 달성한 카리스마와 재즈 오케스트라 교육 현장에서의 비정함을 가진 인물이다. 목표지향적이고 성과우선주의라 제자의 능력을 극대화하기 위해 극한의 경쟁으로 몰아넣는다. 제자는 승자가 되려는 내면의 광기를 갖고 있기에 스승은 그 간절함을 자극하고 한계를 극복하게 만드는 조련사다. 제자 앤드류는 최고의 드러머가 되기 위한 욕망이 강하기에 사랑도 버리고 자존심도 버리고 최상의 연주법인 '더블 타임 스윙'이라는 고난도 주법에 도전한다. 보통 사람의 눈으로 본다면 두 인물은 '비정상'이다. 하지만 디지털 기술시대의 프로는 '승자독식의 세상살이'를 한다. 승리자가 모든 것을 독차지한다(Winner takes it all).

최고가 되기 위한 강박관념을 가진 두 인물인 폭군 교수와 제자의 무한도전은 서로를 수단으로 여기며 학대적 관계(abusive relationship)를 갖게 된다고 평가하기도 한다. 교수의 채찍질에도 불구하고 제자는 자신의 목표를 향한 열정에 광기를 더해간다. 좋은 의미의 스승의 '채찍질'이 사실은 제자의 '학습된 무력감'으로 받아들여질 뿐이다. 최상의 프로가 되기 위한 경쟁구도 속에서는 적당주의가 없다. "세상에서 가장 무책임하고 쓸데없는 말이 '괜찮아(good job)'이다"라고 자기 위안을 하면서 수용하게 된다. 개인의 인권보호라는 '과정의 불공정'이 초래된다는 것이다. 각자가 자신의 역할에 최선을 다한다는 긍정과 타당함에도 불구하고, 부정과 부당함이라는 이면을 가지게 된다.

그러나 세상살이에서 흔히 말하기를 "그만하면 잘했어"라는 격려의 말에 고무되기도 하지만 진정한 프로의 세계에서는 용납되지 않는다. 항상 '더 좋은 게 있다(spirit of better)'라는 도전정신이 있을 때 프로의 목표는 달성되는 것이다. 실수를 하거나 목표를 달성하지 못했을 때 흔히 '최선을 다했다'는 변명을 한다. 그렇다면 어디까지가 최선인가를 묻고 싶다. 과연 객관적인 길이로 무게로 정할 수 있는 것인가? 누구의 관점에서 정하고 합의할 것인가. 어쩌면 목표를 이루기 전까지는 최선을 다하지 않은 것이라고 생각할 수도 있을 것이다. 특히 목표를 120% 잡는 웰치 스타일의 '확장된 목표(stretched goal)'일 경우에는 최선을 다했다는 말은 책임회피의 수단이 된다. 적당주의나 타협에 의한 목표이고 열심히 했다는 정도에서 만족하는 것이다.

2등은 아무도 기억하지 않는다

2등은 아무도 기억하지 않는다. 오로지 1등만이 살아남고 그 결실을 만끽할 수 있다. 이런 세상살이에서 진정한 프로는 성과를 창출하고 자신의 역량을 최선이 아닌 최고로 발휘해야 한다. '최선'은 누구나 다 할 수 있지만, '최고'는 아무나 할 수 없기 때문이다. 항상 '더 좋은 것'을 찾아내는 근성이 필요할 뿐이다.

이런 프로정신을 배울 수 있는 영화가 〈위플래쉬〉가 라고 생각한다. 미슐랭 3스타가 되기 위해서는 3대가 각오해야 한다고 한다. '생활의 달인'은 최소 10년은 공들여야 한다. '10,000시간의 법칙'도 10년의 시간이다. 오랜 경험과 실수와 성공의 과정에서 배우는 '축적의 시간'이 없이는 이룰 수 없는 게 프로의 세상이다. 시간을 그냥 흘러가게 놔둬서는 안 된다. 시간이 쌓이게 만들고 그 과정에서 경륜과 노하우와 문제해결 방법론이 축적되게 해야 한다. 그래서 '축적의 시간'이 절대로 필요하다. 실수한 경험에서 정교함을 추출할 수 있는 능력을 쌓아가려면 걸리는 시간이다. 그 방법은 '항상 더 좋은 게 있다'는 **프로정신**이다. 기자나 작가처럼 글쟁이들은 원고를 쓸 때 초고를 쓰고 퇴고를 서너 번씩 한다. 고쳐 쓰고 또 고쳐 쓰는 과정을 통해서 자신의 생각은 재정리되고 생각이 생각을 낳아 새로운 관점을 만들기 때문이다. 이렇게 정제되고 제련된 글쓰기를 해야만 좋은 글이 된다는 것은 오랜 '축적의 시간'을 겪고 난 뒤에 확인된 것이다.

블랙 스완

영화 〈블랙 스완〉도 좋은 사례다. 유명 영화 평론가의 비평을 아래에 인용해 본다. 영화 〈블랙스완〉엔 자신의 한계를 헤치고 완벽에 도전해가는 발레리나 니나의 이야기가 그려져 있다. 니나는 그토록 원했던 프리마돈나 배역을 따내고도 행복하기는커녕 배역의 이중성을 소화하는 데에 불안감과 자신감 결여가 생긴다. 완벽한 프리마돈나라는 찬사를 받았던 전임 주역의 기운을 받으려는 욕심에 그녀의 립스틱과 귀고리를 훔치기도 한다. 나름대로 자신은 최선을 다하는 모습이다. 그러나 관능적인 '백조의 호수'를 기획한 연출가 르로이는 주인공 니나를 강하게 압박한다. 연출가 르로이는 발레 연습을 하면서 "욕망을 분출하라"며 호되게 몰아치면서 "자기 스스로에서 벗어나야 해. 넌 도전하지 않아", "넌 재능은 있지만 너무 겁쟁이야"라고 꾸짖는다. 언어폭력이다. 심지어 "유혹은 이렇게 하는 거야"라며 조신한 여성성을 비웃는 성적 폭언까지 내뱉는다. '천사의 백조'의 내면에 숨어있는 '악마의 백조'를 끄집어내어야 완벽한 블랙스완의 이중성을 연기하게 되기 때문이다. 연출가의 목표와 주제의식은 분명하고 합목적적이다.

사실 영화 〈블랙스완〉의 주인공 니나는 금수저에 해당하는 백조로 키워졌지만 잔혹한 질투심과 탐욕이 버무려진 성취욕이 그 내면에 불타고 있었다고 봐야 할 것이다. 우아하게만 보였던 '백조의 여왕'은 이미 그 안에 '흑조의 본성'을 품고 있었다. 영화의 캐릭터와 현실의 퍼스낼리티가 일치하기 때문에 주인공으로 배역을 맡게 되었다고 추측할 수 있을 것이다. 교육으로 강요된 여성성과 인간으로서 타고난 본능 간의 충돌이다. 이는 완벽한 백조의 아이콘인 니나와 자유로운 흑조의 아이콘인 릴리의 대립구조에서도 잘 드러난다. 이 대립구조의 해결책은 두 인물의 밖에서 찾을 수도 있겠지만, 보다 근원적인 힘은 내면에 잠재해 있을 가능성이 크다. 결국은 시련을 이겨내려는 주체의 의지가 중요하다. 니체 식의 '권력에의 의지'라고나 할까.

마지막 장면에서 '난 완벽했어'라고 한다. 이는 억압된 여성의 탄성이 아니라, 해방된 인간의 함성으로 연기에 대한 스스로의 찬사이고 의지의 확인이라고 평가하기도 한다. 덧붙여 프로의 절정이 어디까지인지를 확인하게 만들기도 한다. '인간은 완벽함을 꿈꾸지만 완벽할 수 없다'라는 메시지를 던져주고 있다. 그럼에도 불구하고 때론 완벽함을 추구하다 보면 스스로를 파멸시키기도 하지만, 인간의 도전과 자기 극복이라는 존재가치를 프로만이 웅변하고 있다는 여운을 남기고 있다고 할 수 있지 않을까?

경제학에서도 블랙스완의 개념을 사용하는데, '전혀 예상하지 못했고 불가능으로 인식된 일이 발생하는 상황'을 뜻한다. 특히 2007년 경제학자 나심 탈레브가 《블랙스완》이라는 책에서 예견했던 글로벌 금융위기가 2008년에 실제로 발생하고 나서는 블랙스완이 몹시 불길한 징조를 뜻하는 용어로 받아들여지기도 한다. 요즘 국내 기업들 사이에서 블랙스완에 대한 공포가 확산되고 있다. IT산업의 물줄기를 바꾼 아이폰과 구글의 출현이나, 글로벌 금융위기의 발생, 후쿠시마의 대지진 등이 바로 블랙스완에 해당된다. 주요 기업의 오너와 최고경영자(CEO)들이 위기의식을 고양하기 위해 블랙스완을 자주 인용하기도 한다. 그래서 산업 간 경계를 무너뜨리고 융합으로 창조적 파괴를 만들어내기 위해 그동안 경험하지 못한 혁신적인 방식으로 경쟁해야 한다고 선언한다. 전혀 예상하지 못한 상황인 블랙스완에 대비하거나, 블랙스완을 만들어내기 위해 우리는 무엇을 해야 하는가를 생각해봐야 할 것이다. '프로의 길'이 어디까지인지를 가늠할 수가 없을 것이다. '더 좋은 것'이 무엇인지를 아무도 모르기 때문이다. 굳이 안다면 스스로 '완벽했어'라고 대답할 수 있을 때일 것이다. 이런 '프로의 완벽주의'는 한 개인의 욕심에 불과할까? 이룰 수 없고 파멸로 가는 지름길일까?

> "자연스러운 욕심은 이미 나의 일부입니다. 번뇌라는 건 그 욕심 때문에 과거에 매여 판단하거나, 미리 앞서 걱정하는 것입니다."
>
> – 금강 스님

끊임없이 새로운 것을 찾아서 매진하는 프로의 태도와 본능은 누구도 제어할 수 없을 것이다. 스스로의 의지로 자신의 존재감을 내뿜는 '삶의 역동성'이라고 생각한다.

"어제 이별을 고하고 새로운 오늘을 사랑하라"는 광고 문구처럼 '여기, 오늘'을 사랑하면서 최선을 다하는 생활이 중요하다.

'상아 백'(bag)으로 유명한 탤런트 출신 디자이너 이상아는 '좋아하는 것 하나를 위해, 싫어하는 것 아홉 가지를 한다.'고 했다. 세상살이의 모든 것이 변한다면 이런 허무주의가 어디 있겠는가? 주어진 삶을 살아가면서 최상의 결실을 맺으려는 의지는 본능 그 자체라고 본다. 최상의 생산물을 만들어내기 위한 발상력을 인간은 소유하고 있다.

디지털 시대의 특성 가운데 하나는 '일등만이 살아남는다'는 것이다. 인터넷 기업의 가입자 경쟁이나 모바일 상거래 업체의 회원 수 확보 경쟁은 업종 내에서 일등을 함으로써 인지도와 매출 일등을 통해 업계 리더가 되고자 하는 것이다.

그래서 레드 오션에 가지 않고 블루 오션을 만들어 신규 시장을 선점하려는 선도자(first mover)가 되어야 한다. 업계의 표준이 되어 규칙(rule)을 만들어야 효율성이 올라가고 최고의 수익모델을 확보할 수 있기 때문이다.

〈무한도전〉과 〈런닝맨〉의 10년 인기와 화제성이 신선미 측면에서 조금씩 식어가고 있는 틈새시장에 '쿡방'과 '먹방'이라는 새로운 트렌드를 만든 프로그램 〈삼시세끼〉나 〈집밥 백선생〉, 〈골목시장〉의 인기도 이유가 숨어있다고 본다. 사람이 살기 위해서 먹지만, 일부는 먹기 위해서 산다고도 한다. '맛집 찾아다니기' 유행을 보면 쉽게 알 수 있다. 그러나 매일 먹는 것에만 탐닉하는 감각적·본능적 욕구는 한계에 도달하게 된다. 맛있는 요리도 그 요리의 레시피나 요리 과정의 즐거움이 없다면 지겹게 될 것이다. 요리를 예술이라고 인정하는 이유도 끊임없이 새로운 맛과 요리법의 창안이라는 숙제를 해결하기 위한 '프로정신' 때문일 것이다.

중노년의 유명 탤런트가 노년을 여행함으로써 인생을 반추하게 하고, 그들의 민낯을 리얼리티가 넘치게 담아낸 〈꽃보다 청춘〉도 시청자의 호응이 컸다고 본다. 그 이유는 탤런트가 여행 과정에서 보통 사람으로서의 생활과 생각과 행동을 가감없이 보여주고 있기 때문이다. 발가벗은 채 개인사를 토로하는 인간으로서의 보편타당성을 생중계하듯 보여주어 동일시 현상을 얻고 있기 때문이다. 이제는 일반인에게 널리 로망이 된 배낭여행이기에 '보여주기'에서는 '수정 없이'가 느껴질 때 공감이 커진다. 권위주의나 가식이나 체면치레가 담기면 호응할 수 없을 것이다. 그러면서 재미를 가미하고 삶의 자각을 느껴지게 하고 있다. 다큐멘터리와 엔터테인먼트의 융합이라고 할 수 있다.

배우학교

〈배우학교〉는 tvN의 파일럿 성공작으로 평가받을 것 같다. 리얼예능이라는 독창적인 장르를 개척했기 때문이다. 단순한 예능 프로그램이라면 지속 가능한 방송이 어려울 수 있다. 하지만 리얼리티라는 테마를 가미함으로써 오락 프로그램을 교양 프로그램으로 재정립했다고 볼 수 있다. 〈배우학교〉는 캐치프레이즈로 "배우니까 배우세요"라고 했다. 연기자 전성시대에 연기 전공 지원자가 최근 10여 년 이상 사상 최대로 유지되고 있는 입시 수험생 시장으로 기본 시청률을 확보할 수 있는 배경도 무시할 수 없다고 본다. '단기 속성 액팅 클래스'라는 프로그램의 콘셉트는 연기자 양성 학원의 대안으로도 부각될 수 있는 것이다. 사실 세상살이에서 '연기'는 페르소나(persona)같이 다양한 사회인으로서 역할을 수행해야 한다. 진심이든 거짓이든 사회생활은 연기이기도 하다. 이런 수단으로서의 기본적인 연기에 대한 지적 욕구를 일반 시청자들은 갖고 있다고 할 수 있다.

　지식정보화 사회에서는 실생활에 응용력이 있는 프로그램이 되어야 시청률도 높아지는 경향이 있다. 일단 '아는 게 힘이다'는 살아있는 교훈이다. 또한 〈배우학교〉의 지속 가능성으로는 시청자의 기대를 반전시키는 내용이 있다. 단순한 오락용으로 배우지망생의 잡담과 신변잡기로 구성되리라 생각한 것을 뒤집는 매력이 있다. 교장이요 멘토 역할을 하는 박신양의 카리스마에 교육과정(내용)이 프로그램의 품질을 제고하고 있다. 학생들이 갖고 있는 스타덤으로 도약이라는 한탕주의와 실력보다는 행운을 기대하는 허위위식, 일부 외모 위주의 아이돌 가수가 펼치는 발연기에 대한 무감각 등 목불인견의 세태를 꼬집고 있다. 혹독한 수련과정이 없이 손쉽게 신데렐라 콤플렉스처럼 스타가 되어 부자가 되겠다는 물질만능주의를 비판하고 있다.

　특히 입시학원에서 배운 정형화되고 스테레오 타입이 된 '고정관념과 틀(frame)'을 깨고자 한 것이다. "어설픈 자기 포장이나 무조건 웃기겠다는 예능적 개그식 멘트는 꺼져"라고 말하고 있는 것 같다. 그래서 강의 멘트는 연기를 넘어서는 핵심과 본질과 철학적인 질문으로 이어진다. '근원사고'를 경험해봤는지 따져보는 것 같다. 연기 그 너머에 있는 무엇을 생각해본 적이 있는가라고 다그친다. 연기자 이전에 인간이 되어라 하고 질타하는 것 같다. 영화 위플래쉬의 플래처가 더블 슬라이스 드러밍을 요구하는 장면과 비슷하다. '너 자신은 누구인가?', '왜 연기자가 되려고 하는가?', '왜 연기를 배우려고 하는가?', '연기란 무엇이라고 생각하는가?' 학생이 가져야 할 직업에 대한 개념과 자신의 정체성과 진정성 및 존재론적 의미나 가치에 대한 성찰을 요구하고 있다. 연기자가 되기 위해서는 '무엇을, 어떻게' 해야 하는가에 대한 고민을 했는가 하고 따져 묻고 있다. 자신이 어떤 직업(예술)인이 되고자 할 때 반드시 물어야 하고, 가지고 있어야 할 대답을 다시 확인시켜주고 있다. 단언컨대 자신의 직업(예술)에 대한 남다른 규범(New Different Normal)이 무엇인지를 가져야 한다는 것을 강조하고 있다.

인재의 4 유형

"10마일로 기어가는 교육체계가, 100마일로 달리는 기업에 취업하려는 학생들을 준비시킬 수 있겠는가?"

– 앨빈 토플러,《청소년 부(富)의 미래》

학생들은 '1,000마일로 달리는 개인(digital native)'의 시대에 살고 있기 때문이다. 이런 혁신의 변화를 '생각의 속도'라고도 표현했다. 교육 및 창작 혁신이 절실한 시점에 와 있다. 더 이상 '19세기 건물'에서 '20세기 교수'가 '21세기 학생'을 가르치는 '상아탑'은 유통기한이 끝났다고 본다. 교육역사 박물관의 소장목록에 등재되어야 할 것이다.

4차 산업혁명 시대에 부응하는 대학 혁신은 어떤 모습이어야 하는가? 대학교가 교과과정을 통해서 구체적이고 현실적으로 양성하고 육성해야 할 인재상은 무엇인가? 궁극적으로는 융합사고 능력을 가진 'H형' 인재가 되어야 할 것이다. 사물인터넷(IoT), 인공지능(AI), 로봇, 자율자동차, 빅 데이터 분석 등의 디지털 기술과 문화산업과 예술경영 차원의 '문화기술(Culture Technology)'로 '초격차'의 성과를 창출할 수 있는 인재가 되어야 한다. 그러나 교육과 학습은 과정이 있기에 단계별 접근은 유효하리라 생각한다.

능력 유형과 성과 창출 공헌방식에 따라 인재의 4유형을 구별해보면 다음과 같다(삼성경제연구소).

① 스페셜리스트(specialist)는 전문능력을 바탕으로 성과창출에 '간접적'으로 공헌하는 전문가를 말한다. 협업할 때 드림팀의 구성원이 되는 인재이다.

② 제너럴리스트(generalist)는 일반적 관리능력을 바탕으로 성과창출에 '간접적'으로 공헌하는 관리자를 말한다.

③ 프로페셔널(professional)은 전문능력을 바탕으로 성과창출에 '직접적'으로 공헌하는 프로 직업인을 말한다. 어느 학문적 체계에 뒷받침된 고도의 기능을 활용하여 고객의 문제를 해결하고 동시에 그에 수반하는 윤리관을 갖고 있는 사람이다. 사회적 협업대상이며 프리랜서 그룹으로 분류되기도 할 것이다.

④ 앙트레프레너(entrepreneur, enterpriser)는 일반적 관리능력을 바탕으로 성과창출에 '직접적'으로 공헌하는 기업가이다. 벤처정신을 가진 기업가 인재라고 할 수 있겠다.

업종 간 경계파괴가 거의 없던 시대의 4분류이지만, 현대 무한경쟁시대에도 성과창출 능력이 강조되면서 앙뜨레프레너와 프로페셔널의 중요성이 높아지고 있다. 반면 성과창출에 간접적으로만 기여하는 제너럴리스트나 스페셜리스트의 중요성이 감소하고 있다고 볼 수 있다. 프로페셔널은 전문능력보다 태도가 중요하다고 보는 견해도 있으며, 윤리관을 강조하는 이유는 고객의 의뢰가 반사회적인 경우와 공유가치 창출에 어긋나는 수도 있을 수 있기 때문이라고 해석하고 싶다.

장인(Meister)은 전문능력만으로 고객으로부터 위대성(great)을 인정받지는 않는다면서, professional)의 반대말은 'unprofessional'이 아니라 'technician'이라고 말하기도 한다. 최근엔 '기업가 정신'을 강조하고 혁신적인 비즈니스 모델을 고안하며 벤처사업가가 창업을 지향하여 원대한 목표로 유니콘 기업을 지향하는 산업 생태계가 조성되고 있다.

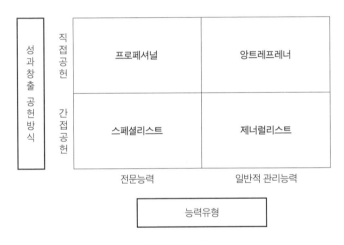

〈인재의 4유형〉
월드베스트 1. 유일한(only)1의 퍼포먼스를 위한 인재양성

기업가정신(entrepreneurship)은 기업의 본질인 이윤 추구와 사회적 책임을 동시에 수행하기 위해 기업가가 마땅히 갖추어야 할 자세나 정신이다. 서로 배치될 수도 있는 이윤추구와 사회적 환원의 문제는 분리될 수 없다. 사업(project) 자체가 사회적 가치를 담보하지 않으면 안 되는 세상살이가 되었다. 두 가치는 동전의 앞뒤처럼 그림자처럼 함께 가야 한다.

기업가정신은 원래 불어의 기업가(*entrepreneur*)라는 단어에서 파생되었으며 '중간자'라는 의미의 청부업자를 뜻하는 용어였는데, 혁신적이고 관리적 역량의 의미를 내포하는 용어로 사용되고 있다.

기업가정신과 관련된 대표적 학자로는 미국의 경제학자 슘페터를 들 수 있다. 그는 새로운 생산방법과 새로운 상품개발을 기술혁신으로 규정하고, 기술혁신을 통해 '창조적 파괴(creative destruction)'에 앞장서는 기업가를 '혁신자'로 봤다.

전통적인 의미의 기업가정신은 미래를 예측할 수 있는 통찰력과 새로운 것에 과감히 도전하는 혁신적이고 창의적인 정신이다. 현대에는 이러한 전통적 의미의 기업가정신에 ① 고객제일주의, ② 산업보국, ③ 인재 양성, ④ 공정한 경쟁, ⑤ 근로자 후생복지, ⑥ 사회적 책임의식까지 겸비한 기업가를 진정한 기업가로 보는 견해가 지배적이다.

최근에는 '위험을 감내하면서 새로운 기술과 혁신을 도모하는 의식'을 의미하는 것으로 혁신, 성장, 창의성, 위험추구, 특이함, 적극적 행동 등이 기업가 정신의 특성으로 제시되고 있다.

기업가 정신은 근본적으로 새로운 일자리를 창출하고 비즈니스를 성장시키기 위한 기회를 추구하고 자원을 조직화하려는 적극적인 의도를 가지고 있다. 성공적으로 기업가 정신을 구현하기 위해서는 지속적인 혁신, 조직관리 및 시간관리 능력, 인내력, 풍부한 창의성, 도덕성, 목표설정 능력, 리스크테이킹, 정보관리, 해결대안 제시능력, 창조성, 의사결정 능력 등이 요구된다(네이버 지식백과).

인재의 시각에서는 기업가 정신의 기반은 '주인의식'이다. 내 기업이라면 '왜, 무엇을, 어떻게 할까'라는 질문에 대답하는 내용을 창조적으로 파괴하면 되는 것이라고 생각한다. 흔히 월급쟁이 기질인 '하인의식'을 벗어버리는 경영자 마인드라고 하겠다.

한편 세상살이의 변화와 연계해서 본다면, 긱 이코노미(Gig economy)에 대비해야 할 것이다. 긱 이코노미는 빠른 시대 변화에 대응하기 위해 비정규 프리랜서 근로 형태가 확산되는 경제 현상이다. 1920년대 미국에서 재즈 공연의 인기가 높아지자 즉흥적으로 단기적인 공연팀(gig)이나 연주자들이 생겨난 데서 유래한 말이다. 정규직보다 필요에 따라 계약직 혹은 임시직으로 사람을 고용하는 경향이 커지는 경제를 일컫는 말이다. 긱 경제에서는 기업이 그때그때 발생하는 수요에 따라 단기적으로 계약을 맺는다. 결국 프로젝트에 따른 프리랜서(freelancer) 채용 제도라고 하겠다. 해고가 쉬운 만큼 재고용도 쉬워야 하지만 고용 유연성이 낮아 사회문제를 야기하고 있기도 하다.

처음에는 긱(gig)이라는 단어가 프리랜서, 1인 자영업자를 뜻하는 단어로 이용되었으나, 최근 온디맨드 경제(기업이 수요자의 요구에 즉각적으로 대응하여 서비스 및 제품을 제공하는 경제)가 등장하면서 그 의미가 확장되었으며, 2015년에 맥킨지 컨설팅사에서는 '디지털 장터에서 거래되는 기간제 근로'라고 정의한 바 있다(《두산백과》). 그러나 우수한 프리랜서는 고소득을 창출할 수 있는 기회가 될 수도 있다. 특히 '드림팀'을 만들어 경쟁력을 제고하면 새로운 기회 창출도 할 수 있다.

"당신은 하고 싶은 일을 하면서 살고 있습니까?"

생애선택자유 후진국 대한민국

"알기만 하는 사람은 좋아하는 사람만 못하고, 좋아하는 사람은 즐기는 사람보다 못하다(知之者 不如好之者, 好之者 不如樂之者)."《논어》에 나오는 말이다. 2,500년 전 말씀인데도 4차 산업혁명의 디지털 시대에도 적확한 명언이다. 프로의 생존경쟁에서 우리는 과연 어떤 인재를 양성해야 하는가?

수능을 끝낸 고등학교 3학년 학생 15명이 모였다. 이들에게 1년 뒤, 10년 뒤 자신의 모습을 상상해달라고 부탁했다. 학생들이 상상한 1년 뒤 모습은 15명이 거의 비슷하다. "대학에 가서 친구를 사귀고, 아마 과외 아르바이트를 하며 돈을 모으고 있을 거 같아요." "대학교 1학년을 마쳤으니까 아르바이트로 모은 돈을 가지고 여행을 갈 것 같아요." 여행을 다녀올 것 같다는 4명에게 어디로 여행을 갈 예정인지 물었다. 4명 모두 서유럽으로 가겠다고 대답했다.

무작위로 모은 고교 3년생 15명이지만, 대학에 진학하지 않은 학생은 없었다. 아직 대학에 합격하지 못한 학생은 있었지만 2년제 대학을 포함해 "대학을 가지 않겠다"고 말한 학생은 없었다. 이들이 대학을 졸업하고 사회인으로 자리 잡을 10년 뒤에는 어떤 모습으로 살고 있을까. "6살 차이 누나가 있는데, 아직 취업을 못했어요. 그래서 저는 변리사 시험을 준비하려고요." "취업해서 부모님으로부터 독립하고 싶어요. IT 분야에 관심이 많아서 그쪽 회사 취업을 일찍 준비하려고요." "임용고사에 합격해 교사가 돼 있을 것 같아요." 구체적으로 대답한 13명 중 7명은 변호사, 변리사, 교사, 경찰, 공무원 등 각종 시험에 합격하겠다는 목표를 밝혔다. 기업에 취업하겠다는 학생이 2명이었고, 2명은 대학원에 진학하겠다고 했다. 국제 NGO 직원, 아나운서 등이 눈에 띄는 답변이었다고 한다.

공통 질문을 던졌다. "앞으로 하고 싶은 일을 하며 살 수 있을 거라고 생각합니까?" 15명 중 9명이 "아니다"라고 대답했다. "결국 먹고살아야 하니까 하고 싶은 일만 하며 살 수는 없을 것 같아요." "나이가 들다 보면 저절로 세상과 타협하는 방법을 배울 거라고 생각해요." "경쟁률 높은 시험을 마냥 준비할 수 없어서, 결국 취업하게 될지도 몰라요."

생애선택자유(freedom to make life choices)라는 개념이 있다. 유엔 지속가능위원회가 발표한 세계행복지수(World Happiness Report)에서 언급된 개념이다. 우리나라는 세계 158개국을 대상으로 3년간 펼친 이 조사에서 47위에 이름을 올렸는데 미국(15위)과 싱가포르(24위)보다는 한참 낮고, 일본(46위) 바로 아래다. 이유는 사회적 지지, 부패 인식 그리고 생애선택자유에서 낮은 수치를 보였기 때문이다.

생애선택자유를 측정하는 질문은 다음과 같다. "당신은 하고 싶은 일을 하면서 살고 있습니까(Are you satisfied or dissatisfied with your freedom to choose what you do with your life)?" 직업 선택의 자유(Freedom of Occupation)와는 조금 다르다. 직업 활동을 하는 것뿐 아니라 진로, 인생의 방향 등을 자유롭게 선택하고 있느냐를 측정하는 것이다.

행복지수 비교 연구를 담당한 조병희(서울대 교수)에 따르면 원래 이 문항은 저개발 국가에서 정치·경제적 어려움 때문에 제 진로를 선택하지 못하는 이들을 측정하기 위해 나왔다. 그러나 우리나라에서는 다르다. 1인당 GDP는 선진국에 못지않고, 건강수명은 오히려 행복지수 1위인 스위스를 넘는 수준이다. "우리 사회의 문제가 물질적·신체적 수준이 아니라 선택의 문제 같은 질적인 부분에 있다는 것을 보여준다"고 말했다.

즉 우리가 불행한 이유는 1인당 3,500만 원꼴이라는 가계 빚이나 30%를 웃도는 비정규직 비율 때문만이 아니다. 자유롭게 진로를 찾고 결정하며 도전할 수 있는 '선택의 자유'가 부족하다. 왜 우리는 선택의 자유를 누리지 못할까?

하고 싶은 일을 모른다

겨울방학 계절학기에 서울의 한 4년제 대학에서 설문조사를 했다. 수업을 듣는 120여 명의 학생 중 오는 2월이나 8월 졸업을 앞둔 학생은 37명. 이들에게 "앞으로 하고 싶은 일을 하며 살 수 있을 거라고 생각합니까?"라는 질문을 던져봤다. 37명 중 34명이 "아니다"라고 답했다. 그 이유로 "하고 싶은 것이 무엇인지 모른다"고 답한 학생이 14명이고, 하고 싶은 일이 있더라도 경제적 이유를 든 학생이

12명, 사회적 지위와 주변인의 평가를 든 학생이 7명, "실패가 두려워서 미처 선택하지 못했다"고 말한 학생이 1명이었다고 한다.

"당신은 하고 싶은 일을 하면서 살고 있습니까"라는 질문에 "그렇다"라고 답하려면, 하고 싶은 일이 무엇인지 알아야 한다. 적성검사, 진로체험, 진로상담, 자기 성찰 등을 해봐야 하는데 우리 학생들은 무엇을 하고 싶은지는커녕 '할 수 있는지'조차 제대로 교육받지 못하고 있다. 당장 교과서만 봐도 알 수 있다.

한국직업능력개발원에서 펴낸 "교과서의 일-직업 관련 내용 분석 연구"를 보면 우리나라 고등학교 교과서 16종에 등장한 직업명은 1,140개에 달한다고 한다. 그러나 이 중 1,100여 개의 직업은 10회 미만으로 등장만 한 수준으로, 나머지 40여 개 직업이 반복해 제시되고 있단다. **직업선택의 편중도가 5% 미만인 셈이다.** '쏠림' 현상이 커지면 부작용이 생기게 마련이다.

특히 전문가와 관리자에 해당하는 직업으로 '쏠림 현상'이 두드러지는 것으로 드러났다. 우리나라에서 교사·법조인·기자·의사·연예인 등이 속한 전문가와, 국회의원·정치인·기업 임원 등이 속한 관리자는 전체 직업의 21.4%를 차지하고 있다. 그러나 교과서에서 이들은 77.8%의 비중을 차지한다. 특히 전체 직업 인구 중 판사, 변호사 등 법률·행정 전문직은 0.3%밖에 되지 않지만, 교과서에 나온 직업 중에는 13.4% 비중으로 나왔다는 것이다(박선미).

교과서의 직업이 한정적인 이유는 학교에서 진로교육의 목표가 결국 '진학'에 있기 때문이다. 적성검사도 하지만 진로상담의 끝은 어느 대학, 어느 과에 진학할 것인지를 의논하는 것이다. 진로교육은 진학교육이 아니다. 진로교육은 직업교육이 되어야 한다. 전체 직업 수 가운데 5% 미만의 직업소개로써는 다양성 사회에 인력공급을 할 수가 없다. 개인에게는 다양한 직업선택의 자유까지 박탈하는 인권침해 내지는 생존권 침해라고 할 수 있을 것이다. 학생들에게 현재의 꿈을 미래의 꿈으로 수용하는 착시효과를 주는 것이고, 기성세대의 기만이다. 다양한 직업 정보를 제공하지 않는 '비대칭 효과'를 낳고 있다.

'꿈을 알게 하자'는 취지로 시행된 제도가 자유학기제다. 중학교 1학년 학생들이 1년 동안 다양한 체험학습과 진로교육을 받도록 하는 제도다. 학부모와 교사의 50~70%는 '다양한 진로체험학습에 만족한다'고 한다. '자녀의 진로 문제에 관심을 더 갖게 됐다'며 자유학기제에 만족감을 드러냈다. 그러나 자유학기제의 장기적인 효과에 대해서는 의문을 표하는 사람도 많다. 단적인 예로 자유학기 동안에도 학부모의 70% 가까이 "보충 학습이 필요하다"고 답한 설문조사도 있다.

좋아하는 것보다 안정적인 것

역시 "자유학기제가 자리 잡기 위해서는 사회 전반적인 변화가 필요하다"고 본다. "학기 중에는 과학자, 예술가 등 다양한 직업을 관찰하고 체험한다. 그러나 이때 키운 꿈은 '꿈'으로 사라질 가능성이 높다. 꿈의 정의가 무엇이고 꿈의 수단은 무엇인지 제대로 고민하지 않았기 때문이다. 꿈을 이루는 다양한 삶의 진로에 대한 가치관과 정보와 체험이 부족하기에 일어나는 현상이다.

우리나라 부모는 자녀의 성취를 강조하고, 성장 가능성을 높게 본다고 한다. '전문성 있는 직업', '경제적 안정'을 얻는 직업을 가지길 원한다. 일본 부모들이 관계를 중시하고 자녀가 '좋아하는 일', '행복한 일'을 찾길 바라는 것과 다소 대조적인 모습이다. "일본은 직업 선택지가 많은 편이고, 직업 계층이 안정화돼 보람을 강조하는 반면 한국은 불안정한 고용시장을 고려해 직업 중 안정적이고 위세가 높은 직업을 선호한다"고 설명했다. 차이의 가장 큰 이유는 가치관이고 '안정성' 때문이라고 본다.

부모뿐 아니라 자녀들도 안정적인 직업을 선택하는 것이 "현실적이고 바람직한 선택"이라고 한다. 어느 진로지도 결과를 보면, "교사가 되겠다는 학생이 거의 30%가 넘는다. 그 이유는 대부분 '안정적인 직업이라서', '정년이 있어서'라고 한단다. 그런데 '학생을 가르치는 일이 적성에 맞을 것 같아서'라는 대답은 거의 없다. 적성에 맞다는 표현도 피상적이다. 그래서 자유학기제는 다소 '다른 꿈'을 꿀 기회를 제공하는 긍정적인 효과가 있다고 한다.

부모의 가치관과 자녀의 진로와 직업의 문제는 단순한 교육의 문제가 아니고 사회구조적인 문제이기도 하다. 특히 우리나라는 '불신, 불안, 불만'의 '3불 사회'라는 오명 속에서 해법을 찾아야 할 것이다. 1955년에서 1963년 사이에 출생한 베이비붐 세대로 진로나 직업을 바꾼 경로를 추적해보면 가장 많이 선택한 직업군은 판매·서비스직이었다고 한다. 그런데 이들의 평균 연봉은 1,895만 원으로, 이직 전에 가졌던 전문·관리직의 절반에도 미치지 못했다. 한국의 베이비붐 세대는 준비되지 않은 상태에서 IMF 관리체제 같은 외압에 의한 강요로 주된 일자리로부터 밀려났으며, 과거의 직업과는 전혀 다른 일자리에서 직장 생활을 한다. 이런 혹독한 체험이 있으니 자녀의 진로나 직업도 안정성을 최우선으로 선택하게 되었다고 생각한다. 가치관에서도 베이비붐 세대 역시 부모 세대처럼 사농공상이나 관존민비(官尊民卑) 사상을 벗어나지 못하고 있기 때문이다. '사(士)'와 '관(官)'이 목표가 되니 노량진 학원가에 공무원 입사 준비생들이 줄을 설 수밖에 없을 것이다.

베이비붐 세대를 보고 자란 젊은 세대에게 '직업의 안정성'은 가장 중요한 직업 선택 요인이다. 2015년 통계청 사회조사에 따르면 15~29세 청년들이 가고 싶어 하는 직장은 국가기관(28.3%)이었고, 대기업(22.9%)과 공기업(13.1%)이 그 뒤를 이었다. 모두 고용 안정이 보장되는 곳으로 연봉도 높은 곳이다.

고용 불안정과 높은 청년 실업률은 세계적 현상이다. 그러나 우리나라에서 유독 중소기업에서 이직의 이유로 '내가 하고 싶은(싶었던) 일이 아니다'라고 말하는 경우가 많다. 그 이유는 직업과 진로를 선택하는 데 '자기효능감'이나 '성취동기'나 직업에 대한 '소명의식'보다는 주변의 시선이나 사회적 인정을 받는 게 더 중요하다고 보기 때문일 수 있다. 우리나라가 '피로사회'라는 별명이 있어 취업준비생에게는 불가항력적인 측면이 있기는 하다.

남과 다른 나는 없다

사회학자들은 집단주의적 문화가 강한 나라일수록 다른 사람과의 비교를 통해 자신을 평가하려는 경향이 강하다고 주장한다. "사회 비교와 행복의 관계에서 문화적 자기관의 역할"이라는 논문을 써 한국인의 '자기관'에 대해 연구한 한민(우송대 교수)은 "서구 사회에서는 '남과 다른 나'를 만드는 것이 중요하다고 여겨지는 반면, 한국처럼 집단주의적 문화에서는 '남보다 나은 나'를 만들려는 경향이 강하다"고 설명했다. 특히 유교적 가치가 지배하는 문화에서는 사회가 권장하는 이상적인 인간(君子)이 되도록 교육하는 것을 지표로 삼는다. '이상적인 인간상'은 사람마다 다를진대 그 기준이 사회(외부)에 있다는 것이다. 나의 정체성은 따로 있는데 이상적인 인간상의 기준이 자신(내부)에 있다는 인식이 필요하다. 다른 사람과 비교한다는 것은 상대평가이고, 내가 정하는 기준은 절대평가라고 할 수 있다. 내가 변화를 추구하는 것은 남과 비교하기 위한 것이 아니라 자신의 절대가치를 극대화하려는 욕망을 의미한다. 상대평가하고 서열화하면 제로섬(zero sum)게임이지만, 절대평가하고 차별화하면 상승효과(win win effect)가 나온다. 우리 사회도 서구 개인주의 성향이 만연되어있고 지나치게 남의 시선과 평가를 의식하는 문화가 사라졌으면 한다. '교육'이라는 말보다 '학습'이라는 말로 대체하여, 개인이 자신의 능력과 진로에 맞게 최선을 다하고, 더 좋은 능력을 개발하는 시스템으로 바뀌어야 한다. 개인의 역량을 극대화하기 위한 특성화 전략을 잘 구사해야 할 것이다. 그래야 개인의 욕망과 전략도 제고되고 공동체사회의 전체 역량도 향상될 수 있을 것이다.

즉 우리 사회에서 진로는 곧 직업을 찾는 일이고, 직업은 경제적 안정을 추구하는 게 아니라 미래를 설계하는 것이어야 한다. 적성검사를 통해 남보다 뛰어난 일을 찾고, 남에게 존경받을 수 있는 일을 구해야 한다. 진로는 자신이 적성에 맞게 찾아내는 일이지만, 자신이 진로에 미래를 창조하는 소명의식을 갖고 찾아야 한다.

우리는 보통 어릴 때 꿈이 성인이 되면서 많이 바뀌는 경험을 하고 있다. 어릴 때는 할 수 있겠다는 취미를 생각했던 것이지만, 성인 되면 그것을 실현할 예산을 생각하기 때문이다. 그 예산을 확보하려면 직업을 가져야 할 것이다. 이런 직업은 프로로서 최상의 성과를 내야 하는 프로의식에서 구할 수 있을 뿐이다.

문제는 직업만이 아니다. 진로(進路)도 직업처럼 성취를 인정받을 수 있고, 남과 비교할 수 없을 정도로 특성화되어있고 차별화되어있어야 할 것이다. 다소 불확실하거나 불안정해 보여도 도전정신을 가져야 한다. 공시생처럼 모두가 안정적인 것을 선택한다면 우리 사회는 정체의 늪에 빠지게 될 것이다. '결혼은 해도 후회하고, 안 해도 후회한다.'는 말이 있지 않은가? 인생은 우물쭈물하다가는 후회하면서 그냥 그렇게 살게 된다. '미래를 생각하며 살지 않으면, 미래를 생각한 사람을 따라가게 된다.' 자신의 길이 아닌 길을 가게 된다는 것이다. 중국 식당에 회식을 갔을 때 다른 동료는 '짜장면'을 시키면, 자신은 '볶음밥'을 시킬 수 있는 차별화 의식을 가지고 실천해야 한다.

초등학교 동창회에 가서 친구들이 '다들 비슷비슷하게 사는구나' 하면서 안도감을 느꼈다면 과연 의미 있게 살았다고 할 수 있을까? 세상살이 뭐 특별히 대단한 것도 없겠지만, 똑같은 양복을 입은 남자들이 만원 지하철에 앉아있다면 '획일화의 공포'를 느끼지 않을까? 직업의 귀천을 말하는 게 아니다. 대학 전공의 서열화나 연봉의 서열화가 아니라 다양한 개성의 필요성을 강조하고 싶다. 생애주기(life cycle)를 자신의 전문능력과 연계해서 직업적 성과를 내는 프로로 살아야 할 것이다. 집단의식에 매몰되어 개인의 주체의식이 깎이는 '좋은 게 좋다(good job!)'는 생각을 버리길 기대한다. 만세3창을 지향하는 사람이라면 직업 선택기준도 달라야 한다.

우리 사회에서 도전은 아직 먼 나라의 꿈일는지 모른다. 적성에 맞는 직업을 찾고, 자신 있게 도전할 수 있으려면 사회의 구조와 시스템의 혁신적인 변화가 필요하다. '패자부활전'과 '기본 복지'를 보장하는 대책이 마련되어야 할 것이다.

취업에 성공했다면 '전공 일치도, 업무 만족도, 경제적 대우'의 3가지를 만족시켰다고 볼 수 있다. 그럼에도 불구하고 이런 제도권의 기준을 넘어서는 '생각의 틀'을 깨는 발상으로 남과 다른 길을 개척할 수 있으면 좋겠다. '모범생'을 넘어 '모험생'의 가치가 중하다는 것을 알면 좋겠다.

러닝머신의 가설

미국 진화생물학자 리 밴 베일런은 1973년 종(種)의 진화와 멸종을 설명하며 이를 '붉은 여왕 가설'이라 불렀다. 아무것도 하지 않으면 현상유지가 아니라 뒤로 밀려나 자연도태로 멸종하고 만다는 것이다. 생물이 적자생존을 위해 필사적으로 경쟁하고 진화하듯, 기업도 치열한 경쟁에서 살아남기 위해 달린다. 여기서 달리는 것은 새로운 분야나 영역에 대한 도전이고 지속적인 자기혁신이다.

하늘을 날고 있는 비행기는 속도를 늦추면 추락하게 된다. 자전거도 계속 페달을 밟지 않으면 쓰러지게 된다. '러닝머신(running machine)'으로 알려진 운동 기구도 달리지 않으면 멈추게 된다. 이렇게 계속 운동상태를 유지하지 않으면 고유기능을 작동하지 못하게 되는 '가설' 아닌 '가설', '현실'이 있다. 크런치 모드(Crunch Mode)이다. 크런치 모드는 게임이나 소프트웨어 개발 마감 시한을 맞추기 위하여 수면, 식사, 영양 섭취, 위생, 기타 사회활동 등을 포기하고 업무에만 집중하여 연장 근무하는 것으로 크런치 타임(Crunch Time)이라고도 불린다. 몇몇 게임 개발자들의 과로사와 자살 이후 국내 개발업계의 근로 환경이 이슈가 되었으며, 크런치 모드는 연장근무와 고강도 노동을 당연시하는 관행을 단적으로 보여주는 개념으로서 대중적으로 알려졌다. 개발 업무 특성상 특정 시기에 노동의 집중이 필요하기는 하지만, 게임 개발 경쟁이 심화되면서 개발 기간을 줄이고자 하는 회사의 지시로 과용된다는 비판을 받는다.

언론이 '크런치 모드'를 언급하며 게임 업계의 노동 환경을 지적했고, 비난여론이 비등하여 근로기준법이 개정되고 게임 회사들이 선택적 근로시간제 등 새로운 제도를 도입한 계기가 되었다.

유명 언론 WSJ의 보도에 의하면, 세계 최대 동영상 공유사이트 유튜브의 최고 인기 크리에이터들이 잇따라 '번아웃(burn out)'을 호소했는데 그 이유가 최신 동영상 추천 알고리즘 탓이라고 한다. 번아웃은 오랫동안 특정 업무에 몰두한 뒤 정신적·육체적으로 탈진하면서 무기력증과 우울감 등에 빠지는 현상을 말한다. "유튜브 알고리즘이 끊임없이 새로운 콘텐츠를 요구하여 플랫폼과 연결을 끊기로 결심하고 있다"고 전했다. 유튜브는 크리에이터들이 올린 동영상의 시작과 중간중간에 광고를 삽입한 뒤 이 광고의 시청 횟수에 따라 크리에이터에게 돈을 지불한다. 더 많은 페이지 뷰는 더 많은 돈을 의미한다.

이런 구조 속에서 유튜버들은 그 어느 때보다도 더 많은 오리지널 콘텐츠를 올리고 있다고 한다. WSJ은 "톱 인플루언서들의 엑소더스는 유튜브에 잠재적 이슈"라며 "유튜브는 부분적으로 오리지널 콘텐츠를 만드는 크리에이터들의 생태계를 구축함으로써 번성했다"고 지적했다. 그러나 유튜버들은 휴식을 취했다가는 자신의 동영상이 눈에 잘 띄지 않게 될 것으로 두려워한다고 했다. 유튜브의 동영상 추천 알고리즘이 어떻게 작동하는지는 여전히 알려지지 않았지만 많은 인플루언서는 더 많은 페이지 뷰를 올리고 자주 동영상을 게시하는 계정이 보상을 받는다고 생각하고 있다. 크리에이터들은 유튜브 알고리즘이 가장 최신 동영상에 트래픽을 몰아주는 것 같다고 말했지만, "유튜브는 러닝머신"이라며 "1초라도 멈춰서면 곧 죽는다"고 했다.

CNN은 번아웃 문제가 더 광범위한 정보기술(IT) 산업 전반의 시대적 징후일 수 있다고 지적했다. 이 매체는 "콘텐츠 플랫폼이든, 차량호출 서비스든 많은 사람이 정규직의 혜택 없이, 그리고 정체를 알 수 없는 알고리즘이 언젠가 처벌할 수 있다는 두려움을 안은 채 할 수 있는 만큼 최대한 일해야 한다는 압박을 느끼고 있다"고 지적했다. 유튜브의 인기와 인지도가 올라가면서 크리에이터들도 폭발적으로 늘었고 그 결과 경쟁도 더 치열해지는 양상이다. 유튜브 대변인은 동영상을 추천할 때 동영상을 올리는 빈도나 과거 동영상의 성적은 따지지 않지만, 동영상이 얼마나 최신인지는 고려한다고 설명했다. 유튜브에 웃기는 동영상을 올리는 리지 캐프리는 "더 오랫동안 동영상을 안 올릴수록 (동영상을 본) 수는 더 떨어질 것"이라며 "둘 사이에는 직접적 연관이 있다"고 말했다. 구독자 1,150만 명을 거느린 유튜버 알렉스 와사비도 지난달 일주일간의 휴가를 선언했다. 그는 "최근 나는 행복하지 않았다. 슬펐고 혼란스러웠다. 그러나 무엇보다도 번아웃됐다"고 말했다. 그는 예전처럼 한 주에 세 번 동영상을 올리는 대신 두 번만 올리고 있다.

자본주의 사회에서 기업은 끊임없이 확대재생산 하지 않으면 자칫 도태되기 쉽다. 전략경영에서도 5-포스(Forces)가 있다. 5-포스 모델(5 forces model)은 1979년 미국 하버드대 경영대학 교수 마이클 포터(Michael Porter)가 발표한 산업구조 분석기법이다. 5-포스(5 forces)란 다섯 가지 경쟁요인을 의미하는데, 그것은 ① 기존 기업 간의 경쟁 정도, ② 신규 기업의 진입 위협, ③ 대체재의 위협, ④ 구매자의 협상력, ⑤ 공급자의 협상력이다. 다섯 가지 경쟁요인을 통해 특정 산업 분야의 현황과 미래를 분석하는 기법으로, 기업의 경영전략을 수립하는 데 활용된다. 다섯 가지 경쟁요인을 기반으로 구성된 포터의 산업구조 분석모형은 주로 기업이 자사의 수익에 위협이 되는 요인이 무엇인지 분석함으로써 그 위협으로부터 스스로를 방어하거나 그 요인들을 자사에 유리한 상태로 변화시킬 수 있는 경영전략을 수립하려는 목적으로 이용된다. 또, 특정 산업 분야에 신규로 진출하려는 기업이 해당 산업의 전망을 파악하기 위해 활용하기도 한다(《네이버 지식백과》).

잠재적 경쟁자가 나와 언제 자신을 대체할지 모른다는 이론이다. 그러므로 뒤처지지 않으려면 뛰어야 하고, 달려야 한다. 지속 가능한 성장의 핵심동력으로 경쟁이 강조되고 있는 셈이다. 한편 이런 기업의 생존법은 승자독식의 디지털 시대에 더욱 치열해지고 있기에 경쟁이 없는 새로운 시장인 '블루 오션'을 찾아내기 위해 애쓴다. 그러나 영원한 블루오션 시장은 없다. 경쟁자들의 시장 진입으로 곧 '레드 오션'이 되기 때문이다. 이제 '무기 창(槍)'을 만들 전략이 필요하다.

흑묘백묘론

흑묘백묘론(黑猫白描論)은 검은 고양이든 흰 고양이든 쥐만 잘 잡으면 된다는 이론이다. 중국의 개혁과 개방을 이끈 덩샤오핑이 1979년 미국을 방문하고 돌아와 주장하면서 널리 사용하게 되었다. 고양이는 쥐를 잘 잡는 게 중요하듯, 자본주의든 공산주의든 상관없이 중국인민을 잘살게 하면 제일이라는 것이다. 중국식 사회주의를 대변하는 실용주의 용어이다. 남파북파(南爬北爬)처럼 남쪽이든 북쪽이든 산꼭대기에만 오르면 그만이라는 결과중심주의라고 하겠다. 이념과의 일체성과 공정성과 민주적 절차를 중시하는 과정중심주의와 다른 사상이라고 할 수 있다. '꿩 잡는 것이 매다'라는 속담처럼 '방법'보다는 '목적'이 더 중요하다는 뜻이기도 하다. 아무튼 세상사의 기획자나 크리에이터가 남의 것을 참고하는 것은 좋지만, 그것은 모방이 아니라, 벤치마킹이어야 창의적이게 된다. 세상살이 인생은 남과 비교할 필요가 없다. 어제의 나와 비교하여 '상대가치'보다는 '절대가치'를 제고하면 된다. '인생에 중요한 건 속도가 아니라 방향'이라고 한다. 그 방향에 '거리'를 더할 수 있는 전략과 기획을 창안해야 할 것이다.

좋은 전략 세우는 법: SMART

스마트는 머리가 좋고 가슴이 따뜻하고 세련된 사람이란 뜻이다. 좋은 전략을 세우는 조건 5가지를 정리하면 다음과 같다. 스마트하게 실현되어야 한다. 항목화된 이정표의 영어 이니셜(initial)이라 하겠다.

① 구체성(Specific)
② 측정 가능성(Measurable)
③ 성취 가능성(Achievable)
④ 결과 지향성(Result-oriented)
⑤ 시간 제한성(Time-bound)

'구체적인 전략과 실행방법론'의 요건으로 제시했다. 문화는 기술(Culture Technology)이라 스타 발굴·육성·매니지먼트·프로듀싱·프로모션 등 문화 콘텐츠 관련 모든 기획에 적용할 수 있는 요소이고 시행착오 끝에 얻을 수 있는 노하우다. 손에 잡힐 듯 구체적이고, 측정할 수 있는 성과를 낼 수 있어야 하고, 결과를 달성할 수 있는 정도로 계획을 짜야 한다. 예산과 자원이 한정되어있으니 스케줄을 준수할 수 있어야 한다는 것이다.

'체크'하면 '체감'할 수 있다

좋은 전략을 수행하여 성과를 내기 위해서는 능력(Ability, Competency)이 있어야 한다. 능력은 실력이고, 실력은 '칠력(7力)'이다. 창의력+노력+협력+화력+담력+필력+매력=7력이다. 창의력은 자질, 노력은 성실, 협력은 팀플, 화력은 말하기, 필력은 글쓰기, 매력은 이미지, 담력은 도전정신이다. 창의력(Creativity), 노력(Strive), 협력(Collaboration), 담력(Presentation), 화력(말하기, Speech), 필력(글쓰기, Writing), 매력(Attraction)을 하나하나 살펴볼 일이다. 특히 차별화에 성공한 콘셉트는 고객의 니즈에도 부합했다는 공통점을 가지고 있어야 한다. 고객의 니즈는 '필요성'이다. 차별성과 필요성의 곱셈이 콘셉트 파워를 결정한다. 차별화만 생각하고 필요성은 갖추지 못하면 실패한다. 고객이 원하는 편익(benefit)인지가 중요하다. 딤채 김치냉장고는 기존의 경쟁자와 차별화하면서도 대다수 고객이 그 필요성을 공감한 콘셉트 경영의 산물이다. '열정 페이'를 당해보거나 '부장 같은 인턴'

으로 실습해본 취업준비생이라면 스스로 체크할 수 있을 것이다. 전방위 능력자인데도 불구하고 '기회균등'을 얻지 못하니 안타까울 따름이다. 경제사회 구조의 문제로 돌리기에는 체감지수가 너무 높다. 그래도 준비된 능력자의 길을 닦아나가야 한다.

학이시습(學而時習)

《논어》(論語) 맨 첫머리에 이 말이 쓰인 것은 특별한 의미가 있다. 듣고 보고 알고 깨닫고 느끼고 공부한 것을 기회 있을 때마다 실지로 그것을 연습해보고 실험해본다는 뜻이다. 그렇게 해서 배우고 듣고 느끼고 한 것이 올바른 내 지식이 될 수 있으며 자기 수양이 될 수 있고, 갈고 닦아서 인격을 이루게 되고 나중에 새로운 결과물을 만들게 된다는 말이기 때문이다. 원문은 "學而時習之不亦說乎(학이시습지불역열호: 배우고 때로 익히면 또한 기쁘지 아니하냐)"이다. 그다음에는 "有朋自遠方來不亦樂乎(유붕자원방래불역낙호: 벗이 있어 먼 곳으로부터 오면 또한 즐겁지 아니하냐)"가 나온다. 그리고 "人不知而不慍不亦君子乎(인부지이불온불역군자호: 사람이 몰라도 노여워하지 않으면 또한 군자가 아니겠느냐)"라는 말이 나온다.

학(學)은 교수의 연구이요, 스승의 교육이요, 이론 중심의 체계요, 담론의 구축이요, 지식의 전달이다. 습(習)은 사부의 창작이요, 제자의 실습이요, 이론의 체화요, 담론의 현장이요, 지식의 단련이다. 습(習)은 생산이요, 생산하면 실험이요, 성과(performance)의 문제다.

처음 광고회사의 카피라이터에 입문하면, 선배 카피라이터가 헤드라인을 쓰거나 초안을 작성한다. 신입사원은 정서를 하며 일부분을 수정한다. 이런 일이 매일 되풀이된다. 한 자 한 자를 정서해가며 선배 카피라이터의 숨결, 리듬, 문체를 흡수하는 데 몰두한다. 문예창작 전공 학생들이 유명 소설가의 단편소설을 필사하는 것과 비슷하다. 그 필사하는 과정에서 사물을 보는 방법, 인간에 대한 시각, 가치관, 발상법, 문장구조, 글쓰기 스타일 등을 부지불식간에 배울 수 있다. 필자는 C.D(크리에이티브 디렉터) 경력으로 얻은 결론의 하나로 카피라이팅을 잘하기 위해서 필요한 '4다'를 앞에서 주장했었다. 많이 읽는 다독(多讀), 많이 써보는 다작(多作), 많이 생각해보는 다상량(多商量), 많이 보는 다관(多觀)이다.

글 짓는 데 무슨 왕도 같은 별법(別法)이 있나? 그저 수긋하고 '다독 다작 다상량'하면 그만이라고 하던 시대도 있었다. 지금은 유튜브(YouTube) 중심의 영상시대라 '다관(多觀)'이 추가되었을 뿐이다. 지금도 배우지 않아도 태어나면서 많은 걸 아는 생이지지(生而知之)하는 천재라면 오히려 삼다의 방법까지도 필요치 않다. 그러나 배워야 아는 일반인에게 있어서는 어느 정도의 과학적인 견해와 이론, 즉 작법이 천재에 접근하는 유일한 방도가 아닐 수 없을 것이다.

명필 완당 김정희는 "사란 유법불가 무법역불가(寫蘭 有法不可 有法亦不可: 난초를 그림에 법이 있어도 안 되고, 법이 없어도 또한 안 된다)"고 했다. '평생에 벼루 10개를 밑창 냈고, 붓 일천 자루를 몽당붓으로 만들었다'는 말을 빌지 않더라도 각고의 노력이 없으면 글쓰기는 어렵다는 생각이다. 주제 정하기부터 목차 만들기에 본문 쓰기, 퇴고에 교정과 맞춤법 검사까지 하려면 워드로 해도 꽤나 인고의 시간이 걸린다.

천사의 옷에는 재봉선 자국이 없다는 천의무봉(天衣無縫)의 좋은 글이란 사람을 취하게 하는 동시에 깊은 생각에 잠기게 한다(스티븐 킹,《유혹하는 글쓰기》). 그래서 어느 작가는 말한다. "좋은 글은 기술이 아닙니다. 손끝에서 나오는 재주가 아닙니다. 마음으로, 눈물로, 땀으로, 때로는 피로 쓰는 것이 좋은 글입니다. 글은 곧 그 사람의 혼(魂)입니다."

"20년 동안 말을 써왔다고 충분히 글쓰기(카피)를 잘할 수 있다고 생각할 수는 없다. 그 말들이 정말 살아있다고 할 수 있을까? 진부하고 경솔한 말투, 시대에 맞지 않는 단어, 무책임한 상투어가 얼마나 많은가. 짧은 카피에 반복되는 어휘가 또 얼마나 많은가? 이것도 '언어의 폭력'이다. 생각을 말로 다 한다는 것은 정말 어렵다."

어떻게 하면 미술에 대한 안목을 갖출 수 있는가? 이 물음에 대한 최선의 대답은 '인간은 아는 만큼 느낄 뿐이며, 느낀 만큼 보인다'이다. 예술을 비롯한 문화미란 아무런 노력 없이 획득되는 게 아니기 때문이다. 그러면 그것을 아는 비결은 따로 없을까? 이에 대하여 나는 조선시대 한 문인의 글 속에서 훌륭한 모범답안을 구해둔 것이 있다. "사랑하면 알게 되고, 알면 보이나니, 그때 보이는 것은 전과 같지 않으리라(유홍준,《나의 문화유산답사기》)."

'아' 다르고 '어' 다르다. '님'이라는 글자에 '점' 하나를 찍으면 '남'이 된다. 그 누구도 쓸 수 없고 자기만이 쓸 수 있는 카피, 즉 개성과 독창성이 있어야 피가 통하고 결이 느껴지는 글쓰기가 카피다. 더구나 비즈니스 목표인 메시지를 전달하고 공감하게 만들어 상품을 구매하게 만드는 동력을 갖고 있어야 카피라고 할 수 있다. 그러니 소비자 마음을 읽고 초벌 카피를 써보고 시대정신을 생각해보고 트렌드 영상을 보고 나서야 카피가 시작된다. 생각하고 생각하는 창작작업이고 실제로 쓰는 시간이 오히려 적다고도 할 수 있다. 사실 생각하는 동안 많이 고쳐 쓰기를 하는 셈이기는 하다. 광고업계에서는 'Think 99%, Ink 1%'라는 말이 전설처럼 전해 내려오고 있다. 요즘에는 밀레니얼 세대나 Z세대와 공감하기 위해서 '진정성'과 '체험', 그리고 '재미'까지 전해져야 겨우 광고를 기억해주는 시대가 되었다.

시 삼백, 한마디로 하면 사무사(詩三百, 一言而蔽之,曰, 思無邪)

《시경》의 시 삼백 편을 한마디로 개괄한다면 생각에 '사악함이 없다'는 뜻이다(《논어》, 〈위정〉(爲政) 편). 작가가 직접 체험해보고 나서 쓴 메시지인지, 그 감성이 신뢰할 만큼 솔직한지를 판단하고 수용하겠다는 비판정신이 느껴진다. 그러니 진정성(authenticity)을 갖고 있는지를 확인하고 공감하겠다는 현대인의 속성과 비슷하다고 본다. '거짓이 없고, 참으로' 느껴지는 속마음을 읽을 수 있어야 진정한 메시지(카피)가 되는 것이다. 순수 문예문도 마찬가지고, 상업적인 문안(카피)도 똑같다. 특히 디지털 네이티브는 '체험, 진정성, 공유'의 3대 공감요인이 있어야 '좋아요'로 교류한다는 것이다. 인스타그램에 인증샷을 올리는 것도 이런 현장에서 직접 경험했다는 증거이고, 맛집 평점도 실증하면서 평가하고, 혼자 즐기기에는 너무 아쉬워 이웃들과 공유한다는 의미를 담고 있다고 본다. 그다음에 새로운 커뮤니케이션 '관계'가 형성되고 사회적 가치가 축적되는 것이다.

대검찰청 DFC 수사관

대검찰청에는 디지털포렌식센터(DFC)라는 곳이 있다. 그 부서에 있는 과학수사담당관실은 DNA · 지문 · 혈흔 등 증거를 분석해 범인을 찾는 과학수사 부서라고 한다. 또한 심리분석실에는 심리–생리 분석팀, 행동분석팀, 진술분석팀이 있다. 이곳 수사관들은 미국드라마 CSI나 크리미널 마인드에 나오는 프로파일러들의 업무와 비슷한 일을 한다고 전해진다.

진술분석은 진실의 특징을 찾는 과정이다. 인지면담 기법(면담 대상자의 기억 속에서 더 많은 정보를 이끌어내기 위한 조사기법)을 활용해 범죄사건의 진실을 알아내는 게 임무다.

"우리가 하는 일이 거짓말 탐지기와 다른 점은 진실의 특징들을 찾아간다는 데 있습니다. 우리 앞에 있는 사람들의 억울한 이야기를 최대한 들어주려 하고, 그것이 진실인지 확인해서 사건해결에 도움을 주는 게 진술분석관의 일이라고 생각합니다."

수사관들은 영화관에 갔을 때 스크린에 집중하기보다 '다른 사람들의 반응'을 살피거나, 이야기를 나눌 때 무의식적으로 말의 '맥락을 따져보는 습관'이 있다고 한다.

광고 기획과 크리에이티브 작업을 할 때와 비슷하다. 세상살이에 필요한 방법론이나 진실분석팀의 수사관이 하는 일이나 똑같다고 생각한다. 세상을 움직이는 물리학 원리는 '1(하나)'이듯이, 우주의 운행원리는 '만유인력'이거나 만물의 근본 물질은 '양자론'이거나 하나이듯이. 세상을 주유하면서 두목을 비웃고, 방종을 일삼는 조르바를 꾸짖는 두 인물은 결국 인간존재의 구원이라는 '1'의 원리를 찾고자 하는 것이 아닐까? 광고 크리에이터의 관점도 창의성의 근본 작동 원리 '1'을 캐내려는 구도자의 일상으로 의미부여를 하고 싶다.

지금까지 광고의 개념과 존재이유는 소비자가 생활 속에서 겪는 문제를 해결하기 위해 생산되는 상품(기업)을 마케팅의 하나인 판매촉진(promotion) 하는 것이었다. 소비자의 욕망과 요구를 창출하여 수익을 얻는 자본주의 경제시스템의 한 축이었다. 그러나 현대사회에서는 모든 장르와 사회문화적인 문제가 서로 연계되어 있고 상호작용하면서 문제를 복잡하게 만들고 있다. 그러므로 경제 · 사회 · 문화의 모든 상황을 분석하고, 커뮤니케이션으로 소통의 길을 찾기 위해 관찰하고 진실을 찾아내야 소비자의 문제를 해결할 수 있다.

광고는 솔루션 제안

결국 광고는 판매가 아니라 솔루션이고, 커뮤니케이션이며 그 기능을 크리에이티브로 해결해야 한다는 것이다. 이제 광고의 역할은 상품(기업)의 판매를 목표로 마케팅을 수행하는 데 한정되지 않고 있다. 상품(기업)의 사회적 책임(Corporate Social Responsibility)과 친환경과 윤리경영 및 공유가치 창조(Creating Shared Value)까지 상품(기업)의 커뮤니케이션 환경이 변하고 있다. 또한 대사회적인 라포 형성(rapport building)을 통한 친밀감과 신뢰의 '관계'관리가 더욱 중요해지고 있다. 거울처럼 행동을 따라 하는 기법인 거울 반응하기 기법(mirroring)이나 특정 핵심단어를 대화 중에 반복해서 말하기인 역추적 기법 (backtracking)이나 상대방의 눈높이에서 동작이나 표현을 맞춰주는 맞추기 기법 (pacing) 등을 활용하고 있다.

이런 종합적인 관점에서 4차 산업혁명 시대의 광고의 개념을 확장하여 크리에이티브 솔루션(Creative Solution)이라고 재정립하려는 것이다. 광고의 주요한 특성인 '문제해결 능력'을 활용하여 대중에게 소구하고 의미를 소통한다면 많은 사회문제까지 해결할 수 있는 기회를 획득할 수 있게 될 것이다.

또한 광고 매체의 다양화와 3 스크린의 통합으로 복합 매체 전략이 필요해졌다. 대중화되고 있는 소비자의 매체 접촉상황을 감안해서 소비자가 처해 있는 모든 환경을 커뮤니케이션 도구로 활용할 수 있어야만 소비자와 접촉할 수 있기 때문이다. 이렇게 광고와 매체의 개념이 진화하고 있는 디지털 시대에 '크리에이티브 솔루션 랩'은 '광고 개념의 확장과 심화'를 실험적으로 학습하고, 구체적인 창작 솔루션을 생각하고 제작해보는 실습이 필요하다. 미디어가 '감각의 확장'이었다면, 광고는 '생각의 확장'이라고 할 수 있다.

우리 사회의 시대정신과 공동체의식과 연계하고 첨단 디지털 기술을 활용하는 크리에이티브 능력을 발휘할 무기가 필요하다. 또한 미술사의 변천처럼 혁신과 개념의 재해석을 수행할 수 있어야 한다. 현대예술에서의 팝아트(Pop Art)의 개념도 창의성의 하나로 파악하고 광고 크리에이티브의 확장으로 규정하고 실험하려는 경쟁력을 구비해야 세상살이를 제대로 할 수 있을 것이다.

문제를 해결하는 예술

우리는 흔히 '문제가 많다'라는 말을 하고, 각종 보고서는 '문제제기'부터 시작한다. '이 문제를 어떻게 해결할 것인가?' 광의의 광고를 이런 '문제를 해결하는 예술'로 재정의한다. 그래서 크리에이티브 솔루션 랩(Creative Solution Lab)은 '광고 너머(Beyond Advertising)'의 크리에이티브로 세상 문제를 해결하고자 하는 실험적인 교육이 요구된다. 고정관념을 해체하고 세상을 재해석하는 창의성을 바탕으로 각종 문제를 해결하는 솔루션 제공자(Solution Provider)가 되고자 한다. 어떻게 해결책을 제시할 수 있는가? 그 방법론이 광고의 생명이요 세상살이의 도구인 창의성(Creative)이기 때문이다.

물론 광고 크리에이티브는 기본적으로 '재미와 감동'이다. 강한 세일즈 토크(Sales talk)가 있어야 하며, 메시지가 남는 크리에이티브로 생활 문제를 해결(solution)할 수 있어야 한다. 그 부수효과로 브랜드(기업)의 판매를 촉진하는 마케팅이요 소통경영이다.

크리에이티브 솔루션이 무기로서 경쟁력을 가지려면, 광고가 단순한 상품(기업)의 판매를 제고하는 수단이 아니라, 소비자의 생활 문제를 총체적으로 해결하기 위한 창의적인 수단 개발이라는 통합 개념을 중요시해야 한다. 메시지 개발과 매체 활용과 소비자의 공감을 획득하기 위한 모든 방법론을 모색하는 실험적인 도전이다. 먼저 상품(기업) 판매라는 단기적이고 직접적인 효과에 치중한 마케팅을 포함하면서, 장기적이고 간접적인 성과를 창출하기 위한 창의력을 요구한다. 특히 기존의 장르나 매체 개념을 파괴하고, 새로운 형식(New Form Art)의 크리에이티브와 매체를 개발하고자 노력해야 한다.

크리에이티브 솔루션이란 예술로서의 마케팅 커뮤니케이션이어야 한다. 그래서 예술의 개념 확장이 이루어져 예술이면서 예술이 아니고, 예술이 아니면서 예술인 '크리에이티브'를 실험해야 한다. 광고이면서 광고가 아니고, 광고가 아니면서 광고인 '솔루션'을 지향한다. 그 가운데 상품(기업, 사회)의 문제를 해결하는 크리에이티브 솔루션을 발상하고 창작하고 모색하는 창의성 학습 과정이 절실하다. 크게 보면, 세상살이에서 일어나는 모든 생활문제를 해소하기 위한 해결책(Solution)을 광고적인 창의력(Creative)으로 찾아보자는 실험이다.

2011년부터 칸 국제광고제는 '라이온스 국제 창의성 축제(International Festival of Creativity)로 명칭이 바뀌었으며, 공모 부문도 확대되고 있는 상황에서 참고자료를 얻을 수 있다. 기존 예술 장르가 파괴되고 있는 현대사회에서 광고의 역할이 확대되고 있는 구체적인 사례를 분석하고 대안을 제시하는 실력을 구비해야 한다. 생활문제와 사회 이슈를 해결하기 위한 광고적인 접근법을 논의하고 발표하면서 새로운 해결책을 제시하는 '프로페셔널의 자질'을 함양해야 하겠다. 실제로 솔루션을 제작해보고 실행 가능성이 높은 우수 창작물은 우리 사회의 문제 있는 의뢰인(client)에게 제안하는 적극성을 가져야 한다. '산학협력'의 기회를 만들어 '비즈니스 모델' 구축 능력을 갖춘 크리에이터가 되어야 할 것이다.

4차 산업혁명 시대에 일등으로 살아남고, 그 성과를 사회공동체와 공유하는 사람이 되어야 한다. 레드오션에 빠지지 말고 블루오션에서 자기만의 영역을 구축하려는 자세가 필요하다. 세상살이 하는 데 선도자(First Mover)가 되기 어렵다. 하지만 어려우니까 프로는 도전해야 하는 게 아닌가 생각한다. 그 '성취의 기쁨'이 훨씬 크기 때문이다.

트렌드 와칭과 재해석

'거리와 가게에서 시대를 읽어야 한다'는 트렌드 읽기의 기본이다. 미니스커트가 짧아질수록 경제 불황은 더욱 깊어진다는 속언도 트렌드 와칭(trend watching)의 하나이다. 트렌드의 의미는 경향이나 동향, 추세 또는 단기간 지속되는 변화나 현상이다. 트렌드는 세상사에 일시적으로 떴다가 사라지는 유행이 아니라, 소비자들을 구매로 이끄는 원동력이고, 소비자들이 현재 공감하는 관심 요소, 분야, 성격, 특성이라고 정의할 수 있다. 트렌드는 시장의 생태계가 변화 속에서 살아 움직이기 때문에 잘 관찰해야 한다. 상품도 변하고, 경쟁도 변하고, 기술도 변하고, 소비자도 변하고, 경제 환경도 변한다. 변화의 와중에 **트렌드 세터**(trend setter)가 새로운 비즈니스 모델을 창출하기도 한다. 비즈니스의 관점에서는 현재 소비자들이 원하는 라이프스타일에 영향을 주는 현상이기에, 마케터들이 트렌드 조사와 분석에 시간을 많이 투자하고, 빅데이터를 활용하여 의미와 가치를 해석하는 이유도 여기에 있다고 할 수 있다. 그래서 트렌드는 '현실분석'과 '미래예측'의 두 기능을 갖고 있어야 한다. 가시적인 환경적인 변화와 비가시적인 일반 소비자 심리와 트렌드 세터에 대한 심층연구가 입체적으로 수행되어야 한다는 것이다.

또한 소비자는 트렌드를 따라가는 경향이 있지만, 트렌드를 앞서가려는 '**잠재적 욕구**'도 있다. 혁신가(innovator)나 초기 채용자(early adopter)를 보면 알 수 있다. 소비자 인사이트로 '세상살이의 중심'에 있는 콘셉트를 발견해야 한다. '트렌드 읽기'가 섬세한 감수성과 정교한 논리성을 갖추어야 하는 이유이기도 하다. 잠수함에서는 토끼를 기른다고 한다. 혹시 산소가 부족하여 군인들의 생명을 위태롭게 할 수 있는데, 토끼가 민감하게 반응하여 위기를 알려준다는 것이다. 최근의 도시 빌딩에서의 업종 변화를 눈여겨볼 일이다. 스타벅스나 테이크아웃 커피전문점이 들어가고 은행이 빠져나오고 있다. 생활의 중심이 은행이 아니고 커피점이라는 사실을 확인할 수 있다. 은행은 자동 지급기로 대체되고 은행원은 고임금으로 고부가가치를 만드는 자리로 옮겨야 한다. 사람들이 만나서 대화하고 정보를 교류하는 곳으로 커피점이 들어온 것이다. 최근 '**이어폰**'이 인기리에 판매되고 있는 이유는 '소확행'과 '일인가구 증가'와 '나나랜드 심리'와 '일상 탈출의식'과 '5060세대의 오팔세대화' 등의 복합적인 요인으로 봐야 할 것이다.

멀티플레이어 수행능력

사회 직장인은 지식, 기술, 태도, 도구 사용력 등으로 구체적이고 실질적으로 업무를 수행할 수 있는 것을 말한다. 광고인도 문제를 해결하기 위해 선도적인 혁신사고를 가지고 찾아낸 솔루션을 제안해야 한다. 다양한 관점을 가질 수밖에 없는 이유가 아래와 같다.

첫째, 광고는 마케팅 커뮤니케이션이다. 협의의 광고는 상품(기업)판매를 촉진시키기 위한 커뮤니케이션이지만, 단기적이고 직접적인 판매에 매달리지 않고 장기적이며 간접적인 방법으로 소구한다.

둘째, 광고는 사회이슈를 해결한다. 광의의 광고는 상품(기업)의 문제를 해결하는 방법을 사회 문제를 해결하는 창의성으로 연계하여 확장시킨다는 뜻이다. 광고 창의성(creative)이라는 도구를 활용하여 문제와 갈등을 치유하고 대안을 제시하여 풍요로운 사회를 만드는 데 기여하겠다는 공유가치를 실현하고자 한다. 광고는 단순한 상품 판매에서 벗어나, 인터랙션으로 홍보 효과를 제고하고 사회 문제를 해결하는 가치를 공유하는 수준으로 전략이 되어야 한다. 경제적 가치와 사회적 가치가 공생하는 공존전략을 구사해야 반향을 일으킬 수 있다.

셋째, 광고는 종합예술이다. 광고는 문제를 해결하려는 분명한 메시지가 있어야 한다. 무엇을 해결하고 어떻게 해결하며 어떤 매체를 사용하는지 제시해야 한다. 구체적인 창작물을 통해 소비자(고객)와 만나며 공감을 이끌어내어 행동을 변화시키는 과정이다. 구체적인 아이디어를 발상(Q-5)하고 다양한 매체에 탑재할 작품을 생산해내야 하는 예술이다.

넷째, 광고는 예술경영이다. 광고는 수주산업이 아니다. 적극적인 제안형 기획서를 제출하고 광고주(의뢰인)의 동의를 구해 실행하는 산업으로 바뀌었음을 인식할 필요가 있다. 목표는 비즈니스 창출이어야 한다. 향후 광고인은 부티크 경영자나 비즈니스맨이 되고 싶은 꿈이 있어야 한다.

다섯째, 광고는 예술의 경영이고, 예술에 의한 경영이며, 예술을 위한 경영이라는 관점을 이해해야 한다. 예술은 기본적으로 크리에이티브의 과정이며, 솔루션은 문제해결력이기에 모든 장르와 복잡한 사회·경제적 문제를 해결하려는 독창적인 의지를 갖고 있어야 한다.

여섯째, 광고 크리에이티브는 원소스 멀티유즈이어도 좋고, 리라이팅이어도 좋고, IMC(통합 마케팅 커뮤니케이션)이어도 좋다. '낯설게 보이기'도 좋고, 해체와 재해석도 좋다. 컨설팅과 콘텐츠 프로바이더(contents provider)의 역할까지 도전할 것이다.

광고 크리에이터는 'H형' 인간

세상살이 하면서 기획업무와 창의성 비즈니스를 해야 한다면 가져야 할 재능과 자질이다. 이 능력은 광고인이나 일반인에게나 '일맥상통'하는 요건이라고 생각한다.

첫째, 수평적 넓이와 수직적 깊이이다. 광고 크리에이터는 박박사(薄博士)가 되어야 한다고 했다. 박(薄)은 비록 얇은 지식이지만 다양한 분야의 지식을 섭렵해서 풍부한 발상력을 가져야 한다는 뜻이다. 수평적 넓이를 말한다. 아마추어리즘(Amateurism)이다. 박사(博士)는 한 가지 전문 분야를 심도 있게 연구하는 사람이다. 한 분야에 정통하면 다른 분야도 정통할 수 있다고 한다. 수직적 깊이를 말한다. 진정한 프로페셔널리즘(Professionalism)이다. 그래서 크리에이터는 아마추어이면서 프로의 길을 가는 복합형 장인이다. 아마프로(AmaPro)라고도 한다. 크리에이터가 'T'자형 인간에서 'H자형'인간이 되는 것은 기본이다.

둘째, 문사철(文史哲) 600 독서이다. 학창시절에 회자되었던 말이다. 일생 동안 문학 책300권, 역사 책 200권, 철학 책 100권을 읽어야 한다는 것이다. 인생을 알게 되고 사회를 보는 눈이 생기고 감성훈련이 된다는 뜻이다. 600권을 읽으면 책 6권 정도를 저술할 수 있는 지식을 쌓을 수도 있으니 자기 분야의 전문가 대우도 받을 수 있게 된다. 민주시민으로서 교양은 물론 독창적인 이론 개발까지 가능하지 않을까. 카피라이터와 크리에이터가 기본기로서 가져야 할 덕목이라고 생각한다. 이른바 백과전서파의 문화예술 애호가인 딜레탕트(dilettante) 기질을 가져야 할 것이다. '지적 호기심'이 충만한 사람이 크리에이터이다.

셋째, 인간은 유기체다. 육체적으로 3대 필수 영양분과 필수 비타민과 미네랄이 필요하다. 이것을 크리에이터가 정신적으로 가져야 할 성분으로 대체한다면, 3대 필수 영양분은 표현력 · 어휘력 · 설득력이다. 필수 비타민은 역사의식과 지혜와 미래예측력이다. 미네랄은 개념과 본질과 사고력이다. 특히 카피라이터는 3대 필수 영양분에 집중하여 기본 라이팅 능력을 길러야 한다. 다른 직종의 크리에이터는 카피 마인드를 제고할 수 있는 자양분을 보충해야 할 것이다.

넷째, NQ(Network Quotient) 지수이다. 관계지수이다. 미국의 한 조사에 의하면 MIT 대학 졸업생의 사회진출 후의 성공요인은 '25% 기술과 75% 인간관계'라고 한다. 우수한 두뇌만 믿지 않고 조직과 인간관계에서도 높은 지수를 유지했다는 결론이었다. 인터넷으로 대표되는 복잡한 사회일수록 관계망(network)이 중요하다는 것을 증명해주고 있다. 감성지수(Emotional Quotient)와 사회성 지수(Social Quotient)도 지식보다는 지혜가 중요하다는 것을 반증하는 지수들이다.

다섯째, 커뮤니케이터(communicator)이다. 크리에이터는 프레젠테이션을 통해 설명하고 기획을 파는 '보이지 않는 설득자(hidden persuader)'이다. 원만한 대화 기법으로 광고주(client)를 전략적 성공의 길로 인도하는 커뮤니케이터이다. 설득에는 보이지 않는 의도와 계산된 연결고리가 숨겨져 있어야 한다. 잠재의식의 구매충동을 자극하는 공명장(共鳴場)이 있어야 한다.

여섯째, H형 인재이다. 디지털 시대의 크리에이터 상(像)이다. 융합과 통합의 시대에 'T'자형 인간으로는 부족하다. 다매체, 다문화, 다인종, 다국가, 다변화 등 모두가 개인화되어 복잡계 사회를 복합사고로 보지 않으면 해결책을 찾을 수 없게 된다. 한꺼번에 2가지 이상을 동시에 소비하는 현대인의 특성을 따라잡아야 한다. 이런 복합 소비는 입체사고로만 해결할 수 있기 때문이다. 그래서 크리에이터는 1개의 전공자인 'T'형 인간에서 2개의 복수전공자가 되어야 한다. 기본적으로 파이(π)형 인간이다. 2020년 새로운 시대엔 'H형 인재'가 되어야 한다. 4차 산업혁명 시대엔 3가지 이상의 직업군에서 9가지 이상의 업무를 하게 된다고 한다. 실전 현장에서 성과를 창출하는 프로는 두 가지 이상의 영역에서 융합 사고를 할 줄 알아야 한다. 'H'의 '세로의 두 기둥'은 전혀 다른 전문성이고, 두 영역이 상호충돌하고 연합하면서 새로운 '돌연변이'를 만들어야 한다는 것이다.

일찍이 스포츠에서도 경계파괴는 이루어지고 있다. 농구에서는 가드와 포워드의 구분이 없어지고 지역방어 전략이 무색해지고 있단다. 축구에서는 히딩크 감독이 실시한 토털 사커(total soccer)가 현대 축구의 전형을 보여주고 있다. 공격수와 수비수의 역할이 엄격히 구분되지 않고 그라운드의 모든 영역에서 모든 선수가 득점하기 위한 올라운드 플레이(all round play)로 최선의 기량을 쏟아부어야 한다.

삶을 스포츠와 비유할 때, 인기종목인 축구에 가깝다고 말하는 경우가 있다. 페터 한트케가 쓴 소설《페널티킥 앞에 선 골키퍼의 불안》과 현대인의 삶이 유사하다는 것이다. 이 '불안'을 해소하기 위해서 무엇을 할 것인가? 미래학자들이 꼽는 21세기 디지털 시대의 핵심 역량 중 하나는 창의력이다. 창의력은 상상력에 문제를 해결할 수 있는 '구체적인 의(意)'가 있다. '의'는 뜻이요 의미다. 스티브 잡스에 의하면 창의력은 '점'과 '점'을 연결하는 능력이다. 전혀 관계없는 두 영역을 강제

결합시켜 긴장과 불안을 초월하는 것이다. '점'과 '점'을 잇는 '다리'를 만드는 능력이다. 핵심은 '거부'가 아니라 '연결'에 있다. 현대사회가 갈증을 느끼는 창의력 인재를 강조하는 이유는 그만큼 공급이 절실하다는 것이다. 상상력은 생각의 근육이라고 한다. '다리'를 기획하고 설계하는 'H형' 혈액을 가진 사람은 태어나는 것이 아니라 만들어진다는 사실을 기억하고 실행해야 한다고 생각한다. 세상사 모두가 그렇게 될 것이다.

전공자보다는 전문가를 키우는 시대

"영문과 졸업했으니, 영어회화는 잘하겠네요?" "아닙니다, 중상 정도예요." 자기소개나 면접에서 주고받는 이야기다. 굳이 영어만의 문제가 아니다. 전자공학과 전공자가 컴퓨터 부품 하나 제대로 못 끼운다고 한다. 생활 속에서 문제를 해결할 수 있는 능력이 아니라, 학력을 중시하는 세태에서 생긴 현상이다. '꿩 잡는 게 매다'라는 말이 있다. 실제로 이름에 걸맞게 제 구실을 다해야 한다는 뜻이다. 단언컨대 요즘 같은 경제난에 실사구시의 정신이 필요하다. 교양과 인격체로서 시민정신 함양도 중요하지만, 전문직업인을 양성하고자 하는 전문대학교의 재발견이 필요하다. 창조경제를 말하면서 전문대학교의 존재이유를 떠올리는 것은 '전공자-전문가'의 차별화와 특성화를 시도하고 있는 전문대학교의 재인식 때문이다. 인문학으로 성찰해야 한다는 것도 배고픔이 지나쳐, 배 아픔으로 치달을 때는 잠시 잊게 되는 말이 된다.

이름난 대학을 졸업하면 평생 생활이 보장되던 학벌사회에서 '능력사회'로 바뀌어야 한다. 20년 공부해서 30년 직장인으로 살던 아날로그 시대는 지났다. 20년 공부해서 3년 직장인으로 살아가는 디지털 시대가 되었다. 급변하는 교육환경의 변화는 토플러가 경고했다. '시속 100마일로 달리는 기업체에, 시속 20마일로 달리는 학생을, 시속 10마일로 달리는 학교가 가르치고 있다'는 것이다. 지속적으로 자기계발을 하고 새로운 지식을 섭취하지 않으면 뒤처지는 사회가 되었다. 우리는 과시형 인간으로 명품효과의 허위의식 속에서 우리 자신을 속이고 살아온 것이 아닌지 물어봐야 한다. 형식을 우선시하고 내용은 대충 무시하는 관행을 갖고 있다. 겉치레를 중시하여 체면과 명분과 허례의식을 따지기보다는, '무엇을 해결할 수 있는가'를 찾아야 글로벌 경쟁시대에도 살아남을 수 있다.

대졸자가 전문대학교에 재입학하는 사례가 늘어나는 현상이 무엇을 말하고 있는지 따져볼 일이다. 특정 전공학과를 다녔던 학생이 모두 전문가가 되는 것은 아니다. 전문가가 되기 위해서는 10,000시간의 법칙을 알고 있지 않는가. 특히 예술교육은 물론이고 전공분야에서는 10년 공들여야 탑을 세울 수 있다. 졸업장에 기록된 전공학과는 명함에 쓰인 소속회사나 팀과 연계성이 약하다. 물론 '전공 적합도'가 우수하면 좋겠지만, 사회와 기술의 진보는 그 연대를 약하게 만들고 있다. '예술과 과학의 접목'을 통한 신예술의 창조에는 숙련기술과 독창성으로 문제를 해결하는 전문가 역할이 중요하다. 예술은 단순히 공장의 기계를 다루는 방법을 넘어서, 창의적으로 세상의 활력을 만드는 해법이라 하겠다.

세상살이에서 변하지 않는 진실이 있다면, '세상에 변하지 않는 것이 없다'는 것 자체라는 말이다. 사회경제를 역동적으로 만드는 변화의 주체가 문화예술이라는 것에 동의할 것이다. 문화예술은 바로 창의성과 혁신을 기반으로 하며, 끊임없는 창조에 대한 욕망이기 때문이다. 전문가 대접을 받기 위해서는 문제에 대해 짧은 시간에, 적은 비용으로, 완벽하게 해결책을 제시해야 한다. 이 경지에 오른 인재를 장인(Master)이요 생활의 달인이라고 한다. 그러나 단순한 연습만으로는 창의적인 해결책이 나오지 않는다. 이론과 실기를 겸비하고 타 학문, 타 장르, 타 분야까지 경계를 허물고 융합해야만 창의적이 된다. 특히 새로운 과학기술의 통합으로 패러다임을 바꾸는 관점을 제시해야 한다. 이런 전문가의 '생각의 확장'을 통하면 지역 밀착기업도 글로벌 기업으로 도약하게 된다.

이제 우리 사회에 필요한 인재는 전공자가 아니다. 숙련과 방법을 터득하여 해법을 제시할 줄 아는 **전문가**로 키워야 한다. '능력중심사회'로 전환하는 정책에 부응하는 전문대학교를 우리는 재발견해야 한다. 전문대학교는 산업현장이 요구하는 직무능력인 '지식+기술+소양'의 국가능력표준(NCS)에 주력하여 전문가를 육성하고 있으며, 향후 국제적인 표준으로 선도해나가면 우리나라의 지식 경쟁력을 높이고 교육 선진국으로서 리더십도 발휘할 수 있게 될 것이다.

전공자는 학벌과 배경과 인맥을 자랑하지만, **전문가**는 실력과 능력과 자긍심을 신뢰한다. 전공자는 해답을 아는 척하지만 전문가는 문제를 풀려고 한다. '어제의 전공자'를 '오늘의 전문가'로 바꿔주는 전문대학교가 왜 **'전문'**대학교라고 명명했는지 이해하면 창조산업의 문제를 풀 실마리가 나올 것이다. '법학전문대학원(law school)'이나 '의학전문대학원(medical graduate school)'도 **'전문'**대학원(school)이다. '일반'대학원이 아니다.

12장
융합과 협업

소의(小醫)는 질병을 치료하고, 중의(中醫)는 마음을 치유하고, 대의(大醫)는 사회를 고친다는 말이 있다. 의학이란 자연과학이 아니라 사회과학인 것이다. 그런데, 사회를 다루고 인간을 다루는 의학이 언제부터인지 질병을 다루고, 병원균을 다루고 개별 질환을 다루는 자연과학의 일부가 되고 말았다. 의사들은 사회의 문제를 고민하고 사회를 고치고자 하는데 관심을 갖기보다는 개별 질병을 고치는 것이 목표가 되었다. 현대의학의 패러다임이란 바로 환원론적이며 기계론적인 생물학적 개념에 기초하고 있다. 인간 전체를 바라보고, 사회의 문제까지 접근하지 못한다.

더 나아가 자본주의 시장경제에 기초한 의료개념은 의술의 발달이 곧 경제적 부가가치 창출이 되고 있고, 약과 의료기기의 발달이 곧 의료산업의 원동력이 되었다. 이러한 의료 패러다임에 기초한 의학교육을 받고 배출된 의료인력은 학교에서 배운 대로 질병 중심, 개별 질환 중심의 생물학적 의료를 추구한다.

그러나, 메르스 감염에서 보듯이 앞으로 인류를 위협하는 감염병의 관리는 사회적 접근, 정책적 · 행정적인 접근이 우선적으로 중요하게 되었다. 질병을 치료하는 의료기술과 의료인력, 장비 등이 중요한 이상으로 역학적인 접근을 통해 효율적으로 감염질환을 예방할 수 있는 노력은 절대적으로 중요하다.

하지만, 지금까지의 의료개념에 익숙한 의사들은 우선 개별 환자의 질병을 치료하는 것에는 강한 의욕과 정열을 보이지만, 사회적 관리에 대해서는 거의 손을 놓고 있었다. 그 결과 오늘과 같은 현상을 초래하게 된 것이다.

따라서, 앞으로 국가는 의학교육의 목표와 미래사회가 요구하는 바람직한 의료 패러다임으로써 사회적 관심과 노력을 기울이는 의료인을 양성해야 한다. 개별 환자의 질병을 잘 고치는 명의가 존경받는 이상으로 사회적 질병관리 분야가 존중을 받을 수 있어야 한다. 최고의 수술실력을 가진 명의가 필요하듯이, 질병예방과 관리의 사회적 접근을 할 수 있는 의료인을 배출해야 한다. 이것이 앞으로 한국의

료가 나아가야 할 방향이라고 생각된다.

현대는 누구나 쉽게 찾을 수 있는 '위키피디아식 지식'은 더 이상 필요없는 시대로, 이제 중요한 것은 어떻게 연결하고 융합하느냐다. 노하우(Know how)가 중요하던 시대는 저물었고, 이제 노 와이(Know why)와 노 웨어(Know where)의 시대가 되었다. '왜'라는 근원질문을 해야 하고, 구글링이라는 검색으로 지식이 '어디에' 있느냐가 중요해졌다.

한 단계 더 심화해 경계를 파괴하고 초월하며 넘나드는 '융합(convergence)'이 세상을 이해하고 편집하는 새로운 관점을 만들어준다. 융합은 정보를 수집하고 선별하며 새로운 가치를 부여해 전파하는 큐레이터(curator)의 심화 확장이다. 시간을 역사로, 장소를 공간으로, 인간을 주체로 만드는 '융합'을 통해 인식의 지평은 넓어지며, 사고는 멈추거나 갇히지 않게 된다. 융합의 옥동자인 창의성은 세상살이의 공기와 인간의 영혼을 자유롭게 만들 것이다(네이버).

정말 창의력이 강조되고 창조와 융합이 요구되는 시대가 되었다. 다만 급속한 기술의 진보와 가치의 변화 속에서 인간의 두뇌는 더 이상 속도와 효율 면에서 컴퓨터 알고리즘을 뛰어넘을 수 없는 것으로 판명되었다고 한다. 기존의 사고체계로는 더 이상 인간의 미래가치를 만들어내기 힘들어졌기 때문이다. 대량 정보를 수용할 수 없게 되었고, 코드가 맞지 않아 해석할 수도 없게 되었다.

심지어 교육계에서는 미래의 융합인재를 육성하기 위해 문과와 이과의 통폐합까지 논의되고 있을 정도다. 그러나 모두들 어떻게 상상하고 창조하며 융합해야 하는지 경험해보지 않은 '가보지 않은 길(The Road not taken)'을 가야 하니까 구호와 선언에 그치지 않고 실용적인 방법을 찾아야 한다. 그 길은 바로 '융합'이다.

혁신의 의의

혁신(革新, innovation)은 묵은 관습, 조직, 방법 등을 적절하다고 생각하는 방법으로 새롭게 바꾸는 것을 말한다. 혁신은 사물, 생각, 진행상황 및 서비스에서의 점진적인 혹은 급진적인 변화를 일컫는 말이다.

그래서 혁신은 예술, 경제, 사업 및 정부정책과 같은 영역에서 이전과 확연히 다른 변화의 결과를 세상에 내놓아야 한다. 혁신의 목표는 임의의 사람 및 사물의 긍정적인 변화가 수반되어야만 한다.

경제학에서 혁신이란 생산자의 가치 및 소비자의 가치 두 가지의 가치가 증대되어야만 한다. 생산성의 향상을 주도하는 혁신은 경제적으로 부를 증가시킬 수 있는 기초적인 자원이다(《위키백과》).

'또 다른 햄버거를 만들지 않는다'는 '혁신'이라는 것은, 단순히 그 표면적 다름의 문제가 아니라 대상의 본질을 이루는 것들을 건드려, 전에 없던 '가치혁신(Value Innovation)'을 만들어내는 것이라는 이야기이다. 비즈니스의 혁신이론은 혁신을 두 가지 형태로 나눈다. 파괴적 혁신(Disruptive Innovation)과 존속적 혁신(Sustaining Innovation)이다(Clayton Christensen).

첫 번째, 존속적(점진적) 혁신(Incremental Innovation)은 기존의 것과의 연속선상에 있는 혁신(Continuous Technical Evolution)이다. 존속적(점진적) 혁신은 기존의 것을 토대로 하는 혁신으로, 해당 산업이나 기술 등과 같은 특정 영역에서의 전문적 지식(조사, 분석을 통해 획득되는 지식을 포함)을 토대로 이루어지며, 일반적으로 기존에 우위를 가지고 있었던 기업이나 완고한 시장에 속한 기업들은 점진적 혁신을 시도하게 된다.

두 번째, 파괴적(급진적) 혁신(Radical Innovation, Discontinuous Innovation)은 기존 형태의 산업에서는 사용되지 않았던 자원 및 속성들을 사용하여, 기존 산업의 형태를 변화(Disrupt)하는 형태로 발생하며, 상대적으로 유연한 시장이나 새로이 산업에 진입하는 경쟁자들이 주로 채택하게 된다.

시장의 성격(완고함 vs 유연함)이나 시장 내에서의 포지션(시장선도기업 vs 신규진입기업) 등에 따라 그 추구해야 하는 방향이 달라질 수 있기 때문이다. 또한 그것이 완전히 급진적인 혁신인 경우 시장을 새로이 창출해야 하는 것(Pioneering)과 관련한 위험 역시 수반된다.

따라서 이와 같은 혁신의 창조에 있어 중요한 것은 '혁신 경로(Innovation Path)'의 지속적 유지와 내부역량 간의 조합(Fit), 그리고 그 혁신의 방향성 및 혁신의 정도이다. 혁신에 있어서는 경쟁에서 승리하는 것에 집중하는 것보다, 혁신 자체에 집중하는 것이 중요하다는 것이라고 할 수 있다.

간결하게 말하면, 혁신은 충족되지 않은 니즈(Needs)를 관찰하고, 들어주고, 해결해주는 것이다. 즉 구성원이 느끼는 '통각점(Pain point)'의 해결이다. 결국 혁신에서 가장 중요한 것은, 해당 산업 내의 통각점을 찾아 그 문제의 요인들을 남들이 생각지도 못했던 자신만의 방법으로 변화시킴으로써 해결해주고, 동시에 자기 자신을 지속적으로 파괴하며 또 다른 혁신을 이룩하려는 철학일 것이다(이은세).

이런 관점에서 우리는 4차 산업혁명 시대에 '어디에 있고 무엇을 해야 하는지 전략적 고민'을 해야 할 것이다. 소위 '골든 서클'로 왜(why), 무엇을(what), 어떻게 (how)의 질문 순서를 거치면서 우리의 정체성(identity)을 바탕으로 직관과 아이디어와 실행력을 기획해야 할 것이다. 이런 과정과 그 성과가 혁신이라고 할 수 있다. 다만 '혁신의 확산'은 만만찮은 작업이다. 사안에 따라서는 '고르디우스의 매듭 (Gordian knot)'처럼 대담한 방법을 써야만 풀 수 있는 문제일 수도 있다는 것을 알아야 한다.

우리가 할 수 있는 혁신과제를 선택하고, 과감한 실험과 실행을 통해 성과를 창출하기 위해서는 세상 사람들에게서 '미움받을 용기'도 가질 필요가 있다.

그래서 '세상엔 변하지 않는 게 없다는 것이 변하지 않는 진실이다'의 시대에 '혁신은 불가피'할 뿐이다. 혁신이라는 '방향'이 정해졌으니 '방법'을 찾으면 되고, '속도'를 내는 구체적인 아이디어나 대책을 실행하면 될 것이다.

생각의 융합

《생각의 융합》(김경집)은 창의성이 무엇인지를 '융합' 사례로 잘 보여주고 있다. 100년이라는 시간의 간격을 뛰어넘어 콜럼버스와 이순신을 만나게 했고, '자유로운 개인'의 역사 속에서 우리는 렘브란트와 거스 히딩크와의 교차점을 발견하고, 코페르니쿠스와 백남준을 혁신사고로 연결할 수 있다. 또한 한국의 강기훈 유서대필 사건과 프랑스 드레퓌스 사건을 이야기하면서 같은 듯 다른 역사의 장면들을 목격하게 한다.

위에 언급한 사례는 하나하나 모두가 역사 속에서 잘 알려진 사건들이다. 우리 모두가 이미 학습하여 잘 알고 있는 역사적 사실들이다. 우리에게는 이미 '낡은 것'들이다. 그러나 시공간을 뛰어넘어 '익숙한 사건'들을 임의로 '강제결합'시키면 전혀 예상하지 못했던(unexpected) 관점이 생긴다. 지금까지 '누구도, 함부로' 시도하지 않았던 두 사건(사물)을 나란히 '병치'시키면 "왜 이런 생각을 못했지?" 하는 탄성이 나올 수 있다. '아무나, 마음대로' 발상하고 '쉽게' 연결시켜보면 된다. 생각의 감옥이나 틀을 깨면 되는 기법이고 방법론이다.

크리에이티브(creative)의 본질이 이런 '익숙한 것의 낯선 결합'이다. 바로 '생각의 융합'이다. '남편이 아내를 만들고, 아내가 남편을 만든다'는 슬로건이 있다고 하자. 남편의 속성을 잘 반영하여 기억에 남는 이유도 있지만, 익숙한 '남편'과 '아내'를 강제결합 시킨 수사학이 강해서 기억에 남을 수 있다. 만나기 어려운 두 단어를 만나게 했을 때 생기는 '낯설게 하기' 효과를 촉발하기 때문이다. 낯설다는 것은 하나의 '충격'이다. 충격받으면 두뇌의 장기기억장치에 저장되고 심하면 트라우마가 되기도 할 것이다. 이런 연계발상이 간단한 창의적인 결합에서 나온다.

시간과 공간, 다양한 분야를 자유롭게 넘나들며 기존에 알고 있었던 단편적 지식들의 연결고리를 심도 있게 찾는다. 그 과정에서 읽는 이들은 새로운 관점과 낯선 진실들을 만나게 되고, 그 길을 따라가다 보면 어느새 우리는 새로운 '생각의 지도'를 갖게 된다. 변화하는 세상에서 새로운 미래가치를 창출할 수 있는 것이 바로 '생각의 융합'임을 발견하게 한다.

융합사고는 전공 안에 있는 세부전공의 '수직적 융합'으로는 부족하다. 전혀 다른 전공끼리 '수평적 융합'이어야 제대로 된 통섭이 이루어진다.

역사, 신화, 미술, 문학, 철학 등 다양한 인문학 분야들은 물론이고, STEAM(과학, 기술, 공학, 예술, 수학) 분야를 아우르면서, 하나의 사건을 그것을 아는 것에 그치지 않고 거기서 새로운 가치를 지속적으로 도출해내려고 했다. 이런 발상은 일반 금속에 '촉매'를 사용하여 강한 충격을 줌으로써 새로운 물질을 만들어내려는 '연금술'과 통한다. 이것은 새로운 '케미(chemistry, link)'의 탄생으로, 모든 창의성의 시작인 것이다. 생각의 무한한 확장성은 융합적 사고와 학습을 혁신해야 할 이유가 될 것이다(김경집,《생각의 융합》).

수평적 융합 지향이다

사회 트렌드도 융합을 통해 경쟁력을 확보하려는 노력이 전 세계적으로 진행되고 있다. 융합 방식은 수직적 융합과 수평적 융합으로 나눌 수 있다. 수직적 융합은 지금도 많이 활용되고 있지만, 의사결정 주체와 업무의 지휘통제 및 책임이 각각의 스페셜리스트인 분업 형태의 물리적 융합이다. 수평적 융합은 세부전공을 수직적으로 심화하면서 인접 전공(장르)과 통합하는 프로페셔널의 '화학적 융합'을 지향한다. 다분히 과정중시와 성과지향이다.

우리는 정보통신기술(ICT)의 융합처럼 이종교배(異種交配)를 통한 혁신으로 '화학적 융합'을 하고, 혁신을 창출하기 위한 창조적 파괴와 생존전략을 수립할 때라고 할 수 있다.

또한 생각의 융합은 그동안 배운 낡은 지식들을 방대한 빅데이터 속에 저장하거나 학습시켜 재구성하거나 재해석하는 과정을 거쳐야 한다. 그러면 기대하지 않았던 솔루션(solution)을 추출할 수 있는 기회를 포착할 수 있다. 그 출발은 '질문'이고 '호기심'이다. 방송 프로그램 〈차이나는 클래스〉(JTBC)의 슬로건은 '질문은 모든 것의 시작이다'라고 한다. 질문은 4차 산업혁명 시대가 세상살이에 요구하는 지상명령이다.

벽을 넘어서

우리나라의 취업시장은 너무나 모순적이다. 취업시장은 경제 상황이 어렵다고 불안이고, 구직자인 학생들은 일할 곳이 없다고 불평하고, 구인자인 기업들은 일할 사람이 없다고 불만이다. 기업과 학생이 서로 상대방을 간절히 원하지만 일자리를 주고받지 못하는 것이다. 이런 취업시장의 미스매칭(mismatching)이 발생하는 근본이유는 무엇일까? 무엇보다 기업들이 원하는 '인재의 유형'이 달라졌기 때문이다. 기업생태계가 완전히 디지털 전환(digital transfomation)되었는데 채용 의사결정권자의 사고방식이 아직 진화하지 못했기 때문이다. 경영자들은 말로는 세상이 바뀌었다고 하지만, 자기소개서에 지원동기나 인생 사건 같은 걸 쓰게 만들고 있다. '인성'과 '품성'을 강조하면서 성향을 보려고 한다. 미래계획이나 협업할 프로젝트가 무엇인지 등의 미래를 묻는 것은 드물다. 협업하지 않고 회사생활을 할 수 없다는 것은 자명한 일이다. 그 내용에 해당하는 '프로젝트'를 발상할 수 있는 아이디어나 솔루션에 대한 평가제도가 우선적으로 도입되어야 한다. 공모전 수상 실적과 인턴 경력도 중요할 수 있겠지만, 어떤 내용이었는지를 규명하는 게 더 중요하다는 것이다. 성과주의 사회에서 결과를 중시하는 것과 같다.

문제는 결과가 아니라 '과정'이다. 그래서 '교육과정'이라고 하지 않는가? 구글의 입사문제를 전해들으면 알 수 있다. '도로의 맨홀 뚜껑이 동그란 이유는?'이다. 이런 문제는 답이 하나일 수 없다는 것이다. 개인의 능력과 경험에 따라 다양한 발상으로 대답할 수 있다. 과거 제조업 중심 시대에는 시키는 일만 편람(mannual)대로 수동적으로 잘해내는 사람이면 충분했다. 하지만 이제는 창조적(creative)으로 생각하며 능동적으로 일하는 인재, 전공 분야뿐만 아니라 다른 분야까지도 통합적으로 이해하고 발상하는 인재, 즉 융합형 인재가 필요하다.

글로벌 인재포럼은 세계 59개국의 HR(Human Resources, 인적자원) 전문가들이 참여해 인적자원 개발 및 관리에 대해 토론하는 자리다. 인재포럼의 주제 가운데 하나로 '벽을 넘어서(Beyond Walls)'가 있었다. 충분한 역량을 키우고자 최선을 다해 공부하고 있는데도 불구하고 학연, 지연, 혈연 등의 '보이지 않는 장벽'에 막혀 좌절하는 사람들이 적지 않다. '사회적 자본'으로서의 신뢰와 '공정성'을 해치는 이러한 벽은 개인의 실패로만 끝나지 않는다. 세대 간의 장벽, 지역 간의 장벽, 대기업과 중소기업의 장벽, 학계와 산업계의 장벽 등으로 확산된다. 마침내 미래 사회를 준비하는 인재의 재교육과 성장을 가로막는 벽으로 공고화되기 쉽다. 보다 나은 공동체사회를 가꿔나가기 위해서는 이런 벽을 제거하는 일이 선행되어야 할 것이다. 벽을 제거하는 제도나 시스템이나 문화에 대한 솔루션도 융합정신으로 찾아야 할 것이다. 변하는 세상을 이끌 인재양성에 대한 성찰과 혁신이 나와야 할 것이다.

융합형 인재, 어떻게 키울 것인가?

사물인터넷(IoT), 인공지능(AI), 로봇(Robot), 빅 데이터(Big data), 자율주행차 등의 첨단기술과 가상현실(VR), 증강현실(AR)을 활용한 미래예술이 등장할 4차 산업혁명 사회에서 미래 직업의 실체는 '예측 불가능성'이다. "현재 교육과정의 유통기한은 '딱 1년'으로 봐야 할 정도다. 1년 단위로 변경할 수 있으니 1년일 뿐이다. 일단 사라진 직업만큼 새로운 일자리가 생기지 않고 그래서 점점 더 일자리는 줄어들어 원상회복 불가능성이다. 이처럼 변해가는 세상에서 창조적인 인재로 살아가기 위해서는 무엇을 가르쳐야 할까?

그것은 바로 "새로운 방법으로 사고하고 새로운 관점으로 혁신하는 것"이다. 로제프스키 교수는 "커리어 내비게이션, 혁신, 직업윤리 등 세 가지로 교과과정을 정비해야 한다"고 했다. 미래는 지금보다 역동적이고 변화의 범위가 광대화 될 것이다. 또한 미래는 경험하지 못했던 사건들이 생겨 불확실하고 모호해지며 복잡해지기 때문에 드론에서 관망하는 입체사고를 해야 할 것이다. **입체사고는 3차원 사고라고 할 수 있다. 2차원 사고인 관리는 주어진 틀 안에서 방법을 찾는 것이라면, 3차원 사고인 리더십은 위험을 무릅쓰고 실험하며 성과를 창출하고 이해충돌을 통합하는 능력이다. 이러한 융합형 인재는 새롭고 체계적인 교육과정을 통해 양성할 수 있다.

음식은 그 나라의 문화적 특성을 잘 반영한다고 한다. 밥·고기·나물·고추장을 비벼 '웰빙 음식'이 된 비빔밥은 무엇보다 건강식품이면서 융합식품이다. 그래서 한국은 융합의 나라라고 해도 지나치지 않다. 사계절 기후나 반도 국가로서의 대륙과 섬의 문화도 다양성 측면에서는 융합된 나라라고 할 수 있다.

비빔밥의 정신은 두루 섞이고 어우러져 보다 풍부한 맛을 자아내고, 이를 공동체 구성원 모두가 나눠 먹는 데 있다. 서로 다른 색깔과 식감, 영양을 가진 재료들이 한 그릇에 비벼지는 최고의 시너지 효과가 우리 민족에게 내면화되어있다고 본다. 비빔밥에 내재된 공동체의식, 화해, 상생의 이미지와 통합에 착안한다면 바로 그것이 우리가 사랑하는 비빔밥의 정신이다. 이 '비빔밥 정신'이 지난 5,000년 동안 '축적의 시간'으로 숙성시켰기 때문에 창의사회(creative society)를 더 잘 키울 수 있지 않을까라고 생각해본다.

독일의 낭만주의 철학자 요한 고트프리드 헤르더는 함께 공존하는 다양한 민족을 '신의 정원에 핀 수많은 꽃들'이라는 말로 유려하게 비유했다. 헤르더의 표현을 빌려 이렇게 비유하고 싶다. '비빔밥은 신의 음식에 핀 13가지 맛'이 아닐까?

창조를 이끄는 13가지 생각도구

'생각도구'들은 실제적인 것과 상상의 것 사이에 영속적인 연결망을 만들어준다.

창조성이 뛰어난 사람들은 그들의 말과 행동을 통해 그 방법을 알려준다. 그들이 각자 발견한 것들을 한 군데로 모은 것이 '생각의 도구'들이다. 이것이야말로 창조적 이해의 핵심이다. 이 도구들은 관찰, 형상화, 추상화, 패턴인식, 패턴형성, 유추, 몸으로 생각하기, 감정이입, 차원적 사고, 모형 만들기, 놀이, 변형, 그리고 통합이다.

끝으로 가장 중요한 통합은 지금까지 설명한 생각도구들의 완결이라고 할 수 있다. 왜냐하면 이해한다(understand)는 것은 항상 통합적이며 많은 경험의 방식들을 결합하는 일이기 때문이다. 통합에는 두 개의 기본적인 요소가 있다. 하나는 공감각(共感覺, synesthesia)으로, 이는 동시에 복수적으로 감각하는 것을 일컫는 신경학적 예술론적 용어다. 어떤 소리는 색채를 유발하며 어떤 맛은 촉각이나 기억을 불러낸다.

통합은 지식의 통합을 전제로 한다. 통합된 지식 안에서는 관찰, 형상화, 감정이입과 기타 생각도구들이 유기적으로 작용한다. 이 작용은 변형의 경우에서처럼 순차적으로 이루어지는 것이 아니라, 동시다발적으로 이루어지며 기억, 지식, 상상, 느낌 등 모든 것들이 따로따로가 아닌 전체로, 그리고 몸을 통해서 이해된다.

이 단계에서 토크(torc, 물체를 회전시키는 힘)를 숫자로 표시하는 방정식이 실제로 문을 열 때 손에 느껴지는 회전력으로 직접 다가온다. 우리는 이것을 몸과 마음, 감각과 분별력을 이어주는 '**통합적 이해(unified understanding)**' 혹은 종합지(綜合知, synosia)라고 부르는데 이것이야말로 생각도구를 가르치는 일의 최종목표라고 할 수 있다(생각 도구).

공감각과 통합은 두 개 이상의 '이종교배'를 전제로 한다. 천재들의 생각도구에서 추출한 방법론도 결국은 '낡은 것의 새로운 결합'이라고 할 수 있다. 광고 창의성의 개념과 일맥상통한다.

컬래버레이션(Collaboration)

두 명 이상의 전문가가 함께 클라이언트(client)에게 어떤 서비스를 제공하는 절차를 의미한다. 사전적으로 공동작업 · 협력 · 합작이라는 뜻으로, 이종 기업 간의 협업, '협력', 마케팅 및 생산적 관점에서는 '합작'이라는 의미를 가진 단어이다.

마케팅에서 각기 다른 분야에서 지명도가 높은 둘 이상의 브랜드가 손잡고 새로운 브랜드나 소비자를 공략하는 기법으로, 주로 패션계에서 디자이너 간의 공동작업을 일컫는 용어로 많이 쓰였다. 최근에는 다양성과 예술성을 추구하는 수단으로 채택된다고 한다. 즉, 한 브랜드가 다른 브랜드와 협력하여 신제품을 창조해내고 업종의 경계를 뛰어넘는 협력을 한다. 젊은이에게 희귀성으로 인기 있는 스케이트보드 브랜드 '**슈프림(Supreme)**'이 명품 브랜드 루이뷔통과 협업한 사례는 잘 알려져 있다. 어울리지 않을 것 같은 브랜드가 서로의 장점을 극대화시키고 신규 시장과 소비문화를 창출해내는 것이다. 이러한 마케팅 방식이 도입된 초기에는 제품과 유명인이 협업해 한정판을 내놓고 반짝 매출을 올리던 방식이었다. 오뚜기 진라면의 예술마케팅이 좋은 사례다. 이제는 제품기획 · 제품출시 · 매장디자인 · 전시회 개최 등 전 과정에서 협업하는 '토털 컬래버레이션'으로 발전하고 있다. 앱솔루트(ABSOLUTE) 보드카가 앤디 워홀 같은 유명 예술가들과 협업한 사례가 있다.

컬래버레이션을 단순한 '1+1=2'로 생각하는 '산수문제'로 생각해서는 안 된다. 표면적인 '더하기'가 아닌 본질적 '융합'으로 시너지를 낼 수 있는 전략을 사용해야 한다. 합작하는 양자가 '**강점 강화**'와 '**이슈 부각**' 같은 화제성을 살려 의외성을 주고, 소비자의 호기심을 자극하는 이벤트성도 중요시해야 효과적이다. 무엇보다도 컬래버레이션의 복합적인 고차방정식을 푸는 사고를 할 수 있어야 한다. 업종이나 장르에 한정되지 않고 시야를 넓혀 소비자에게 주목받을 수 있는 참신한 발상이 필요하다. 슈프림(Supreme)과 협업한 미국 신문 워싱턴타임스는 첫 면에 'Supreme'의 박스로고만 인쇄된 '신문 아니 신문'으로 초판 30만 부가 바로 매진되었다고 한다.

컬래버레이션 마케팅은 제품과 유명인 또는 명품 브랜드, 유명 디자이너, 세계적인 미술작가 등 다양한 분야와 접목시킬 수 있다. 제품과 유명 스타를 협력시킨 미국의 스니커즈 브랜드인 스케처스가 팝스타를 앞세워 내놓은 '브리트니 스피어스 스케처스' 또는 일본 아디다스가 가수 보아의 이름을 딴 '아디다스 보아'를 출시한 것을 들 수 있다. 대한항공은 2010년 온라인 게임 스타크래프트 2 광고로 래핑한 여객기를 선보였고, 자동차 회사인 BMW의 '아트카 프로젝트'는 앤디 워홀·로이 리히텐슈타인·제프 쿤스 등 세계적인 현대미술 작가들과 협업해 '예술작품 같은 광고'로 주목을 받았다.

결국 협업이란 '문제 해결'이라는 과업을 수행하기 위한 융합 정신과 이어진다. 지구 온난화 문제, 미세먼지 문제, 조선산업 구조조정 문제, 일회용 플라스틱 사용 문제, 비정규직 양산 문제, 주 52시간 근로 문제, 도심재생 문제 등 사회문제를 해결하는 데도 협업과 연대를 통해 공론화하고 융합사고로 '실천적 아이디어'를 발상해야 한다. 협업은 '이래서 안 되고 저래서 안 되는' 부정사고를 벗어나 '이래도 되고 저래도 되는' 긍정사고로 전환시켜 준다. 우리가 바라는 협업의 생태계 조성이 공동체 구성원의 '연계순환 통합'의 시스템으로 정착할 수 있는 기회가 되어야 할 것이다.

오픈 이노베이션

경영전략 트렌드에서도 '오픈 이노베이션'이 대세다. 외부의 기술이나 아이디어를 활용해 상품을 개발하는 방식을 '오픈 이노베이션'이라고 지칭한다. 조직의 외부에서 해답을 찾는 것이다. R&D 방법론을 넘어 경영 전반으로 확산되고 있으며, 대중이 참여하는 '크라우드 이노베이션'도 활성화 단계에 왔다고 본다. SK이노베이션이라는 기업명은 '이노베이션'의 중요성을 예단할 수 있는 사명이라고 하겠다. 나이키사는 미국에 자체공장이 없다. 디자인만을 개발하고 전 세계에 연계된 협력업체가 생산한 상품을 바로 전 세계 유통매장으로 직송한다. 인기 있는 스파(spa) 상품들도 이런 시스템을 사용한다. 전 세계에서 기획·제조·판매별로 지역

경쟁력을 가진 곳에 업무를 외주화하여 생산 시스템을 관리하는 것이다.

또한 외부 디자이너와 협업하거나 전 세계의 유·무명 디자이너를 발굴한다. 세계 각지에서 디자인 워크숍을 개최하고 우수한 작품에 대해서는 라이선스를 사서 상품화하기도 한다. 디자인을 모두 외부에서 해결하고 소비자들에 잘 팔릴 수 있도록 상품화하고 생산하는 역할을 한다. 즉 디자이너와 고객을 이어주는 중재자인 셈이다.

P&G는 자체 연구개발 방식인 R&D(research & development)를 외주 제작 방식인 '결합 개발(C&D: Connect & Development)'로 전환하여 핵심적인 경영전략으로 삼고 있다. P&G는 신제품의 50% 정도를 이 C&D 방식으로 개발했다고 한다. P&G의 연구·개발 인력은 1만 명 내외이지만 이러한 방식을 활용해 이의 150배 이상인 150만 명의 R&D 효과를 거뒀다는 자체 분석도 있었다. 일종의 외부지성을 활용한 전략경영이며 연구개발의 '지렛대 효과'이다. 코스메틱이나 한국콜마 같은 화장품회사도 유명 브랜드의 OEM과 ODM 방식의 외주 협력업체로 알려져 있다. 컨버전스 시대에 산업 간의 경계가 모호해지고 상품 라이프사이클의 변화도 심해지면서, 경영 전반에 걸친 다양한 관점에서나 효율성 제고 측면에서 오픈 이노베이션의 중요성이 강조되고 있다.

오픈 이노베이션 전략의 성공요인은 무엇일까?

〈겨울왕국〉의 고수익 신화에서 그 단서를 찾을 수 있다. 약 12억 달러의 흥행 수익을 올린 〈겨울왕국〉은 디즈니의 창의적 벤치마킹 결과다. 디즈니는 한동안 강력한 경쟁자인 픽사와 드림웍스에 고전했었다. 디즈니는 경쟁사의 약진을 통해 시대 상황에 따라 변화하는 고객들의 니즈를 발굴했다. 그리고 경쟁사인 픽사의 디지털 기반의 첨단기술력과 드림웍스만의 캐릭터와 스토리에 디즈니만의 감성을 더했다. 그래서 탄생한 작품이 〈겨울왕국〉 시리즈이다. 이 작품에서는 이전에 볼 수 없었던 엘사와 안나라는 아름답고 강한 여성 캐릭터와 스토리가 등장한다. 그래픽은 마치 실사 영화를 능가하는 생생한 기술력을 보여줬다.

오픈 이노베이션은 기업이 궁극적으로 추구하는 **연대의식**이고 **네트워킹**이며, 그 결과물은 차별화다. 하나의 프로젝트를 최상의 작품으로 완성하기 위한 '드림팀' 구성이다. 지속 가능성과 공감력을 최고 수준에서 결정하고 객관적으로는 무오류를 위한 상호 점검(cross check)할 수 있는 체계 구축이라고 할 수 있다. 나아가서 '재해석'의 안목을 얻을 수 있다. 고착화된 디즈니의 이야기 구조를 탈피하여 새 캐릭터를 창조해낸 것이다. 그래서 디즈니의 대표작 〈슈렉〉의 피오나 공주는 못생겼고 〈쿵푸 팬더〉의 주인공 포는 무술 영화의 주인공답지 않게 너무 느리고 뚱뚱했다는 평을 받고 있는 것에서 알 수 있다.

덴마크에서 출범해 80여 년의 역사를 가진 레고도 비디오 게임에 고객을 빼앗기기 시작하고 2000년대 들어 적자경영으로 위기에 봉착했다. 변화하는 사회환경에 따라 고객의 니즈를 수용할 수 있는 시스템으로 오픈 이노베이션이 절실했다. 레고는 2008년 고객으로부터 아이디어를 받고 고객 상호 간에 아이디어를 공유하는 사이트 '쿠소'를 오픈했다. 여기에 누구든지 레고 블록으로 제작한 자신의 작품을 올릴 수 있다. 이 작품들에 대해 회원들이 평가하고 1만 명 이상이 투표하면 제품화한다. 고객 스스로는 온라인에서 자신이 원하는 레고를 직접 디자인하고 주문할 수 있게 했다. 레고의 디자이너는 120여 명에 불과하지만 이 프로그램을 통해 활동하는 자발적 디자이너는 12만 명에 이른다고 한다. 이런 오픈 이노베이션은 단순한 외주제작 시스템에 그치는 게 아니다. 전 세계적인 연대의식이고 사회공동체의 연대의식이며, 업종 간의 경계파괴이고 새로운 생산성을 제고하기 위한 '부의 확장'이다. 또한 역량과 기술의 '비교우위론'에 입각한 업무분장이며 공존공영의 기업철학이 숨어있다고 봐야 할 것이다. 4차 산업혁명 시대에 적합한 기업 생태계의 혁신이라고 하겠다.

그러나 오픈 이노베이션은 무조건 외부 역량의 도입이 아니라 내부 역량에 바탕을 두어야 한다. 내부에 통제센터(Control Tower) 기능이 있어서 기업철학과 정체성을 준수해야 한다. 외부와의 연대에 대한 SWOT 분석을 하고, 내부 성찰 후에 자신의 강점을 강화하면서 약점을 보완하는 체계로 외부 연대가 이루어져야 한다.

특히 자신보다 우월한 기업과의 연계나 자기의 기술과 특허를 외부 기업에게 공개하는 인사이드 아웃(inside-out) 전략이 좋은지, 반대로 아웃사이드 인(outside in) 전략이 좋은지를 사전 검토해야 한다. 국내에서도 벤처기업이 개발하고 제안한 특허기술을 대기업이 수주를 취소하거나 동일 기술을 개발하여 특허의 도용이나 소유권 분쟁을 일으키는 사례가 생길 수 있기 때문이다.

이런 혁신적인 아이디어는 기업에만 존재하는 것이 아니다. 일반 대중으로부터 혁신적인 아이디어를 모을 수 있다. 아마추어 개인 사용자들이 기업의 혁신 활동에 제한적이지만 참여하여 상품개발에 기여하는 제도가 많아지고 있다.

이미 우리에게 익숙한 '프로슈머'라는 개념은 생산자(Producer)와 소비자

(Consumer)의 합성어로, 제품의 개발 과정에 소비자의 의견과 아이디어를 적극 반영해 새로운 제품을 만드는 것을 의미한다. 다양한 경험을 갖고 있는 대중의 지혜를 모으는 과정이라고 할 수 있다. 삼성화재의 '투척형 소화기'의 발명으로 고객 서비스를 제고하고 실질적인 효과를 창출하여 기업 이미지도 좋아지는 효과를 만들었다.

여기에서 한 걸음 더 나아가 신제품 개발 과정에 대중을 적극적으로 참여시키는 방법이 '크라우드 이노베이션(Crowd Innovation)'이다. LG전자의 LG챌린저가 좋은 사례. 소비자가 제안한 상품화 아이디어를 인터넷 공개투표로 평가하고 선정된 아이템은 실제로 상품화하여 판매한다. 수익금을 공유하는 오픈 이노베이션이다. 사업자금 측면에서 참여를 요청하는 경우에는 크라우드 펀딩(crowd funding)이라고 한다. 벤처 창업자금이나 아이디어 신제품 개발비용이나 공익성 자금의 모금이나 마니아층을 대상으로 한 영화제작비 조달 등에 흔히 사용되어 일반화되고 있다.

소셜 상품 개발 플랫폼인 미국의 '쿼키(Quirky)'는 크라우드 이노베이션을 활용하는 비즈니스 모델로 알려져 있다. 2009년 6월 벤 커프만이 설립했고 현재 회원은 100만 명이 넘는다. 쿼키의 홈페이지에는 매주 2,000개 이상의 상품 관련 아이디어가 올라온다고 한다. 올라온 아이디어에 대해 회원당 하루 10표까지 투표할 수 있다. 총 200표 이상 득표하거나 내부 임직원 평가에 의해 선정된 아이디어는 전문가의 검토를 받게 된다《조선비즈》.

매주 목요일 쿼키 뉴욕 본사에서는 '에발(Eval)'이라고 불리는 최종 단계의 제품 아이디어 평가 회의가 진행된다. 여기에서 전문가의 평가를 거쳐 살아남은 15개의 아이디어에 대해 심도 있게 논의한다. 이를 인터넷으로 생중계해 공정성을 높이기도 한다. 이렇게 해서 최종 3개의 아이디어를 선정하고 이를 상품화한다. 아이디어 제안자는 판매에 따라 일정 부분의 수익을 배당받는다. 소셜 네트워크의 진화에 따라 혁신의 주체가 소수의 기업에서 다수의 대중으로 확산되고 있다. 오픈 이노베이션 차원에서 이를 적극적으로 수용할 필요가 있다. 앞으로는 각종 공모전이 공모전 자체에 의미를 두기보다는 새로운 수익을 공유하는 실제적이고 혁신적인 비즈니스 모델로 정착하게 될 것이다. 만세3창의 창(槍)을 가지기 위한 이노베이션이다.

공모전의 의미는 대중의 참여를 통한 집단지성의 발견이고, 주제의식을 확산시키는 것이라고 할 수 있다. 응모작들은 독창성과 관련성을 기반으로 친근한 오락성까지 가미한 창작물이기에 대국민 홍보는 물론이고 대중의 참여의식을 고취하는 효과를 낼 수 있다. 특히 대학생들의 공모전은 '시점 전환'을 바탕으로 다양한 '생활 속의 에피소드'를 소재로 재미와 감성을 자극하는 창의적 표현기법을 사용하여 참신한 아이디어를 광범위하게 수집할 수 있다.수상작품들은 주최자(client)의 고유 업무와 중요성을 널리 대중에게 이해시키는 데 크게 기여하므로 오픈 이노베이션 관점에서 진행해야 할 것이다.

프로 구단의 외국인 용병, 영화제작에서 드림팀 구성

요즘 서울의 초등학교는 자율학습시간이 되면, 아이들은 아이패드를 꺼내 든다고 한다. 모든 학생은 각자 아이패드 안에 가상의 '러닝 메이트(learning mate)'를 가지고 있기 때문이다. 일종의 '학습 도우미'라고 하겠다.

러닝 메이트는 인공지능을 가지고 있는 가상의 친구에 가깝다. 내가 문제를 풀지 못하면 같이 수정해나가며 지식을 새로 익혀간다. 반복적으로 틀리는 부분이 생기면 친절하게 맞춤형 자료를 만들어주기도 한다. 처음엔 모든 러닝 메이트가 똑같이 만들어졌지만 학생 개인의 특성에 따라 나중엔 전혀 다른 모습으로 성장한다. 최근 교육학에서 각광받는 '자기 주도형 학습'을 인공지능 컴퓨터에 적용한 것이다.

이 '러닝 메이트(learning mate)'와 같은 발음이지만 뜻이 다른 '언어유희' 같은 러닝 메이트(running mate)가 있다. 조력자 역할을 해주는 '절친한 친구'라고 하겠다. 원래는 경마에서 연습상대가 되는 말이나 우승이 유력한 말의 페이스메이커(pace maker)로 나가는 말이었다. 최상의 성과를 내기 위해서는 '학습 도우미'나 조력자가 절대적으로 필요하다는 걸 알 수 있다.

히말라야 산맥의 고산준령을 등반할 때도 '셰르파'라는 동반자가 필수 인력이다. 원래 셰르파는 등반가의 짐을 날라주는 단순보조인이 아니라 소수민족의 이름이었다. 셰르파는 정상으로 향하는 새로운 길(route)을 개척하는 인력이다. 이들의 개척정신을 '패스브레이킹(path breaking)'이라고 한다. 패스는 사람들이 지나다녀 생긴 작은 길이다. 브레이킹은 '깨뜨리는 행위이다. 기존의 틀을 과감하게 벗어나 남들이 가지 않은 길을 새롭게 만들어내는 파이어니어(pioneer)들이다. 위대한 등반의 성공기에는 반드시 따라다니는 조력자들이다.

최근 몇 년 전부터 대학가에 융복합 열풍이 거세다. 학과 간 두꺼운 벽을 깨고 융합연구를 하는 일이 일반화되고 대세가 되었다. 성균관대학교는 문과, 사회과학, 경제학, 자연과학부를 문리과 대학으로 통합하는 방안을 추진하고 있고, 연세대학교는 송도 국제캠퍼스에 융합학과를 설치한다고 한다.

전략은 이렇게 장단기 혁신과제를 개발하고, 우선순위(priority)를 선정하고 제도적으로 시스템을 만들어 실행해야 한다. 혁신전략의 사례로 '2014 브라질 월드컵'에 대해 언급하면 이해가 빠를 것같다. 최고의 성과를 창출하기 위한 '과정'을 분석할 필요가 있기 때문이다. 강력한 우승 후보인 브라질이 초토화되고 독일이 우승했으며, 각 언론에서 월드컵 결산에 대한 보도가 나왔다. 독일 축구가 왜 진화했는지 3가지로 요약해보면 다음과 같다.

첫 번째, 힘과 조직력을 바탕으로 한 전통적인 독일 축구에 남미, 스페인의 개인기를 접목하여 **전통과 혁신을 조화**'했다는 것이다. 2014년부터는 독일 같은 조직적 축구가 지배할 것이라는 분석이며, 독일 축구를 '메탈 사커'로 칭하며, 이는 단단한 조직력을 바탕으로 한 '힘의 축구'라 하겠다.

두 번째, 폴란드, 아프리카 출신의 우수 선수를 과감히 기용해서, 국가대표 선수로 발탁하는 '혁신적인 개방'이라 하겠다. 다양한 문화와 혁신적인 사고방식을 융합한 드림팀의 구성이라고 하겠다.

마지막으로 독일은 10년 전부터 월드컵을 준비해왔으며, '유소년 클럽'을 많이 양성하여 철저한 기본기와 지속 가능한 축구를 전개한 '탄탄한 장기전략'이다.

이러한 분석 기사를 보면서 우리 사회의 이념과 정책 방향, 개방을 통해서 연계·순환·통합 시스템과 함께 진취적으로 나갈 때라고 본다. 앞으로 어떻게 사회적 트렌드를 빨리 받아들여 전개해야 하는지를 월드컵 결산과 함께 생각해봤다. 월드컵 사례로 우리의 전략을 확인하는 방법은 간단하다.

기존의 가치관을 깨는 '새 규범(New normal)'인가?

전통을 현대적으로 재해석한 새로운 개념인가?

변화에 대해 구성원의 생각이 개방적인가?

지속 가능성을 가진 퍼포먼스(performance)인가?

기본이 탄탄한가? 등

이런 '질문과 토론'을 보장할 수 있을 때 전략으로서의 혁신가치를 가진다고 본다. 과연 "변화는 좋은데, '변화하는 과정'이 싫다"면 무엇을 할 수 있을까?

이처럼 **융복합 공동연구**가 늘면서 연구 주제 역시 과거와 확연히 달라지고 있다. 도식적인 주제에서 벗어나 실용적이고 실험적인 연구를 시도하게 된다. 융복합 연구는 다양한 분야 학자들이 모인 만큼 주제도 현실적이고 실용적인 경향이 크다고 볼 수 있다. 다른 관점이 상호충돌하면서 퀀텀 점프(Quantum jump)가 이루어지는 것이다.

인간의 장수(長壽) 연구분야에서 권위자인 의대 교수가 '장수기업'을 연구하는 경영학 교수와 공동연구를 한다. '장수'라는 연결고리로 이종결합을 수행하는 것이다. 장수하는 사람의 특징을 기업이론에 접목하는 창의적인 연구다. 이런 다양한 학문 간의 '통섭'이라고 볼 수 있다. 연구 패러다임 쉬프트를 보여주는 학제간(interdisciplinary) 연구의 대장성이라고 하겠다. 인문학적 상상력과 과학적 합리성, 예술적 창의성을 섞어 사회문제에 대한 실질적인 해법(solution)을 제시하는 연구가 많아진 것도 특징이다. 이런 변화는 후발주자에서 선두주자로 도약하는 연구실력을 겸비한 데서도 찾을 수 있겠다.

전공 간 연계성을 높인 '**하이브리드 핵심교양과목**'을 개설하는 대학도 많아졌다. 사회현상이 다양한 요인으로 얽혀 있기 때문에 제대로 해법을 찾으려면 학문 간 융복합은 필수적이다. 문제가 달라졌기에 연구방법도 달라져야 할 것이다.

서울대는 다양한 학과 출신자들을 묶어 만든 융합전공이나 학과 구분 없이 학생을 뽑는 **자유전공학부**도 만들었다. 서울대 융합전공인 '정보문화학'의 경우 언론정보학, 미학, 디자인학, 컴퓨터공학, 경영학 등 다양한 전공의 학생들이 모인 연합전공이다. 학과에서는 문화콘텐츠 산업에 대해 공부한다고 한다. 워낙 관심이 많은 학생들이 수업에 참여하다 보니 학과 공부를 하다가 창업에 이르기도 한다.

사회에서 요구하는 지식의 내용, 창출 방식, 유통 방식까지 모두 달라졌다. 이제 교수들은 학생들에게 '**왜, 무엇을, 어떻게 가르칠 것인가**'에 대한 질문을 하고 대안을 도출해야 할 것이다. 'H형 인재'상은 드림팀을 이끌 미래형 인재일 것이다.

해커톤(Hackathon)

'해킹(Hacking)'과 '마라톤(Marathon)'의 합성어인데, 마라톤처럼 일정한 시간과 장소에서 프로그램을 해킹하거나 개발하는 행사를 일컫는다. 일반인에게 해킹은 불법적으로 컴퓨터를 공격하는 행위라는 의미로 많이 사용되나, 컴퓨터 프로그래머 사이에서는 '난이도 높은 프로그래밍'이란 뜻으로 쓰인다고 한다. 정보기술(IT) 기업에서 지속적 발전의 원동력으로 작용했다. 페이스북은 기획자, 개발자, 디자이너는 물론이고 인사, 마케팅, 재무 등 모든 구성원에게 밤새 음식과 간식을 제공하면서 아이디어와 생각을 직접 만들어 보게 하는 해커톤, 즉 '끝장 대회'를 개최하는 것으로 유명하다. 융합형 인재들이 모여 논쟁하면 전형적인 시너지 효과가 나타날 것이다.

광고회사에서도 경쟁 프레젠테이션 날짜가 잡히면 '**야간비행 작전**'을 실시한다. 기획과 아이디어를 발상하기 위해서 치열하게 논의한다. 마케터, 기획자(AE), 크리에이티브 디렉터(CD), 영상플래너(CMP), 아트디렉터(AD), 카피라이터(CW) 등이 '밤샘 토론'을 하여 '유레카'라는 빅 아이디어를 찾는다. 사실 '최대 다수의 최대 공감'을 얻기 위한 광고 크리에이티브나 혁신적인 아이디어는 혼자 실험실에서 현미경을 보고 있을 때 생기는 것이 아니었다.

전통적으로 아이디어가 잘 나오는 환경으로 '4B'가 있다. **침대**(Bed), **욕조**(Bath), **버스**(Bus), **벤치**(Bench)이다. 주로 혼자 '멍 때리기' 같은 망중한을 즐길 수 있는 시간과 장소이다. 요즘엔 두뇌 활성화를 촉진시켜주는 한잔 술의 맥주(Beer)가 더 효과적이라고 말한다. 생각은 서로 다른 의견을 가진 사람들이 모여 아이디어에 생명력을 촉발시키는 '액셀러레이터'가 있어야 한다는 관점이다. 배경과 이해관계가 다른 다양한 생각들이 서로 충돌하고 변형되고 숙성되면서 혁신을 끌어내는 '다이내믹 네트워크'에서 탁월한 아이디어가 생긴다는 것이다. 머릿속을 맴도는 예감이나 직감도 숙성이라는 발효과정을 거쳐야 아이디어로 탄생하게 된다. 이런 환경을 조성해주는 게 '해커톤'이다.

다윈은 자서전에서 '**자연선택**'이라는 개념에 도달하게 된 과정을 고전적인 '유레카!'의 순간으로 밝히고 있다. 다윈은 1838년 10월 서재에서 맬서스의 《인구론》을 읽고 있을 때 자연선택의 기본 얼개가 머릿속에 떠올랐다고 한다. 그러나 '다윈의 노트'를 살펴보니 '자연선택에 대한 전체 이론'이 훨씬 전부터 다윈의 저작 곳곳에 존재하고 있었던 것이다. 실제로 **위대한 생각**(Big Creative)은 아주 오랜 '축적의 시간'을 거쳐야 어느 한 순간 '유레카'의 탄성을 얻게 된다고 본다. 광고물(Creativity)은 명사형이고 결과물이지만, 광고(Creative)는 동명사이고 과정이다. 그래서 광고 제작은 'Creativity'가 아니라 'Creative'라고 표기해야 정확한 표현이 된다. 광고는 해커톤이라는 '발효과정'을 거치기 때문이다. 따라서 우리가 탁월한 아이디어를 얻기 위해서는 해커톤 같은 긴장(tension)을 가질 수 있는 환경조성이 필요하다. 또한 이런 긴장을 해소시켜주면서 '이완' 단계를 주어 아이디어를 숙성시키는 기간을 주고 있다. 현재 구글에서는 근무 시간의 20%를 혁신의 시간으로 활용하도록 한다. 구글만의 '발상문화'를 만드는 방식으로 보인다. 이렇게 길러진 직감을 다른 사람의 예감과 서로 연결시키고 충돌시키는 것이다. 익숙한 것들을 연계시켜 새로운 것으로 통합시키는 '진실의 순간'이 구글이 구글다운 이유이고, 탁월한 아이디어가 나오는 산실이다(《탁월한 아이디어는 어디서 오는가?》).

제품을 팔진 않는 체험형 오프라인 매장

서울 성동구 아모레퍼시픽의 뷰티라운지 '아모레성수'에서 테스팅을 끝낸 립스틱을 구매하고 싶다고 하자 거절하는 답이 돌아왔다. 여느 매장과 달리 이곳에선 제품을 '써'볼 수 있지만 '사갈' 수는 없다. 원하는 제품을 마음대로 써보고 샘플까지 얻어서 기분이 좋다며 소품이나 자리 배치와 같은 작은 부분에 관한 건의도 한다고 한다.

소비자의 구매 패턴이 온라인으로 옮겨가며 오프라인 매장의 위기론이 나오는 가운데 아예 '물건을 팔지 않는 매장'까지 등장한 것이다. 판매보다 '색다른 경험'을 강조해 브랜드 이미지를 제고하는 체험형 매장의 극단적 버전으로 '안테나숍(antenna shop)'이라고 하겠다. 소비자의 선호도나 반응을 파악하여 상품개발과 판매촉진 방안을 강구하기 위한 전략적인 점포이다.

매장엔 아모레퍼시픽의 30여 개 브랜드 제품과 세면대, 의자, 거울 등을 배치해 메이크업을 놀이처럼 즐길 수 있다. 아모레퍼시픽은 2030세대 고객과의 소통을 위해 이 공간을 기획했다. 화장품 브랜드 AHC도 서울의 명동 매장을 체험형 플래그십(flag ship) 스토어 '퓨처살롱'으로 리뉴얼했다. 매장 대부분을 미디어월(뷰티 관련 영상이 상영되는 벽)이나 피부 테스트존 등으로 꾸몄다. 목표는 잠재 고객에게 브랜드에 대한 호감과 믿음을 주는 것이다. AHC 전략은 브랜드의 철학과 가치, 의지를 나타내는 공간에서 제품에 대한 긍정적인 기억을 갖게 된 고객들이 '미래의 소비자'로 이어질 수 있다고 보기 때문이다. KB국민은행에서 대학가에 카페를 마련하여 방문고객 수를 늘이려는 '고객접점 전략'과 비슷하다.

사무용 가구 브랜드 데스커의 복합문화공간인 '데스커 시그니처 스토어'에선 누구나 자유롭게 웹서핑, 게임, 독서를 즐기거나 카페를 이용할 수 있다. 온라인 매출이 오프라인 매출보다 15배나 많지만, 게임 등 다양한 관심사를 가진 잠재고객에게 브랜드를 알리려는 마케팅 전략이다. 삼성전자는 2016년 뉴욕 맨해튼의 첼

시 인근에 판매보다 체험을 강조한 디지털 놀이터 '삼성837'을 연 데 이어, 2019년 9월엔 '삼성 킹스크로스'를 영국 런던에 열었다. 선글라스 브랜드 젠틀몬스터도 갤러리를 연상케 하는 플래그십 스토어를 운영 중이다.

오프라인 매장이 온라인 중심의 소비 패턴에 적응해 기능과 역할을 변경하는 마케팅이다. 과거 상품 유통의 통로였던 오프라인 매장이 이젠 소셜 네트워크 서비스(SNS) 바이럴 마케팅의 한 축으로 활용되고 있다는 증명이다. 전 세계적으로 '체험형 매장'은 이미 하나의 트렌드가 됐다고 할 수 있다.

방시혁, "나의 원동력은 분노와 불만"

방시혁은 서울대학교 제73회 학위수여식에 참석, 졸업생들에게 축사 연설을 했다. "세계 우수 언론들이 '유튜브 시대의 비틀스'라고 부르는 방탄소년단을 만들었으며 수많은 히트곡을 배출한 프로듀서이자, 빅히트 엔터테인먼트를 유니콘 엔터테인먼트로 발전시킨 기업인 방시혁 빅히트 엔터테인먼트 대표는 부당한 현실을 인정하지 않고 '분노와 불만'으로 그것을 바꾸던 가치관이 지금의 자신을 만들었다"고 설명했다. 그는 앞으로도 이런 태도와 정신을 유지해나가며 세상을 바꾸고 행복을 찾을 것이라 말했다. 방시혁은 "지금까지 그래왔듯, 앞으로도 방탄소년단은 K-Pop 밴드의 태생적 한계를 넘기 위해 노력할 것이며 빅히트 엔터테인먼트 또한 대한민국 음악인이 처한 부당한 현실을 바꾸기 위해 노력할 것이다"라고 전했다. 'BTS'의 재해석으로 'Beyond The Stage'가 있다. '무대'를 넘어 '시대'를 산다가 아닐까.

방시혁이 '기획, 연출, 생산, 유통'을 총괄한 방탄소년단은 빌보드에서도 주목하는 보이그룹 아이돌로, 〈피 땀 눈물〉, 〈DNA〉, 〈IDOL〉 등 다수 히트곡을 발표했다. 한국 가수로서는 불가능해 보였던 Billboard 200 1위를 1년 안에 2회나 차지하고, 역시 Billboard 시상식에서 저스틴 비버, 아리아나 그란데 등 톱스타들을 제치고 Top Social Artist Award를 2년 연속 수상하기에 이르렀다. 그뿐만 아니라 BTS는 미국의 타임지가 선정한 '세계에서 영향력 있는 100인'에 포함되었고, 빅히트 엔터테인먼트는 현재 엔터테인먼트계의 새로운 역사를 쓰는 '유니콘 엔터테인먼트'라는 찬사를 받는다.

방 대표는 2017년 언론 인터뷰에서 "지금 아이돌 가수의 음악은 너무 즐기는 데 집중한다는 생각이 든다. 방탄소년단은 반대로 갔다. 일부러 즐겁고, 행복한 음악보다는 이 시대의 젊은이들이 겪는 가혹한 현실과 그에 대한 고민을 노래하는 데 포인트를 맞췄다. 처음에 멤버들한테 곡, 가사를 써오라고 하니까 다들 과시하는 내용만 써오더라. 다 '빠꾸'시켰다. 무조건 너희들의 이야기를 쓰라고 했다. 그게 유치해 보이지만, 또래 청년들이 더 공감할 수 있다고 생각했다. 본인들의 이야기로 음악을 만들다 보니 자연스럽게 '연작', '성장' 같은 콘셉트도 만들어진 것 같다"고 말했다. "가혹한 청년 현실을 노래하라." 방 대표에게 트레이닝 받은 BTS의 폭풍 성장의 일등공신인 셈이다.

또한, "소셜미디어의 힘에 더해서 기본적으로 K-Pop 특유의 트렌디함과 퍼포먼스가 있었다. 거기에 서구 아티스트처럼 음악에 자신 이야기를 녹여냈다. 유튜브에 올라간 뮤직비디오 댓글을 보면 세계 각시의 언어로 '자살하고 싶었는데 힘이 났다'는 댓글이 많이 달렸더라. 이런 공감과 소통이 성공 비결 아닐까"라며 방탄소년단의 성공 요인을 설명했다. 덧붙여 몇 가지 특징을 더 강조하고 싶다.

첫째, 멤버 7인의 역할 분담과 뛰어난 음악성

BTS 팬덤(ARMY)에서는 BTS가 단순히 잘생기고 춤을 잘 추기 때문만이 아니라 음악성이 우수하기 때문에 환호성을 받는다고 주장한다. '가(歌)', 무(舞), 기(技)'의 완성체라고 할 수 있다. 멤버가 7명이나 되고, 보컬 담당, 랩 담당이 파트가 명확히 구분된 편임에도 불구하고 곡의 통일성을 해치지 않는다. 각자의 개성과 실력을 최대한 존중해주되 노래의 완성도에 더 중점을 두는 방향성이 명확하다.

둘째, 90년대생의 감성을 반영하는 진정성

세상은 밀레니얼 세대가 주인공이다. 새 천년의 문을 열고 새 디지털 시대의 주역으로 성장할 90년대생은 오로지 진정성 있는 감성으로 공감한다. 전 세계의 ARMY는 BTS의 곡을 그들의 언어로 번역하여 의미까지 모두 파악하고 음미한다고 한다. 그러나 BTS는 가사에 그들의 고민과 고백을 자신만의 음악으로 교감하여 전 세계 팬들과 만난다. 전 세계에 각자의 문화도 다르고, 언어도 다르지만, 20대 전후 청소년들이 똑같이 직면하고 있는 이야기와 체험을 가사로 풀어냈다. BTS는 유니세프와 벌이는 캠페인도 의미가 남다르다. "BTS는 데뷔 때부터 동 세대의 문제를 고민했고, 본인들의 나이에 맞게 젊은이들의 고민에 대답하고 메시지를 전달하려고 노력해왔다. 아티스트로서 음악 외에 사회 교류와 참여가 필요하다고 생각했다. 글로벌 차원에서 젊은 세대와 고민을 나누며 우리가 리더십을 가지고 동시대를 이끌면서 사회를 변혁하는 데 기여하자는 뜻을 모았다"고 한다. BTS의 '러브 유어셀프' 프로젝트와 유니세프와 함께할 '러브 마이셀프 펀드'는 "일란성 쌍둥이의 양면"이라고 설명했다.

셋째, 사회적 약자(Underdog)로서 팬들과 공감 및 동일시

BTS는 그룹 결성 시에만 하더라도 한국사회에서 사회적 약자(Underdog) 집단으로 분류될 정도였다. 소속사는 한국 엔터테인먼트 빅3 회사가 아니고 멤버들도 주로 지방 출신이라, 자칫 주목받지 못할 수도 있는 사회적 약자(Underdog)였다. 방송 무대 진출이나 홍보에서도 대접을 받지 못한 경험을 갖고 있었다. 자연스럽게 온라인의 여러 기회를 이용하게 되었고, 노래 가사에도 멤버들이 과거 열등감(complex)에 시달렸던 속마음을 표현하게 되어 공감이 컸다고 본다. 이러한 Underdog의 시각에서 우러난 '땀과 눈물'의 가사는 진정성과 자아 발견의 매개체였다. 노래 가사를 들으면서 20대 전후의 청춘세대는 자신들과 BTS를 동일시하면서 세상살이에서 비슷한 고민을 하고 있다는 사실을 확인하며 위로받게 된다. 이로 인해 BTS의 가사를 통해 삶이 바뀌었다는 팬들이 나타나기 시작했다. 심지어 BTS 뮤직 비디오의 댓글 중에는, BTS의 가사를 듣고 삶에 대한 시각이 바뀌고 희망을 가지게 되었으며 자살 충동도 잦아들었다는 글도 소개되기도 했다.

넷째, 스토리텔링이 있는 앨범, 앨범끼리 연결되는 스토리텔링

BTS는 앨범의 테마에 충실한 노래들을 수록하고, 화양연화 Part 1, 화양연화 Part 2, Love Yourself 承 Her, Love Yourself 轉 'Tear' 등 연작을 발표함으로써 앨범 간 연계전략을 구사했다. 현대의 신화를 구축하듯이 명확한 콘셉트가 있는 큰 그림(Big Picture)을 설계하듯 그려 대서사시를 창작하고 있다. 따라서 팬덤은 한 곡을 들었을 때, 다음 곡이 궁금하게 호기심을 자극하고 있다. 음악은 시리즈로 연속되면서 방송 드라마의 시즌제처럼 대하드라마를 연상케 함으로써 BTS는 노래만 하는 '가수'에 머무르지 않고, 세상살이에 대한 문제를 제기하는 전문 이야기꾼(storyteller)이 되게 한다. 진정한 프로의 전문성과 완성도를 제고하는 장치로 활용하고 있다.

다섯째, 팬덤은 ARMY로 '지킨다'의 의미

BTS는 방탄소년단이기에 ARMY라는 팬클럽의 네이밍도 내포의미가 남다르다. 팬클럽은 지지하고 후원한다는 '느슨한 연대'의 뜻이지만, ARMY는 '충성스러운 군대'이기에 '지킨다'는 적극적인 의미가 더 중요한 '강한 연대'라고 본다. '지킨다'는 의미는 ARMY를 지킬 뿐만 아니라, '나(Myself)'를 지킨다는 뜻과 일맥상통한다고 생각한다. BTS만큼 '나도 소중하다'는 뜻이라, 결국에는 또 다른 ARMY인 'Youself'도 함께 지킨다는 의미가 될 것이다. 팬들의 존재감과 유대감과 일체감을 공유하고 자랑스럽게 생각하게 된다. 이런 ARMY의 팬덤 현상은 신자유주의에 부작용으로 양산된 빈부격차와 계급갈등을 잊고 새로운 사회적 가치를 만들자는 공유의식을 확장시키는 동력이 된다. 그만큼 월드스타로서의 기반을 다지는 효과를 얻게 된다.

여섯째, 소셜(SNS)미디어 시대에 팬들과의 다양한 접점

Top Social Artist라는 타이틀의 영예를 얻은 것처럼 온라인과 SNS 매체 활용으로 다양한 접점에서 팬들과 소통했다. 팬들로서는 자신이 좋아하는 아이돌의 노래(또는 뮤직비디오 및 공연)를 소비할 수 있는 유튜브(YouTube) 같은 무료 콘텐츠가 풍부하다는 것이다. BTS를 노래로 즐기고, 실시간 스트림 방송인 'V live'를 시청할 수도 있고, 동영상으로 올라오는 무대 뒤에 숨어있는 BTS 멤버들의 이야기를 엿볼 수도 있다. 또한 예능의 포맷 같은 〈달려라 방탄〉(Run BTS)이라는 콘텐츠와 '방탄늬우스' 등을 통해 멤버들의 일상에 이르기까지 다양한 콘텐츠를 팬들이 소비할 수 있게 한다. 이를 통해 BTS 멤버들의 캐릭터가 정립되어(JUNGSHOOK, 파괴왕 RM 등등), BTS의 총체성을 즐길 수 있는 대상으로 친구요 오빠요 형으로 인식하게 만들었다. 스타와 팬의 거리감을 좁히고, 팬들로 하여금 '나는 내 아이돌에 관해 속속들이 잘 알고 있다'라는 자부심을 갖게 만들었다. BTS는 해외에서 먼저 유명세를 타고 국내로 인기를 유입시키는 결과가 나왔다. 계획적인 전략이 없었지만 국내에 안주하지 않고 글로벌 매체를 활용하여 자연스럽게 해외에 존재감을 전달한 셈이 되었다. SNS 세상은 국경 없는 세계이기에 그 매체파워를 누렸다고도 할 수 있다.

방탄소년단 멤버들을 단지 가수로만 활용하는 것이 아니라 하나의 캐릭터로 설정하고, 이들을 주인공으로 하는 소설·웹툰·드라마 등을 복합 문화 상품으로 판매하는 OSMU(One Source Multi Use) 전략이나 크로스 미디어 전략을 기획해야 할 것이다.

2019년 3월에는 방탄소년단에 이은 빅히트 엔터테인먼트 소속 두 번째 보이

그룹 투모로우바이투게더(TXT)가 정식 데뷔하고 각종 신인상을 수상하면서 질주
하고 있다.

13장
인터랙티브
스토리텔링 능력

인터랙티브 스토리텔링은 현대 디지털 세상의 주요 키워드로 재인식되고 있다. 인터랙티브(interactive) 테크놀로지 시대요 스토리텔링 시대요 엔터테인먼트 시대라고도 한다. 하지만 그 출발점은 인터랙티브라는 개념에서 나온 것 같다. '인터(inter)'란 접두사는 '사이(between)'란 뜻인데, 이것은 사용자와 콘텐츠 사이의 활동적인 관계를 의미한다.

인터랙티브 관계란 상호적인 교환(two-way exchange)이며, 관객(청중)이 어떤 자극을 준다면, 콘텐츠는 관객(청중)이 준 자극에 반응하고, 또 새로운 자극이나 반응을 요구하게 된다. 물론 비록 비선형적이지만 관객(청중)과 콘텐츠와 다양한 방식으로 자극과 반응을 교환하는 시공간이 만들어지는 것이다. 관객(청중)이 참여하고 공유하는 개방적인 시공간이 하나의 작품이 완성되는 과정인 셈이다. 이 과정이 재미있는 엔터테인먼트 요인이 된다.

그러면서 자연스럽게 스토리텔링으로 지속 가능한 공감을 얻게 되는 것이다. 성공한 인터랙티브 프로덕션일수록 관객(청중)에게 풍성하고 완전히 몰입할 수 있는 시공간, 즉 창작환경을 제공한다는 것이다. 바로 '**사용자 경험(user experience)**'이다.

관객(청중)은 사용자로서 여러 가지 방법과 수준으로 가상 세계, 가상 캐릭터, 가상 물체와 상호작용한다. 인터랙티비티는 가능한 한 많은 감각, 그중에서도 청각, 시각, 촉각을 자극하며, 그리고 어떤 가상현실 환경에서는 후각조차도 자극한다.

다시 말하면, '경험은 몰입'이다. 이것은 수동적 엔터테인먼트에서는 결코 할 수 없다. 성공적인 인터랙티비티는 나와 캐릭터의 일체감을 느끼며 몰입하게 만든다. 인터랙티브 미디어에 몰입하기 위해, 플레이어 또는 사용자는 다양한 방법으로 디지털 콘텐츠와 상호작용할 수 있다.

구슬이 서 말이라도 꿰어야 보배다

인터랙티브 커뮤니케이션(Interactive Communication)은 마케팅 효과를 창출하고 기업의 사회적 책임을 다하여 공유가치를 제안하는 크리에이티브 과정이다. 일단 소비자(고객)의 참여로 소통 행위가 완성된다는 것이다. 광고 크리에이티브는 익숙한 것을 낯설게 하고, 낯선 것을 익숙하게 만들면서 해결책(Solution)을 제시한다. 낯선 듯하지만 낯설지 않는 스토리를 가져야 한다. 그래서 '역발상'으로 창의성이 돋보여야 한다.

스토리텔링이란 무엇인가? 아무리 귀중한 것일지라도 새로운 모양이나 물건을 만들지 않으면 그 가치가 커지지 않는다는 뜻이다. 아이디어를 내는 방법 가운데 이야기가 되게 하라는 것이 있다. 이야기는 스토리가 있고, 그런 스토리를 만들어가는 과정을 스토리텔링(Storytelling)이라고 한다.

이야기가 되게 하려면 어떻게 해야 할까? 이야기를 들은 사람이 보이는 반응이 중요하다. '정말 감동적이다', '너무너무 재밌다', '이 작가는 글을 참 잘 쓴다' 같은 것이다. 이야기를 듣거나 읽는 사람은 어떤 교훈을 얻고 재미를 얻고 싶어 한다. 이런 반응을 분석해보면 스토리텔링은 소설작법에서 다루는 '**주제, 구성, 문체**'의 3요소를 갖고 있어야 독자나 관람객과 소통할 수 있다는 알 수 있다. 멋진 주인공이 있고, 어려운 문제가 생겨 풀어야만 한다. 그 문제의 사건은 잘 해결이 되어 해피엔딩으로 끝나는 게 많다. 재미를 더하기 위해 반동인물이 나타나 위기를 조장하거나 갈등을 일으키게 한다. 〈개그콘서트〉에서도 "공주는 행복하게 살았답니다"로 끝나는 코너가 있었다.

이렇게 이야기가 되기 위해서는 구조가 있고 구성요소가 있다는 걸 알 수 있다. 일화(episode) '하나하나를 꿰는 게' 이야기의 시작이라고 할 수 있겠다. 광고에서는 '하나하나'가 생활 속에서 일어나는 일과 말들을 가지고 새로운 관점을 보여주는 것이 많다. 여러분이 잘 알고 있는 새우깡 광고를 보자.

> "손이 가요 손이 가, 새우깡에 손이 가요~
> 아이 손, 어른 손, 자꾸만 손이 가
> 언제든지 새우깡 어디서나 맛있게
> 누구든지 즐겨요 농심 새우깡."

맛있는 새우깡을 먹고 있는 상황을 떠올리고 있다. 소파에 앉아서 드라마를 보고 있을지도 모른다. 입으로는 계속 새우깡(couch potato)을 먹고 있을 것이다. 손은 새우깡을 집기 위해 슬그머니 봉지 속으로 넣고 있을 것이다. 자기도 모르게 새우깡을 집어드는 행동을 잘 보여주고 있다. 그 행동 '하나하나'를 그대로 카피를 썼기에 '나의 일상'과 똑같다고 생각하면서 위안을 삼을지도 모른다. 바로 상호텍스트성의 문제와 연결된다.

상호텍스트성(intertextuality)

우리가 어떠한 참신하고 개성적인 이야기를 창조해내더라도 이전에 존재한 무수한 스토리들과 무관하다고 잘라 말할 수는 없다. 모든 텍스트(text: 문자, 음성, 영상을 포함한 다양한 해석의 유희가 펼쳐지는 장)는 다른 텍스트의 수용이면서 또 한편 다른 텍스트에 대한 응수이다(김인환, 2003). 텍스트는 상호소통하고 상호작용하면서 영향을 주고받는 관계가 된다.

'하늘 아래 새로운 이야기(텍스트)는 없다'는 상호텍스트적인 관점에서 완전히 새로운 이야기는 존재하지 않는다는 말이다. 인간의 삶 자체가 남의 이야기와 자신의 이야기가 서로 섞이는 상호 교차적인 대화의 과정이라고 했다(여홍상, 2000). 즉, 우리는 가정과 학교, 친구, 대중매체들 사이에서 생기는 여러 가지 이야기들 속에서 길러진다. 우리의 삶이 그러하듯 모든 이야기 속에는 다양한 이야기들의 단편이 녹아들어있다.

스토리텔링 기획에서 상호텍스트성이 시사하는 바는 크다. 어떠한 새로운 아이템에 대해서도 우리는 반드시 참조할 만한, 그리고 비교할 만한 이전의 원형(archetype) 스토리를 가정해볼 수 있다. 문화콘텐츠라는 용어가 함의하고 있듯이 기획은 반드시 문화의 콘텍스트와 상호작용해야 하는 성격이 강하다.

콘텐츠 기획의 원리는 바로 이러한 상호텍스트성의 맥락 가운데에서 어떻게 자신만의 고유한 차별성을 스토리텔링 하느냐로 압축할 수 있다.

기존의 원형 스토리를 해당 문화에 적합한 스토리로 가공하기 위해서 요구되는 콘텍스트 분석에는 사회 전반의 변동과 트렌드를 비롯해 콘텐츠 시장의 환경이 포함될 수 있다. 대중의 관심사와 기호, 사회적 분위기, 기술의 개발이나 동종 업계의 동향 등 다양한 측면을 고려해야 한다.

대중을 염두에 두지 않은 스토리텔링은 마치 그 옷을 입을 사람을 염두에 두지 않고 디자인하는 것에 비유할 수 있다(데이비드 하워드 · 에드워드 마블리).

새로운 콘텐츠를 기획하고 제작을 시도하기 위해서는 "왜 하필 지금 이 이야기인가"에 대한 답을 명쾌히 할 수 있어야만 한다. 관객을 설득하고 새로운 이야기의 세계로 초대하기 위한 해답은 여기에 있다.

대중은 익숙한 것들 가운데에서도 항상 새로운 것을 원하는 속성을 가진다. 우리는 콘텐츠 기획 단계에서 시나리오를 개발할 때 일부 트렌드에 편승하기도 하며, 새로운 트렌드를 창조하기도 한다. 보편적인 원형 스토리나 장르의 전형은 일반적으로 대중성을 보장하지만, 특정 부분 차별화 전략이 없이는 호소력을 갖기 힘든 것이다.

이미 검증되고 인지도가 높은 원작을 각색하거나 하나의 모티프를 여러 콘텐츠에 동일하게 반복 적용한 콘텐츠를 개발하는 이 방식은 기본적으로 **상호텍스트성**을 기반으로 하고 있다고 볼 수 있다. 영화 〈배트맨〉과 〈조커〉도 시리즈의 연작이든 아이디어 소재의 연결이든 상호텍스트성의 전략이라고 할 수 있겠다. 스토리 창작은 '무에서 유'가 아니라 '유에서 유'라는 경구를 이해하면 될 것이다.

문학작품은 영상 콘텐츠에 변함없이 좋은 원형 스토리를 제공해주고 있으며, 최근에는 인터넷 소설이나 만화 등의 원작을 바탕으로 만든 영상 콘텐츠가 큰 인기를 얻는 경향이 있다. 앞서 제시한 콘텐츠의 기획 원리를 바탕으로 스토리텔링이 구성되어 다양한 미디어로 재현할 때, 즉 원 소스 멀티유스(OSMU)의 가능성을 높일 때 진정한 문화콘텐츠 스토리텔링으로서 가치를 얻는 것이라 할 수 있다.

디지털 스토리텔링(Digital Storytelling)은 발달된 디지털 기술을 환경으로 삼거나 표현 수단으로 활용하여 이루어지는 스토리텔링을 말한다. 디지털 기술은 복제가 용이하며, 네트워크성, 복잡성, 상호작용성을 통해 작품과 사용자가 서로 영향을 줄 수 있는 길을 터놓았다. 디지털 기술과 스토리텔링이라는 두 속성이 융합하여 새로운 장르를 만든 셈이다. 게임과 모바일 영화, 인터랙티브 드라마, 웹 광고, 웹 에듀테인먼트, 웹 브랜드 아이덴티티, 인터랙티브 논픽션 등이 있다. 이들은 소설 같은 전통적 스토리텔링과 확연히 구분되며, 장치 면에서도 컴퓨터, 모바일, 인터랙티브 텔레비전이라는 별도의 첨단 매체를 사용하게 된다.

Brand Storytelling 모파상 '목걸이'의 '과시적 소비'

"검은 공단(두껍고 무늬 없는 고급 원단) 상자 속에 눈부신 다이아몬드 목걸이가 들어있는 것이 언뜻 눈에 띄었다. 그녀의 가슴은 걷잡을 수 없이 뛰기 시작했다. 억제

할 수 없는 욕망에 속이 울렁거리기까지 했다. 그것을 집는 그녀의 손이 떨렸다. 그녀의 옷은 목덜미를 가리는 옷이었지만, 그래도 그 목걸이를 목에 두르고는 거울 속의 자기 모습에 스스로 도취하고 말았다."

– 모파상의 단편소설《목걸이》중

《목걸이》(*La Parure*)는 프랑스 소설가인 기 드 모파상(1850-1893)의 단편소설이다. 모파상은 인간의 소비 본능을 잘 꿰뚫어봤다. 그가 1885년 쓴《목걸이》에는 한 프랑스 여인의 과시적 소비욕구가 생생히 담겨있다. 모파상은 사물을 있는 그대로 선명하게 묘사한 사실주의 소설가다. '목걸이'는 사치스럽고 우아한 생활을 갈망하던 한 여인의 허영심이 빚은 몰락을 스토리텔링으로 전개하고 있다.

세 명의 등장인물이 있다. 마틸드는 교육부의 하급 관리인 루아젤의 부인이다. 그녀는 스스로를 불행하다고 느낀다. 때 묻은 커튼과 썰렁한 벽, 낡아빠진 의자가 있는 누추한 집에 살고 있기 때문이다. 그녀가 동경하는 것은 고상한 기품과 우아한 취미, 기민한 재질이다. 훌륭한 만찬, 번쩍이는 은그릇, 동양풍의 벽지, 새들과 고대의 인간들을 수놓은 태피스트리를 갈망한다. 그녀는 스스로를 '쾌락과 사치를 위해 태어났다'고 생각할 정도다. 하지만 현실에서 그녀는 드레스도 보석도 전혀 없다. 그의 남편 루아젤은 박봉에 시달리지만 성실하고 아내를 매우 사랑한다. 포레스티에 부인은 마틸드의 친구다. 수녀원 동창이지만 지금은 부유하다.

어느 날 저녁 루아젤이 마틸드에게 초대장 하나를 내민다. 고위 관료들이 참석하는 야외 파티 초대장이다. 하지만 마틸드는 불만이다. 당장 입고 나갈 드레스가 없기 때문이다. 남편 루아젤이 모은 비상금 400프랑으로 옷을 마련해놓고 보니 장신구가 없다. 마틸드는 남편에게 "옷에 어울리는 보석이 없다"며 다시 불만을 터뜨린다. 위기가 고조되고 있다. 나중에 '극적 반전'을 도모하기 위한 '복선(hint)'이다. 보석을 차마 살 돈이 없었던 마틸드는 친구 포레스티에 부인으로부터 다이아몬드를 빌렸다. 환상적인 하룻밤의 파티가 끝났다. 그런데 목에 걸려있어야 할 보석이 없다. 가격은 무려 4만 프랑이고 깎아서 3만4,000프랑이다. 귀갓길을 거꾸로 추적하며 사방을 다 뒤졌지만 보석을 찾지 못한 루아젤 부부는 상속받은 1만8,000프랑에 여기저기서 돈을 빌려 보석을 사 포레스티에 부인에게 되돌려줬다.

하지만 세상에 공짜는 없다. 자신의 능력을 무리하게 벗어난 과시적 소비는 큰 후유증을 남긴다. 마틸드는 하룻밤의 파티를 위해 값비싼 드레스를 사고 보석을 빌렸다. 하지만 그 대가는 혹독했다. 잃어버린 보석을 사느라 늘어난 빚에 눌려 그녀의 삶은 추락했다. 그녀는 하녀를 내보내고 지붕 밑 다락방으로 집을 옮겼다. 집안일을 직접 해야 했고, 식료품점에서는 욕을 먹어가며 가격을 깎아야 했다. 남편 루아젤도 '투잡'을 하며 돈을 갚았다. 그렇게 10년을 보냈다. 마틸드는 이제 억세고 고집쟁이에 거칠고 가난한 살림꾼이 됐다.

전통 경제학자들은 인간은 합리적이라 비싼 물건은 사지 않는다고 봤다. 수요공급 법칙에 따라 가격 대비 가치가 있는 물건을 합리적으로 구매한다고 생각했다. 베블런은《유한계급론》을 통해 "유한계급의 두드러진 소비는 사회적 지위를 과시하기 위해 자각 없이 행해진다"고 주장했다. 유한계급(the Leisure Class)이란 특별한 일을 하지 않고도 먹고 여유(레저)를 즐길 수 있는 상류계층을 의미한다. 유한계급의 구매행동은 체면과 심리 등 사회 제도와 관습의 영향을 받는다는 것이다. 이렇게 자신의 부를 과시하거나 허영심을 채우려는 사람들은 가격이 오르는데도 수요가 늘어나는 현상이 나타나고, 전통적인 수요공급의 원칙을 따르지 않는다.

라이벤스타인이《수요이론에 있어서의 유행, 속물, 베블런 효과》라는 책에서, 물건값이 오를수록 잘 팔리는 과시적 소비 형태를 베블런 효과(Veblen effect)라고 말했다. 루이뷔통 · 샤넬 · 에르메스 등 명품 패션브랜드들이 가격을 올릴수록 잘 팔리는 이유를 베블런 효과로 설명했다. 값만 비싸고, 별 소용이 없더라도 남들에게 '나의 기호가치'를 뽐내고 싶은 허세를 과시하고자 하는 욕구가 있기 때문이다. 현대의 인간심리는 합리적 소비보다 과시적 소비 욕망에 지배당하고 있음을 말해주고 있다.

과시적 소비의 또 다른 형태로 '파노블리 효과'가 있다. 파노블리 효과란 어떤 명품 브랜드를 사면 자신도 그 구매집단에 속한 것 같은 심리적 만족감을 느낀다는 것이다. 스타벅스 커피가 급속도로 호응을 받은 것도 이런 심리효과라고 하겠다. 파노블리란 프랑스어로 청진기 세트라는 뜻이라고 한다. 어릴 때 청진기를 갖고 의사나 간호사 놀이를 하면 자신이 진짜 의사나 간호사가 된 것처럼 느끼는 것에서 유래했다. 럭셔리 제너레이션과 VIP, VVIP 마케팅이 성공하는 이유이기도 하다.

"당신의 능력을 보여주세요"라는 카피로 광고한 신용카드 사례다. 지불능력을 벗어난 신용카드 발급을 조장하고, 과시적 소비로 많은 소비자가 신용불량자로 전락한 사례도 있다.《목걸이》의 주인공 마틸드처럼 신용불량자가 되면 탈출하는 데 10년이 걸리고 그의 인생은 추락하게 된다. 이런 '과시적 소비'는 올림픽이나 월드컵이나 자용차 경주 F1 등의 국제적 **스포트 이벤트** 유치에서도 나타난다. '유치'만 생각하고 향후 '관리'는 뒷전이라, 이벤트가 끝난 뒤 흉물처럼 방치되고 유지관리에 엄청난 세금을 낭비하게 되는 경기장을 '하얀 코끼리(white elephant)'라고 부른다. 하얀 코끼리는 동남아시아 태국의 왕이 마음에 들지 않는 신하에게 선물로 준 것에서 비롯되었다. 하얀 코끼리는 덩치가 커 먹이비용이 많이 들고 수명이 길어 오래 살기에 유지관리비가 크다. 왕이 내린 선물이라 일도 시킬 수가 없어 무용지물이었다. 공공성과 수익성의 두 마리 토끼를 잡는 혜안을 가져야 할 것이다.

스토리텔링 하나가 열 상품 먹여 살린다

스토리텔링 마케팅은 상품에 얽힌 이야기를 가공·포장하여 광고, 판촉 등에 활용하는 브랜드 커뮤니케이션 활동이다. 상품 개발과정 등 브랜드와 관련된 실제 스토리를 여과 없이 보여줄 수 있다. 아니면 신화, 소설, 전래동화, 게임 등에 나오는 스토리를 원용하여 가공하거나 패러디하여 보여주기도 한다. 이야기를 좋아하는 인간의 본성에 소구하고 있는 것이기 때문이다. 제품의 탄생비화, 성공한 CEO의 성장 이야기, 감동받은 소비자 등 많은 이야기를 담아 커뮤니케이션으로 풀어나가는 것이다. 이렇게 되면 소비자의 마음을 호소하는 감성 마케팅이 가능하며 기업의 고유한 이미지를 형성하는 데 도움을 주기도 한다. 그렇다면 스토리텔링 커뮤니케이션의 성공법칙에 대해서 알아본다.

청정원 광고를 보자. 친한 친구처럼 보이는 두 노총각이 대화를 나누고 있다.

정우성: 얼굴이 왜 그래?

이정재: 아휴, 외롭다 외로워.

정우성: 궁상맞게 밥을 혼자 먹고 그래.

이정재: 아니, 그럼 누굴 해주든가 맨날 말로만.

정우성: 만나볼래?

이정재: 누구? 정원 씨?

자막: 정원이의 요리는 힘이다.

이정재: 나도 정원이가 있었음 좋겠다.

자막: 청정원이라면 안심하고 드세요!

이정재: 정원아, 고마워.

정우성: 정원 씨 한 그릇 더!

NA: 청정원

자막: 건강한 프로포즈 청정원

흔히 볼 수 있는 이야기라 '나의 일화' 같다. 혼자 먹는 밥 이야기 하다가, 자연스럽게 요리 이야기로 이어지면서 사랑하는 사람이 필요한 상황을 꾸며내고 있다. 이런 상황 연출이 이야기가 만들어지는 공간이고 구조다.

그리고, 이야기를 잘 만들려면 꼬리에 꼬리를 무는 호기심(Curiosity) 천국에 빠져야 한다. 호기심이란 뭔가 알고 싶어서 궁금해하는 것이다. 왜 하늘이 파랄까? 어떻게 높은 빌딩을 세울 수 있을까? 우리는 하루에 얼마나 많은 생각을 하면서 살까? 셀 수 없이 많은 생각은 '왜', '어떻게'에 대한 갈증을 해결하기 위해 끊임없이 아이디어를 내는 과정이라고 할 수 있겠다. 오늘 학교에 몇 시에 갈까? 누구랑 같이 점심을 먹을까? 집에 몇 시에 갈까? 숙제는 언제 할까? 좋은 하루를 만들어가는 과정에서 생기는 생각이고 의견이고 행동이 아닐 수 없다.

하지만 이런 생각들을 보면 매일 되풀이되는 것이라서 새로운 것이 없다. 이런 생각을 하면서 살아가지만, 보통 사람들은 거의 비슷비슷한 하루 이야기를 만들어간다. 그래서 좀 더 참신하고 신나는 생각을 하게 된다. 일찍 학교에 가서 자습을 해보고, 매일 가던 길로 가지 않고 다른 길로 등교해보고, 햄버거를 먹었지만 카레를 먹기도 하고, 운동장에서 밤 늦게 공놀이를 하기도 한다. 이런 것들은 생활 속에서 '새로운 하루 이야기'를 만들어가고 싶어 하는 생각들에서 나온 것이다. 매일 똑같은 일기를 쓰게 되면 재미가 없지 않는가. 일기장에 쓸 이야기가 새로우면 일기를 쓸 때도 기분이 좋다. 이렇게 하루 이야기를 만들기 위해 우리는 새로운 아이디어를 만들기 위해 '생각, 생각, 생각'하는지도 모른다. 그렇지 않은가? '생각, 생각, 생각'의 신한투자증권 광고이다.

이런 이야기가 되려면 이야기 속에 스토리텔링(드라마) 구조를 넣어야 한다. 말하자면 어떤 체계가 있어서 완성된 구조를 가져야 한다는 것이다. 드라마를 보면, 사랑하는 남녀 주인공이 있고, 서로 갈등하면서 다투기도 한다. 애정의 삼각관계로 위기가 생긴다. 나중에 해피엔딩으로 끝난다. 자동차와 비유해보면, 엔진이 있고, 몸체가 있고, 바퀴가 있고, 운전자가 있다. 이렇게 완성된 자동차나 드라마가 되기 위해서 서로 연결되면서 완성시켜나가고 있다. 각각의 주인공이나 바퀴는 하나의 생각이라고 할 수 있겠다. 이런 생각들을 엮어서 '꼬리에 꼬리를 무는 구조'를 갖는 게 이야기라고 할 수 있다. 하이마트의 광고(뮤지컬 편 시리즈)를 보면 이야기

(Story)가 만들어지게 하는 것이 무엇인지 잘 알 수 있다.

> 왕석현: 3단!
>
> 차태현 Song: 바람이 약하십니까?
>
> 박보영 Song: 회전~, 그쪽만 신경 쓰입니까?
>
> 차태현 Song: 그래, 내가 졌다!
>
> 왕석현, 박보영: 하하하~
>
> 차태현 Song: 최신 에어컨, 하이마트죠?
>
> Song: 하이마트로 가요~
>
>
> 정준호: 아니 중전 저 물건은 무엇에 쓰나?
>
> 현영: 저게 요즘 잘 나가는 김치 냉장고.
>
> 정준호: 이 세상에 저런 물건 어디서 사냐, 으흠.
>
> 현영: 최신 김치냉장고는 하이마트지.
>
> 여 NA: 전자제품 살 때
>
> 남 Song: 하이마트로 가요~

이런 이야기에 뜻밖의 반전(Reverse)을 만들어야 좋다. '2% 부족할 때' 광고를 본다. 우리들은 이야기를 기억할 때 '뜻밖에' 사건이 벌어지면 강한 인상을 받게 된다. 드라마의 결말이 전혀 예상하지 못했던(unexpectected) 것으로 끝나면 깜짝 놀란다. 그 충격만큼 장기기억장치에 저장될 가능성이 높아진다.

> 남: 너 만나고부터 제대로 되는 일이 하나도 없어.
>
>   가, 가, 가란 말이야.
>
> NA: 어디서부터 이야기를 해야 할까?
>
>   내 나이 20살, 이 여자를 만났다.
>
> 남: 가, 가, 가란 말이야.
>
> 여: 날 채워줘~
>
> NA: 사랑은 언제나 목마르다.
>
> 2% 부족할 때.

낙엽 지는 초가을의 남이섬에서, 두 청춘 남녀가 이룰 수 없을 것 같은 사랑에 목말라하면서 언쟁을 하고 있다. 말다툼이 치열할수록 반전을 암시하고 있는 것이다. 목마름이라는 '육체적 갈증'을 사랑이라는 '심리적 갈증'으로 대체하면서 반전을 주고 있다. 실제로 여성은 상품으로 전환되면서 2% 부족하다는 의미를 강하게 남겨주고 있다. 긴 사랑의 여운을 떠올리게 하면서 공감을 연출하고 있다. 누구나 한 번쯤 겪었으리라 생각되는 '나의 일화(episode)'를 압축해서 보여주고 있다. 15초가 아니라 1시간 반이나 되는 러브스토리를 읽게 만들고 있다. 이야기 구조(텍스트)는 소비자를 광고 속에 '참여'하게 만들고 그 의미를 자기 나름으로 해석하게 만들어준다. 그래서 광고 스토리를 오래 기억하게 만들고, 공감하면서 브랜드를 자연스럽게 기억하게 만드는 효과가 있다.

동화약품 후시딘 광고 [주부 윤수영의 상처(파마) 편]을 보자. 사랑받기 위해 예쁘게 돈 들여 파마까지 하고 남편의 귀가를 기다리는 아내가 반갑게 남편을 현관까지 마중한다. 시선을 나누면서 예쁜 아내에게 사랑 표현을 기대했는데, 남편은 밥 타령에 아들을 더 반갑게 맞이한다. 소외된 아내의 정신적 상처가 커질 수밖에 없다. 상처 치료제가 아내의 사랑의 심리적 상처 치료제로 승화되는 이야기를 표현하고 있다. 광고가 한결 성숙해지고 그날 있었던 아내의 심리가 고스란히 '나의 일화'로 녹아있어 공감을 크게 해주고 있다.

> 자막: 주부 윤수영의 상처
> 아내: 큰맘 먹고 비싼 머리를 했다.
>   동네 아줌마들 반응도 뜨거웠다.
>   여보 왔어?
> 남편: 왜 이렇게 신났어?
>   배고파~ 밥 줘.
> 아들: 아빠~
> 아내: 상처다….
> NA: 상처엔 후~ 후시딘

이제 이야기는 재미있다(Entertainment)는 반응이 나오게 만들어야 한다. 감각적으로 재미있어도 좋지만, 심리적으로 충격을 받은 것처럼 느낄 수 있으면 더 좋다. 현대차 투싼 광고를 보자. KT의 광고 '쇼 편'도 아주 재미있다. 예전에 인기 있던 프로그램의 형식인 고향에서 자식에게 보내는 '영상편지'를 떠오르게 하여 재미요소를 두 배로 높였다.

> BGM: Show sound identity~
> 노인: 아무것도 필요 없다.
> 아들: 알았어요~ 바꿔 드릴게요!
> NA: 쇼를 하면 효자 된다.
> 노인: 우린 아무것도 필요 없다~

시골 사람 특유의 순박함과 진실함이 묻어나는 앞마당이다. 동시에 도시에 비해 문명에 뒤처져 있고 노인만 주로 거주하는 외로운 곳임을 암시하면서, 농촌인구의 고령화라는 시대상(콘텍스트)과 자녀들의 도시 전출이라는 가족사를 연출하고 있다. 배경음악(BGM)도 전체적인 '쇼 광고'에 공통적으로 사용함으로써 '쇼 광고'의 인지도를 높이는 효과를 얻고 있다. 이 광고에 나오는 할머니 할아버지의 성격 또한 작은 것에 기뻐하는 순박함이 묻어난다. 자신의 마음을 숨기지 않는다는 것을 역설적으로 표현하여 유머를 느끼게 하고 있다.

또한 웃음도 부모와 자녀 사이의 오랜 공백 기간으로 인한 어색함을 채워주는 것으로 설정했다. 현실사회에서 과연 웃음은 믿을 만한 것일까? 사람들의 생각을 표면적인 말만 듣고서는 판단하기 어렵다. 현대사회는 억양과 말투 그리고 표정을 통해서 복합적인 이야기를 상대방에게 돌려 말하고 있다. 현대인은 자신의 감정과 생각을 감추기 위해 가면(persona)을 쓰고 살아간다고 한다. '아무것도 필요 없다'는 말과는 반대되는 행동으로, 자녀에게 미안한 마음 때문에 필요한 것을 제대로 표현하지 못하는 전통적인 부모의 마음을 혼용해서 보여주고 있다. 대부분의 늙은 부모는 젊은 자녀에게 자신이 짐이라는 생각을 가지고 있기 때문이다. 실제로도 많은 노인들이 자녀에게 버림받고 독거노인으로 살아가기도 하는 것이 사회(콘텍스트)의 문제가 되기도 한다.

현대자동차의 투싼(Tucson ix) 광고의 'Time to change 편'이다. 투싼(Tucson ix) 광고의 스토리텔링은 다음과 같다.

잔소리하는 여자친구의 모습이 제시된다. 못마땅한 표정을 지으며 잔소리를 하다가 마지막 결정타를 날린다. "나 잠 못 자는 거 알잖아", "내가 우스워?" 남자들이 싫어하는 여자친구의 모습 중 하나이다. 그리고 화면이 바뀌며 다수의 여자들이 나온다. "Time to change." 선택의 기회는 많으니 잔소리만 하는 여자친구는 버리고 자유로운 사랑을 즐길 새로운 여자를 찾으라는 것이다.

화면에서 여자친구의 모습들은 컬러로 나온다. 그러나 화면이 밝지는 않다. 약간 칙칙한 화면이다. 그러나 다수의 여자들로 컷이 바뀔 때는 흑백 화면이 된다. 또한 여자들의 움직임이 슬로우로 나온다. 여자들의 섹시함, 자유로움을 부각했다고 볼 수 있다.

> (자막): "술 마시지 마."
>
> "제발 좀 끊어."
>
> "다 오빠 생각해서 그러는 거야!"
>
> "내 말이 우스워?"
>
> 기회는 많다.
>
> Time to change.
>
> NA: Sexy Utility Vehicle Tucson ix
>
> (자막): 2010 FIFA 월드컵 공식 파트너
>
> (자막): "왜 전화 안 받아?"
>
> "누구랑 있었어?"
>
> "연락 안 되면 나 못 자는 거 알잖아."
>
> 기회는 많다.
>
> Time to change
>
> NA: Sexy Utility Vehicle Tucson ix
>
> (자막) 2010 FIFA 월드컵 공식 파트너

이런 스토리텔링은 사회 트렌드를 잘 알아야 효과적으로 표현할 수 있다. 소위 인스턴트 러브(instant love)라는 것이다. 여자친구의 잔소리가 지겹다면 이제 사랑을 바꾸라는 메시지는 인스턴트 러브를 그대로 반영했다고 볼 수 있다. 실제로 여자친구의 대사들은 여자친구라면 할 수 있는 이야기들이고 남자친구는 그것을 받아들일 준비를 할 수 있어야 한다는 것이다. 그러나 이런 당연한 이야기도 받아들이지 않고 사랑을 금방 변화시키는 쿨(cool)함을 보여주고 있다. 정말 사랑한다면 그런 것 때문에 사랑을 쉽게 바꿀 수 없을 것이지만, 쉽게 사랑하고 쉽게 사랑을 버리는 인스턴트 러브이기 때문에 "Time to change"라는 말을 하는 것이다.

그러나 자칫 욕먹을 수 있는 스토리텔링이기도 하다. 지금까지의 투싼 광고는 큰 인기를 받아왔다. 시리즈로 진행되면서 사람들이 다음 CM은 어떤 카피로 나올까 궁금해하자 다수의 사람들이 거부감을 느낄 만한 '인스턴트 사랑'을 주제로 들고 나오는 무리수를 감행한 것이다. 무리수라는 단어가 표현하듯이 더 이상 가져올 소재가 없다면 빨리 다른 콘셉트로 바꾸는 것이 어땠을까 생각해볼 수 있겠다.

스토리텔링을 잘하려면 호기심과 구조와 재미와 암시와 반전, 사회흐름을 '생각, 생각, 생각'해보라는 말을 이해할 수 있을 것이다. 이제 여러분이 생각할 때 이런 이야기 구조(storytelling)가 잘된 광고를 선정해보고 다른 내용으로 바꾸는 연습을 해보기 바란다.

로버트 맥기(Robert Mckee)의 저서《스토리》에서 말하고 있는 시나리오가 주는 원형적인 이야기의 양면성은 크리에이티브에서도 유용하다고 본다. 첫째, 우리가 모르는 세계의 발견이다. 뛰어난 예술가들이 보여주는 세계는 항상 예외 없이 어딘가 이국적이고 낯선 면모를 가지고 우리에게 충격을 안겨준다는 것이다. '탐험가가 숲속을 헤쳐나가듯 모든 상투성이 배제되고 모든 평범한 것들이 특별한 의미를 가지게 되는 세계 속으로 나간다는 것이다.'

크리에이터들이 제작회의로 날밤을 세우는 이유도 좀 더 색다른 콘셉트와 아이디어를 얻기 위함이 아닌가. 둘째, 일단 이 낯선 세계 안으로 들어가면 우리는 그 안에서 우리 자신을 발견하게 된다고 했다. 처음에는 너무나 달라 보이지만 가슴 깊은 곳에서는 결국 우리와 똑같은 또 다른 인간이 살고 있는 것이다.

또한 매일 부딪히는 현실을 조명해주는 가공의 현실을 살아보기 위한 것이다. 그래서 영화는 인생으로부터 탈출하는 것이 아니라 '인생을 발견'하는 것이라고 했다. 광고는 그 발견의 절정에서 고밀도로 압축해서 보여주는 인생이라고 할 수 있다. 크리에이티브라는 말을 들으려면 생활에 숨겨진 에피소드를 절묘하게 찾아내야 하기 때문이다. 크리에이티브는 현실 속에서 꿈꾸는 이상과 가공의 현실 속에서 보는 영상이 결코 분리되지 않고 인간을 발견하는 접촉점이라고 생각한다.

크리에이티브 디렉터는 현실을 살아가는 생활자가 제품과 서비스를 사는 경제적 결정을 하는 데 있어서 '최선의 방법으로 최선의 길'을 제시한다. 그 방법과 길은 크리에이티브를 통해 감성을 유연하게 하고 재미를 즐기며 정보를 획득하는 인간예술이 된다. 이런 면에서 크리에이티브는 더 이상 생존용이 아니다. 어느 광고회사의 기업광고가 생각난다.

"우리의 도움을 원해서 우리를 찾아오는 고객에게 줄 수 있는 최고의 선물이 있다면, 그것은 돈과 시간으로 잴 수 없는 크리에이티브 디렉터의 열의와 헌신적인 마음가짐이 아닐까요?"

광고에 대한 온갖 부정과 비난도 이런 휴머니즘으로 접근하면 상당부분을 이겨낼 수 있을 것이다. 크리에이티브 디렉터는 이런 열정과 헌신의 에너지를 각 크리에이티브에 녹이고 있는 100% 순수 자유인이어야 한다. 또한 크리에이티브 디렉터(CD)는 거대담론도 소중히 하지만 작은 차이를 더 소중히 하는 세밀한 인간이기도 하다.

"버려진 섬마다 꽃이 피었다. 꽃 피는 숲에 저녁노을이 비치어, 구름처럼 부풀어 오른 섬들은 바다에 결박된 사슬을 풀고 어두워지는 수평선 너머로 흘러가는 듯싶었다."

- 김훈, 《칼의 노래》

상황을 서술하는데 시적 묘사를 통해서 상상력을 자극하는 문체가 돋보이는 소설이다. 김훈은 오랜 시간을 이 문장에서 고민했다고 한다. '버려진 섬마다 꽃이 피었다.'와 '버려진 섬마다 꽃은 피었다'의 차이이다. '-이'로써 사실 서술을 해야 하는지, '-은'으로 감정이입을 해야 하는지 그 차이를 가늠해봤다는 것이다. 이렇게 한 자의 뉘앙스와 내포의미를 가려낼 때 커뮤니케이션은 정확해지고 감동이 달라진다는 사실을 알고 있어야 할 것이다. 프로는 디테일에 강해야 한다는 말이 떠오른다.

성공하는 스토리는 비범해야 한다

"배는 항구에 있을 때 가장 안전합니다. 그러나 정박하기 위해 만들어진 게 아니다. 배가 만들어진 목적은 안전이 아니라 항해이다."

- 코엘료

스토리텔링은 테마, 주제, 교훈, 감동을 남긴다. 인간의 세계를 인식하고, 근본적인 틀로써 우리의 사고와 감성을 필터링해서 보여준다. 스토리텔링 커뮤니케이션은 이성이 아닌 감성에 호소하는 마케팅이라고 할 수 있다. '감성에는 감가상각이 없다.' 어떤 물건을 얼마나 많이 팔 것이냐가 아니라, 어떤 가치 있는 경험을 제공할 것이냐가 기업의 진짜 실력이 되는 경험경제(experience economy)의 시대가 도래했기 때문이다. "소비자 지갑을 연 '엉뚱한 만남' 주유소에서 비빔라면을 먹어?" 등의 어울리지 않아 보이는 기업들 간 협업 마케팅이 늘고 있다. 그런데 기업 이미지도 바꿀 만큼 그 효과가 크다.

스토리텔링 작법이란 '인물, 사건, 배경'이 잘 결합되어 만들어진 이야기를, 화자와 청자가 공유현장에서 주고받는 소통과정인데, 이야기에 자신ㅓ 상상력과 감정을 첨가하여 자신의 언어로 생동감 있게 표현하는 예술이다. 그래서 재미와 호기심 지극이 필요하다.

사실을 알리는 다큐멘터리가 아니기에, 의미나 가치를 가진 이야기가 좋다. 기본적으로 스토리텔링은 'Story+Tell+ing'의 합성어다. 이야기가 있고, 청자가 있고, 고정불변이 아니라 현재형으로 변할 수 있다는 것이 특징이다. 구조는 '누가 언제 어디서 무엇을 왜 어떻게' 했는지에 대한 내용 줄거리다. 재미를 삽입하기 위해 반전을 주고 반동인물이 훼방꾼 역할을 수행하기도 한다. 현장성, 현재성, 재연성, 소통성, 상호작용성의 담화이기에 '정중동'의 심리적 역동성을 지닌다.

스토리텔링의 형식은 '원형 텍스트'라고 할 수 있는 신화, 전설, 민담, 동화, 만화, 책, 게임, 뮤직비디오, 연극 등은 물론이고 구술(연설, 강연, 대담, 협상, 리더십, 구연동화 등)과 다감각 콘텐츠(만화, 드라마, 영화, 공연, 축제 등)을 모두 포함한다. 특히 디지털 매체(인터넷, 게임 등)에서는 청자들의 간섭과 개입으로 상상력이 확장되기도 한다. 결국 자신만의 이야기를 '진정성' 있게 창작할 때 공감이 커진다고 할 수 있다.

Ripple Cake(반향, Cake 사주기)

영상의 에피소드는 이렇다. 식품 교환권(Food Voucher)을 사용하는 가난한 할머니가 손자, 손녀와 함께 슈퍼에서 장을 보고 있다. 할머니는 할아버지 '생일 케이크'를 손녀에게 골라오라고 한다. 비싼 케이크를 고르지 못하는 손녀와 어느 젊은 남자가 케이크 진열대 앞에서 마주친다. 손녀는 계산대에서 돈이 모자라 '케이크'를 구매하지 못한다. 이에 젊은 남자가 대신 구매해주고 손녀에게 전해준다. 할머니는 받지 않는다고 하지만, 그 남자가 어릴 때 비슷한 상황에서 케이크를 건네받은 경험을 이야기 하며, 손녀가 케이크를 받고 집으로 온다. 할아버지에게 에피소드를 이야기하면서, 할아버지가 옛날 그 남자의 에피소드의 주인공임을 암시한다. '메모지' 내용이 자신의 적어주었던 글과 같았기 때문이다. '반향'은 자신에게 돌아온다는 내용이었다.

"A simple of caring creates an endless ripple that comes back to you."

젊은 남자가 어렸을 때 겪은 경험과 손녀가 경험한 일의 동일성, '메모 내용'으로 이어지는 메시지의 동일성, 가난한 사람에게 전하는 따뜻함의 동일성, 상황과 사랑의 동일성으로 러닝타임 5분 내내 잔물결(ripple)처럼 파문을 일으키며 감동을 주고 있다(viddsee.com).

왼쪽 눈이 없는 어머니

스토리는 다음과 같다. '홑눈을 가진 어머니'를 싫어했던 아들이 있다. 그는 학교에서 홑눈의 어머니 때문에 놀림받았고, 어머니가 학부형으로서 학교에 오는 것도 싫어했다. 그는 열심히 공부해서 직장도 구하고, 결혼도 했지만, 아내에게도 "어머니는 없다"고 속였다. 아들은 결혼 후 어느 날 신혼집을 방문한 '홑눈의 어머니'를 보고 자신의 어머니가 아니라고 아내에게 말한다. 외롭게 돌아온 어머니는 아들이 어린 시절에 사고로 눈을 잃었을 때, 자신의 눈을 이식해주었던 것을 밝히는 '유서'를 쓰고 외롭게 죽어간다. 어머니의 깊은 자식 사랑을 읽을 수 있다. 지극한 자식 사랑이요 희생 속에서 자식의 미래를 책임졌던 모성애를 극명하게 보여주고 있다. 그 단서는 '유서'라는 객관적 상관물이었다.

이마트 광고(2017) 카피

NA: 그저 평범한 삶을 원했던 것뿐이었다.

여: 이게 400원 더 싸다.

남: 우리 오늘 몸보신하자.

　　이거 목살로 바꿔와!

여: 우리 김치찌개 먹을 거야.

남: 왜~ 오늘 좋은 거 먹으면 안 돼?

얼마 전에도 먹었잖아? 어떻게 매번 이런 거만 먹어?

NA: 열심히 살다 보면 저절로 이루어지는 줄 알았다.

남: 전복은 어때? 내가 버터구이 만들어줄게.

여: 안 돼~

NA: 하지만 평범한 삶은 내겐 여전히 미래일 뿐, 현재에선 잡히지 않았다.

남: 자기야! 이거 사자? 이거 완전 우리 같지 않아?

여: 제발 철 좀 들어!

　　사고 싶은 거 다 사고, 먹고 싶은 거 다 먹고, 언제 대출 갚고,

　　언제 이사 가고, 언제 아이 갖고! 미안.

NA: 내게 돈은 가시가 소중한 사람에게 상처가 되기 시작한다.

여: 엄마?

엄마: 너는 꼭 엄마 생일에 먼저 전화하게 만들더라!

여: 아… 맞다! 엄마 생일!

엄마: 아무튼 용돈 잘 쓸게.

여: 용돈?

엄마: 그리고, 너 요즘 회사에 무슨 일 있니? 이 서방이 너 힘없다고 난리다~

　　몸보신 시켜야 된다고 하던데. 오늘 맛있는 거 좀 먹어?

여: 뭐 봐?

남: 어~, 수입맥주 처음 본 게 있어서~

여: 사고 싶어?

남: 아니야~ 다음에~

여: 사와.

남: 어?

여: 우리 둘이 오붓하게 맥주파티나 하자~

　　대신 하나씩만 사 와 ~

남: 진짜? 알았어? 하나씩만 사올게!

NA: 그래, 조금 늦으면 어때?

　　지금 이 사람이 나의 가장 소중한….

　　하나씩 사라며~~

(자막) 이마트에선 하나씩만 사도 다양한 400여 종

주(宙)집에서 주(酒) 수입맥주('즐주')

다수의 선택(다양한 수입맥주의 선택)

이마트 수입맥주

배우자가 먼저 사랑을 베풀어주길 바라서, 가계 경제를 핑계로 쌀쌀맞게 남편을 대하는 아내다. 친정어머니의 생일도 잊고 지냈는데, 알고 보니 남편이 장모님에게 용돈을 보냈다는 걸 전화 통화로 알게 된다. 기분 좋게 남편에게 집에서 '맥주 파티'를 하자며 '한 병씩' 사오라고 말한다. 반전의 스토리로 남편은 '모든 맥주 종류별' 한 병씩 카트에 담아온다. 아내는 다시 돈 걱정으로 화가 난 행동을 보여준다. 재미있는 이야기 구조로 행사의 목적인 '맥주 파티'를 잘 전달하고 있다. 스토리텔링에서 '반전'의 묘미가 있어야 할 이유를 잘 설명하고 있다.

14장
광고화 과정의 이해

당의정론

당의정(糖衣錠, sugar-coated tablet) 이론은 광고화(Ad. Translation)의 핵심 사항을 모두 담고 있다고 볼 수 있다. 첫째, 알약이라는 본질이다. 광고에는 전달해야 할 상품 정보와 메시지가 있다. 고객이 바라는 편익(benefit)과 상품의 특장점이 만나는 콘셉트이다. 이 콘셉트는 소비자의 몸에 좋은 보약이다. 소비자는 생활 속의 문제를 해결하고 기업은 판매수익을 얻을 수 있는 것이다. 둘째, 정(錠)은 사탕발림이다. 파티 장소에서는 적합한 옷을 바꾸어 입어야 하는 드레스 코드(dress cord)이다. 파티복이 있고 예복이 있고 작업복이 있듯이 본질인 알약을 보호하고 공급하기 위한 위장막이다. 몸에 좋은 약은 쓰다고 한다. 이 쓴 맛을 가려주어 맛있게 먹음으로써 병을 해결해주려는 사탕발림이다. 최고의 미인을 만들기 위한 신부 화장인 셈이다.

당의정은 정제의 표면에 백당의 경질층을 입히고, 이것을 빨강, 노랑, 파랑 등의 빛깔로 착색한 정제(알약)이다. 제조할 때는 랙(lac) 따위로 약물을 고정시키고 특수한 기구나 기계를 서서 0.5~1mm의 두께로 백당(白糖)을 입힌다. 백당을 입히는 데는 특별한 기술이 필요하다. 당의정은 휘발성분이 날아가거나 내용성분이 변질되는 것을 막고 불쾌한 냄새를 덮어서 먹기 쉽게 하며, 외관을 좋게 하고 다른 약품과의 구별도 용이하게 한다. 간단히 말하면 '설탕 옷을 입힌 알약'이다. 하이트의 맥주 맥스가 '맛있는 아이디어'가 되어야 하는 이유와 같다. 모델 장동건을 '접근하기 어려운 조각미남으로 설정하지 않고, 유머러스하고 소탈한 친구'처럼 연출한 것이다. 야구스타 박찬호는 'TMI'를 하는 '아재'로 표현하여 재미를 주고 있다. KB금융 브랜드를 가까이 하고 싶은 친구로 묘사하는 것이다.

연금술론

　광고 크리에이티브는 연금술(鍊金術, alchemy)이다. 기존 개념에 새 개념을 더하고 크리에이터 고유의 기법을 바탕으로 새로운 아이디어를 만들어내는 과정이다. 즉 '금속+촉매=합금'이라는 신개념의 창출공식이 가능하다. 그러나 모든 연금술이 성공하지 못하는 것을 주목해야 한다. 그만큼 어렵다는 뜻이기도 하다. '좋은 것을 더 좋게 만들 수 있다'고 한 SKT의 'T'의 헤드라인을 기억할 필요가 있다. 평범한 일상을 적(enemy of ordinary)으로 만드는 열정이다. '상식에 **침을 뱉어라**'처럼 도발적인 접근법이 요구된다. 허쉬 초콜릿의 맛은 '감출 수 없는 행복'으로 연금술을 부려 고객에게 전이되고 구매 심리를 자극하고 있다. 맛의 **화학적 결합**인 셈이다.

　《연금술사》(코엘료, 2005)에서는 보통 금속을 황금으로 바꾸는 연금술에 대해 말하고 있다. 그러나 물질적 연금술이 아니라 '영혼의 연금술'을 강조하고 있다.

　'세상의 만물은 서로 다르게 표현되어있지만 실은 오직 하나에 대해 말하고 있다.' 연금술사는 "실험실에서 금속을 정제하는 데 전 생애를 바친 사람들이었다. 연금술사들은 어떤 금속을 아주 오랜 세월 동안 가열하면 그 금속 특유의 물질적 특성은 전부 발산되어버리고, 그 자리에는 오직 만물의 정기만이 남게 될 거라고 믿었다. 그들은 이 최종물질이 모든 사물들의 의사소통을 가능하게 해주는 언어이므로, 이 물질을 통해 지상에 존재하는 모든 것들을 이해할 수 있으리라 믿었다. 그들은 이렇게 해서 발견한 물질을 '위대한 업'이라고 불렀다."

　"'연금술이란 한 치의 오차도 있어서는 안 되는 고도의 작업이란 말이야. 스승이 가르쳐준 대로, 실험의 각 단계를 정확히 따라야만 하지." 위대한 업의 액체로 된 부분은 '불로장생의 묘약'이라 불리며, 만병을 치유할 뿐만 아니라 연금술사가 늙지 않게도 해준다는 것을 알게 되었다. 또한 고체 부문은 '철학자의 돌'이라 불린다는 사실도 배웠다." 연금술은 그냥 물리적인 결합이 아니라 '화학적인 결합'까지 이루어 전혀 새로운 차원의 '신물질'이 되어야 하는 것을 우화적으로 들려주고 있다. 연금술이란 절대적인 영적인 세계를 물질세계와 맞닿게 하는 것일 뿐이다(p. 231). 수사학의 개념도 단순한 형식적 표현요소가 아니라 개념과 메시지를 잘 전달하기 위한 감성을 가져 소비자의 마음을 움직이는 공감을 얻어야 한다는 '신개념'을 가져야 할 것이다. 사회의식의 혁신과 인간성의 대발견이라는 과제를 해결해야 한다. 새로운 삶의 풍요가 무엇인지를 제안할 수 있어야 할 것이다. 그래서 초콜릿의 달콤함은 성분만으로 충족되지 않는다. '가나'라는 '진한 초콜릿'은

'진한 그리움'으로 신개념이 되어야 한다.

요리법(a recipe for creativity in Ad.)론

주방장이 맛을 내는 비결은 광고 크리에이터가 '광고의 맛'을 내는 것과 비교할 수 있다. 재료는 상품의 특징이고 영양이 무엇인가라는 콘셉트라고 할 수 있다. 맛은 주방장이 갖고 있는 요리법이고 어떻게 만들었나 하는 '수사학'이라고 하겠다. 갓 시집온 며느리의 솜씨하고 시어머니의 손맛하고는 차이가 날 수밖에 없다. 아무리 비싼 식재료를 가지고도 아무리 잘 쓴 요리법 책을 가지고 있어도 실제 만들어보면 음식 맛은 그대로 나오지 않는다. 만드는 사람의 정성과 경험과 독창적인 맛의 비방(recipe)이 있어야 맛있다는 평가를 얻을 수 있다.

똑같은 재료를 쓰고도 음식 맛은 달라진다. 누가 어떤 솜씨로 조리하느냐에 따라 맛은 달라진다. 면에 양파에 자장에 돼지고기를 가지고 만들어낸 자장면도 주방장의 솜씨에 따라 손님의 만족도는 다르다. 또한 맛있다는 평가도 그 미묘한 차이가 있어 미식가를 감탄하게 만드는 정도는 다르다. 광고 수사학의 기법이나 종류를 아무리 잘 알아도 광고 크리에이티브는 천차만별이다. 광고 수사학에서 이론보다도 더 중요한 것은 바로 '제작경험'이고 '실전 창작방법론'이다. 우리는 그것을 직관(insight)이라고도 하고 광고의 미다스 손(hand of Midas)이라고도 하여 창조의 영역으로 생각한다. 1+1=3이 되고 11이 되는 결혼공식이다. 새로운 맛의 창출이다. 재료 사이에 있는 또 다른 '관계의 의미(meaning of combination)'를 알고, 기계론적인 결합만으로는 생길 수 없는 색다른 의미의 창출이 수사학의 본령이다. LG사이언 아이디어의 TV CM은 제품의 미학만으로도 광고의 미학을 만들 수 있음을, 요리할 수 있음을 잘 보여주고 있다.

임계점 초월론

임계점은 물질의 구조와 성질이 다른 상태로 바뀔 때의 온도와 압력을 말한다. 물은 섭씨 99.9999도에서도 끓지 않다가 100도가 넘어야 수증기로 변한다. 0.0001도의 차이가 '비등점'을 결정한다. 인간과 침팬지의 DNA 구조는 99.7%가 비슷하다고 한다. 그러나 만물의 영장과 동물의 경계를 넘지 못한다. 임계치(臨界値)에 도달하기 전에는 계속 에너지를 축적하고 내공으로 담아둔다. 아이디어가 숙성되는 '축적의 시간'을 거쳐야 나온다. 이 시간은 지나가는 게 아니라, 쌓이는 것이다. 알라딘의 램프(Aladdin's lamp)에서 마법사(Genie)가 나오게 하기 위해서는 '주문(呪文)'이 있어야 한다. 주문의 전후나 끓는점의 전후는 하늘과 땅의 차이다. 활화산의 대폭발을 예감하는 징후는 보이지만 겉으로는 평화로움이다. 용암이 솟구치는 것은 아이디어의 솟구침이다.

비행기 이륙(take off)론

로켓이 우주로 비행을 계속하기 위해서는 대기권을 벗어나야 하듯이 전혀 다른 두 공간의 경계를 탈출해야 새로운 영역에 도달할 수 있는 것이다. '공간이동'이고 유체이탈(遺體離脫)이다. 비행기는 활주로에 진입한 뒤 지상에서 엔진을 시속 500킬로미터를 넘게 가속시킨다. 비로소 부력을 받아 뜨기 시작한다. 비상한 뒤에도 시속 700킬로미터 이상을 유지해야 계속 하늘을 날게 된다. 날개에 양력(揚力)을 받아 비행기를 띄운다는 '베르누이 정리'라는 이론이 숨어있다. 제작회의에서 크리에이터들이 고뇌하는 모습은 이 비상(飛翔)의 순간에 필요한 양력을 잉태하기 위한 잠복기이다. 출산을 기다리는 임산부가 10개월을 품고 있어야 하는 생명 때문이다. 이때 지상은 '이성 단계'이고 비행은 '감성 단계'이다. 밥도 뜸 들인 밥이 더 맛있지 않은가. 남양유업의 프렌치카페는 깊고 진한 맛을 '악마의 유혹'이라고 표현했다. 물성적인 맛의 특성을 감성적인 '사랑의 유혹'으로 전환시켰다. 물론 사랑은 악마인 남자의 유혹이다. 주요 고객인 20대 여성의 심리를 자극하여 '맛의 선택'이 아니라 '사랑의 선택'으로 이륙시키고 열정적 사랑으로 상승시킨 효과를 얻으려고 했다.

'로직(logic)에서 매직(magic)으로'론

광고는 마케팅과 기획의 이성(logic) 부문에서 비주얼과 카피의 표현 부문으로 승화되거나 전환되어야 한다. 이때 표현은 이성의 상대 개념으로 마술(magic)이라고 할 수 있다. 마술처럼 전혀 다른 차원의 매개물(media)을 통해 개념을 전달하게 된다. 이 매개물은 보통 대상물(object)이거나 언어(copy)가 되는데 이해하기 쉽고 기억하기 쉽게 해준다. 이런 역할을 가능하게 해주는 것은 광고 크리에이터가 '이심원'의 세계에 살기 때문이다. 수직사고와 수평사고의 두 영역에서 자유롭게 헤엄치는 사람이기 때문이다. 논리 추구라는 한 동심원과 자유발상이라는 또 다른 동심원의 공통집합에서 '변신 로봇'처럼 전환할 수 있어야 한다.

그래서 광고는 또 다른 마술이다. 영상시대에 맞춰 이미지를 중시해야 하고 제품관련성과 고객 관련성이 높은 메시지로 연결시켜야 하고 다른 예술 장르와 경쟁해야 하므로 독특한 재미를 불어넣어야 한다. 결국 '이미지+메시지+엔터테인먼트=신 크리에이티브 기법'이라는 광고 창작공식이 가능하다. 광고는 기획에서 제작과 매체까지의 종합 개념인 것을 알 수 있다. 엔크린 솔룩스가 '자동차의 날개'를 달아주고 있다. 이성으로는 생각할 수 없는 날갯짓을 매직으로 풀어 도로 위를 달리게 하고 있다. 실제로 창공을 나는 모습까지 마술적이었으면 더욱 좋았을 광고 수사학이다. 에이스 침대 TV CM도 수면효과를 밤하늘에 꿈속을 날아다니는 '부부의 사랑놀이'로 보여주고 있다. 이는 기능적이고 이성적인 메시지를 감성적이고 마술적으로 바꾼 창작이다. 그래서 이성은 감성적 논리(emotional logic)이고, 감성은 이성적 마술(rational magic)이어야 할 것이다. 직관이 있는 논리이고 논리가 있는 마술이다. 서로 물과 기름처럼 합쳐지지 않는 불용성이 아니고, 서로 스며들 수 있고 침윤(浸潤)이 가능한 '가역반응(可逆反應)'이 되어야 한다.

과학과 예술의 칵테일(cocktail) 효과론

광고 전략이 기획이고 광고 전술이 표현이라면, 표현은 수사학이라고 할 수 있다. 광고는 제품에 생명을 불어넣는 창작활동이다. 제품이라는 무생물과 광고라는 표현물은 사실상 아무런 관계가 없다. 다만 브랜드나 성분이 관련 있을 뿐이다. 이런 관계를 콘셉트와 소비자 편익(benefit)으로 이어주면서 '저만치 떨어져 홀로 선' 상품을 소비자에게 감동을 주는 생명체로 바꿔주는 것이 크리에이티브다. 그 속에서 숨쉬고 있는 기법이 광고 수사학이다. 무생물에서 유생물로의 '코페르니쿠스적 대전환'이 이루어지기 때문이다. 광고 활동이 가장 역동적으로 이루어지는 시점이다. 이성에서 감성으로 전환되는 것이고, 전략에서 표현으로 도약하는 것이다. 과학과 예술의 칵테일(cocktail) 효과라고 말할 수 있다.

제작회의를 하면서 아이디어 발상의 터널을 빠져나온 뒤 리뷰라는 통과의례를 거치면서 숙성되는 것이 '광고화(Ad. Translation)'과정이다. 그래서 크리에이티브에서는 도약(take off)이 필수적이다. 도약은 물리적으로 지상에 놓여있는 상품을 심리적으로 창공에 올려놓는 이륙이다. 이 과정을 거치면 광고는 살아 움직이게 되고 눈에 띄게 된다. '원석 하나 그냥 두면 원석일 뿐이다.' '보기 좋은 게 더 먹고 싶은 법'이다.

오창일의 Q-5 발상법

'고기를 받지 않고 고기를 낚는 방법을 갖고 있어야 한다'

학교에서나 일상생활에서나 창의적인 학습방법은 언제나 일어나고 있다. 강의하거나 토론하거나 '거꾸로 학습'하며 일선현장에서는 '교육과 학습'이 있다. 자기주도학습이거나 캡스톤 디자인 수업이거나 문제를 해결해주는 솔루션 찾는 실습을 한다. 이럴 때마다 아쉬운 점은 '낚시하는 방법'을 구체적이고 실용적으로 터득할 수 있는 기법이 없을까 하는 것이었다. 더구나 이왕에 발생한 문제를 분석하기보다는 '선행적'으로 해결책을 제안할 수 있으면 효율적이고 효과적이기 때문이다. 개인이나 사업자가 사업기획을 하고자 광고회사가 경쟁 프레젠테이션을 준비할 때도 마찬가지다. '전략수립과 아이디어를 발상'해야 하는데 방법이 정리된 게 없기 때문이다. 특히 광고 크리에이티브는 모범답안이 없다고 공언을 하며, '크리에이터의 개인기'에 좌우되는 경우가 많다.

광고 크리에이티브를 보면, 브랜드 자산을 구축하는 핵심 해결책은 언제나 전략과 아이디어의 문제로 귀착된다. 기획과 실천방안의 문제이고 '무엇을 말할 것인가'와 '어떻게 말할 것인가'의 문제다. '주제'와 '글쓰기'의 문제이고, '목표와 방법'의 문제와 똑같다고 본다. 광고에서는 '콘셉트'와 '아이디어'의 문제다. 콘셉트가 좋은데 아이디어가 나쁠 경우가 생기고, 아이디어는 좋은데 무슨 말(콘셉트)인지 잘 모르겠다고 하는 경우가 흔하다. 여기서 광고 크리에이터가 생산자로서 살기에 조금 어렵다고 한다. 일반 기술분야는 다소 다르겠지만 행정기획관리 분야에서는 피할 수 없는 '번뇌의 고통'이 있다. 치밀한 과학적 논리를 섬세한 예술적 감성으로 전환시키는 '숙성의 시간'을 인내해야만 좋은 광고 크리에이티브가 생성될 수 있기 때문이다. 현대 디지털 사회가 요구하는 능력도 '창의력'인바 조금 어렵더라도 개념을 이해하고 연습을 통해 익힌다면 아주 간명한 원리를 습득할 수 있다고 본다. '학습의욕'만 불태우면 쉽게 'Q-5'를 '갖고 놀' 수 있을 것이다. 우리가 포기하는 것은 '불가능'해서가 아니라, '불가능할 것' 같아서다.

그러나 '건널 수 없을 것 같은 강'처럼 콘셉트와 아이디어 사이에 놓인 장벽을 넘어야 대중 소비자에게 다가갈 수 있으니 대책을 세워야 할 것이다. 그 솔루션은 이해하기 쉬워야 하고 간결하게 정리되어있으면서 실용적으로 사용했을 때 효율적이야 함은 물론이다.

두 개념 사이에 '연계 순환적 통합 시스템'을 만들고 광고크리에이티브를 만들 때나 광고를 리뷰할 때 사용할 수 있도록 개념화하고 전략적 아이디어를 창출하는 '가성비'가 높은 도표를 만들었다. 광고회사 경험을 바탕으로 전략을 전개하고, 아이디어를 숙성하려면 '5단계-5질문(Q-5: Question 5)'의 과정을 반복적으로 거쳐야 한다는 것이다. 즉, 콘셉트 도출의 Q-5, 아이디어 창출의 Q-5, 객관적 상관물의 Q-5, 구조화(테마와 스토리텔링), 총체적 순인상(total net impression)이라는 5단계다. 'Q-5'는 글자 그대로 'Question-5'로서 각 단계별로 '질문 5개' 하라는 것이다. '질문 속에 답이 있다'는 경험도 확인되었다고 본다. '고기'를 바라지 말고 '지속 가능성'이 높은 방법을 익히면 두고두고 경쟁력을 가질 수 있을 것이라고 본다.

콘셉트와 아이디어의 연계순환 발상법

5단계-5질문의 'Q-5' 발상법을 구체적으로 살펴보면 다음과 같다.

제1단계: 콘셉트 도출의 Q-5

광고 크리에이티브의 개념은 전략(콘셉트)과 표현(아이디어)으로 구체화된다. 여기에서 콘셉트 도출의 Q-5(Question 5)란 사람들이 해결하고 싶어 하는 것을 찾는 데 필요한 다섯 가지 질문을 말한다. 소비자 입장에서 소비자의 니즈를 만족시켜줄 수 있는 개념이 무엇인지를 찾아야 한다. 다양한 개념을 발견하는 것이 중요하므로 여러 번 반추하며 찾아내야 한다. 새로운 관점을 포착한 콘셉트인지, 그리고 공감할 수 있는 콘셉트인지 항상 질문해야 한다. 콘셉트 도출 과정에서 반드시 따져봐야 할 다섯 가지 질문은 다음과 같다.

첫째, 브랜드 인상은 무엇인가? 생활자(소비자)가 어떤 브랜드를 선택하는 기준은 그 브랜드의 총체적 순인상(total net impression)이다. 그 브랜드에서 느끼는 감정이 무엇인지, 브랜드의 의미나 가치는 무엇인지, 소비자의 문제를 얼마나 잘 해결해줄 것인지, 이런저런 질문을 던져봐야 한다.

둘째, 목표 개인은 누구인가? 목표 고객의 생활양식, 가치관, 그리고 경쟁 브랜드에 대한 인식을 관찰해 특정 브랜드를 사는 고객은 누구인지, 사회심리학적 특성은 무엇인지, 그들의 사회적 관심사는 무엇인지 빅데이터를 활용해 다각도로 따져봐야 한다.

셋째, 광고 목표는 무엇인가? 생활자(소비자)의 브랜드 선호도를 높일 것인지, 태도를 바꿀 것인지, 사회문제에 대한 의견을 변화시킬 것인지 등과 같은 광고 목표를 분명히 제시해야 한다. 더불어 그 목표가 측정 가능하고 구체적인지 짚어봐야 한다.

넷째, 의사결정 방법은 무엇인가? 소비자 심리는 작은 우주와 같다. 합리적으로 구매 결정을 하는지, 느낌 위주로 감성적 구매를 하는지, 디지털 소비자처럼 어떤 정보에 주목해 흥미를 가진 다음에 검색해서 구매 행동을 하는지, 이런저런 질문을 해봐야 한다.

다섯째, 생활자(소비자)의 혜택(benefit)은 무엇인가? 모든 광고는 소비자에게 약속이나 편익을 제공해야 한다. 그 혜택은 소비자를 움직일 수 있을 만큼 독창적이고 강력한 것이어서 생활자의 공감을 유발할 수 있어야 한다. 따라서 어떤 아이디어가 과연 소비자 혜택이라는 가치를 제공하는지 다양한 맥락에서 검토해봐야 한다.

제2단계: 아이디어 창출의 Q-5

이미 알려진 사실은 생활자(소비자)의 호기심을 자극하지 못하며, 언제나 새로운 것이 파워를 발휘한다. 따라서 아이디어 발상 과정에서 콘셉트와 아이디어 사이에 연계순환적 통합 시스템을 반추하는 질문을 계속하며 전략적 아이디어를 창출해야 한다.

첫째, 새로운 TPO는 무엇인가? 기존의 브랜드가 사용되는 시간과 장소와 상황을 완전히 바꾸어보라. 무한 경쟁이 펼쳐지는 글로벌 영역에 이르기까지 생각의 틀에 얽매일 필요가 없다. 또한 기존 브랜드 영역에 얽매이지 말고 경쟁 브랜드와 차이점을 부각시키거나 대체할 브랜드의 시장까지 확장시켜 TPO[시간(Time), 장소(Place), 상황(Occasion)]에 대해 궁리하다 보면 뜻밖에도 빅 아이디어가 나오는 경우가 많다. 진정으로 새로운 것을 발견하기 위해서는 다양한 질문을 해봐야 한다.

둘째, 새로운 인물은 누구인가? 목표 개인에게 직접 소구하기보다 주변 인물을 활용하는 아이디어가 더 좋다. 기존에 만들어진 고정관념을 벗어나 역발상으로 신선한 감각을 보여 줄 수 있기 때문이다. 역발상에 의한 새로운 인물의 설정은 소구점이 새롭고 스토리텔링도 '낯설게 읽기' 효과를 줄 수 있다. 너무 혁신적이면 공감이 떨어질 수 있다는 가능성도 여러 측면에서 검토해야 한다.

셋째, 새로운 가치는 무엇인가? 브랜드의 심리적 · 사회적 가치나 의미가 무엇인지 분석해보면 아이디어의 돌파구가 열린다. 브랜드의 역사나 기술이나 혜택이 비슷해진 현대사회에서는 차별된 가치와 의미를 부여해야 한다. 디지털 디자인 사회일수록 브랜드의 특성과 생활자(소비자)의 자아 개념을 잘 연결시켜 일관된 정체성을 만들 수 있는지 다양한 질문을 전개해야 한다.

넷째, 새로운 주인공은 누구인가? 크리에이티브에서 주인공(personality) 역할을 누가 어떻게 할 것인지가 중요하다. 캐릭터를 사용할 것인지, 전문가의 권위를 차용할 것인지, 아이디어 발상 단계에서 브랜드의 특성을 효과적으로 전달할 수 있는 모델을 검토해야 한다. 체험 프로그램의 달인 같은 스타일로 설정하거나 가상공간의 사이버 캐릭터를 설정하거나 여러 가지 주인공을 고려할 수 있다. 설득력이 높은 주인공을 선택할 수 있도록 다양한 맥락을 고려해야 한다.

다섯째, 새로운 사회 흐름(social trend)은 무엇인가? 광고는 사회문화의 시장에서 공유되는 제도다. 생활자(소비자)의 의식 세계와 무의식 세계를 지배하는 거시적인 트렌드와 학습 내용을 알아야 한다. 광고 메시지가 시대착오적이어도 곤란하지만 지나치게 전위적이어도 안 된다. 인터넷 SNS 채팅, 모바일, 1인 미디어, 한류, 보보스족 같은 사회적 흐름(trend)을 포착해 생활자가 쉽고 편하게 수용할 수 있는 아이디어를 찾기 위해 다양한 '질문'을 해야 한다.

제3단계: 객관적 상관물의 Q-5

콘셉트와 아이디어를 연계 · 순환 · 통합하고 하나의 연상으로 기억되게 하는 연결고리가 필요하다. 이 연결고리는 생활자(소비자)의 두뇌 속에 오래 남길 수 있는 장치로, 비유법을 사용하면 효과적이다. 객관적 상관물을 찾기 위해서라도 'Q-5 발상법'이 적용된다.

- 구체성: 손에 잡히는 구체적인 사물로 표현해야 한다.
- 객관성: 불특정 다수를 설득하려면 다수가 공감할 수 있어야 한다.
- 적확성: 어떤 사물을 나타내는 가장 적절한 말은 하나밖에 없다는 플로베르의 일물일어설(一物一語說)처럼 브랜드만의 고유성을 확보해야 한다.
- 차별성: 달라야 보이고, 보여야 설득하므로 다른 것과 달라야 한다.

- 미학: 엔터테인먼트 기능과 행복을 전하기 위해 판타지와 아름다움을 제공해야 한다.

제4단계: 구조화(테마와 스토리텔링)

모든 사람은 이야기를 좋아하고, 재미있는 이야기는 기억력 제고에도 이바지한다. 나아가 이야기는 기억에 방해가 되는 잡음을 없애주고 '감성의 논리화'까지 가능하게 한다. 그렇지만 아무리 감각적이고 이미지 위주의 표현일지라도 생활자(소비자)는 그 표현의 의미를 자기에 맞게 '번역(Ad. Translation)'해서 받아들인다. 따라서 아이디어 발상 과정에서 이야기를 흥미롭게 한다는 스토리텔링의 구조를 만들어야 한다. 표현에서 강력한 스토리텔링이 가능한 아이디어인지 이런저런 질문을 해야 한다는 뜻이다. 질문을 바탕으로 '어떤 주인공이 어떤 방법으로 어떤 사건을 해결한다'는 스토리텔링의 구조를 짜야만 그 아이디어가 효과를 발휘한다. 나아가 비선형(nonlinear) 스토리텔링으로 구조를 '반전(反轉)'시키면 그 아이디어가 더 숙성된다.

제5단계: 총체적 순인상(Total Net Impression)

광고는 '딱 한 가지' 혜택과 의미와 가치와 명분을 남겨야 한다. 핵심 단어와 핵심 비주얼이 '하나', '단일소구점(Single Minded Proposition)'으로 충분하다. 카피와 아트가 광고 목표를 담고 있어야 하고, 생활자(소비자)의 구매행동과 태도와 의견을 바꿀 수 있어야 한다. 광고 크리에이티브 효과는 매체의 노출 빈도와 크리에이티브 파워의 제곱에 비례한다($E=mc^2$)는 생각을 가지고 아이디어 회의에 참석해야 한다. 그래서 '저예산, 고성과'를 낼 수 있어야 한다.

광고 크리에이티브에서 아이디어 발상법은 기획에서 전략(콘셉트)을 구상하고, 표현에서 아이디어를 발상하는 '연계 순환 통합의 상호작용 시스템'이다. 이 시스템은 질문들이 상호 충돌하고 융합되며 연쇄적으로 반응하는 사이클이기 때문에, 아이디어 발상 과정에서 질문을 끊임없이 하면서 연쇄적으로 상상력을 발휘해야 한다.

'Q-5 발상법'의 개념도를 종합 정리하면 다음과 같다. 광고의 표현 콘셉트와 아이디어 발상, 매력적인 메시지 개발은 광고 창작에서 과정이다. '과정'이기에 중간중간에 '숙성의 시간'을 가져야 한다. 'Q-5' 과정은 최소한 5회 반복 리뷰를 권장하며, '더 좋은 것을 찾는다(Think Better)'는 생각을 가져야 한다. 세상살이에서 필요한 독창적인 아이디어 발상은 한 번에 나오지 않는다. '세상에 좋은 아이디어는

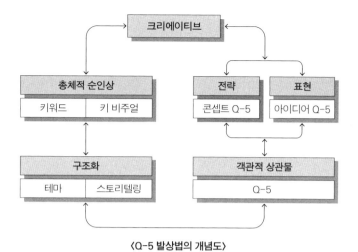

〈Q-5 발상법의 개념도〉

없다, 다듬어진 아이디어일 뿐이다'. 'Q-5' 발상법을 잘 이해하고 익히면(學而時習) 누구나 아이디어 맨이 되어있을 것이라고 확신한다.

15장
아이디어
발상의 실제

창의력의 확장

세계 최대, 최고의 광고경연장인 '칸 국제광고제'의 명칭이 2011년부터 변경되었다고 한다. 대회 공식명칭이 '칸 라이온스 국제 창의성 축제'인 'Cannes Lions International Festival of Creativity'이다. 광고가 단순히 아이디어를 생산하고 상품을 판매하는 데 기여하는 소극적 · 전통적 마케팅 개념에서 탈피하기 시작했다. 국경 없는 사회가 되고 자본과 상품의 자유로운 이동이 보장되고 문화 콘텐츠로 소프트화되고 있는 글로벌 시대에 새로운 광고의 개념을 정립할 필요성이 대두되고 있다. 시대 조류와 국제 시장의 변화에 따라 광고도 국내 마케팅 커뮤니케이션이라는 속성에서 글로벌 마인드를 가진 커뮤니케이션으로 진화해야만 된다고 본다.

광고회사의 진화를 살펴보더라도 잘 알 수 있다. 처음에 미국에서는 광고회사를 애드버타이징 에이전시(advertising agency)라 불렀으나 시대의 변화에 따라 둘로 나누어졌다. 마케팅을 표방하고 경영하는 광고회사인 마케팅 에이전시와 크리에이티브를 표방하는 크리에이티브 에이전시이다. 그러나 미국의 광고회사는 마케팅이 모든 광고회사 경영의 기본이 되어있으므로 크리에이티브 에이전시라 해도 결코 마케팅을 경시하고 크리에이티브에만 치중하고 있는 것은 아니다. 그것은 마케팅과 크리에이티브가 표리일체의 관계에 있기 때문이다.

소위 방아쇠(trigger)를 당겨 한 방에 카테고리 킬러 역할을 할 광고 크리에이티브가 무엇인지 생각해야 할 것이다. '한 방 이론(one hit theory)'에 부합하는 강력한 표현을 요구하는 것이다. 이는 저성장기에 마케팅 커뮤니케이션의 비용을 절감하려는 노력과 연결된다. 어젠다 세팅이고 '생각의 감옥'에 가두어 관행에 따르게 만드는 휴리스틱 구매행동을 단절하려는 인식의 싸움이기도 하다.

아무리 '자본주의 4.0 시대'이고 마케팅 3.0 시대라고 하지만, 광고전쟁에서는 결코 2등이 살아남을 수 없다. 가입자 수에서 부익부 빈익빈을 낳고 개선되어야 할 가치관이라고 하더라도 광고는 불가피한 생존경쟁임을 다시 한 번 확인시켜주고 있다.

창의성은 순환 메커니즘이다.

창의성은 '문제 인식 → 고정관념 파괴 → 해결 방법 → 패러다임 쉬프트 → 신 창조의 순환 메커니즘'이다.

이런 순환사고법에는 토머스 쿤이 '과학혁명의 구조'에서 말한 패러다임 쉬프트(paradigm shift)처럼 혁명적 발상의 반전효과가 있다. 정상과학(normal science)이 보통의 상투어 같은 발전이라면 과학혁명이야말로 진보를 뜻하는 크리에이티비티(creativity)라고 하겠다. 거짓 행복이 아니고 진정한 환희를 느낄 수 있는 발상의 혁명이다. '광고란 행복의식이면서 제도화된 비속화'라는 불명예를 떨쳐버리게 하고, 크리에이터 자신에게 늘 '깨어있으라'는 채찍이라고도 할 수 있겠다. 낯익고 길들여진 언어나 어디선가 본 듯한 비주얼에 대해 반항하고 일차원적인 크리에이티브를 뛰어넘고자 하는 고민들에서 나온 것이다. 새것 콤플렉스(complex)는 광고인의 숙명일지도 모른다.

누가 봐도 진리라고 생각하는 과학계에서도 관점을 달리하면 비과학적인 사실이 많다고 한다. 빛은 직진한다고 배웠지만 휘어져 있다는 이론이 나왔다. 수학에서는 곡선을 미분하면 직선이 되지 않는가. 세상사가 모두 반전효과를 준비하고 있다고 생각해야 할 것이다. 좋은 것을 더 좋게 할 수 있다는 생각이 필요하다. 'think different'라는 도전정신이다. 발상의 대전환을 불러일으키는 크리에이티브 사고법의 하나라고 하겠다.

우리의 마케팅 상황도 광고주나 크리에이터 마음대로 동원 가능한 요소만 잘 끌어오면, 커뮤니케이션 목표를 달성할 수 있을 만큼 단순하지 않다는 것이다. 전자는 소비자(consumer), 경쟁(competition), 기업(cooperation), 자기 기업(company)이라는 4C 분석항목을 불변의 것으로 간주하고 있는 모습이다. 고정불변의 항목이라 옛날부터 해오던 대로 하면 되는 관행(routine)이다. 관행은 수동적으로 따라 하면 된다. 비록 안심할 수는 있지만 창의적인 대안은 아니다. 반면에 후자는 미리 모든 경우의 수를 따져보고 예견할 수 있는 돌발 변수들을 하나하나 떠올려보는 것이다. 그 가운데 성공할 가능성이 가장 큰 요소들을 선택하는 과정을 중요시한 것이라 하겠다. 이 창작과정에는 고성능 컴퓨터의 중앙전산장치(CPU)처럼 빠르게 움직이는 '생각의 역동성'이 숨어있고 모범답안을 찾아내려는 창조적 긴장이 있다. 바로 크리에이터의 가치와 존재이유를 재조명해주는 것이다.

이런 역동성은 개인 크리에이터이든 기업이든 현실에 안주하게 만들지 않는다. SK텔레콤도 일등 커뮤니케이션 회사도 후발 이동통신회사들과 경쟁이 치열해지고 있기에, '이제 어디로 가야 하는가?'에 대한 회의가 필요하다. 시장 점유율 65%가 55%까지 내려가고 고객에게 가까이 다가가고자 하는 인식의 전환이 요구되어 SK텔레콤은 《현대생활백서》시리즈를 내놓는다. 신세대의 라이프스타일 속에서 엄지족의 욕구가 무엇인지를 밝혀냈던 것이다. 자기 표현 욕구와 다양한 개성을 스스로 표출하고 싶어 하는 욕망을 분출할 기회를 제공하는 것이다. 창작공모전의 형태를 빌려 소비자의 모바일 생활상을 접수한 것이다. 이제 막 시작된 UCC의 활용인 셈이다. SKT는 《현대생활백서》에서 일등으로서의 리더십과 사명과 의무를 스스로 되묻고 답하고 있다.

'새롭게, 더불어, 드높이'의 사회학적 상상력

모두 똑같은 복제인간이 세상을 지배하면 얼마나 단조롭고 재미가 없을까. 그리고 얼마나 위험할까? 아이디어도 크리에이티브 뱅크가 있어 꺼내 쓸 수 있다면 얼마나 편할까? 그러나 얼마나 큰 지능 컴퓨터가 필요할까? 미국의 청소년이 인터넷에서 가수 비(Rain)를 검색하니까 날씨 관련 사이트가 떴다는 이야기처럼 될 것이다. 언어의 이중성과 기계언어의 한계로 인간에게 소구하는 메시지를 정확하게 개발하기는 어려울 것이다. 그래서 '낡은 것의 새로운 결합'이라는 광고계의 고전적 명제가 생긴 것이다. '구슬이 서 말이라도 꿰어야 보배다'라는 우리 속담과 같다. 그러나 단순히 크리에이티브의 명언으로만 받아들이기에는 허점이 있다. 구슬이 무엇인지를 추출할 수 있는 혜안의 부족이고, 꿰어야 하는 방법론의 부재이고, 보배를 확정할 주체의 실종이다. 누구를 위해 어떻게 꿰고 결합해야 하는가에 대해서는 해결책을 유보하거나 회피하고 있다는 이야기다. 아니 불확실성일지도 모른다.

오랜 기간 동안 장인의 도제 시스템을 거치고 독창적인 창작법을 터득해야만 다다를 수 있는 세계가 크리에이티비티다. '고향의 맛'이라는 캠페인 슬로건처럼 고농축 엑기스를 추출하는 방법을 어찌 한두 개의 이론으로 해결할 수 있겠는가. '자판기에서 쉽게 살 수 있는 획일적인 아이디어'를 기대하는 것은 크리에이터이기를 포기하는 것이다. 그것은 창의적인 아이디어가 아니고 광고계에 대한 모독이고 명예훼손이다. 크리에이터는 고민을 즐길 줄 알아야 한다. 서유기의 손오공처럼 털 하나로 입김만 불어넣어도 수많은 복제 손오공(아이디어)을 만들 수 있다면 얼마나 좋을까? 그렇게 되기까지는 땅을 파고 수맥을 찾아야 하며 빈틈없는 굴착 공사를 해야 한다. 상품과 인간과 사회에 대해 치열한 검토를 거친 후, 상관관계를 크리에이티브라는 창작 방정식으로 풀어내야 한다.

광고 크리에이터는 '개인적으로는 항상 새롭게, 이웃과 함께 더불어, 사회를 한 차원 드높이' 만드는 데 공헌해야 하기 때문이다. 1단계, 2단계, 3단계의 아이디어 숙성과 공론화를 거치면서 아우라(aura)가 있는 광고를 만들고, 입체적인 공동사회를 만들어 나가는 데 중요한 역할을 수행할 수 있을 것이다. 이렇게 개인과 공동체가 더불어 창의력 함양에 동참한다면 '창의적인 사회(Creative Society)'를 만드는 데도 크게 기여할 것이기 때문이다.

지속 가능한 표현과 메시지와 일관성으로 브랜드 자산을 구축해야

이런 와중에 슬로우 라이프와 성찰과 반성할 시간을 갖고 인생을 관조해보는 여유를 제안하는 대한항공 광고도 시대상을 반영하고 있다. 사회공동체 구성원들이 합의할 수 있는 '공유된 가치창조(create shared value)'는 최대 다수의 최대 공감을 얻을 수 있는 메시지가 될 수 있다. '지상 최대의 쇼'를 항공촬영으로 부감에서 보여주는 장관은 누구나 한 번쯤 일상탈출을 하고 싶다는 생각이 들도록 자극하는 계기를 만들고 있다. TV광고 캠페인 중 브랜드 호감도와 경쟁력을 향상시킨 광고로 '케냐, 지상 최대의 쇼' 캠페인은 대한항공의 동북아 최초 아프리카 나이로비 취항을 계기로 제작됐다. 프리 런칭 편인 '동물의 왕국'과 '아기 표범' 편을 시작으로 '마사이마라 국립공원', '나쿠루 호수', '빅토리아 폭포' 등 총 11편의 광고 캠페인을 선보였다. 살아있는 아프리카의 이미지를 현장감 있게 장쾌하게 표현한 점이 돋보였다. 웅장한 음악과 '지상 최대의 쇼'를 담아 우리 TV광고의 블록버스터로 평가받았다. 경제적으로 어려운 상황이지만 심리적인 탈출의 체험을 공유시키는 크리에이티브라고 하겠다.

4월 총선의 해 2020년은 '정치광고의 해'이기도 하다. 정치광고는 '진보와 보수의 대립'이 극한에 와있어 유권자와 직접 소통하고자 하는 후보들이 '진심의 순간'에 '무엇을 말할 것인가'를 준비하는 광고다. 감성광고를 위주로 눈물샘을 자극하는 기법과 공격적인 메시지 제시로 차별화를 구사하는 광고는 후보의 전략에 따라 갈림길에 서 있다. 지난 정치광고들은 낙인찍기(name calling)나 상대후보를 부정적 관점(frame)에 가둬 선진정치광고로 진화하는 모습을 보여주지 못했다고 평가하기 때문이다. 정책이 아니고 정치로 '대중영합주의(populism)'를 양산하는 악습을 되풀이한 것이다. 인기투표 성향을 무시할 수는 없지만, 정책으로 선택준거를 명확히 제시하는 매니페스토(manifesto)를 중심으로 진검승부 하는 광고 메시지를 찾을 수 있으면 좋겠다.

특히 인터넷을 활용한 광고와 SNS를 이용한 신세대 목표고객을 향한 크리에이티브 기법이 주목받을 것이다. 선거법 개정으로 '만 18세 이상'이 투표권이 있기 때문이다. TGIF 시대에 여론 형성층이고 구매과정에 영향력을 주는 3F로 친구(friends), 팬(fans), 팔로어(followers)도 거론하고 있다. 친구와 댓글이 네티즌이라면 팬은 온오프라인을 넘나드는 융합족이다. 세상살이에서는 소셜 네트워크 게임(SNG)으로 모바일 시장이 급속도로 팽창하고 있다. 또한 광고인들은 최신 MCN(multi channel network) 플랫폼이 부상하고 있어 1인 사업자들의 바이럴 전략과 브랜드 저널리즘에서 네이티브 애드(native advertising)까지 커뮤니케이션 지형의 변화를 선도할 수 있어야 한다는 뜻이다. 앞으로는 이런 플랫폼에 간접광고(PPL) 같은 비즈니스 모델을 탑재한 크리에이티비티가 각광받을 것이다. 다음은 카스 광고카피이다.

"꿈이 없다면 눈물 날 일도 없어
하지만 혹시 알아?
너만의 길을 찾게 될지
너의 꿈을 세상에 펼치게 될지
아무것도 하지 않으면, 아무것도 일어나지 않아
부딪쳐라 짜릿하게
카스처럼"

크리에이티브의 문 열기는 관점의 차이에서 시작된다

'다르게 보기'의 숨은 의미로 남다르게 본다는 것은 기존의 관점을 바꾸겠다는 뜻이다. 분석이다. 왜 좋은지 왜 설레는지 그 이유를 따져보는 것이다. 이렇게 보면 겉에 보이는 것이 아니라 속에 숨어있는 것을 보게 된다.

광고 크리에이티브(advertising creative)란 먼저 넓은 의미로 광고의 창작과 정 전체를 뜻한다. 광고기획에서 시작하여 제작회의를 통해 나온 아이디어를 구체화하는 작업은 물론 광고안을 미디어에 집행하기까지의 전 과정을 말한다. 광고 크리에이티브는 구체화된 아이디어를 생산하는 과정이기에 살아 숨쉬는 생물처럼 역동적인 성장과정이다. 좁은 의미로는 아이디어가 구체화된 광고제작물 자체를 뜻한다. 광고주(client)가 생활 속의 각종 미디어에서 소비자와 만나는 접점에 있는 소통의 매개체로서 특정 광고물 하나를 말한다. 아무튼 광고 크리에이티브는 생산과정이든 결과물이든 세상을 읽고 생활 스타일을 제안하며, 소비자를 설득하고 상품을 사게끔 설득하는 창작 체계이다. 광고 크리에이티브는 커뮤니케이션 원칙에 의해 다듬어져야 하고 마케팅 목표와 전략을 달성할 수 있어야 하기 때문이다. 생산과정에서 '크리에이티브'한 생각을 교환해야 하고, 그 결과로 '크리에이티브'한 아이디어를 담아내야 하기에 예술적인 발상이 필요하다. '그 광고, 참 잘 만들었다'는 평가를 받아야 하고, '이런 광고에 나온 상품 주세요'라는 효과를 얻기 위한 광고표현 전략이라고 할 수 있다. 광고 크리에이터가 밤샘 제작회의를 하는 이유가 바로 광고 크리에이티브 때문이다.

광고 크리에이티브는 기획에서 시작하여 집행에 이르는 모든 과정에서 창의성을 발휘해야 한다. 광고 크리에이티브 효과를 제고하기 위해서는 우선 '관점'에 대한 이야기를 하고 넘어가야 한다.

2017년 5월 최대 이슈가 되었던 대통령선거에서 유권자들은 후보들이 언론에서 보여준 모습을 믿게 되는데 이것은 프레임 효과(Frame Effect)라고 한다. TV 광고나 인쇄물에서 주장하는 각종 공약은 후보의 대표정책으로 다른 경쟁 후보가 갖지 못하는 특장점을 강조한다. 이것은 후보를 유권자가 선택하는 하나의 상품(brand)으로 본다면 'USP'라고 할 수 있다. 후보가 내세우고 싶은 능력과 차별점으로 내세우고, 유권자는 선택기준으로 삼는 '소구점'이라고 할 수 있다. 유권자는 그 상품을 선택하는 소비자로서 그 USP가 정말 객관적이고 진실인가에 대하여 생각해봐야 한다. 우리가 가지는 이러한 자세는 미디어 읽기(Media literacy)라고 하는데 미디어의 정보를 객관적으로 따져볼 수 있는 자세를 뜻한다. 우리가 평소에 무조건적으로 매체에서 하는 이야기를 받아들일 것이 아니라, 비판적으로 사고하며 받아들인다면 '바보상자'라고 불리는 TV의 속된 명칭은 사라지는 때가 올 것이라고 생각한다.

광고 크리에이터에게는 다양한 관점이 중요하다. 하지만 하나의 명확한 답이 있지 않은 것이 광고 크리에이티브이다. 이 판단 기준은 소비자나 광고주에게 향해야 할 것이다. 이 말은 광고 크리에이티브의 요소인 카피 메시지와 비주얼은 소비자의 생활 문제를 해결하는 것이어야 한다는 점이다. 우리가 광고를 통해서 목표하는 대상은 '소비자(생활자)'이다. 고로 카피 속에 꼭 들어가야 하는 내용은 '소비자의 편익(benefit)'이므로 카피는 소비자 편익을 얻도록 해주는 메시지라고 볼 수 있다. 그러기 위해서 우리는 그 제품이 무엇을 이야기하고 싶어 하는지 볼 수 있어야 하는데 그 제품이나 서비스가 가지고 있는 요소를 직설적으로 말하는 것이 아닌 '광고화'시켜서 말해주는 것이 크리에이티브에서 중요하다. 광고화는 표현의 문제이고 카피와 아트의 행복한 결혼으로 생산되는 커뮤니케이션이 일차 목표가 된다. 미디어 예술을 기반으로 장르를 넘나드는 창의적인 아이디어나 메시지가 소비자와 상호작용하면서 공감을 획득하려고 한다. 그래서 광고 크리에이티브를 소비자의 접점에서 설득 메시지를 주고받는 커뮤니케이션 시각으로 보고자 한다. 이 커뮤니케이션 과정의 각 단계에서 '**최대 다수의 최대 공감**'을 얻기 위해서 각 단계별 크리에이티브가 생산되는 표현전략(광고 크리에이티브)이 모두 다르기 때문이기도 하다.

지식 경제가 본격화되면서, 정보와 지식의 **빠른** 범용화라는 예기치 못했던 현상이 나타나고 있다. 이에 따라 정보와 지식 대신 아이디어가 새로운 경쟁 우위 요소이자 부의 창출 원천으로 부상하는 아이디어 경제 시대가 열리고 있다.

앨빈 토플러가 정보화 시대를 예견한 지 25년이 지난 현재, 정보와 지식의 **빠른** 범용화라는 예기치 못했던 새로운 현상이 나타나고 있다. 일반적인 정보는 이미 범용화된 지 오래이다. 인터넷과 통신기술의 보급 확산, 정보 공개의 확대, 정보 매체의 다양화 때문이다. 검색 엔진, 블로그, 전문 정보 포털, 온라인 커뮤니티, 각종 서적 등을 활용하는 약간의 수고만 기울인다면, 누구라도 특정 주제에 대해 광범위한 정보를 흡수할 수 있게 되었다.

지식 또한 점점 범용화되고 있다. 컨설팅 회사, 시장조사기관, 공공기관 등 다양한 지식 생산 주체로부터 수많은 전문 보고서들이 매일 쏟아져 나온다. 사회적 이슈가 불거지면 언론에서는 깊이 있는 심층분석 기사를 양산해낸다. 지식의 홍수 시대가 열리고 있는 것이다. 또한 각 분야별로 **암묵지**(경험적·체험적 지식으로 개인의 머릿속에 있는 지식)가 서적이나 시스템의 형태로 활발하게 지식화되고, 다양한 형태의 지식교육기관이 번성하고 있다. 누구라도 쉽게 특정 분야에 대한 지식과 식견을 갖춘 전문가가 될 수 있는 세상이 된 것이다.

아이디어의 중요성이 부각

이처럼 정보와 지식이 희소성을 잃고 범용화되면서, 정보 분석이나 지식 창조 업무가 유망 전문 직종이라는 것도 점차 옛말이 되어가고 있다. 사무직이라면 누구나 수행하는 일상 업무가 된 것이다. 예를 들어 금융 데이터 분석, 회계, 소프트웨어 설계 등의 업무는 빠르게 보편화되고 부가가치가 낮아져, 점차 아웃소싱 되거나 전산화되는 추세이다. 수치 분석만이 아니다. 로이터 등의 대형 통신사는 기업의 실적 보도 등 단순 정보성 기사 작성을 인도로 아웃소싱하고 있다. 심지어 톰슨 파이낸셜에서는 아예 정형화된 금융/기업 분석 기사를 1~2초 만에 작성하는 프로그램마저 도입했다. 단순히 정보와 지식만으로는 차별적인 경쟁 우위를 창출하기가 점점 힘들어지는 것이다.

그렇다면 정보와 지식 이후에 무엇으로 경쟁 우위를 창출할 수 있을까? 결론부터 말하자면 답은 '아이디어'와 '창의성'이다. 아이디어와 창의성의 중요성에 대해서는 굳이 멀리서 사례를 찾을 필요도 없다. 수시로 열리는 내부 회의를 생각해 보자. 정보와 지식은 이미 쉽게 찾을 수 있는 범용재가 되었다. 회의 참가자들은 대부분 관련 정보나 지식은 잘 알고 있다. 정말 희소한 것은 현안 난제를 멋지게 해결할 수 있는 아이디어이다. 놀랄 만한 신사업 아이디어, 시대의 흐름을 먼저 읽어내는 심층 기획 기사 아이디어, 새로운 미래 지평을 열 수 있는 정책 아이디어 등 이미 우리는 아이디어에 목말라 하는 세상에 살고 있다.

지식 경제 시대는 가고 '아이디어 경제' 시대가 온다

지식 경제가 정점에 도달하고 정보와 지식이 폭증하면서, 축적된 지식을 효과적으로 활용하는 아이디어와 창의성이 앞으로는 새로운 경쟁 우위와 부의 원천으로 부상할 것이다. 그렇다면 아이디어와 창의성이 보다 중요해지는 아이디어 경제 시대에는 어떤 변화가 나타날까? 결론부터 말하자면 아이디어 경제 시대에는 아이디어 격차의 사회 이슈화, 재조합적 혁신의 활성화, 아이디어 기반형 경쟁 우위의 부상 등이 나타날 것이다.

무엇보다 정보 격차 대신 아이디어 격차가 사회적 이슈가 될 가능성이 크다.

창의적 계급, 즉 풍부한 아이디어와 창의성을 가진 사람들이 사회를 주도하는 반면, 정보나 지식은 많아도 아이디어는 부족한 아이디어 문맹(Idea illiterate)은 몰락할 가능성이 크다. 끊임없이 새로운 아이디어를 창출해내는 아이디어 **창조자**(Idea creator)나 아이디어로 신사업을 창출하는 아이디어 **기업가**(Idea entrepreneur)와 같은 말도 생겨날지 모른다. 기업 내에서도 아이디어를 계속 만들어내는 직원들은 승승장구하겠지만, 기존 업무 관행에 안주하는 직원들의 운명은 장담할 수 없게 된다.

기술 분야에서도 아이디어를 활용한 재조합적 혁신이 활성화될 것이다. 재조합적 혁신은 없는 것을 새로 만드는 것이 아니라, 기존의 기술 요소들을 조합하여 새로운 혁신을 만들어내는 것이다. 오랜 개선과 혁신으로 많은 산업에서 기술은 소비자가 요구하는 수준을 이미 넘어섰다. 추가적인 기술의 성능 개선이 가져다줄 효익 증가는 그리 크지 않다. 이에 따라 기존의 혁신 요소들을 어떻게 결합하여 소비자 니즈의 유행 변화에 한발 앞서 대응할 것인가와 관련된 아이디어가 중요해질 것이다.

기업 간 경쟁에서도 변화가 예상된다. 전통적인 생산 요소인 노동, 자본, 기술, 정보의 독점적 소유에 따른 경쟁 우위는 점차 힘을 잃게 될 것이다. 글로벌화와 정보화로 인해, 보다 저렴한 해외의 생산 요소를 활용할 수 있게 되었기 때문이다. 이에 따라 기업 외부의 생산 요소들을 효과적으로 결합하는 아이디어 기반형 경쟁 우위가 중요해질 것이다.

아이디어가 신시장 창출 및 산업 부흥의 열쇠

향후 아이디어는 새로운 시장을 창출하는 기폭제가 될 것이다. 예로써 '**교토 의정서**' 체결 이후 유럽에서는 탄소 배출권 시장이 빠르게 확대 중이다. 각 기업별로 온실가스 의무 감축량을 할당하여, 감축 목표를 초과 달성한 기업은 초과 달성분을 배출권 형태로 팔고, 달성하지 못한 기업은 배출권을 살 수 있게 한 것이다. 흥미로운 점은 '발상의 전환'이다. 만일 온실가스 감축이라는 정책 목표를 탄소세나 기타 규제의 형태로 달성하려 했다면, 새로운 세금 부담만을 안겼을 것이다. 그러나 전통적인 규제 대신 '시장 메커니즘'을 도입함으로써 자발적 감축 유도뿐만 아니라 새로운 유망 시장 또한 창출할 수 있었다. 유럽의 탄소 배출권 시장의 거래량은 개장 후 폭증하고 있다고 한다.

아이디어 중심적인 산업 섹터의 성장도 예상된다. 영국에서는 **창조 산업** (Creative Industries)을 국가 발전의 한 축으로 육성 중이다. 영국이 말하는 창조 산업이란 음악, 게임, 영화/방송, 디자인, 광고, 예술, 출판처럼 문자, 기호, 이미지에 기반한 지적 창조물을 생산하는 다양한 산업을 말한다. 이러한 창조 산업에서는 아이디어가 가장 중요하다.

나아가 아이디어는 기존 산업의 활성화에도 큰 영향을 줄 것이다. 최근 전 세계적으로 농수산업과 관광업이 결합된 '어메니티(Amenity) 산업'이 활성화되고 있다. 프랑스 보르도의 와인 농장이나 국내의 보성 녹차밭은 대표적인 예다. 농촌의 청정 자연경관, 문화, 특산품 등의 유무형 자원을 포괄적으로 개발·활용하자는 아이디어를 현실화하여 경제적 부가가치를 극대화한 것이다. 한편 신산업에서도 시장 촉발적인 아이디어가 중요해질 것이다. 현재 세계 태양광 발전 시장에서 가장 앞선 나라는 일본과 독일이다. 특히 독일의 태양광 시장이 2000년대 들어 크게 성장한 배경에는 '전력 매매 시장'의 도입이라는 정책 아이디어가 크게 작용했다. 개인이 생산한 전기를 전력회사에 되팔 수 있게 되면서, 태양광 발전 시스템을 설치하는 가정이 앞다투어 늘어난 것이다. 광고 창의성을 활용하여 복잡한 세상살이와 사회문제를 해결하는 아이디어나 솔루션을 제안하는 '광고의 확장'이 요구된다 하겠다.

비즈니스 아이디어는 현실성과 수익 창출력이 중요

많은 변화가 예상되는 아이디어 경제 시대에 어떻게 대응해야 할까? 기업이나 국가의 대응책을 살펴보기에 앞서 먼저 아이디어의 특성에 대한 이해가 필요하다. 흔히 아이디어라면 톡톡 튀는 예술적 아이디어나 기발한 발명 아이디어를 떠올리기 쉽다. 그러나 21세기에 기업이나 산업에서 요구되는 '비즈니스 아이디어'는 이와 크게 다르기 때문이다.

예술적 아이디어의 특징은 독창성과 심미성이다. 과학적 아이디어는 학문적 체계성과 파급력이 중요하다. 반면 비즈니스 아이디어는 '현실성'과 '수익 창출력'이 중요하다. 현실에 제대로 적용되고, 돈이 되는 아이디어라야 기업이나 산업에서 환영받을 수 있다. 따라서 비즈니스 아이디어는 그 내용상 한계 돌파적·위기 역전적·시장 창조적이어야 한다. 직면한 현안 과제나 한계를 해결하거나, 위기를 기회로 전환시키거나, 사업 환경의 변화 속에서 새로운 신사업 기회를 찾아낼 수 있어야 한다는 것이다.

비즈니스 아이디어를 제대로 창출·활용하려면 '창의성+정보/지식 → 아이디어 → 혁신'이라는 아이디어 프로세스가 중요하다. 현실성있는 아이디어를 얻으려면 공상 대신 다양한 사실충실성 정보(Factfullness), 지식, 빅 데이터들을 치밀하게 분석하고 창의적으로 재조합하고 해석해야 한다. 복잡해진 수요, 경쟁, 규제, 기술 환경들을 세부적으로 이해하고 이에 기반하여 새로운 돌파구를 마련해야 비즈니스 아이디어라 말할 수 있다는 것이다. 또한 아이디어가 수익 창출력을 가지려면, 아이디어가 혁신으로 연결되어 현저한 가치 창출을 가져올 수 있어야 한다.

창조업 인재 확보와 아이디어 프로세스 정착 필요

아이디어 경제 시대에 기업들이 제대로 대응하려면 사업 패러다임의 변화가 필요하다. 특히 제조업은 기존의 기술 및 제조 역량에 아이디어를 결합하여 '창조업'으로 진화해야 한다. 사업 전략의 무게 중심을 제품의 효율적 제조 대신, 새로운 제품/서비스 카테고리, 소비자 경험과 가치, 게임 룰의 창조로 옮기라는 것이다. 그렇다면 사업 패러다임을 창조업으로 진화시키려면 어떻게 해야 할까? 앞서 언급한 비즈니스 아이디어의 개념을 감안할 때, 다음 3가지가 중요한 과제가 될 것으로 보인다.

첫째, 융합형 인재의 확보 및 육성에 노력해야 한다. 융합형 인재란 우뇌적 발상과 좌뇌적 발상을 동시에 할 수 있는 인재이다. 'H형 인재'이다. 우뇌적 발상은 종합, 직관, 새로운 관점을 강조한다. 그러나 우뇌적 사고에만 머물면 아이디어에 현실성과 환금성이 결여될 가능성이 크다. 반면 좌뇌적 발상은 분석, 논리, 인과 관계를 강조한다. 그러나 좌뇌적 사고에만 머물면 기존의 고정관념에서 벗어나기 힘들다. 지금까지 기업에서는 좌뇌적 인재, 즉 분석력, 논리력이 강한 인재를 육성하는데 무게 중심을 두어왔다. 그러나 진정한 비즈니스 창의성은 우뇌적 발상과 좌뇌적 발상이 결합될 때 비로소 가능하다. 우뇌적 발상을 통해 다양한 각도에서 새로운 사업 아이디어를 창출하고, 좌뇌적 발상을 통해 고객가치, 비즈니스 모델, 가치 사슬, 투자 및 수익성 등 다양한 측면에서 조목조목 따져보고 생각을 발전시켜야 진정한 비즈니스 아이디어를 얻을 수 있다. '보보스족'을 지향해야 할 것이다.

둘째, 아이디어 프로세스를 조직 내에 정착시키고 집합적 창의성을 극대화시켜야 한다. 많은 경우 지식 시스템의 구축에만 만족한다. 물론 인프라로서 지식의 생산 및 축적도 중요하다. 그러나 더욱 중요한 것은 축적된 지식을 조직 구성원들의 창의성과 결합시켜 새로운 발상을 창출하는 것이다. 나아가 구성원들의 창의성이 시너지를 창출하도록, 창의적인 조직 문화 조성에도 많은 관심을 기울여야 한다. 일본의 닛산 자동차도 CCO(Chief Creativity Officer), 즉 최고 창의성 책임자라는 직책까지 만들어 조직 내 창의력, 디자인, 브랜드력과 같은 무형의 경쟁력을 강화시키려 하고 있다.

셋째, 아이디어의 모방에 대비해야 한다. 정보나 지식과는 달리 아이디어는 철저한 보안으로도 유출을 막을 수 없다. 경쟁자가 개략적인 콘셉트만 눈치채도 아이디어를 모방할 수 있기 때문이다. 대표적인 아이디어 산업인 영화 산업에서는 콘셉트가 유사한 영화가 비슷한 시기에 개봉되는 경우가 많다. 기획 단계에서 아이디어가 입소문을 통해 유출되기 때문이다. 그러나 콘셉트가 비슷해도 흥행 실적은 대부분 크게 차이가 난다. '디테일과 시스템의 차이' 때문이다. 다른 산업도 마찬가지이다. 아이디어는 쉽게 베낄 수 있어도 세부적으로 배치한 전략적 노림수나 전체적인 수익 창출 노하우는 모방하기 힘들다. 따라서 이러한 아이디어의 속성을 감안하여 정교한 수익 창출 시스템을 구축하고 보완적 자산을 활용하여 모방자와 차별화를 시도해야 한다.

크리에이티브의 생태계

광고 제작물은 유튜브(YouTube) 같은 각종 플랫폼의 영상이든 인쇄광고의 형상이든, 그 제작물 위에서 각각의 구성요소들이 살아 움직이는 '생태계'와 같다. 크리에이티브의 구성요소들은 의미를 생성해내는 유기체의 세포다. 서로 다른 역할을 수행하면서도, 또는 서로 영향을 주고받으면서 하나의 생명체, 즉 제작물을 유지해가는 활동이 광고 크리에이티브라고 할 수 있다. 수많은 섬네일과 러프 스케치가 생존법칙에 따라 죽거나 살아남는 모습을 늘 보여주고 있다.

먹이사슬도 있다. 비주얼이 강하면 카피가 약해지고, 카피가 강하면 비주얼이 약해지기도 한다. 정글의 법칙이다. 그러나 아트디렉터와 카피라이터의 밤을 새는 무한논쟁은 살아남기 위한 처절한 창의력 경쟁이다. 각 구성요소들이 서로 견제와 균형을 이뤄 아트와 카피의 행복한 결혼이 되면 제작물 위에는 조화와 평화가 연출된다.

그러므로, 구성요소와 크리에이티브의 관계는 화이부동(和而不同: 조화롭되 같지 않다)이 아니라, **부동이화**(不同而和: 구성요소들이 서로 같지 않으면서도 크리에이티브 상(上)으로 조화롭다)이고, **부동이화**(浮動而化: 살아 움직이는 구성요소들이 떠다니고 움직이지만, 결국은 하나로 화학적 변화를 일으킨다)로 새로운 크리에이티브(영상화, 형상화)를 이룩한다.

구성요소들이 물리적으로 단순히 **병치**(竝置)되어있기보다는, 화학적으로 융화되어 대표 영상이나 형상으로 '하나의 순인상(total net impression)'을 남겨야 좋다. '기억에 남는 카피와 비주얼'이 무엇인지를 질문하면서 창작활동을 해야 할 것이다.

강력한 메시지 비법(Sticked Message)

칩 히스(Chip Heath) 교수는 전 세계의 속담과 전설(傳說), 선거 구호 등의 성공한 슬로건, 연설, 광고, 인터뷰를 분석한 결과 공통점을 발견하고, 사람의 기억에 오랫동안 남는 메시지 '스티커 메시지'의 특성을 6개의 원칙으로 정리했다. 기업뿐 아니라 카피라이터, 마케팅 전문가, 작가 등을 대상으로 한 스티커 메시지 작법은 다음과 같다. '성공 작법 석세스(SUCCES's)'이다.

- 간결성(Simplicity)이다. 핵심(lead)만 남기고 가지치기를 해야 한다.
- 의외성(Unexpectedness)이다. 강제결합에서 나온다. 강제결합은 의문과 호기심을 발동시킨다. 이는 참여하고 스스로 문답하게 한다. 광고의 인지도와 이해도가 올라가게 된다.
- 구체성(concreteness)이다. 단순할 수 없다면 통할 수 없다. 많이 아는 사람일수록 알아듣기 힘든 '지식의 저주(curse of knowledge)'에 빠져 수용자를 배려하지 않고 말하게 된다. 오감으로 느낄 수 있어야 한다.
- 신뢰성(Credibility)이다. 사회적 약속이고 기본이다. 거짓 메시지는 범죄행위다.
- 감성(Emotion)이다. '정체성(identity)'에 호소해야 한다. 공감할 수 있어야 한다.
- 스토리(Story)이다. 쉽게 이해하고 오래 기억에 남기기 위함이며, 문화 차원으로 올리기 위함이다.

예를 들면, 사람의 감성(感性)에는 '공포', '질투', '슬픔', '기쁨'처럼 여러 가지 종류가 있다. 만약 이 중에서 가장 효과적인 감정이 있다면 무엇일까? 담배 공익광고에서 시꺼먼 간(肝)을 보여주면서 '담배를 계속 피우면 당신 간도 이렇게 된다'고 협박하면, 보는 사람은 정말로 담배를 끊든가 아니면 다시는 그 광고를 보지 않게 된다. 일종의 '확증편향'이 일어난다.

반면 성공적인 담배 공익광고 중에 10대 청소년들이 나와서 담배회사 앞에 1,800개의 모래주머니를 쌓은 뒤, 확성기로 '당신들이 만드는 담배로 인해 매일 1,800명이 죽고 있다'고 소리치는 장면이 있다. 이 광고는 시청자에게 여러 감정 중에도 '분노'와 함께 '프라이드(pride)'도 심어준다. '내 친구들을 구해야겠다'는 정의감 같은 것이다.

한 가지 더하면 '주제 하나를 물고 늘어져라'이다. 광고 콘셉트나 키워드나 키비주얼 하나에 선택과 집중 효과를 쏟아부어야 한다. SK그룹의 사회적 기업광고는 아예 한 단어 '짝'을 핵심카피로 설득하고 있다.

아이디어 발상 과정 분석사례

간결한 메시지(카피) 못지않게 연상되는 그림(visual)이 알기 쉽게 떠올라야 한다. '나팔꽃'이라는 메시지를 들었을 때 어떤 그림이나 상황이 연상되는가 하는 것이 중요하다.

> 나팔꽃: 이름만 보면 소리가 날 것 같아요.
> 70년대 유행한 바지도 있어요. 아침에 얼굴이 커져요.

앞에서 〈호기심 천국〉의 단어 맞추기 게임에 나오는 단어 중 '나팔꽃'이다. 거꾸로 몇 가지 힌트를 주고 주어진 단어를 맞히게 되면 '객관적 상관물' '나팔꽃'의 발견이 된다. 힌트는 광고할 상품의 특장점이 될 것이다. 숨겨진 정답은 객관적 상관물(語, 像)로서 아트와 카피가 될 것이다. 이 아이디어 발상 과정을 위의 '나팔꽃'의 사례로 살펴보자.

"이 말을 들으면 소리가 들리는 것 같아요"

이 카피를 가지고 아이디에이션을 해보자. 그러면 먼저 '에코', '청진기', '초인종', '노크', '풍경(風磬)', '망치', '이어폰(ear phone)', '기적 소리' 등등 '소리가 나는 사물'을 열거할 수 있다. 수직적 사고의 발상으로 이어진다. '인접연상'이고 '유사연상'이라 일차적이다. 아이디어가 즉각적이라 희소성도 없다. 한번 의미를 생각해볼 수 있는 여지가 없어 생경하고 익지 않았다. 누구나 떠올릴 수 있어 가치 (value)가 떨어진다. '반대연상'으로 소리가 떠오르지 않는 사물을 낼 수 있다. 텔레비전의 '묵음 버튼'이나 '소리 바(bar)', 같은 것이다. 소극적이고 아직 기계공학적인 의미가 배어있어 세련되지 못하다. 공감이 그리 크지 않다는 것이다. 추상연상이라고 할 수 있는 '뭉크의 그림 〈절규〉'이다. 회화의 힘은 강하지만 일반인이 느끼기에는 다소 어려울 수도 있다. 대중 커뮤니케이션에서는 약할 수 있다는 점을 인식해야 한다.

그러나 '자장면' 하면 단순한 일차적인 수직적인 사고의 소리와는 관련이 없다. '배고플 때 먹는 맛있는 자장면'이라고 설명하면 충분히 소리가 들리는 것 같다. 생활 속에서나 '먹방' 프로그램에서 자주 접하는 사물이고 누구나 쉽게 인식할 수 있는 소재다. 분명히 관련성도 있다.

더 나아가서 '나팔꽃' 하면 그냥 예쁜 꽃이라는 나팔꽃이 아니다. '나팔'에서 음악소리가 연주되고 '꽃'이 연결되어, '나팔꽃' 하면 자연스럽게 소리가 들리는 것 같다고 했기 때문이다. 추상연상이라 상당히 숙성된 아이디어이다. 다소 의외성이 있으면서도 카피의 의미를 잘 담고 있는 사물이다. '나팔꽃'은 일반인이 연상하기에는 다소 심리적 거리가 멀어졌고 연상이 쉽게 되지 않을 수도 있겠지만, 확실한 구체적 사물을 보여주고 있으며 카피 관련성도 아주 크다고 본다.

한걸음 더 나아가 '사랑'이라고 하면 금방 이해가 되지 않을 수도 있다. '사랑'이라는 말을 들으면 애인을 향한 마음 때문에 심장이 '두근두근'거린다는 뜻이다. 그래서 '소리가 들린다'는 연상이다. 연결성은 있지만 그 강도는 다소 떨어진다. 개념연상이기 때문에 누구나 공감할 수 있는 객관적 연상은 아니다. 개인차에 따라 '나는 그렇게 연상되지 않는데' 하는 반응이 나올 수 있다. 카피 원래의 의도와 다르게 연상되어 커뮤니케이션 손실이 발생하고 기회비용이 많이 들 수 있기 때문이다. 더 나아가서 국제화 시대에 걸맞는 '세계 평화 시위' 같은 단어를 연상할 수 있겠다.

여기서 소위 '유레카(eureka)'처럼 누구나 무릎을 치게 만드는 아이디어는 무엇인가?

'자장면'은 좋은 연상이고 아이디어의 표본이 될 수 있다. 자장면의 일반적인 인식은 검은 색, 면발, 중국집 같은 것이다. 보통 사람이 '꼬르륵'이라는 배고픔

(hungry)을 연상하기는 쉽지 않다. 말하자면 의외성이 있고 상징연상이라 '소리가 들린다'는 카피와의 거리가 멀다는 뜻이다. 몇 단계 떨어져 있는 연상이라는 뜻이다. 기대하지 않은 조합(unexpected combination)이기도 하다. 또한 '꼬르륵'이라는 구체적인 사운드가 연결되어 좋다. 사운드가 연결되면 실제로 광고를 제작할 때 얼마나 편한지 크리에이티브 디렉터라면 잘 알 것이다. 광고 제작의 반은 끝난 것이기 때문이다.

그러나 '나팔꽃'과 비교해보자. 뭔지 모르지만 광고적인 아름다움과 미의식과 고객의 공감과 기대치에서 다소 떨어진다. '자장면'보다 '나팔꽃'이 좋은 아이디어인 이유이다.

결국 목표고객의 프로필이 떠오르고, 그 취향과 나이와 소득수준이 나타나면 더욱 좋다. '관련성의 임계치'에 있는 객관적 상관물이면 더욱 좋다. '낯설게 보이기'와 '다르게 보이기'의 경계선에서 나와야 한다는 것이다. 그리고 크리에이티브 리뷰의 기준이 될 수 있다. 보통 좋은 광고가 아니라 훌륭한 광고가 되기 위해서다. 나아가서 3미(味)라고 하는 '재미, 인간미, 영상미'에 적합하면 더욱 좋다. 광고의 AISAS를 만족시켜도 좋다.

'동물과 대화할 수 있는 모바일 폰'(서울예술대학 실기시험)

'동물과 대화할 수 있는 모바일 폰'의 객관적 상관물과 비유 등의 광고수사학을 찾아보자. 먼저 콘셉트와 목표고객과 포지셔닝을 분석해야 할 것이지만 여기서는 표현콘셉트와 카피(메시지) 중심으로 다양한 아이디어를 발상해본다.

첫째, 동물 관련성이다. 애완견과 철새와 동물원의 동물과 연관되는 아이디어다. '말이 말귀를 알아듣네', '개소리하네', '나 때는 말이야' 등이다. 둘째, 대화(communication)할 수 있다는 사실에 충실한 아이디어다. '개똥이 밥은 누가 주지', '한통(通)속이네', '뭔 소리여', '거 말 되네', '타잔의 비밀을 알았다', '쟤, 또 거짓말해요', '니들이 개 말을 알어', '미리 알았더라면…(쓰나미 재난 예방)', '이제 겁먹지 마세요', '우리 집 강아지 화났다' 등이다. 셋째, 상황 설정이다. 모바일 폰 덕분에 생길 수 있는 에피소드를 전개한 것이다. '해피는 지금 점심시간-급한 용무는 전화하세요', '뽀삐는 지금 휴가중-귀가 시간을 알리면 전화하세요', '푸들은 지금 협상중-오늘 밤 공연 여부는 매니저에게 전화하세요', '앵순이는 지금 공연중-앵콜이 가능한지는 전화하세요' 등이다. 시리즈로 풀어도 좋을 아이디어다. 넷째, 추상화이다. 대화나 동물의 제시가 아니고 심리적인 욕구를 개념화한 것이다. '상사병에 걸린 매리', '마법에 걸린 파피' 등이다. 다섯째, 반대사고이다. '식물이 화났다', '쟤 이제 사람 됐네' 등이다. 여섯째, 일반화이다. '세상에 안 되는 게 어딨어?' 등이다. 여기서 구체적이고 관련성이 있으면서 소비자 편익이라는 '약속'을 담고 있는 객관적 상관물을 선정하는 것이다. 물론 아이디어 가운데 광고 목표와 예산에 맞게 효율적으로 설득할 수 있는 대안이어야 할 것이다.

'카멜레온 자동차'의 객관적 상관물 찾기(서울예술대학 실기시험)

첨단기술로 만들어 '운전자의 기분에 따라 색깔이 변하는 자동차, 카멜레온 자동차'를 표현할 객관적 상관물과 비유 등의 광고수사학은 어떻게 될까를 생각해보자. 경쟁 프레젠테이션에서 이 자동차 광고 크리에이티브를 풀어내기 위해 간단하게 낼 수 있는 아이디어는 '카멜레온'이다. 브랜드 인지도를 올리고 제품 속성을 알리는 목표에는 좋다. 하지만 광고수사학의 관점에서 보면 제시된 문제에서 이미 카멜레온이 나와 있다. 주변 환경에 따라 색깔이 바뀌는 것은 누구나 알 만한 상식이다. 아무나 발상할 수 없는 독창성이 부족하다. 자동차의 특징을 연상하면 금방 알 수 있어 '심리적 거리'가 아주 짧다는 단점이 있다. 그리 높은 점수를 받을 수 없다.

여기에 몇 가지 아이디어 대안이 있다. 첫째, '변신 로봇'이다. 마음대로 자신을 바꿀 수 있는 특성이기에 기분에 맞는 색깔을 스스로 만들어서 타고 다닐 수 있기 때문이다. 한 대로 여러 가지 연출이 가능하다는 뜻이다. 둘째, '매일 갈아입는 옷'이다. 기분에 따라 색깔이 바뀌므로 언제나 새 옷처럼 갈아입을 수 있을 것이다. '오늘은 핑크, 내일은 블랙'이라면 옷장 속의 옷걸이에 걸려 있는 다양한 옷 비주얼이 가능할 것이다. 셋째, '대통령께 드리는 편지'다. "대통령님, 우리 아빠 자동차 색깔 좀 바꿔주세요!"라고 하면, 단순히 물리적인 자동차 색상을 바꾸는 게 아니다. 회사일로 힘들고 경제 사정이 어려워 가족 걱정에 언제나 우울한 마음으로 지내는 아빠를 염려하는 딸의 목소리다. 칠흑 같은 참담한 아빠의 마음 때문에 항상 검정으로 달리는 자동차를 밝은 마음을 갖도록 하여 힘찬 빨강으로 바꿔달라는 호소이다. 넷째, '새빨간 거짓말'이다. 어떤 바람둥이 운전자가 여자친구에게 사랑을 고백하고 있는데, 자동차 색깔이 핑크에서 빨강으로 바뀐다고 말할 수 있기 때문이다. 진정 사랑하는지 이중연애를 즐기는지 알 수 있을 것이다. 다섯째, '스님의 마음'이다. 언제나 평상심을 잃지 않고 기도하는 스님도 이 자동차를 타고 있으면 온갖 기분이 다 들게 되어 색깔이 바뀌는데, 그 이유는 스님의 본능이 바뀌었기 때문이다. 여기에 더하여 '사람 마음 한 길 속을 알 수 없다'고 풍자하면 재미있는 크리에이티브가 될 수 있을 것이다. '전달해야 할 메시지'는 하나이지만, 그 메시지를 전달할 표현(creative)은 무궁무진하다.

이 객관적 상관물들을 분석해보면, 내포의미가 다르고 표현의 무한성을 실감하게 만든다. 전략적인 방향성이 다르고 연상력을 발동시키는 힘이 남다르다. 첫째, 로봇의 변신은 비슷한 사물로서의 연계성에 맞춰져 있다. 둘째, '거짓말'처럼 언어요, '옷'과 '편지'처럼 사물이며, '마음'처럼 추상적일 수도 있다 셋째, '새빨간'은 공감각적 표현이고, '매일 갈아입는'은 생활 속 이야기이며, '스님'과 '대통령'은 보통 사람이 아니라 종교인과 권력자이므로 의외성을 주고 있다. 그러면서도 '카멜레온'의 '변하는 색깔'을 비유적으로 암시적으로 잘 담아내고 있다. 바로 크리에이티브의 단초를 제공하고 있다(《광고 크리에이터 필독서》).

또한 객관적 상관물은 매일 보거나 읽는 사물이나 단어이기에 쉽게 이해할 수 있고, 소비자와 생활 접점이 되는 곳에 있어 친근하다. 상관물에 대해 미리 학습한 정보를 읽을 수 있기에 광고물에 '소비자의 관여(engagement)'가 이루어진다. 광고물과 소비자와 만나는 연결고리가 생겼다는 것은 시선의 체류시간이 길어진다는 뜻이기도 하다. 3초 내외의 짧은 시간이지만 소비자의 두뇌의 장기기억장치로 광고정보가 저장된다는 것이다. 물론 소비자의 기호와 수용구조에도 맞는 것이면 광고효과는 폭증한다. 순수 상기율을 최고로 높일 수 있고, '아! 그 광고 좋아 보이네' 하는 반응을 일으키는 것이어야 한다. 정보를 공유하는 AISAS가 제대로 진행될 것이다. 이런 사고과정을 통해 발견된 객관적 상관물은 다양한 비유법으로 표현될 수 있을 것이다. 어쨌든 '광고화 과정의 실제'는 수사학이고 그 실체가 '객관적 상관물(어)'로 분류되는 것들이다.

니조랄의 '늑대의 매너'와 '여우의 매너'라는 다소 도발적인 카피를 쓰고 있다. 남자와 여자의 심리를 일상적으로 말할 때 쓰는 '늑대'와 '여우'로 비유하여 공감을 얻고 있다. 맥주 카스의 '톡'은 객관적 상관물이 아니고 상관어로서 의성어를 쓰고 있다. '톡'을 들으면 자연스럽게 카스가 연상되도록 한 것이다. 남양유업의 '뼈 건강 연구소'도 객관적 상관물인 뼈를 표현하고 있다. 주요 인체의 일부인 뼈를 광고로 보여주는 것은 비주얼 측면에서 여러 가지로 부적절할 수 있다. 그러나 무용으로 예술적 감성을 떠올리게 하여 거부감을 줄이고 있다. 뼈의 강도를 보강해준다는 메시지를 부드럽게 전달하고 있는 것이다. 금연광고에서 '흡연은 질병입니다, 치료는 금연입니다'라는 카피(메시지)를 알몸 무용단이 두뇌를 만드는 집단무용으로 표현한 것도 일종의 객관적 상관물이다.

'겨울에 말 잘 듣는 타이어' 금호 아이젠은 '겨울에 말 잘 듣는 아이'로 바꾸면 더 감성적이고 객관적 상관물인 광고가 될 수 있었을 것이다. '사물'을 '사람'으로 바꾸는 발상이 절대적으로 필요하다. '타이어'는 메시지의 지시적 기능이 강조되었지만 '아이'는 객관적 상관물이 되기 때문이다. 또한 '아이'는 브랜드 명과 연동되어 인지도 제고에도 기여할 것이다.

다음은 스토리텔링 기법으로 표현한 대화체의 광고 카피를 살펴보자.

SK 하이닉스 광고

(자막) 2017년 청주,

72단 3D 낸드 플래시, 성공했습니다.

수고했어.

다음은 뭔지 알지?

뭔지 알죠.

2018년 청주,

96단 4D 낸드 플래시입니다.

계속 수고해주게.

아니, 계속.

2019년 청주, 128단 4D 낸드 플래시입니다.

세계 최초!

그다음은 뭘까?

우린 대체 무슨 사이였길래.

1377년 청주, 드디어 다했다. 직지 72벌 손으로 다 써왔습니다!

나무에 한번 새겨볼까요?

나무? 해냈다! 나무에 다 새겼습니다.

금속으로 만들어볼까요?

금속? 드디어 세계 최초의 금속활자 직지를 만들었습니다.

오? 이거 유행 지난 서체 아니에요?

예에?

수정 금방 되잖아요?

에에? 다음 생에 봅시다.

끊임없는 새로운 기술의 탄생 뒤에 멈추지 않는 노력이 있었습니다.

세계 최초의 금속활자 도시 청주에서

세계적인 첨단 반도체를 만듭니다.

(자막) SK 하이닉스

저는 용인으로 발령이 나서, 그럼 이만.

이런 우연이 있나!

나도 용인인데, 하하.

　　사회적 기업으로서 SK 하이닉스가 지방도시 '청주'를 연결고리로 과거와 현재를 대비시키고 있다. 청주는 직지심경과 반도체라는 그 당시로서는 '첨단기술'과 '최초'라는 발명품으로 연결시키고 있다. 최초의 제품을 만드는 '과정 예찬'으로 '더 좋은 제품'을 만드는 '장인정신'을 대비시켜 보여주고 있다. 신세대와 기성세대의 두 주인공은 시간초월의 '케미(chemistry)'를 연기하며 통합과 소통의 재미를 연출하고 있다. 이런 재미는 우리 사회가 공유하고 전파시켜야 할 '코드'로서 공유하고 동의하는 주제의식과 스토리텔링으로 전개되었기 때문이다. '멈추지 말고 계속 움직이세요(keep Moving)'라는 NIKE의 캠페인과도 상통하고 있다.

　　푼크툼이란 '롤랑 바르트'의 마지막 저서인 《카메라 루시다》에 언급된 용어이다. 바르트는 사진을 스튜디움(studium)과 푼크툼(punctum)으로 나누고 코드화되고 일상적인 것, 예를 들어 어떤 사진 속의 여인이 아름답다든지 하는 정보에 관한 것이라든지 이런 것을 스튜디움이라 했고, 코드화될 수 없는 사진의 어떤 작은 요소가 자기의 마음을 찌르는 것, 작은 구멍, 작은 반점, 작은 홈을 푼크툼이라 했다. 타인에게는 아무렇지도 않은 사진이 자신에게는 가슴을 찌르고 오랫동안 응어리가 지는 요소를 푼크툼이라 했다. 카메라 루시다에 있는 글을 옮겨보겠다.

　　"많은 사진들이 유감스럽게도 내가 보기에는 생기가 없다. 나의 눈에 어떤 실재를 지닌 것처럼 보인 사진들 중에서도 대부분은 막연한 흥미, 말하자면 세련된 흥미만을 불러일으켰을 뿐이다. 그런 사진에는 푼크툼이 없었다. 또 나의 마음에 드는 것도 있었고 그렇지 않은 것도 있었지만 어쨌든 나의 가슴을 찌르지는 못했다.

　　스튜디움은 나른한 욕망, 잡다한 흥미, 분별없는 취향 따위의 지극히 넓은 영역이다. (…) 사진은 위험한 것인데 스튜디움은 그것을 코드화시킴으로써 사회에 환원해준다…."

"푼크툼은 세부, 다시 말하면 부분적인 대상이다. 또한 푼크툼의 실례를 보여준 다는 것은 어떤 방식으로든 무방비 상태로 찔릴 때의 적나라함으로 나 자신을 드러 내는 일이다. (…) 이 하찮은 세부가 온통 사진에 관한 나의 시선을 흥분시킨다. 그것 은 나의 관심의 격렬한 변화 하나의 섬광이다."

이렇게 푼크툼은 코드로는 해독될 수 없는 것, '언어 이외의 영역'이라고 생각 된다. 또한 개개인마다 푼크툼은 다를 수밖에 없는 것이다.

마지막으로는 아이디어 발상법과 관련된 이야기이다. 홈런왕 미국의 베이비 루스는 714개의 홈런 중 1,330번의 스트라이크 아웃이 있었다. 오스본의 아이디 어 발상법을 살펴보자면 첫 번째는 문제를 구체화하고, 두 번째는 정보를 수집하 는 것이다. 이것은 발상에 필요한 조사들을 하는 것을 뜻한다. 이것은 여러 가지 매 체와 경험에서 얻을 수 있을 것이다. 세 번째는 가능한 해결책을 찾는 것이다. 소비 자 혜택(Benefit)이 무엇인지 발견하는 것을 뜻한다. 네 번째는 해결방법을 평가하 는 것이다. 이것에서 주의할 것은 'What to say'가 잘되어있는지 객관화하는 것이 다. 카피라이터의 주장이 아니라 많은 사람들이 그 아이디어에 공감 할 수 있는 것 을 뜻한다. 다섯 번째는 하나를 선택한다는 데에 있다. 이것은 결과물의 완성도를 좀 더 높일 수 있는 방법이다.

이것을 이론적으로만 달달 외워서 알고 있는 것이 아니라 언제 어디서라도 적 용 가능하게 내 몸에 체화하는 것이 가장 중요하고, 체화하는 것보다 더 중요한 것 은 이것을 실천하는 것이라고 생각한다. 이것을 실천할 때 내 안에서 본격적인 변 화가 꿈틀댈 것 같은 생각이 들 것이다.

여러 가지 아이디어 발상법이나 몇 가지 개념에 대하여 학습하는 시간을 가졌 는데, 역시 중요한 것은 우리의 몸에 얼마나 **체화시키는가** 하는 것이라고 생각한 다. 위인전의 주인공과 독자가 되는 일은 한끝 차이라고 생각한다. 생각하고 있는 것을 '얼마나 실천했는가'처럼 말이다. 만약에 우리도 이렇게 좋은 아이디어 발상 법을 듣고 외우는 것에 그친다면 그저 한 가지 쓰지 않는 지식이 늘어난 것과 같은 일이다. 이것은 얼마나 생활 속에서 적용하여 끊임없이 연습하는가에 따라서 같은 교실에서 같은 내용을 배운 사람들 사이에도 다른 점이 나타난다고 생각한다. 세 상사 모든 일이 '실천'에 달려 있다. '만세3창'도 마찬가지다.

표현기법

아트와 카피의 행복한 결혼의 관점에서 본다면 '시중유화'도 좋은 발상과 표현기법이라고 할 수 있다. 시 속에 그림이 있고 그림 속에 시가 있다는 뜻이다. 이것을 우리가 배우는 광고적인 측면에서 생각해보자면 아트와 카피의 상호작용으로 표현 요소 사이에 시너지 효과를 낳게 하는 것이기 때문이다. 즉, 이것은 카피에 있는 것은 비주얼로 표현하지 않으며 비주얼에 존재하는 것은 다시 카피로 표현하지 않는다는 것이다. 항상 카피나 비주얼을 처음 봤을 때 떠오르는 연상 이미지나 메시지를 넘어 그다음에 소비자가 머릿속에서 연상할 수 있는 카피나 비주얼을 표현하라는 것이다. 소비자는 광고 크리에이티브에 참여하고 관여함으로써 광고 크리에이티브 과정은 완성된다고 보기 때문이다.

화이부동(和而不同)이라는 《논어》 잠언이 있다. 화이부동은 군자는 화합하면서도 부화뇌동 하지 않지만 소인은 부화뇌동할 뿐 화합하지 못한다는 뜻이다. 즉 군자는 서로 다름을 인정하고 화합하지만 소인은 서로 같은 듯 무리지어 다니지만 어울리지는 못한다는 뜻이다. 이 잠언을 차용해서 카피와 비주얼의 역동적인 관계를 설명하는 것이다. 카피와 비주얼이 조화를 이루지만 서로 같은 의미를 중복시키지 않는 관계를 말한다.

가슴으로 쓰고 손끝으로도 써라

우리는 항상 사물을 보는 관점에 대하여 이야기했었는데 이것은 메시지를 끌어내는 방법과도 관련이 있다. 문제는 우리가 무엇을 보는가에 있지 않고 우리가 '어떻게 볼 것인가' 또 이 세상을 '어떻게 알 것인가', 이 세상을 '어떤 각도에서 불 것인가' 등이다. 또한 우리가 세상살이 하는 사람들을 어떠한 태도로 이해하고, 이 세계를 포용할 것인가에 있다. 그래서 안도현 시인처럼 '하찮은 연탄재 하나라도 함부로 차지 말아야 한다'는 것이다.

객관적 상관물

객관적상관물은 감정을 객관화하거나 감정을 표현하기 위한 '공식' 역할을 하는 대상물을 가리킨다. 엘리어트에 의하면 '어떤 정서를 나타내기 위한 사물 정황 일련의 사건'으로서 바로 '그 정서를 곧장 환기시키도록 제시된 외부의 사물들'이다. '구체적인 사물'을 통하여 '간접적으로 정서를 환기'시킨다. 높은 수준의 크리에이티브일수록 '환기의 구체성'이 강하다. 이것은 '감정이입(感情移入)'과도 비슷하다고 볼 수 있다. 감정이입은 자신의 감정을 대상 속에 이입시켜 마치 대상이 그렇게 느끼고 생각하는 것처럼 표현하는 방법이다. 이러한 객관적 상관물 중에 화자의 감정과 동일시되는 대상이 바로 감정이입 대상이 되는 것이다. 이것이 적용된 카피의 예시를 보자면 2% 부족할 때의 'O형의 사랑은 민들레다' 카피나 '이것은 마치 입대를 하자마자 제대를 하는 그런 속도'라는 카피로 광고를 한 휴대폰 갤럭시의 사례와 같은 것이다.

광고에 있어서 기반이 되는 것은 '스토리텔링'이라고 생각한다. 그것은 제품이 가지고 있는 이야기를 풀어나가는 과정이기도 하며 또 어떻게 보면 좋은 스토리텔링을 가진 제품은 이것을 통한 수익창출이 가능하기 때문에 광고가 창조산업으로서 가지는 이점 중 가장 중요한 한 부분이라고 생각한다. 이러한 스토리텔링 이외에도 우리가 간과하지 말아야 할 것은 '하나로 모아주는 키워드'가 있어야 한다는 점이다. 그것은 그 메시지가 광고가 끝나도 기억에 남도록 하는 데 가장 큰 기여를 한다. 건조하고 간결하게 불필요한 수식을 빼고 의미의 과잉과 의미중복을 신경 써야 할 것이다. 이것이 아직은 불편하고 어색하겠지만 이것을 체화시킨다면 그 어떤 광고카피를 써내도 좀 더 효과적으로 소비자에게 다가갈 수 있을 것이다.

광고와 거울

상호작용의 시대에 소통을 배우는 장르:
광고, 네 속에 내가 있고, 내 속에 네가 있다

'빨간 립스틱, 미니스커트, 콘돔, 쌀'의 공통점은 무엇일까?

정답은 불황기에 잘 팔리는 상품이다. 생활이 어려울수록 자신감을 강하게 표현하고 싶은 욕구 때문이란다. 소비를 줄이고 기본적인 품목만을 싸게 구매하여 미래에 대비하려는 소비자 심리가 숨어있는 것이다. 그러니 필수품으로 알려져 있는 상품만을 사는 것이다.

〈개그콘서트〉의 인기 코너인 '애정남'이 화제를 모으는 것은 애매모호성과 불확실성에 시달리는 현대인들의 감성을 반영하고 있기 때문이다. 자신의 의사결정에는 책임이 따르는데, 결과는 불확실성으로 가득하다. 어떻게 독자적으로 결정할 수 있을까. 슬쩍 타인의 생각을 자신의 생각에 비추어 책임질 위험성으로부터 비껴나 있기를 바라는 심리가 깔려 있다고 볼 수 있다. 또 다른 코너인 '감사합니다'는 긍정적인 사회의식을 심어주고 경쟁과 생존에 급급한 젊은이에게 여유와 성찰을 되새기게 한다. 이런 면에서 광고는 〈개그콘서트〉의 카피를 닮았다. LIG 손해보험의 춤과 '감사합니다'의 춤을 연결시키는 발상은 아주 자연스럽다. 그렇다면 광고가 〈개그콘서트〉를 반영했을까? 〈개그콘서트〉가 광고를 반영했을까?

남양유업 '떠먹는 불가리스'의 TV CM을 보고 재미있다고 말하는 사람이 많다. 인기 스타 문근영이 나오고, 컴퓨터 합성으로 복제된 7인의 문근영이 다양한 모습으로 연기하고 있다. 상품의 특성도 미용식이라 젊은 여자에게 어울린다. 카피도 '뺄 것 다 빼도 맛있다'고 하면서 다이어트하는 여성에게 다가가고 있다. 2011년 상반기 최고의 인기 CM송으로 알려진 우루사의 '피로는 간 때문이야'가 야구장의 응원가로 개사되어 불리고 있다. '승리는 강 때문이야'라는 것이다.

이렇게 상품 이름이 알려지고 잘 팔려 성공했다고 평가받는 광고의 크리에이티브를 분석해보면 어떤 개념이 떠오르거나 발견할 수 있지 않은가? 그냥 재미있다는 말도 그렇고 일곱 명의 문근영이 나오는 것도 그렇고 차두리의 춤도 그렇다. TV CM 하나가 뭐 그리 대단한가 하고 치부할지 모르지만 그 속에는 사회가 있고 시대가 있고 인간이 있다. 겉으로 드러난 표현에서는 상품을 미화시키고 속성을 알리는 메시지일지언정 속에는 사상이 있고 인생이 있고 철학이 있다. 어느 예술 장르에나 그런 요소가 들어있다고 볼 수 있지만, 광고가 갖고 있는 관점을 잘 읽어보면 우리 사회와 시대의 반영이며 복잡한 생활문제를 해결하는 새로운 대안을 제시하고 있다. 그래서 광고는 시대와 사회를 반영하는 얼굴이요 거울이라고 한다. '광고 네 속에 사회가 있고, 시대 내 속에 광고가 있다'고 하겠다.

광고는 이 반사된 영상과 카피로 그 상품과 서비스의 원본을 효과적으로 연상하도록 한다. 우리는 상품을 소비하는가? 실은 상품이 아닌 이미지를 소비하는 것이 아닌가. 이 이미지는 대중매체와 문화 등에 의해 만들어진 것이다. 우리는 포스트모던 시대의 소비사회에 살고 있다고 할 수 있다. 반영은 이미지나 복제나 필름의 인화와 다르다. 무엇이 다른가?

원본과 반영, 무엇을 반영하는가?

이렇게 광고는 사회와 시대를 비추는 거울효과를 갖고 있다. 하나의 징후요 신호이기에 길거리 지표로 통한다. 거리에서 시대와 사회를 읽는다는 말이 나온 배경이다. 광고는 사회생활 속에서 끊임없이 생활자와 소통하고 트렌드를 따라잡으며, 상품을 팔기 위한 길을 모색하는 과정이다. 그러면 어떻게 해야 고객에게 다가가고 메시지를 잘 받아들이게끔 할 수 있는가 하는 방법론의 문제가 생긴다. 간단히 말하면 카피와 아트의 행복한 결혼이 되어야만 한다. 그 광고창작 기법 가운데 '반영'이라는 거울효과를 떠올릴 수 있을 것이다. 쿠쿠 홈시스의 압력밥솥은 취사과정 음성안내 서비스가 독특하다. 여성의 목소리만 있었는데 남성 목소리 지원도 있다. 남편들은 주방에서 남성 목소리가 나서 깜짝 놀란다고 한다. 하지만 주부들은 말한다. '내 취향에는 남성 목소리가 훨씬 마음에 들어서 항상 남자 목소리로 설정해두고 사용한다', '주방 일을 안 도와주는 남편보다 밥솥 하나가 낫다'는 식의 반응이다. 50대 은퇴한 남편들을 풍자한 '삼식이' 개그를 끼워넣으면 폭발적인 판매가 일어나지 않을까? 기업으로서는 소비자들의 의견을 제품에 반영하여 소비자들과의 지속적인 커뮤니케이션을 통해 생활가전 기업으로서의 이미지를 쌓고 싶기 때문이다.

자동차 광고 크리에이티브에서 중요한 부문의 하나가 상품을 고급스럽고 품격 있게 안전하게 표현하는 일이다. 그래서 소위 멋진 그림이 나오는 반영(reflection) 촬영을 쓴다. 일종의 풍경 반사 기법을 자주 사용한다. 나이아가라 폭포나 궁전이나 고층 빌딩을 자동차의 유리창과 보닛의 곡선의 흐름에 따라 미끄러지듯 유연하게 반사시킨다. 권위적이거나 자연친화적인 이미지를 전이하기 위한 장치로서 반사된 영상 이미지를 활용하는 것이다. 이 반영은 거울효과라고 할 수 있다. 거울은 빛을 반사하고 빛의 직진작용으로 원형을 그대로 반영한다. 반영은 그냥 복사가 아니다. 모방이나 모사에서 시작하여 투영으로 끝난다. 투영은 투시와 연계되어 자신의 감정이입을 이끈다. 그 영상에 개입하게 만든다. '이런 영상 처음이야.' '무슨 의미가 있어 보이는데.' 이런 광고효과를 노린다.

반사는 재현이고 시뮬라시옹(simulation)으로 연결된다. 눈앞에 없지만 마치 있는 것처럼 재현하고 정확하게 연상하도록 이미지나 언어로 표현하게 된다. 반사란 원개념에 해당하는 실체가 있어야 한다. 무엇을 반사하고 어떻게 수사학적으로 반영할 것인가가 중요하게 된다. 근원적으로 왜 반영하는가를 묻는다면 더 좋을 것이다. 광고는 불가피하게 크리에이터의 가치관과 인생관도 반영하게 된다. 광고는 '사람의, 사람에 의한, 사람을 위한' 크리에이티브 작업이기 때문이다. 크리에이터가 꿈꾸는 이상을 거울처럼 반영하게 된다는 것이다. 반영은 크리에이터 자신의 세계관과 사회관을 반영하기도 한다. 광고주의 상품 철학을 반영하는 것이고, 경쟁사의 전략을 반영해서 만들 수밖에 없다. 다만 반영이 왜곡되거나 반전의 미학으로 완성되는 사례도 있을 뿐이다.

사회와 시대는 원본이고 광고는 거울이 되는 셈이다. 인생사와 인간 심리의 다양한 모습이 광고 표현에 녹아있다. 마치 좌우대칭으로 원본을 전사(轉寫)하는 데칼코마니(decalcomanie)의 미학이 있다. 동전의 앞과 뒤처럼 분리할 수 없을 만큼 일체화된 이미지가 된다. 그래서 시인 이상은 〈거울〉에서 이렇게 묘사했다.

> 거울속의나는참나와는반대요마는
> 또꽤닮았소
> 나는거울속의나를근심하고진찰할수없으니퍽섭섭하오

일제강점기인 1934년에 발표된 작품이다. 인간 자아의 모순이 빚어내는 비극적인 자의식을 노래한 초현실주의 작품으로 알려져 있다. 이 작품은 개념미술처럼 작가의식이 앞서고, 모든 형식에 대한 부정이나 혁신을 나타내듯 띄어쓰기를 무시했다는 평을 받고 있다. 시 자체가 시대정신과 문법 파괴를 통한 저항의식의 투영이다. '참나'는 '거울속의나'와 '반대'이므로 반영(反映)이라고 할 수 있다. '반대'는 역발상에서 나온다. 거꾸로 보이기에 낯설기도 하다. 거울이 수행하는 일차 속성이다. 그런데 그 둘은 '꽤닮았소'라고 한다. 100% 완벽한 반사는 아니라는 이야기다. 반대이면서 유사성이다. 이런 모순이 어디 있겠는가? 말도 안 되지만 말이 된다. '참나'가 있기 때문이다. 그래서 그 둘은 끊임없이 서로 묻고 대답한다.

'참나'는 '거울속의나'를 '근심한다고' 했다. 존재의 불안감이고 무엇이든지 확정성이 없다는 뜻으로 볼 수 있다. 그리고 '진찰할수없으니'는 겉으로는 비슷한데 속까지 똑같은지는 알 수 없다는 뜻이다. 지속 가능한 가치를 말하지 못하고 상품이나 팔려고 애쓰는 처지에 한숨을 쉬는 상황이다. 무엇을 말하는지 왜 그렇게 말하고 있는지 어떻게 알 수 있겠는가? 소비자의 몰이해로 상처받는 크리에이터의 한계라고나 할까. 광고효과가 내시경 촬영처럼 정확한 진단이 되지 않으니 섭섭할 수밖에 없다. 그래서 '퍽섭섭하오'이다. '거울'의 시가 내포하고 있는 함의는 반영하는 예술인 광고를 만드는 크리에이터의 심리를 반영한 것이라고 할 수 있겠다. 그렇다면 반영의 반영인가?

사실 무엇이 진본이고 누가 원형인지를 구분하려는 시도가 부질없어 보일지도 모른다. 그 시도 자체가 시대를 반영하지 못하는 시도인지 모르기 때문이다. 우리가 챙겨야 할 덕목이나 패러다임이나 가치 기준이 달라졌다는 뜻이다.

반영은 나르시시즘(narcissism)의 신화가 된다. 이는 원본은 랑그이고 사본은 파롤을 뜻하기도 한다. '떠먹는 불가리스'에서 문근영의 원본은 누구인가? '꽤닮았다지만' '진찰할수없으니퍽섭섭하오'이다. 사본은 하나뿐인 원본의 백업 기능으로서도 가치가 있다. 광고의 주인공은 크리에이티브 구조와 드라마트루기의 영웅이다. 영웅이 비록 현대인의 소시민의식의 고취일지언정 삶의 현장을 주도한다. '가끔 남다른 생의 주인공이고 싶다'는 시인의 목소리를 대변하고 있다. 제품은 교환가치를 거치고 기호가치를 담아 상품미학을 생성해낸다. 광고는 이런 현대 신화와 이데올로기를 반영하기 때문이다.

이렇게 광고의 반영이 갖는 철학적 함의는 이상과 현실의 대위법이라고도 할 수 있다. 원본이 있고 사본이 있다. 이데아가 있고 현실계가 있다는 뜻이다. 반영은 원본이 있다는 뜻을 포함하고 전제해야만 하기에 아우라(aura)와도 연계되고 순환된다. 이는 플라톤의 이데아론과 연결될 수 있다. 플라톤은 철학의 개념을 말하면서 동굴 속에 갇힌 인간은 외부 이상향인 벽에 비친 그림자를 보고 살아간다고 했다. 실제가 아니면서 실제를 향한 인간의 욕망이 삶의 에너지가 되고 희망이 된다는 것이다.

광고가 상품만을 팔리게 하는 설득작업이라고 한다면 광고 크리에이티브의 존재감은 반쪽으로 줄어들게 될 것이다. 이런 거울론은 실제 광고 조사를 할 때, 일방향 거울(one way mirror) 경험을 통해서도 연상된다. 한쪽 벽면에 거울이 설치된 회의실 안에서는 밖이 보이지 않지만, 거울 뒷면을 벽으로 하는 회의실 밖에서는 안이 훤히 들여다보이는 특수거울이다. 그룹 인터뷰를 할 때 조사자와 피조사자들이 인터뷰 하는 상황을 현장감 넘치게 볼 수 있게 만든 거울이다. 〈트루먼 쇼〉처럼 모든 세트에서 놀고 있는 청중들을 관제탑에서 일거수일투족을 파악할 수 있는 조사기법이다. 이 경험에서 일종의 관음증의 변종이 아닐까 하는 미묘한 느낌이 있다. 과연 광고 창작의 의미는 무엇인가를 다시 한 번 생각하게 된다.

흔히 '광고 창의성은 기존의 요소들로부터 새롭고 유용한 결합을 이끌어내는 능력이다'라고 말한다. 창의성은 '무(無)'에서 '유(有)'를 만들어내는 것이 아니라, '유'에서 '유'를 만들어내는 것이라고 한다. 이미 알고 있는 경험과 지식을 재구성하고 변형하고 결합하여 새로운 관계와 질서를 만들어내는 능력이다. 거울효과를 연상시켜주고 있다.

재해석과 반대해석으로 확장, 어떻게 반영하는가?

광고 제작회의를 통해서 집단창작하는 속성이 있다. 이는 '중지(衆智)를 모아보자'는 뜻이다. 불특정 다수를 설득시키기 위해서는 객관성이 중요하기 때문이다. 수많은 리뷰를 하고 소비자 조사를 실시하는 이유도 시행착오를 막아보자는 의도다. 이런 개념은 현대 디지털 시대를 집단지성이 지배하는 세상으로 보는 것과 비슷하다. 말 없는 다수가 천재 개인의 성과보다 우월하다는 주장이다. 천재 한 사람이 10만 명을 먹여 살리는 기술도 있지만, 대중의 힘이 시대변화를 주도한다는 것이다. 롱테일 마케팅이 그 결과를 말해주고 있다. 다수가 진행자로 나오는 프로그램도 과거 일본의 사례에서 나왔다고 하지만 이런 우리 사회의 큰 흐름을 반영하고 있다. 댄스가수 소녀시대는 9인이고, 카라는 5인이며, 빅뱅은 5인이다(일부 탈퇴 전). 집단공연도 하지만 개인공연도 한다. 노래하고 춤추고 연기까지 한다. 솔로인지 그룹인지 구분하지 못한다. 아니 의도적으로 연출하는 하이브리드 시대의 영웅들로 군림한다. 신경숙의 소설 《엄마를 부탁해》는 사라져가는 모성애와 복잡한 현대인의 생활에 피난처를 찾는 과정에서 나온 것이라고 하겠다. 미국에서 번역판으로 초판 10만 부를 찍었다는 것은 모성 회귀 의식의 보편성을 말해주고 있다. 마이클 샌델의《정의란 무엇인가》는 100만 부가 팔리면서 한국의 독자층을 사로잡았다. 이는 공정사회에 대한 기대감과 부익부 빈익빈의 정글 사회에서 인간성을 회복하고 진정한 정의를 구현하고자 하는 공동선에서 나왔다. 김난도의《아프니까 청춘이다》가 반향을 얻은 것은 88만 원 세대요 300만 백수 시대에 고통받는 젊음에 작은 위안이 되고자 하는 고백서이기 때문이다. '아픈 청춘'과 '젊은 청춘'이 작가라는 거울을 사이에 두고 마주보고 자기동일시하기 때문이다. 나의 감성과 시선을 공유하면서 다 같이 건전한 사회를 만들려는 데 참여하자는 웹 2.0 정신이고 호소문이기 때문이다. 따뜻한 자본주의를 지향하면서 월가 점령(Occupy Wallstreet) 시위를 막아내려는 것이다. 이렇게 공정사회를 지향한다면, 경쟁이 비록 치열하고 아픔을 주지만 기꺼이 감수할 용기가 있는 것이다. 광고 카피라이터가 크리에이터라면 어떻게 메시지를 써야 하는지 지침이 될 것이다.

　루이뷔통은 명품으로 치장되어 무분별한 구매가 이루어지고 있다. 친구 따라 강남 가듯이 맹목적으로 기호나 상징가치를 사는 밴드왜건이고 과시적 소비이다. 자신의 신분상승을 노리고 유유상종하는 그룹에 편입되기 위한 신분증명서가 되고 있다. 자신의 존재감이나 파워를 상품의 교환가치로 대체하려는 '불편한 진실'이다. 대중문화와 미디어 소비사회에 대한 이론가로 잘 알려진 보드리야르(Jean Baudrillard)가 있다. 현대사회를 소비사회로 지칭하면서 현대인은 생산된 물건의 기능을 따지지 않고 상품을 통하여 얻을 수 있는 위세와 권위, 곧 기호를 소비한다고 주장했다. 또 모사된 이미지가 현실을 대체하는 시뮬라시옹 이론을 제기했다.

　원래 이미지는 깊은 사실성의 반영이다. 하지만 어떤 계기에서든 이미지는 깊은 사실성을 감추고 변형시킴으로써 실재에 대한 재해석이 된다. 빛의 예술인 인상주의 회화들이 그렇다. 이미지는 바로 상상만으로 대체되면서 사실성은 사라지게 된다. 동시에 사실성이 사라졌다는 사실도 사라진다. 결국 실재와는 전혀 관계없는 순수한 '시뮬라르크'가 탄생하게 된다. 디즈니의 상징인 미키마우스를 더러운 쥐로 생각하는 사람은 없다. 실재하는 쥐는 없고, 쥐라는 동물의 사실성이 사라져버린다. 이제 남은 것은 사고 싶은 귀여운 캐릭터이다.

　노스페이스는 가격에 따라 서열이 매겨진다고 한다. 자아존재감을 상실한 사회에서 정체성을 확인하는 심리라고 한다. 소속감이라는 사회의식을 실현하면서 상품을 구매하기 위해서 치르는 대가가 너무나 가혹하다. 그런데 노스페이스 구매 강도는 서울 학생의 거주지에 따라 강남과 강북이 다르다고 한다. 강북은 '노페' 자체가 또래집단의 단일 기호이지만, 강남은 다양한 기준 가운데 하나에 불과하다는 점이다. 이미 강남이라는 특정 지역으로 구분되어있기에 '노페'는 다른 신분 반영의 하나에 불과하다는 의식이 강하다고 한다. 강남이 강북보다 '노페'의 열기가 덜한 이유다.

프랑스의 사회학자 부르디외(P. Bourdiew)는 인간의 소비행위를 **'사치취향'**과 **'필요취향'**으로 구분했다. 사치취향의 구매는 남들로부터 자신을 구별하여 두드러지게 만드는 행위, 즉 사회적 차이를 강조하는 일종의 계급제도와 같은 것이다. 프리미엄 브랜드나 명품 브랜드는 사치취향의 소비와 관련된다. 마케팅의 필요와 욕구의 차이요 분류법이다.

명품 럭셔리 브랜드는 곧 고가(高價) 과시 브랜드다. 중국에서도 럭셔리는 '과시(誇示)'라고 한다. 사치취향의 소비사회에서 성공하는 브랜드가 되려면 명문가의 전통 가치와 자산을 소유해야 한다. 그러나 전통과 가치는 단기간에 세울 수 없다. 세월의 누적효과가 없으니 가격이라는 새로운 가치기준을 만든 것이라고 하겠다. 과시할 수 있으면 소비자는 자발적 노예가 되어도 행복한 것이다. 물론 어느 정도는 사이비 행복이겠지만. 광고는 이런 소비 심리를 반영하는 방법을 알아야 한다.

MBC TV의 공개채용 프로그램 〈신입사원〉은 우리 사회에서 경쟁이나 가치에 대한 담론을 어떻게 할 것인가라는 화두를 제시한다. 매회 탈락자가 생기므로 경쟁 논리가 극대화되어 출연자는 무한도전 같은 잔혹성을 경험하게 된다. 자유와 개방과 참여라는 공간에서 냉온탕을 번갈아 체험하는 서바이벌 엔터테인먼트다.

이모베이터(Imovator), 혁신적 모방자

이런 반영은 벤치마킹이라는 차용(借用)이라는 면죄부로서 빌려온 플랫폼을 갖고 있다. 〈브리튼즈 갓 탤런트〉라는 영국의 TV 프로그램의 성공사례를 잘 알고 있다. 공간이동을 통해 우리나라에 도입되었다. 〈슈퍼스타 K〉, 〈위대한 탄생〉, 〈나는 가수다〉, 〈미스터 트롯〉 등의 서바이벌 게임으로 진행되는 TV **프로그램**이 홍수처럼 넘친다. 시청률 제고와 살아남기 위한 전략적인 프로그램으로 엔터테인먼트가 필수화된 사회의식을 반영하고 있다. 게임의 규칙만 공정하다면 어떤 악조건이라도 견디고 능력으로 인정받겠다는 도전의식이고 생활 가치를 확인하고 있다. 물론 시청률 경쟁에서 이기기 위해서는 '블랙 스완' 같은 새로운 돌연변이나 영웅 탄생이 있어야 하기 때문일 것이다. 개천에서 용 나게 한다는 민주주의의 기회균등을 통해 현대 신화를 쓰겠다는 비장감이 묻어난다. 그만큼 공감이 커서 시청률로 보답받고 있다. 이 오디션 프로그램에서 살아남은 사람이라고 해서 마음이 편할 리가 없다. 소위 **생존자 증후군**(survival syndrome)이다. 승리자의 여유와 실패자의 회한이 엇갈리는 사이에 생존자는 심리적 갈등과 죄의식이 생기는 것은 물론 복지부동과 자기주장이 없어지는 인간성의 파괴가 스멀스멀 진행되는 것이다. 승자의 눈물이나 패자의 눈물이나 인간의 악마성을 순치하려는 카타르시스(catharsis)요 의례(ritual)인지도 모른다.

반영이 반영다우려면 끊임없는 자기성찰이 있어야 한다. 역사는 과거와 현재의 끊임없는 대화라고 했듯이 시대정신과 생활자와 트렌드의 해석이 없이는 거의 불가능하다. 이 재해석은 미래에도 지속 가능한 성장이 되기 위한 확장으로 이어진다.

반영은 단순한 재현의 의미로만 머물 수는 없을 것이다. 재현이 형식 중심의 모방이라면 반영은 내용 중심의 재해석이라고 할 수 있다. 재해석된 반영의 효과는 매클루언(McLuhan)의 인간 감각의 확장론으로 이어진다. 거울이 반영이라면 명목 반영이 아니고 실질 반영이 되어야 한다. 재해석이라는 관여도가 생긴다. 재해석은 단순한 모방이나 비침이 아니다. 크리에이터의 관여에 의해 재창조되어야 하고 재해석되는 과정을 거쳐야 한다. SKT의 카피인 알파라이징의 개념과 비교할 수 있을 것이다. 더하고 빼서 새로운 개념을 생산해내려는 의지이다. 반영이 주는 알파라이징 효과를 되살려야 하겠다. 기존의 생각과 성과에 하나를 더 보태는 정신은 '일신우일신'처럼 날로 새로워지려는 변화 욕구가 아니겠는가? 그래서 광고에서는 숙성을 통해 창의성을 극대화하려는 강박관념을 갖는다.

오데드 센카의 《카피캣》(*Copycat*)이 떠오른다. '모방꾼'이다. 그러나 여기에 재해석을 더하면 혁신적(innovator) 모방자(Imitator), 즉 '이모베이터(Imovator)'가 될 수 있다. 반영은 모방의 재해석이기 때문이다. 처음부터 '창조적 파괴자'나 '혁신가'가 되라는 경영학 대가들의 조언에 어깨를 움츠릴 필요가 없다는 말이다. 모방에서 시작한 이모베이터가 훨씬 더 나은 성과를 올릴 수 있다는 이야기다. 모방의 효과와 비용을 잘 파악하고, 모방의 가치를 제고하는 능력과 관점을 기르는 것이 요구된다. 세계 최대의 대형할인매장인 월마트의 모방자이면서도 고객과의 상호교류라는 한국식 차별화를 통해 혁신적 모방으로 성공한 사례가 한국의 이마트로 알려져 있다. 선도기업(first mover)보다 추종자(fast follower)가 쉽게 모방의 이점과 효과를 누릴 수 있다. 일단 선도기업이 힘들여 닦아놓은 길에 무임승차하면서 연구개발(R&D)·마케팅 비용을 줄일 수 있다. 그러면서 이 비용을 차별화된 서비스나 차세대 기술 개발에 쓸 수 있다. 이처럼 모방기업이 모방 제품을 만드는 비용은 최초 혁신기업이 쓴 액수의 60~70%에 불과하다고 한다. 광고는 트렌드를 반걸음 정도 앞서가거나, 6개월 정도 먼저 가라고 한 이유다.

일상생활 속에서 세수하고 화장하고 옷맵시를 가다듬을 때 거울을 보면 반대로 보인다. 거울은 실제를 거꾸로 보여준다. 익숙하게 바른 것처럼 인식하고 사용할 뿐이다. 우리가 지나치고 있지만 거울이 갖고 있는 숨은 의미는 이런 역발상의 창조력을 갖고 있다. 반영이라는 개념은 다양성을 통해 반대해석과 재해석을 담보하고 있어야 완성되는 그 무엇이라고 하겠다. 커피문화를 혁신한 스타벅스류의 프랜차이즈 카페가 대세인 세상에서 카페베네는 토속 다방문화의 복고풍 반동 카페로 자리 잡고 있다. 한쪽으로 치우치는 것을 거부하는 인간심리가 정반합의 변증법으로 대안을 찾아가는 모습을 보이고 있다.

이런 개념은 빈티지(vintage)와도 연계된다. 원래 빈티지는 포도 품종과 생산연도를 표기한 고급 포도주를 말한다. 명품으로서 옛 전통을 간직하고 독자적인 스토리텔링을 담고 있는 브랜드이다. 장인의식이 살아있고 희소성으로 고가의 럭셔리 상품을 말한다. 이런 빈티지는 과거가 있고 미래가 있는 '오래된 미래' 같은 재해석에서 이해할 수 있을 것이다.

반영을 통한 재해석은 새로움을 찾아가는 변화와 동의어이다. 지향점만 겨냥하고 있다면 목표를 향한 재해석이 불확정이라고 해도 재미있게 당당하게 달릴 수 있을 것이다.

소통과 상호작용, 왜 반영하는가?

서로 마주보고 사는 부부는 닮는다고 한다. 전혀 다른 취향과 유전자를 갖고 있으면서도 동반자로 살아가는 동안 사고방식과 성격은 물론 얼굴 생김새까지 남매처럼 닮는다고 한다. 서로가 거울이 되어 반사하고 반영하고 수정하면서 살아가기 때문이다. 생활 주파수가 동조화되어 공명을 거듭하기 때문이다. '아트와 카페의 행복한 결혼'이라는 광고표현의 정의처럼 광고는 사회와 크리에이터의 행복한 결혼이다. 부부의 연으로 살아가면서 서로 영향을 주고받는다. 마찬가지로 광고는 반영을 통해 사회와 시대와 공진화의 길을 간다. 숙성과 발효의 미학이 생산된다. 신구세대의 조화를 지향하고 좌우대립의 완화로 진화한다. 광고 크리에이티브는 그 속에 담긴 메시지와 영상 언어로 소통하는 방법론을 보여주고 있다. 특히 디지털 시대의 상호작용에 효과적인 예술 장르가 되고 있다. 생활자가 요구하고 사회 변화의 트렌드를 반영하는 광고는 창의력 사회(Creative Society)의 주요한 장르가 될 수 있다. 광고는 태생적으로 새로운 변화를 지향하며, 인간심리와 사회 지향점을 망라하는 통합사고로 소통하며, 융합사고로 상호작용하면서 **공진화**(共進化)하기 때문이다.

공진화는 상호작용의 산물이지만 자칫 왜곡되거나 훼손될 경우에는 불통과 불신의 장벽이 된다. 때 묻은 거울이나 깨진 거울로써는 교감과 진정성을 나눌 수 없을 것이다. 서로를 동반자로 생각하고 삶의 가치를 공유하고 공동선을 최대한 반영하겠다는 미덕이 있어야 가능하다. 여기에 고객을 위해 추가 서비스를 기도한다는 SKT의 알파라이징처럼 재미와 엔터테인먼트 기능을 더한다면 더 좋겠다. '좋은 것도 더 좋게 만들 수 있다'는 메시지가 광고에서는 일상이기 때문이다. '더 좋은 세상'을 만들려면 깊은 속마음을 읽을 수 있어야 한다. 이제 단순한 거울이 아니라 '마술 거울(magic mirror)'이 필요해진다. 숨겨진 욕망, 외모 콤플렉스, 리얼리티에 대한 갈증, 공동체의식 등은 포기할 수 없는 사회이슈이다. '스타킹', '래미안 72시간', '댓글 달아주기' 등이 소재로 사용된 광고는 크게 성공하고 있다. BC탑포인트 카드는 고객의 마음을 빼앗는 메시지로 표현되어있다. 이런 광고 관점으로 세상을 바라보면 우리는 새로운 세상을 만들 수 있다.

이제 광고라는 마술 거울을 통해 소통하는 방법을 배우면서 이상향을 향해 꿈꾸는 인간의 본성을 커뮤니케이션할 때다. 이런 마술 거울은 기업활동을 통해 거대자본을 조성하고 거대기부를 하는 빌 게이츠의 '**창조적 자본주의**'를 배우게 한다.

'배려'라는 단어에는 권력관계가 숨어있다. 위너(winner)가 누리는 권력과 자본만이 권력과 자본에서 밀려난 패배자(losers)를 배려할 수 있다. 그런데 위너는 단수형이고 루저는 복수형이다. 이를테면 소수자와 여성을 배려해야 한다는 말은 다수자와 남성 지배적인 권력 체계를 인정하는 화법이다.

두 가지 크리에이티브의 신개념을 생각할 때

광고주는 사실(fact)에 충실한 메시지를 만든다. 광고 크리에이터는 창작(fiction)에 충실한 메시지를 만든다. 흔히 사실에 바탕을 둔 드라마를 팩션(faction)이라고 말하는 것이다. 이 팩션은 거울 효과를 이용하여 공감을 불러일으키게 한다. 뉴스를 뉴스로만 듣고, 사건을 사건으로만 알고, 영화를 영화로만 본다면 그 숨은 의미를 다 파악할 수 없을 것이다.

역사가도 그가 몸담고 있는 사회의 산물이라는 데서 출발한다. 역사가 카(E. H. Karr)는 "역사의 경로는 '움직이는 행렬(moving procession)'이며 역사가는 외딴 바위 위에서 그 행렬을 내려다보는 독수리나 사열대 위에 있는 귀빈이 아니다"라고 했다. 역사가의 역할은 "행렬과 함께 터벅터벅 걸으며 자신이 속한 일행의 생각과 가치를 대변해 역사를 보는 일"이라고 했다. 광고에서는 동체시력(動體視力)이다. 움직이는 물체에서 외부 세계를 바라볼 줄 아는 시력이다. 기차를 타고 빨리 이동할 때, 움직이는 자신은 가만히 있는데 가만히 있어야 할 가로수가 뒤로 움직인다. 그런 차 안에서도 이 상황을 헤아리고 생각할 줄 알아야 하는 것처럼 세상 트렌드를 타야 하지만, 트렌드의 방향과 속성을 간파해낼 줄 아는 크리에이터가 되어야 할 것이다. 끊임없이 세상과 세상살이의 희로애락과 소비자 동향을 알기 위해 노력해야 한다. '외딴 바위 위의 독수리'이거나 '사열대의 귀빈'이고자 하는 크리에이터가 되어서는 안 된다. '위대한 역사는 현재에 대한 통찰이 과거에 대한 역사가의 시야를 밝혀주는 바로 그때 쓰여진다'고 한 것처럼 위대한 광고는 이런 거울효과에 대한 통찰에서 비롯된다고 할 수 있다.

이런 반영의 방법이 중요하다. 근본은 동일성을 가져야 하고, 표면은 변화를 담아야 한다. 답은 정중동(靜中動)이다. 자기 정체성과 전통을 지켜나가고, 세계 속에서 자리 잡기를 제대로 함으로써 변방 사고에 머물지 않는 중심사고로 전환해야 한다. 대림산업의 이 편한 세상 TV CM 카피를 보자. 광고주가 상품 콘셉트로 만든 '진심을'은 광고 크리에이터의 '진심으로'로 바꾸어 크리에이티브를 생산한다. 전략과 표현의 차이를 말해주고 있다. '진심을 짓는다'와 '진심으로 짓는다'의 차이를 알면 좋겠다. 이 크리에이티브 품질 제고 방안으로 두 가지를 생각해본다.

첫째, 이제 파경(破鏡)의 크리에이티비티를 생각할 때다

광고의 기본은 규칙을 깨고 리더십을 발휘한다. 판을 바꾸고 생각을 바꾸기 위해 거울을 깨뜨리는 용기가 필요하다. 선입견과 이별하고 고정관념과 이혼해야 한다. '좋은 게 좋다'는 적당주의와 별거해야 한다. '창조적 파괴'를 위한 고뇌이다. 규칙은 기록처럼 깨기 위해서 있는 것이다. 새로운 영역에서 차별화를 통해 블루오션(blue ocean)을 개척하고 선도자가 되어야 한다. 레드 오션에서 남 따라 하는 추종자는 모방의 한계를 갖는다. 너무나 힘이 들고 금방 지치게 된다. '가지 않은 길'을 가고자 하는 개척자 정신이다.

둘째, 소비자 심리에 호소하는 감정이입이다

감정이입(empathy)이다. 거울 앞에 선 크리에이터는 자신과 끊임없는 대화를 하지 않는가? 속마음까지 끌어내어 성찰하는 순간이라고 하겠다. 원숭이도 다른 동료나 사람의 행동을 보고 뇌에서 그들과 똑같은 신경세포들이 활발하게 움직이는 것을 발견했다고 한다. 이 신경세포를 '거울 뉴런(mirror neuron)'이라고 한다. 이후 인간을 비롯한 영장류 모두가 거울 뉴런을 갖고 있어 동료의 고통을 제 것인 양 느끼는 감정이입이 가능한 것으로 알려져 있다. 소비자들은 모방을 위한 모방을 하지 않고 다양한 욕구를 드러내려고 모방한다. 숨어있는 과시욕, 권력욕, 지배욕, 성욕, 지적 욕구 등이다. 광고가 이런 다양한 욕구를 드러내어 보여주면 관음증처럼 혹은 숨은 카메라에 들킨 것처럼 공감하게 되는 것이다.

'떠먹는 불가리스'와 '하우젠' TV CM의 문근영이나 김연아가 다수 등장하는 것은 다단복제 시대의 반영이고, 엔터테인먼트 사회의 거울이다. 광고 크리에이티브가 재미있는 이유와 시선을 잡는 까닭은 이 거울효과에 담겨 있다. 소비자가 생활 속에서 겪는 수많은 문제를 해결해주는 콘셉트를 가장 쉽게 전달하기 위한 크리에이티브를 만들어내야 하기 때문이다. 생활자의 오감과 희로애락과 사회 트렌드를 거울에 비춰보고 새롭게 해석하여 그 의미를 설득해야 한다. 그래서 광고는 거울을 들여다보듯 생생하거나 투명하거나 복제하고 재현하고 해석하여 소통하고자 하는 장르이다. 광고에서 크리에이티브가 생명이고 예술인 이유이기도 하다. 독창적인 발상으로 복잡한 사회문제를 해결할 수 있는 길을 제시한다. 시대정신과 공동선을 공유하면서 설득하는 '연계 순환 통합'의 방법과 상호작용의 원리를 알고 있기 때문이다. 광고 하나 그대로 두면 광고일 뿐이지만, 광고 하나 제대로 보면 사회를 알게 된다. 광고는 거울이 되어 사회를 비춘다. 광고는 상호작용 시대에 소통을 배우는 장르라고 할 수 있다. 비즈니스나 커뮤니케이션에서 광고의 거울효과를 이용한다면 효율성이 올라가지 않을까? 광고 속에 사회가 있고, 사회 속에 광고가 있다. 네 속에 내가 있고, 내 속에 네가 있다. 만인의 세상살이에 필요한 게 광고에 있다. '광고창작 솔루션 3창'이다. 그래서 '만세3창'이다.

참고문헌

강준만(2013). 대중문화의 겉과 속(전면개정판). 인물과사상사.

강진숙 · 강연곤 · 김민철(2012). 인터넷 팬덤 문화의 생산과 공유에 대한 연구. 한국방송학보 제26권 1호, 7~42.

김현정 외(2020). 스마트 광고 기술을 넘어서(광고지성총서8). 학지사.

김호영 · 홍남희(2012). 전지구적 미디어 텍스트의 온라인 유통과 자막 제작자의 역할: 미국 드라마 팬자막(fansub) 제작자를 중심으로. 미디어, 젠더 & 문화 제23호, 47~77.

김홍탁(2014). 디지털 놀이터. 중앙M&B.

니코스 스탠고스 지음, 성완경 외 옮김(2014). 현대미술의 개념(Concepts of modern art). 문예출판사.

대니얼 카너먼 지음, 이진원 옮김(2012). 생각에 관한 생각: 우리의 행동을 지배하는 생각의 반란. 김영사, 122~124(Confirmation bias).

대릴 콜린스 외 지음, 오경희 옮김(2016). 뉴노멀 시대 어떻게 생존할 것인가? 경향미디어.

데이비드 즈와이그 지음, 박슬라 옮김(2015). 인비저블. 민음인.

도모노 노리오 지음, 이명희 옮김(2011). 행동경제학. 지형.

로버트 루트번스타인 외 지음, 박종성 옮김(2007). 생각의 탄생. 에코의 서재.

리처드 도킨스 지음, 이한음 옮김(2009). 만들어진 신. 김영사.

리처드 도킨스 지음, 홍영남 외 옮김(2010). 이기적 유전자. 을유문화사.

리처드 탈러 · 캐스 선스타인 지음, 안진환 옮김(2017). 넛지(Nudge). 리더스 북.

리처드 포스터 외(2003). 창조적 파괴. 21세기북스.

마셜 밴 앨스타인 외 지음, 이현경 옮김(2017). 플랫폼 레볼루션. 부키.

마셜 밴 앨스타인 · 상지트 폴 초더리 · 제프리 파커 지음, 이현경 옮김(2017). 플랫폼 레볼루션: 4차 산업혁명 시대를 지배할 플랫폼 비즈니스의 모든 것. 부키.

마이카 젠코 지음, 강성실 옮김(2018). 레드팀: 성공하기를 원한다면 적의 입장에서 생각하라. 스핑크스.

말콤 글래드웰 지음, 노정태 옮김(2009). 아웃라이어: 성공의 기회를 발견한 사람들(Outliers: The Story of Success). 김영사.

미래창조과학부 미래준비위원회, KISTEP, KAIST, 이광형(2017). 10년후 대한민국 뉴노멀 시대의 성장전략 미래전략보고서. 진한엠앤비.

미하엘 엔데 지음, 한미희 옮김(2009). 모모. 비룡소.

박영준(2017). 혁신가의 질문. 북샵일공칠.

백혜진(2013). 소셜마케팅. 커뮤니케이션북스.

빌 코바치 외 지음, 이재경 옮김(2014). 저널리즘의 기본원칙(개정3판). 한국언론진흥재단.

빌렘 플루서 지음, 김성재 옮김(2004). 피상성 예찬: 매체 현상학을 위하여. 커뮤니케이션북스.

사이먼 사이넥 지음, 이영민 옮김(2013). 나는 왜 일을 하는가? 타임비즈.

서울예술대학교(1985). 시간, 공간, 리듬.

_____(2015a). 서울예술대학교 비전 및 발전전략(비전2020).

_____(2015b). 교육특성화와 세계화.

서현석 · 김성희 지음(2016). 미래예술. 작업실유령.

수디르 벤카테시 지음, 김영선 옮김(2018). 괴짜 사회학. 김영사.

애덤 그랜트(2016). 오리지널스. 한국경제신문.

에드 캣멜 외 지음, 윤태경 옮김(2018). 창의성을 지휘하라. 와이즈베리.

오바라 가즈히로 지음, 장은주 옮김(2018). 놀줄 아는 그들의 반격. 파우제.

오창일(2002). 아무나 크리에이티브 디렉터가 될 수 없다. 청림출판.

_____(2004). 카피 발, 비주얼 착. 북코리아.

_____(2005). 광고크리에이터 필독서. 북코리아.

_____(2006). 광고창작실. 북코리아.

_____(2009). 킹카교실. 북코리아.

_____(2012a). 광고크리에이티브 디렉터의 발상유형 연구. 한양대학교.

_____(2012b). 광고 크리에이티브 디렉팅 모델론. 디자인학연구(제100호 25호).

_____(2013). 광고창의성의 생성과정과 유형에 대한 탐색적 연구. 광고PR연구(제6권 3호).

_____(2018). 4차 산업혁명시대의 우리대학 발전전략 연구(보고서). 서울예술대학교.

요코야마 류지 지음, 제일기획 옮김(2011). 트리플 미디어 전략: 일본 최고의 마케터가 전하는 미디어 마케팅의 변화와 그 활용법. 흐름출판.

윌 곰퍼츠 지음, 김세진 옮김(2014). 발칙한 현대미술사: 천재 예술가들의 크리에이티브 경쟁 (What are You Looking At?). 알에이치코리아.

유발 하라리 지음, 김명주 옮김(2017). 호모데우스. 김영사.

_____(2018). 21세기를 위한 21가지 제언. 김영사.

유영만(2006). 지식생태학. 삼성경제연구소.

유현준(2015). 도시는 무엇으로 사는가. 을유문화사.

이장우(2017). 퍼스트 무버, 4차 산업혁명의 선도자들. 21세기북스.

이정기 · 김정기(2014). 이공계열과 인문계열 대학생들의 이러닝(e-learning) 이용동기와 효과에 관한 연구. 스피치와 커뮤니케이션 24호.

이정동(2015). 축적의 시간. 지식노마드.

_____(2017). 축적의 길. 지식노마드.

이청준(2007). 당신들의 천국. 열린원.

이혜정(2014). 서울대에서는 누가 A+를 받는가. 다산에듀.

전경일(2009). 초영역인재: 회사가 원하는 미래형 인재들. 다빈치북스.

정재승(2018). 열두발자국. 어크로스.

조너선 갓셜 지음, 노승영 옮김(2017). 스토리텔링 애니멀. 민음사.

조광수(2017). 연결지배성. 클라우드나인.

조이 이토 외 지음, 이지연 옮김(2017). 더 빨라진 미래의 생존원칙 9. 민음사.

조준웅(2015). 창의융합 프로젝트 아이디어북. 한빛아카데미.

조한별(2017). 세인트 존스, 진짜공부를 말하다. 바다출판사.

존 크라카우어 지음, 김훈 옮김(2019). 희박한 공기 속으로. 민음인.

진중권(2013). 진중권의 서양미술사: 후기 모더니즘과 포스트모더니즘 편. 휴머니스트.

질 들뢰즈 외 지음, 김재인 옮김(2003). 천개의 고원. 새물결.

질 들뢰즈 · 펠릭스 과타리 지음, 김재인 옮김(2014). 안티 오이디푸스: 자본주의와 분열증. 민음사.

차두원 외(2017). 4차 산업혁명과 빅뱅 파괴의 시대: 15인의 전문가가 말하는 미래 한국의 성장조건. 한스미디어.

최재붕(2019). 포노 사피엔스: 스마트폰이 낳은 신인류. 쌤앤파커스.

칼 세이건 지음, 홍승수 옮김(2010). 코스모스. 사이언스북스.

칼 포퍼(2013) 지음, 이한구 옮김(2006). 열린사회와 그 적들. 민음사.

피터 힌센 지음, 이영진 옮김(2014). 뉴 노멀: 디지털 혁명 제2막의 시작. 흐름출판.

필 주커먼 지음, 박윤경 옮김(2018). 종교없는 삶. 판미동.

한나 아렌트 지음, 김선욱 옮김(2006). 예루살렘의 아이히만(Eichmann in Jerusalem). 한길사.

한스 로스링 외 지음, 이창신 옮김(2019). 팩트풀니스. 김영사.

Barney, Jay., William S. Hersterly, 신형덕 옮김(2007). 전략경영과 경쟁우위. 시그마프레스.

Csikszentmihalyi, Mihaly., 치인수 옮김(2005). 몰입(Creativity: Flow and the Psychology of discovery and invention). 한울림.

Edward H, Carr., 김택현 옮김(2008). 역사란 무엇인가. 까치.

Jenkins, H. (2006). Fans, Bloggers, and Gamers: Exploring Participatory Culture. New York:

Ralf Langwost(2004), The Strategies Of The Top-Creatives: How to Catch the Big Idea, Publicis.

Julia Cameron(2016). the Artist's Way. tarcher perigee

Langwost., Ralf (2004). The Strategies Of The Top-Creatives: How to Catch the Big Idea. Publicis.

Lee, Earle (2006). Considering General Theory of Creativity in Advertising: The Case for a Socio-Cultural Model. Journal of Business and Public Affairs.

Levy, P. (1997), 권수경 옮김(2002). Collective Intelligence. New York and London: Plenium Trade. 집단지성, 서울: 문학과지성사.

New York University Press, 정현진 옮김(2008). 팬, 블로거, 게이머: 참여문화에 대한 탐색. 서울: 비즈앤비즈.

Toffler, Alvin., 김중웅 옮김(2007). 부의 미래. 청림출판.

www.naver.com (지식백과).

www.google.com (학술검색).

문화콘텐츠진흥원 홈페이지.

삼성경제연구소 홈페이지.